개정3판

언약신학,
쟁점으로 읽는다

COVENANT THEOLOGY

언약신학,
쟁점으로 읽는다

발행일	2024년 3월 8일
지은이	안상혁
펴낸이	김기영
펴낸곳	도서출판 영음사
주 소	서울특별시 강남구 광평로 56길 8-13, 1406호
전 화	02-3412-0901
팩 스	02-3412-1409
이메일	biblecomen@daum.net
등 록	2008년 4월 21일 제2021-000311호

ISBN 978-89-7304-184-8 (03230)

※ 신저작권법에 의하여 보호받는 저작물이므로 무단 전재와 무단 복제를 금합니다.
※ 책에 쓰인 이미지 출처는 따로 표기하였습니다.
※ 책 값은 뒷표지에 있습니다.
※ 잘못된 책은 구입처에서 교환하여 드립니다.

언약신학,
쟁점으로 읽는다

안상혁 저

개정3판
COVENANT THEOLOGY

John Preston

William Ames

Samuel Rutherford

Francis Turretin

Thomas Hooker

William Perkins

Thomas Boston

도서출판 **영음사**

내가 너로 여자와 원수가 되게 하고
네 후손도 여자의 후손과 원수가 되게 하리니
여자의 후손은 네 머리를 상하게 할 것이요
너는 그의 발꿈치를 상하게 할 것이니라.

창세기 3:15

교회의 머리이신 주님께
이 책을 드립니다.

추천사
[2014년 초판]

안상혁 박사는 개혁주의 언약신학에 관한 정제된 입문서를 마련하여 독자들에게 선사한다. 이 책은 언약 사상의 다양한 측면들에 관한 주의 깊은 논증들을 소개하는 여러 글로 구성되어 있다. 제1장은 언약 사상에 관한 서론적인 고찰이다. 제2장은 그린햄과 퍼킨스의 저작들에 근거해서 언약 사상의 발달과 그 성격에 관한 기존의 연구 성과들을 세밀하게 검토하고 평가한다. 특히 언약신학과 신자의 경건 사이에 형성된 긴밀한 관계를 부각한다. 이 장에서 저자는 영국 언약 사상의 발달을 튜더 왕조 말기와 스튜어트 왕조의 청교도주의라는 역사적 정황 속에서 신중하게 살핀다. 특히 언약과 예정에 관한 청교도 문헌 자료들을 근거로 해서 구원의 확신 문제를 탐구한다.

계속하여 이 주제는 일찍이 실천 신학을 강조했던 존 프레스톤의 언약신학을 논의하는 제3장으로 이어진다. 저자는 언약 사상에 근거한 경건주의를 단순히 사회학적인 관점에서 일면적으로 분석하는 태도를 경계한다. 대신 심층 구조에서 그것의 기초를 제공하는 다양한 신앙적인 동기들에 주목한다. 그 과정에서 언약 교리의 규율적인 측면 이외에도 그것이 강력하게 표현하는 목회적인 성격을 입증해 낸다.

제5장에서 저자는 투레티누스와 보스턴의 언약신학에서 발견되는 모세 언

약에 관한 다양한 입장을 세밀하게 정렬한다. 여기서 다루는 주제는 신자의 경건과 교회 생활에 중요한 의미를 던져준다. 그뿐 아니라 오늘날 율법과 복음의 관계에 대한 개혁주의적인 이해를 탐구하고 설명하고자 시도하는 현대의 논의에도 중요한 함의를 갖는다. 나머지 제4장과 제6장 그리고 제7장에서 저자는 영국과 뉴잉글랜드에서 발달한 언약 사상으로부터 교회론적 함의를 도출해 낸다(사무엘 루더포드와 토머스 후커).

각 장의 모든 주제에서 안상혁 교수는 현재 논의되는 연구물들을 신중하게 검토하고 있으며 일차자료들에 근거한 견고한 해석을 제시한다. 이 저서는 언약신학에 관한 입문서로서 훌륭하게 역할을 할 것이다. 또한 더 전문적인 입장에서 개혁주의 언약신학을 해석하고 탐구하는 사람들이 직면하게 되는 일련의 중요한 이슈들에 대한 좋은 입문서가 될 것이다.

2014년 10월

리처드 A. 멀러(Calvin Theological Seminary)

추천사
[2014년 초판]

Forward

Dr. Sang Hyuck Ahn offers his readers a refined introduction to Reformed covenant theology grounded in a series of carefully argued chapters on aspects of covenantal thought.

Following his introduction to covenant thought, his second chapter reviews scholarship on the question of the development of covenant thought and carefully assesses its nature in the light of the writings of Greenham and Perkins, emphasizing the relationship between covenant and piety. The chapter carefully situates developing English covenant thought in the context of late Tudor and Stuart era Puritanism, examining the problem of assurance in the light of Puritan writings on covenant and predestination. This issue is carried forward in a chapter on John Preston's emphasis on practical divinity, where Dr. Ahn measures various rather one-sided sociological analyses of covenantal peity against its profoundly religious motivations, demonstrating the strongly pastoral as well as disciplinary aspects of the doctrine. Chapter four, six and seven draw out the ecclesiological aspects of covenantal thought in England and New England (Samuel Rutherford and Thomas Hooker), while chapter five lines out understandings of the Mosaic Covenant in Turretin and Boston, an issue that has bearing both on the question of piety and of ecclesiology and that is important to current attempts to explore and explain Reformed understandings of the relationship of law and gospel. In each case, Professor Ahn carefully surveys the extant scholarship and offers a sound interpretation based on the original sources.

His work will serve well both as an introduction to covenant theology and as a more technical examination of a series of significant issues facing students and interpreters of Reformed covenant thought.

October, 2014
Richard A. Muller

추천사
〔2024년〕

　안상혁 교수는 언약신학 분야에서 우리나라 신학계를 대표하는 독보적인 전문가다. 독서와 연구와 강의와 집필의 에너지를 "언약"에 쏟아부은 신학자다. "언약"이라는 주제를 송이 꿀 이상으로 달콤하고 순금보다 더 귀한 개념으로 이해하고 확신하는 하나님의 사람이다. "언약"은 하나님의 심오한 사랑을 깨닫게 해주는 키워드인 동시에 신구약 성경 전체를 가장 풍성하게 보여주는 키워드이며, 더 나아가 교회와 사회의 본질과 현실을 이해하게 해주는 키워드이기도 하다. 안상혁 교수의 역작인 이 책은 이러한 언약의 달콤함과 심오함과 방대함과 난해함을 예리한 학자의 붓끝으로 기술한다. 이 책은 크게 이론과 실천으로 구성되어 있다. 저자는 학자적 호기심을 충족하는 일에만 치우치지 않고 교회와 사회의 실질적인 필요에도 관심을 기울였다. 언약의 해석과 적용의 균형이 돋보인다. 개정될 때마다 책의 완성도가 한결 높아진다. 신학적 관점이 어떠하든지 간에 이 책을 읽는 모든 독자는 본서의 마지막 페이지를 덮는 순간 "언약"이라는 렌즈를 선물로 받아 하나님을 아는 지식과 성경을 아는 지식과 세상을 아는 지식에서 이전과는 다른 인식의 전환을 경험할 것이라고 확신한다.

한병수, 전주대학교 선교신학대학원 원장

머리말
〔2014년 초판〕

"왜 언약신학인가?" 대학에 들어와 기독교인으로서 서양사를 전공하던 필자의 시선을 사로잡았던 질문입니다. 루터와 칼뱅의 종교개혁이 서구 역사의 새로운 장을 열었듯이 17세기 청교도의 언약 사상은 근대사를 향한 사회 변동의 중요한 이론적 토대가 되었습니다. 일찍이 하버드 대학교에서 청교도 연구의 기초를 놓았던 페리 밀러가 (적어도 초기에는) 필자에게 있어 권위 있는 안내자였습니다. 이후 교회사를 전공하는 신학도가 된 필자에게 밀러는 오히려 극복해야 할 과제가 되었습니다. 특히 청교도 계약(언약)사상에 대한 그의 테제는 적지 않은 오류를 가지고 있었기 때문입니다. 종교개혁과 후기 종교개혁 시대가 우리에게 유산으로 남겨준 방대한 사료(史料)의 바다에 이제 막 발을 담근 초심자에게조차도 그의 한계는 어렵지 않게 감지되었습니다. 당시에 필자는 성경에 대한 17세기 저작자들의 해박한 지식 앞에서 압도되기 시작했습니다. 언약이라는 주제로 구약과 신약을 꿰뚫으며 일관성 있고 명쾌한 논리로 성경 전체를 풀어내는 수많은 저작 속에 필자는 푹 빠져들었습니다. 무엇보다 그곳에는 "달콤함"이 있었습니다. 실제로 적지 않은 수의 언약신학자들은 "달콤함"이라는 단어를 즐겨 사용했습니다. 한편으로 이것은 언약신학을 율법주의로 매도하려는 시도를 무효화하고, 다른 한편으로는 청교도의 소위 "자발주의"의 원동력을 심층 단계에부터 설명해줍니다. 더욱 중요하게는 16세기와 17세기를 튼튼하게 이어주는 공통의 성경신학적 토대로 우리를 안내합니다. 17세기에 꽃을 피운 언약신학은 사실상 두 시대를 관통하여 흐르는 수맥(성경 주해의 전통)에 튼튼히 뿌리내리고 있는 것입니다. 많은 세속 연구가들은 이러한 수맥의 존재와 언약신학자들이 맛보았던 "달콤함"을 미처 발견하지 못했고 또한 (설사 그것을 눈치챘다 하더라도) 그것의 진가를 이해하지 못하는 경우가 대부분입니다.

"교회를 위한 실천적 함의는 무엇일까?" 이것은 본격적인 탐구를 위해 언약신학의 심해로 뛰어든 필자가 옛 언약신학자들과 만나 대화하면서 품게 된 질문입니다. 주지하다시피 17세기의 많은 개혁파 신학자들은 언약이라는 관점으로 성경과 구속사를 통찰력 있게 재해석하고, 한 걸음 더 나아가 언약 사상을 활용하여 종교와 정치 그리고 사회 변동을 유도했습니다. 이것이 사실이라면 그토록 중요한 언약신학을 이들의 교회와 목회 현장에 적용하는 것은 매우 자연스러운 시도가 아니었을까 생각했습니다. 예상한 대로 이것을 신학과 목회의 중심에 자리매김한 일군의 무리가 있었습니다. 1630년대 이후 뉴잉글랜드로 건너간 청교도가 바로 그들입니다. 이들은 종교개혁과 개혁파의 전통 안에 머무르면서 가장 성경적이면서도 또한 가장 이상적인 교회의 모습을 모색했습니다. 이 과정에서 이들은 언약신학을 교회에 적용하는 실험을 했습니다. 그 결과 탄생한 것이 교회 언약입니다. 이들은 교회 언약을 가르치고(교리), 실천했으며(예식), 그리고 기록으로 남겼습니다(문서). 이들이 몸소 경험한 교회 언약의 장점과 한계는 오늘날 우리에게도 많은 것을 시사해 줍니다. 본서의 마지막 두 장은 특별히 이 주제를 다룰 것입니다.

제1장은 언약신학 연구사에서 특별히 쟁점화되었던 주제들을 소개합니다. 신학과 학문적 주제로서의 언약신학이 가지고 있는 "풍성함"을 맛보도록 하는 것이 목적입니다. 그런데 "풍성함" 앞에서 이것을 즐기기보다는 자칫 위압감을 느낄 수 있겠다는 생각이 들었습니다. 이를 방지하기 위해 필자는 몇 개의 핵심적인 주제들만을 선별하여 최대한 간략하게 소개할 것입니다. 제2장에서 제5장까지는 독자에게 17세기 언약신학자들을 만나 이들의 목소리를 직접 들어볼 수 있는 기회를 제공합니다. 시기와 지역 그리고 주제 등을 고려하여 모두 여섯 명의 대표적인 언약신학자들을 다룹니다. 영국의 윌리엄 퍼킨스와 존 프레스톤, 스코틀랜드의 사무엘 루더포드와 토머스 보스턴, 스위스의 프란키스쿠스 투레티누스, 그리고 뉴잉글랜드의 토머스 후커 등입니다. 독백이 아닌 (현재와 과거 사이의) 의미 있는 대화가 되게 하려고 화두는 현대의 학자들이 제시하도록 할 것입니다. 몇몇 눈에 띄는 주제들은 다음과 같습니다. 예정과 구원의 확신, 언약의 일방성과 조건성, 은혜 언약의 통일성과 다양성, 구속 언약, 시내산 언약과 율법주의, 교회 언약과 절반 언약. 또한 현대에 논의된 테제나 논쟁들 가운데는 "매키논-제렛 논쟁", "사회 통제", "칼뱅주의자들에게 대항하는 칼뱅", "두 전통" 테제 등을 소개하고 비판적으로 논의할 것입니다.

제1장을 제외한 나머지는 2011년부터 2013년 사이에 필자가 발표했던 논문들을 수정 보완하여 편집한 것입니다. 유기적인 통일성을 위해 미리 선별한 주제들을 가지고 비교적 짧은 기간 안에 작성하고 발표한 연구물들입니다. 초보 학자의 미숙함이 여실히 드러나는 졸고들이지만 이것마저도 필자의 자력으로는 결코 이루어질 수 없었음을 고백하지 않을 수 없습니다. 수많은 선배 학자의 선행 연구와 도움은 물론 수업과 논문 지도를 통해 선생님들로부터 받은 구체적

인 지도와 조언은 필수적이었습니다. 특별히 석사 과정 이상에서 해박한 지식과 탁월한 교육 방법론으로 필자를 지도해 주셨던 선생님들께 특별한 감사의 마음을 전합니다. 서울대학교 서양사학과의 배영수 교수님, 합동신학대학원의 김영재 교수님과 오덕교 교수님, 미국 예일 대학교의 해리 스타우트(Harry S. Stout) 교수님과 로널드 릿거스(Ronald K. Rittgers) 교수님, 외부 심사자로서 필자의 박사논문을 읽고 지도해 주신 웨스트민스터 신학대학원의 칼 트루먼(Carl R. Trueman) 교수님, 그리고 미국 캘빈 신학대학원의 리처드 멀러(Richard A. Muller) 교수님 등입니다. 특히 멀러 교수님은 필자에게 있어 여전히 어둠 그 자체였던 17세기라는 이름의 서재에 등불을 켜주신 분입니다. 그뿐 아니라 일차자료의 홍수 속에서 질식되거나 길을 잃지 않고 박사논문을 완성할 수 있도록 끝까지 격려해 주시고 친절하게 길을 안내해 주셨습니다.

필자는 이 책을 모교에서 개설되는 언약신학 강좌의 수업교재로 활용하기 위한 현실적인 목적을 가지고 출판하게 되었습니다. 보통의 경우 수업의 전반부는 현대의 신학적 쟁점들을 다루고 후반부는 성경에 등장하는 언약들을 강의합니다. 아쉽게도 본서는 주로 전반부 강의만을 돕기 위한 교재입니다. 성경의 언약들을 배우면서 느낄 수 있는 깊은 은혜와 "달콤함"이 많이 생략된 것이 본서의 약점이라 할 수 있습니다.

이 책이 출판되어 나오기까지 조언과 수고를 아끼지 않은 도서출판 영음사 직원들께 감사드립니다. 또한 언약신학 강좌에 참여하여 유익한 피드백을 제공한 합신의 학생들에게 감사드립니다. 부족한 아들을 위해 늘 기도해 주시는 어머니와 사랑하는 아내 정임에게 지극한 애정과 감사의 마음을 전합니다. 마지막으로 한없이 무익하고 불충함에도 교수의 직무를 감당하도록 끊임없는 은혜를 베푸시는 나의 주님께 모든 감사와 영광을 돌려드립니다.

Soli Deo Gloria

2014년 8월

안상혁

재판에 부쳐
〔2016년〕

『언약신학: 쟁점으로 읽는다』가 출간된 이후 마치 약속이나 한 듯이 작년 한 해 동안 언약신학 주제와 관련된 적지 않은 연구물들이 국내외 학계에 소개되었습니다. 특히 2016년 새해에 존 V. 페스코(Fesko)의 구속 언약에 관한 개론서가 출간되었다는 소식을 듣고 반가운 마음을 감출 수 없었습니다. 주제의 중요성에 비해 연구가 미흡했던 분야였기에 더욱 그러했습니다. 본서의 제1장에서 새롭게 추가된 다른 연구물들과 더불어 이 책의 서지사항을 소개했습니다. 한편 루더포드-후커의 17세기 교회론 논쟁에 관한 새로운 장이 추가되었습니다. 본서에서 중요하게 다루는 교회 언약을 그동안 신학적 입장에서만 다루어서 다소 아쉬움이 있었는데, 이번 기회에 교회 언약과 교회 정부 논쟁을 사회-정치적인 입장에서도 조명할 수 있게 되어 기쁘게 생각합니다. 참고로, 새롭게 추가된 장은 정부 재원으로 한국연구재단의 지원을 받아 연구한 것으로서 얼마 전 「한국개혁신학」 47(2015): 184-217에 발표한 논문임을 밝힙니다.

개정3판에 부처
〔2024년〕

2016년에 첫 번째 개정증보판이 출간된 후 7년이 흘렀습니다. 그동안 언약에 관한 많은 연구물이 발표되었습니다. 언약신학은 성경신학과 조직신학뿐만 아니라 역사신학의 중요한 주제이기도 합니다. 세 분야를 통합하는 관점에서 언약신학을 조망하는 입문서가 나오기를 고대하던 필자의 기대에 부응하는 저작이 비교적 최근에 출간되었습니다. 미국 리폼드 신학교와 관련된 26명의 성경-조직-역사신학 분야의 학자들이 기고한 스물일곱 편의 논문을 가이 워터스, 니컬러스 리드, 존 뮤더가 편집하여 2020년에 단행본으로 출간하였고, 부흥과개혁사에서 이 책을 한글로 번역하여 2022년에 『성경적, 신학적, 역사적 관점에서 본 언약신학』(Covenant Theology: Biblical, Theological, and Historical Perspectives)이라는 제목으로 출간하였습니다. 언약신학에 대한 종합적인 입문서가 출간된 이후, 언약에 관한 역사신학적 접근에 관한 관심이 더욱 증대되었습니다. 이러한 변화에 부응하여 필자는 올해 『언약신학: 쟁점으로 읽는다』의 개정확대판을 출간하게 되었습니다. 책의 구성에서 필자는 제1장 서론을 제외한 나머지 열한 장을 크게 세 부분으로 나누었습니다. 제1부 "타락 전 언약"에서는 행위 언약(타락 전 언약)의 주요 논제들(제2장)과 행위 원리의 근거 구절인 레위기 18:5에 대한 성경 해석사를 다루었습니다(제3장). 제2부 "은혜 언약: 통일성과 다양성"에서는 윌리엄 퍼킨스(제4장), 윌리엄 에임스(제5장), 존 프레스톤(제6장), 사무엘 루더포드와 토머스 후커(제7장), 프란키스쿠스 투레티누스와 토머스 보스턴(제8장)의 언약신학을 소개하고 주요 쟁점을 분석적으로 탐구했습니다. 제3부 "언약신학과 실천"에서는 언약신학의 교리를 신자 개인과 교회 공동체, 그리고 사회에 적용하는 역사적인 시도를 다루었습니다. 개인과 관련해서는 구속 언약과 죄 죽임의 교리를(제9장), 교회 공동체와 관련해서는 뉴잉글랜드 청교도의 교회 언약을(제10장과 제11장), 그리고 사회와 관련해서는 정교분리 관점에서 루더포드-후커의 교회 정부 논쟁을 조명했습니다(제12장). 기존의 글에 모두 네 개의 새로운 논문이 추가되었습니다(제2장, 제3장, 제5장, 제9장). 이 논문들은 2018년과 2023년 사이에 필자가 「신학정론」과 『가난하나 부요케: 조병수 박사 은퇴기념논총집』에 기고한 글들임을 밝힙니다.

언약신학, 쟁점으로 읽는다

목차

추천사   09
머리말   14
재판에 부쳐   19
개정3판에 부쳐   20

제1장 서론:
언약신학의 쟁점들   31

1. 역사[신학]적 접근: 현대의 논의들
    1) 밀러 테제와 "칼뱅주의자들에게 대항하는 칼뱅" 테제   32
    2) "두 전통" 테제   36
    3) 자연법과 사회계약론   38
    4) 사회 통제에서 막스 베버의 테제까지   41

2. 신학적 접근: 주요 쟁점들
1) 타락 전 [행위] 언약   46
2) 은혜 언약   60
3) 구속 언약   73

제1부 타락 전 언약

제2장
타락 전 언약(행위 언약)의 주제들 　95

1. 들어가며: 열두 가지 논제 　95
2. 타락 전 언약에 대한 논의: 사무엘 루더포드를 중심으로 　98
   1) 과연 아담과 맺은 언약이 존재하는가? 　98
   2) 아담과 맺은 언약의 명칭들 　100
   3) 율법과 언약: 타락 전 아담의 두 상태 　103
   4) 아담에게 선악수의 열매를 금지하는 명령을 주신 목적 　104
   5) 타락 전 언약은 결여된 것을 보충하는 것이 아니라 이미 주어진 것을 확증하는 것이다 　107
   6) 행위 언약 안에서 약속된 생명 　108
   7) 죽음의 위협 　113
   8) 에덴동산의 두 나무가 가지는 중요성 　118
   9) 은혜 및 공로에 관한 문제들 　119
   10) 타락 전 언약과 시내산 언약의 관계 　122
   11) 과연 아담과 맺은 언약은 폐기되었는가? 　123
3. 맺는말 　125

제3장
레위기 18:5에 대한 교회사적 고찰 　128

1. 들어가며 　128
2. 어떤 종류의 생명인가? 　132

3. 율법과 복음 　　　　　　　　　　　　　　　　　　　　 *135*

4. 레위기 18장 5절과 그리스도 　　　　　　　　　　　　 *138*

　　1) 크리소스토모스(c.349-407) 　　　　　　　　　　 *138*

　　2) 우르시누스(1534-1583) 　　　　　　　　　　　　 *139*

　　3) 칼뱅(1509-1564) 　　　　　　　　　　　　　　　 *141*

　　4) 투레티누스(1623-1687) 　　　　　　　　　　　　 *143*

　　5) 루더포드(1600-1661) 　　　　　　　　　　　　　 *147*

5. 맺는말 　　　　　　　　　　　　　　　　　　　　　　 *151*

제2부 은혜 언약: 통일성과 다양성

제4장
윌리엄 퍼킨스의 언약신학 　　　　　　　　　　　　　 *157*

1. 들어가며 　　　　　　　　　　　　　　　　　　　　　 *157*

2. 리처드 그린햄(c.1535-c.1594): 예정, 불안, 확신 　　 *160*

　　1) 목회 상담의 주제로서의 구원의 확신과 불안 　　 *160*

　　2) 예정론과 선택의 표지들 　　　　　　　　　　　　 *162*

　　3) 가장 확실한 근거: 말씀과 그리스도 　　　　　　 *165*

3. 윌리엄 퍼킨스(1558-1602)의 언약신학 　　　　　　　 *169*

　　1) 언약신학: 과연 예정론에 대한 대안인가? 　　　　 *171*

　　2) 선택, 언약, 구원의 확신 　　　　　　　　　　　　 *175*

　　3) 그리스도와의 연합: 확신의 궁극적 토대 　　　　 *185*

4. 맺는말 　　　　　　　　　　　　　　　　　　　　　　 *188*

제5장
윌리엄 에임스의 언약신학 — 193

1. 들어가며 — 193
2. 에임스의 『신학의 정수』와 언약신학 — 196
    1) 『신학의 정수』의 언약적 구조 — 197
    2) 구속 언약 — 199
    3) 타락 전 언약 — 205
    4) 은혜 언약 — 212
    5) 교회 언약 — 220
3. 맺는말 — 224

제6장
존 프레스톤의 언약신학 — 228

1. 들어가며 — 228
2. 역사적 정황 — 232
    1) 정치-사회적 정황 — 232
    2) 신학적 정황 — 235
3. 프레스톤의 언약신학과 적용 — 241
    1) 두 개의 언약: 정의와 범위 — 242
    2) 언약의 실천적 함의 — 247
    3) 언약과 구원의 확신 — 254
4. 맺는말 — 258

제7장
사무엘 루더포드와 토머스 후커의 언약신학 　　　　　　　　　　263

1. 들어가며 　　　　　　　　　　　　　　　　　　　　　　　　263
2. 사무엘 루더포드의 언약신학 　　　　　　　　　　　　　　　266
　　1) 사무엘 루더포드의 언약신학과 역사적 정황 　　　　　　266
　　2) 사무엘 루더포드와 행위 언약 　　　　　　　　　　　　　269
　　3) 사무엘 루더포드와 은혜 언약 　　　　　　　　　　　　　272
　　4) 사무엘 루더포드와 구속 언약 　　　　　　　　　　　　　276
　　5) 루더포드의 언약신학이 가진 교회론적 함의 　　　　　　281
3. 토머스 후커의 언약신학 　　　　　　　　　　　　　　　　　284
　　1) 토머스 후커와 행위 언약: 아담의 특수성 　　　　　　　　285
　　2) 토머스 후커와 은혜 언약 　　　　　　　　　　　　　　　288
　　3) 토머스 후커와 구속 언약 　　　　　　　　　　　　　　　298
　　4) 토머스 후커의 언약신학이 가진 교회론적 함의 　　　　　299
4. 맺는말 　　　　　　　　　　　　　　　　　　　　　　　　　305

제8장
프란키스쿠스 투레티누스와 토머스 보스턴의 언약신학 　　　311

1. 들어가며 　　　　　　　　　　　　　　　　　　　　　　　　311
2. 토머스 보스턴의 역사적 정황 　　　　　　　　　　　　　　　315
　　1) 토머스 보스턴과 그의 사회-정치적 정황 　　　　　　　　316
　　2) 보스턴과 신학적 정황: 매로우 논쟁 1717-1723 　　　　　320
3. 토머스 보스턴과 시내산 언약 　　　　　　　　　　　　　　　324
　　1) 자연법과 모세 언약 　　　　　　　　　　　　　　　　　　326

    2) 모세 언약과 그리스도의 법 *328*

    3) 그리스도와의 연합과 복음적 순종 *330*

4. 프란키스쿠스 투레티누스와 시내산 언약 *333*

    1) 투레티누스의 신학적 정황 *333*

    2) 시내산 언약에 계시된 율법과 복음 *335*

5. 토머스 보스턴: 시내산 언약의 목회적 적용 *345*

6. 맺는말 *348*

제3부 언약신학과 실천

제9장
구속 언약과 죄 죽임 교리 *355*

1. 들어가며 *355*

2. 루더포드의 "죄 죽임" 교리 *358*

    1) 죄 죽임이란 무엇인가? *358*

    2) 그리스도의 죽음과 신자의 죄 죽임 *361*

    3) 신자는 무엇에 대해 죽어야 하는가? *362*

    4) 죄 죽임의 행동 양식 *367*

3. 그리스도와의 연합: 죄 죽임과 구속 언약의 연결고리 *370*

    1) 법적인 연합의 기초로서 보증인(구속) 언약 *371*

    2) 죄 죽임의 도덕적 근거로서의 구속 언약 *374*

4. 맺는말 *379*

제10장
17세기 뉴잉글랜드 청교도의 교회 언약   *382*

1. 들어가며   *382*
2. 뉴잉글랜드 비분리파 회중교회의 공예배 순서   *385*
       1) 실례: 보스턴 교회의 공예배   *385*
       2) 보스턴 교회 공예배의 특징   *388*
3. 예배 신학으로서의 교회 언약   *395*
       1) 교회 언약과 설교   *400*
       2) 교회 언약과 기도   *406*
       3) 교회 언약과 성만찬   *408*
       4) 새 언약 시대의 회중 예배   *410*
4. 맺는말   *412*

제11장
17세기 뉴잉글랜드 청교도의 교회 언약과 절반 언약   *417*

1. 들어가며   *417*
2. 교회 언약, 과연 내면 언약인가?   *421*
       1) 명시적/묵시적 교회 언약   *425*
       2) "보이는 성도"의 성격   *428*
       3) 교회 언약과 성례   *431*
3. 절반 언약 논쟁을 통해 드러난 교회 언약의 성격   *434*
4. 맺는말   *438*

제12장
정교 분리의 관점에서 조명한 루더포드-후커의
17세기 교회론(교회 정부) 논쟁　　　　　　　　　　*442*

1. 들어가며　　　　　　　　　　　　　　　　　　　*442*
2. 토머스 후커의 정치사상　　　　　　　　　　　　*445*
3. 사무엘 루더포드의 정치사상　　　　　　　　　　*449*
4. 후커-루더포드의 교회론 논쟁과 정교분리　　　　*453*
　　1) 역사적 배경과 주요 쟁점　　　　　　　　　　*454*
　　2) 후커-루더포드의 치리권 논쟁　　　　　　　　*456*
　　3) 루더포드와 후커의 교회 정부론과 정교분리　　*465*
5. 맺는말　　　　　　　　　　　　　　　　　　　　*475*

참고문헌　　　　　　　　　　　　　　　　　　　　*481*
인명색인　　　　　　　　　　　　　　　　　　　　*515*
주제색인　　　　　　　　　　　　　　　　　　　　*523*

제 1 장

서론: 언약신학의 쟁점들

신학과 학문적 주제로서의 언약신학이 가지고 있는 특징을 한마디로 요약한다면 "풍성함"이라는 단어가 적절할 것이다. 풍성함은 양면성을 가진다. 우선 언약신학이라는 주제의 방대함과 다양성을 긍정적으로 표현한다. 그러나 동시에 복잡성과 난해함을 암시하기도 한다. 달리 표현하면 언약신학의 풍성함은 "좀처럼 손에 잡히지 않는 그 무엇"을 포함한다. 이것은 오늘날 언약신학 연구를 시작하는 초심자들이 공통적으로 경험하는 어려움과 무관하지 않다. 실로 광범한 분야에서 언약신학에 관한 자료들이 쏟아져 나오는 현실 때문에 연구자들은 종종 당황한다. 자료의 홍수 속에서 길을 잃을까 두려워하기 때문이다. 낯선 분야의 이름이 익숙하지 않은 학자들에 의해 수행된 다양한 연구물들은 우리에게 언약신학에 대한 접근의 폭과 넓이 그리고 인식의 지평을 확대할 것을 요구한다.

본서를 예로 들어보자. 몇몇 독자들은 저자에 대해 다소 의구심을 가질 것이다. "왜 성경신학이나 조직신학이 아닌 역사(신학)를 전공한 사람이 언약신학을 논하는가?" 이는 언약신학을 성경신학과 조직신학의 고유한 주제로만 생각하기 때문에 품게 되는 의문이다. 그러나 언약신학에 관한 연구서들을 조금만 찾아본 사람은 이 주제가 역사신학 안에서도 중요한 논제임을 어렵지 않게 발견한다. 또한 언약신학은 신학과 직접 관련이 없는 듯이 보이는 학문 분야―역사, 법, 정치, 경제사, 윤리학 등―의 중요한 탐구 대상이 되어왔음을 언급할 필요가 있다. 이 때문에 언약신학은 신학과 일반 학문 사이에서 또한 텍스트(성경)와 컨텍스트 사이의 의미 있는 만남을 주선하는 일종의 매개체로서 역할해 왔다고 말해도 과장이 아닐 것이다. 이런 맥락에서 언약신학을 다소 주변적인 논의들―적어도 신학자의 주관적 각도에서 바라볼 때는 그렇다―로부터 풀어나가는 것도 나름대로 그 주제의 "풍성함"을 드러내는 의미 있는 시도라고 생각한다. 물론 주변부의 광활함 앞에서 또다시 위축되지 않기 위해 언약신학과 관련된 연구사 가운데 크게 쟁점이 되었던 몇몇 주제들만 선별하여 매우 간략하게 소개하고자 한다.

1. 역사[신학]적 접근 : 현대의 논의들

1) 밀러 테제와 "칼뱅주의자들에게 대항하는 칼뱅" 테제

성경의 핵심 주제들 가운데 하나인 "언약"이 오늘날 학계의 중요한 화두로 자리 잡게 된 역사적 배경을 이야기하면서 빼놓을 수 없는 인물이 있다. 바로 페리 밀러(Perry Miller, 1905-1963)이다. 그는 언약신학을 연구한 학자들 가운데 신학자가 아님에도 일반 학계는 물론 신학계에도 적지 않은 영향을 끼친 대표적인 연구가다. 그는 1930-50년대에 미국 하버드 대학교에서 청교도 연구의 초석을 놓은 것으로 잘 알려졌다.[1] 청교도의 언약신학과 관련하여 밀러는 두 가지 중요한 테제를 제시했다. 첫째, 청교도의 언약신학은 칼뱅의 예정론 신학 전통에 중대한 수정을 가하였다. 칼뱅의 하나님이 전제적이고 형이상학적이며 예측 불가한 분이라면, 청교도의 하나님은 언약의 조건을 수행하고 인간의 행위에 따라 규칙적으로 반응하는 예측 가능한 하나님이다. 그에 따르면 일종의 형이상학적 결정론인 칼뱅의 예정론에 대한 수정 혹은 대안으로 등장한 것이 바로 청교도의 언약신학이다. 둘째, 청교도의 언약신학이 이들을 칼뱅으로부터 차별화시켰다면, 17세기 뉴잉글랜드 청교도의 "교회 언약"은 이들을 영국의 청교도로부터 차별화시키는 중요한 표지가 되었다. 밀러 테제의 두 번째 주제에 대해서는 교회 언약을 다룬 제10장과 제11장에서 자세히 논하기로 하겠다.

하나님의 예정을 중심 교리로 삼는 칼뱅의 신학 체계와 청교도의 언약신학 사이에 첨예한 대립각을 세우는 밀러의 해석은 1960년대 이후 신학계 안에서 널리 확산된 소위 "칼뱅주의자들에게 대항하는 칼뱅"(Calvin against the Calvinists) 테제와 잘 어울렸다. 비교적 이른 시기에 이 테제에 관한 연구물을 발표한 한스 에밀 베버(Hans E. Weber), 에른스트 비처(Ernst Bizer), 찰스 매코이(Charles McCoy), 바질 홀(Basil Hall), 발터 키켈(Walter Kickel), 그리고 브라이언 암스트롱(Brian Armstrong) 등은 주로 칼뱅 이후 개신교 정통신학 안에서 폭넓게 수용된 개신교 스콜라 신학에 주목하고 개신교 스콜라 신학의 소위 "합리주의"가 칼뱅의 신학과 얼마나 다른지를 부각한다.[2] 이후 70-80년대에 칼뱅과 칼

---

1   뉴잉글랜드 청교도에 관한 대표적인 연구서들로는 다음을 참조하라. Perry Miller, "The Half-Way Covenant," The New England Quarterly 6:4(1933): 676-715; *The New England Mind: From Colony to Province* (London & Cambridge: The Belknap Press, 1953); *The New England Mind: The Seventeenth Century* (New York: Macmillan, 1939).

2   Hans Emil Weber, *Reformation, Orthodoxie und Rationalismus* (종교개혁, 정통주의 그리고 합리주의), 2 vols. (Gütersloh: Gerd Mohn 1937-40); Ernst Bizer, *Fruhorthodoxie und Rationalismus* (초기 정통주의와 합리주의) (Zurich: EVG Verlag, 1963); Charles McCoy, "Johannes Cocceius: Federal Theologian," in *Scottish Journal of Theology*, XVI (1963): 352-370; Basill Hall, "Calvin Against Calvinists." in *John Calvin: A Collection of*

뱅주의자들 사이의 단절성을 강조하는 테제를 확산시켰던 학자들은 예정론과 속죄론 그리고 청교도의 언약신학 등을 더욱 폭넓게 논의하였다. 대표적인 학자들은 제임스 토랜스(J. B. Torrance), 홈즈 롤스톤 3세(Holmes Rolston III), 로버트 켄달(Robert T. Kendall), 찰스 벨(Charles Bell) 등이다. 특히 신정통주의 신학의 영향을 받은 이들은 밀러와는 조금 다른 차원에서 단절성을 부각했다. 예를 들어 토랜스는 17세기 언약신학을 "율법주의"로 규정하면서, 이런 점에서 칼뱅과 종교개혁가들의 "은혜의 신학"으로부터 일탈한 것이라고 주장했다.[3]

한편 밀러 테제와 "칼뱅주의자들에게 대항하는 칼뱅" 테제에 대한 비판이 1970년대부터 2000년대에 이르기까지 지속적으로 제기되어왔다. 비판자들은 주로 칼뱅과 종교개혁자들의 신학 안에서 발견된 성경적 언약 개념, 개신교 스콜라주의가 수용한 이성의 도구적 활용, 그리고 칼뱅과 개혁파 정통신학자들의 신학 체계 안에서 공통적으로 발견되는 예정과 언약의 조화 등을 지적했다. 이들 가운데 특히 밀러 테제나 청교도의 언약신학을 논의한 학자들로는 조지 마스덴(George Marsden), 도널드 매클리오드(Donald Macleod), 윌리엄 스토버(William K. B. Stoever), 앤드루 맥고완(Andrew T. B. McGowan), 존 폰 로어

Distinguished Essays, ed. Gervase Duffield (Grand Rapids: Eerdmans, 1966); Walter Kickel, *Vernunft und Offenbarung bei Theodor Beza* (테오도르 베자의 이성과 계시) (Neukirchen: Neukirchner Verlag, 1967); Brian Armstrong, *Calvinism and the Amyraut Heresy: Protestant Scholasticism and Humanism in Seventeenth Century France* (Madison: University of Wisconsin Press, 1969).

3 James B. Torrance, "Strengths and Weaknesses of the Westminster Theology," in *The Westminster Confession*, ed. Alisdair Heron (Edinburgh: Saint Andrews Press, 1982): 40-53; idem, "Covenant or Contract? A Study of the Theological Background or Worship in Seventeenth-Century Scotland," *Scottish Journal of Theology* 23 (1970): 51-76; idem, "Calvin and Puritanism in England and Scotland—Some Basic Concepts in the Development of 'Federal Theology,'" in *Calvinus Reformator* (Potchefstroom: Potchefstroom University for Christian Higher Education, 1982): 264-77; Holmes Rolston III, *John Calvin versus the Westminster Confession* (Richmond: John Knox, 1972); R. T. Kendall, *Calvin and English Calvinism to 1649* (New York and London: Oxford University Press, 1978); idem, "The Puritan Modification of Calvin's Theology," in *John Calvin: His Influence in the Western World*, ed. W. Stanford Reid (Grand Rapids: Zondervan, 1982): 197-214; M. Charles Bell, "Was Calvin a Calvinist," *Scottish Journal of Theology* 36/4 (1983): 535-540; idem, "Calvin and the Extent of Atonement," *Evangelical Quarterly 55* (April 1983): 115-23; idem, *Calvin and Scottish Theology: The Doctrine of Assurance* (Edinburgh: Scottish Academic Press, 1985).

(John von Rohr), 조엘 비키(Joel R. Beeke), 피터 릴백(Peter A. Lillback), 앤드루 울지(Andrew A. Woolsey) 등이 있다.[4] 이들은 17세기 언약신학이 이전 세기의 은혜의 신학으로부터 일탈한 것이 아니라고 공통적으로 주장했다. 이들이 선택한 논문 제목이나 서명만 보아도 논점을 쉽게 파악할 수 있다. "언약신학--과연 억압적인 율법주의인가?"(매클리오드), "은혜의 신학으로서의 언약신학"(맥고완), "청교도의 은혜 언약 사상"(폰 로어), "온전한 [구원의] 확신에 대한 탐구: 칼뱅과 그의 후계자들이 남긴 유산"(비키), "언약 사상의 일치성과 연속성: 웨스트민스터 회의까지의 개혁주의 전통 연구"(울지). 같은 맥락에서 릴백은 그의 저서 『하나님의 자기 속박』(*The Binding of God*, 2001)[5]에서 칼뱅의 언약 개념을 추적하고 칼뱅 자신이 개혁파 언약신학의 중요한 원천이 됨을 입증했다. 한편 예정론과 속죄론 그리고 특히 개신교 스콜라주의를 중점적으로 논의한 학자들로는 폴 헬름(Paul Helm), 칼 트루먼(Carl R. Trueman), 스코트 클락(R. Scott Clark), 빌렘 반 아셀트(Willem van Asselt), 에프 데커(Eef Dekker), 그리고 리처드 멀러(Richard A. Muller) 등이 있다.[6] 이들은 방대한 일차 문헌 자료에 대

---

4 George Marsden, "Perry Miller's Rehabilitation of the Puritans: A Critique," *Church History* 39:1 (1970): 91-105; Donald Macleod, "Federal Theology—An Oppressive Legalism?" *The Banner of Truth*, 125 (Feb. 1974): 21-28; William K. B. Stoever, *"A Faire and Easie Way to Heaven": Covenant Theology and Antinomianism in Early Massachusetts* (Middletown, 1978); Andrew T. B. McGowan, "Federal Theology as a Theology of Grace," *Scottish Bulletin of Evangelical Theology* 2 (1984): 41-50; John von Rohr, *The Covenant of Grace in Puritan Thought* (Atlanta: Scholars Press, 1986); Joel R. Beeke, *The Quest for Full Assurance: The Legacy of Calvin and His Successors* (Edinburgh: Banner of Truth Trust, 1999); Peter Lillback, *The Binding of God: Calvin's Role in the Development of Covenant Theology* (Grand Rapids: Baker Academic, 2001); Andrew A. Woolsey, *Unity and Continuity in Covenantal Thought: a Study in the Reformed Tradition to the Westminster Assembly* (Grand Rapids: Reformation Heritage Books, 2012).

5 원서명: *The Binding of God: Calvin's Role in the Development of Covenant Theology*. 한글로는 다음과 같이 번역되어 출간되었다. 『칼뱅의 언약사상』, 원종천 역(서울: CLC, 2009). 한편 로버트 레담(Robert Letham)은 보다 신중한 입장을 취한다. 즉 칼뱅의 신학 안에 [후일 만개될] 언약신학의 핵심 요소들이 존재하는 것을 인정하면서도, 칼뱅 자신은 개혁파 언약신학을 본격적으로 체계화시킨 인물은 아니라는 사실을 독자들에게 주지시킨다. Robert Letham, *The Westminster Assembly: Reading Its Theology in Historical Context* (Phillipsburg, NJ: P&R Books, 2009), 228.

6 Paul Helm, *Calvin and the Calvinists* (Edinburgh: Banner of Truth, 1982); Carl R. Trueman, *The Claims of Truth: John Owen's Trinitarian Theology* (Carlisle: Paternoster Press, 1998); Carl R. Trueman & R. Scott Clark eds., *Protestant Scholasticism: Essays in Reappraisal* (Carlisle: Paternoster Press, 1999); Willem J.

한 체계적 연구를 근거로 칼뱅과 칼뱅주의자들 사이에 존재하는 본질적인 연속성을 설득력 있게 논증했다. 특히 멀러와 트루먼은 16세기 종교개혁가들과 17세기 개혁파 정통신학자들의 성경 주해와 신학 체계 안에서 하나님의 예정과 언약이 조화를 이루며 발달하고 있었음을 확인하였다. 이로써 독자들은 양자 사이의 대립 구도를 일면적으로 강조해왔던 이전 세기의 논의보다 좀 더 균형 잡힌 시각을 가질 수 있게 되었다. 그 결과 오늘날의 연구자들에게 있어 오로지 단절성의 시각에서 언약신학을 논하는 것은 더 이상 상상하기 힘들게 되었다.

2) "두 전통" 테제

한편 개혁주의 전통 안에서 발견된 언약신학의 기원과 성격에 관한 현대의 논의도 무척 흥미롭다. 1950-60년대에는 주로 레너드 트린터루드(Leonard Trinterud), 찰스 매코이(Charles S. McCoy), 얀스 묄러(Jens G. Møller), 리처드 그리브즈(Richard Greaves) 등에 의해서, 1980-90년대에는 매코이와 웨인 베이커(J. Wayne Baker) 등에 의해 학계에 널리 알려진 소위 "두 전통 테제"(Two Tradition Thesis)에 따르면 개혁주의 언약신학은 두 개의 전통, 곧 칼뱅이 대변하는 제네바 전통과 하인리히 불링거가 대표하는 취리히 전통으로 양분된다. 전자는 하나님의 일방적(unilateral) 은혜를, 후자는 사람의 의무를 강조하는 쌍방적(bilateral) 언약의 전통을 각각 발전시켰다. 이들은 칼뱅과 불링거의 저작들 안에서 각각 이중 예정 교리와 언약의 조건성을 강조하는 부분을 선별하여 대

---

van Asselt & Eef Dekker, eds., *Reformation and Scholasticism: An Ecumenical Enterprise* (Grand Rapids: Baker, 2001); Richard A. Muller, *Christ and the Decree: Christology and Predestination in Reformed Theology from Calvin to Perkins* (Grand Rapids: Baker, 1988); idem, *The Unaccommodated Calvin: Studies in the Foundation of a Theological Tradition* (New York: Oxford University Press, 2000); idem, *After Calvin: studies in the development of a theological tradition* (Oxford : Oxford University Press, 2003).

조시킴으로 양자의 차이를 크게 부각했다.[7]

이후 "두 전통" 이론에 대한 비판은 앤서니 후크마(Anthony Hoekema), 에버렛 에머슨(Everett H. Emerson), 라일 비에르마(Lyle D. Bierma), 코닐리어스 비니머(Cornelius P. Venema), 그리고 멀러 등과 같은 학자들에 의해 비교적 최근까지 꾸준히 제기되어왔다. 비니머에 따르면 불링거와 칼뱅 사이에 존재하는 강조점의 차이를 지나치게 부각하여 두 개의 서로 다른 전통으로 분류하는 것은 잘못이며 소위 두 전통 사이에 존재하는 "본질적인 연속성"을 간과하는 오류라고 주장한다. 무엇보다 불링거에게 있어 "무조건적 선택과 조건적 언약은 신학적으로 배치되지 않는다. 오히려 그는 선택이 언약을 요구하며 그것을 구원을 위한 수단으로 삼는다."라고 주장한다. 멀러 역시 두 전통 이론의 기본적인 전제, 곧 언약과 예정 사이에 본질적인 갈등과 긴장 관계가 존재한다는 주장을 반박한다. 특히 칼뱅뿐만 아니라 불링거 역시 이중 예정을 인정했고, 불링거와 더불어 칼뱅 역시 언약의 조건성(특히 인간의 언약적 순종과 책임을 강조)을 강조했음을 문헌자료를 통해 입증하였다.[8] 그 결과 오늘날의 많은 연구자들은 언약

---

[7] "두 전통" 테제에 대해서는 다음의 저작들을 참고하라 : Leonard. Trinterud, "The Origins of Puritanism," *Church History* 20 (March 1951): 37-57; Charles McCoy, "The Covenant Theology of Johannes Cocceius," (Ph.D. diss., Yale University, 1956); Jens G. Møller, "The Beginnings of Puritan Covenant Theology," *The Journal of Ecclesiastical History* 14 (April 1963): 46-67; Richard Greaves, "The Origins and Early Development of English Covenant Thought," *The Historian* 21 (1968): 21-35; J. Wayne Baker, *Heinrich Bullinger and the Covenant: The Other Reformed Tradition* (Athens: Ohio University Press, 1980); Charles S. McCoy and Baker, *Fountainhead of Federalism: Heinrich Bullinger and the Covenantal Tradition* (Louisville: Westminster/John Knox Press, 1991); Baker, "Heinrich Bullinger, the Covenant, and the Reformed Tradition in Retrospect," *The Sixteenth Century Journal* 29:2(1998): 359-76.

[8] 이처럼 "두 전통" 테제에 대한 비판과 보다 균형 잡힌 연구에 대해서는 다음의 저작들을 참고하라. Lillback, "The Continuing Conundrum: Calvin and the Conditionality of the Covenant," *Calvin Theological Journal* 29 (April 1994): 42-74; idem, *The Binding of God* (2001); Muller, "The Covenant of Works and the Stability of Divine Law in 17th C. Reformed Orthodoxy" in *After Calvin* (2003), 176; Lyle D. Bierma, "Federal Theology in the Sixteenth Century: Two Traditions?" *Westminster Theological Journal* 45 (1983): 304-310; Everett H. Emerson, "Calvin and Covenant Theology," *Church History* 25/2(June, 1956): 136-44; Cornelis P. Venema, "Heinrich Bullinger's Correspondence on Calvin's Doctrine of Predestination, 1551-1553," *The Sixteenth Century Journal* 17:4(1986): 435-50; idem, *Heinrich Bullinger and the Doctrine of Predestination: Author of "the Other Reformed Tradition?"* (Grand Rapids: Baker, 2002), 118-20. 예정과 언약의 "조화"를 다룬 다음 저서를 참고하라. 우병훈, 『예정과 언약으로 읽는 그리스도의 구원』 (서울: SFC, 2013).

에 관한 칼뱅과 불링거(혹은 제네바와 취리히) 사이의 견해 차이를 이질적인 두 신학 체계 혹은 전통 사이의 다름이라기보다는 신학적이며 목회적인 강조점의 차이로 이해할 수 있게 되었다.

3) 자연법과 사회계약론

비록 앞의 두 테제만큼 현대 언약신학자들의 주목을 끌지는 못했지만 적지 않은 수의 학자들이 언약신학과 서구의 자연법사상 혹은 언약신학과 사회계약 사상 사이에 형성된 연결고리를 연구의 주제로 삼아 왔다. 1960년에 존 유스든(John D. Eusden)이 자연법과 17세기 뉴잉글랜드 청교도의 언약신학 사이에 형성된 긴밀한 관련성에 대해 연구서를 발표한 이래, 마틴 톰슨(Martyn Thompson), 해로 회플(Harro Höpfl), 로잔 로스먼(Rozann Rothman), 로빈 러빈(Robin W. Lovin), 대니엘 엘러자르(Daniel J. Elazar), 클린턴 가드너(E. Clinton Gardner), 데이비드 위어(David Weir), 크누드 하콘센(Knud Haakonssen), 존 위트(John Witte), 데이비드 리틀(David Little), 안드리스 라스(Andries Raath), 샤운 프라이타스(Shaun A. de Freitas), 글렌 무츠(Glenn A. Moots) 등의 학자들은 청교도의 언약신학이 서구의 자연법사상 및 사회계약론(러빈, 가드너)과 가지는 연관성, 또한 이를 통해 미국의 민주주의와 헌정사(로스먼, 엘러자르, 라스, 프라이타스)에까지 미친 영향 등을 연구하였다.[9] 특

---

9   Harro Höpfl and Martyn Thompson, "The History of Contract as a Motif in Political Thought," *The American Historical Review* 84:4 (Oct. 1979): 919-94; Rozann Rothman, "The Impact of Covenant and Contract Theories on Conceptions of the U.S. Constitution," *Publius: The Journal of Federalism* 10, no.4 (Fall, 1980): 149-164; Robin W. Lovin, "Equality and Covenant Theology," *Journal of Law and Religion* 2 (1984): 241-262; Daniel J. Elazar ed., *The Covenant Connection: From Federal Theology to Modern Federalism* (Durham, NC: Carolina Academic Press, 1985); E. Clinton Gardner, "Justice in the Puritan Covenantal Tradition," *Journal of Law and Religion* 6:1(1988): 39-60; idem, *Justice and Christian Ethics* (Cambridge: Cambridge University Press, 1995); David Weir, *The Origins of Federal Theology in Sixteenth-Century Reformation Thought*

히 로크의 사회계약 사상의 신학적 뿌리를 청교도 언약신학에서 찾아낸 가드너의 시도는 매우 인상적이다. 또한 유대교의 입장에서 성경의 언약 사상과 서구의 자연법 사이의 긴밀한 관계를 연구한 데이비드 노박의 시도 역시 흥미롭다.[10] 아울러 롤랜드 워드(Rowland S. Ward)와 스티븐 그래빌(Stephen Grabil), 그리고 데이비드 반드루넨(David VanDrunen)과 같은 신학자들은 개혁파 전통에 깊이 뿌리내린 자연법의 중요성을 잘 부각했다.[11] 예를 들어, 워드는 타락 전 하나님과 아담 사이에 맺어진 언약—"창조 언약," "자연 언약," 혹은 "행위 언약"—에 관한 다양한 견해를 소개하고, 이것이 개혁파의 신학 전통 안에서 어떤 식으로 논의되어왔는지를 40여 명의 언약신학자들의 입을 빌려 설명한다. 비교적 최근에는 정치학 분야에서 무츠가 개혁신학 전통과 정치신학으로서의 언약신학 사이의 관계를 폭넓게 논의하였다. 소위 "행위 언약"과 자연법, 그리고 모세 언약 사이의 상관관계에 대해서는 프란키스쿠스 투레티누스(Franciscus Turretinus)와 토머스 보스턴(Thomas Boston)의 언약신학을 다룬 제8장에서 좀 더 자세하게 논의할 것이다.

(Oxford: Oxford University Press, 1990); idem, *Early New England: A Covenanted Society* (Grand Rapids, MI: Eerdmans, 2005); Knud Haakonssen, "Protestant Natural Law: A General Interpretation" in *New Essays on the History of Autonomy*, eds. N. Brender and L. Krasnoff (Cambridge: Cambridge University Press, 2004): 92-109; John Witte Jr. *The Reformation of Rights: Law, Religion and Human Rights in Early Modern Calvinism* (Cambridge: Cambridge University Press, 2008); David Little, "Calvin and Natural Rights," *Political Theology* 10:3 (July 2009): 411-430; Andries Raath & Shaun de Freitas, "Samuel Rutherford's Theologico-Political Federalism in Early American Society," *Journal for Christian Scholarship* 48: 3 & 4 (2012): 1-42; Freitas "From Luther to the Founding Fathers: Puritanism and the Ciceronian Spirit on Natural Law, Covenant, and Resistance to Tyranny," *Journal for Christian Scholarship*, 43: 3 & 4 (2007): 157-177; Glenn A. Moots, *Politics Reformed: The Anglo-American Legacy of Covenant Theology* (Columbia and London: University of Missouri Press, 2010).

10 노박의 주요 저작들로는 다음을 참고하라. David Novak, *Jewish Social Ethics* (New York: Oxford University Press, 1992); idem, *Natural Law in Judaism* (New York: Cambridge University Press, 1998); idem, *Covenantal Rights: A Study in Jewish Political Theory* (Princeton: Princeton University Press, 2005); idem, *The Jewish Social Contract: An Essay in Political Theology* (Princeton: Princeton University Press, 2005).

11 Rowland S. Ward, *God & Adam, Reformed Theology And The Creation Covenant* (Wantirna, Australia: New Melbourne Press, 2003); Stephen Grabill, *Rediscovering the Natural Law in Reformed Theological Ethics* (Grand Rapids, Eerdmans, 2006); David Van Drunen, *Natural Law and the Two Kingdoms: A Study in the Development of Reformed Social Thought* (Grand Rapids, MI: Eerdmans, 2009).

몇몇 신학자들을 제외하면 다수의 학자들은 일반 학계—특히 정치학, 법학, 윤리학, 종교학 분야—의 연구자들이다. 비록 일반화하여 평가하는 것은 불가능하지만, 이들은 주로 "계약"(Contract)으로서의 "언약" 개념에 주목한다. 예를 들어, 존 위트는 은혜 언약을 하나님과 각 개인 사이의 거래 혹은 계약 개념으로 설명한 것이야말로 청교도의 위대한 발명이었다고 주장한다.[12] 그러나 위트의 주장과는 달리 17세기 대부분의 개혁파 언약신학자는 성경의 언약 개념과 일상사에서 이루어지는 거래나 계약 관계를 구분하여 설명하였다. 한편, 데이비드 위어는 초기 청교도의 언약신학에서는 성경에 계시된 하나님의 (일방적) 명령(command)이 강조되었으나 이러한 성경의 언어가 점차 세속의 언어에 해당하는 "자연의 법"(The law of nature) 혹은 "자연법"으로 대체되었다고 주장한다.[13] 그러나, 데이비드 헨렉슨(David Henreckson)이 옳게 지적했듯이, 성경적 언약신학의 본질을 하나님의 일방적 명령으로만 규정한 위어의 정의는 매우 일면적이다.[14] 대다수의 17세기 언약신학자들은 언약의 두 차원, 곧 하나님의 주권적 명령과 약속 그리고 은혜의 차원과 더불어 사람 편의 의무와 책임 그리고 순종 또한 동시적으로 강조했다. 요컨대 성경적 언약 사상은 처음부터 소위 "일방성"(unilateral)과 "쌍방성"(bilateral) 모두를 포함했다. 물론 후자가 전자가 대변하는 은혜의 원리를 훼손하거나 (구원론과 관련하여) 사람의 공로주의로 경도되는 경우는 좀처럼 발견되지 않는다. 특히 본서에서 다루는 언약신학자들의 경우는 더욱 그렇다. 은혜 언약의 조건성과 무조건성의 관계는 대부분의 17세기 언약신학자들이 크게 관심을 기울여 논의한 주제이다. 이에 대해서는 본문에서

---

12 Witte, *The Reformation of Rights*, 290.

13 Weir, *A Covenanted Society*, 217.

14 David Henreckson, "The Dead Letter: Defining Natural Law and Covenant in Puritan America," Presented at the Princeton Theological Seminary Bicentennial Celebration: *Scottish Common Sense Philosophy and the Natural Law Tradition in America,* (September 2012), 8-10.

좀 더 자세하도록 논의하도록 하겠다.

4) 사회통제에서 막스 베버의 테제까지

마지막으로 살펴볼 현대의 논의는 "사회통제"(social control)의 시각에서 언약신학에 접근하는 시도에 관한 것이다. 1977년 토머스 텐틀러(Thomas Tentler)는 그의 저서 『종교개혁 전야의 죄와 고해』(Sin and Confession on the Eve of the Reformation, 1977)에서 중세 말 로마 가톨릭의 고해성사를 사회통제를 위한 체계로 규정했다. 이후 적지 않은 수의 사회사가들은 종교적 교의나 운동을 동일한 시각에서 조명하고자 시도했다. 일례로, 포-치아 시아(R. Po-chia Hsia)는 사회통제의 시각에서 독일지역에서 전개된 루터파와 개혁파의 종교개혁과 로마 가톨릭의 반동종교개혁을 서술했다. 또한 폴 존슨(Paul Johnson)은 미국의 제2차 대각성 운동을 연구한 후, 그것을 당시 미국 사회의 문제들―특히 산업노동자에 대한 통제 문제―에 대한 "중산계급의 해법"으로서 규정했다.[15] 주로 1970-80년대에 활발하게 진행된 사회사가들의 이러한 시도는 사회적 기구로서의 종교가 지니는 측면을 새롭게 부각했다는 의미에서 나름대로 공헌했다고 본다. 그러나 이들의 연구는 종교적 운동이나 심지어 신학까지도 사회-경제적 토대와 변동이 빚어낸 일종의 부산물로 환원시켜 버리는 결정적인 약점을 노출한 것도 사실이다.

1990년대 이후에는 이전 세대의 약점을 비판적으로 보완하는 좀 더 균형 잡힌 연구들이 이루어졌다. 종교개혁 도시의 주민들에 대한 규율과 통제

---

15   Thomas N. Tentler, *Sin and Confession on the Eve of the Reformation* (New Jersey: Princeton University Press, 1977); Paul Johnson, *A Shopkeeper's Millennium* (New York: Hill and Wang, 1978); R. Po-chia Hsia, *Social Discipline in the Reformation: Central Europe, 1550-1750* (London: Rutledge, 1989).

를 중요한 주제로 삼고 각각 스트라스부르(부처)와 뉘른베르크(루터파) 도시의 종교개혁을 심도 있게 연구한 에이미 버넷(Amy N. Burnett)과 로널드 릿거스(Ronald K. Rittgers)의 저작들은 텐틀러의 한계를 극복한 것으로 인정된다.[16] 그러나 버넷과 릿거스는 모두 16세기 독일 종교개혁의 "사적 고해"(private confession)에 집중했기 때문에 자연히 17세기 영국과 스위스 지역에서 꽃피운 언약신학을 논의에서 제외시켰다. 언약신학—특히 청교도의 언약신학—의 사회통제 기능에 대한 본격적인 논의는 데이비드 제렛(David Zaret)과 시어도어 보즈먼(Theodore D. Bozeman)에 의해 이루어졌다.[17] 1985년 제렛은 그의 저작 『천상의 계약: 혁명 이전 청교도주의에서 나타난 이데올로기와 조직화』 (*The Heavenly Contract: Ideology and Organization in Pre-Revolutionary Puritanism*, 1985)에서 16세기 말 영국 청교도 성직자와 대중 종교의 관계를 일종의 갈등의 구도로 파악했다. 그리고 이 틀 안에서 언약신학을 자리매김했다. 곧 종교개혁이 시작된 이래 활성화된 대중 종교 운동을 통제하기 위한 수단으로서 성직자들은 언약신학이라는 새로운 신학 체계를 발전시켰다는 것이다. 언약신학을 통제와 규율의 맥락에서 파악하는 제렛의 시각은 보즈먼의 저서 『엄밀주의자들: 1638년까지의 청교도주의에서 나타난 규율종교와 반율법주의의 저항』(*The Precisianist Strain: Disciplinary Religion & Antinomian Backlash in Puritanism to 1638*, 2004) 안에서도 발견된다. 보즈먼은 16세기 말 영국 청교도 운동을 "규율종교"(disciplinary religion) 운동으로 규정한다.

---

16 Amy N. Burnett, *The Yoke of Christ* (Kirksville: Northeast Missouri State University, 1994); Ronald K. Rittgers, *The Reformation of the Keys: Confession, Conscience, and Authority in Sixteenth-Century Germany* (Cambridge: Harvard University Press, 2004).

17 David Zaret, *The Heavenly Contract: Ideology and Organization in Pre-Revolutionary Puritanism* (Chicago: The University of Chicago Press, 1985); Theodore D. Bozeman, *The Precisianist Strain: Disciplinary Religion & Antinomian Backlash in Puritanism to 1638* (Chapel Hill & London: University of North Carolina Press, 2004).

자연히 규율종교가 표방하는 완전주의 혹은 엄밀주의는 청교도의 언약신학에 그대로 반영되었다고 말한다. 보즈먼은 초기 언약신학자들의 설교와 가르침에서 강조되는 언약적 조건과 인간의 책임 그리고 율법적 순종 등의 요소를 크게 부각한다. 결국 제렛과 보즈먼은 모두 청교도의 언약신학을 규율종교의 이론적 체계로서 묘사했다는 공통점을 가진다.[18] 또한 이들은 언약신학의 본질적 특성이 언약의 조건성 혹은 계약적 성격에 있다고 주장한다. 이것은 앞서 소개한 밀러 테제와 "칼뱅주의자들에게 대항하는 칼뱅" 테제를 지지하는 학자들에게서 공통적으로 발견되는 강조점이기도 하다. 따라서 제렛과 보즈먼 역시 이 같은 테제들의 일면적 한계를 함께 공유하기도 한다.

한편 칼뱅의 예정론과 청교도의 언약신학을 서로 대립시키는 테제를 막스 베버의 테제에 관한 현대의 논의로까지 적용하는 시도가 있었다. 말콤 매키논(Malcolm H. MacKinnon)은 청교도의 언약신학이 칼뱅의 예정 교리가 생산한 문제를 해결하는 일종의 해법으로 등장했다고 주장한다. 전자에서 인간의 행위는 구원의 확신을 제공하는 근거로서 인정되었기 때문에 후자가 만들어 낸 "구원의 불안" 문제를 효과적으로 제거했다는 것이다. 이것은 일찍이 베버가 강조한 (예정론의) "위기"가 청교도 언약신학의 자발주의에 의해 사실상 해소되었음을 의미한다.[19]

그런데 매키논은 자신의 주장을 구체적으로 입증할 만한 일차 사료들을 충분히 제시하지 못하는 취약점을 노출했다. 17세기의 문헌자료를 폭넓게 분석하

---

18   이들의 주장에 대한 평가와 비판은 존 프레스톤(John Preston)의 언약신학을 다룬 제6장에서 상세하게 다룰 것이다.
19   Malcolm H. MacKinnon, "Part I: Calvinism and the infallible assurance of grace: the Weber thesis reconsidered," *The British Journal of Sociology*, 39:2(June, 1988): 143-77; idem, "Part II: Weber's exploration of Calvinism: the undiscovered provenance of capitalism," *The British Journal of Sociology*, 39:2(June, 1988): 178-210; idem, "Believer selectivity in Calvin and Calvinism," *The British Journal of Sociology*, 45:4(Dec., 1994): 585-95; idem, "The Longevity of the Thesis: A Critique of the Critics," in Hartmut Lehmann & Guenther Roth ed., *Weber's Protestant Ethic* (Cambridge: Cambridge University Press, 1995): 211-43.

지 않은 채 주로 이차 자료들에 근거하여 언약신학을 인간의 공로주의 혹은 율법주의와 연결 지은 것은 비단 매키논뿐만 아니라 토랜스와 켄달 그리고 벨 등이 가진 공통의 약점이기도 하다. 흥미로운 사실은 매키논의 이러한 약점을 지적하며 1988년부터 약 7년 동안 그와 더불어 첨예한 논쟁을 벌인 당사자가 바로 제렛이라는 사실이다. 일찍이 제렛은 매키논의 입장과 크게 다르지 않은 듯 보이는 주장을 펼친 것이 사실이다. 그러나 매키논-제렛 논쟁에서 그는 확실히 기존 입장을 수정한 것으로 보인다. 이제 그는 청교도의 언약신학이 칼뱅의 예정론을 결코 포기하지 않았으며, 또한 공로주의와도 무관하다는 사실을 강조한다.[20] 자연히 매키논은 제렛이 일관성을 상실했다고 비판한다.

비록 매키논의 불평이 사실에 근거한 것일지라도 제렛의 입장 변화는 나름대로 정당했다고 판단된다. 무엇보다 매키논-제렛 논쟁에서 제렛이 취한 수정된 입장이 일차 사료들이 제시하는 실재에 좀 더 근접해 있기 때문이다. 흔히 언약신학과 관련된 현대의 각종 테제와 논의들은 앞서 언급한 바대로 매우 빈약한 사료적 근거를 갖는 경우가 의외로 많다. 막상 언약신학자들의 저작들을 탐구하기 시작한 연구자들은 이들이 남긴 자료들의 방대함과 깊이 있는 성경 주해에 놀라게 된다. 또한 이들이 종교개혁의 전통을 나름대로 얼마나 충실하게 계승하고자 노력했는지 발견하게 된다. 오늘날 독자들이 언약신학에 관한 현대의―특히 일반 학계의―논의만을 파악하는 데 안주해 버리면 안 되는 이유도 바로 이러한 사실들에 있다.

---

20   매키논-제렛 논쟁을 통해 드러난 제렛의 수정된 입장은 다음의 논문들에 반영되어 있다. David Zaret, "Calvin, Covenant Theology, and the Weber thesis," *The British Journal of Sociology*, 43:3(Sep., 1992): 361-91; idem, "The Use and Abuse of Textual Data," in Hartmut Lehmann & Guenther Roth ed., *Weber's Protestant Ethic* (Cambridge: Cambridge University Press, 1995): 245-72. 이 논쟁에 대한 종합적 평가는 윌리엄 퍼킨스의 언약신학을 다룬 제4장에서 다루기로 한다.

2. 신학적 접근: 주요 쟁점들

언약신학 논쟁사에 등장하는 "신학자들" — 특히 16-17세기 언약신학자들 — 의 논의는 일반 학계에서 진행되어 온 논의들과는 그 방식과 강조점에 있어서 확실히 구분된다. 아마도 가장 큰 차이는 성경에 기록된 언약들에 대한 성경 주해가 논의의 핵심을 차지하는 점이라 생각한다. 주목할 사실은 같은 신학 전통 안에서도 다양한 이견들이 존재해 왔다는 점이다. 특히 조직신학의 중요한 주제들과 관련을 맺을 때는 성경의 언약들에 대한 해석을 두고 언약신학자들 사이에도 첨예한 논쟁이 벌어졌다. 예를 들어 대다수의 언약신학자들은 성경의 언약을 소위 "행위 언약"(*foedus operum*)과 "은혜 언약"(*foedus gratiae*)으로 양분하는 데 동의하지만, 일부 학자들은 "행위 언약"의 존재를 부인한다. 후자를 대변하는 존 머리(John Murray)와 전자를 대변하는 메러디스 클라인(Meredith G. Kline) 사이에서 벌어진 현대의 논쟁은 꽤 유명하다.[21] 특히 머리와 클라인 모두 개혁주의 전통을 대변하는 미국 웨스트민스터 신학대학원의 교

---

21   존 머리와 메러디스 클라인 사이에 벌어진 언약신학 논쟁을 다룬 전정구 박사의 저작을 참고하라. Jeong Koo Jeon, *Covenant Theology: John Murray's and Meredith G. Kline's Response to the Historical Development of Federal Theology in Reformed Thought* (New York & Oxford: University Press of America, 1999). 언약신학과 관련된 머리와 클라인의 대표적인 저서들은 다음과 같다. 머리의 저작들: John Murray, *Collected Writings of John Murray, vol. 2: Select Lectures in Systematic Theology* (Edinburgh: The Banner of Truth Trust, 1977); idem, *The Covenant of Grace: A Biblico-Theological Study* (Phillipsburg: Presbyterian and Reformed Publishing Co., 1988); idem, *The Imputation of Adam's Sin* (Phillipsburg: Presbyterian and Reformed Publishing Co., 1959); 클라인의 저작들: Meredith G. Kline, "Canon and Covenant, I & II," *Westminster Theological Journal* 32(1969/70): 49-67, 179-200; idem, "Canon and Covenant, III," *Westminster Theological Journal* 33(1970/71): 45-72; idem, "Covenant Theology under Attack," *New Horizons* 15/2 (1994): 3-5; idem, "Dynastic Covenant," *Westminster Theological Journal* 23 (1960/61):1-15; idem, "Gospel until the Law: Romans 5:13-14 and the Old Covenant," *Journal of the Evangelical Theological Society* 34/4(1991): 433-46; idem, *Images of the Spirit* (S. Hamilton: Gordon Conwell Theological Seminary, 1986); idem, *Kingdom Prologue: Genesis Foundations for a Covenantal Worldview* (Overland Park: Two Age Press, 2000); idem, "Law Covenant," *Westminster Theological Journal* 27(1964/65): 1-20; idem, "Oath and Ordeal Signs, I & II," *Westminster Theological Journal* 28(1964/65): 1-37, 115-39; idem, "Of Works and Grace," *Presbyterian* 9 (1983): 85-92; idem, *Treaty of the Great King: The Covenant Structure of Deuteronomy* (Grand Rapids: Eerdmans, 1963).

수들이었다는 사실에서 독자들은 흥미를 느낀다. 행위 언약이 은혜 언약과 맺는 관계성을 규정하는 문제도 핵심 쟁점들 가운데 하나다. 특히 행위 언약의 핵심인 "행하라, 그리하면 살리라"의 행위 원칙 혹은 행위 원리(work-principle)가 시내산 언약에서도 발견된다는 사실에 신학자들은 주목한다. 시내산 언약이 가지고 있는 행위와 은혜의 원리를 서로 조화시키고자 노력한 언약신학자들의 다양한 시도를 읽는 일은 매우 흥미롭다. 한편 사람의 구원 문제를 두고 삼위 하나님—특히 성부와 성자—사이에 맺어진 초시간적인 언약, 소위 "구속 언약"(the covenant of redemption)의 존재가 과연 성경의 지지를 받을 수 있는가를 두고 벌어진 논쟁은 오늘날까지도 지속되어왔다. 필자는 성경의 언약을 두고 신학자들 사이에 벌어진 주요 쟁점들을 행위 언약과 은혜 언약 그리고 구속 언약의 제목 아래 비교적 간략하게 소개할 것이다.

1) 타락 전 [행위] 언약

과연 하나님은 타락 이전의 아담과 더불어 특별한 언약을 맺으셨는가? 16세기 중엽 이래 일군의 신학자들은 이 질문에 대해 긍정적으로 대답을 했다. 16세기 말 아만두스 폴라누스(Amandus Polanus)는 타락 전 언약의 존재를 인정했고, 이 언약을 가리켜 "행위 언약"이라고 불렀다. 17세기에 들어서면 "행위 언약"이라는 용어는 신학자들 사이에서 광범하게 확산되었다. 17세기 중엽 영국 웨스트민스터 회의에 참석한 신학자들은 행위 언약을 『웨스트민스터 신앙고백서』 안에 포함시켰다.

- ◆ 제7장 사람과 맺으신 하나님의 언약
- 2. 사람과 맺으신 첫 번째 언약은 행위 언약이었다. 이 언약 안에서 완전하

고 인격적인 순종을 조건으로 하여, 아담에게 그리고 아담 안에 있는 그의 후손들에게 생명이 약속되었다.[22]

『웨스트민스터 신앙고백서』는 성경의 언약을 크게 두 개의 언약, 곧 행위 언약과 은혜 언약으로 나누어 체계적으로 설명하였다. 이 시기에는 타락 전 언약을 "행위 언약"으로 표현한『웨스트민스터 신앙고백서』와 달리 동일한 언약을 지칭하는 다양한 표현들이 등장했다. 예를 들어 자카리아스 우르시누스(Zacharias Ursinus)는 이 언약을 "자연 언약"이라고 불렀고 카스파르 올레비아누스(Caspar Olevianus)는 "창조 언약"이라고 명명했다. 존 다우네임(John Downame)은 "생명 언약"이라는 개념을 사용했다. 이 밖에도 "율법 언약"과 "교제 언약" 그리고 최근에는 "시작 언약" 등의 다양한 명칭들이 등장했다.[23] 타락 전 언약에 대한 신학자들의 관심은 17세기 중엽까지 지속적으로 증가했다. 언약신학에 관한 연구물이 급증하는 1640-50년대에 이르면 실로 수많은 신학자의 저작들에서 행위 언약이 언급되었다. 대표적인 사례들을 정리하면 다음과 같다.

(1) 행위 언약을 언급한 주요 인물과 대표 저작들

A. 1640년 이전의 초기 작품들
◆ 아우구스티누스(*Augustinus*, 354-430), *De Civitate Dei*
- 제16권 27장에서 아담이 타락 전 언약을 파기한 사실을 언급한다

---

22   *Westminster Confession of Faith* (이하 *WCF*), 7.2
23   Ward, *God and Adam,* 95; Franciscus Turretinus, *Institutio*, 8.3.5.

- ◆ 자카리아스 우르시누스(Zacharias Ursinus, 1534-83), *Summa theologiae* (1561); *Larger Catechism* (1561)
- 자연 언약이 창조 시에 주어졌고 시내산 언약에서 재현되었다.

- ◆ 카스파르 올레비아누스(Caspar Olevianus, 1536-87), *De Substantia* (1585)
- 창조 언약을 언급한다. 이것을 자연 혹은 율법 언약과 동일한 것으로 이해한다.

- ◆ 더들리 페너(Dudley Fenner, 1558-1587), *Sacra Theologia* (1585)
- 행위 언약을 언급한다. 그러나 모세 언약을 논의하면서 사용하고 이것을 타락 전으로 적용하지 않는다.[24]

- ◆ 아만두스 폴라누스(Amandus Polanus, 1561-1610), *Partitiones Theologicae* (1589)
- 타락 전 아담과 맺은 행위 언약을 구체적으로 기록한다.

---

[24] 이것은 마이클 맥기퍼트(Michael McGiffert)가 — 그의 논문 "From Moses to Adam: The Making of the Covenant of Works," *The Sixteenth Century Journal* 19:2(1988): 131-55을 보라 — 크게 강조한 사실이다. 맥기퍼트는 행위 언약에 관한 가장 이른 시기의 진술을 더들리 페너(Dudley Fenner), 조시아스 니콜스(Josias Nichols), 토머스 카트라이트(Thomas Cartwright), 윌리엄 퍼킨스(William Perkins) 등의 작품들에서 발견했다. 그런데 이들은 공통적으로 창조 언약으로서의 (타락 전) 행위 언약을 강조한 것이 아니라 (시내산 언약이 표방하는) 도덕법으로서의 행위 언약에 주목했다고 맥기퍼트는 주장한다. 요컨대 타락 전 행위 언약에 관한 교리적인 기원은 아담이 아닌 모세에게 있다는 것이다. 하지만 맥기퍼트의 이러한 주장은--상당한 통찰력이 있음을 부인할 수는 없지만--일면적인 평가라는 비판이 제기되었다. 특히 퍼킨스와 관련하여 멀러는 (또 다른 사료들을 근거로 제시하면서) 타락 전에 아담이 하나님과 더불어 맺은 행위 언약의 존재를 퍼킨스가 명시적으로 언급했음을 지적한다. 멀러의 글과 그가 제시한 대표적인 사료는 다음과 같다. Perkins, *An Exhortation to Repentance*, in *Workes* III (Cambridge: J. Legat, 1612-19), 154, col.1B; Muller, "Divine Covenants, Absolute and Conditional: James Cameron and the Early Orthodox Development of Reformed Covenant Theology," *Mid-America Journal of Theology*, 17(2006), 24.

◆ 윌리엄 퍼킨스(William Perkins, 1558-1602), *A Reformed Catholike* (1597); *A Commentary on Galatians* (1604); *An Exhortation to Repentance* (1612-19)

- 행위 언약과 이것의 행위 원리를 정의한다. 타락 전 아담이 맺은 행위 언약을 언급한다.[25]

◆ 조시아스 니콜스(Josias Nichols, c. 1555-1639), *An Order of Household Instruction* (1596); *Abraham's Faith* (1602)

- 행위 언약을 언급한다. 그러나 모세 언약을 논의하면서 사용하고 이것을 타락 전으로 적용하지 않는다.

◆ 로버트 롤록(Robert Rollock, 1555-99), *Tractatus De Vocatione Efficaci* (1597)

- 하나님의 언약을 행위 언약과 은혜 언약으로 양분하고 전자에 대해 상술한다. 행위 언약 안에서 약속된 것이 "영생"임을 강조한다.

◆ 윌리엄 부카누스(William Bucanus, d. 1603), *Institutiones theologiae* (1602)

- 행위 언약이라는 용어를 명시적으로 사용하지 않지만 행위 언약의 핵심적인 구성요소들—아담의 대표성, 아담의 죄가 후손에게 전가됨, 그에게 약속된 것은 영생임—을 다룬다. 전환기의 언약신학자이다.

---

25   앞의 각주 24번을 참고하라.

◆ 토머스 카트라이트(Thomas Cartwright, 1535-1603), *Catechism* (1604)
- 행위 언약을 언급한다. 이것이 타락 전 에덴의 상태를 묘사하는 것으로 인정하나 상술하지는 않는다.

◆ 사무엘 크룩(Samuel Crooke, 1575-1649), *The Guide unto True Blessedness* (1613)
- 아담이 행위 언약을 파괴함으로 인류가 타락했음을 명시한다.

◆ 존 볼(John Ball, 1585-1640), *A Short Treatise containing all the Principal Grounds of Christian Religion* (1615)
- 타락 전 행위 언약의 전형적인 내용들을 설명한다.

◆ 윌리엄 에임스(William Ames, 1576-1633), *Medulla Theologiae* (1623)
- 창조 시 아담과 맺은 언약을 행위 언약으로 명시하고 자세하게 설명한다.

◆ 요한네스 볼레비우스(Johannes Wollebius, 1586-1629), *Compendium Theologiae* (1626)
- 행위 언약과 은혜 언약의 이중 구조를 명시적으로 서술한다.

◆ 존 프레스톤(John Preston, 1587-1628), *The New Covenant* (1629)
- 그의 시대에 행위 언약이 이미 보편적으로 수용되고 있음을 보여준다.

◆ 존 다우네임(John Downame, 1571-1652), *The Summe of Sacred Divinitie* (c. 1630)

- 행위 언약 혹은 생명 언약을 설명한다.

◆ 에드워드 리(Edward Leigh, 1602-71), *A Treatise of the Divine Promises* (1633)
- 행위 언약에 대해 상술한다.

B. 1640-1700년까지의 주요 저작들

◆ 조지 워커(George Walker), *The Manifold Wisdom of God* (1640)
◆ 토머스 후커(Thomas Hooker), *The Paterne of Perfection* (1640); *An Exposition of the Principles of Religion* (1645)
◆ 요한네스 클로펜버그(Johannes Cloppenburg), *Disputationes de foedere Dei* (1643)
◆ 토비아스 크리스프(Tobias Crisp), *Christ Alone Exalted* (1643)
◆ 제임스 어셔(James Ussher), *The Principles of Christian Religion* (1645)
◆ 존 볼(John Ball), *A Treatise on the Covenant of Grace* (1645)
◆ 에드워드 피셔(Edward Fisher), *The Marrow of Moderne Divinitie* (1646)
◆ 앤서니 버지스(Anthony Burgess), *Vindiciae Legis* (1646)
◆ 피터 벌클리(Peter Bulkeley), *The Gospel-Covenant* (1646)
◆ 에드먼드 캘러미(Edmund Calamy), *Two Solemn Covenants made Between God and Man* (1646)
◆ 요한네스 코케이우스(Johannes Cocceius), *Summa Doctrinae de Foedere et Testamento* (1648)

- 데이비드 딕슨(David Dickson), *The Sum of Saving Knowledge* (1650)
- 토머스 블레이크(Thomas Blake), *Vindiciae Foederis* (1653)
- 사무엘 루더포드(Samuel Rutherford), *Covenant of Life Opened* (1655)
- 프랜시스 로버츠(Francis Roberts), *Mysterium & Medulla Bibliorum* (1657)
- 패트릭 길레스피(Patrick Gillespie), *The Ark of the Covenant Opened* (1661, 1677)
- 오바댜 세드위크(Obadiah Sedgwick), *The Bowels of Tender Mercy in the Everlasting Covenant,* (1661)
- 윌리엄 브리지(William Bridge), *Christ and the Covenant* (1667)
- 존 오웬(John Owen), *The Greater Catechism* (1645); *An Exposition of the Epistle to the Hebrews* (1668)
- 존 베렛(John Barret), *Good Will Towards Men* (1675)
- 헤르만누스 윗시우스(Hermannus Witsius), *De Oeconomia foederum Dei cum homnibus* (1677)
- 윌리엄 스트롱(William Strong), *A Discourse on the Two Covenants* (1678)
- 프란키스쿠스 투레티누스(Franciscus Turretinus), *Institutes of Elenctic Theology* (1679-85)
- 존 번연(John Bunyan), *The Doctrine of the Law and Grace Unfolded* (1685)
- 빌헬무스 아 브라켈 Wilhelmus à Brakel. *The Christian's Resonable Service* (1700)

C. 대표적인 신앙고백서, 신조, 요리문답

- 아일랜드 신조(*The Irish Articles of Religion*, 1615).
- 웨스트민스터 신앙고백서(*Westminster Confession of Faith*, 1647)
- 웨스트민스터 대요리문답(*Westminster Larger Catechism*, 1648)
- 사보이 선언(*Savoy Declarations*, 1658)
- 스위스 일치신조(*Helvetic Consensus Formula* (1675)
- 제2런던 [침례교] 신앙고백(*The 1677 London Baptist Confession of Faith* (1677)
- 발헤렌 신조(*Walcheren Articles*, 1693)

(2) 행위 언약에 관한 현대의 논쟁: 머리-클라인 논쟁

위의 목록을 살펴보면 종교개혁을 계승한 신학자들 가운데 특히 개혁파 신학자들과 신조들이 행위 언약에 대해 많은 관심을 기울였다는 것을 알 수 있다. 행위 언약에 관한 논의가 한창 무르익은 17세기 중엽, 대다수 언약신학자들은 행위 언약을 구성하는 요소들로서 다음 항목들을 고려하였다.

- 첫째, 언약의 당사자들: 하나님과 사람(아담)
  - 하나님은 스스로 낮아지심을 통해 사람과 언약 관계를 체결하셨다.
  - 아담은 인류를 대표하는 언약적 수장(federal head)이다.
- 둘째, 언약의 조건: "행하라, 그리하면 살리라."
- 셋째, 언약에서 약속된 것: 영원한 생명.
- 넷째, 언약 파기에 따른 형벌: 죽음
- 다섯째, 언약의 인증들: 생명나무 혹은 선악수(善惡樹). 혹은 둘 다.

앞의 요소들 가운데 논란의 대상이 된 것은 특히 두 번째와 세 번째 항목, 곧 언약의 조건으로 제시된 "행위의 원리"와 아담의 순종에 대해 보상으로서 약속된 "영생"에 대한 해석이다. 아담이 순종한 결과, 그가 하나님으로부터 받게 될 "영생"을 과연 그의 공로에 대한 정당한 보상으로 간주할 수 있을까? 행위 언약의 존재를 인정한 신학자들 가운데도 이 질문에 대해 부정적인 입장을 취한 인물이 있는가 하면, 이것을 적극적으로 긍정한 사람도 있다. 예를 들어, 사무엘 루더포드와 토머스 후커는 각각 전자와 후자의 입장을 대변했다. 하나님의 영원한 작정과 의도를 강조한 루더포드에 따르면 하나님은 애당초 행위 원리에 기초하여 아담에게 영생을 베풀 것을 작정하지 않으셨다. 행위 언약을 체결할 때 하나님은 그리스도라는 이름의 "치료제"를 미리 준비해 놓으셨다고 그는 믿는다. 한 걸음 더 나아가, 설령 아담이 행위 언약의 조건을 수행하여 영생을 얻게 되었다고 가정하더라도, 우리는 그것을 공로적 보상이 아닌 하나님의 은혜로 간주해야 한다고 그는 가르친다. 왜냐하면 유한자인 인간이 수행한 행위에 비해 영생은 무한한 가치를 가지기 때문이다. 그러나 후커는 이러한 루더포드의 생각에 동의하지 않았다. 물론 창조주 하나님께서 그의 피조물과 더불어 언약을 맺은 것 자체가 하나님의 크신 은혜를 드러낸다는 사실을 후커는 기꺼이 수용한다. 그러나 일단 언약을 맺으신 이상, 만일 아담이 언약의 조건을 성공적으로 수행하여 영생을 받았다면, 아담에게는 그것이 분명 공로적 대가로 인정되어야 한다고 후커는 강조한다. 한 걸음 더 나아가, 아담은 자신의 공로에 기초하여 하나님께 담대하게 나아가 영생을 요구할 수 있었을 것이라고 후커는 확신한다.[26]

루더포드와 후커의 입장 차이는 오늘날 머리와 클라인의 논쟁을 예고했

26　행위 언약에 관한 사무엘 루더포드와 토머스 후커의 상이한 입장에 대해서는 두 사람의 언약신학을 비교한 제7장을 참고하라.

다. 어떤 의미에서 머리와 클라인 사이의 간격은 루더포드와 후커의 차이보다 더욱 벌어졌다. 루더포드는 "행위 언약" 개념을 거부하지 않았으나 머리는 그것을 거부했다. 후커의 경우 아담의 행위 언약 안에서 하나님의 "은혜"를 발견하는 것 자체를 반대하지는 않았으나 클라인은 그것을 반대했다. 과연 머리-클라인의 첨예한 대립은 어떤 성경적, 신학적 근거를 가지는 것일까? 먼저 머리의 입장부터 간략하게 살펴보자. 머리는 타락 전 아담의 상태를 "행위 언약"으로 규정하는 시각을 거부한다. 그 대신 소위 "아담 통치 방안"(The Adamic Administration)이라는 새로운 개념을 도입한다. 그 이유는 다음과 같다. 첫째, "행위" 원리는 하나님의 "은혜"의 요소에 자리를 내어주지 않는다. 둘째, 타락 전 아담의 상태를 "언약"으로 지칭할 수 있는 성경적 근거가 미약하다. 비록 호세아 6:7에 언약이라는 단어가 등장하지만 이 구절은 다르게 해석될 수도 있기 때문에 충분한 근거가 될 수 없다.[27] 머리에 따르면 성경의 언약은 항상 하나님의 "구속 계획" 안에서 등장한다. 이 경우 사람의 구원에 관한 하나님의 약속이 선포되고 이것을 보증하는 하나님의 맹세가 덧붙여지기 마련인데 타락 전 아담의 상태에는 이러한 구속의 요소들이 발견되지 않는다.[28]

한 가지 기억할 점은 머리가 행위 언약의 모든 요소를 반대하는 것은 아니라는 사실이다. 그의 "아담 통치 방안"은 "행위 원칙"을 제외한 나머지 요소들과는 사실상 양립 가능하다. 예를 들어보자. 머리는 타락 전 아담의 지위에 독특성을 부여한다. 첫 사람 아담은 인류의 대표로서 하나님의 특별한 통치(섭리) 아래에서 순종을 조건으로 영생을 약속받았다. 하나님이 정해 놓으신 시험 기간을 통과한 후에 아담은 더욱더 영화로운 단계로 이동할 수 있었다. 여기서 머리는 아

---

[27] 호 6:7. "그들은 아담처럼(כְּאָדָם) 언약을 어기고 거기에서 나를 반역하였느니라" 머리는 "아담"을 고유명사가 아닌 사람을 가리키는 보통명사로 해석한다.

[28] Murray, *Collected Writings of John Murray*, vol. 2, 49.

우구스티누스의 구분을 사용한다. 곧 아담의 최초상태는 "죄를 지을 수도 있고 안 지을 수도 있는 상태"(posse peccare et posse non peccare)이다. 시험을 통과한 아담에게 마련된 거룩함과 지복의 상태는 "죄를 지을 수 없는 상태"(non posse peccare)로 묘사된다. 에덴동산에 있던 생명나무는 약속된 영생에 대한 가시적인 인증(seal)이었다고 머리는 설명한다. 요컨대 머리의 "아담 통치 방안"은 그 내용에 있어서 소위 "행위 언약"의 구성요소를 대부분—"행위 원칙"을 제외한 나머지 네 요소—수용한다.[29] 이 때문에 전정구는 머리-클라인 논쟁을 검토한 후에 머리의 신학적 입장이 행위 언약에 대한 전통적인 개혁파의 설명과 결코 다르지 않다고 결론을 내린다.[30]

그렇다면 머리가 "행위 언약"이라는 명칭을 굳이 반대하는 이유는 무엇일까? 이미 언급한 대로 머리는 "행위 언약"이 포함하고 있는 "공로" 개념에 반대하기 때문이다. 머리에 따르면 아담에게 약속된 "종말론적인 영광"은 사람의 공로와 그것에 대한 정당한 대가로서 주어지는 것이 아니다. 다른 말로 표현하자면 그것의 기초는 하나님의 "정의"가 아니라는 것이다. 오히려 그것은 하나님의 "은혜의 약속"과 그 약속을 지키시는 하나님의 신실함에 근거한다. 바로 이러한 이유에서 머리는 아담의 최초상태에서 그 어떠한 "공로적 보상"을 의미하는 요소도 축출하고자 한 것이다.[31]

한편 클라인은 개혁파의 신앙고백서들에 등장하는 (보다 전통적인) "행위 언약"의 개념을 옹호하면서 머리의 견해를 강하게 비판한다. 우선 클라인은 아담의 최초상태에 "은혜" 개념을 도입해서는 안 되는 이유를 다음과 같이 설명한

---

29 Murray, *Collected Writings of John Murray*, vol. 2, 47-59.
30 Jeong Koo Jeon, *Covenant Theology*, 104, 116.
31 Murray, *Collected Writings of John Murray*, vol. 2, 55-56.

다. 그에 따르면 조직신학의 주제들—특히 구원론—안에서 "은혜"는 반드시 과실 혹은 범죄를 의미하는 "반(叛) 공로"(demerit)에 대한 대응 개념으로 사용되어야만 한다. 따라서 무죄 상태의 아담과 하나님이 맺으신 특별한 관계를 "은혜"라는 개념으로 설명할 수 없다는 것이 클라인의 주장이다. 클라인은 타락 전 아담의 상태를 은혜라는 용어 대신에 하나님의 선하심(goodness) 혹은 자비하심(beneficence)의 개념으로 이해할 것을 제안한다.

> ◆ 만일 우리가 은혜가 가지고 있는 법정적 의미를 구분한다면 우리는 (구원론적 의미에서의) 은혜라는 특수한 개념과 자비하심(beneficence)—사람을 창조하실 때 사람에게 하나님의 존재적인 위엄을 부여하심을 통해 표현됨—을 서로 혼동하지 않을 것이다. 하나님의 창조에서 드러난 그의 선하심은 신적인 사랑의 행위이지 은혜의 행위는 아니었던 것이다.[32]

그런데 타락 전 아담의 상태를 설명하면서 클라인이 은혜의 개념을 거절하고 "행위의 원리"를 고집하는 데는 좀 더 중요한 이유가 있다. 그것은 "아담-그리스도 기독론"에서 행위 언약이 차지하는 고유한 기능과 관련이 있다. 성경은 예수 그리스도를 제2의 아담으로 선포한다. 주지하다시피 그리스도 안에서 택하심을 입은 자가 의롭다 함을 얻은 것은 예수 그리스도의 "공로적(meritorious) 의"가 이들에게 "전가"(imputation)되었기 때문이다. 만일 아담과 (제2의 아담인) 그리스도 모두 "언약의 대표"이고, 아담의 죄와 그리스도의 공로적 의가 각

---

[32] Kline, *Kingdom Prologue*, 114. 클라인의 저서는 한글로도 번역되었다. 『하나님 나라의 서막』, 김구원 역 (서울: 개혁주의신학사, 2007), 161.

자가 대표하는 모든 구성원에게 법적으로 전가된 것이 사실이라면, 그리스도뿐만 아니라 첫 사람 아담 역시 "행위 원칙"의 지배하에 있었음에 틀림없다고 클라인은 주장한다. 그의 시각에서 보았을 때, 첫 번째 아담에게서 행위 원칙과 그것에 근거한 공로적 의를 박탈하는 것은 곧 두 번째 아담(예수 그리스도)의 공로적 근거를 파괴하는 것을 의미한다. 이 경우, 택하심을 입은 자들이 전가 받을 칭의의 공로적 근거와 하나님 나라의 상속권은 송두리째 빼앗기게 될 것이라고 클라인은 경고한다.[33]

> ◆ 그뿐 아니라 행위의 원리는 은혜의 복음에 토대를 제공하기도 한다. 두 번째 아담이신 예수의 행위가 공로적인 것이 아니었다면 칭의-승인의 근거로 하나님의 백성에게 전가될 어떤 공로도 없게 될 것이다. 그러면 복음은 신기루에 지나지 않을 것이다.…이처럼 행위 원리는 복음의 기초이기 때문에 그 원리를 부정하는 것(특히 아버지의 사랑과 공로 행위의 양립 가능성을 부정하는 입장)은 복음을 뒤집는 행위로 간주되어 마땅하다. 공로적 행위의 부정으로 시작한 것이 나중에는 구원 은혜의 성경 진리를 (무의식적이지만) 공격하는 것이 된다.[34]

그러나 아담의 상태를 행위 언약으로 규정한 후,[35] 그것의 행위 원칙을 부정하는 모든 시도를 "복음을 뒤집는 행위" 또는 종교개혁의 칭의론을 전면 부정

---

33   Kline, *Kingdom Prologue*, 116-117.
34   Kline, *Kingdom Prologue*, 108-9. 인용문은 『하나님 나라의 서막』 155쪽을 보라.
35   본문에서 언급한 두 가지 이유 이외에도 클라인은 다음과 같은 근거들을 제시한다. 첫째, 하나님의 "창조"는 이미 그 자체로 언약적 성격을 갖는다(참조. 렘 33:20-21). 둘째, 호세아 6:7은 창조 언약에 대한 성경적 증거다. 셋째, 창세기 1-2장에 기록된 창조의 구조 자체가 언약적이다. 하나님 형상, 안식일, 선악수, 생명나무 등은 언약과 관계된 요소들이다. 넷째, 하나님과 아담의 관계는 일종의 주군과 봉신 사이에 맺어지는 조약적 성격을 드러낸다. 이를 통해 창조주의 주권적 통치체제 성립되었음을 계시한다. Kline, *Kingdom Prologue*, 1-137.

하는 행위라고 비판하는 클라인의 입장을 액면 그대로 머리에게 적용하는 것은 불가능할 것이다. 왜냐하면 전정구가 옳게 지적한 바대로 머리는 "행위 언약"의 명칭을 거부했음에도 전통적인 칭의론과 그리스도의 전가에 관한 교리를 그대로 수용하고 있기 때문이다. 팔머 로버트슨(O. Palmer Robertson)은 오히려 클라인의 입장을 비판한다. 로버트슨에 따르면, 클라인은 약속 언약(promise-covenant)에 비해 율법 언약(law-covenant)을 지나치게 강조했으며, 아담과 하나님의 관계를 엄격한 율법적 관계로만 규정한 것 역시 설득력이 떨어진다.[36] 로버트슨은 하나님께서 율법을 수여하신 것 자체가 그의 은혜를 드러낸다고 주장한다. 여기서 우리는 로버트슨이 (클라인과 달리) 은혜를 법정적 개념에 국한시키지 않음을 알 수 있다.[37] 물론 오늘날 클라인의 입장을 긍정적으로 평가하는 학자들 역시 존재한다. 대표적으로 마이클 호튼(Michael Horton)은 하나님의 은혜와 선하심을 구분하는 클라인의 입장을 지지한다. 전자는 죄의 상태를 전제하기 때문에 무죄 상태의 아담에게 "은혜"의 원리를 적용할 수 없다고 말한다. 또한 둘째 아담으로 오신 예수 그리스도를 강조하는 클라인의 시각에도 동의한다. 호튼은 이렇게 말한다. "그[예수 그리스도]는 (언약적) 대표로서 자기가 창조 언약을 성취한 사실에 기초하여 이제 은혜 언약 안에 있는 우리에게 그의 (공로적) 보상을 배분할 수 있게 되었다."[38]

오늘날 머리-클라인 논쟁을 읽는 독자들은 각자의 목소리를 우선 당사자의 관점에서 경청할 필요성을 느낀다. 무엇보다 과연 이들이 어떤 동기에서 그와 같

---

36 O. Palmer Robertson, "Current Reformed Thinking on the Nature of the Divine Covenants," *Westminster Theological Journal* 40 (1977): 66-76. 이 논문에서 로버트슨은 머리와 클라인 논쟁을 중점적으로 평가한다. 특히 클라인의 견해를 비판한 70-76을 참고할 것.

37 이 사실을 장재가 옳게 지적했다. 장재 "웨스트민스터 신앙고백서의 행위 언약에 대한 소고" 「개혁논총」 14 (2010), 111.

38 Michael Horton, *Introducing Covenant Theology* (Grand Rapids: Baker Books, 2006), 54, 94, 100. 인용문은 94쪽. 호튼의 책은 한글로도 번역되었다. 『언약신학』, 백금산 역(서울: 부흥과개혁사, 2009).

은 주장을 했는가를 알게 될 때 독자들은 오히려 안심하게 된다. 왜냐하면 (비판자들의 우려와 달리) 머리와 클라인 모두 은혜의 복음을 훼손할 의도가 전혀 없음을 쉽게 확인할 수 있기 때문이다. 주지하다시피 머리의 주된 강조점은 은혜 언약에 있다. 클라인의 경우도 마찬가지이다. 행위 언약의 행위 원칙을 강조한 그의 궁극적 관심 역시 첫 번째 아담이라기보다는 그리스도와 그의 복음이다. 결국 복음의 순수한 은혜를 강조하고 그 신학적 원리를 보다 잘 드러내기 위해 클라인은 행위 언약을 강조했던 것이다.

2) 은혜 언약

은혜 언약이란 무엇인가? 『웨스트민스터 신앙고백서』는 다음과 같이 정의한다.

> ◆ 사람이 타락하여 스스로는 이 [행위] 언약에 의해 생명에 이를 수 없게 되었으므로, 주님께서 통상적으로 은혜 언약이라고 불리는 두 번째 언약을 맺기를 기뻐하셨다. 이 은혜 언약 안에서, 주님께서 죄인들에게 예수 그리스도에 의한 생명과 구원을 값없이 제안하셨으며, 구원받기 위하여 이들에게 그리스도를 믿을 것을 요구하셨고, 생명에 이르도록 작정된 모든 사람에게 그분의 성령을 주시어 이들이 믿기를 원하고 믿을 수 있게 해주실 것을 약속하셨다.[39]

행위 언약의 경우와 달리 이 같은 내용의 은혜 언약이 과연 존재했는가를 두

---

39 WCF, 7.3.

고 신학자들은 논쟁하지 않았다. 또한 언약의 본질을 "은혜"로 규정하는 것에 대해서도 언약신학자들 사이에는 별다른 이견이 없다. 예를 들어 사람 편의 책임과 의무를 강조했다는 소위 취리히 전통의 불링거조차도 하나님의 주권적이고 일방적인 은혜를 은혜 언약의 본질로 이해한다. 그에 따르면, 아브라함과 더불어 은혜 언약을 맺으실 때 하나님은 사람 편의 공로를 전혀 고려하지 않으셨는데 이는 타락으로 말미암아 모든 사람이 이미 죄인이 되었기 때문이다. 하나님의 은혜에 반응하는 인간 편의 의지에 대해서도 불링거는 이 의지가 성령의 사역으로 말미암아 변화되어 복음의 신비를 이해하고, 그것에 자발적으로 반응하는 것이라고 설명한다(렘 31:33; 겔 36:26f.). 요컨대 "우리는 오로지 하나님의 선하심과 긍휼로 말미암아 구원을 얻는다." 이러한 은혜 언약이야말로 기독교의 기원과 요체(要諦)라고 불링거는 말한다.[40]

한편 언약신학자들은 성경에 등장하는 언약들—아담 언약(창 3:15), 노아 언약, 아브라함 언약, 시내산(모세) 언약, 다윗 언약, 새 언약 등—사이에 존재하는 다양성에도 주목했다. 일찍이 불링거는 외콜람파디우스의 견해를 인용하면서 여러 시대에 다양하게 펼쳐진 성경의 언약들은 하나님 편에서 보았을 때는 사실상 하나의 영원한 언약이라고 주장하였다.[41] 같은 맥락에서 칼뱅은 그의 『기독교강요』 제2권 10장 2절에서 이렇게 말한다.

- ◆ [구약의] 모든 족장과 맺은 언약은 그 실재와 본질(*substantia*)에 있어서 우리의 언약과 전혀 다른 것이 아니다. 그것은 모두 동일한 하나의 언약이다. 다만 경륜(*administratio*)에 있어서의 차이인 것이다.

---

40 Heinrich Bullinger, *De testamento seu foedere Dei unico & aeterno brevis expositio* (Zürich, 1534), 6a-7b; *The Second Helvetic Confession* (1566), chap.9.

41 Bullinger, *De testamento*, 28a-28b, 31a, 38a; *The Second Helvetic Confession*, chap.17

이러한 칼뱅의 시각은 『웨스트민스터 신앙고백서』에 그대로 반영되었다. 『웨스트민스터 신앙고백서』는 은혜 언약의 본질을 그리스도로 규정하며, 율법과 복음 시대의 언약은 이 본질에 있어 하나의 언약이라고 설명한다.[42] 그러나 은혜 언약의 다양성과 통일성에 관해 모든 신학자가 동일한 입장을 취한 것은 아니었다. 특히 구약과 신약의 관계, 그리고 시내산 언약의 성격을 어떻게 규정할 것인가의 문제를 두고 치열한 신학 논쟁이 일어났다. 전자와 관련해서는 주로 유아세례의 문제를 두고 개혁파 전통의 언약신학자들과 재세례파 사이에 첨예한 의견 대립이 있었다. 한편 시내산 언약에서 발견되는 행위와 은혜의 두 원칙을 설명하는 방식을 두고 개혁파 내부에서도 다양한 이견들이 등장하였다. 여기에서는 이 두 가지 쟁점만을 간략하게 소개할 것이다.

(1) 은혜 언약의 통일성: 재세례파와의 논쟁

16세기 재세례파의 등장은 개혁파의 언약신학이 교리적으로 체계화되는 과정에 크게 기여하였다. 일례로, 1534년 언약신학 분야의 최초 연구서라 불리는 불링거의 논문 "하나님의 유일하고 영원한 유언 혹은 언약"(*De testamento seu foedere Dei unico et aeterno*, 1534)이 출판되었는데, 저자는 이를 통해 재세례파의 견해를 반박하고자 시도했다. 이 책이 출판되기 7년 전 스위스와 남부 독일지역에서 차츰 세력을 확장한 재세례파의 한 집단은 미하엘 자틀러(Michael Sattler)가 기초한 슐라이트하임 7개 조항을 그들의 신앙고백(*The Schleitheim Confession of 1527*)으로 채택하였다. 그 첫 번째 조항은 유아세례를 다음과 같은 이유에서 반대한다.

---

42 WCF, 7.5-6. "따라서 실체가 다른 두 은혜 언약이 있지 않으며, 다양한 경륜 아래 동일한 하나의 언약이 있을 뿐이다." WCF, 7.6.

◆ 세례는 다음과 같은 자들에게 수여되어야 한다. 곧 회개와 삶의 갱신을 배우고 이들의 죄가 그리스도에 의해 씻기었음을 진실로 믿는 자, 또한 예수 그리스도의 부활 안에 걸으며 그의 죽으심과 더불어 죽고 그의 부활과 더불어 살고자 원하는 모든 자, 그리고 이러한 의미를 알고 우리에게 그 자신들을 위해 세례를 베풀어줄 것을 자발적으로 요구하는 모든 자이다. (따라서) 이것은 모든 유아세례를 배제한다. 유아세례는 교황이 범한 최악의 그리고 가장 가증스러운 잘못이다. 당신은 이에 대한 사도적 기초와 증언을 가지고 있다 (마 28장, 막 16장, 행 2, 8, 16, 19장). 이것을 우리는 순수하게 그러나 확신을 가지고 단호하게 주장하는 바이다.[43]

재세례파의 이러한 입장을 잘 알고 있었던 츠빙글리는 슐라이트하임 신앙고백이 발표된 해에 반박문 "재세례파의 술책에 대한 반박"(*In Catabaptistarum strophas elenchus*)을 저술하였다.[44] 유아세례와 관련하여 츠빙글리는 재세례파의 신앙고백이 구약과 신약의 연속성을 파괴한다고 비판한다. 특히 아브라함에게 주신 하나님의 약속이 그리스도를 통해 성취되었음을 지적하면서 츠빙글리는 구약의 할례와 신약 시대의 유아세례의 연속성을 강조한다. 이러한 츠빙글리의 입장은 그의 후계자 불링거의 재세례파 논박에 그대로 반영되었다. 불링거는 은혜 언약의 모델을 아브라함 언약에서 발견한다. 아브라함과 더불어 하나님은 은혜 언약을 맺으셨는데 이 언약은 다음과 같은 특징을 가진다. 첫째, 아브라함에게 약속된 "씨"는 영적인 의미에서 그리스도를 가리킨다. 둘째, 아브라함 언약은 유대인의 민족적인 경계를 뛰어 넘는다. 누구든지 그리스도 안에 있는 자

---

[43] *The Schleitheim Confession*. 1527년 2월 24일 스위스 형제단 회의에서 채택되었다.
[44] Ulrich Zwingli, *In catabaptistarum strophas elenchus, Sdmtliche Werke*, Band VI, (Zurich: Verlag Berichthaus, 1961)

들은 아브라함의 자손이기 때문이다(갈 3:29). 셋째, 따라서 아브라함 언약의 적용 범위는 구약은 물론 신약 시대까지 포함한다.[45] 같은 맥락에서 불링거는 아브라함 언약의 인증(seal)으로 주어진 할례의 영적인 의미에 주목한다. "따라서 할례는 다음의 사실을 의미한다. 곧 사람은 마음의 표피를 잘라내고 믿음의 순종으로 하나님을 섬겨야만 한다(신 10:[16]; 렘 4:[4])."[46] 한 걸음 더 나아가, 할례는 그리스도의 죽음, 곧 "유언자"로서의 죽음 (히 9:17)에 관한 "신비"를 포함한다고 불링거는 주장한다.[47] 요컨대 슐라이트하임 신앙고백이 말하는 세례의 영적인 요소들—회개, 믿음, 그리스도의 죽음과 죄 사함 등—은 이미 할례의 영적인 의미와 본질 안에서 동일하게 발견되는 것이다.

칼뱅 역시 불링거와 동일한 입장을 취한다. 1536년에 출판된『기독교강요』초판에서 칼뱅은 할례와 유아세례의 연속성에 근거해서 후자의 시행을 정당화한다. "주님의 명령(창 17:10-14)이 우리에게 계명이 되어야 함은 우리의 세례가 할례의 자리에 대신 들어서기 때문이다."[48] 이처럼 구약의 할례와 신약의 유아세례를 연결 지을 수 있는 중요한 근거에 대해 칼뱅은 두 성례가 동일한 것을 가리키기 때문이라고 설명한다. "할례 가운데 유대인들에게 약속하신 것 자체를 오늘날 그리스도인들에게 세례 가운데 약속하시기 때문이다."[49] 1544년 칼뱅은 그의『재세례파 논박』에서 앞서 소개한 슐라이트하임 신앙고백의 7개 조항을 조목조목 반박한다. 첫 번째 조항(유아세례)을 논박하기 위해 칼뱅은 (불링거와 마찬가지로) 할례의 영적인 성격을 크게 부각한다. "세례는 우리의 죄를 용서해

---

45 Bullinger, *De testamento*, 8b-10a.
46 Bullinger, *De testamento*, 44a-44b.
47 Bullinger, *De testamento*, 43a-43b.
48 장 칼뱅,『기독교강요』(라틴어 직역, 1536년 초판), 문병호 역(서울: 생명의말씀사, 2009), 342.
49 Ibid.

준다는 약속과 함께 회개나 생활의 갱신을 수반한다. 할례 역시 그 이상도 그 이하도 아니다."[50] 영적 할례는 "회개" 혹은 "마음의 할례" 그리고 "옛사람이 (십자가에) 못 박히는 것"(롬 6:6; 엡 4:22) 등으로 묘사된다. 사도 바울에 따르면 아브라함에게 있어 할례는 그가 믿음으로 값없이 받은 의를 확증해 주는 역할을 한다 (롬 4:11). 이런 측면에서 구약의 할례는 그것이 가리키는 영적인 본질에 있어 신약의 세례와 일맥상통한다. 이를 거듭 확인한 후 칼뱅은 다음의 결론을 도출한다.

◆ 그러므로 이제, 세례가 예수 그리스도 안에 있는 우리의 신생과 영적 정결의 성례이기 때문에, 믿음이나 회개가 없는 어린아이들에게 세례를 주는 것은 이치에 맞지 않다고 주장하는 사람이 있다면, 나는 동일한 것이 할례에 대해서도 말해질 수 있다고 답한다. 그런데 하나님은 어린아이들이 할례 받을 것을 여전히 명하셨다. 그러므로 회개와 구원의 증거인 성례가 어린아이들에게 베풀어지는 이성에 모순된다고 주장하는 것은 하나님을 대적하여 주장하는 것이다.[51]

요컨대 할례의 성례로부터 구약 시대의 유아들이 배제된 것이 아니라면 신약 교회의 유아들 역시 세례의 성례에 참여하는 것이 자연스럽다는 것이다. 이를 강조하기 위해 칼뱅은 하나님의 구속 역사 가운데 계시된 은혜 언약은 지속적으로 증대되어왔음을 지적한다. 예를 들어, 구약 시대에 하나님은 유대인들에게 은혜를 베푸시고 성례의 표를 주셨다면, 신약 시대에 들어와서는 예수 그리

---

50 칼뱅, 「재세례파 논박, 1544 *Contre les erreurs des Anabaptistes*」, 박건택 역 in 『칼뱅작품선집』 제5권, 박건택 편역(서울: 총신대출판부, 1998), 110.
51 *Ibid*, 110-11.

스도를 통해 유대인들에게 이미 약속한 것을 확증하시고 "온 세상에 하나님의 긍휼을 아낌없이 주셨다(롬 15:8-9)." 은혜의 지속적인 증가를 중요한 특징으로 하는 구속사의 전반적인 흐름에서 보았을 때, 과거 유대인들이 누렸던 성례의 은총이 오늘날 우리와 우리 자녀들에게 베풀어지는 것을 거부하는 것은 곧 "예수 그리스도에게 커다란 모욕과 모독을 가하는 것"이라고 칼뱅은 결론을 내린다.[52]

1530년대 종교개혁가들에 의해 저술된 은혜 언약에 관한 최초의 신학적 저술들이 주로 재세례파와의 논쟁을 계기로 등장했다는 것은 다음의 중요한 사실을 말해 준다. 곧 교의로서의 은혜 언약은 처음부터 성경신학에 뿌리를 내리고 성장했다. 특히 구약과 신약의 관계를 어떻게 규정할 것인가의 문제를 두고 언약신학자들은 은혜 언약의 통일성을 강하게 주장했다. 구약 시대에 계시된 하나님의 은혜 언약은 그 본질에 있어서 신약 시대의 그것과 동일하다. 따라서 구약과 신약의 급격한 단절성을 주장하는 재세례파는 은혜 언약의 본질과 그것에 기초한 통일성을 제대로 읽어내지 못하는 약점을 노출한 것이었다.

(2) 은혜 언약의 다양성 : 시내산 언약

개혁파의 언약신학자들과 재세례파의 논쟁을 통해 쟁점화된 것이 은혜 언약의 통일성이었다면 시내산 언약의 성격을 규정하는 과정에서 드러난 특징은 은혜 언약의 다양성이라고 말할 수 있다. 특히 시내산 언약이 가지고 있는 행위의 원리를 두고 다양한 이견들이 개진되었다. 이것은 대략 다음의 네 가지로 분류될 수 있다.

첫째, 시내산 언약은 행위 언약이라는 견해이다. 윌리엄 펨블(William

---

52   *Ibid*, 111-12.

Pemble, d.1623), 존 프레스톤(John Preston, d.1628), 에드워드 피셔(Edward Fisher, d.1655), 베버소르 파웰(Vavasor Powell, d.1670) 등의 주장이다. 오늘날은 메러디스 클라인과 마크 칼베르그(Mark W. Karlberg) 등이 모세 언약이 가지고 있는 행위 언약의 성격을 크게 부각한다.

둘째, 시내산 언약은 순수한 은혜 언약이라는 견해이다. 존 볼(John Ball, d.1640), 앤서니 버지스(Anthony Burgess, d.1644), 제임스 어셔(James Ussher, d.1656), 토머스 블레이크(Thomas Blake, d.1657), 사무엘 루더포드(Samuel Rutherford, d.1661), 데이비드 딕슨(David Dickson, d.1663), 프랜시스 로버츠(Francis Roberts, d.1675) 등의 학자들이 주장했다. 오늘날의 신학자 중에는 존 머리(d.1975)와 어니스트 케번(Ernest Kevan, d.1965) 등이 이 견해를 따른다.

셋째, 시내산 언약은 행위 언약도 은혜 언약도 아닌 제3의 언약이라는 견해이다. 존 카메론(John Cameron, d.1625)과 모이제 아미로(Moïse Amyraut, d.1664), 그리고 (제한적 의미에서) 요한네스 코케이우스(Johannes Cocceius, d.1669) 등이 대표적인 학자들이다.

넷째, 시내산 언약에는 행위와 은혜의 두 원리가 혼합된 형태로 존재한다는 견해이다. 프란키스쿠스 투레티누스(Franciscus Turretinus, d.1687)를 비롯하여 윌리엄 에임스(William Ames, d.1633), 토머스 후커(Thomas Hooker, d.1648), 레너드 라이센(Leonard Ryssen, d.1700), 토머스 보스턴(Thomas Boston, d.1732) 등이 이 입장을 취한다.

행위 언약으로서의 모세 언약을 강조하는 이들은 다음과 같이 행위 원리를 명시적으로 기술하는 성경 구절들에 주목한다.

◆ 너희는 내 규례와 법도를 지키라 사람이 이를 행하면 그로 말미암아 살리라(레 18:5).

- 모세가 기록하되 율법으로 말미암는 의를 행하는 사람은 그 의로 말미암아 살리라(롬 10:5).
- 율법은 믿음에서 난 것이 아니니 율법을 행하는 자는 그 가운데서 살리라 하였느니라(갈 3:12).

물론 이들은 하나님께서 시내산 언약을 통해 행위 원리를 갱신하신 것이 복음적인 목적을 가진다는 사실을 결코 간과하지 않는다. 이미 클라인-머리의 논쟁에서 확인한 바와 같이 이들은 로마서가 제시하는 아담-그리스도(제2아담) 모형론의 틀 안에서 시내산 언약을 자리매김한다. 곧 둘째 아담으로 오신 그리스도는 시내산 언약이 요구하는 행위의 법을 온전하게 성취하셨고 그로 인해 확보한 공로적 의를 (은혜 언약 안에서) 택자들에게 전가하신 것이다. 요컨대 시내산 언약의 행위 원리는 그 핵심에 있어 은혜 언약의 은혜 됨을 성립시키는 복음적 기능을 가지고 있다는 것이다.

한편 시내산 언약을 순수한 은혜 언약이라고 주장한 신학자들은 다음의 네 가지 측면을 강조한다. 첫째, 율법을 수여하는 하나님께서 자신을 "구원자"로 계시하셨다(출 20:2; 신 5:6). 구원하시는 하나님과 죄인인 인간 사이에 맺어진 성경의 언약들은 모두 은혜 언약이다. 둘째, 하나님은 모세의 중보와 언약의 피(출 19, 24장)를 통해 시내산 언약을 맺으셨다. 이것은 모두 중보자 예수 그리스도에 대한 모형과 예표이다. 셋째, 율법은 하나님의 백성을 그리스도로 안내하는 몽학선생이다. 곧 시내산 언약의 행위 원리는 복음적인 목적을 가진다(갈 3:24). 넷째, 시내산 언약은 아브라함 언약과 연속성을 가진다. 하나님은 아브라함과 맺은 언약에 근거해서 그의 후손과 언약을 맺으셨다. 그뿐 아니라 창세기 17장에 등장하는 아브라함 언약과 출애굽기 20장에 계시된 십계명은 그 구조와 내용

에 있어서도 연속성이 존재한다.⁵³

17세기의 개혁파 정통주의 신학을 집대성한 투레티누스는 위에 열거한 네 가지 견해를 모두 소개하고 특히 마지막 입장에서 처음 두 개의 견해를 모두 수용한다. 그에 따르면 모세 언약은 외면적으로는 행위 언약에 속하지만 내면적 본질에 있어서는 은혜 언약이다. 비록 어휘의 사용에서는 다소 차이가 있지만 에임스(본질과 형태), 후커(본체와 시행), 라이센(본체와 우유적 요소), 그리고 보스턴(주요부와 표면부) 모두 투레티누스와 유사한 구분을 도입한다. 또한 이들은 외면적인 "행위의 원리"가 내면적인 "은혜의 원리"에 종속된다는 사실을 공통적으로 가르친다.

지금까지의 견해는 크게 보아 하나님과 사람 사이에 맺어진 성경의 언약을 행위와 은혜의 이중 언약체계로 보는 전통에 포함된다. 이와 대조적으로 카메론과 아미로 그리고 코케이우스 등은 시내산 언약의 성격을 규정하면서 지금까지 소개한 "행위의 원리" 혹은 "은혜의 원리"를 사용하지 않는다. 대신 그것을 영적인 은혜 언약에 비해 열등한—혹은 그것에 종속적인(subservient)—율법 언약(*foedus legale*) 혹은 제3의 언약으로 규정한다. 결과적으로 이들은 하나님과 사람 사이에 맺어진 성경의 언약을 행위 언약과 은혜 언약으로 구분하는 전통을 거부한다. 그 대신 행위 언약, 율법 언약, 은혜 언약의 삼중 언약 개념을 도입한다. 피터 월리스(Peter Wallace)는 특히 카메론과 아미로의 삼중 언약체계를 아래와 같이 설명한다.⁵⁴

---

53   이에 대해서는 투레티누스와 보스턴의 언약신학을 다룬 제8장에서 자세히 논의하도록 할 것이다.
54   Peter Wallace, "The Doctrine of the Covenant in the Elenctic Theology of Francis Turretin," *Mid-America Journal of Theology* 13(2002): 157.

	foedus naturae (자연 혹은 행위 언약)	foedus legale (율법 언약)	foedus gratiae (은혜 언약)
범위	아담 (한 사람)	이스라엘	인류
조건	자연법에 대한 완전한 순종	모세의 법에 대한 온전한 순종	오직 믿음
약속된 것	에덴동산	가나안	영생
중보자	없음	모세	그리스도
효과	완전한 순종과 분리되지 않음	악을 억제, 인간의 필요를 지시	선을 향하도록 역사
근거(기초)	창조	출애굽	그리스도

그러나 아미로가 대변하는 소위 삼중 언약체계는 크게 두 가지 이유로 인해 개혁파 전통 안에서 크게 환영받지 못했다. 첫째는 이것이 은혜 언약의 통일성을 훼손하기 때문이며 둘째는 시내산 언약의 영적이며 복음적 기능을 드러내지 못하기 때문이다. 이미 앞서 언급한 바와 같이 불링거와 칼뱅 이후 대다수의 언약신학자들은 성경에 등장하는 (아담의 타락 이후) 다양한 언약들이 본질상 하나임을 크게 강조했다. 특히 구약과 신약의 본질적 연속성을 강조하는 개혁파의 전통에서 볼 때, 카메론과 아미로의 율법 언약은 시내산 언약이 가지고 있는 은혜의 본질, 곧 그리스도를 충분히 부각하지 못했다. 예를 들어 시내산 언약의 중보자는 오로지 인간 모세일 뿐이며 그리스도에 대한 계시는 발견되지 않는다. 하나님은 단순히 죄를 징계하고 의를 인정하실 뿐이다. 따라서 율법 언약의 주된 기능은 사람을 속박하는 것이며 우리를 그리스도에게로 직접적으로 이끌지 못한다.[55]

비록 카메론-아미로의 소뮈르 학파에 속하지 않았고 또한 이들만큼 구약과 신약의 단절성을 부각하지는 않았지만, 코케이우스 역시 구약의 모세 언약

---

55 Francisco Turrettino, *Institutio Theologiae Elencticae* (Geneva: Apud Samuelem de Tournes, 1679-1685), 12.12.4.

이 (신약의) 은혜 언약에 비해 그 본질적 요소에서도 열등하다는 데에 동의한다. 예를 들어, 과거 구약의 성도가 받았던 사죄는 오늘날 신약의 성도가 받아 누리는 사죄와 구별된다. 하나님은 구약 성도의 죄를 단순히 "간과"(πάρεσις passing over)하셨다. "온전한 사죄"(ἄφεσις)의 은총은 오로지 그리스도의 속죄 사역 이후에 주어진 것이라고 코케이우스는 주장했다. 이와 달리 개혁파 전통에 속한 대다수의 신학자들은 다윗이나 히스기야를 포함하는 구약의 성도가 하나님으로부터 받은 사죄가 오늘날 신약 교회의 성도가 누리는 사죄의 은총과 본질적으로 다르지 않다고 가르쳐왔다. 따라서 G. 푸치우스(Voetius)와 A. 훌시우스(Hulsius)는 은혜 언약 안에 사죄와 칭의에 있어 차등을 부여하는 듯한 코케이우스의 견해를 강하게 비판하면서 심지어는 그의 견해가 아르미니우스주의 혹은 소키누스주의에 의해 감염된 것으로 몰아붙이기까지 했다. 물론 이것은 지나친 비판이었다. 코케이우스의 언약신학은 기본적으로 그리스도에 기초한 은혜 언약의 통일성을 반대하지 않기 때문이다. 비교적 최근에 빌렘 반 아셀트와 브라이언 리(Brian J. Lee)는 코케이우스의 언약신학—특히 행위 언약의 단계적 폐지(abrogation)에 대한 교리—에 대한 보다 균형 잡힌 평가를 시도했다. 아셀트와 리는 각각 성령론과 종말론의 좀 더 거시적인 관점에서 코케이우스의 언약신학을 조명할 것을 제안한다. 그렇게 되면 독자들은 하나님의 구속 역사와 구원의 서정(ordo salutis, 성화를 포함)을 독창적으로 조화시키는 코케이우스의 시도를 좀 더 잘 볼 수 있기 때문이다. 아울러 브라이언 리는 개신교 헤브라이스트였던 코케이우스가 유대인 공동체에 복음을 전하고자 특별한 노력을 기울였음을 지적한다. 코케이우스는 개혁파의 언약신학을 유대교와의 논쟁적 상황에서 변증적으로 활용하였다. 특히 구약에 관한 그의 독특한 견해는 이러한 역사

적 정황에서 형성된 것이라고 리는 주장한다.[56]

요약하자면, 시내산 언약과 관련해서는 개혁파 안에서도 해석의 다양성이 늘 존재해 왔다. 크게 보아 두 그룹으로 나누어 볼 수 있다. 즉 하나님과 사람 사이에 맺어진 성경의 언약을 행위 언약과 은혜 언약의 이중 언약체계로 보는 다수와 그것을 행위 언약, 율법 언약, 은혜 언약의 삼중 체계로 주장하는 소수로 나뉜다. 전자는 시내산 언약을 행위 언약의 갱신, 순수한 은혜 언약, 그리고 두 언약의 혼합된 형태로 보는 세 가지 견해로 다시 세분화된다. 한 가지 기억할 것은 이러한 세부적인 차이를 지나치게 경직된 것으로 간주해서는 안 된다는 사실이다. 특히 각 견해를 피력한 신학자들의 의도를 이해할 때, 우리는 오히려 이들 사이에 형성된 공통점 확인할 수 있다. 일례로 시내산 언약을 행위 언약으로 규정한 프레스톤과 피셔는 율법이 복음적 목적과 기능을 위해 주어진 것이라고 주장한다. 주지하다시피 이것은 시내산 언약을 은혜 언약으로 규정하는 신학자들이 핵심적으로 강조하는 내용과 일치한다. 또한 비슷한 맥락에서, 토머스 보스턴이 피셔의 저작 『현대신학의 정수』(The Marrow of Modern Divinity)를 주해하여 새롭게 출판하면서 자신과 피셔의 언약신학을 본질적으로 동일한 것으로 제시한 것은 전혀 무리가 없어 보인다.[57]

---

56 Brian J. Lee, "Johannes Cocceius as Federal Polemicist: The Usefulness of the Distinction between the Testaments," 567-81 in *Church and School in Early Modern Protestantism*, edited by Robert J. Bast et als. (Leiden: Brill, 2013). 유대교와의 논쟁적 정황에 대한 언급에 대해서는 글의 결론부(580-81)를 참고하라; W. J. Van Asselt, "The Doctrine of the Abrogations in the Federal Theology of Johannes Cocceius (1603-1669)," *Calvin Theological Journal* 29(1994):101-16; idem, *The Federal Theology of Johannes Cocceius (1603-1669)* (Leiden: Brill, 2001), 1-62, 248-284. 특히 코케이우스와 푸치우스 사이의 논쟁에 대해서는 283쪽 각주 16번을 참조하라.

57 에드워드 피셔의 저작 『현대신학의 정수』에서 특히 시내산 언약에 대한 보스턴의 주해를 보라. Boston's annotation on Edward Fisher, *The Marrow of Modern Divinity*, in *The Complete Works of Thomas Boston*. 12 vols, with a new introduction by J. R. Beeke & R. J. Pederson, vol. 7 (Stoke-on-Trent, UK: Tentmaker Publications, 2002).

3) 구속 언약[58]

구속 언약(*pactum salutis*)은 하나님과 사람 사이에 맺어진 언약이 아니라는 측면에서 지금까지 논의한 성경의 언약들과 구분된다. 구속 언약이란 창조 이전에—초시간적인(atemporal) 기원을 갖는다는 의미에서—사람의 구원과 특히 그리스도의 구속 사역에 관하여 삼위 사이에 맺어진 영원한 언약으로 정의할 수 있다. 구속 언약 안에서 성부 하나님은 그리스도 안에서 자기 백성을 선택하시고 그리스도를 이들의 구원자와 머리로 정하신 후 세상에 보내신다. 성자 하나님은 자발적으로 낮아지사 택자들을 위한 구속 사역을 완수하심으로써 자기 백성을 위한 구원의 보증(surety)이 되신다. 성령 하나님은 복음을 택자들에게 적용하시고 택자들을 인치는 역할을 하심으로 이 언약에 참여하신다.

칼 트루먼에 따르면 구속 언약에 관한 가장 이른 언급은 1638년 스코틀랜드 국교회 총회에서 데이비드 딕슨이 아르미니우스주의 신학의 위험성을 경고

---

[58] 여기서의 논의는 특히 멀러의 연구에 의존하고 있음을 밝힌다. 구속 언약에 관해서는 다음의 저작들을 참고하라. Richard A. Muller, "Toward the *Pactum Salutis:* Locating the Origins of a Concept," *Mid-America Journal of Theology* 18 (2007): 11-65; idem, "The Spirit and the Covenant: John Gill's Critique of the *Pactum Salutis,*" *Foundations* 24(1981): 4-14; Carl R. Trueman, "From Calvin to Gillespie on Covenant: Mythological Excess or an Exercise in Doctrinal Development?" *International Journal of Systematic Theology* 11:4 (2009): 378-397; Carol A Williams, "The Decree of Redemption is in Effect a Covenant: David Dickson and the Covenant of Redemption." Ph.D. dissertation (Calvin Theological Seminary, 2005); Mark Beach, "The Doctrine of the *Pactum Salutis* in the Covenant Thought of H. Witsius," *Mid-America Journal of Theology* 13(2002):102-42. 비교적 최근에 출판된 연구물로는 다음을 참고하라. John Fesko, *The Covenant of Redemption: Origins, Development, and Reception* (Göttingen: Vandenhoeck & Ruprecht, 2015); idem, "The Covenant of Redemption and the Ordo Salutis," *The Master's Seminary Journal* 33/1(Spring, 2022): 5-19; Joohyun Kim, "The Holy Spirit in David Dickson's Doctrine of the *Pactum Salutis.*" *Puritan Reformed Journal* 7/2 (2015): 112-126; Thomas Parr, "English Puritans and Covenant of Redemption: John Flavel and William Strong," *Puritan Reformed Journal* 12/1(2020): 55-74; idem, "Patrick Gillespie on the Covenant of Redemption: Exegetical Arguments," *Puritan Reformed Journal* 13/1(2021): 48-77; Reita Yazawa, "Covenant of Redemption in the Theology of Jonathan Edwards: The Nexus Between the Immanent and Economic Trinity," Ph.D. dissertation (Calvin Theological Seminary, 2013); idem, *Covenant of Redemption in the Trinitarian Theology of Jonathan Edwards* (Eugene, OR: Pickwick Pub., 2019); Byunghoon Woo, "The Pactum Salutis in the Theology of Witsius, Owen, Dickson, Goodwin, and Cocceius," Ph.D. dissertation (Calvin Theological Seminary, 2015); 우병훈, "데이비드 딕슨의 구속 언약의 특징과 그 영향", 「개혁논총」 34(2015): 63-112.

하는 연설 가운데 등장한다.[59] 그러나 구속 언약이 교리적으로 보다 체계화되고 조직신학의 주제로서 널리 알려지기 시작한 것은 17세기 중엽의 일이다. 이처럼 언약신학 안에서도 구속 언약 교리가 다소 뒤늦게 발달했다는 사실에 근거해서 20세기 중엽까지 신학자들은 다음의 몇 가지 잘못된 주장을 제기하였다. 오늘날 이것은 대부분 구속 언약에 대한 오해에서 비롯된 것들로 드러났다.[60]

(1) 구속 언약에 관한 오해들

	구속 언약에 관한 다섯 가지 오해	주창자 혹은 테제
1	구속 언약은 17세기의 발명품이다.	"칼뱅주의자들에게 대항하는 칼뱅"
2	구속 언약은 성경신학적 토대를 결여한다.	버트 룬스트라(Bert Loonstra), 데이비드 위어(David Weir), 팔머 로버트슨(O. Palmer Robertson)
3	구속 언약은 코케이우스의 작품이다.	빌헬름 하스(Wilhelm Gass)
4	구속 언약은 율법주의의 표현이다. 또한 삼위 사이에 상업적인 계약 개념을 도입하는 인위적 시도이다.	제임스 토랜스(James B. Torrance), 토머스 토랜스(Thomas F. Torrance), 찰스 벨(Charles Bell); cf. 칼 바르트(K. Barth)
5	구속 언약은 칼뱅의 작정교리에 대한 대안이다.	버트 룬스트라(Bert Loonstra)

---

59 Trueman, "From Calvin to Gillespie on Covenant," 384; *Records of the Kirk of Scotland, containing the Acts and Proceedings of the General Assemblies from the Year 1638 Downwards*, ed. by Alexander Peterkin (Edinburgh: Peter Brown, 1843), 159.

60 구속 언약에 대한 다섯 가지 오해에 대해서는 다음의 저작들을 참고하라. Wilhelm Gass, *Geschichte der protestantischen Dogmatik in ihrem Zusammenhange mit der Theologie*, 4 vols. (Berlin: Georg Reimer, 1854-1867), II, 264; Bert Loonstra, *Verkiezing, verzoening, verbond: beschrijving en beoordeling van de leer van het "pactum salutis" in de gereformeerde théologie* (Den Haag: Boekencentrum, 1990); David A. Weir, *The Origins of the Federal Theology in Sixteenth-Century Reformation Thought* (Oxford: Clarendon Press, 1990), 158; John K. S. Reid, "The Office of Christ in Predestination," *Scottish Journal of Theology* 1/1 (1948), 15; Karl Barth, *Church Dogmatics: The Doctrine of Reconciliation* (IV/1), ed. G. W. Bromiley and T. F. Torrance (Edinburgh: T. & T. Clark, 1956), 65-66; James B. Torrance, "Covenant or Contract?" 51-76; Thomas F. Torrance, *School of Faith: The Catechisms of the Reformed Church* (London: J. Clarke, 1959), lxxxix; idem, *Scottish Theology: From John Knox to John McLeod Campbell* (Edinburgh: T. & T. Clark, 1996), 118; O. Palmer Robertson, *The Christ of the Covenants* (Philippsburg, NJ: Presbyterian and Reformed Publishing Co., 1980), 54; M. Charles Bell, *Calvin and Scottish Theology: The Doctrine of Assurance* (Edinburgh: The Handsel Press, 1985), 73, 93-94, 99, 198.

위에 정리한 다섯 가지 오해 가운데 가장 손쉽게 교정될 수 있는 것은 세 번째 주장이다. 하스의 주장과 달리 적지 않은 수의 연구자들은 구속 언약과 관련한 최초의 언급—명시적 혹은 암시적—을 코케이우스 이전 시대에서 찾았다. 이것을 대략 세 시기로 구분하여 정리하면 다음과 같다. [괄호 안의 연대는 저작 혹은 사망 연대이다. 저작에 대해서는 각주를 참고하라][61]

A. 초기: 구속 언약에 관한 가장 이른 시기의 언급

인물 혹은 작품(사망 혹은 작품 연대)	이차 문헌: 연구자(저작연대)
	개론적 고찰: J. 페스코(Fesko, 2015, 2022)
마르틴 루터(Martin Luther, 1519)	R. A. 멀러(Muller, 2007)
요한네스 외콜람파디우스(J. Oecolampadius, d.1531)	A. A. 울지(Woolsey, 1988)
기욤 부데(Gulielmus Budaeus, d.1540)	G. D. 헨더슨(Henderson, 1955)
장 칼뱅(Jean Calvin, d.1564)	폴 헬름(Paul Helm, 1983)
제네바 성경(Geneva Bible, 1557): 히 9:15	리처드 그리브스(R. Greaves, 1968)

B. 중기: 구속 언약 교리의 발전

인물 혹은 작품(사망 혹은 작품 연대)	이차 문헌: 연구자(저작연대)
	개론적 고찰: R. 멀러(Muller, 1988, 2007)
카스파르 올레비아누스(Caspar Olevianus, 1585)	하인리히 헤페(H. Heppe, 1857) 고틀로프 슈렝크(G. Schrenk, 1923) 라일 비어마(Lyle Bierma, 1996)
윌리엄 퍼킨스(William Perkins, d.1602)	
테오도르 베자(Theodore Beza, 1581, 1594)	
아만두스 폴라누스(Amandus Polanus, d.1610)	

---

61   제1장의 마지막 페이지를 보라. p.90-91

인물 혹은 작품(사망 혹은 작품 연대)	이차 문헌: 연구자(저작연대)
요한네스 클로펜버그(J. Cloppenburg, d.1652)	
야코부스 아르미니우스(J. Arminius, 1603)	
폴 베인(Paul Bayne, 1618)	
윌리엄 에임스(William Ames, 1623)	안상혁(2024)
에드워즈 레이놀즈(Edwards Reynolds, 1632)	
토머스 후커(Thomas Hooker, 1638)	Cf. 안상혁(2011)

C. 후기: 완숙한 교리로서의 구속 언약

인물 혹은 작품(사망 혹은 작품 연대)	이차 문헌: 연구자(저작연대)
	개론적 고찰: R. 멀러 Muller (1988, 2007) 우병훈(2015)
데이비드 딕슨(David Dickson, 1638, 45, 47, 71)	캐럴 윌리엄스(Carol A. Williams, 2005) 네이든 홀스틴(N. Holsteen, 1996) 김주현(2015)
토머스 굿윈(Thomas Goodwin, 1645)	마크 존스(Mark Jones, 2010)
에드워드 피셔(Edward Fisher, 1645)	
피터 벌클리(Peter Bulkeley, 1646)	
존 오웬(John Owen, 1647)	데이비드 웡(David W. S. Wong, 1998)
요한네스 코케이우스(J. Cocceius, 1648)	빌렘 반 아셀트(Asselt, 1994, 2001)
앤서니 버지스(Anthony Burgess, 1654)	
윌리엄 스트롱(William Strong, d.1654)	토머스 파(Thomas Parr, 2021)
사무엘 루더포드(Samuel Rutherford, 1655)	안상혁(2011)
토머스 블레이크(Thomas Blake, 1653)	
존 번연(John Bunyan, 1660)	
패트릭 길레스피(Patrick Gillespie, 1677)	칼 트루먼(C. R. Trueman, 2009) 토머스 파(Thomas Parr, 2021)
헤르만누스 윗시우스(Hermannus Witsius, 1677)	마크 비치(Mark Beach, 2002)
제임스 더럼(James Durham, 1683)	
존 플라벨(John Flavel, d.1691)	토머스 파(Thomas Parr, 2021)
사무엘 윌라드(Samuel Willard, 1693)	
조나단 에드워즈(Jonathan Edwards, 1739)	레이따 야자와(Reita Yazawa, 2013, 2019)

(2) 구속 언약과 관련된 구약의 대표적인 구절들

- 시편 2:7-9. "내가 여호와의 명령을 전하노라 여호와께서 내게 이르시되 너는 내 아들이라 오늘 내가 너를 낳았도다 내게 구하라 내가 이방 나라를 네 유업으로 주리니 네 소유가 땅 끝까지 이르리로다 네가 철장으로 그들을 깨뜨림이여 질그릇 같이 부수리라 하시도다."

초대 교회의 아우구스티누스와 중세의 토마스 아퀴나스 그리고 니콜라스 라이라 등은 시편 2편을 기독론적으로 해석한다. 특히 7-9절의 말씀이 성자의 영원한 출생을 설명하는 대표적인 구절이라고 해석해 왔다. 이러한 주해 전통을 염두에 두면서 칼뱅은 본 구절이 특히 세상에 대한 그리스도의 현현(manifestation)을 의미한다고 해석한다. 16세기 말 출판된 트리멜리우스-유니우스 라틴어 성경(Tremellius-Junius Bible)과 헨리 아인스워스(Henry Ainsworth)와 장 디오다티(Jean Diodati) 등은 시편 2편을 시편 110:4, 히브리서 5:6, 스가랴 6:13 등과 연결 지어 주해한다.[62]

- 시편 110:4. "여호와는 맹세하고 변하지 아니하시리라 이르시기를 너는 멜기세덱의 서열을 따라 영원한 제사장이라 하셨도다"
- 히브리서 5:6. "이와 같이 다른 데서 말씀하시되 '네가 영원히 멜기세덱의 반차를 따르는 제사장이라' 하셨으니."
- 스가랴 6:13. "[싹] 그가 여호와의 전을 건축하고 영광도 얻고 그

---

62 *Testamentis Veteris Biblia Sacra* (London: G. B., R. N. & R. B., 1593); Henry Ainsworth, *The Book of Psálmes: Englished both in Prose and Metre. With Annotations* (Amsterdam: Giles Thorp, 1612; 2nd ed., 1617); Jean Diodati, *Pious and Learned Annotations upon the Holy Bible* (London: James Flesher, 1651).

자리에 앉아서 다스릴 것이요 또 제사장이 자기 자리에 있으리니 이 둘 사이에 평화의 의논이 있으리라."

이들은 위의 구절들을 상호 대조한 후에 시편 2:7-9이 삼위 사이의 평화의 의논을 통해 그리스도를 **"영원한 대제사장"** 직분으로 임명하는 것을 의미한다는 결론을 도출한다. 멀러에 따르면 이것은 구속 언약의 교리화를 예고하는 매우 의미 있는 해석이었다. 실제로 17세기 중엽 발달된 형태의 구속 언약 교리를 가르친 데이비드 딕슨과 사무엘 루더포드는 시편 2편을 구속 언약의 증거 구절로 활용한다. 아울러 트리멜리우스, 유니우스, 아인스워스, 디오다티 등이 사용한 주해 방법론, 곧 여러 구절을 병행적으로 **대조(collation)** 하는 방식은 구속 언약의 성경적 근거를 논의하는 언약신학자들에게 계승되었다.[63]

시편 2:7-9과 아울러 **시편 110:1**도 17세기 언약신학자들이 구속 언약의 대표적인 근거 구절로 삼은 성경 구절이다. 여기서도 앞서 소개한 해석의 패턴이 유사하게 발견된다. 칼뱅을 비롯한 많은 종교개혁가들은 본문을 다음과 같은 공관복음과 히브리서의 관련 구절들과 병행적으로 대조하며 기독론적으로 주해하였다.

- 마태복음 22:41-46; 마가복음 12:35-37; 누가복음 20:41-44. "[예수] 어찌하여 서기관들이 그리스도를 다윗의 자손이라 하느냐. 다윗이 성령에 감동되어 친히 말하되 '주께서 내 주께 이르시되 내가 네 원수를 네 발 아래에 둘 때까지 내 우편에 앉았으라 하셨도다.' 다윗이 그리스도를 주라 하

---

[63] Muller, "Toward the *Pactum Salutis: Locating the Origins of a Concept*." 15, 19, 22, 28-29, 31, 33, 37, 39, 42, 46, 47-48.

였은즉 어찌 그의 자손이 되겠느냐 하시니 많은 사람들이 즐겁게 듣더라."

- ◆ 히브리서 1:13. "어느 때에 천사 중 누구에게 '내가 네 원수로 발등상이 되게 하기까지 너는 내 우편에 앉아 있으라' 하셨느냐."

올레비아누스는 시편 110:1을 구속 언약의 대표적인 근거 구절로 활용한다. 한 걸음 더 나아가 에드워즈 레이놀즈는 시편 전체의 주제를 "그리스도가 그의 왕국에 임명되는 것"으로 파악하였다. 성부 하나님은 성자를 임명하고 성자 하나님은 자발적 순종에 따라 그의 백성들을 위한 "보증"과 "대표"가 되신다. 이러한 레이놀즈의 해석을 소개하면서 에드워드 피셔는 그의 주해를 "언약"(*pactum*)의 차원에서 이해한다. 이처럼 하나님의 영원한 작정을 일종의 "언약"과 동일시하는 주해 전통은 윌리엄 에임스를 포함하여 언약신학자들에게 폭넓게 수용되었다.[64]

시편의 구절들과 아울러 이사야서 역시 구속 언약과 관련된 적지 않은 수의 구절들을 제시하였다. 대표적인 구절들은 다음과 같다. 이사야 11장, 42:1-7, 49장, 52:13, 53장, 55:3-4 등이다. 이 가운데 이사야 42:1-7을 간략하게 살펴보자

- ◆ 이사야 42:1-7. "내가 붙드는 나의 종, 내 마음에 기뻐하는 자 곧 내가 택한 사람을 보라 내가 나의 영을 그에게 주었은즉 그가 이방에 정의를 베풀리라... (6)나 여호와가 의로 너를 불렀은즉 내가 네 손을 잡아 너를 보호하며 너를 세워 백성의 언약과 이방의 빛이 되게 하리니 네가 눈먼 자들

---

[64] Olevianus, *De substantia foederis*, 63; Reynolds, *Explication of the Hundreth and Tenth Psalme*, verse 1, in loc. (pp.3-7); verse 4, *in loc.*(p.408); Fisher, *Marrow of Modem Divinity*, 34-35, citing Reynolds, *Explication of the Hundreth and Tenth Psalme*, 407-8; Ames, *Lectiones in omnes Psalmos Davidis* (London: Andre Kembe and John Hardesty, 1647), Ps. 110, in loc. (pp. 422-23); Muller, "*Toward the Pactum Salutis: Locating the Origins of a Concept.*" 34.

의 눈을 밝히며 갇힌 자를 감옥에서 이끌어 내며 흑암에 앉은 자를 감방에서 나오게 하리라."

위의 구절이 앤서니 버지스와 베네딕트 픽테트(Benedict Pictet) 등에 의해 구속 언약의 핵심 근거 구절로 활용되기 이전에 이미 주해 상의 예비적인 작업이 선행되었다.[65] 라이라와 디오다티는 본문과 더불어 빌립보서 2:7을 해석하면서 이사야 선지자의 예언이 그리스도의 종 되심을 가리킨다고 해석하였다. 트레멜리우스는 그리스도의 사역은 성부의 부르심에 기초한다고 강조했다. 디오다티의 경우 은혜 언약의 토대는 그 이전에 성부와 성자 사이에 맺어진 언약에 있다고 주장하면서 본문과 이사야 49:1-3 말씀을 연결 지어 설명하였다.[66]

- 이사야 49:1-3. "섬들아 내게 들으라 먼 곳 백성들아 귀를 기울이라 여호와께서 태에서부터 나를 부르셨고 내 어머니의 복중에서부터 내 이름을 기억하셨으며…내게 이르시되 너는 나의 종이요 내 영광을 내 속에 나타낼 이스라엘이라 하셨느니라."

한 가지 주목할 것은 메시아와 관련된 이사야의 텍스트 가운데 그를 가리켜 "종"이라고 지칭하는 표현이 다수 발견된다는 사실이다. 칼뱅은 이사야 49장과 52:13 주해에서 그리스도를 가리켜 "종"이라 부른 것은 성부가 그를 그 직위(office)에 임명했기 때문이라고 설명한다. 또한 이 직위는 바로 우리를 위한 것

---

65 Burgess, *True Doctrine of Justification*, 376; Benedict Pictet, *Theologia christiana* (Geneva, 1696), VIII.XXV.2.
66 Nicholas of Lyra, *Postilla super totam bibliam, Liber Esaie*, Is. 42, in loc; *Tremellius-Junius, Biblia sacra, sive libri canonici*, Isa. 42:1, 6, in loc.; *Diodati, Pious and Learned Annotations*, Isa. 42:1, in loc, citing collaterally Isa 49:3.

임을 밝힌다.[67] 이러한 칼뱅의 설명에 트리멜리우스와 디오다티는 온전히 동의한다. 이처럼 그리스도가 성부에 의해 메시아의 "직위"에 임명되었다는 해석은 이후 구속 언약의 핵심적인 교리로 계승된다.

선지서들 가운데 대표적인 구속 언약의 텍스트는 스가랴 6:13이다. 다른 구절들에 비해 이 구절은 비교적 후기에 주목받기 시작했다. 멀러에 따르면 코케이우스가 최초의 언급자이며 이후 버지스, 길레스피 그리고 윗시우스 등에 의해 구속 언약의 근거 본문으로 널리 활용되었다.

◆ 스가랴 6:13. "그가 여호와의 전을 건축하고 영광도 얻고 그 자리에 앉아서 다스릴 것이요 또 제사장이 자기 자리에 있으리니 이 둘 사이에 평화의 의논이 있으리라 하셨다 하고."

흥미로운 것은 "평화의 의논"과 관련하여 다양한 이견이 제시되었다는 것이다. 칼뱅은 이것을 그리스도의 왕직과 제사장직 사이의 협의로 해석한다. 칼뱅의 영향을 받은 제네바 성경과 트리멜리우스-유니우스 성경 또한 이러한 해석을 따른다. 즉 이들은 본문을 구속 언약의 텍스트로 부각시키지 않는다. 헤르만 바빙크 역시 이러한 해석 전통에서 이 구절을 구속 언약의 대표적인 근거 구절로 삼는 해석을 비판한다. 한편 코케이우스 외에도 윌리엄 펨블(William Pemble)은 "평화의 의논"을 메시아와 하나님 사이의 협의로 해석한다. 이 해석은 길레스피와 버지스 등에 의해 계승되었다.[68]

---

67   Calvin, *Commentary on Isaiah*, 42: 1 in loc. Muller, "Toward the *Pactum Salutis*: Locating the Origins of a Concept." 35.

68   Burgess, *True Doctrine of Justification*, 376; Gillespie, *Ark of the Covenant*, i (pp. 6-7), citing Cocceius, *Summa de foedere*, v.88; and William Pemble, *An Exposition upon the Prophesie of Zecharie*, Zech.. 6:13, in loc, *in The Workes of William Pemble*, 3rd ed. (London, 1631), 431; Herman Bavinck, *Reformed Dogmatics*,

(3) 구속 언약과 관련된 신약의 대표적인 구절들

신약의 많은 구절들 역시 구속 언약의 체계적인 교리화에 기여하였다. 구약의 텍스트들과 마찬가지로 그리스도의 영원한 대제사장 혹은 메시아로서의 직위 및 사역과 관련된 구절들이 주목을 받았다. 아울러 신약성경을 그리스어 원문으로부터 새롭게 번역하는 과정에서 쟁점화된 구절들도 있었다. 멀러에 의해 연구된 구절들 가운데 특별히 누가복음 22:29과 갈라디아서 3:16-17, 그리고 히브리서의 몇몇 텍스트들을 간략하게 살펴보기로 한다.

- ◆ 누가복음 22:29. "내 아버지께서 나라를 내게 맡기신 것 같이 나도 너희에게 맡겨."

베자는 "맡기다"에 해당하는 διατίθημαι를 "언약을 맺는다"라는 의미를 갖는 "*paciscor*"라는 단어로 번역하였다. 특히 히브리서 9:17을 언급하면서 우리가 그리스도의 죽음을 통해 그의 왕국을 유업으로 받게 될 것을 강조했다. 요한네스 피스카토르(Johannes Piscator)와 디오다티 역시 베자의 의견을 따라 언약의 의미를 부각시켰다.[69]

한편 클로펜버그와 코케이우스, 그리고 윗시우스 등에 의해 구속 언약의 핵심 구절로 부각된 갈라디아서 3:16-17에서는 "그리스도 안에서"(in Christ) 혹은 "그리스도에 대해"(*erga Chritistum*) 라는 어구가 쟁점이 되었다.

---

vol.3: *Sin and Salvation in Christ*, trans. John Vriend (Grand Rapids: Baker, 2007), 213.

69 Beza, *Jesu Christi Nostri Novum Testamentum* (Cambridge, 1642), Luke 22:29, in loc.; Johannes Piscator, *Analysis logica evangelii secundum Lucam* (London, 1596), Luke 22:29 (pp. 380-382); Diodati, *Pious and Learned Annotations upon the Holy Bible* (London: James Flesher, 1651), Luke 22:29, in loc.

◆ 갈라디아서 3:16-17. "이 약속들은 아브라함과 그 자손에게 말씀하신 것인데 여럿을 가리켜 그 자손들이라 하지 아니하시고 오직 한 사람을 가리켜 네 자손이라 하셨으니 곧 그리스도라. 내가 이것을 말하노니 하나님께서 미리 정하신 언약 [in Christ 혹은 *erga Christum*] 을 사백삼십 년 후에 생긴 율법이 폐기하지 못하고 그 약속을 헛되게 하지 못하리라"

에라스무스와 종교개혁가들은 불가타 역본에는 나와 있지 않는 "*erga Christum*"을 첨가하여 번역하였다. 칼뱅 역시 "*erga Christum*"를 삽입했으며 *diatheke*를 *pactum*으로—불가타 역본에서는 *testamentum*으로 번역됨—바꾸어 번역하였다. 베자는 "*erga Christum*"이라는 표현보다 "in Christ"라는 개념을 선호하였다. 이로써 하나님과 아브라함 사이에 맺어진 언약의 기초는 하나님께서 그리스도에게 언약하신 내용임을 암시적으로 드러내었다. ["이 약속들은 아브라함과 그 자손 (곧 그리스도)에게 말씀하신 것인데."] 트리멜리우스-유니우스 성경은 베자의 견해를 따라 "*in Christo*"로 번역하였다.[70] 베자의 설명은 구속 언약과 은혜 언약의 관계에 대한 매우 중요한 정보를 제공했다. 구속 언약을 받아들이는 대다수의 언약신학자들은 삼위 하나님 안에서 맺어진 구속 언약이 은혜 언약의 영원한 기초가 된다고 가르쳤다.[71]

구속 언약과 관련하여 언약신학자들이 가장 즐겨 인용하는 신약성경은 히브리서였다. 특히 히브리서 5장, 7장, 8장, 그리고 9장이 자주 인용되었다.

---

[70] Muller, "Toward the *Pactum Salutis*: Locating the Origins of a Concept." 40-44. Cloppenburg, *De foedere*, II.xvii; Cocceius, *Summa de foedere*, v.88; Witsius, *Oeconomia foederum*, II.ii.5; Calvin, *Commentaries on Galatians*, 3:16-17, in loc.; Beza, *Novum Testamentum*, Gal. 3:17; idem, Annotationes, Gal. 3:17, in loc. Tremellius-Junius, *Biblia sacra, sive libri canonici*, Gal. 3:17, in loc. "quòd pactionem quae ante confirmata fuit à Deo in Christo."

[71] 참고로 앞서 인용한 패트릭 길레스피 저서의 제목을 살펴보라. 하나님과 그리스도 사이에 맺어진 구속 언약이 은혜 언약의 기초가 됨을 잘 드러내준다. Gillespie, *The Ark of the Covenant Opened, or, A Treatise of the Covenant of Redemption between God and Christ, as the Foundation of the Covenant of Grace* (1677).

- 히브리서 7:22. "이와 같이 예수는 더 좋은 언약의 보증이 되셨느니라."

베자는 히브리서 7:22을 주해하면서 그리스도가 유언자(testator)가 될 뿐만 아니라 하나님의 백성을 위한 보증인(fideiussor)이 되신다고 강조하였다. 멀러에 따르면 이것은 분명히 구속 언약 교리를 향한 중요한 발돋움이었다.[72] 한편 피스카토르(히 8:6), 로버트 롤록(히 7:20-27), 디오다티(히 7:16, 25; 8:6) 그리고 버지스 등은 그리스도의 제사장직이 가지고 있는 영원성과 언약을 연결지었다. 훗날 데이비드 딕슨은 그리스도께서 택자들의 보증인(sponsio 혹은 suretyship)이 되심을 지적했을 뿐만 아니라 그것이 그리스도와 성부 하나님 사이의 협약에 근거한다고 가르쳤다(히 7:22 주석). 한 걸음 더 나아가 그는 히브리서 전체가 성자 하나님께서 성부와 더불어 은혜 언약을 시작한 사실에 대한 증언이라고 주장한다. 이것은 구속 언약 교리가 이미 정착되고 있음을 잘 드러내주는 변화이다.[73]

(4) 구속 언약과 삼위 하나님의 작정

구속 언약을 둘러싼 또 다른 오해는 그것이 칼뱅의 예정 교리에 대한 일종의 대안으로서 등장했다는 주장이다. 그러나 이것은 사실이 아니라고 멀러는 말한

---

72 Muller, "Toward the *Pactum Salutis*: Locating the Origins of a Concept." 45; Beza, *Annotationes*, Heb. 7:22, in loc.

73 Muller, "Toward the *Pactum Salutis*: Locating the Origins of a Concept." 45-46; Piscator, *Analysis epistolarum Pauli*, Heb. 8:6ff.; Robert Rollock, *Analysis logica in epistolam ad Hebraeos* (Edinburgh: Robert Charteris, 1605), Heb. 7:20-27, in loc. (p. 92); Diodati, *Pious and Learned Annotations*, Heb. 7:16, 25; 8:6, in loc.; Burgess, *True Doctrine of Justification*, 376; Dickson, *Short Exposition of the Epistle to the Hebrews*, Heb. 7:22, in loc.; idem, Expositio Analytica, Heb. 1:9, in loc. (p. 590); 히브리서를 통해 17세기 개혁파 전통 안에서 적지 않은 영향력을 미친 제네바 성경은 히브리서 9:15의 난외주에서 하나님과 그리스도 사이에 맺어진 새 언약을 언급했다. Geneva Bible (1562), Heb. 9:15, in loc.

다. 구속 언약에 관한 성경 주해의 역사가 잘 드러내고 있듯이 구속 언약은 언제나 하나님의 작정 교리와 함께 논의되면서 그것과 매우 긴밀한 연관성을 맺으며 발전했다. 오늘날 구속 언약을 연구하는 사람들은 오히려 양자 사이의 조화와 통일성을 발견할 수 있다. 한 걸음 더 나아가 구속 언약의 교리적 발전은 초대 교회 이래 신학적 난제에 해당했던 삼위일체와 그리스도의 종속론 사이의 복잡한 관계를 보다 쉽게 이해할 수 있도록 기여했다.

아우구스티누스는 그의 디모데전서 2:5-6 주석과 『거룩한 자들의 예정에 관하여』(De praedestinatione sanctorum, c.428)에서 그리스도의 중보직을 그의 인성을 따른 것으로 해석했다. 그리고 하나님의 예정의 대상도 그리스도의 인성이라고 설명했다. 아우구스티누스의 설명은 그리스도와 성부의 관계에서 전자가 후자에 종속되거나 혹은 열등한 지위에 있는 것처럼 묘사하는 성경의 진술들을 독자들이 잘못 해석하지 않도록 도왔다. 즉 이러한 표현은 결코 그리스도의 신성이 열등한 것을 의미하는 것이 아니었다. 다만 그분이 인성을 취하심으로 빚어진 결과였다. 이후 중세의 신학자들은 기본적으로 아우구스티누스의 해석을 따랐다. 다만 아퀴나스는 그의 『신학대전』(Summa Theologiae) 3a.24.1에서 예정의 대상은 인격체(person)이지 본성(nature)이 될 수 없다고 말했다. 따라서 그리스도의 경우 예정의 대상은 위격적 연합—인성이 아닌—에 적용되어야 한다고 말하며 아우구스티누스의 가르침을 다소 수정하였다. 그러나 그리스도의 중보직에 대해서는 아퀴나스 역시 오직 인성에 따른 중보직의 해석 틀을 유지하였다(Summa 3a.26.2).[74]

흥미롭게도 16세기 종교개혁자들과 이들의 계승자들은 그리스도의 중보직

---

[74] Muller, "Toward the *Pactum Salutis*: Locating the Origins of a Concept." 45-46; Trueman, "*From Calvin to Gillespie on Covenant*," 379-80. 특히 아퀴나스의 견해에 대해서는 트루먼의 논문을 참고하라.

을 양성—곧 그의 신성과 인성 모두—에 따른 것이라고 가르쳤다. 그러자 초대 교회 이래로 잠재되어 있던 문제, 곧 그리스도의 "종속론"이 또다시 고개를 들게 되었다. 구속 언약 교리는 이 오랜 신학적 난제에 대한 해법을 두 가지 방식으로 제시하였다. 첫째, 구속 언약은 "직위"(office)에서의 종속적 관계와 신적인 "본질"(divine essence) 혹은 "본성"(nature)에서의 [삼위 사이의] 동등성을 구분하였다. 이미 앞서 언급한 바대로 칼뱅은 메시아를 가리켜 "종"이라는 표현이 사용된 것을 그의 "직위"에 따른 명칭인 것으로 해석하였다. 17세기 언약신학자들은 이것을 좀 더 구체화시켰다. 곧 성자가 메시아—혹은 영원한 대제사장—의 직위로 임명된 것은 삼위 안에서 맺어진 영원한 언약에 근거한다고 설명했다. 이런 맥락에서 부카누스(G. Bucanus)는 그리스도의 메시아직으로 임명은 성육신에 선행한다는 사실을 강조했다. 퍼킨스 역시 하나님의 작정과 작정의 집행을 구분했다. 시간적으로나 논리적으로 전자는 후자에 우선한다. 성부와 더불어 모든 일을 함께 작정하는 그리스도의 복종은 작정 자체보다는 그것의 집행에 자발적으로 복종하는 것이라고 퍼킨스는 가르쳤다. 이 경우 그리스도는 중보자의 직무를 수행하는 차원에서 복종하는 것이다. 요컨대 그리스도의 종속적 지위는 어디까지나 "공적인 (직위상의) 종속"(official subordination)인 것이다. 폴라누스는 특히 그리스도의 종속이 본성에 따른 것이 아닌 자발적인 의지에 따른 것임을 강조한다.[75]

둘째, 구속 언약 교리는 선택 작정의 주체로서의 성자와 그것의 객체로서의 그리스도를 구분하여 설명한다. 폴 베인(Paul Bayne)은 그리스도를 선택하는

---

75 Gulielmus Bucanus, *Institutions of the Christian Religion. trans R Hill* (London G Snowdon, 1606, London Daniel Pakeman, 1659), I (p 15); II (p. 28), citing Heb. 13:8 and 1 Pet. 1:20; Perkins, *Exposition of the Creed*, 172, col.1C; 288, col. 2C, citing Eph. 1:4; idem, *Golden Chaîne*, xviii; Polanus, *Syntagma theol*, VLxiii (p. 364, col. 2); Muller, "*Toward the Pactum Salutis*: Locating the Origins of a Concept." 50-52, 54-55.

하나님(God-electing)과 구원 사역을 위해 메시아의 직분으로 임명받은 중보자로 구분했다. 퍼킨스 역시 동일한 구분을 사용하였다. 곧 그리스도는 중보자임과 동시에 그 자신이 선택하시는 하나님이시다. 따라서 그리스도는 스스로 그분 자신을 중보자로 임명했다고 말할 수도 있다. 왜냐하면 "메시아를 임명하는 것은 성부, 성자, 성령 삼위의 공동의 행위이기 때문이다." 폴라누스 역시 퍼킨스의 견해에 동의한다. 성자는 중보자의 직분에 임명되었을 뿐만 아니라 성육신의 궁극적인 저자 혹은 작용인(efficient cause)이다.[76]

지금까지의 논의를 종합해 볼 때, 구속 언약을 가리켜 하나님의 작정과 예정 교리를 대체하는 새로운 교리라고 주장하거나 전통적인 삼위일체의 교리와 모순된다고 이야기하는 것은 잘못된 것이다. 부카누스, 퍼킨스, 폴라누스, 그리고 베인 등은 (구속 언약의 핵심적인 요소인) 그리스도의 중보직 임명과 삼위 하나님의 작정을 설득력 있게 조화시키는 노력을 기울였다. 이들의 시도는 구속 언약의 교리화가 완성되는 다음 세대로 발전적으로 계승되었다. 멀러의 연구에 따르면, 데이비드 딕슨, 피터 벌클리, 요한네스 클로펜버그의 시대를 거쳐 코케이우스와 윗시우스 시대에 이르면 구속 언약과 예정론 그리고 기독론의 요소들 사이에 완숙한 형태의 "수렴"(convergence)이 이루어진다.[77]

끝으로 구속 언약 교리가 (은혜의 원리와 배치되는) 율법주의나 혹은 상업적 계약 개념을 삼위 안에 도입했다는 견해 역시 언약신학에 대한 오해에서 비롯된 것이다. 특히 토랜스 형제와 찰스 벨 등은 구속 언약에 대한 바르트의 부정적인 견해를 수용하였고, 한 걸음 더 나아가 언약 신학을 율법주의와 동일한 것

---

76 Bayne, *Commentane upon the First Chapter of Ephesians*, Eph 1 4, in loc (p 66); idem, *Commentane upon Colossians*, Col.1:2, 14, 16, 19 (p.8, 72, 84-85, 105) in loc.; Perkins, *Exposition of the Creed*, 172, col. ID-col. 2A; Polanus, *Syntagma theol*, VLxiii (p. 364, col. 1-2); Muller, "*Toward the Pactum Salutis*: Locating the Origins of a Concept." 50, 55.

77 Muller, "Toward the *Pactum Salutis:* Locating the Origins of a Concept." 56-61.

으로 규정하였다.[78] 이들의 일면적인 견해에 대해서는 이미 살펴보았다. 또한 본서의 주요 장들에서 이 문제를 다룰 것이다. 다만 두 가지 사항만 간략하게 언급하기로 한다. 첫째, 17세기 언약신학자들은 구속 언약을 은혜 언약의 영원하고 확실한 기초이며 구속 언약 자체가 은혜의 원천임을 강조했다. 데이비드 딕슨의 구속 언약을 연구한 캐럴 윌리엄스는 딕슨에게 있어 구속 언약은 곧 은혜 언약임을 잘 드러내었다. 사무엘 루더포드는 구속 언약이 은혜 언약보다 더욱 은혜로운 이유는 그것이 후자에서 표현된 모든 은혜와 사랑의 궁극적인 원천이 되기 때문이라고 주장하였다.[79] 둘째, 구속 언약은 삼위 하나님 안의 자발적인 사랑에 기초한 연합과 사랑을 가장 극명하게 계시해준다고 언약신학자들은 믿었다. 구속 언약의 3대 원리를 "자유", "값없는 은혜", 그리고 "영원성"으로 규정한 루더포드는 삼위 하나님의 "자유"를 그 첫 번째 요소로 꼽았다. 비슷한 맥락에서 바빙크는 삼위 하나님 사이에 맺어진 구속 언약을 다음과 같이 묘사한다.

> ◆ 구원의 협약은 우리에게 삼위 하나님의 상호 관계와 삶을 일종의 언약적 생명으로 계시하신다. 그것은 자의식과 자유의 충만함으로 묘사될 수 있는 삶이다.…최대의 자유와 가장 완벽한 동의가 조화를 이룬 것이다.… 오로지 성부, 성자, 성령의 삼위 하나님이 구원의 전체 사역을 함께 생각하고, 함께 결정하고, 함께 [결정된 계획을] 수행하며, 함께 그것을 완수하시는 것이다.[80]

---

78 Barth, *Church Dogmatics: The Doctrine of Reconciliation* (IV/1), 65-66; 토랜스 형제와 찰스 벨의 저작에 대해서는 각주 3번과 60번을 참고하라.

79 윌리엄스의 주장은 그의 논문 제목에도 반영되어 있다. C. A. Williams, "The Decree of Redemption is in Effect a Covenant: David Dickson and the Covenant of Redemption." (2005); Samuel Rutherford, *The Covenant of Life Opened or A Treatise of Covenant of Grace* (Edinburgh: Andro Anderson for Robert Brown, 1655), 326. 구속 언약이 표방하는 "자유"의 원리에 대해서는 361-63을 참고하라.

80 Bavinck, *Reformed Dogmatics*, 3:214-15.

이것은 구속 언약을 인간의 상업적인 계약이나 조건적이고 종속적이며 강제성을 함의하는 율법주의로 묘사하는 것과는 확실히 다른 것이다.

각주 61의 내용은 다음과 같다.

Fesko, *The Covenant of Redemption* (2015); "The Covenant of Redemption and the Ordo Salutis," *The Master's Seminary Journal* 33/1(Spring, 2022): 5-19. 루터는 1519년 갈라디아서 강론에서 그리스도는 영원하신 하나님으로서 "언약"(*pactum*)을 체결"하신 반면 죽을 몸을 입으실 존재로서는 "유언"(*testamentum*)을 체결하셨다고 말한다. Martin Luther, *Lectures on Galatians* (1519), in *WA* 2, 521; *LW* 27, 268; 울지에 따르면 외콜람파디우스는 이사야 54:10과 55:3을 성부와 성자 사이에 맺어진 명시적 언약으로 이해했다. Andrew Alexander Woolsey, "Unity and Continuity in Covenantal Thought: A Study in the Reformed Tradition to the Westminster Assembly," 2 vols. (Ph. D. Dissertation: University of Glasgow, 1988), I, 262; Guillaume Bude, *Opera omnia Gulielmi Budaei*, 4 vols. (Basel: Nicolaus Episcopus, 1557; repr. Farnsworth: Gregg, 1969), IV, col. 705.21-33; G. F. Henderson, "The Idea of Covenant in Scotland," *Evangelical Quarterly* 27 (1955), 7; Paul Helm, "Calvin and the Covenant: Unity and Continuity," *Evangelical Quarterly* 55 (1983): 68-71; Richard Greaves, "The Origins and Early Development of English Covenant Thought," *The Historian* 21 (1968): 29; C. Olevianus, *De substantia foederis gratuiti inter Deum et Electos* (Geneva: Eustache Vignon, 1585); Heinrich Heppe, *Die Dogmatik des Deutschen Protestantismus im sechzehnten Jahrhundert*, 3 vols. (Gotha: Perthes, 1857), II, 215 20; idem, *Geschichte des Pietismus und der Mystik in der reformierten Kirche namentlich in der Niederlande* (Leiden: E. J. Brill, 1879), 211; Gottlob Schrenk, *Gottesreich und Bund im älteren Protestantismus vornehmlich bei Johannes Coccejus* (Gütersloh: Bertelsmann, 1923), 61, 79; Lyle D. Bierma, *German Calvinism in the Confessional Age: The Covenant Theology of Caspar Olevianus* (Grand Rapids: Baker Book House, 1996), 107-12. Loonstra, *Verkiezing, verzoening, verbond*, 64-68, 80, 83, 84, 99, 194ff; William Perkins, *A Commentarie, or Exposition upon the five first Chapters of the Epistle to the Galatians* (London: John Legati, 1617), 3:16-17 (p. 183-86); 4:6 (p.247); idem, *Treatise of the Manner and Order of Predestination*, in *Works*, II, 608; idem, *An Exposition of the Symbole or Creed of the Apostles*, in *The Workes of...Mr. William Perkins*, 3 vols. (Cambridge: John Legatt, 1612-1619), I, 172, col.1C, 1D; 175, col.2D; 176, col.1A-1B; 284, col. 1A; 288, col. 2C; idem, *Golden Chaine*, in *Workes*, I, xv (p. 24, col. ID, 2A); xviii (p. 26, col. 1C-D); 105, col. 2A; Theodore Beza, *The Psalmes of David, truely opened and explaned by Paraphrasis, according to the right sense of everie Psalme* (London: Hernie Denham, 1581), Ps. 2, in loc. (p. 2); idem, *Christian Meditations upon Eight Psalmes of the Prophet David* (London: Christopher Barker, n.d.), commenting on Psalms 1, 6, 32, 38, 51, 102, 130, 143; idem, *Jesu Christi D. N. Novum Testamentum, Theodoro Beza interprete* (London: Richard Field, 1594); Polanus, *Syntagma Theologiae Christianae* (Hanovia: Claudium Marnium and Johannus Aubrius, 1610), IV. viii (p.244, col.2A-B); VI. xiii (p.364, col.1-2); Johannes Cloppenburg, *Disputationes theologicae xi defoedere Dei, et testamento, veteri & novo, III.xvii*, in *Opera theologica*, 2 vols. (Amsterdam, 1684), 506; Richard A. Muller, *Christ and the Decree: Christology and Predestination in Reformed Theology from Calvin to Perkins* (Durham, N.C.: Labyrinth Press, 1986; repr. with corrections, Grand Rapids: Baker Book House, 1988), 30-31, 113-15, 136-137; idem, "Toward the Pactum Salutis," 11-12; J. Arminius, *Oratio de Sacerdotio Christi*, in *Opera theologica* (Leiden, 1629), 9-26; translated as *The Priesthood of Christ*, in *The Works of James Arminius*, trans. James & William Nichols, 3 vols. (London, 1825; repr. Grand Rapids: Baker Book House, 1986), I, 416-417; idem, *De obiecto theologiae*, Opera I, 334-335, 343-344; Paul Bayne, *A Commentarie upon the First Chapter of the Epistle of Saint Paul*, written to the Ephesians (London: Thomas Snodham, 1618), Eph. 1:4, in loc. (p. 66); William Ames, *Medulla S.S. theologiae* (Amsterdam, 1623; London, 1630), I.xix.4-9; xxiv.2-3, 윌리엄 에임스의 구속 언약에 대한 이차 연구에 대해서는 본서의 제5장을 보라. Edward Reynolds, *An Explication of the Hundreth and Tenth Psalme* (London: Felix Kyngston, 1632), 5; Thomas Hooker, *The Soules Exaltation* (London: John Haviland, 1638), 170-71; Sang Hyuck Ahn, "Covenant in Conflict: The Controversy over the Church Covenant between Samuel Rutherford and Thomas Hooker," (Ph.D. diss., Calvin Theological Seminary, 2011), 131-35; D. Dickson's Address in Records of the Kirk of Scotland (Edinburgh: Peter Brown, 1843), 159; idem, *A Brief Exposition of the Evangel of Jesus Christ According to Matthew* (London: Ralph Smith, 1647; third ed., 1651), exposition of the title of the Gospel, and Matt. 3:17, in loc. (pp. 1-2, 34); idem, *Expositio Analytica omnium Apostolicarum Epistolarum* (Glasgow: George Anderson, 1645; 1647), 2 Tim. 1:9, in loc. (p. 547); idem, *The Sum of Saving Knowledge* (Edinburgh, 1671/2023); Woo, "The Pactum Salutis in the Theology of Witsius, Owen, Dickson, Goodwin, and Cocceius"(2015); Williams, "The Decree of Redemption"(2005); Nathan D. Holsteen, "The Popularization of Federal Theology: Conscience and Covenant in the Theology of David Dickson(1583-1663) and James Durham(1622-1658)," Ph.D. Dissertation (University of Aberdeen, 1996); Joohyun Kim, "The Holy Spirit in David Dickson's Doctrine of the Pactum Salutis" (2015); Thomas Goodwin, *Encouragements to Faith drawn from several Engagements both of Gods [and] Christs heart* (London: R. Dawlman, 1645), 14; idem, *Of Christ the Mediator, I.i.xi*, in *The Works of Thomas Goodwin*, 12 vols. (Edinburgh: Nichols, 1861-1866), V, 3-73; Mark Jones, *Why Heaven Kissed Earth: The Christology of the Puritan Reformed Orthodox Theologian, Thomas Goodwin 1600-1680* (Göttingen: Vandenhoeck and Ruprecht, 2010); Edward Fisher, *The Marrow of Modern Divinity* (London, 1645), 35-38; Peter

Bulkeley, *The Gospel Covenant, or, The Covenant of Grace opened* (London: Matthew Simmons, 1646), 28-31; *ibid,* second edition, much enlarged (London: Matthew Simmons, 1651), I.iv (pp. 31-36); John Owen, *Salus electorum, sanguinis Jesu; or, the death of death in the death of Christ* (London, 1647), I.iii, in The Works of John Owen, edited by William Goold, 17 vols. (London: Johnstone & Hunter, 1850-1853), X, 168-74; idem, *An Exposition of the Epistle to the Hebrews* (London, 1668-1684), ed. William H. Goold, 7 vols. (London: Johnstone and Hunter, 1855), Exercitation xxviii.9-21 (pp. 84-97); David Wai-Sing Wong, "The Covenant Theology of John Owen" (Ph.D. dissertation, Westminster Theological Seminary, 1998); Johannes Cocceius, Summa doctrina de foedere et testamento Dei (Franekerae: I. Balck, 1648); idem, *Opera omnia theologica, exegetica, didáctica, polemica, phüologica*, 12 vols. (Amsterdam, 1701-1706), VII, 39-130; Van Asselt, "The Doctrine of the Abrogations in the Federal Theology of Johannes Cocceius"(1994): 101-16; idem, *The Federal Theology of Johannes Cocceius* (2001); Anthony Burgess, *The True Doctrine of Justification* (London: Thomas Underhill, 1654), 375-77; William Strong, *A Discourse of the Two Covenants* (1678; repr., Grand Rapids: Reformation Heritage Books, 2011); Thomas Parr, "English Puritans and the Covenant of Redemption: The Exegetical Arguments of John Flavel and William Strong," *Puritan Reformed Journal* 12/1(2020): 55-74; Samuel Rutherford, *The Covenant of Life Opened* (Edinburgh: Andro Anderson, 1655), II.vivii; Sang Hyuck Ahn, "Covenant in Conflict," (2011), 91-101; Thomas Blake, Vindiciae foederis (London: Abel Roper, 1653; second ed., 1658), 14-15; John Bunyan, *The Doctrine of Law and Grace Unfolded* (1660), in The Whole Works of John Bunyan, ed. George Offor, 3 vols. (London: Blackie & Sons, 1875; repr. Grand Rapids: Baker, 1977), I, 522-23, 525-26; Herman Witsius, *De oeconomia foederum Dei cum hominibus, libri quatuor* (Leeuwar-den: J. Hagenaar, 1677) trans, *as The Oeconomy of the Covenants between God and Man*, 3 vols. (London: Edward and Charles Duly, 1763; second edition, 1775), II.ii.16; J. Beach, "The Doctrine of the Pactum Salutis in the Covenant Thought of Herman Witsius," 101-42; Trueman, "From Calvin to Gillespie on Covenant," 378-97; Thomas Parr, "Patrick Gillespie on the Covenant of Redemption: Exegetical Arguments," Puritan Reformed Journal 13/1(2021): 48-77; James Durham, *Christ Crucified: or, the Marrow of the Gospel, evidently holden forth in LXXII Sermons*, on the whole 53. Chapter of Isaiah (Edinburgh: Andrew Anderson, 1683), 154-64; John Flavel, "The Fountain of Life," *in The Whole Works of the Rev. Mr. John Flavel* (A. Weir and A. McLean, 1770) vol.1, 17-503; Samuel Willard. *The Doctrine of the Covenant of Redemption* (Boston: Benj. Harris, 1693); Jonathan Edwards, *A History of the Work of Redemption*(1739) in The Works of Jonathan Edwards Online (vol. 9) ed. John F. Wilson. *Observations concerning the Scripture Oeconomy of the Trinity and Covenant of Redemption* (New York: Charles Scribner's Sons, 1880); Yazawa, "Covenant of Redemption in the Theology of Jonathan Edwards" (2013); idem., *Covenant of Redemption in the Trinitarian Theology of Jonathan Edwards* (Eugene, OR: Pickwick Pub., 2019).

언약신학,
쟁점으로 읽는다

제1부
타락 전 언약

COVENANT THEOLOGY

제 2 장
타락 전 언약의 주제들:
사무엘 루더포드의 『생명 언약』을 중심으로[81]

1. 들어가며: 열두 가지 논제

롤랜드 S. 워드(Rowland S. Ward)는 2003년에 출간된 그의 저서 『하나님과 아담: 개혁신학과 창조언약』(*God And Adam Reformed Theology and the Creation Covenant*)에서 타락 전 언약에 관한 일차 사료들을 분석한 후에 일련의 논제들을 제시했다. 그 내용은 대략 다음의 열두 가지로 요약될 수 있다.[82]

    1. 과연 아담과 맺은 언약이 존재하는가?

    2. 아담과 맺은 언약의 명칭들

    3. 율법과 언약: 타락 전 아담의 두 상태

---

[81] 본 장은 「신학정론」 36/1(2018): 399-435에 게재된 논문을 편집했음을 밝힌다. 원제는 다음과 같다. "타락 전 언약의 주제들: 사무엘 루더포드의 『생명 언약』(*The Covenant of Life Opened*, 1655)을 중심으로."

[82] Rowland S. Ward, *God & Adam, Reformed Theology And The Creation Covenant* (Wantirna, Australia: New Melbourne Press, 2003). 특히 87-146쪽을 보라.

4. 아담에게 선악수의 열매를 금지하는 명령을 주신 목적

5. 타락 전 언약은 결여된 것을 보충하는 것이 아니라 이미 주어진 것을 확증하는 것이다

6. 행위 언약 안에서 약속된 생명

7. 죽음의 위협

8. 에덴동산의 두 나무가 가지는 중요성

9. 은혜 및 공로에 관한 문제들

10. 타락 전 언약과 시내산 언약의 관계

11. 과연 아담과 맺은 언약은 폐기되었는가?

12. 언약신학의 중요성

워드는 특히 다음 세 가지 주제, 다시 말해 6. 언약 안에서 약속된 생명, 9. 은혜 및 공로에 관한 문제들, 12. 언약신학의 중요성[83] 등을 논의하면서 루더포드의 저작을 직접 인용한다. 흥미로운 것은 세 주제 모두 루더포드의 저작, 『생명 언약』(The Covenant of Life Opened, 1655)의 동일한 페이지를 인용한다는 사실이다. 세 곳에서 공통으로 인용되는 내용은 다음과 같다.

◆ 영광 가운데 하나님과 더불어 나누는 교제는 본성에 의거한 타당한 보상이 아니라, 가장 완벽한 율법적 순종에 대해 하나님께서 값없이 베푸시는 선물에 의해 주어지는 보상이다.…아담에게 보상으로 약속된 매우 탁월한 생명, 곧 하나님과의 교제를 아담이 자신의 순종에 대한 보상으로 소유하게 된다는 것은 그의 순종의 차원을 훨씬 뛰어넘는 것, 곧 하나님의

---

[83] Ward, God & Adam, 110, 120, 145. 페이지는 주제 순서를 따랐다.

값없이 베푸시는 선물에 해당한다.[84]

워드의 의도대로 위의 인용문은 타락 전 언약 안에 약속된 생명의 본질이 하나님과 누리는 교제라는 것과 이 보상은 공로라기보다는 값없이 베푸시는 선물로서 약속되었다는 사실, 그리고 아담에게 탁월한 삶을 약속한 이 언약은 인류에게 매우 중요한 의미를 갖는다고 주장한 루더포드의 입장을 옳게 드러낸다. 그럼에도 몇 가지 아쉬움이 남는다. 첫째, 위의 인용문을 읽는 것만으로는 타락 전 언약의 생명, 보상, 공로, 그리고 중요성 등에 관한 루더포드의 깊이 있는 논의들을 충분히 이해할 수 없다. 둘째, 루더포드의 『생명 언약』은 타락 전 언약의 다양한 쟁점들을 심도 있게 다루고 있음에도 워드의 『하나님과 아담』 안에서는 루더포드의 견해가 매우 제한적으로만 논의되었다. 사실 루더포드의 『생명 언약』은 17세기에 이르러 성숙하고 더욱 정교화된 형태의 언약신학을 훌륭하게 예시해 주는 저작이다. 한 걸음 더 나아가 그의 『생명 언약』은 타락 전 언약과 관련한 현대의 신학적 논의에도 중요한 통찰력을 제시한다. 필자는 본 장을 통해 워드가 제시한 타락 전 언약의 열두 가지 주제들에 대한 루더포드의 입장을 보다 폭넓게 제시할 것이다. 또한 중요한 몇 가지 주제들에 대해서는 좀 더 깊이 있게 논의하여, 타락 전 언약에 관한 루더포드의 가르침을 보다 풍성하고 균형 있게 제시하고자 한다.

---

[84] Samuel Rutherford, *The Covenant of Life Opened* (Edinburgh: Andro Anderson, 1655), 22. "9. 은혜 및 공로에 관한 문제들"의 주제를 다룬 부분에서는 위의 인용문보다 조금 더 길게 인용되었다. 추가된 부분은 다음과 같다. Rutherford, *The Covenant of Life Opened*, 22.

같은 맥락에서 아담의 온전한 순종과 그토록 탁월한 생명 사이에는 그 어떠한 필연적 연결 관계가 존재하지 않는다. 이 약속과 관련하여 볼 때, 이것은 아담의 마음속에 새겨진 [자연] 언약일 수도 없다. 만약 그랬더라면 하나님께서 그토록 언약 맺기를 사랑했던 사실을 설명할 수 없을 것이다. 하나님께서는 모든 언약을 맺으실 때, 심지어 행위 언약을 맺으실 때도, 특별한 행위와 외향적인 은혜를 동원하였다. 그 삯이 곧 은혜였다. 우리에게 은혜 베푸시길 사랑하시고 우리를 행복하도록 유도하시는 분을 우리가 어떻게 섬기지 않을 수 있겠는가?

2. 타락 전 언약에 대한 논의: 사무엘 루더포드를 중심으로

1) 과연 아담과 맺은 언약이 존재하는가?

과연 타락 전 언약이 존재하는가? 워드가 옳게 지적했듯이 16-17세기의 개혁파 신학자들은 창세기 1-3장에서 "언약"이라는 단어가 명시적으로 등장하지 않는다는 사실을 인식하고 있었다. 따라서 타락 전 언약이 존재했다고 주장한 사람들은 창세기 2:17과 성경의 다른 구절들로부터 언약의 존재를 추론하는 시도를 하였다. 일례로, 17세기 후반에 제네바의 신학자 프란키스쿠스 투레티누스는 그의 『변증신학 강요』(Institutio Theologiae Elencticae, 1679-1685)에서 창세기 2:17과 호세아 6:7 등을 근거로 타락 전 "자연 언약"(타락 전 언약)이 존재했다고 주장했다.[85]

루더포드는 『생명 언약』 제1부 제1장부터 제9장까지 행위 언약에 관해 상세하게 논의한다. 루더포드는 『생명 언약』 첫 장에서 성경의 언약을 두 개의 언약, 곧 행위 언약과 은혜 언약으로 구분하면서 논의를 시작한다(1장). 루더포드 역시 창세기 2:17을 근거로 행위 언약이 존재했음을 주장한다.[86] 특히 "죽음의 위

---

[85] 행위 언약을 언급한 이른 시기의 저작으로는 16세기 말에 출간된 아만두스 폴라누스의 『신학의 분류』(partitiones theologicae, 1589)가 있다. 여기에서 폴라누스는 아담이 타락하기 전 하나님과 더불어 "행위 언약"을 맺었다고 기록했다. 한편 투레티누스는 행위 언약의 존재를 부정하는 항론파의 논의를 반박하며 "자연 언약"이 존재했음을 다음의 네 가지 근거로 논증한다. 첫째, 언약의 필수적인 당사자인 하나님과 인간이 등장한다. 창조주 하나님은 통치자이자 입법자이다. 이성적 피조물은 하나님의 거룩한 형상으로 지음 받았고 마음에 새겨진 법을 가지고 있었다. 둘째, 아담에게 법이 부과되고 순종의 의무가 주어졌다는 사실은 상호 간의 합의와 계약을 내포한다. 비록 창세기 2:17은 형벌만을 제시하지만, 이 약속을 생명나무로 인 친 것과 죽음에 대한 경고를 통해 죽음과 정반대의 생명에 대한 약속이 상으로 제시되었다는 사실을 추론할 수 있다. 레위기 18:5("사람이 이를 행하면 그로 말미암아 살리라")은 율법이 약속하는 상을 명시적으로 표현한다. 셋째, 호세아 6:7("아담처럼 언약을 어겼으며")에서 아담을 최초의 조상 아담으로 해석할 수 있다. 욥기 31:33("내가 아담처럼 내 범죄를 숨겼다면")의 "아담처럼"(כְּאָדָם)이 고유명사 아담으로 해석될 수 있는 것과 유사하다. 넷째, 하나님의 선하심과 사람에 대한 사랑은 그러한 언약을 요구했다. 하나님의 선하심과 사랑은 언약을 통해 사람이 하나님께 가까이 나아와 하나님과 더불어 교제하도록 만들고, 결국 이를 통해 사람이 행복을 누릴 수 있도록 하는 동인이 되었다. 프란키스쿠스 투레티누스, 『변증신학 강요』 vol.1, 박문재, 한병수 옮김 (서울: 부흥과개혁사, 2017), 8.3.6-9 (858-59).

[86] Rutherford, The Covenant of Life Opened, 19, 20-23, 228.

협"을 심도 있게 논의한 후에(3장), 이 구절로부터 율법 혹은 행위의 원리—"행하라, 그리하면 살리라"[레 18:5]—를 읽어낸다.

> ◆ 행위 언약 자체가 우리에게는 분에 넘치는 하나님의 자기 비하다. 하나님께서는 그의 주권으로 간단히 명령하시지 않고 자기를 낮추어 [행위 언약 안에서] 일종의 거래를 제안하셨다. **"이것을 행하라, 그리하면 살리라."** 사실상 하나님은 주권적인 입법자로서 우리에게 단순하게 요구하고 명령하실 수도 있었는데 그렇게 하지 않으셨다. 이것은 분에 넘치는 선하심이다. 율법은 사랑의 꿀이 발라진 채로 **잠시 고용되었다.** 우리의 무가치한 순종을 하나님과의 교제라는 엄청나게 부요한 보상으로 수여하시는 것은 하나님의 자비였다.[87]

여기서 우리는 타락 전 언약의 존재와 관련하여 루더포드의 두 가지 강조점을 발견한다. 첫째, 하나님은 자기 비하(condescension)의 방식으로 아담과 더불어 행위 언약을 맺으셨다. 루더포드는 이것을 하나님의 "선하심" 혹은 넓은 의미에서 은혜의 차원—범죄 행위를 용서하는 의미라기보다는 무한하신 창조주가 피조물에게 값없이 베푸시는 선의라는 의미에서의 은혜이다—에서 설명한다. 둘째, 행위 언약은 하나님에 의해 "잠시 고용"된 제도였다. 루더포드는 이를 가리켜 일정 기간 후에 철거될 "여름 별장"과 같은 것이라고 설명한다.[88] 물론 이것은 하나님의 영원한 작정의 측면에서 그렇게 말한 것이다. 한 걸음 더 나아가 하나님의 예정과 의도의 관점에서 말한다면, 아담은 애초부터 율법의 영광이

---

87 Rutherford, *The Covenant of Life Opened*, 35. 강조는 필자의 것이다.
88 Rutherford, *The Covenant of Life Opened*, 2-3.

아닌 예수 그리스도를 통한 생명으로 예정되었다고 루더포드는 주장한다.[89]

◆ 결국 아담은 율법적 생명으로부터 전적으로 또한 최종적으로 타락했다. 그러나 그는 복음적 선택을 통해 영광에 이르기로 예정된 상태로부터 타락한 것은 아니었다. 하나님은 율법을 시혜하는 기간 중에도 사랑의 계획을 가지고, 값없이 베푸시는 은혜의 극장과 무대를 마련하셨다. 행위의 길은 일종의 기한적인 경륜이었다. 이를테면 **여름 별장**과 같은 것이어서 다시 철거될 것이었다. 마치 주님은 행위와 자연이 일시적인 것일 뿐, 의를 위한 항존하는 법정이 되지 못하도록 처음부터 의도하신 듯했다.[90]

이처럼 루더포드는 타락 전 언약, 곧 행위 언약이 분명히 존재했음을 확언한다. 루더포드가 특징적으로 강조하는 것은 하나님의 영원한 작정의 측면에서 아담의 최초상태와 행위 언약에 접근하는 관점이다. 루더포드는 임시적 제도로서의 행위 언약의 기원을 하나님의 영원한 작정 안에서 발견하는 것이다. 이러한 루더포드의 관점은 행위 언약의 다른 요소들에 관한 그의 논의에도 일관성 있게 반영된다.

2) 아담과 맺은 언약의 명칭들

17세기 중엽에 작성된 『웨스트민스터 신앙고백서』는 타락 전 언약의 존재

89　Rutherford, *The Covenant of Life Opened*, 2.
90　Rutherford, *The Covenant of Life Opened*, 2-3.

를 인정했고 그것을 "행위 언약"이라고 명명했다.[91] 워드는 『하나님과 아담』에서 타락 전 언약을 가리키는 다양한 명칭들을 소개한다. 일례로 "행위 언약"이라는 명칭 이외에도 "창조 언약", "율법 언약", "자연 언약," 그리고 "교제 언약"(foedus amicitae) 등이 사용되었다.[92] 루더포드는 타락 전 언약을 가리켜 "행위 언약" 혹은 "생명 언약"(covenant of life)이라고 명명했다.[93] 그렇다고 해서 이 언약이 다른 명칭들로 불리는 가능성을 배제하는 것처럼 보이지는 않는다. 왜냐하면 타락 전 아담의 상태를 묘사하면서 "자연", "율법", 그리고 하나님과 누리는 "교제" 등을 반복적으로 강조하기 때문이다.[94]

다만 "자연 언약"에 관해서는 두 가지 사실을 주목해야 한다. 첫째, 루더포드는 타락 전 언약을 가리켜 "자연 언약"이라고 정의한 로버트 롤록(Robert Rollock)의 견해를 소개하면서 그를 비판하지 않는다. 그러나 "자연 언약"이라는 용어가 하나님께서 아담과 맺으신 언약 안에 자연적이지 않은 요소들이 있다는 사실을 가려서는 안 된다는 입장을 취한다.

◆ 그러나 이제 하나님 형상을 부여받은 인간을 고려할 때 우리는 거룩하신 하나님께서 그와 더불어 생명의 언약을 맺으셨다고 말할 수 있다. 여기서 하나님은 사람에게 명령을 부여하셨는데 이것은 실정법이고 도덕법

---

91   *Westminster Confession of Faith* (이하 WCF), 7.2 "제7장 사람과 맺으신 하나님의 언약: 2. 사람과 맺으신 첫 번째 언약은 행위 언약이었다. 이 언약 안에서 완전하며 인격적인 순종을 조건으로 하여, 아담에게 그리고 아담 안에 있는 그의 후손들에게 생명이 약속되었다."

92   Ward, *God & Adam*, 95-98. 투레티누스는 앞에서 열거한 다양한 명칭들을 다음과 같이 정리했다. 타락 전 언약은 "자연 언약"이다. 왜냐하면 그것은 하나님께서 인간을 창조하신 후에 사람에게 부여하신 본성과 능력에 기초하기 때문이다. 타락 전 언약은 "율법 언약"으로 불릴 수 있다. 왜냐하면 자연인 안에 새겨 놓으신 율법을 순종하는 것이 조건적으로 요구되었기 때문이다. 한편 타락 전 언약은 "행위 언약"이다. 이 언약은 행위의 순종에 기초하기 때문이다. 투레티누스, 『변증신학 강요』, 8.3.5; 8.6.10.

93   Rutherford, *The Covenant of Life Opened*, 1, 19.

94   Rutherford, *The Covenant of Life Opened*, 제2-3장을 보라.

의 성격을 띠는 것으로서 엄밀한 의미로 볼 때 **자연법으로부터 추론된 것이 아니다.** 예를 들어 창조의 일곱 번째 날을 안식일로서 준수하는 것이나 선악수의 열매를 먹는 것을 금지하신 일, 이와 더불어 생명을 약속하신 것 등이다. 물론 우리의 신뢰할 만하고 저명한 신학자 롤록(Rollock)은 이를 가리켜 "자연 언약"이라고 명명한 것이 사실이다. 그는 이것을 초월적인 은혜 언약과 구분하기 위해 사용했고 또한 그럴만한 이유가 존재하는 것도 사실이다.…비록 하나님을 사랑하는 것은 인간의 전체 본성에 가장 부합하는 것일지라도, 하나님 사랑을 이러저러한 특정한 방식, 곧 선악수의 열매를 따 먹지 않는 방식으로, 또한 몇몇 다른 계명들을 통해 실천한다는 것은 전적으로 자연적인 것만은 아니라는 사실이다.[95]

위의 인용문에 따르면 아담이 하나님과 더불어 맺은 언약은 인간의 자연적 본성에 부합하지만, 자연적이지 않은 요소들을 포함한다. 곧 선악수의 열매를 금지하고 생명을 약속하신 것이 그것이다.

둘째, 루더포드는 "자연 언약"이라는 용어를 실제로 사용하지만, 이것을 하나님께서 자연 만물과 더불어 맺으신 언약을 가리키는 의미로 사용한다. 일례로 예레미야 31:35을 인용하면서 "하나님께서는 낮과 밤과 더불어 일종의 자연 언약을 맺으셨다."라고 말한다.[96]

---

[95] Rutherford, *The Covenant of Life Opened*, 19-20. 강조는 필자의 것이다. 또한 동일한 저서의 제7장에서 루더포드는 다음과 같이 말한다. "이 약속과 관련하여 볼 때, 이것은 아담의 마음속에 새겨진 [자연] 언약일 수도 없다. 만약 그랬더라면 하나님께서 그토록 언약 맺기를 사랑했던 사실을 설명할 수 없을 것이다. 하나님께서는 모든 언약을 맺으실 때, 심지어 행위 언약을 맺으실 때도, 특별한 행위와 외향적인 은혜를 동원하였다. 그 삶이 곧 은혜였다." Rutherford, *The Covenant of Life Opened*, 22. 강조는 필자의 것이다.

[96] Rutherford, *The Covenant of Life Opened*, 18.

3) 율법과 언약: 타락 전 아담의 두 상태

에덴에서의 아담은 하나님과 더불어 언약을 맺기 이전에 이미 마음에 새겨진 자연법에 의해 하나님께 순종해야 할 의무가 있었다. 창세기 2장의 행위 언약은 언약이 체결되기 이전부터 아담의 마음에 새겨진 율법과 구분되지만 결코 분리될 수 없다. 워드는 타락 전 아담의 상태를 [언약 이전의] 율법과 언약의 두 가지로 구분하고, 이러한 관점을 취한 대표적인 학자들로서 로버트 롤록, 존 볼(John Ball), 윌리엄 에임스(William Ames), 존 다우네임(John Downame), 에드워드 리(Edward leigh), 에드워드 피셔(Edward Fisher), 윌리엄 스트롱(William Strong), 프랜시스 로버츠(Francis Roberts), 그리고 오바댜 세즈위크(Obadiah Sedgwick) 등을 제시한다. 이들에 따르면, 타락 전 아담은 하나님에 대한 이중적인 의무에 묶여 있었다. 이중적 의무는 각각 창조와 언약에 기원을 두고 있었다.[97]

루더포드 역시 동일한 관점을 취한다. 흥미로운 사실은 루더포드가 타락 전 아담의 상태를 이중적 상태보다는 "삼중 상태"로 고려한다는 사실이다.[98]

 1. 피조물로서의 인간
 2. 이성적 피조물로서의 인간
 3. 하나님 형상이 부과된 이성적 피조물로서의 인간

이처럼 루더포드는 타락 전 아담의 상태를 세심하게 구분하여 다음과 같이

---

97   Ward, *God & Adam*, 95-103.
98   Rutherford, *The Covenant of Life Opened*, 19-20.

설명한다. 첫째, 피조물로서의 인간은 다른 모든 피조물과 공통적으로 자연 언약 아래에 있다고 루더포드는 설명한다. 일례로 루더포드는 물에서 베드로의 몸이 마치 철 덩어리와 같이 가라앉는다는 사실을 지적한다. 둘째, 이성적 피조물로서의 인간은 그의 마음속에 기록된 법이 지시하는 대로 하나님께 순종해야 할 의무가 있다고 루더포드는 주장한다. 곧 하나님을 사랑하고, 신뢰하며, 또한 하나님을 두려워할 의무를 의미한다. 그러나 루더포드는 이것을 가리켜 언약이라고 명명하지 않는다. 여기에는 순종의 행위에 대한 보상으로서 그 어떤 생명에 대한 약속도 주어지지 않았다는 사실을 루더포드는 지적한다. 셋째, 하나님 형상을 부여받은 인간을 고려할 때 우리는 거룩하신 하나님께서 그와 더불어 생명의 언약을 맺으셨다고 말할 수 있다고 루더포드는 주장한다. 여기서 하나님은 사람에게 명령을 부여하셨는데 이것은 실정법이고 도덕법의 성격을 띠는 것이지만, 앞서 언급한 대로, 엄밀한 의미로 볼 때 자연법으로부터 추론된 것이 아니다. 비록 이들 요소가 하나님 형상으로 지음 받은 인간의 자연적 본성에 부합하는 것이지만, 그것들은 하나님의 자유의지로부터 나온 것이라고 루더포드는 설명한다. 요컨대 행위 언약은 하나님의 지혜와 자유로운 의지로부터 기원한 것이다.

4) 아담에게 선악수의 열매를 금지하는 명령을 주신 목적

워드에 따르면 하나님께서 아담에게 선악수의 열매를 금하는 명령을 주신 이유는 아담의 마음에 새겨진 전체 도덕법에 대한 그의 순종 여부를 시험하기 위해서이다. 워드는 존 볼, 요한네스 볼레비우스(Johannes Wollebius), 앤서니 버지스(Anthony Burgess), 그리고 존 베렛(John Barret) 등의 견해를 요약적으로 제시한다. 일례로 버지스는 금령의 두 가지 목적을 다음과 같이 기술한다. 첫째, 아담이 사람에 대한 창조주 하나님의 지배권을 인정하도록 하기 위해서이다. 둘째, 아담의 순종이 순종으로서의 성격을 분명하게 드러내도록 하기 위해서이다. 선악수의 열매를 금한 것은 열매를 먹는 행위 자체가 본래적으로 죄이기 때문이 아니라 그것을 금한 입법자이신 하나님의 의지에 근거한 것이었다.[99]

루더포드 역시 선악수 금령의 의미를 피조물인 인간과 창조주 하나님 사이에 맺어진 주종 관계 안에서 발견하는 시도를 인정한다. 이 금령 안에서 아담은 "모든 존재의 주님"이신 하나님의 주권적 통치 아래에서 철저한 "자기부정"을 하도록 요구받았다. 이를 거절하고 "스스로 하나님이 되려는 망상"에 빠져, 마침내 금령을 어긴 것은 하나님보다 "자아"를 기쁘게 한 "교만"의 죄를 범한 것이다. 이것이 바로 타락의 본질이다.[100]

그런데 루더포드는 선악수 금령의 보다 더 중요한 목적을 거시적인 차원—곧 구속사의 경륜과 하나님의 작정—에서 발견한다. 루더포드에 따르면 "하나님은 특별한 목적을 가지고 실정법을 제시하며 선악수의 열매를 먹는 것을 금하셨다."[101] "특별한 목적"이란 일시적으로 "율법의 경륜"을 세우신 하나님의 작정을 지칭한다. 하나님은 금령을 통해 행위의 원리—"사람이 이를 행하면 그로 말미암아 살리라"—를 아담에게 확인시키셨다. 이를 통해 율법의 공평성

---

99   Ward, *God & Adam*, 104-5.

100 Rutherford, *The Covenant of Life Opened*, 40. 아담에게 요구된 "자기부정"과 그리스도께서 성취하신 자기부정을 대조하는 루더포드의 통찰력 있는 주해에 대해서는 다음을 참고하라. Rutherford, *The Covenant of Life Opened*, 40. 강조는 필자의 것이다.

   결국 얼마 지나지 않아 하나의 부스러기 조각과 같고 혹은 피조된 존재의 그림자와 같은 것이 위대하신 모든 존재의 주님으로부터 떨어져 나와 타락했다. 특히 율법 아래에 있던 이성적 존재가 하나님으로부터 분리될 때는 다음과 같은 결과가 뒤따른다. 곧 교만해진 "나"(I)와 헛된 자만심에 빠진 "자아"(self), 그리고 스스로 하나님이 되려는 망상에 빠진 "빌려온 존재"(borrowed being)가 등장한다. 아담은 자기부정을 하지 않았다. 그리고 그의 병든 상상의 세계 속에서 "하나님과 같이 되어 선악을 알게 될 것(창 3장)"을 생각했다. 이와 대조적으로 아담보다 더욱 탁월하신 그리스도께서는, 로마서 15:3("그리스도께서도 자기를 기쁘게 하지 아니하셨나니", Καὶ γὰρ ὁ χριστὸς οὐχ ἑαυτῷ ἤρεσεν)에 따르면, 그 고귀한 "자아"를 기쁘게 하지 않으셨다. 그는 자기를 부정하여 사람, 곧 단순히 은혜로운 사람이 되셨고 하나님이나 사람보다 뛰어난 존재가 되려고 하지 않으셨다.

101 Rutherford, *The Covenant of Life Opened*, 14.

과 거룩함을 계시하셨다. 그러나 이러한 율법의 경륜이 사람에 대한 작정은 아니었다고 루더포드는 말한다. "아담이라는 인격체에 대한 하나님의 작정은, 그를 최종적 목표로서 율법의 영광과 그것에 이르는 유효적 수단으로서 율법적 순종으로 예정하지 않으셨다."[102] 한 걸음 더 나아가, 아담에 관한 한, 율법적 경륜은 "은혜의 경륜," 곧 그리스도를 향하는 "출구"로 기능했다고 루더포드는 주장한다.

- 주님의 최종적(*finaliter*)이고 객관적인 계획을 따라 아담은 그리스도 안에서의 영광과 은혜로 예정된 상태 안에서 창조되었다. 이것은 아담이라는 인격체와 관련되어 있다. 반면 그의 고유한 조건을 따라서 아담은 율법의 경륜 속에서 지음 받았고, 이것은 그리스도로 이어지는 은혜로운 출구였다. 그의 율법적 상태에 따라 아담은 모든 인류를 대표했으며, 그는 미끄러지기 쉽고 깨지기 쉬운 연약한 본성의 복제물로서 지음 받았다.[103]

이처럼 루더포드는 하나님의 영원한 작정이라는 시각에서 "율법의 경륜"의 목적과 의미를 규정한다. 타락 전 아담에게 선악수 금령으로 계시된 "율법의 경륜"은 보다 거시적이고 최종적인 "은혜의 경륜" 안에서 자리매김되어야 한다. 후자의 시각에서 보았을 때, 전자는 일시적인 성격을 띠며, 그리스도의 복음을 향한 출구로서 기능하는 것이다.[104]

---

102   Rutherford, *The Covenant of Life Opened*, 14.
103   Rutherford, *The Covenant of Life Opened*, 13-14.
104   이런 맥락에서 보았을 때, 루더포드가 선악수 금령의 목적을 "하나님의 예지"의 관점에서 서술한 것은 이해할 만하다. "하나님은 특별한 목적을 가지고 실정법을 제시하여 선악수의 열매를 먹는 것을 금하셨으며, 죽음의 위협을 첨가하셨고, 사탄의 유혹을 허락하셨으며, 연약한 인간 본성이 행할 것을 **예지하시고** 하나님께서 베푸시는 값없는 은혜의 경륜 안에서 사람을 다루시게 될 것을 **미리 아셨다**." [강조는 필자의 것이다] Rutherford, *The Covenant of Life Opened*, 14.

5) 타락 전 언약은 결여된 것을 보충하는 것이 아니라 이미 주어진 것을 확증하는 것이다

주지하다시피, 로마 가톨릭교회의 전통적인 시각에 따르면 타락 전 아담에게는 초자연적으로 덧붙여진 은사(*donum superadditum*)가 있었고 이것은 타락과 더불어 상실되었다. 워드에 따르면, 개신교 언약신학자들은 타락 전 행위 언약을 "덧붙여진 은사"의 방식으로 자연 상태의 아담에게 주어진 초자연적인 은사로 설명하지 않았다. 오히려 "하나님의 형상"으로 지음 받은 인간에게 이미 부여하신 영광과 명예를 확증하시는 방식으로 행위 언약은 체결된 것이다.[105] 일례로 로버트 롤록은 다음과 같이 말한다. "하나님께서는 마치 친구가 친구와 더불어 언약을 맺은 것처럼 사람과 더불어 행위 언약을 체결하셨다. 왜냐하면 우리는 창조 때부터 하나님의 원수가 아닌 친구들이었기 때문이다." 롤록의 시각에서 볼 때, 행위 언약 안에서 약속된 것은 "의"가 아닌 "영원한 생명"이었다는 사실은 자연스러운 결과였다. 왜냐하면 아담은 이미 "의롭고 온전하게" 지음 받았기 때문이다.[106]

이 주제는 앞서 소개한 타락 전 아담의 두 상태에 관한 논의와 연속성을 갖는다. 워드가 소개한 대로 루더포드 역시 아담에게 부여된 "하나님의 형상"과 행위 언약이 유기적으로 연결되어 있음을 강조했다. 행위 언약의 명령은 하나님의 형상으로 지음 받은 인간에게 전혀 낯선 명령이 아니었다. 오히려 아담 안에 새겨진 도덕법과 그의 자연적 본성에 부합하는 방식으로 주어진 것이었다.

한편 루더포드는 행위 언약의 기원이 사람 안에 새겨진 자연법이 아니라 하

---

105 Ward, *God & Adam*, 106.
106 Ward, *God & Adam*, 106. 워드는 롤록의 다음 저작을 인용한다. Robert Rollock, *A Treatise of God's Effectual Calling*, trans. *Henry Holland* (London: T. Man, 1603), 7.

나님의 의지에 근거한다고 주장한다. 일례로 "실제로 주님은 이 [행위] 언약을 전혀 새롭고 다른 틀로 주조해 내셨는지도 모른다.…하나님께서는 인간의 자연적 본성에 반하지 않으면서도 그것과는 상이한 내용을 명령하셨을 수도 있는 것이다."라고 루더포드는 말한다. 이는 하나님의 자유로운 의지를 강조하는 루더포드의 시각을 잘 반영하고 있다. 또한 이미 앞서 언급한 바대로 선악수 금령과 영원한 생명에 대한 약속은 행위 언약의 모든 구성요소가 다 자연적인 것은 아니라는 사실을 보여준다. 물론 이러한 내용을 말한다고 해서 이성적 피조물로서의 아담 안에 새겨진 율법과 하나님의 형상으로 지음 받은 아담에게 부여된 행위 언약이 서로 다른 두 개의 이질적인 언약으로 존재했다고 말하는 것은 결코 아니라고 루더포드는 강조한다.[107] 요컨대 루더포드는 양자 사이의 연속성과 차별성에 대한 균형 잡힌 시각을 유지하고자 노력한 것으로 보인다.

6) 행위 언약 안에서 약속된 생명

워드에 따르면 행위 언약 안에 약속된 생명의 성격을 규정하는 문제를 두고 언약신학자들 사이에 서로 다른 견해가 제기되어 왔다.[108] 그것은 대략 네 가지의 범주로 나누어 볼 수 있다. 첫째, 에덴에서의 자연적인 생명이 지속되는 것으로 보는 관점이다. 토머스 굿윈이 이 입장을 취한다.[109]

둘째, 행위 언약 안에서 약속된 생명은 영원한 생명이라는 입장이다. 워드에

---

107 Rutherford, *The Covenant of Life Opened*, 20.
108 Ward, *God & Adam*, 108-111.
109 굿윈에 따르면 천국에서 누리는 영원한 생명은 오로지 그리스도를 통해 주어지는 초자연적 은혜다. 이러한 초자연적인 생명과 구별 짓는 의미에서 굿윈은 무죄 상태의 아담에게 약속된 생명은 자연적인 생명이라고 주장했다. 같은 맥락에서 아담에게 요구된 믿음은 천국에서 누리는 영생에 대한 초자연적 믿음이 아니었을 것이라고 굿윈은 생각한다. 조엘 비키와 마크 존스에 따르면 굿윈의 이러한 생각은 존 카메론(1579-1625)의 입장과 유사한 것이다. Joel R. Beeke & Mark Jones, *A Puritan Theology: Doctrine for Life* (Grand Rapids: Reformation Heritage Books, 2012), 16.

따르면 『웨스트민스터 신앙고백서』가 작성될 무렵에는 이에 대한 합의가 도출되지 못했다. 이 때문인지 『웨스트민스터 신앙고백서』 제7조 제2항에서는 행위 언약 안에서 아담에게 약속된 것을 가리켜 단순히 "생명"이라고 표기하였다.[110] 이에 비해 1675년의 『스위스 일치신조』(Helvetic Consensus Formula)의 제8조는 행위 언약에서 약속된 생명이 영생임을 다음과 같이 명시적으로 밝혔다.

◆ 제8조: 더욱이 행위 언약과 연결된 약속은 단순히 지상에서의 삶과 행복을 지속하는 것이 아니라 특히 **영원한 천상의 삶, 즉 천국에서 누리는 몸과 영혼 모두의 생명을 소유하는 것**을 의미했다. 이것은 만일 사람이 하나님과의 교제 안에서 말로 표현할 수 없는 기쁨을 누리는 가운데 참으로 온전한 순종을 수행했다면 소유할 것이었다.[111]

"영원한 천상의 삶"이란 천국에서 구원받은 신자가 누리게 될 영생을 가리킴에 틀림없다. 워드에 따르면 1675년경에 이르러서는 대다수 신학자가 이러한 입장을 취하였다.[112]

셋째, 아담이 행위 언약을 온전하게 수행했을 경우 그의 생명이 자연 상태에서 초자연적인 영생의 상태로 "이양"(translation)했을 것이라고 주장하는 학자

---

110   다음 원문을 참조하라. "The first covenant made with man was a covenant of works, wherein *life* was promised to Adam, and in him to his posterity, upon condition of perfect and personal obedience." (사람과 더불어 맺어진 첫 번째 언약은 행위 언약으로서, 그 안에서 아담과 그의 안에 있는 그의 후손들에게 생명이 약속되었다. 이것은 온전하고 인격적인 순종을 조건으로 하였다.) *The Confession of Faith Together with The Larger and Lesser Catechisms, Composed by the Reverend Assembly of Divines, Sitting at Westminster, Presented to both Houses of Parliament* (London: Printed by E.M. for the Company of Stationers, and are to be sold by John Rothwel at the Fountain in Cheapside, 1658), 제7조 제2항, 25-26.

111   1675년 스위스 일치신조(Helvetic Consensus Formula)의 영역본으로는 다음을 참고하라. Martin I. Klauber 역, "*The Formula Consensus Helvetica* (1675)," in *Trinity Journal* 11(1990): 103-23. 강조는 필자의 것이다.

112   Ward, *God & Adam*, 108.

들이 존재한다. 워드의 분류에 따르면 윌리엄 에임스(William Ames)와 다우네임 그리고 피셔가 이 범주에 속한다.[113]

넷째, 위에 열거한 세 입장 외에도 유보적 태도를 취하는 학자들이 존재한다. 존 볼과 앤서니 버지스(Anthony Burgess), 피터 벌클리(Peter Bulkeley), 그리고 존 오웬 등은 성경에 명시적으로 계시되어 있지 않은 내용에 대해 확정적인 입장을 취하는 것을 경계하였다.

위에 열거한 네 가지 범주 가운데 사무엘 루더포드는 두 번째 범주를 대표하는 신학자로 제시되었다. 워드에 의해 인용된 대로 루더포드는 아담에게 약속된 생명이 "매우 탁월한 생명"이라고 말하였다.[114] 과연 어떤 의미에서 루더포드는 "매우 탁월한 생명"이라는 표현을 사용했을까? 루더포드는 생명을 두 가지 차원에서 고려한다. 첫째, 일반적 의미에서의 자연적인 생명과, 둘째, "하나님과의 영광스러운 교제"라는 의미에서의 탁월한 생명이다. 후자는 아담의 순종에 대해 하나님의 자유로운 의지로부터 기원한 "보상"으로 주어지는 "초자연적 생명"이다. 루더포드가 이것을 부각하는 이유들 가운데 하나는 아르미니우스의 행위언약 교리를 비판하려는 의도와 관련되어 있다. 루더포드는 이렇게 말한다.[115]

---

113 "이약"의 개념은 다른 용어로도 표현되었다. 일례로 에임스는 그의 대표작 『신학의 정수』 제1권 제10장 제31조에서 이렇게 말한다. "31. 다섯째, 이 법이 부과하는 조치 안에는 동물적인 생명이 지속되다가 **이후에 영적인 생명으로 승귀**(exaltationis)하게 되는 것에 대한 약속이 존재한다. 또한 육체적 죽음에 대한 위협이 존재한다. 이것은 천사들에게는 해당되지 않는 것이다." William Ames, *The Marrow of Theology*, translated by Jon D. Eusden (Grand Rapids: Baker, 1968), 113. 라틴어 원문으로는 다음을 참조하라. Guilielmum Amesium, *Medulla S.S. Theologieae* (London: Apud Robertum Allottum, 1629), 58. 강조는 필자의 것이다.

114 Samuel Rutherford, *The Covenant of Life Opened* (Edinburgh: Andro Anderson, 1655), 22. "9. 은혜 및 공로에 관한 문제들"의 주제를 다룬 부분에서는 위의 인용문보다 조금 더 길게 인용되었다. 추가된 부분은 다음과 같다.

같은 맥락에서 아담의 온전한 순종과 그토록 탁월한 생명 사이에는 그 어떠한 필연적 연결 관계가 존재하지 않는다. 이 약속과 관련하여 볼 때, 이것은 아담의 마음속에 새겨진 [자연] 언약일 수도 없다. 만약 그랬더라면 하나님께서 그토록 언약 맺기를 사랑했던 사실을 설명할 수 없을 것이다. 하나님께서는 모든 언약을 맺으실 때, 심지어 행위 언약을 맺으실 때에도, 특별한 행위와 외향적인 은혜를 동원하였다. 그 삶이 곧 은혜였다. 우리에게 은혜 베푸시길 사랑하시고 우리를 행복하도록 유도하시는 분을 우리가 어떻게 섬기지 않을 수 있겠는가?

115 Rutherford, *The Covenant of Life Opened*, 22.

◆ 아르미니우스는 행위 언약을 지킴으로 얻는 보상이 결코 영적인 것일 수 없다고 말한다. 그는 처벌 또한 영적일 수 없다고 말하는데, 이는 우리가 (그가 말하길) [아담의] 순종이 자연적 순종이라고 가르치기 때문이라는 것이다.[116]

이러한 아르미니우스의 가르침에 대해 루더포드는 "초자연적 보상"으로 주어지는 "영광의 생명"을 강조한 것이다.

◆ 아담의 순종이 자연적 순종이기 때문에 그것에 대한 보상이 영적이지 않아야 한다는 논리는 성립하지 않는다. 그렇다. 그 보상은 하나님의 자유로운 약속으로부터 기원한 초자연적인 보상이었다. 즉 하나님께서는 자연적인 원리에 부합하는 우리의 자연적 순종을 너무나도 탁월한 왕관, 곧 창조주 하나님과의 교제라는 **영광의 생명**으로 보상해 주신 것이다.[117]

한 걸음 더 나아가 루더포드는 아담의 자연적 순종과 "영광의 생명" 사이에 그 어떠한 "내적인 비례관계"가 존재하지 않는다는 점을 논증함으로써 아담이 소유할 생명의 탁월성을 부각한다.

◆ 이와 같은 자연적 행위와 초자연적 보상 사이에는 그 어떠한 내적인 비례관계가 존재하지 않는다. 만약 이것이 사실이 아니라면 우리는 다음과 같이 말할 수밖에 없다. 무엇보다 아담의 행위와 그가 약속받은 하나

116　Rutherford, *The Covenant of Life Opened*, 22.
117　Rutherford, *The Covenant of Life Opened*, 22. 강조는 필자의 것이다.

님과의 영광스러운 교제라는 고차원의 보상 사이에는 사물의 본성에 따른 (ex natura rei) 본질적인 연관관계가 존재한다. 따라서 주님은 공의를 따라 아담의 순종을 보상할 수밖에 없었을 것이다. 만일 그렇게 하지 않는다면, 하나님은 공평치 못한 분이 될 것이다. 그러나 이것은 말이 되지 않는다. 피조물 안에는 무한하신 하나님의 의지와 지혜를 결론짓거나, 제한하거나, 혹은 정할 수 있는 그 어떤 것도 존재하지 않기 때문이다.[118]

위의 인용문은 피조물과 창조주 사이에 간격이 존재한다는 점과, 이러한 존재적인 간격을 초월하여 역사하는 하나님의 주권과 자유로운 의지를 강조하는 루더포드의 일관된 입장을 잘 드러낸다. 루더포드의 시각에서 보았을 때, 행위 언약 안에 약속된 생명이 갖는 탁월성의 궁극적인 기초는 하나님 안에서 발견된다. 루더포드는 안셀무스(Anselm)를 인용하면서, 하나님께서는 아담의 순종을 조건으로 아담보다 무한히 크고 위대하신 자기 자신을 그와 연합하시기로 약속하신 것이라고 말한다. "사랑하는 대상에게 자신을 주는 것만큼 가장 큰 선함이 무엇이겠는가?"[119]

지금까지의 논의를 종합해 볼 때, 행위 언약 안에 약속된 "생명"에 대한 루더포드의 견해는 17세기 하반기 스위스 일치신조와 개혁파 신학자들 다수의 의견과 부합한다. 그리고 보상으로 약속된 생명의 탁월성을 입증하는 루더포드의

---

[118] Rutherford, *The Covenant of Life Opened*, 23.

[119] 안셀무스의 『모놀로기온』(*Monologion*)에서 인용했다. [강조는 필자의 것이다] 그 원문은 다음과 같다. "*Quid enim summa bonitas retribuat [vere] amanti et desideranti se, nisi se ipsum.*" 또한 안셀무스의 또 다른 고백문을 인용한다. "나는 구원받은 자로서 나 자신을, 아니 나 자신보다 더욱 큰 것을 당신께 빚지고 있나이다. 왜냐하면 나를 위해 내 자신보다 너무나도 큰 당신 자신을 나에게 주셨기 때문입니다. 또한 당신은 당신 자신을 나에게 약속하셨기 때문입니다." 루더포드가 다소 의역하여 인용한 라틴어 원문은 다음과 같다. "*de redemptione certe Domine, quia me fecisti debeo amori tuo meipsum totum, imo tantum debeo amori tuo plus quam me ipsum. Quantum tu es major me, pro quo dedisti teipsum and cui promittis teipsum debeo amori tuo plus quam me ipsum. Quantum tu es major me, pro quo dedisti te ipsum promittis te ipsum.*" Rutherford, *The Covenant of Life Opened*, 23. 측주(側註)를 보라.

논의는 한편으로는 아르미니우스주의와의 논쟁적 정황과 관련을 맺고 있고, 다른 한편으로는 하나님의 작정과 주권적 의지를 강조하는 루더포드 자신의 신학적 관점 및 [안셀무스가 대변하는 중세의] 전통과도 연관되어 있다고 평가할 수 있다.

7) 죽음의 위협 (Death-threatening)

행위 언약 안에 약속된 "생명"의 성격에 대한 논의와 유기적으로 연결되어 있는 주제가 바로 "죽음의 위협"(창 2:17 "정녕 죽으리라")에 대한 해석이다. 일부 소키누스주의자들과 아르미니우스주의자들은 창세기 2:17에 기록된 "죽음"은 영원한 죽음이 아니라 육체적인 죽음을 의미할 뿐이라고 말한다.[120] 워드는 다우네임, 제임스 어셔(James Ussher), 웨스트민스터 소요리문답 등을 인용하며, 본문에서의 "죽음"을 영원한 죽음으로 규정하는 입장을 소개한다. 일례로 웨스트민스터 소요리문답의 제19문과 이에 대한 대답은 다음과 같다.

- ◆ [문 19] 타락이 인류에게 초래한 비참함은 어떤 것입니까?
- ◆ [답] 타락이 초래한 것은 인류가 하나님과 더불어 누리는 교제의 상실입니다. 또한 하나님의 진노와 저주를 초래했습니다. 그리하여 우리는 이 생에서 모든 비참과 죽음 자체**와 영원한 지옥의 고통**을 받게 되었습니다.[121]

---

[120] 헤르만 윗시우스에 따르면, 소키누스주의자들이 이러한 입장을 취하는 까닭은, 죽음이 죄에 대한 형벌로서 초래되었음을 선언하는 성경의 진리를 이들이 거부하는 것과 관련되어 있다. Herman Witsius, *The Economy of the Covenants between God and Man*, trans. William Crookshank, vol. I (Edinburgh: Thomas Turnbull, 1803), 80.

[121] *The Confession of Faith Together with The Larger and Lesser Catechisms*, 282. 강조는 필자의 것이다.

루더포드 역시 창세기 2:17에 계시된 죽음의 위협은 아담과 그의 자손들이 개별적으로 경험하게 될 "첫째 사망과 둘째 사망"을 모두를 가리킨다고 주장한다.[122] 흥미롭게도 루더포드는 아담에게 주어진 "죽음의 위협"이 어떤 종류의 죽음이었는지를 묻는다거나, 이 위협이 순수하게 율법적이었는지를 따지는 것은 무의미한 물음이라고 말한다. 왜냐하면 "이러한 질문은 오로지 행위 언약만을 전제하고 주님께서 타락한 인류에게 구원자를 주신다는 사실을 배제한 상태에서 던지는 질문이기 때문이다."[123] 하나님의 작정의 관점에서 보았을 때, 하나님은 아담과 그의 후손들을 위해 오로지 율법적 죽음만을 작정한 것이 아니라고 루더포드는 다시 한번 강조한다.

"죽음의 위협"과 관련하여 루더포드가 좀 더 관심을 기울이는 주제는 "과연 하나님께서 죽음의 위협과 형벌을 부과하는 것이 하나님의 자유로운 의지에 따른 것인가 아니면 본성의 필연성에 의한 것인가"라는 문제다. 하나님께서 선악수의 열매를 먹는 행위에 따른 죽음의 위협을 가하신 것은 본성의 필연성에 의한 것이 아니었다고 루더포드는 주장한다. 왜냐하면 하나님께서는 그의 자유로운 의지를 따라 그의 피조물에게 법을 부과하시는 것이며, 범법에 수반되는 형벌을 부과하시는 결정 또한 그의 자유로운 의지에서 기원한 것이기 때문이다.[124] 비록 하나님께서 이성적 피조물에게 형벌적인 법을 부과하지 않았다 하더라도 피조물에 대한 하나님의 통치권은 상실되는 것이 아니라고 루더포드는 주장한다.

---

122   Rutherford, *The Covenant of Life Opened*, 3, 5, 25.
123   Rutherford, *The Covenant of Life Opened*, 3-4.
124   Rutherford, *The Covenant of Life Opened*, 제3장 24쪽 이하를 보라.

◆ 과연 그러한가? 과연 하나님께서는 다음과 같이 말씀하실 수 없는 분인가? "선악수의 열매를 먹지 말라. 만일 네가 먹지 않으면 너의 순종을 영생의 보상으로 갚아 주리라." 하나님께서 여기까지만 말씀하셨다면? 하나님께서 모든 위협에 관한 내용을 치워버릴 수는 없는 분인가? 도대체 어떤 성경이나 이성이 다음과 같이 가르친단 말인가? 만일 **하나님께서 이성적 피조물을 창조하시고 도덕법 아래에 두셨다면, 그 하나님은 본성의 필연성에 의해 반드시 죄인을 처벌해야만 하나님이실 수가 있다. 만일 그렇게 하지 않는다면 참 하나님도 아니고 공의로운 존재도 아닌 것이다. 또한 소위 형법을 제정하지 않고서는 하나님의 자연적 통치는 결코 세워질 수 없다.** 결국 이러한 가르침에 따르면 하나님은 아담에게 "네가 먹는 날에는 정녕 죽으리라."라고 말하거나 혹은 "먹는 것에 대해 너는 반드시 처벌받으리라."라고 말할 수밖에 없었다. 이렇게 말씀하지 않고서는 하나님은 결코 하나님이 될 수 없다는 것이다.[125]

위의 인용문에서 루더포드가 논박하고 있는 잘못된 가르침을 그 자신의 말로 요약하면 다음과 같다. "하나님께서 죄인을 처벌하지 않고서는 이성적 피조물이 창조주 하나님께 종속되지도, 또한 종속될 수도 없다."[126] 루더포드에 따르

---

[125] Rutherford, *The Covenant of Life Opened*, 25. 굵은 글자로 표시한 부분[필자의 것]은 루더포드가 논박하는 잘못된 가르침에 해당한다.

[126] 루더포드에 따르면, 하나님께서 인간에게 형법을 부과하시지 않으시는 것만으로 하나님은 인간에 대한 자연적 지배를 상실하시고 결국 하나님이시길 중단한다는 주장은 논리학의 가장 기초적인 오류를 범하는 것이다. "종(種)을 부정하는 것에서 속(屬)을 부정하는 것으로 나아가는 것으로는 아무 결론도 얻지 못한다(*a negatione speciei ad negationem generis, nulla est consequentia*). 만일 하나님께서 형법이라는 하나의 특정한 것에 있어 사람에 대한 지배권을 행사하지 않으신다면, 그는 다른 모든 것 안에서 행사하는 그의 자연적 지배권 전체를 상실하는 것이라고 말한다면 이것은 정당하지 못한 추론이 되는 것이다." 한 걸음 더 나아가 루더포드는, 인간에 대한 하나님의 본질적인 통치를 오로지 형법과 관련짓는 것은 매우 무례한 시도라고 말한다. 결국 가장 높고 거룩하신 하나님을 제한하여 "그분이 우리의 방식을 따르지 않고서는 결코 하나님이 되실 수 없다고 배짱 좋게 주장하는 것은 성경적 근거가 전혀 없는 무모한 대담성의 냄새를 풍긴다." Rutherford, *The Covenant of Life Opened*, 26.

면 이러한 오류는 선악수의 열매를 먹는 행위와 형벌 사이에 어떠한 종류의 "내적인 연관관계"가 존재함을 전제하기 때문에 발생한다. 그 관계가 너무나 본질적이어서 하나님께서는 금단의 열매를 처벌하는 방법을 시행하지 않고서는 "그가 항상 동일하고 본질적으로 공의로우실 수가 없으며", 또한 "참 하나님이실 수도 없다"라는 주장은 심각하게 잘못된 것이라고 루더포드는 지적한다.

◆ 확실한 것은 그 열매를 먹는 행위는 그 자체의 본성을 따라서가 아니라 그것을 금하시는 하나님의 의지(the forbidding will)를 따라서 죄라는 사실이다. 왜냐하면 설령 하나님께서 아담에게 선악수의 열매를 먹으라고 명령하셨다고 한들 이것으로 하나님의 본질적인 공의가 조금이라도 훼손되는 것이 아니었을 것이기 때문이다. 따라서 처벌 역시 하나님의 금지하시는 의지로부터 기원하는 것이다. 만일 그와 같은 열매를 먹는 것이 하나님의 금지하시는 의지로 말미암아 죄가 되는 것이라면, 우리가 과연 무엇이 처벌받을 만하고 혹은 처벌받아야 하는지 죄에 대한 본질을 논함에 있어, 그것의 본질 역시 동일한 하나님의 금지하시는 의지가 되어야만 한다는 사실을 알아야 한다.[127]

이처럼 루더포드가 죽음의 위협과 형벌의 기원을 본성적 필연성이 아닌 하나님의 자유로운 의지에서 찾고자 하는 의도는 무엇일까? 필자가 보기에 적어도 네 가지 의도를 파악하는 것이 중요하다. 첫째, 자유로운 의지에 따라 죽음의 위협을 부과하신 하나님은, 이와 동시에 그의 동일한 의지에 의거하여 "복음의 치료제" 또한 마련하셨다는 사실을 강조하기 위해서다. "하나님께서 아담에게

---

127 Rutherford, *The Covenant of Life Opened*, 33.

죽음의 위협을 가하신 이상, 하나님은 여전히 절대적으로 자유로운 주권을 행사하여 그에게 형벌을 가하실 수도 있고 혹은 복음적인 치료제를 공급하실 수도 있으시다."[128]

둘째, 율법의 기능과 한계가 무엇인지 보여주고자 의도하였다. 루더포드에 따르면 율법은 법의 내용은 무엇이고 법에 따라 처벌받아 마땅한 죄책이 무엇인지를 보여준다. 그러나 율법 자체는 입법자의 숨겨진 의도와 절대적인 작정이 무엇인지, 또한 "최종적으로 성취되는 것이 무엇인지"에 관해 계시해 주지 않는다.[129]

셋째, 그리스도의 속죄 사역, 곧 그리스도의 만족(satisfactio) 역시 하나님의 자유로운 의지에서 기원했음을 강조하기 위해서이다. 한편으로 루더포드는 그리스도의 만족의 필연성을 부정하는 소키누스주의자들을 논박한다. 하나님의 절대적인 주권으로 그리스도의 보혈 혹은 만족 없이 죄를 제거할 수 있다고 주장하는 것은 "성령을 거스르는 주장"이라고 말한다. 동시에 다른 한편으로 루더포드는 그리스도의 속죄 사역이 하나님의 지혜로운 작정과 은혜로운 자유의지에 근거했음을 강조한다. "모든 성경은 다음과 같이 외친다. 곧 하나님께서는 그의 자유로운 의지에 기원하는 은혜로 말미암아 그의 아들을 보내시고 그를 죽음에 내어주셨다는 것이다."[130]

넷째, 루더포드가 하나님의 자유로운 의지를 강조하는 것은 하나님의 영광

128　Rutherford, *The Covenant of Life Opened*, 4.
129　Rutherford, *The Covenant of Life Opened*, 4.
130　루더포드는 히브리서 2:9을 인용한다. [예수께서] "이를 행하심은 하나님의 은혜로 말미암아 모든 사람을 위하여 죽음을 맛보려 하심이라." Rutherford, *The Covenant of Life Opened*, 34. 워드는 하나님의 절대적인 주권적 의지를 강조하는 전통을 대변하는 인물로 윌리엄 트위스(William Twisse)을 제시한다. 트위스는 주장하기를, 그리스도의 만족 없이도 하나님은 그의 자유로운 의지에 기초하여 우리의 죄를 용서할 수도 있었다고 말한다. 워드는 사무엘 루더포드 역시 이러한 트위스의 입장을 지지한 것으로 서술하는데, 이는 위에 인용한 루더포드의 진술에 비추어 볼 때, 지나치게 과장된 것으로 보인다. Rutherford, *The Covenant of Life Opened*, 116.

을 그의 "본질적 영광"과 "선언적 영광"으로 구분하는 시도와 밀접하게 연관되어 있다. 하나님은 본성적 필연성을 따라 그의 본질적인 영광을 드러내시는 한편, 피조세계 안에서 "선언적 영광"을 드러내시는 것은 그의 자유로운 의지를 따라 행사하신다. 피조물이 그의 죄로 인하여 하나님의 영광을 가리는 것은 하나님의 "선언적 영광"이지 그의 본질적인 영광이 아니라고 루더포드는 지적한다.[131]

8) 에덴동산의 두 나무가 가지는 중요성

워드는 에덴동산에 있었던 선악수와 생명나무에 대한 개혁파 전통 안에서의 일치된 견해를 간략하게 소개한다. 워드에 따르면, 개혁파 신학자들 가운데 그 누구도 생명나무 안에 있는 내재적인 능력에 의해 생명이 제공될 것이라고 가르치지 않았다. 생명나무는 언약 안에서 하나님께서 약속하신 생명을 가리키는 일종의 기표, 곧 성례로서 기능하였다. 한편 생명나무와 더불어 선악수 역시 성례적으로 해석할 수 있느냐의 여부를 두고 다소의 이견이 존재한다. 일례로 윌리엄 부카누스(William Bucanus)는 오로지 생명나무만을 성례적으로 해석하였다. 그러나 폴라누스는 선악수와 생명나무 모두 각각 죽음과 생명을 가리키는 성례적인 기능을 감당했다고 주해했다. 이후 폴라누스의 견해는 에임스와 투레티누스는 물론 대다수의 청교도 신학자들에 의해 공유되었다.[132]

---

131 이와 관련하여 루더포드는 수아레즈(Suarez)의 견해를 논박한다. 루더포드에 따르면 "피조물은 하나님께 실제적인 상처를 입힐 수도 있고, 영광에 대한 하나님의 권리(jus Dei ad gloriam)를 빼앗아 갈 수도 있다."라고 수아레즈가 주장했다. Suarez de justitia Dei, sect.2. nn.9. fig.352. 이에 대해 루더포드는 다음과 같이 비판한다. "그러나 진실은 이것이다. 곧 피조물이 행하는 것은 그의 죄로 인하여 그의 선언적인 영광(declarative glory)을 어둡게 하거나 가리는 것이다. 피조물은 본질적인 영광을 하나님으로부터 빼앗을 수 없다. 또한 그 어떤 실제적인 권리 혹은 실제적인 선을 하나님으로부터 조금도 빼앗을 수 없는 것이다." Rutherford, The Covenant of Life Opened, 27. 이후 루더포드는 "본질적 영광"과 "선언적 영광"의 구분에 대해 상세하게 논의한다.

132 Rutherford, The Covenant of Life Opened, 114-15.

흥미롭게도 루더포드는 생명나무를 가리켜 "성례"라는 표현을 명시적으로 사용하지는 않는다. 다만 생명나무가 가리키는 생명이 자연적 생명을 넘어 초자연적인 생명에 대한 약속이라는 사실과 그리스도가 곧 생명나무임을 설교했다는 사실을 주목할 필요가 있다.[133]

9) 은혜 및 공로에 관한 문제들

행위 언약을 둘러싼 쟁점들 가운데 오늘날까지 지속되는 대표적인 논의는 "은혜 및 공로"의 주제와 관련을 갖는다.[134] 과연 행위 언약 안에서 "은혜" 혹은 "공로"의 요소를 찾을 수 있는가? 어느 한쪽이 없다면 그 이유는 무엇이며, 있다면 그 근거는 무엇인가? 먼저 "은혜"와 관련하여 워드는 이견의 중심에 "은혜"에 관한 개념 정의의 문제가 있음을 잘 파악하였다. 어떤 이들은 "은혜"를 오직 그리스도를 통해 받는 구속의 은혜, 곧 "반(叛)공로"(demerit)에 대한 대응 개념으로 이해하였다. 이러한 관점에서 볼 때, "은혜"는 타락 전 무죄 상태의 아담과 행위 언약에 적용될 수 없는 개념이다. 한편 더욱 많은 수의 사람들은 보다 폭넓은 의미에서 "은혜"라는 개념을 사용했다. 이들은 신약성경의 여러 구절에서—예를 들어 누가복음 1:30과 2:53 그리고 사도행전 2:47—"은혜"라는 단어

---

133   Rutherford, *The Triall and Trimuph of Faith* (London: John Field & Ralph Smith, 1645), 54, 66. 행위 언약 안에 약속된 생명이 초자연적인 영원한 생명인 것에 대해서는 앞의 "6. 행위 언약 안에서 약속된 생명"을 참고하라. 한편 선악수와 관련해서도 두 가지를 언급할 필요가 있다. 첫째, "죽음의 위협"에서 언급했듯이, 루더포드는 선악수가 가리키는 죽음 역시 자연적 죽음을 넘어 영원한 죽음("둘째 사망")까지 의미하는 것이라고 가르친다. 둘째, 흥미롭게도 루더포드는 선악수와 생명나무의 열매를 모두 "사과"라고 부른다. Rutherford, *The Covenant of Life Opened*, 45; Idem, *The Triall and Trimuph of Faith*, 54,

134   이와 관련한 현대의 논쟁으로는 머리-클라인 논쟁이 대표적이다. "행위 언약"이라는 개념을 거절하고 "은혜"를 강조하는 존 머리(John Murray)를 비판하면서 메러디스 클라인은 아담의 최초상태에 "은혜"의 개념을 도입해서는 안 된다고 주장한다. "은혜"는 "반(叛)공로"(demerit)에 대한 대응 개념으로 사용되어야 하므로 타락 이전 아담과 하나님 사이에 맺어진 관계에 적용될 수 없다는 것이 클라인의 입장이다. 타락 전 행위 언약의 상태에 적용될 수 있는 개념으로 은혜보다는 하나님의 선하심(goodness)을 사용할 것을 제안한다. Meredith G. Kline, *Kingdom Prologue: Genesis Foundations for a Covenantal Worldview* (Overland Park: Two Age Press, 2000), 114.

가 반(叛)공로의 반대 개념이라기보다는 하나님의 선하심이나 "호의"를 지칭하는 의미로 사용된다는 사실에 주목했다. 워드에 따르면, 이처럼 폭넓은 의미에서 "은혜"를 이해하고 그 용어를 사용하는 것이 17세기 개혁파 전통 안에서 좀 더 보편적이었다.[135]

루더포드 역시 후자의 입장을 대변한다고 말할 수 있다. 그는 "모든 언약에는 은혜의 요소가 발견된다."라고 말하며 행위 언약 안에 현존하는 다양한 은혜의 요소들—예를 들어 아담에게 부여된 하나님의 형상과 피조물을 다스리는 권세, 행위 언약의 체결, 영생의 보상 등이다—을 지적한다.[136]

◆ 하나님과 인간 사이에 맺어진 모든 언약 안에는 은혜의 요소들이 발생한다. 심지어 율법 언약 안에서도 마찬가지이다. 비록 율법 언약 안에는 복음적 은혜가 존재하지 않는 것이 사실이지만 말이다. 그것은 이 언약 안에서 그리스도께서 성취하신 공로의 열매인 것이다. **그러나 만일 은혜의 의미를 [보다 확장하여] 받을 자격이 없는 선하심을 받는 것이라고 규정한다면, 율법 언약**은 이러한 측면에서 다음과 같은 은혜의 요소들을 포함하고 있다.[137]

필자가 보기에 위의 인용문은 은혜 개념에 관한 루더포드의 관점을 보여준다는 측면에서 매우 중요한 텍스트다. 요컨대 루더포드가 타락 전 아담의 상태와 행위 언약 안에서 발견하는 "은혜"는 범죄의 대응 개념이 아니라 하나님의

---

135 Rutherford, *The Covenant of Life Opened*, 116.
136 Rutherford, *The Covenant of Life Opened*, 35-36.
137 Rutherford, *The Covenant of Life Opened*, 35. 강조는 필자의 것이다.

선하심과 호의에 가까운 개념이다.

한편 루더포드는 행위 언약 안에서 그 어떠한 공로주의적 요소를 찾는 시도도 거절한다. 사실 창조주와 피조물의 관계를 고려할 때, 엄밀한 의미에서 피조물에게는 그 어떤 공로적인 것도 없다고 루더포드는 말한다.

> ◆ 위대한 브래드워딘(Bradwardine)에 따르면, 공로가 정당하게 작동하기 위해서는 행위가 일한 대가로서 주어지는 보수보다 반드시 선행해야만 한다. 이것이 자연적 순서다. 만일 행위자가 보수를 위해 일하는 작업과 그 시행을 처음부터 하나님으로부터 수여 받았고, 또한 그 작업을 지속적으로 수행하는 것이 하나님께 의존하고 그의 도우심으로 이루어지는 것이라면, 그는 하나님 앞에서 타당한 공로(condignly merit)로 일한 것이 아니다. 또한 오히려 일을 시작하기 전보다 마친 후에 하나님께 더욱 큰 빚을 진 셈이 된다. 왜냐하면 그는 일하기 전보다 하나님으로부터 더욱 큰 도움을 풍성하게 받았기 때문이다. 특히 그가 하나님께 드리는 것은 엄밀한 의미에서 자신의 것이 아니라 예외 없이 하나님 자신의 것이기 때문이다. 결국 하나님께 먼저 무엇인가를 드릴 수 있는 인간은 이 세상에 존재하지 않는다. 왜냐하면 하나님만이 모든 행위와 움직임에 있어 첫 번째 행위자이고 동인이시기 때문이다. 이는 "누가 주께 먼저 드려서 갚으심을 받겠느냐?"라고 말씀하신 바와 같다.[138]

이처럼 루더포드는 존재하는 모든 것의 제1원인이신 창조주 하나님의 관점에서 행위 언약과 아담의 행위를 조명한다. 이 같은 논의에 이어 루더포드는 행

138　Rutherford, *The Covenant of Life Opened*, 23.

위 언약의 저자는 아담이 아니라 하나님 자신이라는 사실을 부각한다.[139]

10) 타락 전 언약과 시내산 언약의 관계

16세기 종교개혁과 17세기 개혁파 전통 안에서 시내산 언약을 바라보는 관점은 대략 네 가지로 분류될 수 있다. 첫째, 시내산 언약을 행위 언약의 갱신으로 보는 견해다. 둘째, 시내산 언약을 순수한 은혜 언약으로 보는 견해다. 셋째, 시내산 언약은 행위 언약도 은혜 언약도 아닌 제3의 언약이라고 주장하는 입장이다. 넷째, 시내산 언약 안에는 행위의 원리와 은혜 언약의 원리가 모두 발견된다고 보는 견해다. 이 마지막 관점을 취하는 학자들은 대부분 시내산 언약의 본질적 요소를 은혜 언약으로, 그것의 외면적 경륜을 행위 언약의 갱신으로 파악하였다. 워드가 옳게 관찰했듯이 개혁파 전통의 다수는 시내산 언약의 본질을 은혜 언약으로 파악하였다. 이것은 아브라함 언약과 연속성을 맺고, 그리스도 안에서 온전히 성취될 것이었다.[140]

이런 맥락에서 보았을 때, 타락 전 언약과 시내산 언약 사이의 관계를 규정하는 방식 또한 대략 세 가지로 구분해 볼 수 있겠다. 위의 네 그룹 가운데 첫 번째 관점은 두 언약 사이의 연속성을, 두 번째와 세 번째 관점은 단절성을, 마지막 관점은 본질에서의 단절성과 외면적 경륜에서의 연속성을 주장할 것으로 기대된다. 주지하다시피 루더포드는 두 번째 입장, 곧 시내산 언약을 순수한 은혜 언

---

139 "왜냐하면 하나님께서 친히 언약의 정의를 만드신 것도 아니고, 행위와 보수 사이의 공평한 연관성을 만들어내신 분이 아닌 이상 하나님은 언약의 저자가 아닌 것이다. 물론 아담 역시 이러한 정의의 저자도, 공평한 언약의 저자가 아님은 분명하다." Rutherford, *The Covenant of Life Opened*, 23-24.

140 Ward, *God & Adam*, 126-139. 개혁파 전통 안에서 시내산 언약의 성격을 규정하는 네 개의 관점에 대해서는 본서의 제1장을 보라.

약으로 보는 관점을 취한다.[141] 그러나 흥미롭게도 루더포드는 타락 전 행위 언약과 시내산 언약 사이의 관계를 단순한 단절성의 관점에서 파악하지 않는다. 그 이유는 다음의 두 가지 사실에 근거한다. 첫째, 이미 앞서 언급한 바대로 루더포드는 행위 언약 안에서조차 은혜의 요소들을 부각하기 때문이다. 둘째, 루더포드는 타락 전 언약과 시내산 언약 안에서 발견되는 "행위 원리," 혹은 "율법의 원리"―"행하라, 그리하면 살리라"―의 존재를 결코 부정하지 않는다. 다만 그것을 요구하신 하나님의 의도와 율법의 복음적 기능, 곧 택자를 그리스도에게로 이끄는 역할을 강조한다.[142]

11) 과연 아담과 맺은 언약은 폐기되었는가?

아담은 그의 불순종으로 행위 언약을 깨뜨렸다. 그 결과 아담과 그의 후손은 행위 언약의 저주 아래 놓이게 되었다. 에베소서 2:3의 표현대로 "본질상 진노의 자녀"가 된 것이다. 비록 행위 언약이 깨진 것은 사실이지만 이것이 피조세계에 대한 하나님의 통치를 무효화시킨 것은 아니었다. 한편으로 하나님은 아담과 하와에게 "여인의 후손"(창 3:15)을 통한 구원을 약속하시며 타락한 세계 안

---

141 루더포드는 은혜 언약의 통일성이라는 입장에서 시내산 언약은 은혜 언약이라고 주장한다. 이 때문에 시내산 언약을 열등한 형태의 제3의 언약으로 분류하는 입장―특히 아르미니우스주의자들의 견해―을 비판한다. 아르미니우스주의자들은 성경의 언약을 세 종류, 곧 아브라함 언약, 시내산 언약, 그리고 은혜 언약으로 구분한다. 이에 대한 루더포드의 반박은 다음과 같다. 첫째, 아브라함과 맺은 언약은 은혜 언약으로서 그의 모든 후손과 체결된 것이다(신 30:6; 7:5-7, 12; 레 26:40-41) 또한 아브라함의 자손인 모든 신자와 체결된 언약이다(갈 3:13-14, 18-19; 롬 4:1-4; 눅 19:9). 둘째, 만일 시내산 언약이, 그들이 주장하는 바대로 오로지 [현세적인] 복만을 약속하는 언약이라는 것은 다음의 말씀에 위배된다. 시편 73:25, 이사야 57:1-3, 시편 37:37. 셋째, 그들은 은혜 언약을 일종의 행위 언약으로 둔갑시켰다고 루더포드는 비판한다. 그들에 따르면 생명과 사죄를 얻기 위한 조건은 우리 스스로의 자유의지에 기초한 회개와 믿음이기 때문이다. 이는 우리 스스로의 힘으로 홀로 서는 것을 의미한다. 이들이 말하는 언약 안에는 믿음도 새 마음도 회개도 약속되지 않았다. 이것은 다음의 구절들에 위배되는 것이다. 신명기 30:6, 에스겔 11:19-20, 36:26-27, 이사야 59:19-21, 44:1-5, 스가랴 12:10. Rutherford, *The Covenant of Life Opened*, 60-65. 특히 루더포드의 세 가지 반박에 대해서는 64-65쪽을 보라. 한편 은혜 언약의 통일성이라는 입장에서 루더포드는 아브라함 언약과 시내산 언약 사이의 연속성을 논증한다.

142 Rutherford, *The Covenant of Life Opened*, 58-61.

에서 은혜 언약의 역사를 시작하였다. 다른 한편으로 행위 언약의 의무와 밀접하게 연결되어 있던 인간의 자연적 본성에 새겨진 자연법, 혹은 도덕법은 신자들의 삶을 지도하고 규율하는 "삶의 규칙"으로 기능하였다. 요컨대 도덕법과 성문화된 도덕법으로서의 십계명은 타락 이후에도 여전히 구속력을 갖는다. 워드에 따르면 이러한 관점을 취하는 대표적인 학자들로는 볼레비우스, 버지스, 그리고 롤록 등이 있다.[143]

루더포드 역시 이들과 유사한 입장을 취한다. 하나님의 작정의 시각에서 보았을 때, 행위 언약은 "여름 별장"과도 같은 일시적인 경륜이었다는 루더포드의 가르침에 대해서는 이미 앞서 언급하였다.[144] 또한 하나님의 형상으로 지음 받은 이성적 피조물로서의 인간은 행위 언약이 체결되기 이전부터 창조주 하나님께 순종할 도덕적 의무 아래에 있었고, 아담의 타락은 이 의무를 무효화시키지 않았다는 사실에 대해 루더포드 역시 동의한다. 특히 새 언약의 순종을 강조하는 루더포드는 신자들의 삶 속에서 "복음적 행위"가 반드시 필요하다는 사실을 지적한다. 신자들은 다윗이 고백한 바와 같이 하나님의 자기 계시인 율법의 선함과 달콤함을 향유한다. 루더포드는 다음과 같이 말한다. "그리스도께서 죽으신 것은 우리의 모든 죄에 대한 감각이 제거하기 위함이 아니라 오히려 그것을 감지하는 거룩한 감각을 살리시기 위한 것이다."[145]

---

143   Ward, *God & Adam*, 140-42.

144   Rutherford, *The Covenant of Life Opened*, 2-3.

145   Rutherford, *The Covenant of Life Opened*. 제19장과 28장(221-23쪽)을 보라. 인용문은 제28장의 제목에 해당한다. "선행의 필요성"에 대해서는 루터파와 개혁파 모두의 적극적인 가르침이라는 것이 루더포드의 입장이다. 다음을 참조하라. Rutherford, *The Covenant of Life Opened*, 154. 강조는 필자의 것이다.

선행의 필요성은 이미 루터와 아우크스부르크 신앙고백서 제20장에서 확인되었다. 복음적 행위는 반드시 필요하다. 이 필연성은 공로로서가 아니라 하나님의 의지와 명령에 의한 것이다. 칼뱅은 이를 가리켜 우리의 구원을 소유하는 데 있어 열등한 원인 해당한다고 불렀다. [루터파의 경우] 1568년에 출판된 『잠정협정』(*Interim*)을 둘러싼 논쟁이 있었다. 여기서 멜란히톤과 알텐부르크 회의(Altenburg Colloquy)에 참여했던 비텐베르크의 신학자들 역시 선행의 필요성에 대해 동의하였다. 반면 플라키우스 일리리쿠스(Matthias Flacius Illyricus)의 추종자들은 이에 동의하지 않았다. 결국 『일치신조』(*Book of Concord*)의 저자들은 플라키우스의 입장을 정죄하였다. 물론 구원을 얻는 데 있어 행

3. 맺는말

본 장의 서론에서 필자는 타락 전 언약을 둘러싼 열두 개의 주제들을 소개하였다. 지금까지 열한 개의 주제들을 논의하였고, 각 논제에 관한 루더포드의 입장을 요약적으로 제시하였다. 마지막 주제는 "언약신학의 중요성"이다. 워드는 언약신학이 내포하는 신학적 중요성을 다섯 가지로 요약한다. 첫째, 언약은 참된 종교의 최상의 것을 표현한다. 둘째, 언약은 밝은 미래를 향한 길을 열어 놓는다. 셋째, 하나님께서 그의 피조물과 맺는 관계 안에서 언약은 우리에게 "일관성"을 확신할 수 있도록 보장해 준다. 넷째, 언약은 인류의 윤리적인 연대성을 잘 설명해준다. 다섯째, 언약의 틀은 우리로 하여금 하나님께서 의지하시는 목표가 역사 속에서 점진적으로 펼쳐지는 것을 확실히 볼 수 있도록 돕는다.[146]

주지하다시피 워드는 위에 열거한 다섯 가지 내용을 타락 전 행위 언약에 국한하기보다는 언약신학 자체에 적용한다. 워드는 두 번째 중요성을 예시하는 실례로 루더포드의 말을 인용한다. "영광 가운데 하나님과 더불어 나누는 교제는 본성에 의거한 타당한 보상이 아니라, 가장 완벽한 율법적 순종에 대해 하나님께서 값없이 베푸시는 선물에 의해 주어지는 보상이다."[147] 아쉽게도 워드는 이 진술이 왜 그토록 중요한 의미를 갖는지에 대해서는 자세하게 분석하지 않는다. 필자가 보기에 적어도 두 가지 측면을 고려하는 것이 필요하다.

첫째, "영광 가운데 하나님과 더불어 나누는 교제"가 타락 전 언약 안에서 아담에게 약속된 생명이라는 루더포드의 가르침은 언약의 통일성이라는 관점

위의 유효적 필연성 또한 거절하였다. **그럼에도 행위가 현존해야 할 필연성**에 대해서는 인정하여 결국 구원의 사역이 방해받지 않도록 하였다.

146 Ward, *God & Adam*, 144-46.
147 Rutherford, *The Covenant of Life Opened*, 22. 워드의 책 145쪽에서 인용되었다.

에서 볼 때 매우 중요한 의미를 지닌다. 물론 루더포드는 이것을 "그리스도의 보혈의 공로로 열매 맺은 생명", 곧 새 언약 안에서 신자들이 소유하는 생명과는 구별한다.[148] 그럼에도 자연인 아담의 순종에 대해 초자연적인 보상, 곧 창조주 하나님과의 교제라는 "영광의 생명"을 약속하신 것은 언약 당사자로서의 인류를 사랑하시는 하나님의 일관적인 태도를 반영한다. 특히 하나님의 영원한 작정의 관점에서 보았을 때, 이것은 타락 이전의 아담이나 타락 이후의 택자들 모두 그리스도 안에서 영원한 생명으로 예정되었음을 강조하는 루더포드의 관점과도 일맥상통한다. 하나님의 영원한 예정의 관점에서 보았을 때, 일찍이 아담에게 약속되었던 하나님과의 영광스러운 교제는 완전히 상실되었다기보다는 그리스도 안에서 신자들이 하나님과 더불어 누리는 생명의 교제 안에서 계승, 혹은 온전히 성취되었다고 말할 수 있겠다.

둘째, 행위 언약의 조건으로 아담에게 주어졌던 "가장 완벽한 율법적 순종" 역시 타락과 더불어 무의미하게 상실된 것이 아니다. 루더포드에 따르면, 비록 아담과 맺은 행위 언약은 일시적이었지만, 행위 언약의 원리는 구속 언약 안에서 그리스도와 관련을 맺는다. 주지하다시피 루더포드는 구속 언약이야말로 은혜 언약의 확실한 근거를 제공한다고 주장하며[149] 『생명 언약』의 제2부 전체를 구속 언약을 변증하는 데 할애한다. 과연 어떤 의미에서 구속 언약은 은혜 언약에 안정성을 부여하는 근거가 될 수 있는가? 이는 두 번째 아담인 그리스도가 (첫째 아담이 실패한) 언약의 조건—곧 완전한 율법적 순종—을 온전하게 성취하심으로써 확보하신 공로적 의와 직접적인 관련을 맺는다. 구속 언약 안에서 그리스도는 택자들의 "복음적 보증"으로서 택자들을 위해 행위 언약의 모든 내

---

148 Rutherford, *The Covenant of Life Opened*, 49-50.
149 Rutherford, *The Covenant of Life Opened*, 309.

용을 온전하게 성취하는 중보자로 임명받는다.[150] 그 결과 타락 전 아담에게 약속으로 주어진 탁월한 생명은 이제 은혜 언약 안에 있는 택자들에게 주어질 수 있게 되었다. 이처럼 삼위 하나님 사이에 체결된 초시간적인 구속 언약 안에서 행위 언약과 은혜 언약은 처음부터 유기적으로 통합되었고, 바로 이러한 이유에서 구속 언약은 은혜 언약의 영원한 근거가 되는 것이다.[151]

요컨대 루더포드에게 있어 타락 전 언약의 중요성은 타락 후 은혜 언약 및 영원한 구속 언약과 결코 분리될 수 없다. 은혜 언약은 물론 행위 언약에도 선행하여 체결된 영원한 구속 언약이 있었기 때문에, 하나님은 아담의 타락 후 그의 모든 후손을 율법적으로 심판하시는 대신에 그의 백성들과 더불어 은혜 언약을 체결하고 "복음의 치료제"를 제시하셨던 것이다.[152] 결국 루더포드가 행위 언약의 경륜에서조차 은혜의 요소를 발견하는 일을 가능하게 만들었던 하나님의 작정과 언약의 통일성이라는 관점은 사실상 영원한 구속 언약 작정의 관점이었던 것이다.

---

150   Rutherford, *The Covenant of Life Opened*, 225, 253, 260.
151   Rutherford, *The Covenant of Life Opened*, 228-50, 350-51.
152   Rutherford, *The Covenant of Life Opened*, 4.

제 3 장

레위기 18:5에 대한 교회사적 고찰[153]

1. 들어가며

너희는 내 규례와 법도를 지키라 사람이 이를 행하면 그로 말미암아 살리라 나는 여호와이니라(레 18:5).

◆ 레위기 18:5과 관련된 주요 구절

내 율례를 따르며 내 규례를 지켜 진실하게 행할진대 그는 의인이니 반드시 살리라 주 여호와의 말씀이니라(겔 18:9).

사람이 준행하면 그로 말미암아 삶을 얻을 내 율례를 주며 내 규례를 알게 하였고(겔 20:11).

---

153 본 장은 「신학정론」 39/2(2021): 227-55에 게재된 논문을 편집했음을 밝힌다.

다시 주의 율법을 복종하게 하시려고 그들에게 경계하셨으나 그들이 교만하여 **사람이 준행하면 그 가운데에서 삶을 얻는 주의 계명**을 듣지 아니하며(느 9:29).

선한 이는 오직 한 분이시라 **네가 생명에 들어가려면 계명들을 지키라**(마 19:17).

어떤 율법교사가 일어나 예수를 시험하여 이르되 선생님 내가 무엇을 하여야 영생을 얻으리이까? 예수께서 이르시되 율법에 무엇이라 기록되었으며 네가 어떻게 읽느냐? 대답하여 이르되 네 마음을 다하며 목숨을 다하며 힘을 다하며 뜻을 다하여 주 너의 하나님을 사랑하고 또한 네 이웃을 네 자신 같이 사랑하라 하였나이다. 예수께서 이르시되 네 대답이 옳도다. **이를 행하라 그러면 살리라** 하시니(눅 10:25-28).

모세가 기록하되 **율법으로 말미암는 의를 행하는 사람은 그 의로 살리라** 하였거니와(롬 10:5).

율법은 믿음에서 난 것이 아니니 **율법을 행하는 자는 그 가운데서 살리라** 하였느니라(갈 3:12).

레위기 18:5("사람이 이를[내 규례와 법도를] 행하면 그로 말미암아 살리라")에 표현된 율법 혹은 행위 원리는 성경의 다른 곳에도 기록되어 있다. 레위기 18:5이 직접적으로 인용되거나 의미상으로 연결된 구약의 구절들 가운데 에스겔 18:9과 20:11,[154] 그리고 느헤미야 9:29[155] 등이 대표적이다. 모세는 신명기 30:15("보라 내가 오늘 생명과 복과 사망과 화를 네 앞에 두었나니")에서 "두 가지 길"을 제시한다. 한편에는 생명과 복이 있고 다른 한편에는 사망과 화가 존재한다. 여호와를 사랑하고 그분의 명령에 순종하는 것이 생명과 복에 이르는 길이다(신 30:15-20). 릭 와츠(Rikk E. Watts)는 "두 가지 길 교훈"(two ways doctrine)과 아울러 토라 안에서 생명을 발견한다는 개념이 구약 전체에 퍼져있다고 말하며 그 대표적인 구절로 레위기 18:5을 제시한다.[156]

신약의 복음서에서 레위기 18:5과 관련된 구절은 마태복음 19:17과 누가복음 10:28이다. 예수님은 이 구절들에서 율법에 대해 가르치며 행위 원리를 언급하신다.[157] 헤르만 리델보스는 마태복음 19:17("네가 생명에 들어가려면 계명들을 지키라") 주해에서 다음과 같이 말한다. "누구든지 율법의 요구를 성취하는 자는 하나님 앞에서 결백하다. 아무것도 그가 영생에 들어가는 것을 막지 않을 것이다. 그러나 예수님은 청년이 열거한 목록 끝에 이웃을 사랑하라는 명령을

---

[154] 레위기 18:5과 에스겔의 인용 구절의 관련성에 대해서는 다음을 참조하라. Preston M. Sprinkle, "Law and Life: Leviticus 18:5 in the literary framework of Ezekiel," *Journal of the Old Testament* 31/2 (2007): 275-93. 위의 구절과 함께 다음을 보라. 에스겔 18:21-22: "그러나 악인이 만일 그가 행한 모든 죄에서 돌이켜 떠나 내 모든 율례를 지키고 정의와 공의를 행하면 반드시 살고 죽지 아니할 것이라. 그 범죄한 것이 하나도 기억함이 되지 아니하리니 그가 행한 공의로 살리라"; 에스겔 20:13, 21: "그러나 이스라엘 족속이 광야에서 내게 반역하여 사람이 준행하면 그로 말미암아 삶을 얻을 나의 율례를 준행하지 아니하며 그러나 이들의 자손이 내게 반역하여 사람이 지켜 행하면 그로 말미암아 삶을 얻을 나의 율례를 따르지 아니하며."

[155] 느헤미야 9:29과 레위기 18:5의 관련성에 대해서는 다음을 보라. Micah J. McCormick, "The Active Obedience of Jesus Christ," Ph.D. dissertation (The Southern Baptist Theological Seminary, 2010), 139-46, 150-53.

[156] 레위기 18:5과 함께 와츠가 제시하는 구절들은 다음과 같다. 레 25:18-19; 26:3-5; 신 5:33; 6:2; 11:8-9; 왕상 3:14; 느 9:29; 시 16:11; 91; 119; 잠 6:23; 사 1:19; 겔 3:21; 18:5-9; 20:11; 암 5:4-6; 말 2:4-5). Rikk E. Watts, "Mark" in *Commentary on the New Testament Use of the Old Testament*, edited by G. K. Beale and D. A. Carson (Grand Rapids: Baker, 2007), 142-44, 200. "두 가지 길" 교리는 랍비 문헌들 안에서도 발견된다. 일례로 랍비 아키바는 동일한 내용이 아담에게도 제시되었다고 말한다. 위의 책 143쪽을 보라.

[157] 레위기 18:5과 누가복음 10:28의 관련성에 관한 연구물로는 다음을 참조하라. W. R. Stegner, "The Parable of the Good Samaritan and Leviticus 18:5," in *The Living Text in honor of Ernest W Saunders*, edited by D. Groh and R. Jewett (Washington, DC: University Press of America, 1985): 27-38; E. Verhoef, "(Eternal) Life and Following the Commandments: Lev 18,5 and Luke 10,28," in *The Scriptures in the Gospels*, edited by C. M. Tuckett (Leuven: Leuven University Press, 1997): 571-77. 누가복음 10:28에서 주님은 레위기 19:5과 함께 신명기 6:24를 암시하셨을 수도 있다. 그런데 "행하라"와 "살리라"의 두 단어를 사용하신 측면에서 본문은 신명기 6:24보다는 레위기 19:5절에 더욱 가깝다.

덧붙여 주심으로써 계명이 얼마나 깊이 있게 꿰뚫는지를 보여주셨다."[158]

바울 서신에서 사도 바울은 로마서 10:5[159]과 갈라디아서 3:12[160]에서 레위기 18:5을 인용한다. 마크 A. 사이프리드에 따르면 로마서 10:5에서 바울은 레위기 18:5 하반절("사람이 이를 행하면 그로 말미암아 살리라")의 보편적인 속성을 부각하는 방식으로 그 구절을 인용하고 해석한다. 곧 "율법으로 말미암는 의를 행하는 사람은 그 의로 살리라"라는 구절에 담긴 약속과 명령은 이스라엘뿐만 아니라 모든 인류에게 적용된다.[161] 한편 갈라디아서 3:12에서 바울은 레위기 18:5(갈 3:12)을 하박국 2:4(갈 3:11 "의인은 믿음으로 살리라")과 대조시키는 방식으로 인용한다. 이로써 율법과 믿음을 상반되는 것으로 제시하고 이를 통해 (종교개혁자들이 즐겨 사용한) 소위 "율법과 복음" 원리를 가르친다. 모이세스 실바는 칼뱅이 바울의 관점을 정확하게 이해했다고 말하며, 율법에 약속된 의와 생명이 아무에게서도 유효하게 열매 맺지 못하는 것은, 율법에 결함이 있기 때문이 아니라 타락한 인류의 부패성과 죄에 기인한다는 칼뱅의 설명을 의미있게 부각한다.[162]

---

[158] H. N. Ridderbos, Matthew, trans. Ray Togtman, *Bible Student's Commentary* (Grand Rapids: Zondervan, 1987), 355.

[159] 바울 서신에서 인용된 레위기 18:5에 관한 연구로는 월터 카이저의 다음 논문을 보라. Walter C. Kaiser, "Leviticus 18:5 and Paul: Do This And You Shall Live (Eternally?)," *Journal of the Evangelical Theological Society* 14/1 (1971): 19-28. 또한 스프링클의 저서(Law and Life)의 제3부를 보라. 최근 연구로는 다음을 참조하라. Etienne Jodar, "Leviticus 18:5 and the Law's Call to Faith: A Positive Reassessment of Paul's View of the Law," *Themelios* 45/1 (2020): 43-57.

[160] 레위기 18:5이 갈라디아서 3:12 안에서 어떻게 사용되었는지에 관한 연구물로는 다음을 참조하라. Jason DeRouchie, "The Use of Leviticus 18:5 in Galatians 3:12: A Redemptive-Historical Assessment," *Themelios* 45:2 (Aug., 2020): 240-259; Joel Willitts, "Context Matters: Paul's Use of Leviticus 18:5 in Galatians 3:12," *Tyndale Buletine* 54/2 (2003): 105-22.

[161] (롬 10:5b) "ὁ ποιήσας αὐτὰ ἄνθρωπος ζήσεται ἐν αὐτοῖς." (그 동일한 것[율법으로 말미암는 의]을 행하는 사람은 그것으로 말미암아 살리라). Mark A. Seifrid, "Romans," in *Commentary on the New Testament Use of the Old Testament*, 655-56.

[162] Moises Silva, "Galatians," in *Commentary on the New Testament Use of the Old Testament*, 803. 율법 혹은 행위 원리와 약속된 생명의 관련성에 대한 칼뱅의 견해에 대해서는 아래에서 좀 더 자세하게 논의한다.

교회사에서 레위기 18:5절은 주로 율법과 복음, 칭의론, 언약신학, 그리고 그리스도의 순종 등과 관련한 신학적 논의에 있어 핵심 구절로 주목받아왔다. 이러한 신학적 주제들과 관련하여 특히 다음 세 가지 질문이 중요하다. 첫째, 과연 "살리라"가 의미하는 생명은 어떤 종류의 생명인가? 둘째, "행하라 그리하면 살리라"는 "율법과 복음"의 해석 원리와 어떻게 연결되어 있는가?' 셋째, "행하라 그리하면 살리라"의 행위 원리 혹은 율법의 요구와 그리스도의 순종은 어떤 관련성을 맺고 있는가?

2. 어떤 종류의 생명인가?

초대 교회 이래 레위기 18:5의 "살리라"는 주로 영원한 생명을 의미하는 것으로 이해되어왔다. 사이먼 J. 개더콜(Simon J. Gathercole)에 따르면, 유대교 전통과 신약성경 안에서 레위기 18:5은 구원론적으로, 곧 율법의 순종을 조건으로 하는 "영생"과의 관련성 안에서 이해되어왔다.[163] 일례로 누가복음 10:28에서 예수님은 율법 교사에게 "이를 행하라 그러면 살리라."라고 말씀하셨다. 이는 "내가 무엇을 하여야 영생을 얻으리이까"(눅 10:25)라는 율법 교사의 질문에 대한 대답이다. 사이프리드는 랍비의 해석 전통에서 레위기 18:5은 "현세의 생명뿐만 아니라 다가오는 생명에 대해 말한다."라고 주해한다. 또한 본 절은 (영원한) 생명을 확보하는 길로서의 계명이 갖는 은택을 선언한다고 말한다.[164] 오

---

163 Simon J. Gathercole, "Torah, Life, and Salvation: Leviticus 18:5 in Early Judaism and the New Testament," in *From Prophecy to Testament: The Function of the Old Testament in the New*, edited by Craig A. Evans (Peabody: Hendrickson, 2004), 126-45.
164 바울은 "율법을 행하는 것"이 율법 전체를 온전히 행하는 것을 의미한다고 강조한다. 따라서 타락한 인류 안에서 "율법을 행하는 것"은 결코 성취될 수 없다. Seifrid, "Romans," 656.

리게네스는 본문에 기록된 생명은 의심할 여지 없이 영원한 생명이라고 가르쳤다. 토마스 아퀴나스는 자신이 편집한 사복음서 주해서인 『카테나 아우레아』 (Catena Aurea)에서 이러한 오리게네스의 견해를 인용한다.[165] 칼뱅은 레위기 18:5을 주해하면서 "율법을 지키는 모든 자에게 영생의 소망이 주어졌다."라고 말한다.[166]

> ◆ 그러므로 율법을 지키는 모든 자에게 영생의 소망이 주어졌다. 이 구절이 단지 현세적이고 일시적인 삶만을 가리킨다고 해석하는 사람들은 오류를 범하는 것이다. 오류의 원인은, 이로써 믿음의 의가 전복되고 구원이 행위 공로에 기초하게 될까 봐 이들이 두려워하기 때문이다. 그러나 성경은 율법 자체가 불완전하거나 온전한 의에 대한 교훈을 제공하지 않기 때문에 사람이 행위로 말미암아 의롭게 되는 것을 부인하는 것이 아니다. 이 약속이 유효하게 되지 못하는 것은 우리의 부패성과 죄악 때문이다.[167]

이러한 내용은 칼뱅의 로마서 10:5 주해와 갈라디아서 3:12 주해, 그리고 『기독교강요』 제4권 13장 13절에서도 반복된다. 로마서 10:5 주해에서 칼뱅은 레위기 18:5을 인용하며 "여기서 주님은 그분의 율법을 지키는 자에게 **영생**을 약속하신다."라고 주해한다.[168] 주지하다시피 칼뱅의 주해는 (바울의 논리를 따라)

---

165 Thomas Aquinas, *Catena Aurea*, vol. 3 Part I: St. Luke (Oxford: John Henry Press, 1843), 369.

166 "*Spes ergo vitae aeternae datur omnibus qui. legem servarin.*" Iohannis Calvini, *Institutio Christianae Religionis* (1559, 이하 Inst.), 3.11.23, in *Joannis Calvini opera quae supersunt omnia* (Brunsvigae: Schwetschke, 1863, 이하 CO) 25:7.

167 Calvin, *CO*. 25:7.

168 Calvin, *CO*. 49:198. "[Lev.18.5] *ubi Dominus vitam aeternam pollicetur iis, qui legem suam servaverint.*" 강조는 필자의 것이다. 또한 칼뱅의 『기독교강요』 제2권 8장 4절을 보라. 칼뱅에 따르면 레위기 18:5은 계명을 준수하는 자에게 현세적인 복뿐만 아니라 영원한 지복을 약속하는 한편, 에스겔 18:4과 20절은 불순종하는 자에게 현세적인 고통뿐만 아니라 영원한 사망을 위협한다. Calvin, *CO* 2:268. [라틴어 판본에는 에스겔 18:4은 없고 20절만 기록되어 있다]

레위기 18:5을 바울 서신의 칭의론을 설명하는 핵심 구절로 활용한다는 면에서 중요하다. 칼뱅은 예수 그리스도를 믿음으로 말미암아 의롭다 함을 받는 것이 우리에게 주어진 유일한 구원의 길임을 강조한다. 흥미롭게도 이 과정에서 칼뱅은 레위기 18:5의 행위 원리 혹은 율법의 의와 생명 사이의 연결고리를 놓치지 않는다.

그의 갈라디아서 3:12 주해에서도 칼뱅은 "하나님은 율법을 행하는 자에게 생명을 약속하신다."라고 반복하여 강조하며, "만일 율법을 행하는 자가 있다면, 그는 의롭다고 우리는 인정한다."라고 말한다.[169] 그럼에도 바울은 율법으로는 의롭다 함을 받을 수 없다고 선언하는데, 그 이유는 율법을 행하는 자가 아무도 없기 때문이다.[170]

칼뱅은 『기독교강요』 제4권 13장 13절에서 복음서에 기록된 부자 청년과 예수님의 대화를 분석한다. 청년은 예수님께 영생을 위해 무엇을 행해야 하는지 질문한다(마 19:16; 눅 10:25). 이에 대한 대답으로 주님은 율법에 대해 말씀하신다(마 19:17-19). "이는 정당하다. 왜냐하면 율법은 그 자체로서 고려될 때 영생의 길이기 때문이다. 이것이 우리에게 구원을 가져오는 데 효력을 상실한 원인은 다름 아닌 우리 자신의 부패성이다." 이처럼 그리스도께서는 하나님의 율법을 완전한 의의 교리로서 가르치셨다고 칼뱅은 주장한다.[171]

한편 아담과 맺으신 언약 안에서 하나님께서 약속하신 생명에 대하여 몇 가지 다양한 해석이 제기되어 왔다. 첫째, 토머스 굿윈은 순종하는 아담에게 약속된 생명은 자연적 생명이었다고 주장한다. 굿윈에게 있어 영생은 오직 그리스

---

169 Calvin, *CO*. 50:209.
170 *Ibid*. 이 역시 레위기 18:5 주해에서 강조한 내용과 일치한다.
171 Calvin, *CO*. 2:934.

도를 통해서만 주어지는 초자연적 은혜이기 때문이다. 둘째, 스위스 일치신조 (1675)는 에덴에서 아담에게 약속된 생명은 "단순히 지상에서의 삶과 행복을 지속하는 것이 아니라 특히 영원한 삶, 즉 천국에서 누리는 몸과 영혼 모두의 생명을 소유하는 것"을 의미한다고 고백한다(*HCF 8*). 셋째, 윌리엄 에임스에 따르면 아담이 순종했을 경우 그의 생명은 자연 상태에서 초자연적 영생으로 이양되었을 것이다. 넷째, 성경이 이 생명의 성격을 명확하게 규정하지 않기 때문에 우리도 유보적인 관점을 취하는 것이 필요하다는 입장이 존재한다. 웨스트민스터 신앙고백서가 행위 언약 안에서 약속된 생명을 단순하게 "생명"이라고 표현한 것도 이와 무관하지 않다(*WCF 7.2*). 롤랜드 워드에 따르면 1675년경에 이르러서는 대다수의 신학자들이 위에 제시된 두 번째 입장을 지지한 것으로 보인다.[172]

3. 율법과 복음

초대 교회의 교부 아우구스티누스는 그의 저작 『영과 문자』에서 "율법과 복음"(혹은 문자와 영)이라는 해석의 틀 안에서 레위기 18:5과 로마서 10:5에 기록된 행위 원리를 조명한다. "행하라, 그리하면 살리라"의 명령은 우리로 하여금 자신의 연약함을 깨닫고 믿음의 의를 붙잡도록 안내하는 율법이다.

- ◆ **율법의 의**는 "만일 사람이 율법을 행하면 그는 그 안에서 살게 될 것"이라는 구절 안에 제시된다. 그 목적은 각 사람이 자신의 **연약함을 깨**

---

172 Rowland S. Ward, *God & Adam, Reformed Theology And The Creation Covenant* (Wantirna, Australia: New Melbourne Press, 2003), 108. 행위 언약 안에서 약속된 생명에 대한 다양한 논의에 대해서는 본서의 제2장을 보라. 『웨스트민스터 신앙고백서』의 7장 2절의 해당 항목에 대한 성경 구절은 로마서 10:5이다.

달을 때, 곧 자신의 힘에 의해서나 율법의 문자에 의해서가 아니라(이는 불가능하다), 믿음에 의해서 의롭게 하시는 분과 화해하고 율법을 달성하고, 행하며, 그 안에서 살 수 있도록 하는 것이다. 사람이 이를 행하면 그 안에서 살게 되는 행위는 오직 의롭다 함을 얻은 사람에 의해서만 행해진다.[173]

아우구스티누스와 마찬가지로 루터도 레위기 18:5을 "율법과 복음"의 원리에서 율법을 대변하는 구절로 규정한다. 루터는 본 구절에서 율법이 요구하는 순종의 성격을 논의하고 이로부터 율법의 정죄 기능을 설명한다. 갈라디아서 4:7에 대한 강해(1535년)에서 루터는 다음과 같이 말한다.

◆ 만일 우리가 마음을 다하여 하나님을 사랑했더라면 의심할 여지 없이 우리는 의롭다 함을 받았을 것이다. 또한 "사람이 이를 행하면 그로 말미암아 살리라"(레 18:5; 롬 10:5)라고 기록된 대로 이러한 순종을 통해 살았을 것이다. 그러나 복음은 다음과 같이 말한다. "너는 이것들을 행치 않는다. 그러므로 너는 그 안에서 살지 못할 것이다." "너는 주 너희 하나님을 사랑하라." 이 구절은 하나님을 향한 완벽한 순종, 완벽한 경외, 신뢰, 그리고 사랑을 요구하기 때문이다. 타락한 본성 가운데 있는 사람은 이것들을 행하지 않고 행할 수도 없다. 따라서 "너는 주 너희 하나님을 사랑하라." **이 율법은 사람을 의롭게 하지 못한다.** 오히려 "율법은 진노를 이루게 하나니"(롬 4:15)라는 말씀을 따라 모든 사람을 고소하고 정죄한다. 이와 반대

---

173 Augustine, *The Spirit and the Letter*, Chap.51, in *Nicene and Post-Nicene Fathers* (이하 NPNF), *First Series*, vol. 5. Edited by Philip Schaff (Buffalo, NY: Christian Literature Publishing Co., 1887), 341.

로 "그리스도는 모든 믿는 자에게 의를 이루기 위하여 율법의 마침이 되신다(롬10:4)."[174]

요컨대 루터에게 있어 레위기 18:5은 율법의 핵심적인 원리를 대표하면서 복음과 대조를 이룬다. 율법의 행위 원리는 전심으로 하나님을 사랑하라는 계명으로 구체화되었다. 사람이 율법의 행위로 의롭다 함을 받지 못하는 이유는 완전한 순종을 요구하는 율법에 결함이 있기 때문이 아니라 율법의 요구를 충족시킬 수 없는 타락한 인간의 무능력에 있다. 이런 해석에 있어 루터는 칼뱅과 일치한다.

칼뱅 역시 "행하라, 그리하면 살리라"를 "율법과 복음"의 논리로서 이해한다. 칼뱅은 레위기 18:5이 모세 오경에 계시된 율법의 결론으로서 주어졌다고 이해한다.[175] 하나님은 율법을 성취하는 자에게 영생의 소망을 약속하신다. 여기서 칼뱅은 두 가지 오해를 방지한다. 첫째, 하나님께서 우리의 순종에 대해 어떤 보상을 약속하실 때, 이 보상은 우리의 가치나 공로에 의한 것이 아니라 하나님의 언약에 근거하고 있다.[176] 둘째, 레위기 18:5은 우리를 행위의 의로 안내하지 않는다. 오히려 그 반대로 우리로 하여금 믿음의 의를 바라보도록 만든다. 주지하다시피 타락한 인류는 영생을 얻기 위한 행위의 의를 소유하는 것이 불가능하다. 오히려 타락 이후 모든 사람은 율법의 저주 아래 있게 되었다. 이처럼 부패한 인간에게 복음은 율법의 저주로부터 죄인을 해방시키고 구원할 수 있는 또 다른 길을 제시한다. 곧 죄인을 그리스도에게 인도한다. 우리는 그리스도를 믿음으

---

[174] Martin Luther, *A Commentary on St. Paul's Epistle to the Galatians*, trans. by Rev. Erasmus Middleton (London: James Cundee, 1807), 276. 강조는 필자의 것이다.

[175] Calvin, *CO*. 25:6.

[176] Calvin, *CO*. 25:6.. 스콜라 신학자들도 인간의 행위는 본래적인 가치(*intrinseca dignitate*)가 없다고 인정한다. 인간의 행위가 공로적 가치를 소유하는 것은 오로지 언약으로부터(*ex pacto*) 비롯된다(Calvin, *CO*. 49:57).

로써 의와 생명을 얻게 되었다.

아우구스티누스와 루터 그리고 칼뱅은 공통적으로 "율법과 복음"의 해석 원리를 성경의 복음을 체계적으로 설명하는 해석의 틀로 활용한다. 성경의 가르침에 따라 율법과 인간의 부패, 그리고 죄인을 그리스도에게 이끄는 율법의 기능을 제대로 이해하고 나면 레위기 18:5을 통해 계시된 율법의 행위 원리와 그것이 신자를 위한 복음에 어떤 방식으로 기여하는지 제대로 이해할 수 있다.

4. 레위기 18:5과 그리스도

1) 크리소스토모스(c.349-407)

타락 이후 사람은 율법의 행위에 의해서 의롭다 하심을 얻을 수 없다. 그렇다면 과연 신자에게 있어 율법의 요구(롬 8:4), 혹은 율법의 의(롬 10:4)는 어떤 방식으로 성취되는가? 초대 교회의 교부 크리소스토모스는 로마서 10장 설교에서 믿는 자에게 의를 이루시기 위해 율법의 마침이 되신 예수 그리스도를 믿음으로 말미암아 율법은 성취된다고 말한다.

> ◆ [로마서 10장] 4절 "그리스도는 모든 믿는 자에게 의를 이루기 위하여 율법의 마침이 되시니라."…만일 그리스도께서 "율법의 마침"이시라면 그리스도가 아닌 자는 아무리 의를 소유한 것처럼 보일지라도 의를 소유한 것이 아니다. 반면 그리스도를 소유한 자는 비록 그가 율법을 올바르게 성취하지 않았더라도 그 전체를 수여받는다.…율법의 목적이 무엇인가? 사람을 의롭게 만드는 것이다. 그러나 율법은 그러한 능력을 소유하지 못했다.

아무도 율법을 성취하지 못했기 때문이다.…만일 당신이 그분[그리스도]을 믿는다면 당신은 이것[율법]을 또한 성취하는 것이고, 율법이 명하는 것 이상을 성취하는 것이다. 당신은 더욱 큰 의를 수여받기 때문이다.[177]

계속하여 크리소스토모스는 레위기 18:5을 인용하며 계명을 성취하는 자는 "이것에 의해(혹은 그 안에서) 살리라"라는 말씀에 율법의 의가 존재한다고 설명한다. 또한 율법에 의해 의롭게 되기 위해 사람은 율법 전체를 성취해야만 한다.[178] 그런데 이제 그리스도께서 우리를 위해 율법의 의를 성취하시어 이것이 우리 안에 머물도록 하셨다고 그는 설명한다.[179] 이처럼 크리소스토모스는 레위기 18:5이 그리스도와 신자 사이를 어떤 방식으로 연결하는지를 잘 드러낸다. 곧 그리스도께서 레위기 18:5에 계시된 율법의 요구를 온전히 성취하셨는데 이는 그리스도를 믿는 신자를 위한 것임을 부각한다.

2) 우르시누스(1534-1583)

16세기 하이델베르크의 종교개혁가 우르시누스는 『하이델베르크 요리문답 주해』의 제19문과 제115문 주해에서 "율법은 하나님의 공의의 질서에 따라 그 요구에 온전한 순종을 드리는 자들에게 생명을 약속한다."라고 말하며 레위기 18:5과 마태복음 19:17을 인용한다.[180] 율법과 대조적으로 복음은 신자에게 생명

---

177 Chrysostom, *Homily 17 on Romans* 10:1-13 in NPNF, Vol. 11, 849-850. 강조는 필자의 것이다.
178 Chrysostom, *Homily 17 on Romans* 10:1-13, 850(롬 10:5).
179 Chrysostom, *Homily 17 on Romans* 7:14-8:11, 773. 로마서 8:4에 대한 주해를 보라.
180 Zacharias Ursinus, *The Commentary of Dr. Zacharias Ursinus on the Heidelberg Catechism*, trans. G. W. Willard (Cincinnati: T.P. Bucher, 1851), 613.

을 약속하는데 이는 그리스도의 의가 신자에게 적용되는 것을 조건으로 이루어진다.

> ◆ 율법은 자신이 스스로 의로운 자들에게 혹은 의롭고 온전한 순종을 조건으로 생명을 약속한다. "사람이 이를 행하면 그로 말미암아 살리라." "네가 생명에 들어가려면 계명들을 지키라"(레 18:5; 마 19:17). 한편 복음은 그리스도를 믿는 믿음으로 말미암아 의롭다 함을 받은 자에게, 혹은 믿음으로 말미암아 우리에게 적용되는 그리스도의 의를 조건으로 생명을 약속한다. 그럼에도 율법과 복음은 이런 측면에서 서로를 반대하지 않는다. 비록 율법이 우리에게 영생에 들어가기를 원한다면 계명을 준수할 것을 요구하지만, 이것은 다른 이가 우리를 대신하여 계명들을 준수하는 경우 우리를 생명으로부터 배제하는 것이 아니기 때문이다. 참으로 율법은 우리 자신으로 말미암은 만족(satisfaction)의 길을 제안한다. 그러나 율법은 앞서 제시된 바와 마찬가지로 또 다른 길을 배제하지 않는다.[181]

흥미롭게도 우르시누스는 복음이 율법의 요구와 대립하지 않는다는 점을 부각한다. 그 이유는 "다른 이" 곧 그리스도께서 "우리를 위해" 계명들을 지키는 가능성을 율법이 배제하지 않기 때문이다. 요컨대 우르시누스는 레위기 18:5이 선언하는 율법의 요구를 온전하게 성취하신 당사자가 바로 그리스도이심을 밝힌다.

---

181 Ursinus, *The Commentary of Dr. Zacharias Ursinus on the Heidelberg Catechism*, 104-105.

3) 칼뱅(1509-1564)

칼뱅은 『기독교강요』 제2권 17장 5절에서 레위기 18:5과 신자 그리고 그리스도의 관계를 보다 더 분명하게 설명한다. 먼저 하나님께서 율법을 성취하는 자에게 주시기로 약속한 것을 우리는 그리스도로부터 은혜로 말미암아 받게 된다.

> ◆ 이로부터 [갈 2:21 "만일 의롭게 되는 것이 율법의 행위로 말미암으면(*ex operibus legis*) 그리스도께서 헛되이 죽으셨느니라"] 우리는 다음 사실을 추론한다. 누구든지 율법을 성취하는 자에게 이것이 수여할 내용을 우리는 그리스도로부터 구해야만 한다. 혹은 (다시 말하자면) 하나님께서 율법 안에서 우리의 행위에 약속하신 것을 우리는 그리스도의 은혜로 말미암아 획득한다. "사람이 이를 행하면 그로 말미암아 살리라"(레 18:5).[182]

주지하다시피 하나님께서 레위기 18:5의 율법을 성취하는 자에게 약속하신 것은 "영원한 생명"(*vitam aeternam*)이라고 칼뱅은 해석한다.[183] 이제 신자는 그리스도의 은혜로 말미암아 동일한 영생을 얻게 되었다. 어떻게 이것이 가능하게 되었을까? 칼뱅은 이렇게 설명한다.

> ◆ 만일 율법 준수가 의로움일진대, 과연 이 짐을 친히 담당하시고, 마

182　Calvin, *CO* 2:389. 한글 개역개정 성경은 "만일 의롭게 되는 것이 율법으로 말미암으면"으로 되어 있다.
183　Calvin, *CO* 49:198. 칼뱅의 로마서 10:4 주해를 보라.

치 우리가 온전한 율법 준수자인 것처럼 우리를 하나님과 화목케 하시는 그리스도께서 우리를 위해 [하나님의] 호의를 획득하셨다는 사실을 그 누가 부인하겠는가? 이와 동일한 견해가 이후 갈라디아 교인들에게도 전달되었다. "하나님이 그 아들을 보내사 율법 아래에 나게 하신 것은 율법 아래에 있는 자들을 속량하려 하심이라"(갈 4:4-5). 과연 율법 아래 계신 목적이 우리가 능히 지불할 수 없는 값을 친히 담당하심으로 말미암아 우리를 위한 의를 획득해 주시려는 것이 아니고 그 무엇이었겠는가? 따라서 바울은 [우리의] 행위가 수반되지 않는 의의 전가를 논의하는데(롬 4:5), 오직 그리스도 안에서만 발견되는 의가 우리의 것으로 받아들여지기 때문이다.[184]

칼뱅에 따르면 우리를 위해 율법 아래 나신 예수 그리스도는 우리를 대신하여 율법을 온전히 성취하셨다. 율법 아래에 나신 "하나님의 아들"은 우리의 의를 위한 값을 치르기 위해 십자가에 못박히셨다. 죽으셨을 뿐만 아니라 우리의 의를 위해 부활하였다(롬 4:25, "예수는 우리가 범죄한 것 때문에 내줌이 되고 또한 우리를 의롭다 하시기 위하여 살아나셨느니라"). 이 모든 사실로부터 칼뱅은 다음과 같이 결론을 내린다. "그리스도로 말미암아 구원이 우리에게 주어졌을 뿐만 아니라 이제 성부께서는 그리스도로 인해 우리에게 호의로우시다."[185]

칼뱅의 성경 해석에서 우리는 두 가지 중요한 강조점을 발견한다. 첫째, 타락한 인류 가운데 그 누구도 "율법의 행위로 말미암아"(*ex operibus legis*) 의롭다 함을 받지 못한다(갈 2:21). 그러나 이는 죄로 인해 율법을 온전히 준수할 수 없

---

184   Calvin, *CO* 2:389-390. 갈라디아서 4:4-5 인용에서 라틴어 판본에는 5절 표시가 생략된 채 축약된 형태로 인용되어 있다.

185   Calvin, *CO* 2:390. 칼뱅은 이사야 37:35("대저 내가 나를 위하며 **내 종 다윗을 위하여** 이 성을 보호하며 구원하리라 하셨나이다")의 말씀이 그리스도 안에서 온전히 성취되었다고 말한다. [강조는 필자의 것이다]

는 사람에게 원인이 있는 것이지, 그 자체로서 거룩하고 완전한 율법에 결함이 있기 때문이 아니다. 또한 갈라디아서 2:11은 그리스도께서 우리를 위해 (혹은 우리를 대신하여) 율법 준수의 요구를 친히 담당하신 사실을 결코 배제하지 않는다. 오히려 그리스도의 죽음이 헛되지 않음을 논증하기 위해 칼뱅은 예수 그리스도께서 율법 아래 태어나 율법을 온전히 성취하시고 이를 통해 우리를 위해 획득하신 의를 우리의 공로(행위) 없이 우리에게 전가시켜 주셨다고 말한다.

둘째, 칼뱅에게 있어 그리스도의 율법 준수는 그분의 성육신(율법 아래 나심)과 십자가 그리고 부활 등의 사역과 결코 분리되지 않으며 또한 분리될 수도 없다. 이와 마찬가지로 율법의 모든 부분도 그리스도로부터 분리되지 않는다. 오히려 율법은 결국 하나님의 백성을 그리스도의 의로 인도한다는 의미에서 "율법이 무엇을 가르치든, 무엇을 명령하든, 무엇을 약속하든 모든 것이 항상 그리스도를 목적으로 삼고 있으며, 따라서 율법의 모든 부분은 그리스도에게 연결되어 있다."[186]

4) 투레티누스(1623-1687)

크리소스토모스로부터 칼뱅에 이르기까지 레위기 18:5을 주해한 많은 이들은 공통적으로 다음 사실을 강조한다. 성육신하신 예수 그리스도야말로 우리를 위해(혹은 우리를 대신하여) 율법의 요구를 완전하게 충족시키신 유일한 분이시다. 이러한 성경 해석의 전통은 17세기 개혁주의 신학자들에게로 계승되었다. 일례로 제네바에서 칼뱅을 계승한 프란키스쿠스 투레티누스는 그의 대표작『변

---

186 Calvin, CO. 49:196.

증신학 강요』(*Institutio Theologiae Elencticae*)[187]의 여덟 번째 주제("타락 이전의 인간 상태와 자연 언약"), 열한 번째 주제("하나님의 율법"), 열네 번째 주제("그리스도의 중보직"), 그리고 열여섯 번째 주제("칭의")에서 레위기 18:5(혹은 로마서 10:5)을 중요하게 다룬다. "하나님의 율법"에서 투레티누스는 그의 논적이 "복음을 새로운 율법으로 바꾸고" "믿음의 의 자리를 대신하여 행위의 의를 세우는" 자들임을 밝힌다(*Inst.* 11.3.3). 이를 반대하는 개혁교회의 정통적 입장을 제시하면서 투레티누스는 제일 먼저 "율법은 완전하다"(시 19:7)라고 선언한다. 율법은 가장 완전한 사랑으로 하나님을 사랑하고 이웃을 사랑할 것을 요구한다. 이 요구를 온전하게 준수하는 자에게 율법은 생명과 복을 약속한다. "사람이 이를 행하면 그로 말미암아 살리라"(레 18:5). 둘째, 그리스도는 율법을 "폐하러 온 것이 아니요 완전하게 하려고" 오셨다(마 5:17). 그리스도는 모세의 율법에 대한 서기관과 바리새인의 잘못된 해석을 교정하신 것이지 모세의 율법 자체를 교정하거나 새로운 율법을 도입하신 것이 아니다(*Inst.* 11.3.6, 9-33).

한편 하나님께서 타락 전 아담과 맺은 자연(혹은 행위) 언약을 부정하는 에피스코피우스와 항론파를 논박하며 투레티누스는 자연 언약의 존재를 입증하는 성경적 논거들을 제시한다(*Inst.* 8.3.5-9). 일례로 하나님께서 아담에게 율법을 부과하셨는데, 이는 불순종에 따른 형벌을 수반하였다. "죽음의 위협"은 곧 순종에 수반되는 생명에 대한 약속을 함의했는데, 생명나무는 이 약속에 대한 일종의 성례였다. 이후 율법의 본질은 성경의 여러 곳에서 계시되었는데(신 27:26; 겔 20:11; 마 19:17; 갈 3:12), 대표적인 구절이 바로 레위기 18:5이다(*Inst.*

---

187 Francisco Turrettino, *Institutio Theologiae Elencticae* (이후 *Inst.*로 표기), 3 parts (Geneva: Apud Samuelem de Tournes, 1679-1685). 영문 역본은 다음을 참고하라. Francis Turretin, *Institutes of Elenctic Theology*, trans. G. Musgrave Giger & ed. J. T. Dennison (Phillipsburg: P&R Pub.,1992). 투레티누스의 『변증신학 강요』 인용은 본문에 표시하기로 한다.

8.3.7). 아담에게 약속된 생명이 지상에서의 생명일 뿐이라고 주장하는 소키누스주의자들을 반박하며 투레티누스는 이것이 에덴동산에서의 행복한 삶뿐만 아니라 천상에서 누리는 영원한 생명이라고 해석하는 것이 정통적인 입장임을 주장한다(Inst. 8.6.1-3). 율법 준수자에게 약속된 생명이 곧 천상의 생명임을 선언하는 레위기 18:5과 마태복음 19:16-17, 그리고 로마서 7:10이 근거 구절들로 제시된다(Inst. 8.6.4).

투레티누스는 바울이 로마서에서 두 종류의 의로움, 곧 율법의 의와 복음의 의에 대해 가르친다고 주해한다. 율법의 의란 율법을 완전하게 준수하는 자가 자신의 순종으로 획득하는 의를 가리킨다. 복음의 의는 중보자 그리스도의 순종으로 말미암아 신자에게 전가된 의를 지칭한다. 신자는 그리스도를 믿는 믿음을 통해 의롭다 함을 받는다. "행하라 그리하면 살리라"가 첫 번째 종류의 의에 속한다면, "믿으라 그리하면 구원을 받으리라"는 두 번째 종류의 의에 해당한다. 그런데 두 가지 모두 완전한 의를 요구하는 공통점이 있다고 투레티누스는 지적한다. 다만 전자는 의롭다 함을 받는 당사자 안에서 이것을 요구하지만 후자는 중보자(혹은 보증인)의 의를 인정한다는 면에서 차이가 있다. 타락 이후 그 누구도 전자의 방식으로 의롭게 되는 것은 불가능하다. 따라서 우리는 그리스도의 의에 기초한 복음으로 피해야만 한다(Inst. 16.2.2). 결국 아담 안에서 우리가 죄인이 된 것과 같이, 신자는 그리스도 안에서 신자에게 전가된 그리스도의 의로 말미암아 의롭게 된다(Inst. 9.9.16).

투레티누스에 따르면 그리스도의 만족은 우리에게 영원한 생명을 주는 것을 목적으로 한다. 그런데 이는 그리스도의 순종, 곧 죽으심의 순종과 함께 그분의 순종의 삶 전체를 요구한다. 이 두 가지 모두 죄의 사면과 생명을 얻는 권리에 필요하다. 율법("행하라 그리하면 살리라")은 율법을 준수하는 자에게 생명을 약속하기 때문이다. 투레티누스는 그리스도의 만족(satisfaction)이 그분의 삶 전체에 해당하는 순종을 포함한다는 성경적 근거로 로마서 5:19, 빌립보서 2:8, 로마서 8:3-4, 그리고 로마서 1:17, 3:21, 5:18 등을 제시한다(*Inst.* 14.13.17-22).[188]

레위기 18:5과 관련한 투레티누스의 주해는 그 핵심에 있어서 칼뱅의 주해 전통을 계승하였다. 레위기 18:5 안에 약속된 생명이 영원한 생명까지 포함한다는 것, 타락한 인간은 그 누구도 율법을 온전히 성취할 수 없다는 사실, 그럼에도 결함은 죄인에게 있는 것이지 그 자체로 율법에 있는 것이 아니라는 점, 그리고 그리스도께서 우리를 위하여 (혹은 대신하여) 율법이 요구하는 순종을 온전히 성취하셨다는 내용에 있어서 제네바의 두 신학자는 정확히 일치한다.

한편 투레티누스는 한 걸음 더 나아가 레위기 18:5이 대변하는 율법(행위 원리)의 신학적 의미를 타락 전 아담과 더불어 하나님께서 맺으신 자연 언약 안에서 조명한다.[189] 이러한 시도는 비단 투레티누스에게서만 발견되는 것이 아니다. 16세기 이래 언약신학이 대륙과 영국, 스코틀랜드, 네덜란드와 뉴잉글랜드의 개혁교회 안에서 발전하면서 적지 않은 수의 신학자들이 행위 언약과 은혜 언약 그리고 구속 언약의 관점 안에서 레위기 18:5에 대한 깊이 있는 주해를 시도했다.

---

[188] 로마서 5:19. "한 사람이 순종하지 아니함으로 많은 사람이 죄인 된 것 같이 한 사람이 순종하심으로 많은 사람이 의인이 되리라"; 빌립보서 2:8. "사람의 모양으로 나타나사 자기를 낮추시고 죽기까지 복종하셨으니 곧 십자가에 죽으심이라"; 로마서 8:3-4. "율법이 육신으로 말미암아 연약하여 할 수 없는 그것을 하나님은 하시나니 곧 죄로 말미암아 자기 아들을 죄 있는 육신의 모양으로 보내어 육신에 죄를 정하사 육신을 따르지 않고 그 영을 따라 행하는 우리에게 율법의 요구가 이루어지게 하려 하심이니라"; 로마서 1:17. "복음에는 하나님의 의가 나타나서 믿음으로 믿음에 이르게 하나니 기록된 바 오직 의인은 믿음으로 말미암아 살리라 함과 같으니라"; 로마서 3:21. "이제는 율법 외에 하나님의 한 의가 나타났으니 율법과 선지자들에게 증거를 받은 것이라"; 로마서 5:18. "그런즉 한 범죄로 많은 사람이 정죄에 이른 것 같이 한 의로운 행위로 말미암아 많은 사람이 의롭다 하심을 받아 생명에 이르렀느니라."

[189] 16-17세기에 타락 전 언약을 가리키는 "행위 언약"을 지칭하는 다양한 표현들이 등장했다. 예를 들어 자카리아스 우르시누스는 이 언약을 "자연 언약"이라고 불렀고 카스파르 올레비아누스는 "창조 언약"이라고 명명했다. 존 다우네임은 "생명 언약"이라는 개념을 사용했다. 이 밖에도 "율법 언약"과 "교제 언약" 그리고 최근에는 "시작 언약" 등의 다양한 명칭들이 등장했다. 타락 전 언약에 대한 신학자들의 관심은 17세기 중엽까지 지속적으로 증가했다. 언약신학에 관한 연구물이 급증하는 1640-50년대에 이르면 실로 수많은 신학자의 저작들에서 행위 언약이 언급되었다.

5) 루더포드(1600-1661)

17세기 스코틀랜드 장로교회를 대표하는 신학자 사무엘 루더포드는 그의 저서 『생명 언약』(*The Covenant of Life Opened*, 1655)[190]에서 레위기 18:5을 "율법과 복음" 및 언약신학의 관점에서 통찰력 있게 주해한다. 먼저 루더포드는 레위기 18:5에 계시된 율법의 원리가 하나님께서 타락 전 아담과 더불어 맺으신 행위 언약 안에 존재한다고 말한다.

> ◆ 셋째, 행위 언약 자체가 우리에게는 분에 넘치는 하나님의 자기 비하이다. 하나님께서는 그의 주권으로 간 단히 명령하시지 않고 자기를 낮추어 [행위 언약 안에서] 일종의 거래를 제안하셨다. 즉 **"이것을 행하라, 그리하면 살리라."** 사실상 하나님은 주권적인 입법자로서 우리에게 단순하게 요구하고 명령하실 수도 있었는데 그렇게 하지 않으셨다. 이것은 분에 넘치는 선하심이다. **율법은 사랑의 꿀이 발라진 채로 잠시 고용되었다.** 우리의 무가치한 순종을 **하나님과의 교제**라는 엄청나게 부요한 보상으로 수여하시는 것은 하나님의 자비였다.[191]

루더포드에 따르면 행위 언약에서는 "공의의 행위"가 드러난다. 율법의 요구와 관련하여 아담은 "절대적 완성과 끝까지 행할 것"을 요구받았다.[192] 물론 행위 언약 안에 공의의 요소만 존재하는 것은 아니다. 위의 인용문에서 나타난 것

---

[190] 원서명은 다음과 같다. Samuel Rutherford, *The Covenant of Life Opened: Or, A Treatise of the Covenant of Grace* (Edinburgh: Andro Anderson, 1655).

[191] 사무엘 루더포드, 『생명 언약 제1부: 행위 언약과 은혜 언약』, 안상혁 역 (수원: 합신대학원출판부, 2018), 108-109. 강조는 필자의 것이다.

[192] 루더포드, 『생명 언약 제1부: 행위 언약과 은혜 언약』, 491-92.

처럼 행위 언약 자체가 하나님 편에서의 놀라운 자기 비하로 맺어진 하나님의 자비로운 언약이다. 행위 언약의 원리 안에서 하나님의 선하심과 자비의 요소를 부각하는 것은 루더포드의 특징적인 강조점이다. 특히 하나님의 영원한 작정의 관점에서 볼 때, 율법은 "사랑의 꿀이 발라진 채" 하나님의 백성에게 주어졌다. 행위 언약의 공로적 원리와 관련하여 루더포드는 갈라디아서 3:12을 의미 있게 주해한다. 이 구절 안에 계시된 생명, 곧 율법과 행위 언약 안에서 약속된 생명이 "하나님과의 교제" 혹은 영생이라고 말하며, 만일 행위 언약 아래에서의 인간이 율법을 지켰다면 그는 공로적으로 영생을 획득했을 것이라고 루더포드는 말한다.

◆ 물론 아담의 경우, 그는 계명을 순종함으로 살도록 되어있었다. 갈라디아서 3장 12절의 "그 안에서"(ἐν αὐτοῖς, בָּהֶם)[193]는 곧 "율법을 행함으로 말미암아"라는 의미이다. 또한 에스겔 20:11을 보라. 라바테르(Lavater)는 이렇게 말한다. "사람이 자유로운 의지로 맺어진 언약에 의해 [행함으로 말미암아] 영생을 공로적으로 획득하여 살게 되었을 것이라고 말하는 것은 전혀 불합리하지 않다. 만일 사람이 율법을 지켰더라면 (칼뱅 역시 동일하게 말한다) 그는 그리스도의 은혜를 필요로 하지 않았을 것이다."[194]

한편 하나님께서 은혜 언약 아래에 있는 우리에게 주신 생명에 관한 약속은 율법적 믿음에 주어진 것이 아니다. 우리는 도덕법의 행위로 말미암아 의롭게

---

193 루더포드는 측주에서 이렇게 말한다. "전치사 בְּ(베트)는 라틴어로 'in'(안에서), 'cum'(~과 함께), 'per'(통하여) 등의 뜻을 가진다."
194 루더포드는 갈라디아서 3:12을 행위 언약 및 에스겔 20:11과 연결 짓는다. 또한 흥미롭게도 칼뱅 역시 아담의 상태를 행위 언약의 틀 안에서 설명하는 관점과 다르지 않은 것으로 이해한다. 루더포드, 『생명 언약 제1부: 행위 언약과 은혜 언약』, 504.

될 수 없기 때문이다.[195] 이런 의미에서 타락 이후 은혜 언약 안에 있는 우리에게 주어진 "율법을 행하라"는 명령은 우리가 "그것으로 말미암아 살라고 하신 명령이 아니다."[196] 은혜 언약 안에서 신자는 영벌의 위협을 가하는 입법자로서의 하나님이 아니라 "은혜의 수여자"로서의 "사랑의 하나님"께 순종한다.[197] 은혜 언약 안에서 영생의 약속은 "오로지 복음적 믿음에 주어진 것인데, 이 복음적 믿음은 그리스도를 우리의 의로서 붙잡는 믿음이다."[198]

루더포드는 신자의 칭의와 관련하여 우리의 믿음이 "그리스도를 우리의 의"로 붙잡는다는 말의 의미를 좀 더 거시적인 관점에서 설명한다. 일찍이 레위기 18:5이 대표하는 율법적 의의 원리는 타락 이전 아담에게 주어졌다. 또한 동일한 내용이 하나님과 그리스도 사이에 맺어진 구속 언약 안에서 우리의 중보자가 되신 그리스도께 주어졌다.

◆ 율법적 칭의, 곧 "이를 행하라 그리하면 살리라"의 내용이 약속되었다. 일찍이 이 약속은 첫 번째 아담에게 주어졌다. 만일 아담이 율법에 대해 완벽하고 온전한 순종을 제시했더라면 그는 의롭다 함을 받고 살 수 있었을 것이다. 그런데 이제 그리스도께서 모든 것에서 수행하신 내용이 바로 이것이다.[199]

---

195 타락 이후 인류가 도덕법으로 말미암아 의롭게 될 수 없는 이유는 다음과 같다. "바울은 갈라디아서 3장에서 우리는 도덕법의 행위로 말미암아 의롭게 되는 것이 아니라고 입증한다. 왜냐하면 율법은(신 26:17) 가장 작은 의무를 행하는 것을 빼먹은 사람조차도 저주 아래 있다고 선언하는 반면에(갈 3:10-13), 그리스도는 우리를 위해 저주를 받으셨기 때문이다." 루더포드, 『생명 언약 제1부: 행위 언약과 은혜 언약』, 517.
196 루더포드, 『생명 언약 제1부: 행위 언약과 은혜 언약』, 107.
197 루더포드, 『생명 언약 제1부: 행위 언약과 은혜 언약』, 107-8.
198 루더포드, 『생명 언약 제1부: 행위 언약과 은혜 언약』, 504. 강조는 필자의 것이다.
199 사무엘 루더포드, 『생명 언약 제2부: 구속 언약』, 안상혁 역 (수원: 합신대학원출판부, 2020), 345. 강조는 필자의 것이다. 투레티누스 역시 구속 언약 안에서 그리스도가 우리를 위한 보증인이 되셨다고 말한다(*Inst.* 14.13.16).

과연 그리스도는 우리를 위한 보증인으로서 우리의 빚을 완전하게 청산해 주셨다. 그 결과 그리스도 안에서 사망은 신자들에 대한 율법적 지배력을 완전히 상실했다. 이로써 신자는 그리스도와 그분의 구속 언약에 기원을 두는 칭의를 받게 되었다.[200] 신자의 칭의와 구원의 확실성을 루더포드는 다음과 같이 극적으로 표현한다.

◆ 만일 우리가 영원토록 벌레들 가운데 살아야 하고, 죽음의 쏘는 것과 승리로부터 종국적으로 풀려나지 못한다고 가정해 보자. 그렇다면 이것은 공의에 반하는 것이고, **여호와 하나님과 그리스도 사이에 체결된 공의로운 언약**을 위반하는 일이 된다. 오, 사망아! 그대는 포로들을 놓아주게 될 것이고, 또한 반드시 그렇게 해야만 할 것이리라…요컨대 우리는 **그리스도 안에서 타당한 근거**를 소유하고 있다. 곧 우리 편에 승리를 가져오는 **법적인 근거와 조치**가 마련되고 그렇게 수행되었다.[201]

이처럼 신자는 그리스도와 그분이 체결하신 구속 언약에서 구원의 확실한 법적 근거를 확보하게 되었다. 정리하자면, 루더포드에게 있어 "행하라 그리하면 살리라"(레 18:5)의 원리는 행위 언약과 은혜 언약, 그리고 구속 언약 안에서 고유한 역할을 감당한다. 타락 전 아담에게 주어진 행위 언약 안에서 "행하라 그리하면 살리라"의 원리는 아담의 온전한 순종을 조건으로 영원한 생명을 약속하는 율법이었다. 타락 이후 아담과 그의 모든 후손은 행위 언약의 저주 아래에 놓이게 되었다. 그런데 은혜 언약 안에 있는 신자들에게 "행하라 그리하면 살리

---

200   루더포드, 『생명 언약 제2부: 구속 언약』, 345.
201   루더포드, 『생명 언약 제2부: 구속 언약』, 346-47. 강조는 필자의 것이다.

라"는 전혀 다른 의미로 주어졌다. 율법의 의가 아닌 믿음의 의를 통해 생명을 얻도록 하기 위해 택자를 그리스도께로 몰아가는 복음적 기능을 위해 주어졌다. 마지막으로 구속 언약 안에서 택자들의 중보자이자 보증인이신 그리스도께서는 율법과 율법의 행위 원리("행하라 그리하면 살리라")를 그분 자신에게 적용시키셨다. 그리스도께서는 "둘째 아담으로서" 우리를 위해 "은혜 언약 전체의 모든 약속과 무게를" 떠안으셨다.[202] 그 결과 그리스도를 믿는 신자는 그분의 공로로 주어진 은혜의 구원을 우리 편에서의 아무런 공로 없이 받아 누릴 수 있게 되었다.

5. 맺는말

본 장의 서두에서 필자는 교회사에서 레위기 18:5과 관련하여 중요하게 논의된 세 가지 핵심 질문을 소개하였다. 첫째, 과연 "살리라"가 의미하는 생명은 어떤 종류의 생명인가? 이에 대해 우리는 다음 사실을 확인하였다. 유대교 전통과 초대 교회(오리게네스) 때부터 중세(아퀴나스)와 종교개혁(칼뱅)을 거쳐 후기 종교개혁기(스위스 일치신조)에 이르기까지, 또한 오늘날 리델보스와 같은 성경신학자에 이르기까지 레위기 18:5에서의 생명은 주로 율법에 대한 완전한 순종을 조건으로 약속된 "영원한 생명"으로 이해되어왔다.

둘째, "행하라 그리하면 살리라"는 "율법과 복음"의 해석 원리와 어떻게 연결되어 있는가? 주지하다시피 아우구스티누스는 "문자와 영"(혹은 율법과 복

---

[202] 루더포드, 『생명 언약 제2부: 구속 언약』, 252. 또한 360쪽을 보라. "아담은 하늘과 땅의 전체 틀을 파괴했다. 이제 둘째 아담에게 파괴되고 흠집이 난 피조계 전체 덩어리가 약속되었다. 그리하여 그분이 버려진 장소를 회복시키시는 분이 되신다."

음)의 관점에서 레위기 18:5이 "율법(문자)의 의"를 대표하는 구절로 이해하였다. 신자에게 있어 정죄하는 율법이 주어진 목적은 신자로 하여금 "믿음의 의"를 붙잡도록 하기 위함이다. 아우구스티누스의 해석은 종교개혁자 루터와 칼뱅에게 계승되었다. 아우구스티누스와 루터 그리고 칼뱅이 이해한 율법의 핵심은 전심으로 하나님을 사랑하라는 계명 안에 구체화되었다. 오늘날 그 어떤 사람도 율법의 의를 통해 영원한 생명을 얻지 못한다. 이는 율법에 결함이 있기 때문이 아니라 타락한 인간의 부패성과 죄로 인한 것이다. 율법을 폐하는 것이 아니라 완전하게 하기 위해 오신 그리스도께서는 바리새인과 서기관의 잘못된 율법 이해를 교정해 주셨다. 또한 율법의 요구를 온전하게 성취하셨다. 이로써 신자는 율법의 마침이 되신 그리스도를 믿는 믿음을 통해 그분과 연합하고, 그리스도의 의를 전가 받아 의롭다 함을 얻는다. 이것이 바로 복음이 선포하는 칭의의 핵심이다.

셋째, "행하라 그리하면 살리라"의 행위 원리 혹은 율법의 요구와 그리스도의 순종은 어떤 관련성을 맺고 있는가? 필자는 대표적으로 초대 교회의 크리소스토모스와 종교개혁자 우르시누스와 칼뱅, 그리고 17세기 제네바의 투레티누스와 스코틀랜드의 루더포드 등의 견해를 살펴보았다. 공통적으로 이들은 레위기 18:5에 계시된 율법의 요구를 온전하게 성취하신 당사자가 바로 그리스도이심을 지적한다. 또한 그리스도는 "우리를 위하여" 혹은 "우리를 대신하여" 율법에 순종하셨음을 공통적으로 강조한다. 그리스도께서는 율법의 요구에 온전히 순종하심으로써 일종의 공로적인 의를 확보하시고 이것을 신자들에게 값없이 전가해 주셨다. 이를 위해 그리스도는 신자를 위해 율법의 일부가 아닌 전체를 온전히 순종하셨다.[203] 요컨대 레위기 18:5은 그리스도께서 우리를 위해서 성취

---

203 이러한 맥락에서 칼뱅은 『기독교강요』와 로마서 3장 및 갈라디아서 2장 주해에서 다음과 같이 주장한다. 즉 바울이

하신 구속 사역과 직접 관련을 맺고 있다.

물론 본 장에서 소개한 모든 신학자가 정확히 똑같은 방식으로 레위기 18:5을 해석한 것은 아니다. 예를 들어 투레티누스와 루더포드는 "행하라 그리하면 살리라"의 원리가 하나님께서 타락 전 아담과 더불어 체결하신 행위(자연) 언약 안에 계시되었고, 또한 구속 언약 안에서 택자의 보증인이 되신 그리스도께 주어졌다고 설명한다. 이는 16-17세기 언약신학의 발전과 더불어 레위기 18:5이 "율법과 복음"의 전통적인 해석의 틀을 넘어 행위 언약, 은혜 언약, 구속 언약의 틀 안에서 좀 더 체계적으로 해석되었음을 의미한다. 그러나 이러한 차이는 앞서 논의한 주제들에 대한 공통의 토대를 약화시키지 않는다. 오히려 "율법과 복음", "의의 전가", 그리고 "그리스도의 순종" 등에 관한 전통적인 해석을 언약의 관점에서 더욱 강화시키는 역할을 한다. 레위기 18:5에 대한 이 모든 해석의 신학적인 토대가 성경 안에—특히 사도 바울과(롬 10:5; 갈 3:12) 예수님의 말씀(마 19:17; 눅 10:25-28)에—있음은 분명한 사실이다.

논박하는 "율법의 행위"는 구약과 신약에 계시된 율법 전체를 가리키는 것으로 해석되어야 하며 단지 "의식법"을 지칭하는 것으로 그 의미를 제한해서는 안 된다. 루터 역시 칼뱅과 동일한 입장을 취한다. 루터 역시 바울 서신에 기록된 "율법의 행위"가 도덕법과 의식법 모두를 포함하는 율법 전체를 지칭한다고 주장한다. 이 논의에 관해 필자의 다음 논문을 참고하라. 안상혁, "율법의 행위에 대한 칼뱅의 성경해석," 「신학정론」 34/1(2016): 159-86.

언약신학,
쟁점으로 읽는다

제2부
은혜 언약: 통일성과 다양성

COVENANT THEOLOGY

제 4 장
윌리엄 퍼킨스(William Perkins, 1558-1602)의 언약신학: 현대 매키논-제렛 논쟁을 중심으로[204]

1. 들어가며

막스 베버의 테제와 관련한 현대의 논의들 가운데 말콤 매키논(Malcolm H. MacKinnon)과 데이비드 제렛(David Zaret) 사이에 1988년부터 1995년까지 벌어진 논쟁은 특별히 청교도 언약신학의 문제를 집중적으로 다루었다는 측면에서 흥미롭다.[205] 일찍이 매키논은 R. T. 켄달의 논의를 한 단계 더 발전시켜 다음과 같이 주장하였다.

---

[204] 본 장은 「신학정론」 32:2(2013):225-64에 실린 필자의 논문임을 밝힌다.
[205] 매키논-제렛 논쟁과 직접 관련된 자료는 다음과 같다. Malcolm H. MacKinnon, "Part I: Calvinism and the infallible assurance of grace: the Weber thesis reconsidered," *The British Journal of Sociology*, 39:2(June, 1988): 143-77; idem, "Part II: Weber's exploration of Calvinism: the undiscovered provenance of capitalism," *The British Journal of Sociology*, 39:2(June, 1988): 178-210; idem, "Believer selectivity in Calvin and Calvinism," *The British Journal of Sociology*, 45:4(Dec., 1994): 585-95; idem, "The Longevity of the Thesis: A Critique of the Critics," in Hartmut Lehmann & Guenther Roth ed., *Weber's Protestant Ethic* (Cambridge: Cambridge University Press, 1995): 211-43. David Zaret, "Calvin, Covenant Theology, and the Weber thesis," *The British Journal of Sociology*, 43:3(Sep., 1992): 361-91; idem, "The Use and Abuse of Textual Data," in Hartmut Lehmann & Guenther Roth ed., *Weber's Protestant Ethic* (Cambridge: Cambridge University Press, 1995): 245-72.

- 첫째, 자발주의를 대표하는 청교도의 언약신학은 칼뱅의 결정론적인 예정 교리가 초래한 "구원에 대한 불안"(salvation anxiety) 문제를 효과적으로 제거하였다.
- 둘째, 청교도의 언약신학은 인간의 행위를 구원의 확신을 위한 근거로서 제시했다. 따라서 신자들은 자신의 행위에 근거하여 자신이 선택받았는지 여부를 확인할 수 있었다.[206]

한편 칼뱅의 결정론과 청교도의 자발주의를 대립시킨 매키논의 테제를 비판하면서 제렛은 청교도의 언약신학과 예정론이 반드시 서로 배치되는 것은 아니라고 주장하였다.[207] 오히려 전자는 후자를 언약신학의 핵심부에 위치시키고 있으며, 따라서 인간 의지에 구원을 위한 공로적 가치를 부여하지 않았음을 지적하였다.[208]

제렛이 옳게 지적한 대로, 칼뱅의 후예들이 "언약신학의 도입을 통해 칼뱅의 예정론을 버렸다"고 말한 매키논의 주장은 확실히 잘못된 것이다.[209] 한편 청교도 언약신학에 관한 제렛의 주장이 일관성을 상실하고 있다고 반박한 매키논의 주장 또한 분명 설득력이 있다. 왜냐하면, 매키논이 옳게 관찰한 대로, 제렛은 그의 초기 저서인 『천상의 계약』(*The Heavenly Contract*, 1985)에서 분명히 칼뱅과 청교도 언약신학의 차이점을 중점적으로 부각했기 때문이다.[210] 예를 들

---

206   두 개의 요점은 필자가 각주 205에서 소개한 매키논의 4개의 저작에서 요약한 것이다.
207   Zaret, "Calvin, Covenant Theology, and the Weber thesis," 375.
208   Zaret, "Calvin, Covenant Theology, and the Weber thesis," 377.
209   MacKinnon, "Part I: Calvinism and the infallible assurance of grace," 144.
210   Zaret, *The Heavenly Contract: Ideology and Organization in Pre-Revolutionary Puritanism* (Chicago: The University of Chicago Press, 1985). 161, 163. 또한 제렛은 다음과 같이 주장한다. "[청교도의 언약신학이 사용한] 채무-채권자의 비유는 칼뱅의 저작들로부터 청교도 언약신학을 구별 짓는 또 하나의 증거가 된다." 같은 책, 179. 제렛의 또 다른 저작을 참고하라. Zaret, "Ideology and Organization in Puritanism," *Archives Européennes de*

어, 제렛은 청교도의 언약신학을 일종의 "수정주의적 칼뱅주의"로 규정한 후 대륙의 칼뱅주의와 청교도 신학 사이에 존재하는 "엄청난 간극"을 묘사한다.

이처럼 청교도의 언약신학과 칼뱅의 예정론을 둘러싼 현대의 논쟁은, 특히 구원의 확신 혹은 불안 문제와 관련하여, 예정론과 언약신학이 어떤 방식으로 확신 문제와 상호 관련성을 맺고 있는지 탐구할 필요성을 제기한다. 특히 제렛의 논의가 일관성을 상실했다는 매키논의 지적은 청교도의 언약신학을 둘러싼 논의의 복잡성을 어느 정도 시사해 주고 있다고 판단된다. 이 주제를 좀 더 분명하게 정리하고 독자의 이해를 돕기 위해 필자는 역사적 실례들을 통해 매키논의 테제가 어떤 측면에서 사실과 다른지 구체적으로 예시할 것이다. 이를 위해 초기 청교도 운동을 주도했던 윌리엄 퍼킨스(William Perkins, 1558-1602)의 언약신학을 고찰해 볼 것이다. 아울러 구원의 확신 문제와 관련하여 언약신학이 초래한 극적인 변화를 강조하는 견해의 타당성을 검토하기 위해 (퍼킨스와는 동시대인이면서도 언약신학자로 분류되지 않는) 리처드 그린햄(Richard Greenham, c.1535-c.1594)의 상담목회의 역사적 실례도 소개할 것이다. 그린햄과 퍼킨스는 모두 엘리자베스 시대에 케임브리지 대학교를 중심으로 전개된 청교도 운동을 대변하는 인물들이다.[211] 특히 이들은 구원의 확신 문제에 대한 목회적 관심을 가지고 있었다. 선택과 예정의 문제로 갈등하는 신자들에게 두 사람은 (적어도 겉으로 보기엔) 다소 상이한 방식으로 상담하였다. 퍼킨스는 주로 성경의 언약 개념을 적극 활용한 반면, 그린햄은 언약 개념에 의존하지 않았다. 필자는 이들에게서 발견되는 공통점과 차이점을 고찰하면서 그것이 본장의 주제를 이해하는 데 함의하는 바가 무엇인지 면밀히 검토해 보고자 한다.

Sociologie. 21(1980):83-115. "또한 여기서 우리는 청교도 언약신학이 저 멀리 존재하는 칼뱅의 하나님을 좀 더 친근한 계약자의 모습으로 어떻게 뒤바꾸었는지 발견한다." 인용문은 107쪽을 보라.

211　William Haller, *The Rise of Puritanism* (New York, 1936), 48-82.

2. 리처드 그린햄(c.1535-c.1594): "예정, 불안, 확신"

매키논과 제렛이 모두 동의하는 테제는 다음과 같다. 곧 칼뱅의 이중 예정은 필연적으로 (논리적 결과의 측면에서) "구원에 관한 불안" 문제를 야기했다는 것이다. 과연 이것은 사실일까? 이에 대한 그린햄의 대답은 그리 단순하지 않다. 그의 결론을 듣기 전에 먼저 그린햄의 목회가 가지는 특징을 간략하게 살펴보자. 흔히 청교도의 "조상"으로 불리는 그린햄은 1570년 케임브리지의 드라이 드레이턴(Dry Drayton)의 목회자로 부임한 이후 개혁파 청교도의 신앙에 기초한 교구 목회에 일평생 헌신했다. 특히 그는 수많은 교구민을 상담하는 일에 많은 노력을 기울였다.[212] 그의 전집을 편집한 헨리 홀란드(Henry Holland)에 따르면, 그린햄은 영적이며 구원의 확신 문제로 갈등하는 수많은 교구민의 마음을 복음의 말씀으로 치료했으며 후일 "실천신학"(Practical Divinity)으로 명명된 분야의 기초석을 놓은 인물이다.[213] 특히 그린햄의 상담(conferring) 사역은 이후 영국 개혁파 신앙의 특징을 형성하는 데 지대한 영향을 미쳤다.[214]

1) 목회상담의 주제로서의 구원의 확신과 불안

그린햄의 상담 사역에 있어 핵심 주제는 무엇인가? 그것은 구원의 확신 문제였다. 토머스 풀러(Thomas Fuller)는 그린햄의 모습을 다음과 같이 묘사한다. "그는 상처 입은 심령을 위로하는 일에 전문가였다. 교구 안에서 그는 눈물과 기

---

212 William Haller, *The Rise of Puritanism* (New York: Columbia University Press, 1938), 26.
213 "The Preface to the Reader" in *Works*, edited by Henry Holland (London, 1612).
214 Kenneth L. Parker, "Richard Greenham's 'Spiritual Physicke': The Comfort of Afflicted Consciences in Elizabethan Pastoral Care," in *Penitence in the Age of Reformation*, edited by Katharine J. Lualdi and Anne T. Thayer (Aldershot: Ashgate, 2000), 72.

도와 설교의 수원(水源)이었다. 많은 이들이 눈물을 흘리며 그를 찾았으나 그와 헤어질 때는 기뻐하는 영으로 돌아갔다."[215] 케런 브륀(Karen Bruhn)이 지적한 바에 따르면 그린햄을 찾은 교구민들은 대부분 선택과 구원의 불확실성으로 인해 고통받고 있었다.[216] 불확실성을 초래하는 주된 원인으로 그린햄은 "죄에 대한 자각," "의심," "연약한 믿음," 그리고 "유혹" 등을 꼽는다. 그린햄은 "고통받는 양심"이 반드시 알아야 할 두 가지, 곧 죄가 무엇이며 그 죄는 그리스도 안에서 어떻게 용서받는가를 강조한다. 하나님의 자녀가 범죄할 때, 이들은 사탄의 유혹과 공격을 직면하게 된다고 그린햄은 말한다. 사탄의 목표는 신자로 하여금 하나님의 선택에 관해 의심하도록 만드는 것이다.

◆ 고통 받는 신자를 향한 사탄이 마련한 최후의 그리고 가장 무서운 공격은 바로 선택에 관한 의심을 불러일으키는 것입니다. 구원은 오직 택자들에게만 주어지는 것이므로 사탄은 바로 이 위로의 근거와 기둥을 흔들어 그것을 파괴하고 전복하기 위해 온갖 수단을 동원하며 노력합니다.[217]

이 때문에 그린햄은 구원의 확신 문제를 곧 신자의 양심과 원수 사이에서 치열하게 벌어지는 다툼과 논쟁으로 규정한다. "(제가 생각하는 바) 문제의 핵심은 곧 당신의 구원에 관한 확신의 문제를 놓고 당신의 양심과 원수 사이에서 벌어지는 논쟁입니다."[218] 이러한 진술은 그린햄의 목회 상담에서 구원의 확신 문

---

215 Thomas Fuller, *The Church History of Britain from the Birth of Jesus Christ until the Year M.DC.XLVIII* (London, 1655), 219-20.

216 Karen Bruhn, review and notes on John Primus, *Richard Greenham: Portrait of an Elizabethan Pastor, in Church History*, 68:2 (June, 1999), 457-58.

217 Greenham, *A Letter Consolatory, written to a friend afflicted in consciences for sinne, in Works*, 878.

218 Greenham, 같은 책, 871.

제가 차지하는 중요성을 잘 드러내 준다. 이러한 이유에서 브륀은 예정론이 그린햄의 목회 신학에서 심장부를 차지한다고 주장한 것이다.[219]

2) 예정론과 "선택의 표지들"

그린햄에게 있어 예정론은—매키논의 생각과 달리—결코 불안을 유발하는 어두운 교리가 아니었다. 또한 예정론이 신자의 선행과 대립 관계에 있는 것도 아니었다. 오히려 그는 다음과 같이 주장한다. "선택은 선행을 유도하는 커다란 자극제이다." "당신이 선택받은 것이 사실이라면 당신은 또한 믿음에 이르는 수단에 대해서도 선택을 받은 것이며, 또한 그 열매에 대해서도 선택된 것이다. 만일 후자가 결여되었다면 당신은 택자가 아닌 것이다"[220] 존 프리머스(John Primus)에 따르면 "믿음에 이르는 수단"은 그린햄의 실천신학을 이해하는 데 핵심적인 요소다.[221] 그린햄은 믿음과 구원을 위해 하나님께서 마련하신 다섯 가지 수단을 소개한다. "복음", "기도", "성례", "치리", 그리고 "고난"이 그것들이다.[222] 이 모든 것이 하나님께서 자녀들을 위해 준비한 "은혜의 수단"인 이상, 어떤 사람이 이 가운데 어느 하나에 참여하고 있다면 그것은 곧 그 사람이 하나님의 자녀로 선택된 택자임을 나타내는 표지로서 해석될 수 있다. 예를 들어, 하나님이 어떤 사람에게 복음 설교를 듣도록 섭리하셨다면 그것은 그 사람이 택자라는 사실을 드러내는 선택의 표지가 된다는 것이다.

---

219 Bruhn, reviews and notes on *Richard Greenham*, 456-58.
220 Greenham, *Works*, 838.
221 John H. Primus, *Richard Greenham: Portrait of An Elizabethan Pastor* (Macon: Mercer University Press, 1998), 127.
222 *A Short Forme of Catechising*, in Greenham, *Works*, 88.

◆   어느 날 그린햄이 설교를 하는 도중에 한 여인이 울음을 터뜨렸다. 자신은 선택받지 못한 정죄 받은 영혼이라는 생각이 들었기 때문이었다. 이때 그린햄은 설교단에서 내려와 그 여인에게로 다가가 다음과 같이 위로하였다. "자매님, 당신은 지금 이곳에 나와서 당신의 죄에 대해서, 또한 그것이 그리스도 안에서 어떻게 용서받는지에 대해 듣지 않으셨습니까? 위로를 받으시길 바랍니다. [하나님이] 당신의 죄를 보게 하셨다면 당신의 죄에 대한 사죄의 선언 또한 당신으로 하여금 듣게 하실 것입니다."²²³

물론 복음을 듣는 행위 자체가 한 사람의 구원 여부를 확증하는 것은 아니었다. 이 사실은 그린햄도 잘 알고 있었다. 예정론에 관한 개혁파의 가르침에 따라, 그린햄 역시 하나님의 "외면적 부르심"과 "유효적 부르심"을 구분하였다. 복음 설교는 모든 이를 대상으로 선포되는 외면적 부르심에 해당한다. 한편 외면적으로 선포된 복음의 말씀을 통해 성령은 택자들의 마음속에 역사하여 유효적 소명을 이루어내시는데, 이것은 곧 중생의 사역에 해당하는 것이다.²²⁴

그린햄에 따르면, 복음의 말씀을 듣는 것과 마찬가지로, 삶의 열매라고 할 수 있는 "선행" 또한 선택의 표지로서 간주될 수 있었다. 그린햄이 작성한 요리문답에서 그는 다음과 같이 질문한다. "왜 저들은 선행을 하는 것이 필요합니까?" 이 질문에 대한 두 번째 대답은 다음과 같다. "[왜냐하면] 선행을 통해 우리는 우리의 믿음과 구원에 대한 확신을 얻을 수 있기 때문입니다."²²⁵ 물론 그린

---

223 Greenham, *Rylands English Manuscript 524*, folios 5v-6r, 43v. in Kenneth L. Parker and Eric J. Carlson, *Practical Divinity: The Work and Life of Revd Richard Greenham* (Aldershot: Ashgate, 1998), 62.
224 Greenham, *Works*, 709-10. 이와 유사하게 그린햄은 "진정한 믿음"과 "일시적 믿음", 또한 "참 종교"와 "거짓 종교"를 구분한다. 거짓 종교는 외면적 순종과 미신적 신앙으로 특징지어지는데 이것은 신자들의 내적인 변화와 무관하다. Parker and Carlson, Practical Divinity, 104-12.
225 *A Short Forme of Catechising in Practical Divinity*, 290.

햄은 선행이 구원을 위한 공로적 가치를 갖는다는 생각을 철저히 봉쇄한다. "우리는 오로지 그리스도 한 분께만 구원의 모든 영광을 돌려드려야만 한다."[226] 이것을 당연한 진리로 전제하면서도 그린햄은 선행에 일종의 "증인"의 자격을 부여한다. "그러나 우리의 선행은 우리가 하나님의 자녀라는 사실을 우리 스스로에게 증거합니다."[227] 인간의 전적인 부패성을 인정하면서도 과연 인간 편의 선행을 말할 수 있는가의 문제에 대해서 그린햄은 다음과 같이 대답한다. 곧 하나님의 사역으로 거듭난 심령의 경우, 이들은 하나님의 은혜 안에서 하나님의 뜻에 순종하는 것이 가능하다는 것이다. 이 변화는 거듭난 신자의 마음속에서부터 시작된다. "마음"이야말로 "모든 선이 시작되는 곳이요 또한 이곳에 종교의 뿌리가 있고 우리의 믿음이 뿌리내리는 곳이기 때문이다."[228] 이러한 맥락에서 그린햄은 내담자들로 하여금 하나님께서 신자의 마음에 부여하신 능력을 인식하도록 독려하면서 스스로의 마음을 성찰할 것을 강조한다.[229]

신자의 선택 여부를 보여주는 또 다른 표지와 관련하여 그린햄은 [구원의 확신 문제로 인한] 마음속의 번민과 고통 그리고 영적인 불안 그 자체를 선택의 표지 가운데 하나로서 강조한다. 더구나 이러한 영적인 문제로 인해 목회자를 찾아와 조언을 구하는 행위 자체가 그 사람의 삶 속에서 일하시는 성령의 사역에 대한 좋은 증거라고 그는 믿고 있었다.[230] 그린햄에 따르면, 한 사람의 심령 속에 갑작스럽게 찾아오는 두려움과 번민은 하나님의 은혜가 활동할 수 있는 장(場)을 마련하는 것이다. 특히 "자신의 죄를 슬퍼하는 것", "하나님의 용서를 소원하

---

226 Greenham, *Works*, 874, 880.
227 같은 책.
228 Greenham, *Works*, 487.
229 Parker and Carlson, *Practical Divinity*, 114-15.
230 Parker and Carlson, *Practical Divinity*, 90.

는 것", 그리고 "하나님의 뜻에 순종하고자 하는 마음" 등은 자신이 택자임을 스스로에게 보여주는 강력한 표지라고 그린햄은 확신했다.[231] 한편 이러한 표지는 영적인 영역만으로 제한되지 않는다. 신체적인 질병이나 개인사에 나타나는 비극적인 일들에 대해서도 이것을 부정적인 표지로 쉽게 속단하지 말라고 그린햄은 충고한다. 이러한 어려움 자체가 하나님의 은혜의 작용일 수 있기 때문이다.[232] 사실 이러한 지적은 전혀 새로운 것이 아니었다. 그럼에도 그린햄의 이러한 가르침은 당시의 목회 현장에서 큰 의미를 갖는다고 K. L. 파커(Parker)와 E. J. 칼슨(Carlson)은 주장한다.[233] 이들이 잘 지적한 바대로, 인간의 전적 부패와 하나님의 (이중) 예정을 강조하는 개혁주의 전통의 목회 현장에서는, 죄 문제로 인해 야기된 영적 침체와 불안, 또한 육체적인 질병이나 환경적인 재앙 등이 자칫 유기(reprobation)의 표지로서 간주될 여지가 있었다. 이런 상황에서 이 같은 부정적 요소들이 오히려 하나님의 선택을 암시하는 강력한 표지라고 해석하고 적용한 그린햄은 교구민들의 마음을 하나님께로 돌이키는 데 있어서 적지 않은 효과를 발휘할 수 있었다.[234]

3) 가장 확실한 근거: "말씀과 그리스도"

개인의 선택 여부를 확신하는 문제에 있어 그 어떠한 지표보다 더욱 확실한 근거로서 그린햄이 강조한 것은 바로 말씀이었다. 하나님이 약속하신 말씀이야말로 가장 궁극적이며 가장 확실한 확신의 근거를 제공한다. 그린햄이 앞서 나

---

231 Greenham, *Works*, 105, 118-21; *Rylands English Manuscript 524*, folios 36v.
232 *Rylands English Manuscript 524*, folios. 22r-23r, 63r.
233 Parker and Carlson, *Practical Divinity*, 91.
234 *Rylands English Manuscript 524*, folios. 64r. Bruhn, reviews and notes on *Richard Greenham*, 456-58.

열한 모든 지표는 말씀과 관련된 다음의 세 가지 기초 위에 세워진 것이다. 첫째, 복음을 듣는 것, 둘째, 하나님의 약속을 신뢰하는 것, 그리고 마지막으로, 성령의 (내적) 증거 등이다.[235] 이 모든 것 가운데서 가장 으뜸 되는 것은 하나님의 말씀이다. 이 때문에 그린햄은 목회 사역을 "하나님 말씀의 사역"과 일치시킨다.[236]

같은 맥락에서 그는 목회 상담 사역 역시 하나님의 말씀에 기초해야 한다고 확신했다. 특히 하나님의 말씀을 내담자에게 적용할 때, 율법과 복음을 신중하게 구분하여 효과적으로 적용할 것을 강조했다. 여기에는 순서가 중요하다. 그린햄은 먼저 "죽이는 문자"로서의 율법을 사용하였다. 이것은 신자들의 마음을 잘 준비시켜 "치료하는 복음"을 효과적으로 적용하기 위한 예비적—그러나 필수적—단계였다. "가장 먼저 율법을 설교함을 통해 자신이 범한 죄악에 대한 생생한 자각을 불러일으키는 일이 반드시 필요하다." 그 이유를 그린햄은 이렇게 설명한다. "[왜냐하면] 우리가 범한 죄에 대한 형벌의 진상을 율법을 통해 올바르게 인식하지 않고서는 우리의 마음이 진실로 그리스도에 대한 약속으로 움직여지지 않기 때문이다."[237] 그린햄은 복음의 말씀을 가지고 고뇌하는 심령을 치료하기 전에 율법을 효과적으로 활용하여 그 사람의 죄악과 부패성, 그리고 그것이 초래한 형벌의 심각성을 생동감 있게 각인시키는 데 매우 능숙하였다. 피터 카우프만(Peter Kaufman)에 따르면, 그린햄은 동일한 성경을 가지고 신자들의 심령 속에 "가장 큰 절망감"과 또한 "가장 큰 위로"를 창조해내는 달인이었다.[238]

---

235 Greenham, *Works*, 122.
236 Greenham, *Works*, 343.
237 Greenham, *Works*, 334.
238 Peter I. Kaufman, *Prayer, Despair and Drama: Elizabethan Introspection* (Cambridge, IL: University of Illinois Press, 1966).

비단 자신뿐만 아니라 모든 말씀의 사역자들 역시 이러한 방식으로 율법과 복음을 능하게 다루는 말씀의 전문가들이 되어야 한다고 그린햄은 주장했다.[239]

◆ 나는 설교가들이 [사람의 양심을] 죽이는 자들이 아니라 든든히 세우는 자들이 되길 원한다.…우선 상처를 찾고 진단하여 먼저 율법이라는 이름의 빙초산으로 소독하는 것이 중요하다. 상처를 깨끗이 소독한 후에는 복음의 기름을 발라 상처를 치료해야 한다. 율법과 복음을 각각 적당한 분량으로 가장 효과적으로 사용하기 위해서는 지혜가 필요하다.[240]

그린햄은 각 개인의 형편에 따라 율법과 복음의 치료법이 다소 달라질 수 있음을 지적한다. 예를 들어, 목회자를 찾아온 내담자가 본인의 죄 문제로 인해 이미 충분히 슬퍼하고 있으며 또한 겸손한 상태라면, 이들에게는 좀 더 빠르게 하나님의 약속의 말씀을 처방하는 것이 좋다. 그러나 만일 교구민들 가운데 양심이 무뎌져서 죄악에 대한 자각이 없거나, 헛된 것을 의지하여 스스로 안심하고 있는 자가 있다면, 이들에게는 정반대의 처방이 필요하다. 곧 복음보다는 율법의 소독제가 우선적으로 강도 높게 적용되어야 한다.[241] 그러나 이런 경우에라도 설교가는 "율법을 지나치게 강제하여 사람의 양심 안에서 복음을 짓누르는 일이 없도록" 매우 조심해야 한다. 왜냐하면 이 모든 사역의 궁극적인 목표가 하나님의 말씀으로 죄인을 살리고 이들로 하여금 그리스도 안에서 참 평화를 발견하도록 하는 데 있기 때문이다.[242] 결국 구원의 확신과 모든 위로의 궁극적인 기

239　Greenham, *Works*, 109, 334,. 340, 342, 735.
240　Greenham, *Works*, 109.
241　Greenham, *Works*, 109.
242　Greenham, *Works*, 772. 그린햄은 그의 탁상담화에서 율법의 준엄함에 대한 설교를 들은 후 극단적으로 고뇌하다가

초는 오로지 예수 그리스도 한 분이다.

> ◆ 진실로 원수가 우리를 압박할 때 우리가 피할 가장 확실한 피난처는 오직 그리스도 예수의 이름을 고백하는 것입니다. 그분은 우리의 죄악을 위해 죽으셨고 우리의 칭의를 위해 부활하셨습니다. 만일 원수가 말하길 너는 죄를 지었다 하면 우리는 그리스도가 우리를 위하여 죽으셨고 다시 부활 승천하셨다고 대답해야 합니다. 만일 원수가 우리에게는 율법의 의가 없다고 말한다면, 우리는 그리스도께서 율법을 성취하셨고 우리는 그리스도의 의로 말미암아 의롭게 되었다고 대답해야 합니다. 만일 그[원수]가 우리는 본질상 부패했기 때문에 천국에 합당한 자가 아니라고 말한다면, 우리는 반드시 내가 친히 이들을 거룩하게 하였노라고 하신 그리스도의 말씀으로 그에게 대답해야 합니다.[243]

요컨대 오직 그리스도와 그의 공로 안에서만 신자는 자신의 구원에 대한 모든 염려를 궁극적으로 해결할 수 있다고 그는 가르쳤다. 그린햄은 이렇게 결론을 내린다. "결국 원수가 그 어떠한 것을 가지고 우리를 공격하든지, 우리의 대답은 분명합니다. 그리스도 안에서 하나님의 모든 약속은 '예'가 되고 그리스도 안에서 모든 약속은 '아멘'이 됩니다."[244] 정확히 같은 맥락에서 그린햄은 요리문답에 참여하는 교우들로 하여금 "당신의 위로가 무엇입니까?"라는 질문에 대해 "나를 모든 슬픔과 지옥의 고통으로부터 해방하시는 이가 그리스도라는 사실

결국 죽음을 맞이한 한 여인에 대한 이야기를 언급한다. *Rylands English Manuscript 524*, folio 61v.
243 Greenham, *Works*, 871-72.
244 Greenham, *Works*, 872.

에서 나는 위로를 받습니다."라고 대답할 것을 가르쳤다.[245]

지금까지 논의한 바에 따르면 우리는 다음과 같은 세 가지 평가를 내리는 것이 가능하다. 첫째, 그린햄의 목회 현장에서는 적지 않은 수의 교구민들이 실제로 선택과 구원의 확신 문제로 고민하고 있었다. 둘째, 그린햄은 교우들로 하여금 "선택의 지표들"을 활용하도록 권면했다. 다만 하나님의 약속의 말씀에 대한 강조가 항상 "자기 성찰"(self-examination)보다 우선적으로 강조되었음을 기억해야 한다. 셋째, 구원의 확신 문제에 있어 가장 근본적이며 또한 유일한 토대는 예수 그리스도였다. 그린햄은 인간의 선행에 그 어떠한 공로적 가치를 부여하지 않았으며, (이런 의미에서) 선행을 확신의 토대로 삼지도 않았다. 주지하다시피 그린햄의 목회와 그의 상담 사역은 초기 청교도 운동의 형성과 발전에 지대한 영향을 미치고 있었다. 따라서 이러한 그의 가르침은 청교도의 목회 현장에서 널리 공유되고 있었다고 판단된다. 이제 다음 장에서 필자는 퍼킨스의 언약신학이 그린햄이 다루었던 것과 유사한 문제들에 대해 어떤 방식으로 해답을 제시했는지 고찰해 볼 것이다. 이를 통해 청교도 언약신학의 활용이 구원의 확신 문제를 다룸에 있어 기존의 전통—특히 그린햄이 대변하는—과 과연 어떠한 차별성을 드러내었는지를 살펴보고자 한다.

3. 윌리엄 퍼킨스(1558-1602)의 언약신학

매키논과 제렛 모두 널리 알려진 페리 밀러(Perry Miller)의 테제—청교도주의의 핵심에는 언제나 언약이 자리 잡고 있으며 언약 개념 안에서는 하나님의 주

245　Greenham, *Works*, 71-91. Quote is from 85, 86.

권에 자발적으로 반응할 수 있는 인간의 의지와 책임이 강조된다—에 기본적으로 동의하는 듯하다.²⁴⁶ 그런데 그린햄의 경우는 이러한 밀러 테제에 적용되지 않는다. 왜냐하면 비록 그가 언약 교리를 기본적으로 알고 있었음에도, 그의 목회 상담에서 그린햄은 언약 개념을 특별히 의미 있는 방식으로 활용했다고 말할 수 없기 때문이다.²⁴⁷ 이는 아마도 그린햄이 활동했던 시기는 영국에서의 언약신학이 아직 크게 꽃피우지 못한 이른 시기였다는 사실과 무관하지 않을 것이다. 그러나 그린햄이 사망할 즈음, 곧 16세기 말부터 언약신학은 본격적으로 영국 청교도 사이에 가장 주목받는 주제가 되었다. 예를 들어, 윌리엄 퍼킨스를 비롯하여 윌리엄 에임스(William Ames, 1576-1633), 존 볼(John Ball, 1585-1640), 그리고 존 프레스톤(John Preston, 1587-1628) 등과 같은 청교도 운동의 지도자들은 모두 언약신학에 관한 중요한 저서들을 출판하였다.²⁴⁸

---

246 Perry Miller, "The Marrow of Puritan Divinity," in *Errand into the Wilderness* (Cambridge: Belknap Press, 1956), 48-98.

247 그린햄이 언약을 언급하는 경우는 주로 하나님의 약속을 강조할 때이다. 그는 언약과 인간의 행위 혹은 책임을 특별히 연결 짓지 않는다. Primus, *Richard Greenham*, 126; 엘리자베스 시대의 청교도 운동을 연구한 패트릭 콜린슨 역시 그것을 언약신학과 관련짓지 않는다. Collinson, *The Elizabethan Puritan Movement* (London: Jonathan Cape. 1967), 28.

248 William Ames, *Medulla Theologiae* (Londini: Apud Robertum Allottum, 1629); John Ball, *A Treatise of the Covenant of Grace* (London: G. Miller, 1645); idem, *A Tryal of the New-Church in New England* (London: T. Paine and M.Simmons for Thomas Underhill, 1644). 특히 존 볼의 두 번째 저작은 언약신학의 교회론적 함의를 두고 뉴잉글랜드 비분리파 회중주의자들과 논쟁한 내용을 담고 있다. 에임스의 *Medulla* 또한 뉴잉글랜드 비분리파 회중교회의 교회 언약에 큰 영향을 미쳤다. 존 프레스톤의 저작들로는 다음을 참고하라. John Preston, *The Breast-Plate of Faith and Love* (London: W. J[ones] for Nicolas Bourne, 1630); idem, *The New Covenant, or The Saint Portion* (London: J. D[awson] for Nicolas Bourne, 1633); idem, *Life Eternall or, A Treatise of the Knowledge of the Divine Essence and Attributes* (London: R[ichard] B[adger], 1633); idem, *The Cup of Blessing: Delivered in three Sermons upon 1 Cor.10.16* (London: R. B[adger] for N. Bourne, 1637); idem, *The Saint Qualification: or, A Treatise I. Of Humiliation II. Of Sanctification*, 3rd edition (London: R. B. for N. Bourne, 1637); idem, *The Irresistibleness of Converting Grace. Tracts and Sermons* (London: Printed for John Wright, 1652); idem, *The Golden Scepter* (London: R. B[adger] for N. Bourne, 1638). 퍼킨스의 언약신학과 구원의 확신 문제와 관련하여 조엘 비키는 다음의 다섯 개의 저작을 특별히 주목한다. 1) *A Golden Chaine: Or, The Description of Theologie* (Works, I:9-116); 2) *A Treatise Tending unto a Declaration, Whether a Man be in the Estate of Damnation or in the Estate of Grace* (Works, I:353-420); 3) *A Case of Conscience, the Greatest that ever was: how a man may know whether he be the childe of God or no* (Works, I:421-28); 4) *A Discourse of Conscience: Where is set down the nature, properties, and differences thereof: as also the way to get and keep a good Conscience* (Works, I:515-54); 5) *A graine of Musterd-seede: Or, the Least Measure of Grace that is or can be effectuall to salvation* (Works, I:627-34). Joel R. Beeke, "William Perkins and His Greatest Case of Conscience: How a man my know whether he be the child of God, or no." *Calvin Theological Journal* 41(2006): 264.

특히 퍼킨스는 당대의 가장 주목받는 청교도 지도자들 가운데 대표자였다. 그린햄과 마찬가지로 퍼킨스의 설교와 저작들 또한 청교도의 목회 현장에 지대한 영향을 미치고 있었다. 이 때문에 이안 브루워드(Ian Breward)는 퍼킨스로 말미암아 실천신학(practical divinity)이 시작되었다고 주장하기도 하였다.[249] 퍼킨스 역시 목회 사역의 가장 중요한 목표가 영혼을 구원하는 일이라고 규정한다. "우리가 지향하는 목표가 인간적이거나 육적인 것에 있지 않고 오직 영혼을 구원하는 데 있음을 기억합시다."[250] 존 모건(John Morgan)에 따르면 퍼킨스의 신학적 틀을 형성했던 것은 바로 언약 개념이었다. 언약신학 안에서 퍼킨스는 하나님의 예정과 성도의 경건한 삶(성화)을 조화롭게 연결 지었다.[251]

1) 언약신학: "과연 예정론에 대한 대안인가?"

과연 예정론에 대한 대안으로서 언약신학이 등장했는가라는 질문에 대해 매키논은 매우 긍정적이다. 주지하다시피 그는 밀러와 켄달의 논의를 적극 수용하며 청교도의 언약신학이 칼뱅의 작정 신학에 대한 대안으로서 등장했다고 확신한다. 비록 매키논이 확신하는 만큼은 아니지만 제렛 역시 양자 사이의 구분에는 기본적으로 동의한다. 제렛에 따르면 언약신학은 크게 일방적(unilateral) 언약신학과 양방적(bilateral) 언약신학으로 나뉘는데 하나님의 무조건적 은혜만을 강조하는 칼뱅의 언약신학이 전자의 전통이라면, 조건적인 언약을 강조하

---

[249] Ian Breward, "The Life and Theology of William Perkins, 1558-1602," Ph.D. diss. (University of Manchester, 1963) 1, 2.
[250] Perkins, Works III.442. 퍼킨스 전집의 서명(full title)에 대해서는 참고문헌을 참조하라.
[251] John Morgan, *Godly Learning: Puritan Attitudes towards Reason, Learning, and Education*, 1560-1640 (Cambridge: Cambridge University Press, 1986) 35.

는 청교도의 언약신학은 후자의 전통에 속한다.²⁵² 사실 이러한 구분은 J. 웨인 베이커(Wayne Baker)가 제안한 "두 전통 테제"와 그 맥을 같이한다고 말할 수 있다.²⁵³ "두 전통" 이론에 따르면 퍼킨스의 언약신학은 칼뱅의 제네바 전통에 속하는 것으로 분류된다. 따라서 언약의 조건성과 쌍방성을 강조하는 취리히 전통과는 차별성을 보일 것으로 기대된다.²⁵⁴

그러나 퍼킨스의 언약 개념을 면밀히 검토해 보면 그의 언약신학은 "두 전통" 테제에 들어맞지 않음을 알 수 있다. 또한 예정론과 언약신학을 대척점에 두고 언약신학이 예정론에 대한 "대안"이라고 주장한 밀러, 켄달, 그리고 매키논 등이 제시한 설명의 틀과도 부합하지 않는다. 무엇보다 퍼킨스의 언약신학은 언약의 무조건성과 조건성 모두를 강조하고 있기 때문이다. 퍼킨스는 하나님의 언약을 "하나님께서 사람이 영생을 얻도록 하기 위해 사람과 맺은 계약으로서 특

---

252 Zaret, *The Heavenly Contract*, 142. 149.

253 베이커에 따르면 개혁주의 언약신학은 두 개의 전통, 곧 칼뱅이 대변하는 제네바 전통과 불링거가 대표하는 취리히 전통으로 양분된다. 전자는 하나님의 일방적(unilateral)인 은혜를, 후자는 사람의 의무를 강조하는 쌍방적(bilateral) 언약의 전통을 각각 발전시켰다. 그의 테제에 대해서는 다음의 저서들을 참고하라: Charles S. McCoy and J. Wayne Baker, *Fountainhead of Federalism: Heinrich Bullinger and the Covenantal Tradition* (Louisville: Westminster/John Knox Press, 1991); J. Wayne Baker, *Heinrich Bullinger and the Covenant: The Other Reformed Tradition* (Athens: Ohio University Press, 1980); idem, "Heinrich Bullinger, the Covenant, and the Reformed Tradition in Retrospect" in *The Sixteenth Century Journal*, 29:2(1998): 359-76 Charles McCoy, "The Covenant Theology of Johannes Cocceius," (Ph.D. diss., Yale University, 1956). 이후 "두 전통" 이론에 대한 비판은 A. 후크마(Hoekema), E. 에머슨(Emerson), L. 비에르마(Bierma), C. 비니머(Venema), 그리고 R. A. 멀러(Muller) 등과 같은 학자들에 의해 비교적 최근까지 꾸준히 제기되어왔다. 베니마에 따르면 불링거와 칼뱅 사이에 존재하는 강조점의 차이를 지나치게 부각하여 두 개의 서로 다른 전통으로 분류하는 것은 잘못이며 소위 두 전통 사이에 존재하는 "본질적인 연속성"을 간과하는 오류라고 주장한다. 무엇보다 불링거에 있어 "무조건적인 선택과 조건적 언약은 신학적으로 배치되지 않는다. 오히려 선택은 언약을 요구하며 그것을 구원을 위한 수단으로 삼는다."라고 그는 주장한다. 멀러 역시 두 전통 이론의 기본적인 전제, 곧 청교도의 언약신학과 예정론 사이에 본질적인 갈등과 긴장 관계가 존재한다는 주장을 반박한다. 특히 칼뱅뿐만 아니라 불링거 역시 이중 예정을 인정했고, 불링거와 더불어 칼뱅 역시 언약의 조건성(특히 인간의 언약적 순종과 책임을 강조)을 강조했음을 문헌자료를 통해 입증하였다. 이처럼 "두 전통 이론"에 대한 비판과 보다 균형잡힌 연구에 대해서는 다음의 저작들을 참고하라. Richard Muller, "The Covenant of Works and the Stability of Divine Law in 17th C. Reformed Orthodoxy" in *After Calvin: Studies in the development of a theological tradition* (Oxford: Oxford University Press, 2003), 176; Lyle D. Bierma, "Federal Theology in the Sixteenth Century: Two Traditions?" *Westminster Theological Journal*, 45 (1983): 304-10; Cornelis P. Venema, *Heinrich Bullinger and the Doctrine of Predestination: Author of "the Other Reformed Tradition?"* (Grand Rapids: Baker, 2002). 118-20.

254 Baker, *Heinrich Bullinger and the Covenant*, 166.

정한 조건에 기초한다."라고 정의한다. 곧이어 퍼킨스는 언약이 두 부분, 곧 하나님의 약속과 (언약의 조건을 이행하는 것과 관련한) 인간의 의무 부분으로 구성되어 있다고 설명한다.

> ◆ 이러한 언약은 다음의 두 부분으로 구성되어 있다: 사람에 대한 하나님의 약속, 하나님께 대한 사람의 약속이 그것이다. 사람에 대해 만일 사람이 언약의 조건을 수행할 경우 하나님은 친히 그 사람의 하나님이 되시겠다고 약속하심으로써 자신을 스스로 묶으신다. 한편 사람 역시 주님에 대해 충성을 서약하며 또한 [언약의] 조건을 수행할 것을 약속한다.[255]

확실히 퍼킨스는 언약의 쌍방성을 강조하며 언약 개념을 규정하고 있다. "언약을 맺는 데 있어서 언약 당사자들의 상호 동의가 반드시 필요하다. 하나님의 편에선 약속이 주어지고 또한 사람 편에서의 동의가 요구된다. 그렇지 않다면 언약은 성사되지 않는다."[256] 이러한 언약은 두 종류, 곧 행위 언약과 은혜 언약으로 나뉜다. 퍼킨스는 행위 언약을 다음과 같이 정의한다. "하나님께서 온전한 순종을 조건으로 맺은 하나님의 언약으로서 도덕법 속에서 표현된다."[257] 은혜 언약의 정의는 다음과 같다. "[은혜 언약은] 하나님께서 거저 주시는 은혜로 그리스도와 그의 혜택을 사람에게 약속하신다. 하나님은 사람에게 믿음으로 그리스도를 받고 자신의 죄를 회개할 것을 요구하신다."[258] 요컨대 행위 언약과 은혜 언약에 대한 정의에 있어서도 퍼킨스는 언약의 일방성과 양방성 모두를 통합

---

255   Perkins, *Works* I.32
256   Perkins, *Works* I.165.
257   Perkins, *Works* I.32
258   Perkins, *Works* I.70.

시키려 노력한다. 이러한 사실을 고려할 때, A. A. 울지(Woolsey)가 잘 지적한 대로, 퍼킨스의 언약 개념을 일방적 언약이나 쌍방적 언약 가운데 어느 한 편으로만 정의하는 것은 옳지 못하다.[259]

한편 칼뱅의 작정 신학에 대한 "대안"으로서 청교도의 언약신학을 규정하는 시도 역시 퍼킨스의 경우에는 적용되지 않는다. 왜냐하면 예정과 언약은 퍼킨스의 신학 체계 안에서 거의 완벽한 조화를 이루고 있기 때문이다. R. A. 멀러(Muller)가 연구한 바에 따르면 퍼킨스의 저작인 『황금 사슬』(*A Golden Chaine*)의 핵심 주제가 바로 은혜 언약과 하나님의 선택교리 사이의 조화다.[260] 이 책에서 퍼킨스는 언약을 하나님의 "선택 작정"을 구속사 속에서 실행하기 위한 "외면적 수단"으로 규정한다.[261] 이처럼 예정과 언약은 서로 불가분리의 관계를 맺고 있는 것이다. 이것이 사실이라면 신자가 하나님과의 언약 관계 안으로 들어가는 것 자체가 하나님의 선택을 받는 것으로 간주될 수 있다. 이 때문에 퍼킨스는 하나님의 선택을 받지 못한 유기자(the reprobate)를 언약 밖에 있는 사람들로, 택자를 언약 안에 있는 자들로 이해한다. "하나님은 어떤 사람들을 구원하기로 작정하셨고 따라서 이들은 언약 안으로 들어오도록 허락되었다. 한편 하나님은 다른 사람들을 거절하기로 작정하셨다. 이들은 언약으로부터 단절되어 있으며 따라서 영생으로부터 단절되었다."[262]

하나님의 선택은 그리스도 안에서 이루어진 것이다. 마찬가지로 퍼킨스는 그

---

[259] Andrew Alexander Woolsey, "Unity and Continuity in Covenantal Thought: A Study in the Reformed Tradition to the Westminster Assembly" (Ph.D., University of Glasgow, 1988), 218.

[260] Muller, "Perkins' *A Golden Chaine*: Predestinarian System or Schematized Ordo Salutis?" *Sixteenth Century Journal* 9:1(1978): 78.

[261] Perkins, *Works* I.31.

[262] Perkins, *Works* I.165; III.118.

리스도가 은혜 언약의 본질(substance)에 해당한다고 주장한다.[263] 은혜 언약의 본질을 그리스도로 규정한 이상, 퍼킨스의 입장에서 볼 때, 사람의 구원에 있어 은혜 언약은 절대적 필요성을 가진다.

> ◆ 구원에 있어 은혜 언약은 절대적으로 필요하다. 곧 사람은 반드시 언약 안에 있어야만 구원받는다. 언약 안에서 언약의 본질에 해당하는 그리스도 예수를 받기 때문이다. 그렇지 않게 되면 영원히 멸망하게 되는 것이다.…이미 언약 관계에 있는 택자는 구원에 대한 기표[記票, sign, 성례]와 기의[記意, the signified, 그리스도] 모두를 함께 받는다.[264]

은혜 언약이 구원에 있어 절대적 필연성을 가진다는 선언은 사람들로 하여금 자연히 "과연 내가 이러한 언약 관계 안에 포함되어 있는가?"라고 스스로 묻도록 자극할 것이다. 이것을 잘 알고 있던 퍼킨스는 "사람이 언약 안에 있는지 여부를 과연 어떻게 보여줄 수 있는가?"라는 문제를 심도 있게 논의한다.[265] 특히 언약과 구원의 확신 문제를 퍼킨스가 어떻게 다루고 있는지 살펴보자.

2) 선택, 언약, 구원의 확신

구원의 확신 교리는 퍼킨스의 언약신학과 선택교리의 심장부를 차지하고 있다. 그의 『황금 사슬』(*A Golden Chaine*)에서 퍼킨스는―멀러가 옳게 관찰한

263　Perkins, *Works* I.72.
264　Perkins, *Works* I.72, 73.
265　Perkins, *Works* II.25.

대로—개혁파의 기본 교리들을 결국 구원의 확신 문제와 연관 짓는다.[266] 본장의 주제와 관련하여 우리는 다음의 두 가지 문제를 중심으로 퍼킨스의 논의를 검토할 것이다. 첫째, "퍼킨스는 구원의 확신이라는 주제 안에서 예정과 언약을 어떤 방식으로 사용하는가?" 둘째, "선택과 예정으로 인한 불안의 문제를 다루었던 그린햄의 목회 상담과 비교해 볼 때, 퍼킨스의 언약신학이 가지고 있는 특징은 무엇인가?"

(1) 예정과 확신

매키논의 테제가 주는 인상과는 사뭇 다르게, 예정 교리는 그린햄과 퍼킨스의 실천신학 안에서 구원의 확신을 [위협하기보다는] 오히려 강화하는 수단으로서 적극 활용된다. 물론 두 사람 모두 예정론이 교구민들의 마음속에 의심을 불러일으킬 수 있다는 사실 또한 간과하지 않았다.[267] 그래서 퍼킨스는 예정 교리의 바른 사용법을 다음과 같이 가르친다. 즉 그 누구라도 예정 교리를 이용하여 결국 자신이 유기되었다는 결론을 도출하는 것은 절대적으로 잘못된 것이라고 못 박는다. "그 어느 누구도 현재 자신은 유기된 자라고 결코 결론 내릴 수 없다. 또한 그 누구도 자기 자신 혹은 다른 사람이 유기된 자라고 함부로 규정해서는 안 된다."[268] 그렇다면 어떻게 예정 교리를 사용해야 하는가? 퍼킨스는 택자로 하여금 구원의 확신을 누릴 수 있도록 만드는 것이 예정론의 의도라고 확신했다. 예정 교리는 사람의 구원과 관련하여 선택과 구원의 영원한 기초가 하나

---

266 Muller, "Perkins' *A Golden Chaine*: Predestinarian System or Schematized Ordo Salutis?" *Sixteenth Century Journal* 9:1(1978): 80-81. 이러한 이유에서 하인리히 헤페(Heinrich Heppe)는 A Golden Chaine의 저자인 퍼킨스를 가리켜 [경직된 정통주의가 아닌] "경건주의의 아버지"라고 불렀다고 멀러는 말한다.

267 이 때문에 퍼킨스는 베자의 글—"예정 문제로 인해 고뇌하는 사람들을 위로하는 문제를 탁월하게 다룬 논문"—을 그의 *A Golden Chaine*(황금사슬) 뒷부분에서 소개한다. *Works* I.114-116.

268 Perkins, *Works* I.113.

님의 거저 베푸시는 은혜—사람의 공로가 아닌—임을 확실히 보여준다.

> ◆ 행위에 의한 칭의는 없다. 또한 우리 자신의 그 어떠한 공로적인 행위도 없다. 선택은 오로지 하나님께서 거저 베푸시는 은혜에 의한 것이다. 따라서 이러한 의미에서 선택은 [그 자체로] 일종의 칭의인 것이다. 이미 필자가 전에 이야기한 바대로 [구원을 초래하는] 원인은 그 자신의 근거를 가지고 있다. 바로 이러한 이유에서 구원 사역에 있어 은혜는 모든 것을 그 자신에게로 돌린다.[269]

같은 맥락에서 퍼킨스는 예정론이 "우리의 구원을 의심하고 확신하지 못하는 모든 것에 대항하여" 싸우는 일에 반드시 활용되어야 한다고 주장한다. "왜냐하면 그것[구원]은 우리의 행위나 믿음에 근거하지 않고 오히려 결단코 변하지 않는 하나님의 작정에 근거하기 때문이다."[270] 흥미로운 것은 믿음에 대한 퍼킨스의 설명이다. 그에 따르면 성도의 믿음은 어느 때고 약해지거나 흔들릴 수 있다. 따라서 소망의 닻을 내릴 만한 더욱 확실한 토대는 결코 흔들리지도 영원히 변하지도 않는 하나님의 선한 의지와 그의 진리 말씀이다.[271] 그렇다고 해서 퍼킨스가 믿음의 역할을 축소하는 것은 결코 아니다. "어떻게 우리가 선택을 받았는지의 여부를 알 수 있는가?" 무엇보다 "구원 얻는 믿음"을 통해 그 사실을 확인할 수 있다고 퍼킨스는 말한다. 한 걸음 더 나아가 구원 얻는 믿음이야

---

269 Perkins, *Works* I.113.
270 Perkins, *Works* I.114.
271 Perkins, *Works* I.114. 예정 교리의 또 다른 유용성에 대해 퍼킨스는 그것이 신자들로 하여금 "하나님의 능하신 손아래서 우리의 영혼을 겸손케 하는"(롬11:20) 유익을 지적한다. 또한 예정 교리는 "하나님께 모든 영광을 돌리며"(살후 2:13), "인내로 십자가를 지도록" 격려하며 (롬 8:29), "선한 일을 하도록"(엡 2:10) 만든다.

말로 "선택의 확실한 징표"라고 그는 선언한다.[272] 천주교회의 가르침과 달리 퍼킨스는 자신이 택자라는 사실에 대한 "확실한 지식"을 소유하는 것이 가능하다고 주장한다. 고린도후서 13:5을 근거 구절로 인용하며 그는 다음과 같이 말한다. "여기서 그[사도 바울]는 신자가 자신이 믿음을 소유한 여부를 알 수 있음을 당연한 것으로 전제한다. 따라서 신자는 자신의 선택에 대해서도 알 수 있는 것이다."[273] 물론 여기서 말하는 지식이 "선택의 제1원인"—"하나님의 의논"—에 해당하는 위로부터의 지식에 근거한 것이 아님을 그는 분명히 밝힌다. 선택의 여부를 확인할 수 있는 우리의 지식은 가장 낮은 단계에서 나타난 결과들("the last effects") 곧 아래로부터의 지식에 해당한다.[274] 퍼킨스는 후자를 두 가지로 세분한다. 첫째는 성령의 (내적) 증거이고 두 번째는 성화의 열매다.[275] 여기서 퍼킨스는 성화를 "믿음의 문서[증명서]"라고 부르며, 그것을 일종의 선택의 가시적인 지표로서 인정한다. 또한 모든 신자에게 요구되는 순종은 하나님께 대한 감사의 표시이며 이웃을 세우는 수단이다.[276] 요컨대 성화는—비록 구원을 위한 공로적 가치를 부여받은 것은 아니지만—선택과 구원에 대한 확신을 제공하는 부차적 증거가 될 수 있는 것이다.[277]

흥미로운 것은, (그린햄의 경우와 마찬가지로) 퍼킨스 역시 선택과 예정에 관한 문제를 두고 고뇌하는 행위와 상태—"통회하는 심령", "하나님께 대한 개별

---

272 Perkins, *Works* I. 284.

273 고린도후서 13:5: "너희는 믿음 안에 있는가 너희 자신을 시험하고 너희 자신을 확증하라." 또한 다른 곳에서 그는 베드로후서 1:10을 인용한다. "그러므로 형제들아 더욱 힘써 너희 부르심과 택하심을 굳게 하라 너희가 이것을 행한즉 언제든지 실족하지 아니하리라." Perkins, *Works* I.283-84.

274 비슷한 맥락에서 칼뱅과 베자는 예정론을 설명하는 두 가지 방식, 곧 "아래로부터의 예정론"과 "위로부터의 예정론"을 구분하여 설명한다. 혹자는 전자를 "후험적 방식" 후자를 "선험적 방식"으로 부른다. 이것을 쉽게 설명하는 저작으로 다음을 참고하라. 우병훈, 『예정과 언약으로 읽는 그리스도의 구원』(서울: SFC, 2013), 64-67, 117-18.

275 Perkins, *Works* I.113. 284.

276 Perkins, *Works* I.81. 113-14. 284.

277 혹은 "하나님 사랑에 대한 부차적 선언"으로 표현되기도 한다. Perkins, *Works* I.81.

적인 범죄로 인해 한탄함", "육과 더불어 투쟁하며 비통해함", 그리고 "하나님의 은혜와 그리스도의 공로를 진실하게 또한 간절하게 갈망함" 등—자체를 일종의 "성화의 효과들" 혹은 선택의 지표들 가운데 하나로 포함시킨다는 사실이다.[278] 더욱 중요한 공통점은 퍼킨스 역시 하나님의 말씀을 가장 확실한 위로와 확신의 근거로서 가르친다는 것이다.[279] 따라서 앞서 나열한 선택의 지표들을 가지지 못한 사람일지라도 결코 낙심해서는 안 된다고 퍼킨스는 가르친다. 이 경우, 이들은 무엇보다 하나님의 말씀과 성례의 도움을 구해야 한다. 이를 통해 그들은 "그리스도의 능력이 자신을 이끌어 그리스도의 수난과 죽음에 의한 구원을 확신토록 만든다는 사실을 내적으로 자각할 수 있기 때문"이다.[280] 한 걸음 더 나아가, 퍼킨스는 번민하는 교인들을 위해 목회자는 율법과 복음을 능숙하게 다루어 적용해야 한다는 그린햄의 주장에 동의한다. 여기서 율법은 죄에 대한 하나님의 심판을, 복음은 위로와 치료의 말씀으로서의 복음을 의미한다.[281] 결론적으로 하나님의 선택과 예정은 퍼킨스에게 있어서도 결코 두려워할 만한 교리가 아니었다. 오히려 예정론은 신자로 하여금 자신의 구원이 영원히 변치 않는 확실한 토대 위에 기초해 있음을 확인케 한다는 의미에서 구원의 확신을 위한 교리로서 기능했다.

---

278 Perkins, *Works* I.113

279 *An Excellent Treatise of Comforting such as are troubled about their Predestination*, Perkins, *Works* I.115-16. 비키는 퍼킨스가 소위 "실천적 삼단논법"을 활용했음을 지적한다. 이와 대조적으로 멀러는 퍼킨스가 결코 외면적 선행으로부터 구원의 확신을 논리적으로 도출하는 시도를 하지 않았다고 주장한다. 퍼킨스에 따르면 신자의 마음속에서 성령은 인간의 선행이나 사람의 가치로부터가 아니라 오직 하나님의 은혜와 사랑으로부터 구원의 확신을 도출하기 때문이다. Perkins, *Works* I. 113; Muller, "Perkins' *A Golden Chaine: Predestinarian System or Schematized Ordo Salutis?*" *Sixteenth Century Journal* 9:1(1978): 80; Beeke, "William Perkins and His Greatest Case of Conscience," 270.

280 Perkins, *Works* I.113

281 Perkins, *Works* II.25-26.

(2) 은혜 언약과 구원의 확신

퍼킨스는 예정 교리와 더불어 은혜 언약 또한 구원의 확신을 위한 교리로서 활용했다. "은혜 언약" 안에서 "하나님은 우리의 하나님이 되신다."라는 사실이 선포된다. 이후 "우리의 양심 속에서 하나님이 우리의 하나님이심을 스스로 확정하고 또한 확신하기 위해 노력을 기울이는 것은 우리의 의무"라고 퍼킨스는 가르친다. 하나님의 모든 약속은 여기[언약 안에서 하나님은 우리의 하나님이 되심]에 기초하고 있으며, 따라서 이것이야말로 진정한 위로를 생산하는 확신의 토대가 되기 때문이다.[282] 이처럼 퍼킨스는 하나님의 약속의 말씀 안에서 위로와 확신의 근거를 발견한다. 그렇다면 과연 무엇이 약속의 본질을 구성하는가? 그것은 바로 그리스도와 그의 공로가 가져오는 모든 유익—죄에 대한 온전한 용서, 구원, 영생 등—을 의미한다고 퍼킨스는 가르친다.[283]

이처럼 하나님의 일방적인 약속과 거저 베푸시는 그리스도의 구원을 소개한 후, 퍼킨스는 이와 더불어 언약의 조건적인 측면 역시 강조한다. 회개와 믿음은 가장 중요한 언약의 두 가지 조건이다. 성도는 "믿음과 회개를 통해 그리스도를 받는다."[284] 첫째, 하나님과의 언약 관계에 들어가기 위해 반드시 요구되는 조건이 있는데 이것이 바로 믿음이다. 언약의 조건으로서의 믿음을 말하면서 동시에 퍼킨스는 이 믿음이 "하나님의 선물"임을 강조한다. "믿음은 하나님의 선물이며 이것을 가지고 우리는 하나님의 말씀에 동의하고 신뢰한다."[285] 그에 따르면 택자로 하여금 그리스도에 대한 믿음을 소유하고 그의 의를 붙잡을 수 있도록 만드는 것이 바로 "성령의 사역"이다.

---

282 Perkins, *Works* III.520.
283 Perkins, *Works* I.70.
284 Perkins, *Works* I.70.
285 Perkins, *Works* I.123; II.291.

- ◆ 가장 온전하게 계시된 상태로서의 언약 혹은 유언을 가리켜 복음이라고 부른다. 또한 언약은 성령께서 사용하는 도구이자 일종의 파이프이다. 그것을 통해 성령은 영혼 안에 믿음을 형성하고 집어넣으신다. 이렇게 형성된 믿음에 의해, 혹은 믿음의 팔을 가지고, 신자는 그리스도의 의를 붙잡는 것이다.[286]

사람 편에서 보았을 때, 그리스도(복음)를 제시하고 수여 받는 신비로운 과정은 "말씀의 사역"이라는 "일상적인 수단"을 통해 구체화된다. 구체적인 목회 현장에서 목회자는 교구민 한 사람 한 사람의 이름을 불러 이들에게 말씀을 선포하고 믿음을 요구할 수 있다. 예를 들어, 목사는 "피터, 존, 코닐리어스여, 그리스도를 믿으시오. 그러면 구원을 얻게 될 것이요"라고 권면한다. 이것은 모든 성직자에게 요구되는 지극히 자연스럽고 또 마땅히 행해야 할 사명이다.[287] 만일 어떤 교구민이 찾아와 "내가 무엇을 행해야 하나님의 은혜를 얻고 구원을 받을 수 있습니까?"라고 질문한다고 가정해 보자. 퍼킨스에 따르면 이 질문에 대한 대답으로 목회자는 마땅히 다음과 같은 두 가지 "의무"를 말해야 한다. 첫 번째 의무는 우리가 신앙의 핵심 교리, 곧 복음의 내용을 알고 그리스도 안에서 하나님께서 약속하신 그리스도의 의와 영생을 분명히 숙지하는 것이다. 또한 두 번째 의무는 이러한 복음의 약속과 그 실체가 되시는 그리스도를 [믿음으로] 붙잡고 우리 자신에게 적용시키는 것이다.[288]

회개의 경우도 마찬가지다. 퍼킨스에 따르면 (믿음과 마찬가지로) 회개 역

286　Perkins, Works I.70.
287　Perkins, Works II.15.
288　Perkins, Works II.15. 이와 같은 맥락에서 하나님은 "각 개인이 그 약속을 각자에게 적용할 것을 명령하셨다."라고 주장한다. - 같은 책.

시 "하나님의 선물"이다. 그러나 동시에 그것은 우리의 구원을 위해 반드시 요구되는 우리의 "의무"이기도 하다.[289] 이러한 회개에 앞서 언제나 하나님의 은혜가 선행한다. "그 어느 누구도 [회개를] 스스로의 힘으로 의지하거나 행할 수 없다."[290] 하나님 편에서—곧 하나님의 영원하신 작정과 예정의 관점에서—보았을 때 하나님은 택자들, 곧 하나님의 시각에서 이미 중생하고 의롭다 함을 받았으며 진정한 믿음을 부여받은 자에게 회개의 은혜를 베푸신다.[291] 따라서 하나님 편에서의 "자연적 순서"는 칭의와 성화의 은혜가 언제나 회개에 선행한다고 말할 수 있다.

- ◆ 자연적 순서를 따지자면 회개에 선행하는 하나님의 다른 은혜들이 존재한다. 사람은 회개에 이르기 전에 이미 그리스도 안에서 하나님과 더불어 화해 관계 안에 있다고 말할 수 있다. [영원의 관점에서 보았을 때] 칭의와 성화가 회개에 앞서 존재하는 것이다. 그러나 시간 안에서 보았을 때, 은혜와 회개는 거의 동시적으로 발생한다. 마치 불이 있는 곳에서 열이 함께 발생하는 것과 유사하다. 이처럼 한 사람의 중생과 회개는 동시적으로 발생한다.[292]

그러나 겉으로 드러나는 현상만 가지고 따지자면, 언제나 회개가 다른 모든 은혜에 앞서 그 모습을 드러낸다.

---

289 Perkins, *Works* I.455; II.15.
290 Perkins, *Works* I.85.
291 Perkins, *Works* I.85.
292 Perkins, *Works* I.455. 여기서 퍼킨스는 성화 또한 성령의 사역임을 밝힌다. "성화와 선행 또한 은혜의 역사다.…마찬가지로 끝까지 인내하며 선행을 하는 것과 경건 역시 은혜의 작용이다." Perkins, *Works* I.291.

◆ 이 쌍둥이 [중생과 회개] 가운데 무엇이 먼저 외면적으로 드러나는지 여부를 논하자면, 언제나 회개가 다른 모든 은혜에 앞서 이루어진다. 외면적으로 가장 먼저 드러나는 것이 회개인 것이다.…진실로 구원에 필요한 다른 모든 마음에서 일어나는 은혜들은 회개를 통해 겉으로 표현되기 때문이다. 바로 이러한 이유에서 (내가 이해하기로) 회개가 가장 먼저 선포되는 것이다.[293]

같은 맥락에서 설교자는 "회개하라, 하나님께로 돌이키라, 그리고 네 삶을 옳은 길로 바꾸라"라고 설교하는 것이 가능할 뿐만 아니라 마땅히 그렇게 설교해야 한다고 퍼킨스는 주장한다. 회개는 "오로지 복음 설교를 통해 온전히 태어나는 것"이기 때문이다.[294] 이러한 퍼킨스의 입장을 고려할 때, 필자는 퍼킨스의 모호함 혹은 소위 "두 생각"을 지적한 마이클 맥기퍼트(Michael McGiffert)의 비판이 정당하지 못하다고 생각한다. 맥기퍼트에 따르면 퍼킨스는 그의 저서 『황금 사슬』(*A Golden Chaine*)에서는 일방적(unilateral) 은혜 언약의 수호자로서 등장하지만, 그의 갈라디아서 설교에서는 사람 편의 회개를 강조하면서 양자 사이에서 일종의 모호함을 드러냈다는 것이다.[295] 그러나 지금까지의 논의를 통해 밝힌 바와 같이, 퍼킨스의 언약신학은 애초부터 하나님의 절대적이며 일방적인 은혜는 물론 이와 더불어 회개를 통해 언약의 조건을 만족시킬 사람 편에서의 의무 또한 강조하였다. 결국 맥기퍼트가 지적한 "두 가지 생각"은 퍼킨스의 언약신학 안에서 처음부터 조화롭게 통합되어 있었다고 말하는 것이 좀 더 옳은 평가일 것이다.

293　Perkins, *Works* I.85, 455.
294　Perkins, *Works* I.85. 455.
295　Michael McGiffert, "From Moses to Adam: the Making of the Covenant of Works." *Sixteenth Century Journal* 19:2(1988):146.

요컨대 퍼킨스에게 있어 믿음과 회개의 두 요소는 모두 함께 우리의 언약적 의무를 구성한다. 과연 이것은 은혜 언약으로부터 구원의 확신을 이끌어내는 퍼킨스의 시도와 어떤 방식으로 조화를 이루는가? 한편으로 퍼킨스는 이 같은 언약의 조건을 성취하는 궁극적인 주체가 성령임을 지적한다. 신자로 하여금 회개와 믿음에 이르도록 하는 것을 성령의 사역으로 퍼킨스가 규정했다는 사실은 이미 앞서 논의한 바 있다. 또 다른 한편, 퍼킨스는 그리스도와 그의 공로만이 구원의 확신에 대해 유일하면서도 진정한 토대가 됨을 강조한다. 퍼킨스에 따르면 모든 신자는 "율법 언약"(행위 언약)이 아닌 "복음 언약"(은혜 언약) 안에 있다. 전자의 언약 아래에서는 영생이 언약 당사자인 사람의 행위 원리에 기초하지만, 후자의 언약에서는 그것이 철저하게 "그리스도의 공로"에 기초한다. 그리스도 안에서 "하나님의 모든 약속은 '예'가 되고 또한 '아멘'이 된다."[296] 이러한 진술은 (이미 앞서 논의한 대로) 그리스도만이 은혜 언약의 본질이며 그 언약의 모든 구성원에게 구원의 확신을 제공하는 궁극적인 토대가 된다.

필자의 생각에 아마도 퍼킨스는 청교도의 언약신학이 신자들에게 구원의 확신을 제공했다는 매키논의 테제에 기꺼이 동의할 것이다. 그러나 이러한 확신을 생산해 내는 궁극적 원인이 과연 무엇인지를 밝히는 것과 관련해서는 틀림없이 매키논의 주장을 정면으로 반박할 것이다. 매키논의 테제에 따르면 언약 당사자에 해당하는 신자들은 스스로의 힘으로 언약의 조건을 수행함을 통해 자신의 선택과 예정 여부를 스스로에게 확신시킬 수 있다. 그러나 주지하다시피 퍼킨스는 이러한 입장을 단호히 배격한다. 이 점에 있어서 퍼킨스는 그린햄의 주장에 확실히 동의한다. 결국 그린햄과 퍼킨스가 가르친 확신 교리에 있어 공통적으로 또한 반복적으로 강조되는 가장 확실하고 무오한 토대는 하나님의 말씀

---

296 Perkins, *Works* II.392-93. 성경 인용은 고린도후서 1:10이다.

과 그리스도, 그리고 오직 그리스도의 공로다.[297]

3) 그리스도와의 연합: 확신의 궁극적 토대

그리스도가 성도가 누리는 구원의 확신의 토대가 된다는 말은 무슨 의미일까? 퍼킨스는 그것을 "그리스도와의 연합"으로 설명한다. 그의 설명에 따르면 우리가 하나님과 더불어 맺는 은혜 언약으로 들어갈 때, 우리는 그리스도와 더불어 "독특한" 연합관계를 형성하게 된다. 마크 쇼(Mark Shaw)가 옳게 지적했듯이, 퍼킨스에게 있어 은혜 언약은 곧 신자와 그리스도 사이에 맺어진 "신비적 연합"을 의미한다.[298]

> ◆ 이와 유사한 것을 우리는 결혼 관계에서 발견한다.…참으로 경탄할 만한 일치이자 연합이다. 이를 통해 구원받기로 되어있는 자들은 그리스도 안으로 접붙임 되고 그와 더불어 함께 자라간다. 따라서 이 연합은 매우 독특한 방식으로 이루어진다. 곧 그리스도는 머리가 되고 모든 회개한 죄인들은 그의 신비로운 몸을 형성하는 지체가 된다.[299]

그리스도와의 신비로운 연합은 단순한 의견일치나 비건전한 신비주의로부터 구별되어야만 한다. 퍼킨스는 이것을 어떤 감각적인 "접촉", "한 영혼이 또 다른 영혼과 연결되는 것", 혹은 "단순한 동의" 등의 개념과 구별 짓는다. 이 연

297　Perkins, *Works* II.392-93. 따라서 퍼킨스가 확신의 근거를 성화(우리 안에서[intra nos])에 자리매김했다는 주장은 잘못된 것이다.

298　Mark R. Shaw, "Drama in the Meeting House: The Concept of Conversion in the Theology of William Perkins." *Westminster Theological Journal 45* (1983): 48

299　Perkins, *Works* I.77.

합은 오로지 성령님에 의해 이루어지는 신비한 연합이다. 성령님은 그의 무한한 능력을 통해 머리 되신 그리스도와 그의 몸을 이루는 지체들 사이에 형성되어 있는 물리적 간극을 뛰어넘어 둘이 하나의 신비로운 연합을 이루도록 하신다.[300] 이 때문에 퍼킨스는 이것을 "영적인 연합"이라고 불렀다. "성령 하나님은 그리스도를 우리에게 적용시키시고, 우리 편에서는 믿음을 통해 그리스도를 수용하도록 역사하심을 통해 연합을 이루어내신다. 바로 이러한 이유에서 이것은 영적인 연합이라고 불린다."[301] "영적인 연합"의 개념은 예정과 선택의 문제로 고민하는 신자들에게 적지 않은 위로를 제공한다고 퍼킨스는 확신했다. 언약의 당사자인 사람 편에서 보았을 때, 믿음을 통해 그리스도를 수용하고 그 자신에게로 적용하는 것은 분명 신자의 의무에 해당했다. 그런데 "영적 연합"의 개념에서 설명할 때, 퍼킨스는 연합을 이루어내는 사실상의 주인공이 성령이라고 가르친다. 그리스도를 신자에게 접붙이는 분은 바로 성령님이라는 것이다. 이것이 사실인 이상, 이제 신자는 그리스도와 그의 모든 유익이 자신에게로 전달되는 일체의 과정이 가장 확실하며 또한 무오하다는 것을 확신할 수 있게 된다. 왜냐하면 이 일을 이루시는 궁극적인 주체가 바로 하나님 자신이기 때문이다. 같은 맥락에서 퍼킨스는 이 연합의 성격을 "통전적" 연합이라고 규정한다.

- ◆ 모든 것이 연합된다. 이 연합에서 우리의 영혼만이 그리스도의 영혼과 더불어 연합하는 것이 아니다. 혹은 우리의 육만이 그리스도의 육과 더불어 연합하는 것이 아니다. 각 신자의 모든 인격체가 우리의 구주, 곧 참 하나님과 참 사람 되시는 그리스도의 전 인격과 더불어 진정한 연합을 이

---

300 Perkins, *Works* I.77.
301 Perkins, *Works* I.78.

루는 것이다.[302]

이러한 통전적, 혹은 전 인격적 연합은 구체적으로 다음과 같은 단계를 통해 진행된다.

◆ 연합의 방식은 다음과 같다. 우선적으로 또한 즉각적으로 신자는 그리스도의 인성에 연합한다. 곧이어 그의 인성에 힘입어 말씀(the Word) 자체 혹은 그의 신성에 연합된다. 구원과 생명은 그리스도 안에 있는 신성의 충만함에 의존한다. 이것은 그리스도의 육신 안에서 그리고 그의 육신에 의해 우리에게로 비로소 전달된다.[303]

주지하다시피 신자가 그리스도와 더불어 연합을 이룬다고 말할 때, 이것은 그리스도의 인성과 신성 모두와 더불어 연합을 이루는 것이라고 퍼킨스는 설명한다. 즉 연합의 주체는 십자가에 못 박히시고 부활하신 그리스도인 것이다. 따라서 이 연합을 통해 신자는 그리스도와 더불어 함께 십자가에 못 박히고, 함께 죽고, 함께 무덤에 장사되었다가, 그리스도와 함께 부활하여 그와 더불어 천국에 거하는 것이다(롬 6:4, 5, 6; 엡 2:5, 6; 골 3:1).[304] 퍼킨스는 다음과 같이 결론을 내린다. 이러한 그리스도와의 연합을 이룬 모든 신자에 대해 하나님은 이들이 앞서 언급한 모든 그리스도의 사역을 "그리스도 안에서 이미 다 완수한 것으로" 간주하신다. 결국 은혜 언약 안에서 하나님께서 택자들에게 약속하신 모든

---

302 Perkins, *Works* I.78.
303 Perkins, *Works* I.78.
304 Perkins, *Works* I.78.

것은 "그리스도와의 연합" 안에서 온전히 성취된 것이다. 바로 여기에서 모든 신자는 자기 자신의 선택과 구원에 대한 가장 완벽하고 영원히 변치 않는 든든한 토대를 발견하고 소유하는 것이다.

4. 맺는말

본장의 서두에서 필자는 매키논-제렛 논쟁이 청교도 언약신학을 주요 쟁점—특히 그것이 선택과 예정에 관한 불안의 문제와 맺는 관계성을 중심으로—으로 삼고 있음을 소개했다. 곧이어 본론의 서두에서 필자는 다음의 질문들을 제시했다. "과연 청교도 언약신학은 칼뱅의 예정론에 대한 대안인가?" "구원의 확신/불안 문제와 관련하여 청교도의 언약신학은 정말로 사람의 행위 혹은 선행을 해답으로 제시했는가?" "언약신학과 구원의 확신은 과연 어떤 관련성을 맺고 있는가?"

이에 대한 대답을 마련하는 과정에서 필자는 그린햄의 목회 상담 사역과 퍼킨스의 언약신학을 비교하였다. 관련 주제를 중심으로 그린햄과 퍼킨스의 역사적 사례를 면밀하게 검토한 결과 우리는 다음의 두 가지 사실을 확인할 수 있었다.

첫째, (선택 및 예정 교리와 관련된) 구원의 확신 및 불안 문제를 해결하기 위해 청교도 언약신학이 제시한 해법이 예정론에 대한 일종의 대안이라는 매키논의 테제는 퍼킨스의 경우에 적용되지 않는다. 둘째, 언약의 이분법 곧 일방적 언약과 쌍방적 언약으로 구분하는 테제에 기본적으로 동의하는 제렛의 시각 또한 퍼킨스의 언약신학에 적용되지 않는다. 결국 본장의 논의를 통해 밝혀진 바에 따르면 퍼킨스의 언약신학은 매키논의 "대안" 테제는 물론 "두 전통" 이론을 수용하는 제럿의 (초기) 입장과도 잘 들어맞지 않는다.

한편, 퍼킨스의 언약신학은 언약을 구성하는 다양한 요소들—하나님의 선택, 약속, 은혜, 믿음, 회개, 그리고 구원의 확신—사이에 형성된 복잡성과 역동적 연관관계를 잘 예시해 준다. 첫째, (특히 목회 현장에서) 예정 교리는 일부 교구민들의 마음속에서 선택에 대한 불안을 자극하는 요인이었다. 그린햄과 퍼킨스는 이 사실을 분명히 인지하고 있었다. 그러나 이들은 (역설적이게도) 오히려 이 문제를 해결하는 데 있어 선택과 예정에 관한 교리를 일종의 확신 교리로 삼아 적극 활용하였다.

둘째, 하나님의 작정을 실현하는 외면적 수단이 곧 은혜 언약이다. 또한 은혜 언약은 구원에 있어 절대적으로 필요하다고 퍼킨스는 가르쳤다. 따라서 언약 교리 또한 교구민들의 마음속에 불안과 확신 모두를 형성케 하는 요인으로 작용할 수 있었다. (예정과 선택의 경우와 마찬가지로) 교구민들은 "내가 과연 하나님의 은혜 언약 안에 포함되어 있는가?" 고민하였다. 흥미롭게도 이 문제에 대한 해답 역시 은혜 언약 안에 애초부터 포함되어 있었다. 은혜 언약 안에서 하나님은 그리스도와 그의 모든 유익을 언약의 모든 구성원에게 값없이 베푸시기로 약속하셨기 때문이다. 바로 이러한 이유에서 은혜 언약은 이미 그 자체로 확신을 위한 토대가 될 수 있었다.[305] 이것은 사람의 행위에 공로적 가치를 부여하고 그것을 언약신학이 가져온 확신의 가시적 기초라고 규정한 매키논의 생각과는 본질적으로 다른 것이다.

셋째, 두 전통 이론이 가정한 사실과는 대조적으로 (소위 칼뱅의 일방적 언약 전통을 계승한 것으로 간주되는) 퍼킨스는 언약의 일방성과 더불어 조건성 또한 크게 강조하였다. 특히 회개와 믿음은 언약 당사자들에게 엄중하게 요구되

---

[305] *Works*, I:71

는 조건이었다. 한편 이와 동시에 퍼킨스는 성령의 사역을 부각했다. 택자로 하여금 회개에 이르도록 하고 구원 얻는 믿음을 통해 그리스도와 그의 모든 혜택을 수용하도록 일하시는 주체가 바로 성령님이다. 이러한 측면에서 회개와 믿음은 사람의 "의무"인 동시에 "은혜"의 열매라는 것이다. 이처럼 퍼킨스는 처음부터 은혜 언약의 두 가지 측면을 잘 인식하고 있었다. 그리고 하나님의 주권적 은혜와 인간의 의무를 그의 언약신학 체계 안에서 조화롭게 통합시키는 노력을 기울였다. 따라서 그의 언약신학을 가리켜 일방적 언약 혹은 쌍방적 언약 가운데 어느 하나의 입장을 배타적으로 취하는 것으로 설명하는 것은 사실상 불가능하다.

넷째, 퍼킨스는 성화의 열매(사람의 행위)를 "믿음의 문서"요 선택의 지표로서 인정하였다. 이런 측면에서 퍼킨스는 성화를 확신의 부차적인 근거로 삼았다고 말하는 것이 가능하다.[306] 그러나 퍼킨스는 성화가 확신의 일차적이며 궁극적인 토대라고 결코 주장하지 않았다. 그 대신 은혜 언약의 본질을 구성하는 하나님의 약속과 그리스도, 그리고 그의 공로가 성도의 마음에 확신을 가져다주는 가장 궁극적인 토대라고 거듭하여 강조했다.[307]

결론적으로 필자는 본 장의 논의를 통해 그린햄의 목회 상담과 퍼킨스의 언약신학 사이에 본질적인 "연속성"이 있음을 확인했다. 아울러 퍼킨스의 언약신학 안에서는 언약의 일방적 성격과 쌍방적 성격이 조화롭게 통합되었음을 확인하였다. 퍼킨스에게 있어 언약신학은 분명 구원의 확신을 위한 교리로서 활용되었다. 그러나 그는 인간의 행위에 그 어떠한 공로적 가치를 부여하지도 않았으며, 더구나 그것을 확신의 근거로서 활용하려는 생각은 아예 시도조차 하지 않

---

[306] 과연 믿음은 "선택에 대한 확실한 지표"였다. 이와 아울러 퍼킨스는 양자 됨을 증거하는 성령의 내적 증거와 성화를 확신을 위한 지표들로서 설명한다. *Works*, I:81, 113-14, 284.

[307] *Works*, I:73, 126, 168-70, 177, 315; III:27.

았다. 신자들로 하여금 자신의 선택을 확인할 수 있게 해주는 가장 중요한 근거로서 그리스도와 그의 구속 사역을 바라보도록 독려하는 데 있어 퍼킨스는 그린햄과 더불어 동일한 입장을 취하였다. 이러한 사실은 개혁주의 전통 안에 공존하는 작정 신학과 언약신학을 서로 대척점에 두고 후자를 전자의 대안으로 자리매김하는 일체의 시도가 역사적 사실과는 무관하다는 사실을 시사해 준다.

윌리엄 퍼킨스(William Perkins, 1558-1602)

"청교도의 아버지"로 불리는 퍼킨스는 영국 케임브리지 대학교 크라이스트 칼리지의 연구원과 학장을 역임했다. 1585년 이래 세인트앤드루스 교회에서 강사로 사역하며 사망할 때까지 한 교회를 섬겼다. 50여 권의 저술을 통해 청교도 신학의 토대를 놓았으며 청교도 설교 운동과 경건 신학에 지대한 영향을 미쳤다. 특히 하나님의 작정 (예정), 언약신학, 회심론, 양심론, 성경 주해 등의 분야에서 그의 글과 신학적 견해는 후대에 많은 영향을 미쳤다. 제4장에서 다루는 퍼킨스의 언약신학과 관련하여 볼 때, 그의 신학 체계 안에서 하나님의 예정과 언약, 그리고 언약의 일방성과 쌍방성이 모두 조화를 이룬다는 사실에 주목할 필요가 있다.

[그림 출처] https://commons.wikimedia.org/w/index.php?curid=6332660

제 5 장

윌리엄 에임스(William Ames, 1576-1633)의 언약신학: 『신학의 정수』를 중심으로[308]

1. 들어가며

본장은 16-17세기 영국과 네덜란드에서 개혁파 신학과 청교도 운동을 대표했던 "박식한 박사" 윌리엄 에임스(William Ames, 1576-1633)의 언약신학을 고찰한다. 에임스의 주저인 『신학의 정수』(The Marrow of Theology, *Medulla theologiae*, 1623)에 반영된 언약신학을 분석하고,[309] 특히 에임스의 언약신학이

---

[308] 본 장은 「신학정론」 37/1(2019): 9-63에 게재된 논문을 편집했음을 밝힌다.

[309] 윌리엄 에임스의 생애를 소개한 대표적인 저작들은 다음과 같다. Matthew Nethenus, Hugo Visscher and Karl Reuter, *William Ames*, translated by Douglas Horton (Cambridge: Harvard Divinity School Library, 1965); Keith L. Sprunger, *The Learned Doctor William Ames: Dutch Backgrounds of English and American Puritanism* (Urbana: University of Illinois Press, 1972); Karl Reuter, *Wilhelm Amesius: der führende Theologe des erwachenden reformierten Pietismus* (Neukirchen, Buchhandlung des Erziehungsvereins, 1940).. 한글로 번역된 저작들은 다음을 참고하라. 윌리엄 에임스, 『신학의 정수』 서원모 역 (서울: 크리스챤다이제스트, 2007)에서 유스든이 작성한 서문 17-35쪽을 보라; 조엘 비키 & 랜들 패더슨, 『청교도를 만나다』 이상웅, 이한상 역 (서울: 부흥과개혁사, 2010), 281-90. 서원모의 역본은 존 유스든이 1983년에 영어로 번역한 책—William Ames, *The Marrow of Theology*, trans. by John Eusden (Durham: Labyrinth Press, 1983)—을 한글로 옮긴 것이다. 2018년 임원주는 1639년에 출판된 『신학의 정수』 영역본을 토대로 "영한대조" 역본을 출간하였다. 윌리엄 에임스, 『신학의 정수: Marrow of Theology』 영한대조 완역본 (서울: 가나다, 2018). 본 장은 1629년 라틴어본과 1639년 영문본을 사용한다. Guilielmus Amesius, *Medulla S.S. Theologiae* (London: Apud Robertum Allottum, 1629); William Ames, *The Marrow of Sacred Divinity: Drawne Out Of The Holy Scriptures and the Interpreters Thereof, and Brought into Method* (London, 1639). 이하 라틴어본은 Medulla, 1.1.1 [제1권 1장 1절],

갖는 특징을 이전 세대—주로 칼뱅과 퍼킨스의 견해—와 비교하면서 얀 판 플리트의 선행 연구를 평가한다.[310]

일찍이 페리 밀러는 에임스의 언약신학이 그의 선생이었던 윌리엄 퍼킨스를 포함한 당대의 청교도 신학자들보다 더욱 발전된 형태였다고 언급하였다.[311] 존 유스든은 『신학의 정수』의 서문을 작성하면서 "언약 개념은 에임스의 신학에서의 중심적인 개념 가운데 하나"라고 규정한다.[312] 조엘 비키 역시 에임스의 언약신학이 칼뱅과 다른 종교개혁자들에 비해 더욱 발달된 형태라고 주장했다. 곧 기존의 "언약적 신학"을 소위 "언약신학"으로 발전시켰다는 것이다. 이런 맥락에서 『신학의 정수』 제1부는 "언약적 구조"를 따라 해설되었다고 주장한다.[313]

이처럼 에임스에게 있어 언약신학이 중심적인 위치를 차지한다는 주장은 종종 제기되어왔다. 그런데도 그의 신학을 언약신학의 입장에서 본격적으로 탐구한 선행 연구는 의외로 많지 않다.[314] 얀 판 플리트(Jan van Vliet)는 2002년 미국 웨스트민스터 신학교에서 작성한 그의 박사학위 논문—"윌리엄 에임스: 신학의 정수와 개혁주의 전통의 경건"(William Ames: Marrow of the Theology and Piety of the Reformed Tradition, 2002)—과 2013년에 출간된 그의 저서 『개혁파 조직신학의 발흥: 윌리엄 에임스의 지적 유산』(*The Rise of Reformed*

영문본은 The Marrow, 1.1.1의 형식으로 표시한다.

310　Jan van Vliet, "William Ames: Marrow of the Theology and Piety of the Reformed Tradition" (Ph.D. diss., Westminster Theological Seminary, 2002); Jan van Vliet, *The Rise of Reformed System: The Intellectual Heritage* (UK, Milton Keynes: Paternoster, 2013).

311　Perry Miller, *Errand into the Wilderness* (Cambridge: Harvard University Press, 1956), 58.

312　윌리엄 에임스, 『신학의 정수』 서원모 역 (서울: 크리스챤다이제스트, 2007), 79.

313　조엘 비키, 『개혁주의 청교도 영성』 김귀탁 역 (서울: 부흥과개혁사, 2006), 222, 236.

314　국내의 연구물로는 문정식의 박사학위 논문 "존 칼빈과 윌리암 퍼킨스의 언약사상: 그 연속과 발전"(2014)과 2015년에 출판된 『개혁주의 언약 사상』이 있다. 문정식은 칼뱅의 언약신학과 퍼킨스의 언약신학 사이의 연속성을 탐구하면서 칼뱅-퍼킨스의 언약 사상이 윌리엄 에임스로 이어졌고, 에임스의 언약신학은 다시 네덜란드의 도르트 회의와 뉴잉글랜드의 조나단 에드워즈에게까지 계승되었다는 사실을 잘 드러내었다. 문정식, "존 칼빈과 윌리암 퍼킨스의 언약사상: 그 연속과 발전" (박사학위 논문, 아세아연합신학대학교 대학원, 2014); 문정식, 『개혁주의 언약사상: 칼빈과 퍼킨스 언약사상 연속성 연구』(서울: 교회와성경, 2015).

System: The Intellectual Heritage)에서 에임스의 언약신학을 분석하였다. 플리트는 행위 언약, 은혜 언약, 구속 언약, 언약의 조건, 구원의 확신 등의 주제들과 관련하여 에임스의 언약신학을 칼뱅 및 퍼킨스의 언약신학과 흥미롭게 비교하며 다음과 같이 주장한다.

> ◆ 그러나 체계화하는 개념적 틀로서 언약신학을 사용하는 것은 윌리엄 에임스의 저작 이전까지는 실제로 분명하지 않았다. 여기서 [페리] 밀러가 에임스를 언약 설계자라고 주장한 것은 (크게 지지받지 못하는 주장임에도) 정확했다. 구속 언약, 행위 언약, 은혜의 언약에 대한 후자[에임스]의 세심한 서술과 그 자신의 신학적 술어로 "구원의 서정"이라는 축을 중심으로 언약의 원리들을 구성한 것은 그의 독특한 체계화였다.[315]

플리트가 시도한 것은, 에임스의 언약신학이 칼뱅이나 퍼킨스의 언약신학보다 더욱 발전된 형태라는 기존의 주장들을 『신학의 정수』를 분석함으로써 입증하는 것이었다. 필자는 본 장에서 에임스의 언약신학에 대한 플리트의 연구 성과를 평가하고 장점을 부각하는 동시에 약점을 보완하고자 한다. 특히 에임스의 언약신학이 이전 시대의 신학자 칼뱅과 퍼킨스의 견해와 어떤 면에서 연속성과 차별성을 갖는지를 세밀하게 살펴보고, 이에 대한 플리트의 견해를 비판적으로 보완할 것이다. 또한 그동안 상대적으로 간과되어왔던 구속 언약과 교회 언약에 대해서도 논의하고자 한다. 주지하다시피 에임스의 언약신학은 이후 뉴잉글랜드 비분리파 회중교회에 지대한 영향을 끼쳤다. 이는 리처드 매더와 토머스 후커와 같은 뉴잉글랜드의 초기 지도자들이 에임스의 『신학의 정수』를 통해

315　Vliet, *The Rise of Reformed System*, 57.

교회론을 배운 사실과 밀접한 관련이 있다.³¹⁶ 이와 관련하여 필자는 『신학의 정수』에 나타난 그의 언약신학이 가지고 있는 교회론적 함의, 특히 뉴잉글랜드의 교회 언약 사상과 어떤 유사성이 있는지를 간략하게나마 제시할 것이다. 이러한 과정에서 언약신학의 전통에서 에임스의 언약신학이 가지고 있는 위치를 자리매김하고 그의 언약신학에 대한 보다 정당하고 균형 잡힌 접근을 시도할 것이다.

2. 에임스의 『신학의 정수』와 언약신학

1576년 영국 입스위치에서 출생한 에임스는 어려서 부모님을 여의고 독실한 청교도 신자였던 외삼촌 로버트 스넬링의 집에서 자랐다. 케임브리지 대학교 임마누엘 칼리지에 입학한 에임스는 윌리엄 퍼킨스의 영향 아래 공부하여 학사(1598)와 석사 학위(1601)를 취득하고 크라이스트 칼리지의 선임 연구원이 되었다. 에임스는 청교도 신앙을 고수하고 국교회에 저항했다는 이유로 박해받다가, 결국 1610년에 영국을 떠나 네덜란드로 피신하였다.³¹⁷ 이후 23년간 에임스는 네덜란드의 로테르담, 헤이그(1611-1619, 영국 주둔군 군목 사역), 도르트(1618-1619, 의장 요한네스 보허만의 자문관), 레이든(1619-1622, 가정교사), 프라네커(1622-33, 프라네커 대학교 신학 교수 및 학장)에서 주로 목회와 교수 사역을 하

---

316 코튼 매더에 따르면, 토머스 후커는 에임스의 『신학의 정수』를 추천하면서 다른 책들이 없어도 이 책을 소장하고 읽기만 하면 『신학의 정수』는 그를 훌륭한 목사로 만들 것이라고 후커가 말했다고 전한다. Cotton Mather, *Magnalia Christi Americana* (Hartford: Silas Andrus, 1853), I: 339-40.
317 에임스는 인위적인 국교회의 예배를 반대하고 사도적이고 단순한 예배를 옹호했다. 국교회의 중백의(surplice) 착용에 반대했고, 대학 내 만연한 비도덕적 행위, 특히 카드와 주사위로 도박하는 행위를 규탄하여 벨런타인 케리(1570-1626) 학장의 미움을 샀다. Nethenus, "Introductory Preface," 3; Sprunger, *The Learned Doctor William Ames*, 22-24.

며 개혁신학을 전파하던 중 1633년 로테르담에서 57세의 나이로 사망하였다. 에임스의 영향력은 『신학의 정수』와 함께 영국과 대륙 그리고 뉴잉글랜드까지 널리 확산되었다. 1623년 프라네커에서 처음 출간된 『신학의 정수』는 1627년과 1629년에 각각 암스테르담과 런던에서도 출판되었고, 1639년에는 영어로 번역되어 런던에서 출간되었다.

1) 『신학의 정수』의 언약적 구조

유스든에 따르면 에임스의 『신학의 정수』에서 언약은 주로 제1권의 10장, 24장, 32장, 38장, 39장에서 중점적으로 다루어진다. 주제별로 살펴보자면 다음 세 가지, 곧 "인간과 천사들의 통치", "그리스도의 적용", 그리고 "조직체로서의 교회" 등과 관련하여 논의된다.[318] 제1권 10장 "지성적 피조물들에 대한 [하나님의] 특별한 통치"에서 에임스는 행위 언약을 소개한다. 언약은 하나님께서 지성적 피조물인 인간을 통치하는 특별한 방식이다. 제1권 24장 "그리스도의 적용"에서 에임스는 그리스도의 구속을 적용하는 방법을 "언약"이라고 규정한다. 제1권의 32장 "제도로서의 교회"에서 에임스는 가견 교회는 [교회] 언약을 맺은 구성원들로 구성된다고 말한다. 38장과 39장은 각각 그리스도의 강림 이전과 이후 시기에서 시행된 은혜 언약의 경륜을 다룬다.

유스든이 『신학의 정수』 안에서 "언약"이 구체적으로 언급된 부분을 중심으로 언약의 중요성을 지적했다면, 비키는 좀 더 거시적인 관점에서 "언약의 노선"을 추적한다. 비키에 따르면 『신학의 정수』는 비록 "언약"이라는 단어가 등장하지 않는 부분까지도 "암묵적"으로는 "언약의 노선" 위에 구축되어 있다.

---

318 에임스, 『신학의 정수』, 서원모 역, 79.

◆ 처음부터 에임스의 신학은 암묵적으로 언약 노선에 따라 세워진다. "그리스도의 적용"이라는 제목이 붙은 24장에서, 에임스의 언약신학은 더욱 분명해진다. 하나님과 그리스도 간의 구속 언약을 실현시키는 수단이 은혜 언약인데, 성경은 이것을 "새 언약"이라고 부른다. 다르게 말하면, "그리스도의 적용"은 언약에 따라 이루어진다. 새 언약이 옛 언약과 어떻게 다른지 설명한 다음, 에임스는 은혜 언약의 본질은, 결국 마지막 날에 신자들이 영광 가운데로 들어가고, 타락 당시 시작된 은혜 언약은 최종적으로 완성될 때까지, 다양한 역사적 시대를 거치며 계속된다고 주장했다.[319]

요컨대 은혜 언약은 구속 언약을 실현하는 수단이다.[320] 곧 인류의 타락 이후에 전개된 구속 역사는 은혜 언약의 경륜이고, 하나님의 은혜 언약이 시행되는 일은 하나님과 그리스도 사이에 맺어진 구속 언약을 기초로 삼는다. 이러한 비키의 시각에 동의하면서 필자는 『신학의 정수』에서 에임스가 이러한 관점을 어떤 방식으로 구체화하였고, 이것이 어떤 측면에서 중요한 의미를 갖는지 논의하도록 하겠다.

---

319 비키, 『개혁주의 청교도 영성』, 234. 강조는 필자의 것이다.
320 구속 언약은 다음과 같이 정의될 수 있다.

    구속 언약이란 초시간적인 의미에서 창조 이전에 혹은 영원에서부터 사람의 구원과 특히 그리스도의 구속 사역에 관하여 삼위 사이에 맺은 영원한 언약으로 정의될 수 있습니다.…특히 성부 하나님과 성자 하나님께서 언약의 당사자로 참여합니다. 여기서 성부는 영원한 작정 가운데 성자를 선택하시고 성자의 구원 사역에 대한 보상으로 성자께 택자들을 약속하십니다. 성자는 택자의 구원을 위해 성육신과 십자가와 같은 특별한 사역을 수행하기로 자발적으로 동의합니다. 이러한 구속 언약은 영원부터 이미 확정되고 결론지어진 언약입니다. 무엇보다 언약의 당사자가 영원한 하나님이시기 때문입니다.
    사무엘 루더포드 『생명 언약 제2부: 구속 언약』 안상혁 역 (수원: 합신출판부, 2020), 역자 서문.

2) 구속 언약

에임스의 『신학의 정수』는 개혁주의 언약신학 전통에 있어 큰 의미가 있다. 그 이유 가운데 하나는 본서가 "구속 언약"(covenant of redemption)의 존재를 밝히고 그 핵심적인 내용을 명시적으로 진술한 이른 시기의 저작이라는 데 있다. 칼 트루먼은 구속 언약에 관한 가장 이른 언급이 1638년 스코틀랜드 국교회 총회 때 이루어진 데이비드 딕슨의 연설 안에서 등장한다고 주장했다. 그런데 에임스의 『신학의 정수』는 이보다 15년이나 앞서 출판되었다.[321] 에임스가 "구속 언약"을 명시적으로 진술한 곳은 제1부의 19장 "그리스도의 직분"과 24장 "그리스도의 적용"이다.[322] 각 장의 해당 항목을 진술하면 다음과 같다.

- 제19장 "그리스도의 직분"[323]
- 4. 부르심은 하나님, 특별히(καθ' ἐξοχήν) 성부의 행위로 특별한 언약(pacto)이 체결되었고 여기서 성부는 그의 아들을 이 직분에 임명하였다.[324]
- 5. 이 언약은 이사야 53:10에 표현되어 있다. "그 영혼을 속건제물로 드리기에 이르면 그가 그 씨를 보게 되며 그 날은 길 것이요 또 그의 손으

---

[321] Carl R. Trueman, "From Calvin to Gillespie on Covenant: Mythological Excess or an Exercise in Doctrinal Development?" *International Journal of Systematic Theology* 11:4 (2009): 384; The Kirk of Scotland, *D. Dickson's Address in Records of the Kirk of Scotland* (Edinburgh: Peter Brown, 1843), 159.

[322] Amesius, *Medulla*, 1.19.4-9; 1.24.2-3.

[323] Amesius, *Medulla*, 1.19.4-10; Ames, *The Marrow*, 1.19.4-10. 강조는 필자의 것이다.

[324] 앞서 제3항에서 에임스는 히브리서 5:4-6을 근거 구절로 제시한다(히 5:4-6, "이 존귀는 아무도 스스로 취하지 못하고 오직 아론과 같이 하나님의 부르심을 받은 자라야 할 것이니라. 또한 이와 같이 그리스도께서 대제사장 되심도 스스로 영광을 취하심이 아니요 오직 말씀하신 이가 그에게 이르시되 너는 내 아들이니 내가 오늘 너를 낳았다 하셨고, 또한 이와 같이 다른 데서 말씀하시되 네가 영원히 멜기세덱의 반차를 따르는 제사장이라 하셨으니."). 이는 구속 언약의 핵심 구절들 가운데 하나다.

로 여호와의 뜻을 성취할 것이라."³²⁵

- 6. 그러므로 이 소명은 그 자체에 선택하심, 미리 정하심, 보내심을 담고 있다. 이사야 42:1 "내가 택한 사람", 베드로전서 1:20 "그는 창세 전부터 미리 알린 바 되신 이나", 요한복음 3:17 "하나님이 그 아들을 세상에 보내신 것은." 이것을 성경에서는 인치심(요 6:27), 거룩하게 하심(요 10:36), 기름 부으심(사 61:1; 시 45:7; 히 1:9), [보내]주심(요 3:16)이라고 부른다.

- 8. 그리스도께서 행하시고 고난받으신 모든 일, 심지어 모든 상황까지도 미리 결정되었다. 누가복음 22:22 "인자는 이미 작정된 대로 가거니와", 사도행전 4:28 "하나님의 손과 뜻대로 이루려고 예정하신 그것을 행하려고."

- 9. 이 소명은 일상적 방식으로 제정되지 않았다. 엄숙한 맹세로 확증되었는데, 이는 이 소명의 탁월함과 영원성을 확실히 보여준다. 시편 110:4, 히브리서 5:6; 7:24

- 10. 그리스도께서 부르심을 받은 직분 자체는 삼중적이다. 즉 선지자직, 제사장직, 왕직이다.

- 제24장 "그리스도를 적용함"³²⁶

- 2. 이 [그리스도를] 적용하는 것은 특별히 성령님께 고유하게 귀

---

325 루더포드는 『생명 언약 제2부: 구속 언약』의 제6장에서 "과연 여호와 하나님과 정자 사이에 맺은 보증인 언약 혹은 구속 언약이 존재하는가?"라고 질문하고 열세 가지 논증—제6장에서 11가지와 제7장과 제9장에서 한 가지씩 추가한다—으로 이를 증명한다. 열 번째 논증에서 에임스와 마찬가지로 이사야 53장 10절을 근거 구절로 제시한다. 그 제목은 다음과 같다. "논증 10. 그리스도께서 보상을 얻기 위해 수행하신 사역과 하나님께서 그에게 지불하신 보상 사이의 관계가 이 [구속] 언약을 입증한다"(루더포드 『생명 언약 제2부: 구속 언약』, 194, 216-17).

326 Amesius, *Medulla*, 1.24.2-3; Ames, *The Marrow*. 1.24.2-3. 강조는 필자의 것이다.

속된다.…이는 다음에 의존한다. 1) 아버지의 작정과 내어주심에 [의존한다]. 이로써 성부 하나님은 어떤 사람들을 그리스도에게 주어 구속받고 구원받도록 하셨다. 요한복음 6:39 "나를 보내신 이의 뜻은 내게 주신 자 중에 내가 하나도 잃어버리지 아니하고 마지막 날에 다시 살리는 이것이니라."[327]…2) 그리스도의 의도에 [의존한다]. 이에 따라 그리스도는 자신의 만족(satisfactionem)이 아버지께서 자신에게 정해주신 자들에게 효과 있도록 결정하셨다. 요한복음 17:9, 11-12, 19 "내가 아버지께서 내게 주신 자들을 위해 비옵나니, 이는 그들이 아버지의 것이기 때문입니다." 3) 성부 하나님의 수납에 [의존한다]. 이로써 성부 하나님은 [자신이 그리스도께 주신] 바로 그 동일한 사람들의 화해와 구원을 위한 그리스도의 만족을 참으로 수용하고 비준하신다. 고린도후서 5:19 "곧 하나님께서 그리스도 안에 계시사 세상을 자기와 화목하게 하시며 그들의 죄를 그들에게 돌리지 아니하시고."

◆ 3. 하나님과 그리스도 사이의 맺은 이 거래(*transactio*)는 우리의 구속과 해방이 [먼저는] 우리의 보증인(*sponsorem nostrum*)에게, [다음으로] 그분 안에 있는 우리에게 선행적으로 적용된 것이다. 우리 안에서 이뤄지는 이 두 번째 적용을 완료하는 것과 관련하여 [우리의 보증인에게 먼저 적용되는 것은] 후자[구속과 해방이 보증인 안에 있는 우리에게 적용되는 것]의 유효적 모범이 된다. 즉 전자는 후자를 대표하며, 후자는 전자로 말미암아 발생한다.[328]

---

327 1639년 영문본에는 요한복음 6:36로 잘못 표기되어 있다.
328 이 의미는 다음 항목에서 재확인된다. "4. 죄와 사망으로부터 우리의 해방은 하나님의 작정 안에서만 결정된 것이 아니라 그리스도께도 수여되고 전달된 것이다. 또한 그분 안에 있는 우리에게 수여되고 전달되었다(롬 5:10-11).

위의 조항들이 보여주는 대로, 에임스는 삼위 하나님 안에서 맺어진 (특히 성부와 성자 사이에) 매우 특별한 거래 혹은 언약의 존재를 명시적으로 주장한다. 이 언약은 그리스도의 부르심, 곧 그리스도가 우리의 구원을 위해 담당하신 중보자 직분의 영원한 기초를 제공한다. 에임스는 그리스도의 중보자 직분을 삼중직, 곧 왕직, 제사장직, 그리고 선지자직으로 규정했다. 또한 삼위 사이에 이루어진 협약의 구체적인 내용에 대해 에임스는 성부의 작정과 성자의 의도, 그리고 성령의 적용을 구분하여 설명했다. 이는 17세기 중엽에 이르러 완숙한 형태의 구속 언약 교리가 가르치는 전형적인 내용과 일맥상통하는 것이다.[329] 한 걸음 더 나아가 에임스는 "성부 하나님의 수납"을 구속 언약의 중요한 구성요소로 규정한다. 구속 언약 안에서 성부께서 그리스도의 만족(satisfaction)을 택자들을 위해 수용하기로 미리 협약하셨다는 의미이다. 이에 근거하여 하나님은 자기 백성과 더불어 화해하며 이들을 구원하신다. 흥미롭게도 이것은 후일 사무엘 루더포드가 중요하게 강조한 구속 언약 교리와 일맥상통한다. 그리스도의 만족을 수용하기로 하는 삼위 하나님 사이의 결정이 선행되지 않았다면 그리스도의 속죄 행위는 거절될 수도 있지 않았겠냐고 반문하며 루더포드는 구속 언약의 필요성을 말한다.

- 그리스도의 죽으심 이외의 그 어떠한 만족(satisfaction)도 존재할 수 없다. 왜냐하면 하나님은 율법 안에서 보증인(surety)의 [다른] 모든 만족의 행위를 얼마든지 거절하시고 아담과 그의 후손들을 율법적인 방식으

---

329 구속 언약의 전형적인 요소는 다음과 같다. 구속 언약 안에서 성부 하나님은 그리스도 안에서 자기 백성을 선택하시고 그리스도를 이들의 구원자와 머리로 정하신 후 세상에 보내신다. 성자 하나님은 자발적으로 낮아지사 택자들을 위한 구속 사역을 완수함을 통해 자기 백성을 위한 구원의 보증(surety)이 되신다. 성령 하나님은 복음을 택자들에게 적용하시고 택자들을 인치는 역할을 하심으로 이 언약에 참여하신다").

로 영원토록 처벌하실 수도 있었기 때문이다. 이로 보건대 우리는 형벌에 대해서도 하나님과 중보자 사이에 특별한 언약에 기초한 모종의 협약이 맺어졌을 필요성이 존재함을 알 수 있다. 또한 이 형벌은 반드시 율법의 요구, 곧 죽음(창 2:17)을 만족시키는 것이어야만 했음도 알 수 있다. 요컨대 신-인(God-man)이신 그리스도는 반드시 죽으셔야만 했다.[330]

구속 언약이 없었다면 "보증인"(surety)으로서의 그리스도는 중보자의 사역을 유효적으로 수행하실 수 없었을 것이다. 이는 에임스와 루더포드의 공통적인 생각이다. 루더포드가 완숙한 구속 언약 교리 안에서 중요하게 논의한 바를 에임스가 이른 시기부터 화두로 삼아 제시한 것은 주목할 만하다.

한편 플리트는 에임스의 구속 언약 교리가 칼뱅과 퍼킨스의 그것보다 더욱 발전된 형태라고 지적한다. 일례로, 에임스를 퍼킨스와 비교하면서 플리트는 다음과 같이 말한다. "윌리엄 퍼킨스의 저작들 안에서는 구속 언약(*pactum salutis*)에 관한 강조점은 발견되지 않으나, 이에 비해 윌리엄 에임스는 삼위 하나님 안에서 맺어진 구속 언약을 매우 분명하고도 명시적으로 가르친다."[331] 사실 구속 언약은 퍼킨스에 의해 "이상하리만큼 간과되었다"라고 플리트는 말한다.[332] 칼뱅에 대해서도 플리트는 유사한 입장을 취한다. 그에 따르면 칼뱅은 삼위 하나님 사이에 맺어진 구속 언약을 명시적으로 언급한 바 없다. 다만 『기독교 강요』 제3권 21장 5절과 예레미야 22:29-30 주해에서 구속 언약의 존재를 암시하는 표현이 등장한다.[333]

---

330   루더포드, 『생명 언약 제2부: 구속 언약』 (수원: 합신출판부, 2020), 39, 각주 제4번을 보라.
331   Vliet, *The Rise of Reformed System*, 31.
332   Vliet, *The Rise of Reformed System*, 58.
333   "*Praedestinationem vocamus aeternum Dei decretum, quo apud se constitutum habuit quid de unoquoque*

사실 에임스의 구속 언약 교리에 미친 칼뱅의 영향력을 평가하기 위해서는 플리트가 제시한 것 이상의 내용을 검토해야 한다. 일례로 리처드 멀러는 구속 언약 교리의 발전에 있어 칼뱅의 중요한 역할을 성경 해석사 안에서 발견한다. 첫째, 시편 2:7-9 주해에서 칼뱅은 "내가 너를 낳았도다"의 의미를 세상에 대한 그리스도의 현현을 의미하는 것으로 해석했다. 이는 본 절을 성자께서 메시아의 직분(그리스도)에 임명되심으로 해석하는 구속 언약의 강조점과 잘 부합한다. 둘째, 칼뱅은 시편 110편을 공관복음과 히브리서의 관련 구절들과 병행적으로 대조하며 기독론적으로 주해하였다. 이러한 패턴은 구속 언약이 고도로 체계화되는 시기까지 연결되는 의미 있는 시도이다. 셋째, 칼뱅은 하나님의 작정을 그의 언약과 연결 지었는데, "이처럼 하나님의 영원한 작정을 일종의 '언약'과 동일시하는 주해 전통은 윌리엄 에임스를 포함하여 언약신학자들에게 폭넓게 수용되었다."라고 멀러는 말한다. 마지막으로, 이사야 49장과 52:13에서 그리스도를 가리켜 "종"이라고 부른 것에 대해 칼뱅은 성부가 그리스도를 그의 직위(office)에 임명한 것으로 해석하는데, 이 역시 구속 언약의 교리화 과정에서 부각된 강조점이다.[334]

특히 마지막 항목과 관련하여 퍼킨스 역시 칼뱅 못지않게 구속 언약 교리의

---

homine fiere vellet. (우리는 예정을 하나님의 영원한 작정이라고 부르며, 이것에 의해서 하나님은 각 사람이 어떻게 되기를 원하시는 바에 대해 자신과 더불어 수립하셨다.)" Iohannis Calvini, *Institutio Christianae Religionis* (1559, 이하 Inst.), 3.21.5, in *Joannis Calvini opera quae supersunt omnia* (Brunsvigae: Schwetschke, 1863, 이하 CO) 2:683. 플리트는 "하나님께서 그분 자신과 협약을 맺으셨다"(he compacted with himself)라고 번역한다(Vliet, The Rise of Reformed System, 30-31). 1560년 프랑스어본에서 칼뱅은 예정을 가리켜 "하나님의 영원한 의논"(*le conseil eternel de Dieu*)이라고 명명한다. Calvin, CO. 4:461. 또한 예레미야 22:29-30 주해를 보라. "*Est autem hoc utile cognitu, quum docemur sic Deum sibi semper constare, ut nunquam excidat foedus, quod pepigit cum Christo, et cum omnibus eius membris*"(이제 다음 사실을 아는 것이 유익하다. 우리가 배우는 것은 하나님께서 언제나 자신에 대해 일관성을 지키신다는 사실이다. 그래서 그분은 **그리스도와 더불어 맺으셨고 또한 그리스도의 모든 지체와 맺으신 언약**을 결코 깨뜨리지 않으신다)(Calvin, CO. 38:401 강조는 필자의 것이다).

334   리처드 멀러의 다음 논문을 보라. Richard A. Muller, "Toward the *Pactum Salutis*: Locating the Origins of a Concept," *Mid-America Journal of Theology* 18 (2007): 11-65. 또한 본서의 제1장을 참고하라.

발달에 기여했다.³³⁵ 퍼킨스는 하나님의 작정과 작정의 집행을 구분했다. 작정은 그것의 집행에 선행한다. 이런 시각에서 볼 때, 성부에 대한 그리스도의 복종은 성자의 열등함을 의미하지 않는다. 이는 그리스도께서 작정의 집행에 자발적으로 복종하신 것이라고 퍼킨스는 설명한다. 다시 말해 그리스도의 종속적인 지위나 복종은 중보자의 직무를 수행하는 차원에서 드러난 것이다.³³⁶ 이러한 퍼킨스의 가르침은 그리스도의 종속적 지위를 삼위 하나님 안에서 성자께서 메시아의 직분에 임명되심을 부각하는 구속 언약 교리로 잘 계승되었다. 또한 이는 에임스의 『신학의 정수』에서 그리스도가 중보자로 임명되어 삼중직을 수행하는 내용을 규정한 제19장 10절의 내용과 잘 부합한다. 요컨대, 구속 언약 교리화의 거시적 관점에서 보았을 때, 우리는 에임스 안에서 이전 세대로부터 차별화되는 측면과 아울러 칼뱅과 퍼킨스, 그리고 에임스로 이어지는 연속성을 어렵지 않게 발견할 수 있다.

3) 타락 전 언약

에임스가 타락 전 아담과 더불어 하나님께서 맺으신 행위 언약을 명시적으로 진술한 곳은 제1부의 10장 "지성적 피조물에 대한 특별한 통치"에서다. 에임스는 이러한 "특별한 통치"를 "언약"으로 규정한다.

---

335 구속 언약에 관한 퍼킨스의 시각은 그의 갈라디아서 주석과 사도신경 주해 그리고 『황금 사슬』 등에 직간접적으로 나타난다. 다음을 참고하라. William Perkins, *A Commentarie, or Exposition upon the five first Chapters of the Epistle to the Galatians* (London: John Legati, 1617), 3:16-17 (183-86); 4:6 (247); idem, *Treatise of the Manner and Order of Predestination*, in *The Workes of...Mr. William Perkins*, 3 vols. (Cambridge: John Legatt, 1612-1619), II, 608; idem, *An Exposition of the Symbole or Creed of the Apostles*, in *Workes*, I, 172, col.1C, 1D; 175, col.2D; 176, col.1A-1B; 284, col. 1A; 288, col. 2C; Perkins, *Golden Chaine*, in *Workes*, I, xv (24, col. ID, 2A); xviii (26, col. 1C-D); 105, col. 2A.

336 Perkins, *Exposition of the Creed*, 172, col.1C; 288, col. 2C, citing Eph. 1:4; Perkins, *Golden Chaîne*, xviii.

- ◆ 제10장 지성적 피조물에 대한 특별한 통치[337]

- ◆ 9. 지성적 피조물들을 통치하는 이 특별하고 고유한 방식에서 발생하는 것은, 하나님과 이들 사이에 맺은 언약이다. 이 언약은 하나님께서 피조물과 맺은 일종의 거래다. 여기서 하나님은 명령하고 약속하고 위협하고 성취하신다. 그리고 피조물은 스스로를 묶어 하나님께 복종한다. 신명기 26:16-19.

- ◆ 10. 언약을 체결하는 이 방식은 동등한 존재들 사이에서가 아니라 주인과 종 사이에서 맺는 것이기 때문에, 통치에 속한다. 또한 바로 이 때문에 인간의 언약이라고 부르지 않고, 하나님의 언약이라 부르는 것이 매우 합당하다. 하나님은 언약의 조성자이고 그분 자신의 언약을 실행하시는 주된 집행자이시다. 신명기 18:17-19.

- ◆ 32. 이 해석을 받아들이자면, 창조 당시에 하나님이 사람과 체결하신 하나님의 율법과 혹은(vel) 언약은 "이것을 행하라 그러면 살 것이다. 그러나 만일 이것을 행하지 않으면 죽으리라"였다. 이 진술에 포함된 첫 번째 법규는 1) "이것을 행하라."이다. 또한 2) 이에 결부된 약속이다. 즉 '네가 이를 행하면 살 것이다." 3) 다음은 위협이다. "만일 네가 이것을 행하지 않으면 너는 죽을 것이다."

- ◆ 33. 이 언약에 두 개의 상징 혹은 성례가 주어졌다. 그중 하나에서, 순종에 합당한 보상은 생명나무에 의해 인(印)쳐졌다. 그리고 또 다른 것에서는 불순종에 대한 형벌이 선악수에 의해 인쳐졌다. 전자는 생명의 성례였고, 후자는 죽음의 성례였다.

337　Amesius, *Medulla*, 1.10.9-10, 32-33; Ames, *The Marrow*, 1.10.9-10, 32-33.

이러한 에임스의 가르침은 행위 언약 교리에서 공통적으로 주장되는 구성요소들을 만족시키는 것이다.[338] 플리트에 따르면, 에임스가 타락 전 하나님께서 사람과 맺으신 관계를 "언약"이라고 명시했다는 측면에서 에임스의 행위 언약 교리는 칼뱅과 퍼킨스로부터 차별화된다. 후자들과 달리 에임스는 타락 전 언약에 대해 분명하게 기술하며 언약신학의 발전에 기여했다는 것이다. 일찍이 피터 릴백은 그의 저서『칼뱅의 언약 사상』에서 칼뱅이 행위 언약을 적극적으로 인정하고 가르쳤다고 주장했다.[339] 플리트는 이러한 릴백의 논의를 소개하고 릴백의 입장을 기본적으로 수용한다. 한편, 퍼킨스가 "행위 언약"이라는 개념을 명시적으로 표현했다는 측면에서는 칼뱅보다 더욱 분명한 입장을 취했다고 플리트는 주장한다.[340] 그런데 그의 행위 언약 개념이 언약신학자들의 일반적인 입장과 달랐다고 플리트는 말한다.

- ◆ 퍼킨스는 타락전 언약을 다른 언약신학자들이 이해한 방식으로는 알지 못했다. 그는 사실상 행위 언약을 아담의 타락 전 상태에 [직접적으로] 연결 짓지 않았다. 그 대신 행위 언약을 도덕법, 곧 십계명으로 이해했고, 행위 언약을 은혜를 준비하는 것으로 사용했다.[341]

요컨대 퍼킨스에게 있어 행위 언약은 타락 전 언약이라기보다는 도덕법으로서의 십계명을 의미했다는 것이다. 결국 행위 언약에 관한 칼뱅의 가르침은 물

---

338 필자가 관찰한 바에 따르면, 행위 언약 교리의 대표적인 다섯 가지 구성요소는 다음과 같다. 첫째, 언약의 당사자들: 하나님과 사람 (아담). 둘째, 언약의 조건: "행하라, 그리하면 살리라." 셋째, 언약에서 약속된 것: 영원한 생명. 넷째, 언약 파기에 따른 형벌: 죽음. 다섯째, 언약의 인증들: 생명나무 혹은 선악수. 혹은 둘 다.

339 Peter A. Lillback, *The Binding of God* (Grand Rapids: Baker, 2001). 역서로는 다음을 보라. 피터 A. 릴백, 『칼뱅의 언약사상』, 원종천 역 (서울: CLC, 2009).

340 Vliet, *The Rise of Reformed System*, 33.

341 Vliet, *The Rise of Reformed System*, 33.

론 그보다 진일보한 퍼킨스의 가르침 역시 후대의 행위 언약 교리에 비해 불완전했고, 이런 측면에서 볼 때, 에임스의 행위 언약 교리는 칼뱅은 물론 퍼킨스의 가르침보다 훨씬 발전된 형태라는 것이 플리트의 주장이다.[342]

이러한 플리트의 테제는 통찰력 있는 관찰에 기초하고 있다. 다만 에임스의 행위 언약 교리를 칼뱅과 퍼킨스의 그것과 차별화시키기 위해 플리트는 후자들의 견해를 다소 제한적으로 제시하거나 축소하는 약점을 노출한다.[343] 먼저 칼뱅의 행위 언약 교리를 살펴보자. 주지하다시피 릴백은 칼뱅의 행위 언약 교리를 변증하면서 다음의 근거들을 제시했다. 첫째, 일찍이 아우구스티누스는 타락 전 언약의 존재를 가르쳤는데, 칼뱅은 이러한 아우구스티누스의 전통을 계승했다. 둘째, 칼뱅이 그의 『기독교강요』에서 은혜 언약을 제2권에 배치해 놓은 것은 언약을 타락 전과 후로 구분하는 구도와 잘 어울린다. 셋째, 칼뱅의 주요 저작들 안에는 타락 전 언약을 암시하는 요소들이 다수 등장하는데, 그 대표적인 실례들은 다음과 같다.[344]

- ① 왕국: 타락 전 아담은 하나님의 왕국에 있었다(*Inst.* 2.2.12). 그런데 언약은 왕국과 관련된다.
- ② 자연법: 자연법은 창조에 근거하여 내재성을 가지고 있으며 이는 타락 이후로도 지속된다.
- ③ 약속: 칼뱅에게 약속은 언약으로부터 흘러나온다. 그런데 아담에게 영생의 소망에 대한 약속이 선포되었다.

---

342   Vliet, *The Rise of Reformed System*, 32-36.
343   이와 대조적으로 문정식은 오히려 "칼뱅-퍼킨스-에임스"로 계승되는 연속성을 부각한다.
344   Lillback, *The Binding of God*, 276-304.

- ④ 조건: 에덴 시기의 핵심적 특징들 가운데 하나가 "조건"에 있다. 언약적 개념은 조건이다. 완전한 순종을 요구하는 조건이었다. 선악수에 관한 명령의 금지적 특성 또한 이와 무관하지 않다.
- ⑤ 대가: 궁극적으로 아담은 자신의 순종에 대한 대가로 생명을 얻었을 것이었다.
- ⑥ 하나님 형상: 하나님 형상과 자연법, 그리고 타락 전 언약은 서로 밀접한 관계를 맺는다.
- ⑦ 성례: 생명나무에 대한 성례전적 해석이 가능하다. 칼뱅은 아우구스티누스를 따라 그리스도의 상징으로 파악한다. 에덴 성례의 중심성으로 볼 때 에덴에서의 축출은 "출교"에 해당한다.

이에 근거하여 릴백은 "타락 전 언약은 칼뱅에게 틀림없이 존재한다."라고 결론 내린다.[345] 이에 덧붙여 릴백은 『기독교강요』에서[346] 칼뱅이 "에덴에서 있었던 하나님과 아담의 관계를 언약이라고 부른다."라고 지적한다. 흥미롭게도 릴백이 제시한 위의 내용들은 에임스가 『신학의 정수』 제10장 "지성적 피조물에 대한 특별한 통치"에서 소개한 타락 전 언약과 상당한 일치를 보여주고 있다. 릴백이 발견한 이 같은 내용들과 에임스의 행위 언약 교리에 대한 구체적인 비교가 플리트의 연구에서 생략된 것은 아쉬운 점으로 남는다.

한편 퍼킨스의 행위 언약 교리에 대해서는 두 가지 보완할 내용이 있다. 첫째, 퍼킨스의 행위 언약은 도덕법으로서의 십계명을 가리킨다는 플리트의 주

---

[345] Lillback, *The Binding of God*, 305ff. 같은 맥락에서 릴백은 다음과 같이 주장한다. "개혁주의 신학에서 행위 언약의 존재를 위한 근본적인 기초는 위대한 제네바 개혁자[칼뱅]가 만들었다." Lillback, *The Binding of God*, 304; "우리는 칼뱅을 언약신학자라고까지 부르지는 않아야 한다. 그러나 언약신학이 칼뱅주의와 동의어가 된 것은 우연이 아니다. 그가 언약신학 외에는 어떤 다른 방식으로도 하지 않았을 것이라고 얼마든지 말할 수 있다."

[346] Calvin, *Inst.* 4.14.18.

장은 일찍이 마이클 맥기퍼트가 제시한 테제와 일치한다. 맥기퍼트는 행위 언약에 관한 가장 이른 시기의 진술을 더들리 페너(Dudley Fenner), 조시아스 니콜스(Josias Nichols), 토머스 카트라이트(Thomas Cartwright), 윌리엄 퍼킨스(William Perkins) 등의 작품들에서 발견했다. 이들은 공통적으로 창조 언약으로서의 (타락 전) 행위 언약을 강조한 것이 아니라 (시내산 언약이 표방하는) 도덕법으로서의 행위 언약에 주목했다고 맥기퍼트는 주장한다. 요컨대 타락 전 행위 언약에 관한 교리적인 기원은 아담이 아닌 모세에게 있다는 것이다.[347] 그러나 멀러에 따르면, 퍼킨스에 관한 맥기퍼트의 테제는 과장된 것이다. 맥기퍼트의 강조점과 달리 퍼킨스는 『회개에 대한 권고』(*An Exhortation to Repentance*)에서 실제로 타락 전 아담과 하나님 사이에 맺어진 행위 언약의 존재를 다음과 같이 명시적으로 언급한다.[348]

> ◆ 아담으로부터 나온 모든 사람은 아담의 범죄 안에서 [함께] 죄를 범했다. 그러므로 당신은 다음 사실을 직시해야한다. 곧 금단의 열매를 먹은 그의 죄는 바로 당신의 죄라는 사실이다.…그 이유는 다음과 같다. [첫째] 우리는 그의 씨와 후손이기 때문이다. 우리는 당시 그의 허리 속에 있었고 그는 우리 모두의 조상이었다. [둘째] 그는 우리와 같은 사적인 인간이 아니라 공인(publike person)으로서, 당시에 전 인류, 곧 우리 모든 사람을 대표해서 맹세를 한 것이다. 따라서 그 때에 그가 행한 것은 그 자신과 우리를 위

---

[347] Michael McGiffert, "From Moses to Adam: The Making of the Covenant of Works," *The Sixteenth Century Journal* 19/2(1988): 131-55을 보라

[348] 멀러의 글과 그가 제시한 대표적인 사료는 다음과 같다. Perkins, *An Exhortation to Repentance*, in *Workes* III (Cambridge: J. Legat, 1612-19), 154, col.1B; Muller, "Divine Covenants, Absolute and Conditional: James Cameron and the Early Orthodox Development of Reformed Covenant Theology," *Mid-America Journal of Theology* 17 (2006),

해 행한 것이다. **하나님께서 그와 더불어 맺으신 언약은 그 자신과 우리를 위해 맺어진 것이다.** 하나님께서 그에게 약속하신 것과 그가 하나님께 대해 약속한 것 역시 그 자신뿐만 아니라 우리를 위해 행한 것이다. 창조 때에 그가 받은 것은 그 자신뿐만 아니라 우리를 위해 받은 것이다. 그의 타락으로 말미암아 그가 취득했거나 상실한 것 역시 자기 자신과 우리를 위해 얻었거나 상실한 것이다. 그는 하나님의 호의와 최초의 순결을 상실했다. 따라서 그의 모든 후손 역시 이것들을 상실한 것이다. 반면에 그가 자기 자신과 우리 모두를 위해 취득한 것은 바로 죄책과 하나님의 분노와 본성의 부패이다.[349]

위의 진술은 퍼킨스가 행위 언약을 도덕법으로서의 십계명으로서만 아니라 하나님께서 에덴에서 타락 전 아담과 더불어 맺으신 언약으로 이해하고 있었음을 명시적으로 증언한다. 이로써 "퍼킨스는 타락 전 언약을 다른 언약신학자들이 이해한 방식으로는 알지 못했다."[350]라고 말한 플리트의 진술은 과장된 것임이 입증된다.

아울러 우리는 에임스 역시 타락 전 언약과 자연법 혹은 도덕법을 밀접하게 연결 지었음을 간과해서는 안 된다.[351] 에임스는 행위 언약의 본질을 "십계명의 도덕법과 동일한 법"이라고 규정했고, 행위 언약 혹은 양심과 도덕법을 통한 이성적 피조물(인간과 천사)에 대한 통치를 가리켜 하나님의 "특별한 통치"라고 정

349　William Perkins, *An Exhortation to Repentance*, in *Workes*, 1:415, 1 col.B-C. 강조는 필자의 것이다.
350　Vliet, *The Rise of Reformed System*, 33.
351　플리트 역시 이 점을 옳게 지적한다. 에임스는 칼뱅의 가르침을 발전시켜 그의 행위 언약 교리를 정교하게 다듬었다. Vliet, *The Rise of Reformed*, 35.

의했다.³⁵² 필자가 보기에 이러한 에임스의 강조점은 행위 언약과 도덕법을 유기적으로 통합시킨 퍼킨스의 시도와 잘 부합하는 것이다. 요컨대 아담이 창조되었을 때 그의 마음에 새겨진 자연법으로서의 도덕법과 행위 언약, 그리고 이것이 십계명으로 연결된다는 시각은 칼뱅과 퍼킨스, 그리고 에임스의 공통된 견해라고 말할 수 있다. 이런 측면에서 볼 때, 에임스의 행위 언약 교리는 칼뱅-퍼킨스의 언약 사상을 적극적으로 계승한 것이라고 결론 내릴 수 있다.

4) 은혜 언약

에임스의 『신학의 정수』에서 은혜 언약을 중점적으론 다룬 장은 제38장 "그리스도의 강림 때까지 은혜 언약의 시행"과 제39장 "그리스도의 강림 이후 종말까지 은혜 언약의 시행"이다. 일찍이 칼뱅은 『기독교강요』 제2권 10장 2절에서 이렇게 주장했다. "모든 족장과 맺은 언약은 사실상 그 본질(substantia)에 있어서 우리의 언약과 전혀 다른 것이 아니다. 이것은 하나의 동일한 언약이다. 다만 경륜(administratio)에 있어서의 차이가 있다."³⁵³ 칼뱅의 전통을 계승한 에임스는 칼뱅의 이 같은 가르침을 따라 은혜 언약의 통일성과 다양성의 두 측면을 모두 강조한다. 또한 플리트가 옳게 관찰한 바대로 은혜 언약의 점진적 발전을 특징적인 방식으로 부각한다.³⁵⁴

---

352 에임스의 주장은 『신학의 정수』 제10장 "지성적 피조물에 대한 특별한 통치"에서 다음과 같이 요약될 수 있다. 1. 특별한 통치는 하나님이 이성적 피조물을 도덕적 방식으로 통치한다는 것이다. 13. 여기서 양심의 힘과 이성의 문제가 발생하는데 양심은 하나님의 판단에 복속하는 지성적 피조물의 자기 판단이다. 14. 이성적 피조물들에 대한 특별한 통치는 천사들과 인간들에게 적용된다. 16. 본질적으로 이는 십계명의 도덕법과 동일한 법이다. 17. 십계명 중 천사들에게 예외가 되는 계명들은 인간의 몸의 본성이나 유한한 인생의 상황과 관련된 명령들이다. Amesius, *Medulla*, 1.10.1-17; Ames, *The Marrow*, 1.10.1-17.

353 Calvin, *Inst*. 2.10.2. "Patrum omnium foedus adeo substantia et re ipsa, nihil a nostro differt, ut unum prorsus atque idem sit. Administratio tamen variat." CO. 2:313.

354 Vliet, *The Rise of Reformed System*, 58.

(1) 은혜 언약의 통일성과 다양성

에임스는 태초부터 종말에 이르기까지 단 하나의 은혜 언약이 존재한다고 선언한다. 은혜 언약의 본질은 그리스도다. 그러나 그리스도를 적용하는 방식, 혹은 "새 언약을 시행하는 방식"은 각 시대에 따라 다양하다고 말한다.

- 제38장 그리스도의 강림 때까지 은혜 언약의 경륜[355]
- 1. 값없이 베푸시고 구원하시는 하나님의 언약은 태초부터 오직 하나만 존재했지만, 그리스도를 적용하는 방식 혹은 새 언약의 경륜 방식은 언제나 단일하며 동일한 것이 아니라 교회를 불러 모으시는 각 시대에 따라 다양했다.
- 2. 이 다양성에는 좀 더 불완전함에서 더욱 완전함으로의 전진이 항상 존재했다.
- 3. 따라서 먼저는 복음의 신비가 일반적이며 좀 더 희미하게 드러났다. 그다음에는 좀 더 구체적이고 더욱 명료하게 드러났다.
- 4. 이 언약의 경륜 방식은 이중적이다. 하나는 [앞으로] 나타날 그리스도에 관한 방식이고, 다른 하나는 [이미] 나타난 그리스도에 관한 방식이다.
- 5. 옛 언약과 새 언약은 이러한 두 개의 기본적인 표제로 요약된다. 즉 옛 언약은 그리스도께서 오심을 약속하고, 새 언약은 그리스도께서 오셨다고 증언한다.
- 6. 나타날 그리스도를 기다리는 옛 언약 시대에는 모든 것이 좀 더 외적이며 육적이었다. 하지만 그리스도가 오신 뒤에는, 모든 것이 좀 더 내

---

[355] Amesius, *Medulla*, 1..38.1-6; Ames, *The Marrow*, 1.38.1-6.

적이며 영적이 되었다. 요한복음 1:17, "율법은 모세로 말미암아 주어진 것이요 은혜와 진리는 예수 그리스도로 말미암아 온 것이라."

(2) 은혜 언약의 경륜: 아담에서 그리스도까지

에임스는 아담 이후 그리스도의 강림 시기까지 시행된 은혜 언약의 경륜을 다시 두 개로 세분한다. "오실 그리스도와 관련하여 언약을 시행하는 방식은 모세 이전까지의 방식과 모세에서 그리스도까지의 방식이 있었다."[356] 에임스는 모세 이전의 시기를 교회의 "유년기"로 비유한다. 교회가 아직 유아기에 있는 동안, 가시적 교회는 가족 단위로 존재했고, 선지자들, 가장과 장남이 목회자의 역할을 감당했다.

① 아담에서 모세까지

1. 아담에서 아브라함까지: 이 시기의 핵심으로 그리스도로 말미암는 구속과 적용이 약속되었다. 에임스는 창세기 3:15에 계시된 "여자의 후손"이 그리스도라고 이해한다. 곧 창세기 3:15은 메시아에 관한 최초의 예언이다.[357] 흥미롭게도 에임스는 이 시기 안에서 소위 "구원의 서정"(ordo salutis)의 구성요소들—곧 소명, 칭의, 양자 됨, 성화, 영화 등—을 발견한다. 그 내용을 요약하면 다음과 같다.[358]

---

356 Amesius, *Medulla*, 1..38.11; Ames, *The Marrow*, 1.38.11.
357 창세기 3:15을 메시아에 관한 약속으로 해석하는 측면에서 에임스는 칼뱅의 해석보다 좀 더 분명한 입장을 취한다. 칼뱅은 그 "씨"를 그리스도와 그의 모든 지체로 주해한다. 칼뱅은 사탄에 대한 최종적 승리가 결국은 머리 되신 한 분 그리스도에게로 귀착될 수밖에 없음을 지적한다고 윤영탁은 설명한다. 윤영탁, 『그가 네 머리를 상하게 하리라: 창세기 3장 15절에 나타난 원복음』 (수원: 합신출판부, 2015), 112. 또한 각주 36번을 보라.
358 Amesius, *Medulla*, 1..38.13-18; Ames, *The Marrow*, 1.38.13-18.

- 소명 - 여자의 씨와 하나님의 자녀들을 사탄과 세상으로부터 구별 지으셨다.
- 칭의 - 칭의의 방식이 죄악의 문제로 제정된 속죄제물에 의해 나타났다(엡 5:2).
- 양자됨 - 신실한 자들에게 선언된 자녀의 신분, 그리고 에녹이 하늘의 유업 안으로 옮겨진 것에 의해 선포되었다(창 5:24; 히 11:5).
- 성화 - 선지자들의 가르침과 봉헌과 제사 의식을 통해 표현되었다(롬 12:1).
- 영화 - 에녹의 사례와 노아와 그의 가족이 대홍수 때에 보존된 것으로 인해 공적으로 인침 받았다(유 1:14; 벧전 3:20-21).

아울러 에임스는 노아의 방주를 성례전적으로 해석하고 이것이 은혜 언약을 인치는 기능을 했다고 해석한다(38장 19절).

- 2. 아브라함에서 모세까지: 에임스에 따르면 아브라함 때부터 모세의 시기에 이르기까지 "새 언약"의 은택은 더욱 분명하게 계시되었다. 이전 시기와 마찬가지로 에임스는 선택, 구속, 소명, 칭의, 양자 됨, 성화, 영화의 요소들을 다음과 같이 기술한다.[359]
- 선택 - 하나님의 선택은 이삭과 야곱을 선택하심 속에서 드러났다(롬 9:11-13).
- 구속 - 멜기세덱과 아브라함을 통해 계시되었다. 아브라함의 자손에 의해 모든 열방이 복을 받을 것이라는 약속과 언약이 탁월하게 계시

---

[359] Amesius, *Medulla*, 1..38.22-28; Ames, *The Marrow*, 1.38.22-28.

되었다.

- ◆ 소명 - 아브라함을 갈대아 우르에서 불러 하나님 나라로 이끄셨다 (히 11:8-11).
- ◆ 칭의 - 모든 신자의 조상인 아브라함의 믿음이 그에게 의로 전가되었다는 명시적인 증언과 이러한 의를 할례의 성례로 인침을 통해 드러났다.
- ◆ 양자 됨 - 아브라함과 약속의 후손 모두에게 하나님의 성호가 주어졌다. 또한 이들에게 유업이 약속되었다.
- ◆ 성화 - 옛사람의 부패를 제거하고 새 피조물이 그 자리를 차지한다는 의미에서의 할례가 제정되었다(골 2:11; 신 30:6).
- ◆ 영화 - 약속된 복과 천국의 모형으로서의 가나안 땅을 통해 예시되었다.

② 모세에서 그리스도까지

에임스는 모세 이후로 위에 언급한 요소들이 새로운 수단들을 통해 더욱 발전적으로 계시 되고 시행되었다고 말한다. 일례로 구속 및 구속의 적용은 출애굽의 역사를 통해 모형론적으로 계시되었다. 하나님은 그리스도의 모형인 모세를 통해 이스라엘을 이집트로부터 해방시켰으며, 그리스도의 또 다른 모형인 여호수아를 통해 이스라엘로 하여금 가나안 땅을 정복하도록 하셨다.[360] 또한 모세 오경을 통해 계시하신 대제사장, 제단, 속죄제물 등이 그리스도와 그리스도로 말미암는 구속을 예표하도록 제정하셨다(제38장 31절). 이 밖에 칭의, 양자

---

[360] 이외에도 출애굽의 역사에 등장하는 많은 사물이 일종의 모형으로서 역할한다. 놋뱀(요 3:14, 12:32), 구름 기둥, 홍해 사건(고전 10:2), 만나와 반석에서 나온 물(고전 10:3-4; 요 6:32-33) 등이 그 실례이다. Amesius, *Medulla*, 1..38.30; Ames, *The Marrow*, 1.38.30.

됨, 성화, 영화 등은 다음의 요소들을 통해 예시되었다.³⁶¹

- 칭의 - 희생제사와 정결 규례 그리고 유월절의 성례를 통해 예시되었다.
- 양자 됨 - 처음 난 것을 하나님께 성별하여 드리는 것 안에서 예시되었다(출 13:2, 15; 34:19; 민 8:16).
- 성화 - 모든 제물과 봉헌물, 그리고 정결 규례에서 예시되었다.
- 영화 - 약속의 땅을 유업으로 받는 것과 지성소에서 하나님과 나눈 교제 속에서 예시되었다.

위의 내용들은 모세 시대에 제도화되었고, 이를 통해 그리스도와 그의 구속이 더욱 풍성하게 예표되었다. 아울러 에임스는 이 시기에 하나님께서 이스라엘을 단일한 민족교회로 세우셨다는 사실을 중점적으로 부각한다. 이 교회는 일종의 가견 교회로서 보편 교회라고 지칭될 수 있다(38장 38절). 이 교회를 섬기는 사역자들은 아론 계통의 제사장들과 레위 지파에 속한 사람들이었다(38장 39절).³⁶² 이처럼 에임스는 하나님의 은혜 언약의 경륜 속에서 가견 교회가 어떻게 성립되었으며 그 구성요소와 특징이 무엇이었는지에 대해 관심을 기울인다. 이는 에임스의 은혜 언약 교리의 특징적인 강조점을 구성한다.

---

361   Amesius, *Medulla*, 1.38.32-35; Ames, *The Marrow*, 1.38.32-35.

362   또한 제36절을 보라. "유대인들로 구성된, 모세에 의해 설립된 그 교회는 외적으로 불러 모았다는 측면에서 오직 하나인 교회였다. 이것은 그 당시에 규정된 엄숙한 교제는 단일한 성전에 근거했고, 그 교제는 그 성전에서, 공적 신앙고백에 의해, 그리고 종교의식들과 함께 가져야 했기 때문이다" Amesius, *Medulla*, 1..38.36; Ames, *The Marrow*, 1.38.36.

(3) 은혜 언약의 경륜: 그리스도부터 종말까지

에임스에 따르면 그리스도의 강림부터 종말 때까지 하나님께서 언약을 시행하는 방식은 단일하다. 그 본질에 있어서는—구약의 족장들에게 주어진 약속과 관련하여서는—동일하지만, 시행하는 방식에 있어서는 새롭기 때문에 이를 가리켜 새 언약(New Testament)이라고 부른다.[363] 새 언약이 이전 시대의 언약과는 어떤 면에서 차별화되는가? 에임스는 크게 질과 양에서의 차이를 구분하여 설명한다.

① 새 언약의 질적인 차별성 - 에임스는 새 언약의 질적인 특징을 두 가지, 곧 명확성(claritas)과 자유(libertas)의 관점에서 기술한다. 첫째, 명확성과 관련하여 새 언약은 그리스도를 믿는 믿음으로 말미암는 은혜의 교리가 이전 시대에 비해 더욱 분명하게 계시되었다. 그리스도는 더 이상 모형과 그림자, 혹은 수건에 가려진 계시가 아닌 뚜렷한 방식으로 계시되었다.[364] 둘째, 자유와 관련하여 새 언약은 율법의 통치—혹은 행위 언약—를 제거하였으며, 새 언약의 경륜 속에서 양자의 영은 신자들에게 더욱 분명하게 주어졌다. 또한 신자들에게서 "의식법의 멍에"가 제거되었다. 따라서 신약 시대에 유대주의적인 의식들을 기독교 교회에 부과하려는 시도는 "그리스도께서 우리를 위해 획득한 자유"를 심각하게 훼손하는 것이라고 에임스는 주장한다.[365]

② 새 언약의 양적인 차별성 - 새 언약의 양적인 차별성과 관련하여 에임스

---

363 Amesius, *Medulla*, 1..39.2,4; Ames, *The Marrow*, 1.39.2, 4.
364 Amesius, *Medulla*, 1..39.7-8; Ames, *The Marrow*, 1.39.7-8.7.
365 Amesius, *Medulla*, 1..39.9-10; Ames, *The Marrow*, 1.39.9-10.

는 새 언약은 옛 언약으로부터 내적이며 외적으로 구분된다고 주장한다. 첫째, 내적으로 새 언약은 "성령의 적용"이라는 측면에서 이전 시대의 경륜보다 더욱 "효과적"이며 성령의 은사들이 더욱 온전하다. 에임스는 고린도후서 3:6을 근거로 하여, 옛 언약과 새 언약의 차이를 "문자와 영"으로 비교한다. 새 언약의 시행은 결과적으로 더욱 영적인 삶을 가능하게 한다(고전 3:18). 둘째, 외적으로 새 언약은 시간과 장소의 측면에서 옛 언약의 경륜과 차별성을 갖는다. 장소의 측면에서 볼 때, 새 언약은 더 이상 한 민족에게 국한되지 않고 온 세상을 무대로 삼는다. 시간의 측면에서도 새 언약은 신비적 교회 전체가 완성되기 전까지 시간적 제한을 받지 않고 존속한다.

이처럼 은혜 언약의 구속사를 서술하면서, 에임스는 그리스도를 은혜 언약의 본질로 규정하고, 이에 근거한 "통일성"을 강조한다. 동시에 그는 "그리스도를 적용함" 혹은 구속사의 경륜의 입장에서 "다양성"의 차원을 신중하게 고려한다. 이러한 접근은 칼뱅과 에임스의 공통적인 특징이라고 말할 수 있다. 한편 플리트가 옳게 지적했듯이 퍼킨스의 은혜 언약 교리 역시 이러한 시각에 동의한다. 퍼킨스에게 있어 은혜 언약은 그 본질(substance)에 있어 단일하지만, 구약에서 신약에 이르기까지 약속이 성취되는 측면에서 진보하는 특징을 갖는다. 이런 면에서 에임스의 은혜 언약 교리는 기본적으로 칼뱅과 퍼킨스의 해석 전통을 충실하게 계승했다고 평가할 수 있다.

한편 이들과 차별화되는 에임스의 독특성은 앞서 제시한 바대로 소위 "구원의 서정"을 이용하여 은혜 언약의 점진성을 부각하는 데서 발견된다고 플리트는 주장한다.[366] 다만 플리트는 빅터 L. 프리비의 연구를 인용하면서, 퍼킨스에

---

366 Vliet, *The Rise of Reformed System*, 58.

게 있어 언약은 하나님의 작정을 실행하는 수단이었고, 퍼킨스 역시 "구원의 서정"을 구성하는 요소들이 은혜 언약의 경륜을 통해 집행되는 과정에 주목했음을 인정한다. 그럼에도 퍼킨스는 "구원의 서정"을 은혜 언약에 직접적으로 연결짓지 않았다고 강조하며 플리트는 에임스의 독창성을 옹호한다.[367] 그런데 이는 다소 일면적 평가다. 필자가 보기에 에임스의 시도는 오히려 퍼킨스와의 연속성 안에서 조명될 필요가 있어 보인다. 차라리 칼뱅과 퍼킨스로부터 차별화되는 에임스의 좀 더 주목할 만한 기여는 언약 개념을 교회론적으로 적용하는 시도에서 발견된다고 말할 수 있다.[368]

5) 교회 언약

(1) 에임스의 회중교회론과 교회 언약

에임스는 신약 시대를 대표하는 성숙한 형태의 가견 교회를 구약 시대 유대인의 성전이나 단일한 국가교회가 아니라 다수의 개별적인 회중교회로 규정한다. 그리고 각 교회는 "특별한 띠"로써 하나의 연합된 신자 공동체를 이룬다고 말한다.

> ◆ 그러므로 그리스도께서 나타나신 이후에 설립된 교회는 하나의 보편적 [가견] 교회가 아니었다. 곧 전 세계의 모든 신자가 모여 하나의 동일한 외적인 띠로 모두 결합하고 단 한 명의 눈에 보이는 동일한 목회자나 혹은

---

[367] Vliet, *The Rise of Reformed System*, 37; Victor Lewis Priebe, "The Covenant Theology of William Perkins," Ph.D. dissertation (Drew University, 1967), 제5장 "언약과 구원의 서정"(129-66쪽)을 보라.

[368] 플리트는 언약신학에 있어 에임스의 가장 독특한 여섯 개의 기여를 정리한다. 아쉽게도 뉴잉글랜드 교회 언약에 미친 에임스의 영향력에 관한 직접적인 논의는 생략되어 있다. Vliet, *The Rise of Reformed System*, 57-58.

일단의 목회자들에게 의존해야하는 그런 교회가 아니었다. 오히려 **개별적 회합 혹은 회중**의 수효만큼 많은 수의 교회가 존재한다. 이들은 믿음을 고백하고, 성도의 지속적인 교제를 위한 **특별한 띠**(*singulari vinculo*)에 의해 하나로 결속된다.369

에임스는 『신학의 정수』 제1권 32장 6절에서도 이러한 개별적 회중교회를 가리켜 "특별한 띠에 의해 자신들끼리 서로 연합한 신자들의 사회"라고 정의한다.370 "신자들의 사회"(*societas fidelium*)는 신앙고백을 통해 세워진 가시적 교회다(1.32.7, 29-30). 비록 신자들이 같은 장소에 함께 모여 산다고 해도 "하나의 특별한 띠"로 결합하지 않는 한 이들은 하나의 교회를 이룰 수 없다고 에임스는 강조한다(1.32.14). 과연 이 "특별한 띠"는 무엇인가? 바로 "언약"(*foedus*)이라고 에임스는 말한다.

◆ 이 띠는 바로 언약이다. 이는 [언약] 명시적이거나 혹은 묵시적이다. 이 언약에 의해 신자들은 하나님을 향해, 그리고 서로를 향해 특별하게 자신들을 묶어 교회와 관련되고 교회의 덕을 세우는 일에 속하는 그 모든 의무를 수행한다.371

신자들은 이 언약에 의해 연합된 공동체를 이루어 하나님과 및 성도와 더불

---

369 Amesius, *Medulla*, 1..39.20; Ames, *The Marrow*, 1.39.20.
370 "*Congregatio vel Ecclesia huiusmodi particularis, est societas fidelium speciali vinculo inter se conjunctorum.*" Amesius, *Medulla*, 1..32.6; Ames, *The Marrow*, 1.32.6.
371 "***Vinculum hoc est foedus****, vel expressum, vel implicitum, quo obligant sese fideles particulatim ad omnia illa officia praestanda, & erga Deum, & erga se mutuo, quae spectant ad Ecclesiae rationem & aedificationem.*" Amesius, *Medulla*, 1..32.15; Ames, *The Marrow*, 1.32.15. 강조는 필자의 것이다.

어 거룩한 교제를 이룰 때, 하나의 개별 교회를 이루게 된다. 에임스의 이러한 가르침은 1630년대에 뉴잉글랜드로 건너간 비분리파 청교도의 회중교회론과 교회 언약에 지대한 영향을 미쳤다. 또한 에임스의 교회론 안에 등장하는 이러한 언약 개념은 그의 언약신학을 칼뱅이나 퍼킨스로부터 차별화시키는 중요한 요소이기도 하다.

(2) 에임스와 뉴잉글랜드 교회 언약

17세기 뉴잉글랜드 비분리파 회중교회의 대표적인 변증가 토머스 후커(Thomas Hooker, 1586-1647)는 가견 교회를 구성하는 3대 원인을 이렇게 정의한다. 첫째, 능동인은 삼위 하나님이다. 둘째, 질료인은 눈에 보이는 성도이다. 셋째, 형상인(formal cause)은 교회 언약이다. 교회 언약 없이는 각 신자는 흩어져 있는 벽돌과도 같다. 교회 언약은 개별자로 존재하는 신자들을 하나로 연합시켜 하나의 건물을 성립하도록 만드는 역할을 한다고 후커는 설명한다.[372] "복음의 질서에 따른 믿음 안에서 교제하는 신자들이 상호 언약을 맺고 연합하는 것이야말로 가견 교회를 존재케 하고 이를 구성하는 요소이다."[373]

후커의 견해는 가견 교회를 "언약"이라는 "특별한 띠"로 연합된 공동체로서 규정한 에임스의 가르침과 일맥상통한다. 또한 교회 언약을 명시적 형태와 묵시적 형태로 구분하는 것 역시 에임스의 "특별한 띠"로서의 언약을 명시적 혹은 묵시적 형태로 나눈 것에 의해 영향을 받은 것으로 보인다.[374] 코튼 매더(1663-1728)에 따르면 후커는 에임스의 『신학의 정수』를 탐독하여 완전히 숙지하고 있

---

[372] Hooker, *A Survey of the Sum of Church Discipline* (London: A. M. for John Bellamy, 1648), 12, 46-47.
[373] Hooker, *A Survey of the Sum of Church Discipline*, 46.
[374] 후커는 성직자를 통한 교회의 규례(말씀, 성례, 치리 등)가 시행되는 곳에는 언제나 묵시적 형태로 교회 언약이 존재해 왔다고 설명한다. 여기에는 영국 국교회도 예외가 아니다. 에임스의 견해에 대해서는 앞의 인용문을 참고하라. Amesius, *Medulla*, 1..32.15; Ames, *The Marrow*, 1.32.15.

었다.³⁷⁵ 실제로 후커는 1633년 당시 네덜란드 로테르담에서 에임스를 만나 그의 사역을 도운 경험이 있다. 또한 후커는 에임스의 저작 『하나님을 예배함에 있어 인위적 예식에 대한 생생한 고발』(A Fresh Suit Against Humane Ceremonies in God's Worship, 1633)의 긴 서문을 작성하였다.³⁷⁶

물론 뉴잉글랜드에서 에임스의 영향력은 후커 외에도 존 코튼이나 리처드 매더를 포함한 많은 신학자에게 미쳤다.³⁷⁷ 또한 그의 가르침은 뉴잉글랜드의 비분리파 회중교회의 헌장으로 알려진 『케임브리지 강령』(The Cambridge Platform, 1648)에 의미 있게 반영되었다. 『케임브리지 강령』은 그리스도의 도래 이후 전투하는 가견 교회의 형태는 회중교회라고 선언한다(제2장 5절). 이는 신약 교회의 특징을 회중교회라고 규정한 에임스의 견해를 잘 반영한다. 『케임브리지 강령』에 따르면, 이러한 회중교회는 부름받은 신자들이 "거룩한 언약"에 의해 연합하여 한 몸을 이룬 신자들의 집단이다.

◆ 제6절 하나의 회중교회는 그리스도에 의해 제정된 눈에 보이는 전투하는 교회의 한 부분이다. 이 회중교회는 부르심을 받고 **하나의 거룩한 언약에 의해 연합하여 한 몸을 이룬 신자들의 집단**으로 구성되는데, 이는 주 예수 그리스도와의 교제 안에서 하나님께 대한 공적 예배와 서로의 덕을 세우기 위함이다.³⁷⁸

---

375 Cotton Mather, *Magnalia Christi Americana or the Ecclesiastical History of New England*, vol.1, Book III (London: Printed for Thomas Parkburts, 1702), 61.

376 William Ames, *A Fresh Suit Against Humane Ceremonies in God's Worship* (Rotterdam[?], 1633). 후커는 77쪽 분량의 서문을 작성했다. 에임스는 후커를 탁월한 설교자와 논쟁가로 인정했다. Mather, *Magnalia Christi Americana*, vol.1, Book III, 61.

377 존 코튼과 리처드 매더의 저작들에서 윌리엄 에임스와 『신학의 정수』에 대한 언급이 자주 발견된다. 일례로 매더는 뉴잉글랜드 회중교회와 교회 언약을 변증한 그의 저작—*Church Government and Church Covenant Discussed* (London: Benjamin Allen, 1643)—에서 에임스의 저작을 열두 차례 인용한다.

378 *A Platform of Church Discipline: Gathered out of the Word of God, and agreed upon by the Elders and*

이 역시 가깝게는 후커의 주장과 일치하고, 조금 거슬러 올라가면 에임스의 가르침을 잘 반영하고 있다. 이러한 신학적 계보를 파악한 헨리 W. 푸트는 에임스야말로 "케임브리지 강령"을 "실제로 낳은 자"(real begetter)라고 결론 내린다.³⁷⁹

3. 맺는말

필자는 서두에서 에임스의 언약신학에 대한 얀 판 플리트의 선행 연구를 소개하고 이를 비판적으로 검토하며 부족한 부분을 보완할 것이라고 말했다. 플리트는 에임스의 언약신학을 칼뱅과 퍼킨스의 견해와 비교하면서 특히 이전 세대로부터 차별화되는 에임스의 독특성을 부각하고자 노력했다. 에임스의 언약신학이 칼뱅이나 퍼킨스의 언약신학보다 더욱 발전된 형태라는 밀러나 비키의 기존 주장을 『신학의 정수』에 대한 분석을 통해 입증했다는 면에서 그의 시도는 충분히 가치 있다고 평가할 수 있다. 그럼에도 그의 주장은 몇 가지 중요한 약점을 노출했다. 본장을 통해 확인되고 보완된 논의는 다음과 같다.

첫째, 플리트는 에임스의 『신학의 정수』가 구속 언약을 명시적으로 언급한 이른 시기의 저작임을 잘 관찰하였다. 그런데 에임스가 칼뱅과 퍼킨스로부터 차별화됨을 강조하기 위해 구속 언약 교리의 발전에 후자들이 기여한 바를 지나치

Messengers of the Churches assembled in the Synod at Cambridge in New England (Printed in New England and Reprinted in London for Peter Cole, 1653), 3. 제2장 제6절의 근거 구절은 다음과 같다. 고전 1:2; 고전 12:27; 출 19::5-6; 신 29:1; 행 2:42; 고전 14;26. 강조는 필자의 것이다.

379 헨리 W. 푸트는 케임브리지 강령을 작성한 자들이 분리주의자가 아닌 건전한 신학자들이고, 그 가운데 에임스의 영향력이 지대했음을 강조한다. Henry W. Foote, *The Cambridge Platform of 1648: Tercentenary Commemoration at Cambridge*, Massachusetts, October 27, 1948 (Boston: Joint Commission [by] the Beacon Press, 1949), 66.

게 축소 내지 간과하였다. 특히 구속 언약과 관련한 주요 성경 구절들의 해석과 그리스도의 종속성이 메시아의 직분에 따른 것임을 드러내는 면에 있어 칼뱅과 퍼킨스 그리고 에임스 사이에는 뚜렷한 연속성이 관찰된다. 둘째, 플리트는 에임스가 타락 전 언약의 존재를 명시적으로 가르쳤음을 옳게 지적했다. 그런데 에임스를 부각하는 과정에서 그는 타락 전 언약에 관한 칼뱅과 퍼킨스의 가르침을 충분하게 또한 정확하게 검토하지 못하는 아쉬움을 남겼다. 특히 퍼킨스에게 있어 행위 언약은 타락 전 언약이 아닌 도덕법(십계명)이었다는 플리트의 주장은 절반만 사실이다. 실제로 퍼킨스는 아담이 타락하기 전에 하나님과 맺은 언약으로서의 행위 언약을 분명하게 가르치고 있기 때문이다. 아울러 칼뱅과 퍼킨스 그리고 에임스 모두 타락 전 언약과 자연법(혹은 도덕법) 사이의 연결고리를 공통적으로 가르쳤다는 면에서 우리는 세 신학자 사이에 존재하는 연속성을 발견할 수 있다. 셋째, 플리트에 따르면 에임스는 "구원의 서정"이라는 축을 중심으로 은혜 언약의 점진적인 발전을 제시했고, 이것이야말로 언약신학의 체계화를 위한 에임스의 독특한 기여에 해당한다. 그런데 "구원의 서정"과 은혜 언약 사이의 유기적 연결은 에임스에 의해 처음 시도된 것이 아니다. 이미 퍼킨스에 의해 시도되었다. 퍼킨스의 언약과 구원의 서정을 연구한 빅터 프리비는 "유효적 소명, 칭의, 성화, 그리고 영화 등은…모두 은혜 언약의 틀 안에서 준비되었다."라고 단언한다.[380] 이를 고려할 때, 우리는 에임스의 작업을 그의 독창성의 산물로만 볼 것이 아니라 퍼킨스와의 유기적 연속성 안에서 이루어진 시도로 이해해야 할 것이다.

끝으로 보다 더 균형 잡힌 시각에서 에임스의 언약신학이 갖는 특징과 의의를 평가하기 위해서 우리는 에임스의 언약신학을 이전 시대 신학자들의 견해와

---

[380] Victor L Priebe, "The Covenant Theology of William Perkins," 130-31.

비교하는 데서 멈춰서는 안 된다. 그의 언약신학이 이후 세대에 미친 영향력까지 고려해야 한다. 우리는 에임스의 언약 사상이 『신학의 정수』를 통해 뉴잉글랜드 비분리파 회중교회의 교회 언약과 『케임브리지 강령』에 적지 않은 영향을 미쳤음을 확인했다. 이 모든 과정에서 우리는 에임스의 언약신학이 종교개혁의 유산을 계승하며 청교도의 신학 전통 안에서 체계화되었을 뿐 아니라 이후 뉴잉글랜드의 청교도에게까지 발전적으로 계승되었음을 충분히 유추할 수 있다. 이러한 거시적인 조망은 그의 언약신학이 갖는 의의를 드러내는 데 꼭 필요할 뿐만 아니라 가치 있는 시도일 것이다.

윌리엄 에임스(William Ames, 1576-1633)

제5장은 16-17세기 영국과 네덜란드에서 개혁파 신학과 청교도 운동을 대표했던 "박식한 박사" 윌리엄 에임스의 언약 신학을 살펴 보았다. 에임스의 주저인 『신학의 정수』(The Marrow of Theology, Medulla theologiae, 1623)에 반영된 언약 신학을 분석하고, 특히 에임스의 언약 신학이 갖는 특징을 이전 세대—주로 칼뱅과 퍼킨스의 견해—와 비교하면서 얀 판 플리트의 선행 연구를 평가했다. 특히 성경 해석사의 전통과 교리사의 발전이라는 거시적 관점에서 보았을 때, 에임스의 언약신학은 종교개혁의 유산을 계승하며 청교도의 신학 전통 안에서 체계화되었을 뿐 아니라 이후 뉴잉글랜드의 청교도에게까지 발전적으로 계승되었음을 확인할 수 있다.

[그림 출처] https://en.wikipedia.org/wiki/File:William_Ames.jpg

제 6 장
존 프레스톤(John Preston 1578-1628)의 언약신학[381]

1. 들어가며

영국 케임브리지 대학교 임마누엘 칼리지 학장이며 찰스 국왕의 궁정 목사였던 존 프레스톤(John Preston, 1587-1628)은 스튜어트 왕조 시대에 활동한 유명한 청교도 설교가다. 그의 전기 작가 어번위 모건(Irvonwy Morgan)에 따르면, 햄프턴 궁정회의(1604) 이후 침체기를 맞이한 청교도 운동에 새로운 활력을 불어넣은 장본인이 바로 프레스톤이다.[382] 프레스톤이 성직자가 되기로 처음 결심한 것은 1611년 세인트 메리 예배당에서 존 코튼(John Cotton, 1585-1652)의 설교를 들었을 때였다. 이날 프레스톤은 기존 신학자들의 철학적이며 현학적인 설교와 달리 평범한 언어로 복음의 진리를 설득력 있게 전달하는 코튼의 설교에 크게 매력을 느꼈고 자신도 코튼과 같은 설교자가 되기로 다짐한다. 그의 결

---

381 본 장은 「신학정론」 30:1(2012): 166-98에 실린 필자의 논문임을 밝힌다.
382 1604년 제임스 1세는 햄프턴 궁정 회의에 온건파 청교도의 대표에 참석하는 것을 허락하였다. 하지만 좀 더 철저한 교회개혁을 희망했던 청교도의 기대를 무너뜨리고 국왕은 기존의 39개조의 입장을 고수하였다.

심은 얼마 후 결실을 맺는다. 프레스톤은 학자층과 대중 모두에게 호소력 있는 설교자가 되었고 런던과 케임브리지의 많은 사람이 그의 설교를 듣기 위해 몰려들었다고 역사가 윌리엄 할러(William Haller)는 증언한다. 프레스톤의 사후, 그의 설교는 토머스 굿윈(Thomas Goodwin, 1600-80), 리처드 십스(Richard Sibbes, 1577-1635), 그리고 존 데번포트(John Davenport, 1597-1670) 등에 의해 편집되어 출판되었다. 1629년에 출판된 『새 언약』(*The New Covenant*)도 그의 대표적인 설교집들 가운데 하나다. 이것은 특히 청교도 언약신학의 발달사에 크게 기여한 저서로 평가받는다.[383]

프레스톤의 설교와 언약신학에 있어서 가장 두드러지게 나타난 특징은 과연 무엇일까? 청교도 운동을 가리켜 일종의 "규율 종교"(disciplinary religion) 운동이라고 명명한 시어도어 보즈먼(Theodore D. Bozeman)에 따르면 "내면적이고 자기 성찰적 경건"이야말로 프레스톤의 신학과 설교의 가장 큰 특징이다.[384] 보즈먼에 따르면 1590년대에 이르러 영국 청교도 운동은 일대 전환기를 맞이했다. 당시 청교도 지도자들은 정부를 통한 제도적 차원의 교회개혁이 한계에 봉착했음을 직감하였다. 이에 기존의 노선을 크게 수정하여 교회개혁의 열정을 내면적인 개혁에 집중하기로 결정한다. 이와 더불어 개신교 역사상 첫 번째 경건주의 운동이 영국 청교도에 의해 시작되었고 이것은 1640년에 이르기까지 약 반세기 동안 지속되었다고 보즈먼은 주장한다.[385] 흥미로운 사실은 보즈먼

---

[383] Irvonwy Morgan, *Prince Charles's Puritan Chaplain* (London: George Allen & Unwin Ltd, 1957), 11-12, 206; William Haller, *The Rise of Puritanism* (New York: Columbia University Press, 1938), 70-75: Benjamin Brook, *The Lives of the Puritans*, vol. 2 (Pittsburgh: Soli Deo Gloria Publications, 1994), 352-361; Peter Golding, *Covenant Theology: The Key of Theology in Reformed Thought and Tradition* (Ross-shire: Mentor, 2004), 51-52.

[384] Theodore D. Bozeman, *The Precisianist Strain: Disciplinary Religion & Antinomian Backlash in Puritanism to 1638* (Chapel Hill and London: University of North Carolina Press, 2004), 63-65.

[385] *Ibid.*, 63.

이 그가 명명한 "경건주의적 전환"의 핵심적 특징을 프레스톤의 설교 안에서 발견한다는 것이다.

> ◆ "모든 일에 정확하고, 엄밀하게 그리고 엄격하게 행하라." 존 프레스톤은 1620년 왕궁에서 행한 설교 "정확한 걸음"에서 이같이 명령했다. 이 설교는 그가 죽은 후 1630년 출판되었다. 과연 "정확하게 걷는 것"이 무엇을 의미하는가에 대해 저명한 설교자이자 대학교 학장[프레스톤]은 이렇게 설명한다. 그것은 곧 "극도의 철저함으로 행함"이라는 것이다.…이러한 방식, 곧 극단적 규율에 대한 남다른 열의를 보인 자들을 가리켜 우리는 엄밀주의파(Precisianist strain)라고 부른다.[386]

이처럼 프레스톤의 신학과 설교를 소위 엄밀주의라는 시각에서 파악한 보즈먼의 시도는 일찍이 청교도의 언약신학을 일종의 "사회통제"를 위한 신학적 장치로 규정한 데이비드 제렛(David Zeret)의 시각과 일맥상통한다. 제렛에 따르면 1590년대 이후 청교도 성직자들이 대중 종교 운동에 대한 통제권의 문제를 해결하기 위해 일종의 새로운 신학을 발전시켰는데 그것이 바로 언약신학이라는 것이다: "청교도 언약신학은 [성직자의] 통제를 위협하는 조직상의 문제에 대한 일종의 대응으로서 등장한 것이다."[387] 결국 제렛과 보즈먼은 모두 프레스톤의 설교와 언약신학을 규율 혹은 사회통제의 시각에서 읽어낸다는 공통점을 가진다.[388]

---

386   *Ibid.*, 5.
387   David Zaret, The Heavenly Contract: *Ideology and Organization in Pre-Revolutionary Puritanism* (Chicago: The University of Chicago Press, 1985), 141, 200.
388   *Ibid.*, 102, 141, 151-53. 159, 161; Bozeman, *The Precisianist Strain*, 6, 27-28, 85, 110.

이들의 시도가 프레스톤의 언약신학이 가지고 있는 사회-정치적 함의를 크게 부각하고자 했다는 측면에서 일면 학문적 기여를 한 것은 분명한 사실이다. 하지만 이런 식의 접근은 프레스톤의 목회와 신학, 한 걸음 더 나아가 청교도 언약신학의 핵심적인 내용을 담아낼 수 없다는 결정적인 약점을 가진다. 특히 프레스톤의 언약신학이 성경 해석과 적용 그리고 목회 현장에서 구체적으로 어떻게 활용되고 있었는지에 대해 보즈먼과 제렛은 거의 침묵한다. 한편 프레스톤이 말한 성도의 삶에서의 "완전성"에 대해서도 이들의 이해가 매우 피상적이고 단편적이었음을 기억할 필요가 있다. 존 폰 로어(John von Rohr)에 따르면, 비록 프레스톤이 "완전성"을 강조한 것은 사실이나, 그것은 어디까지나 "복음적 완전성"이었지 결코 "율법주의적 완전성"을 의미하는 것이 아니었음을 지적한다. 한 걸음 더 나아가 이 복음적 완전성은 반드시 그의 언약신학 체계 안에서 바르게 이해되어야만 한다고 주장한다.[389]

프레스톤의 언약신학에 대해서는 보즈먼과 제렛 이외에도 몇몇 학자들이 이미 그 중요성을 지적하며 다양한 해석을 개진해 왔다. 대표적인 연구자들 가운데 웨인 베이커(J. Wayne Baker)는 프레스톤의 언약신학이 취리히의 신학자 불링거의 언약신학 전통--사람의 책임을 강조--에 속해있는 것으로 묘사하면서 이것은 일방적인 은혜 언약을 강조하는 칼뱅의 제네바 전통과 차별화된다고 주장하였다. 이에 대해 제임스 비닌거(James F. Veninga)는 프레스톤과 칼뱅의 언약 사상이 크게 다르지 않다는 사실을 지적하고 베이커의 소위 두 전통 이론을 비판한다. 조엘 비키(Joel R Beeke)는 프레스톤의 언약신학이 "통제"의 도구라기보다는 오히려 목회적 돌봄의 사역—특히 구원의 확신 문제로 갈등하는 성

---

[389] John von Rohr, *The Covenant of Grace in Puritan Thought* (Atlanta: Scholars, 1986). 182-85, 190-91.

도들을 위로하는 차원—에서 활용되고 있었음을 지적한다.[390] 실제로 프레스톤이 남긴 대다수의 저작이—게할더스 보스가 옳게 지적한 바대로—대부분 조직신학적이라기보다는 목회적이라고 말할 수 있다.[391]

프레스톤의 저서들이 가지고 있는 목회적 성격과 프레스톤의 언약신학을 둘러싼 다양한 이견들을 염두에 두면서 필자는 본장을 통해 그의 언약신학이 가진 실천신학적 함의를 분석해보고자 한다. 이를 위해 역사적 정황뿐만 아니라 그의 성경 해석과 신학 그리고 목회적 적용—특히 구원의 확신과 관련하여—의 측면을 집중적으로 검토할 것이다. 이 과정을 통해 그의 언약신학에 대한 보다 균형 잡힌 관점을 모색하고자 시도할 것이다.

2. 역사적 정황

1) 정치-사회적 정황

언약 백성의 삶이 어떤 것인지를 묻는 질문에 대해 프레스톤은 과연 무엇이라고 대답했을까? 보즈먼은 1625년에 출판된 프레스톤의 설교들 가운데 특별히 다음의 구절을 지적한다. "죄를 범하는 것을 두려워하고, 망상이나 헛된 말을 하는 것, 그리고 조금이라도 악한 유혹에 빠지거나 무엇인가에 과도한 애착을

---

[390] J. Wayne Baker, *Heinrich Bullinger and the Covenant: the other Reformed Tradition* (Athens: Ohio University Press, 1980); James F. Veninga, "*Covenant Theology and Ethics in the Thought of John Calvin and John Preston*," Ph.D. diss (Rice University, 1974). 칼뱅과 프레스톤 사이에 존재하는 차이점에 대해서는 다음의 페이지를 참고하라. 345-46; Joel R Beeke, *The Quest for Full Assurance: The Legacy of Calvin and his successors* (Grand Rapids: Banner of Truth, 1999). 117-19.

[391] Geerhardus Vos, "*The Doctrine of the Covenant in Reformed Theology*," in *Redemptive History and Biblical Interpretation*, ed. Richard B. Gaffin (Phillipsburg: Presbyterian and Reformed Pub., 1980), 240.

느끼는 것을 두려워하여 삼가는 것이다." 또한 하나님과 더불어 언약을 맺은 성도들에게 프레스톤은 일상의 삶에서 오락, 늦잠, 과식 등으로 시간을 낭비하지 말라고 권면한다.³⁹² 보즈먼이 지적한 대로 프레스톤의 가르침은 청교도 삶의 자기 규율적 측면을 잘 드러낸다. 이미 앞서 언급했듯이 보즈먼은 스튜어트 왕정 기간에 청교도 운동이 경건주의적 전환점을 맞이했다고 주장한다. 같은 시기를 연구한 피터 클락(Peter Clark)이나 크리스토퍼 힐(Christopher Hill) 역시 16세기 말과 17세기 초에 영국은 "새로운" 청교도 운동이 급부상하는 것을 목격했다고 주장한다.³⁹³ 이러한 변화가 엘리자베스 시대에 있었던 정부의 장로교 운동 탄압정책을 역사적 배경으로 하고 있었음은 분명하다. 탄압과 더불어 수많은 청교도 성직자들은 지방의 소도시들과 농촌 교구들로 내려가 종교개혁의 원리와 신학을 설교하기 시작했다.³⁹⁴ 1640년대에 이르러 이들이 청교도 의회에서 주도권을 잡을 때까지 영국의 청교도는 정부 권력을 통한 외면적이고 제도적인 교회개혁의 이상을 포기하고 개인주의적이며 경건주의적인 내면의 개혁을 추구한 것이다. 소위 "경건주의적 전환"은 일찍이 경건의 실천을 강조한 리처드 그린햄(Richard Greenham, c.1535-c.1594) 목사에 의해 시도되었고 이후 프레스톤의 엄밀주의에 의해 잘 대변된다고 보즈먼은 주장한다.³⁹⁵

하지만 보즈먼의 "경건주의적 전환" 테제는 몇 가지 점에서 약점을 가지고 있다. 첫째, 1590년대 이전에도 장로교 운동을 주도한 청교도 지도자들은 이미 경건주의적이고 내면적인 영성을 강조하는 방향으로 청교도 신학을 발전시키고

---

392 John Preston, *The Golden Scepter* (London, 1625, reprinted by Soli Deo Gloria in 1990), 6.

393 Peter Clark, *English Provincial Society from the Reformation to the Revolution: Religion, Politics, and Society in Kent*, 1500-1640 (Hassocks: Harvester press, 1977), 166; Christopher Hill, *Society and Puritanism in Pre-Revolutionary England* (New York: Schocken books, 1967), 501-2; Bozeman, *The Precisionist Strain*, 5-6, 83.

394 Keith L. Sprunger, *The Learned Doctor William Ames: Dutch Background of English and American Puritanism* (Urbana: University of Illinois Press, 1972), 4-5; Bozeman, *The Precisionist Strain*, 3-7, 63-65.

395 *Ibid.*, 69.

있었다. 예를 들어 토머스 카트라이트(Thomas Cartwright, 1535-1603), 토머스 윌콕스(Thomas Wilcox, 1549-1608), 조지 기포드(George Gifford, 1548-1600) 그리고 존 유달(John Udall, 1560-1592) 등이 대표적인 인물들이다. 폰 로어에 따르면 특히 구원의 확신 문제와 관련하여 보다 내면적이고 자기성찰적 경건주의는 청교도 운동의 초기부터 드러난 특징이다.[396] 둘째, 그린햄의 설교와 목회 사역 역시 장로교 운동의 침체기가 도래한 시점보다 적어도 20년 정도 앞서 이루어졌다.[397] 셋째, 보즈먼과 제렛의 사회통제 테제는 프레스톤의 언약신학이 대변하는 소위 엄밀주의적인 가르침에 대해 왜 일반 신도가 그토록 호의적인 반응을 보여주었는지를 잘 설명하지 못한다. 이에 대해 제렛은 다음과 같이 대답한다. 1590년대부터 청교도 언약신학 안에는 중요한 변화가 있었는데 이것이 일반 신도의 태도를 이해하는 데 중요한 단서가 된다. 기존의 언약신학은 주로 언약의 일방적(unilateral) 성격을 강조하였다. 이와 대조적으로 1590년대부터는 쌍방적(bilateral) 언약이 강조되었는데 이것은 성직자의 통제권에 대해 일반 신도의 주도권을 행사할 수 있는 통로를 열어 놓았다고 제렛은 주장한다. 물론 쌍방적 언약신학이 보장한 일반 신도의 주도권이라는 것이 성직자의 권력에 대한 정면 도전을 의미하는 것은 아니었음을 제렛은 지적한다.[398] 성직자들은 설교와 성례 그리고 안식일(주일)에 이루어지는 모든 활동과 가르침을 통해 성직자의 권위를 공고히 세우고 있었으며 오로지 이들의 권위가 위협받지 않는 범위 안에서 일반 신도의 역할을 허용하는 교의적 틀을 제공하고자 노력했다는 것이다. 제렛은 다음과 같이 결론을 내린다. "결과적으로, 1590년 이후의 언약신

---

396 von Rohr, *The Covenant of Grace in Puritan Thought*, 158.

397 Paul Seaver's review on Bozeman's *The Precisionist Strain* in *American Historical Review*, 109:4 (October, 2004), 1196. 시버의 지적에 대한 보즈먼의 응답에 대해서는 다음의 페이지를 참조하라. Bozeman, *The Precisionist Strain*, 66-67.

398 *Ibid.*, 142.

학은 성직자와 일반 신도 양측 모두의 영적인 필요들 사이에 균형점을 제공하였다."[399]

이처럼 제렛은 (보즈먼과는 달리) 일반 신도를 위한—혹은 일반 신도에 의한—언약신학의 실천적이며 목회적 적용에 관심을 기울였다. 한 가지 약점은 그의 견해가 여전히 사회통제 이론에 의해 지나치게 영향을 받았다는 것이다. 그 결과 청교도 성직자들과 일반 신도 사이의 관계를 오로지 권력 경쟁의 시각에서 묘사하는 아쉬움을 남겼다. 아울러 언약신학의 성격을 일방적 언약과 쌍방적 언약으로 나누어 버리는 이분법에도 역시 문제가 있다. 무엇보다 쌍방적 언약이라는 개념이 1590년대에 와서 등장한 청교도의 발명품이 아님을 기억할 필요가 있다. 이미 불링거, 우르시누스 그리고 칼뱅과 같은 대륙의 개혁가들 역시 성경의 언약이 가지고 있는 쌍방적 성격을 잘 숙지하고 있었다. 또한 프레스톤의 언약신학을 이해함에 있어서도 언약을 일방적 언약과 쌍방적 언약의 이분법으로 나누는 것은 그다지 도움이 되지 않는다. 왜냐하면 성경적 언약에 대한 그의 이해는 두 가지 측면을 모두 포함하고 있기 때문이다. 이처럼 보즈먼과 제렛의 테제가 보여준 몇몇 중요한 약점들은 우리가 프레스톤의 언약신학을 제대로 이해하기 위해서는 정치사회적 배경 이외에도 신학적이며 목회적인 정황을 면밀히 검토할 것을 요구한다.

2) 신학적 정황

제렛이 언약을 일방적 언약과 쌍방적 언약으로 구분한 것은 한편으로 베이커가 주장한 소위 "두 전통 이론"의 틀에 잘 부합한다. 베이커에 따르면 개혁주

---

[399] Zaret, *The Heavenly Contract*, 149.

의 언약신학은 두 개의 전통으로 양분되어 있다. 칼뱅이 대변하는 제네바 전통과 불링거가 대표하는 취리히 전통이 그것이다. 전자는 하나님의 일방적인 은혜를 강조한 반면 후자는 사람의 의무를 강조하는 쌍방적 언약의 개념을 발전시켰다. 프레스톤의 언약신학과 관련하여 베이커는 다음과 같이 이야기한다.

> ◆ 영국에서 발달한 언약개념, 곧 "츠빙글리-불링거-틴데일 전통"은 17세기에 이르러 존 프레스톤, 리처드 백스터, 어셔 등의 사상 속에서 부활했다. 이것은 윌리엄 퍼킨스, 윌리엄 에임스, 존 번연 등과 같은 칼뱅주의자들[의 전통]에 대한 대안이었다. 후자들 역시 이중 언약의 지붕 아래에 있었으나 이들은 [일방적인] 유언(testament)의 신학을 고집하고 있었다. 영국 언약신학의 전통에 있어서 불링거의 영향력은 지대했다. 더구나 앞서 언급한 이들, 특히 프레스톤 등은 뉴잉글랜드 언약 사상의 원천이 되었다.[400]

이처럼 베이커는 프레스톤의 언약신학이 불링거의 취리히 전통에 속하는 것으로 확신한다. 퍼킨스와 프레스톤의 관계를 연구한 찰스 먼슨(Charles Munson) 또한 양자 사이에 존재하는 차이점을 크게 부각한다. 특히 프레스톤에게 있어 언약신학은 퍼킨스의 예정론―특히 이중 예정―을 대체하고 있다고 확언한다.[401] 또 다른 한편으로 제렛의 설명은 페리 밀러(Perry G. Miller)의 테제, 곧 하나님과 인간의 상호협력을 강조하는 청교도의 언약신학이 칼뱅의 은혜 언약 전통으로부터 일탈한 것이라고 주장한 것과도 일맥상통한다.[402] 밀러가

---

400 Baker, *Heinrich Bullinger and the Covenant*, 166.
401 Charles R. Munson, "William Perkins: Theologian of Transition," Ph.D. dissertation (Caste Western Reserve University, 1971), 177-78. 먼슨과 달리 밀러는 퍼킨스와 프레스톤을 동일한 케임브리지 공동체의 일원으로 간주한다. Perry Miller, *Errand Into the Wilderness* (Mass., Cambridge: The Belknap Press, 1956), 59.
402 이 논의와 관련하여 밀러의 두 저작 *Errand Into the Wilderness*와 *The New England Mind: The Seventeenth*

보기에 청교도의 언약신학은 분명 칼뱅주의를 왜곡시킨 것이었다.[403]

그러나 제럿과 베이커 그리고 먼슨 등의 주장은 프레스톤의 언약신학이 가지고 있는 다양한 측면을 통합적으로 그려내지 못하고 있다는 측면에서 매우 일면적이라는 단점을 가지고 있다. 비록 프레스톤이 불링거와 틴데일에 의해 영향을 받았다는 것이 사실이라고 가정하더라도 이것을 가리켜 칼뱅의 제네바 전통으로부터의 일탈이라고 말하는 것은 너무나 성급한 결론이다. 필자가 확인한 바에 따르면 프레스톤은—칼뱅과 마찬가지로—언약을 결정하는 모든 요소 가운데 하나님의 약속, 곧 언약의 일방적이며 절대적 요소에 언제나 우선권을 부여했다. 특히 먼슨의 주장과는 정반대로 그의 언약신학은 하나님의 "이중 예정"을 그 출발점으로 다음과 같이 명시한다.

◆ 모든 인간은 두 종류로 분리된다.···중간 지대라는 것은 이 세상에 결코 존재하지 않는다. 모든 이들은 양 아니면 염소다. 모든 사람은 언약 안에 있거나 아니면 언약 밖에 존재한다. 모든 사람은 택자이거나 아니면 불택자인 것이다. 이처럼 하나님은 세상을 둘로 양분한 것이다. 주님 자신의 기업이거나 아니면 마귀의 기업인 것이다.[404]

프레스톤은 택자들에게 있어 하나님의 은혜 언약이 절대적인 성격을 가진다고 확언한다: "은혜 언약의 성격은 이중적이다. 즉 절대적이며 특별하거나 아니면 조건적이다. 택자들에 대해서 그것은 절대적이고 특별하다." 성경적인 근거

Century (Mass., Cambridge: The Belknap Press, 1939).

403 Miller, *Errand Into the Wilderness*, 48.

404 John Preston, *The New Covenant, or The Saint Portion*, ed. Richard Sibbes & John Davenport, tenth edition (London, 1655), 432. 본 장에서 필자는 1631년과 1655년의 판본 두 가지를 모두 사용한다. 특별히 따로 명시하지 않는 한 페이지는 1655년 판본에 따른다.

로 프레스톤은 예레미야 31장과 에스겔 36장의 새 언약 텍스트를 지적한다. 요컨대 새 언약이 약속하는 새 마음은 오로지 택자들에게만 무조건적으로 주어지는 절대적 언약이라는 것이다.[405]

그렇다면―하나님의 작정에 대한 인간 편의 반응에 해당하는―믿음에 대해 프레스톤은 어떻게 가르치는가? 그는 명확하게 대답한다. 믿음은 하나님께서 택자들에게 거저 주시는 "선물"이라는 것이다. 믿음이라는 선물은 곧 선택의 열매다. 하나님은 자신의 기쁘신 뜻대로 믿음과 회개, 그리고 그것을 받을 수 있는 능력까지 주신다. 결국 "문은 모두에게 열려있으나 오직 하나님께서 가능케 하신 자들만이 들어올 수 있는 것이다."[406] 물론 선택과 유기에 관한 하나님의 이중 예정은 어디까지나 신비에 속한다. 따라서 사람에게는 감추어져 있다. 다만 우리는 하나님께서 거저 베푸시는 은혜에 대한 사람들의 외면적인 반응―신앙이냐 불신앙이냐의 양자택일―을 보고 그 신비를 후험적으로 알게 되는 것이다. "모든 이에게 그리스도가 거저 선포될 때 어떤 이들은 그를 받아들이고 다른 이들은 그를 거절한다. 이 현장에서 선택과 유기의 신비가 [가시적으로] 드러나는 것이다."[407]

적어도 지금까지 인용된 프레스톤의 주장들에 근거해볼 때, 그를 단순히 취리히 전통의 계승자라고 말하면서 그의 신학을 칼뱅으로부터 차별화시키는 것은 분명히 문제가 있다. 베이커의 주장과 달리 프레스톤의 언약신학은 오히려 칼뱅의 예정론과 잘 부합하고 있다. 요컨대 베이커가 생각한 것보다 프레스톤은 칼뱅과 퍼킨스의 신학에 훨씬 가까운 것이다.

---

405 Preston, *The Breast-Plate of Faith and Love*. fifth edition (London, 1634), 32.
406 *Ibid.*, 10.
407 *Ibid.*, 8.

한편 보즈먼과 제렛 그리고 베이커 등이 지적한 바대로 프레스톤은 하나님의 주권과 예정을 옹호한 동일한 저서들―『믿음과 사랑의 흉배』(The Breast-Plate of Faith & Love)와 『새 언약』(The New Covenant)―에서 인간의 책임을 또한 크게 강조하는 것이 사실이다. 예를 들어 창세기 17:1의 "너는 내 앞에서 완전하라"는 구절을 인용하며 프레스톤은 언약 백성의 삶이 요구하는 완전한 순종을 강조한다. 이런 맥락에서 볼 때, 프레스톤이 성경적 언약 안에 공존하는 두 가지 요소, 곧 하나님의 절대적인 주권적 은혜와 인간의 온전한 순종을 어떤 식으로 조화시키고 있는가를 검토하는 것은 매우 중요하고 흥미로운 연구 주제다. 이를 본격적으로 논의하기에 앞서 프레스톤의 언약신학이 과연 어떤 신학적 정황 속에서 발전한 것이지 간단히 살펴보자.

첫째, 프레스톤의 언약신학은 율법주의와 반율법주의 사이의 긴장 관계 속에서 형성되었다. 리처드 멀러 (Richard A. Muller)에 따르면 17세기 영국의 개혁파 신학은 율법주의자들과 반율법주의자들의 도전에 직면하였다. 이런 맥락에서 프레스톤이 하나님의 주권적 은혜와 성도의 도덕적인 삶 사이에 건전한 균형을 유지하고자 한 것은 지극히 자연스러운 반응이라고 말할 수 있다.[408] 또 다른 한편 프레스톤은 아르미니우스주의자들의 도전에도 대응해야만 했다. 1626년 요크하우스 회의에서 프레스톤은 도르트 회의의 입장을 옹호하면서 아르미니우스주의자들의 비판을 논박하였다. 주요 쟁점들 가운데 하나는 택자가 죄에 빠질 경우 선택의 은혜를 상실하고 영원히 정죄될 수 있는가에 대한 물음이었다. 프레스톤은 이것이 불가하다고 주장했다. 범죄한 택자는 오로지 현세적인 처벌만을 받을 뿐이라고 설명했다. 곧이어 세례와 중생 그리고 성례 등에 관

---

[408] Richard Muller, "Covenant and Conscience in English Reformed Theology: Three Variations on a 17th Century Theme," *Westminster Theological Journal* 42 (1980), 308-34.

한 토의 가운데 치열한 접전이 있었으나 큰 성과는 없었다. 결국 서로 상이한 입장을 확인하는 수준에서 회의는 종결되고 말았다.[409] 그럼에도 프레스톤에게 있어 이 논쟁은 의미가 있었다. 얼마 후 프레스톤은 자신의 신학적 입장을 요약한 논문인 "회심케 하는 은혜의 불가항력성에 관해"(Of the Irresistibleness of Converting Grace)를 발표했는데, 여기서 불가항력적 은혜에 대한 그의 개혁주의적 입장이 아우구스티누스 및 칼뱅의 입장과 동일한 것임을 잘 논증하였다.[410]

둘째, 이중 예정과 자유 선택에 관한 개혁주의의 견해가 필연적으로 도덕적 해이함을 조장한다는 아르미니우스주의자들의 비판에 대해 프레스톤은 이것이 사실이 아님을 변론했다. 비닌거는 바로 이 과정에서 프레스톤이 칼뱅주의에 대해 "약간의 그러나 중요한 수정"을 가하게 되었다고 주장한다. "아르미니우스주의자들과의 고투 속에서…프레스톤의 언약신학과 윤리학은 [새롭게] 주조되었다. 이것은 더 이상 가장 순수한 형태의 칼뱅의 입장은 아니었다."[411] 그의 역사적 정황을 고려할 때 이러한 변화는 필연적인 것이었다고 비닌거는 주장한다. 비록 그가 프레스톤의 입장을 일방적으로 비난하기보다는 오히려 이해하고자 시도하지만 그럼에도 프레스톤의 언약신학에 대한 그의 전반적 평가는 모호하고 어떤 측면에서는 다소 부정적이다. 비닌거에 따르면 프레스톤은 칼뱅과 달리 언약의 계약적 성격을 강조하였고 그 결과 율법과 순종의 요소가 크게 부각되었다고 한다. 그리고 이것이 바로 칼뱅의 신학에 대한 수정 내지 손상을 초래했다는 것이다.[412] 요컨대 그의 해석 역시 다소 온건한 입장에서 베이커나 보즈먼

---

409   Morgan, *Prince Charles's Puritan Chaplain*, 157-83.
410   Preston, *The Irresistibleness of Converting Grace* (London, 1616-54), 2; Morgan, Puritan Spirituality (London: Epworth Press, 1973), 31.
411   Veninga, "*Covenant Theology and Ethics in the Thought of John Calvin and John Preston*," 345-46.
412   Ibid.

의 주장과 부분적으로 일치한다고 말할 수 있다.

프레스톤의 언약신학을 읽고 정당하게 평가하기 위해서는 지금까지 언급한 연구자들의 견해를 별다른 비판적 검토 없이 수용하지 않도록 주의해야 한다. 무엇보다 이들의 주장을 받아들이기에 앞서 우리는 프레스톤 자신의 설명에 먼저 귀를 기울여야 한다. 특히 프레스톤이—앞서 언급된 여러 가지 신학적 쟁점들과 관련하여—자신의 신학 체계 안에서 언약의 제 요소들에 대한 해석과 균형점을 어떻게 마련하고 있는지 면밀하게 살펴보아야 한다. 프레스톤의 소위 쌍방적 언약 사상은 역사적 정황에 의해 일면 영향을 받은 것이 틀림없지만 보다 근본적으로는 언약에 대한 성경신학적 이해와 그것의 목회적 적용에 더욱 깊이 뿌리 내리고 있기 때문이다.

3. 프레스톤의 언약신학과 적용

영국혁명이 도래하기 반세기 전에 이미 언약이란 단어는 청교도 사이에 매우 중요한 위치를 차지하고 있었다. 프레스톤은 은혜 언약이야말로 복음-목회에 있어 가장 핵심적 요소라고 주장했다. 성도가 누리는 위로와 확신의 가장 근본적인 토대가 바로 하나님의 언약이기 때문이다.[413] 『축복의 잔』(*The Cup of Blessing*)이라는 설교집에서 그는 복음과 언약을 아예 동일한 것으로 가르친다.[414] 이처럼 언약신학의 중요성을 밝힌 후, 프레스톤은 그것의 구성 요소들에 대해 상술한다.

---

413   Preston, *The New Covenant* (1631), 350-51.
414   Preston, *The Cup of Blessing: Delivered in three Sermons upon* 1 Cor.10.16 (London, 1633), 30.

1) 두 개의 언약: 정의와 범위

프레스톤은 성경 안에서 두 개의 언약, 곧 행위 언약과 은혜 언약을 발견하고 다음과 같이 정의한다.

> ◆ 언약에는 두 종류가 있음을 반드시 알아야 한다. 행위 언약이 있고 또한 은혜 언약이 있다. 행위 언약은 이렇게 표현된다. "이것을 행하라 그리하면 살리라."…다음으로 은혜 언약은 다음과 같이 표현된다. "믿으라…그러면 나는 네 하나님이 되고 너는 나의 백성이 되리라."[415]

행위 언약은 에덴동산에서 하나님과 아담 사이에 맺어진 언약이다. 아담의 타락 이후 이 언약은 일종의 "도덕법"으로 남아 지속적으로 기능한다. 모세의 법을 통해 명시된 "행하라 그리하면 살리라"의 원칙 역시 동일한 도덕법의 표현이다.[416] 결국 행위 언약—혹은 도덕법—은 "모든 인류에게 적용되며 그리스도 안에 들어오기까지 그러하다."[417] 행위 언약이 적용되는 범주가 보편적이라는 사실에 주목하면서 보즈먼은 구약의 이스라엘 나라가 하나님과 더불어 맺은 언약 관계가 일종의 도덕법에 기초했다는 사실을 강조한다. 특히 이스라엘 국가의 도덕적 실패와 성공이 하나님의 축복과 심판과 유기적으로 연결되었음을 지적하면서 이러한 (도덕법에 기초한 국가언약이라는) "이스라엘 패러다임"이 청교도의 언약 설교에 크게 영향을 끼쳤다고 보즈먼은 주장한다.[418] 하지만 소위 "이스

---

415 Preston, *The New Covenant*, 273.
416 *Ibid.*
417 Preston, *The Breast-Plate of Faith and Love*, 19.
418 Bozeman, *The Precisianist Strain*, 26 32-38, 85, [인용은 각각 35쪽과 26쪽에서]; Michael McGiffert, "Grace

라엘 패러다임"의 율법적이고 규율적인 요소를 부각한 보즈먼의 시도가 일면 통찰력이 있는 것임에도 불구하고 이것을 마치 청교도 언약신학의 모든 것을 대변하는 요소인 것처럼 확대해석하는 것은 결코 정당화될 수 없다. 무엇보다 프레스톤의 진술에서 확인되듯이 도덕법의 구속력은 "그리스도 안에 들어오기까지"라는 단서에 의해 제한되기 때문이다. 이것은 행위 언약 외에 또 다른 언약이 있음을 표현하는 것이며, 지금부터 프레스톤은 독자들의 시선을 후자의 언약, 곧 은혜 언약에 고정시키는 일에 오히려 주된 관심을 기울인다.

프레스톤에 따르면 은혜 언약 자체도 이중적이다. 곧 무조건적이고 절대적인 측면이 있고 동시에 조건적인 차원이 존재한다. 전자는 택자들에게 해당하며 후자는 모든 사람에게 해당한다. 특히 후자의 측면과 관련하여 그는 다음과 같이 말한다.

◆   이제 이것 외에도 조건적인 측면의 은혜 언약이 존재하며 이것은 모든 이에게 적용된다. 그 내용은 다음과 같이 표현된다. 그리스도는 자신의 공로로써 이미 의와 구원을 마련해 놓으셨다. 이제 누구든지 믿기만 하면 그리스도가 주시는 것을 받아 구원을 얻을 것이다. 나는 이것이 모든 사람에게 해당된다고 말한다.[419]

은혜 언약의 조건적인 성격은 복음서에 기록된 대위임령에 기초한다. 예수님께서 복음을 (차별 없이) 천하 만민에게 전하라고 명하셨기 때문에 은혜 언약,

---

and Works: The Rise and Division of Covenant Divinity in Elizabethan Puritanism," *Harvard Theological Review* 75 (1982): 501.

[419] Preston, *The Breast-Plate of Faith and Love*, 32.

곧 복음은 보편적으로 선포되어야 하는 것이다.[420] 이처럼 프레스톤에게 있어 은혜 언약은 신약에 계시된 그리스도의 복음과 일차적으로 관련되어 있다. 그렇다고 해서 이것이 구약과의 단절성을 의미하는 것은 결코 아니다. 구약과 신약은 그 본질에 있어 동일한 하나의 은혜 언약을 계시하고 있기 때문이다.[421] "양자[구약과 신약] 모두 본질에 있어 하나이며 오직 경륜의 방식에 있어 차이점을 가질 뿐이다."[422]

한편 은혜 언약의 조건으로 제시된 믿음에 관해서도 프레스톤은 독자들의 주위를 환기시킨다. 하나님의 영원한 작정의 시각에서 보았을 때, 은혜 언약의 조건으로 제시된 믿음 자체가 택자들에게는 선물로서 값없이 주어진다고 프레스톤은 강조한다. 요컨대 언약의 조건 자체가 은혜 언약 안에 약속된 것이다. 이것을 설명하기 위해 프레스톤은 또 다른 차원에서 은혜 언약의 이중성을 설명한다.

♦ 이중적 언약은 다음과 같이 실천된다. 만일 당신이 믿고 회개하면 당신은 구원을 얻게 될 것이다. 그런데 당신에게 회개하고 믿을 수 있는 마음을 주는 주체가 바로 나[하나님]이다. 내가 일을 시작하고 내가 일을 끝내는 것이다.…하나님은 약속을 주실 뿐만 아니라 우리로 하여금 그 언약의 조건을 이행하는 것을 가능케 하시는 것이다. 바로 이 때문에 이것[은혜 언

420　Preston, *The Breast-Plate of Faith and Love*, 32.
421　복음(예수 그리스도)에 기초한 구약과 신약의 통일성을 전제하고 프레스톤은 양자 사이에 존재하는 다음의 여섯 가지 차별성을 지적한다. 1. 새 언약은 이방인들에게도 동일하게 확대 적용되었다는 측면에서 옛 언약보다 크다. 2. 그리스도를 계시하는 측면에 있어 새 언약은 더욱 명확하다. 3. 새 언약은 옛 언약보다 더욱 강하다. 4. 희생제물인 짐승의 피가 아닌 그리스도의 피에 의해 확정되었다는 측면에서 새 언약은 더욱 확실하다. 5. 새 언약은 더욱 풍성한 지식을 전달한다. 6. 새 언약의 중보자(그리스도)는 옛 언약의 중보자(모세)보다 더욱 우월하시다. Preston, *The New Covenant*, 279-83.
422　*Ibid.*, 279-80. 이것은 칼뱅의 시각과 정확히 일치한다. 구약과 신약의 관계를 설명하면서 칼뱅은 그리스도라는 본질에서의 일체성과 구속사적 경륜에서의 다양성을 주장한다. Calvin, *Inst*. 2.11.1

약은 이중적이라 불릴 수 있는 것이다.[423]

　이미 언급한 대로 조건적 차원에서의 은혜 언약이 미치는 범위는 매우 광대하다. 그것은 만민에게 복음을 전하라는 대위임령의 범위와 정확히 일치한다. 믿고 회개하는 모든 자는 누구든지 은혜 언약 안으로 들어올 수 있다.[424] 한편 택자들에게 적용되는 무조건적 차원의 은혜 언약 역시 그 적용 범위가 신자의 삶 전반, 곧 구원의 서정에 있어서 칭의와 성화 그리고 심지어 내세에까지 미친다고 프레스톤은 강조한다. "언약이 약속하는 바는 세 종류다. 칭의에 대한 약속, 성화에 대한 약속, 그리고 이생과 내세에 속한 모든 종류의 축복에 관한 약속들이다."[425] 이러한 세 가지 약속에 상응하는 믿음의 기능 또한 세 가지로 표현된다. "믿음의 역사는 무엇인가? 다음의 세 가지다. 첫째, 화해 혹은 칭의의 기능이다. 둘째, 마음의 평화다. 셋째, 정결 혹은 성화시키는 기능이다."[426]

　이처럼 언약 안에서 서로 만남을 이루는 하나님의 약속과 성도의 믿음이 가지고 있는 깊이와 넓이를 이해하는 것은 매우 중요하다. 왜냐하면 이를 통해 성도는 이들이 하나님과 더불어 맺는 언약 관계가 얼마나 튼튼하고 또한 얼마나 풍성한 것인가를 깨달을 수 있기 때문이다. 은혜 언약이 보여주는 "상호 연대성"의 가장 좋은 사례는 바로 아브라함 언약이라고 프레스톤은 생각한다. 아브라함과 언약을 맺으면서 하나님은 당신 스스로를 영원히 구속시키셨다.

---

[423] Preston, *Life Eternall or, A Treatise of the Knowledge of the Divine Essence and Attributes,* third edition, second part (London, 1633), 86-87.

[424] Preston, *The New Covenant* (1631), 351.

[425] Preston, *The New Covenant.,* 397.

[426] Preston, *The Breast-Plate of Faith and Love,* 52-53.

- 나[하나님]는 너[아브라함]와 더불어 기꺼이 언약을 맺을 것이다. 이것은 곧 나 자신을 구속하고 나 자신을 속박시키며 마치 더 이상 나에게 아무런 자유가 없는 것처럼 나 자신을 묶어버리는 것을 의미한다. 이와 같은 사실에도 불구하고 나는 기꺼이 너와 더불어 언약, 혹은 계약, 또는 협정을 맺는 것이다. 게다가 이 언약은 일시적인 것이 아니라 영원한 언약이다. 앞으로 나와 너 사이에 그리고 나와 너의 후손 사이에는 영원한 상호 구속의 관계가 지속될 것이다.[427]

위의 인용문은 독자들로 하여금 프레스톤의 소위 "쌍방적 언약"이 가진 성격을 제대로 이해할 수 있도록 돕는 핵심 개념을 포함한다. 프레스톤에게 있어 언약의 상호성은 철저히 하나님의 주권적 은혜에 기초하고 있다. 하나님께서 아브라함에게 소위 "완전한 걸음"을 요구하시기에 앞서 하나님은 아브라함과 맺은 은혜의 언약 안에서 스스로를 완전하게 구속시키신 것이다. 이미 앞서 살펴본 바와 같이 보즈면은 아브라함에게 요구된 순종의 의무를 크게 부각하면서 프레스톤의 언약신학이 칼뱅으로부터 일탈한 것처럼 묘사하였다. 그러나 적어도 아브라함 언약에 대한 프레스톤의 전체적인 설명과 강조점에 근거해 볼 때, 프레스톤의 언약에 대한 이해가 칼뱅으로부터 벗어나 일종의 새로운 율법주의를 도입했다는 주장은 그다지 설득력이 없다고 생각된다. 실제로 프레스톤은 모든 종류의 신인협력주의를 철저히 배격하면서 하나님의 주권적 은혜를 반복하여 강조하고 있다.

---

427 Preston, *The New Covenant*, 271-72.

◆ 성경의 모든 곳에서 죄인이 회심하고 중생하는 것은 오로지 하나님의 단독사역, 곧 그의 선하고 기뻐하시는 뜻으로 돌려진다. 모든 종류의 심지어 가장 작은 협력마저도 인간 자신으로부터 박탈된다.…왜냐하면 우리가 하나님을 선택한 것이 아니라 그가 우리를 선택하시기 때문이다.[428]

이처럼 하나님의 선택과 주권 그리고 구원에 대한 이해에 있어 프레스톤의 가르침은 칼뱅의 그것과 근본적으로 다르지 않다. 그렇다면 프레스톤의 설교에서 자주 등장하는 순종의 의무에 대한 강조―혹은 소위 쌍방적 언약의 성격―를 우리는 어떻게 이해할 것인가? 그것은 혹자가 주장하는 것처럼 프레스톤의 율법주의나 문자주의적 성경 이해로부터 기인한다기보다는[429] 언약신학의 실천적 함의―성경적 언약신학을 성도의 삶 전반에 적용시키고자 노력했다는 의미에서―에 대한 청교도 신학자들의 일반적인 관심을 반영하고 있다는 것이 필자의 생각이다.

2) 언약의 실천적 함의

주지하다시피 프레스톤은 말씀의 선포와 더불어 그것의 적용에 대해 비상한 관심을 기울인 설교자였다. 설교가들이 말씀을 전할 때 프레스톤은 그것이 교리적 지식을 전달하는 것에 머물지 않아야 한다고 주장한다. 성경이 하나의 교리를 가르칠 때 그 교리가 과연 어떤 목적으로 주어졌는지에 먼저 집중하라고

428　Preston, *The Irresistibleness of Converting Grace*, 13-18.
429　예를 들어 비닝거는 프레스톤의 쌍방적 언약 이해가 성경에 기록된 언약의 문자적 이해를 강조한 데서 비롯되었다고 주장한다. 그리고 이 점에서 칼뱅의 언약 이해와 차이를 보인다고 지적한다. Veninga, "*Covenant Theology and Ethics in the Thought of John Calvin and John Preston*," 346-47.

프레스톤은 충고한다. 예를 들어, 성경에 계시된 언약에 대해 설교할 때, 설교자들은 언약 교리의 궁극적인 목표가 바로 하나님과 자기 백성 사이에 맺어진 사랑의 관계를 돈독히 하기 위함이라는 사실을 분명하게 인식해야 한다고 주장한다.

◆ 이 [언약] 교리는 어떻게 사용되어야 하는가? 이 교리에는 다음과 같은 목표가 있다. 곧 이 교리가 없었다면 당신은 하나님을 진심으로 또한 온전하게 사랑하는 것이 불가능했을 것이다. 생각해 보라. 언제라도 당신의 원수가 될 수 있는 상대를 당신은 온전한 사랑으로 사랑할 수 있겠는가?[430]

요컨대 하나님께서 당신의 백성들에게 언약을 맺으신 이유는 이들과 더불어 진심에 기초한 온전한 사랑의 관계를 맺도록 하기 위함이라는 것이 프레스톤의 주장이다. 만일 이것이 성경적 언약 교리의 목표라고 한다면 설교자들은 마땅히 여기에 초점을 두고 언약을 설교해야 한다. 흥미로운 것은 이것이 은혜 언약뿐만 아니라 행위 언약을 설교할 때도 동일하게 적용되어야 한다고 그가 주장한다는 사실이다.

(1) 행위 언약

보편적인 도덕법으로서의 행위 언약은 신자들로 하여금 하나님과 더불어 진정한 의미의 사랑의 관계를 맺도록 하는 데 매우 중요한 역할을 감당한다. 첫째, 그것은 하나님 앞에서 우리의 본성을 갈기갈기 찢어 결국 겸손한 자리로 우리

---

430 Preston, *Life Eternall*, 85.

를 인도한다. 이것이 바로 죄를 깨닫게 하는 율법의 기능이다.[431] 둘째, 행위 언약은 우리를 그리스도 앞으로 인도한다. 이런 측면에서 행위 언약은 택자들을 그리스도에게로 이끄는 채찍과도 같은 역할을 한다.[432] 왜 율법을 통한 죄의 자각이 반드시 선행되어야 하는가? 프레스톤에 따르면 죄와 죄에 대한 하나님의 진노를 바르게 인식하지 않고서는 복음의 진정한 가치를 깨닫는 것이 불가능하기 때문이다. "죄가 무엇이고 하나님의 진노가 무엇인지 깨달음을 통해 완전히 겸손해질 때에야 비로소 사람은 하나님의 왕국에 합당한 자가 된다."[433]

율법과 하나님의 심판 앞에서의 바른 두려움이 사람을 진정한 회개의 자리로 인도한다면 참된 중생은 오로지 복음을 받아들이는 믿음에 의해서만 가능하다.[434] 그의 저서 『새 언약』(*The New Covenant*)에서 프레스톤은 중생한 성도의 마음속에서 새로운 자아가 어떻게 형성되고 성숙해져 가는지에 관심을 기울인다. 또한 이 과정을 통해 거듭난 성도가 하나님과 더불어 사랑의 연합을 어떻게 이루어 가는지에 대해서도 자세히 서술한다.

(2) 은혜 언약

은혜 언약에 포함된 하나님의 약속을 프레스톤은 칭의와 성화 그리고 축복들로 나누어 설명하였음을 이미 언급하였다. 은혜 언약을 어떻게 활용하는가에 대한 실천적 물음에 대해서도 프레스톤은 동일한 세 가지 범주를 이용하여 설명한다. 첫째, 칭의라는 제목 아래에서 프레스톤은 다음과 같이 말한다.

---

431 Preston, *The Breast-Plate of Faith and Love*, 12.
432 *Ibid.*, 88-89.
433 *Ibid.*, 146.
434 *Ibid.*, 13.

- 주님께로 나아가서 이렇게 말하라. 주님, 이 [죄악]에도 불구하고 나는 당신과 맺은 언약 안에 있음을 압니다. 주님께서 우리의 죄악을 더 이상 기억하지 않으시고 우리의 죄악들은 찾고자 해도 결코 발견될 수 없을 것이라는 사실이 당신의 언약 안에 일부로서 포함되어 있음을 저는 알고 있습니다.[435]

이와 같은 성도의 담대함은 과연 무엇에 근거하는가? 프레스톤은 대답한다. 언약 백성이 누리는 담대함은 이들이 그리스도와 맺는 특별한 관계, 곧 그리스도와의 연합에 기초한다.[436] 그의 또 다른 저서에서 프레스톤은 같은 내용을 이렇게 표현한다. "주님 앞으로 나아갈 때 당신의 품에 그리스도를 모시고 가라 (이것이 바로 믿음의 속성이다)." 그리고 이렇게 말하라 "주여, 나는 당신의 아들을 소유했습니다.…그 안에서 당신의 모든 약속은 예와 아멘이 됩니다."[437] 이처럼 율법에 의해 그리스도 앞으로 이끌려 간 택자들은 그리스도와의 연합을 통해 반드시 "새 사람" 혹은 "새로운 피조물"로 거듭나는 것이다.[438]

둘째, 중생을 체험한 성도는 칭의 이후의 성화 단계에서도 동일한 언약을 활용한다. 죄의 권세에 대한 치열한 싸움의 현장에 있는 모든 성도는 주님께서 원수로부터 당신의 백성을 건져내어 일평생 의와 거룩함으로 하나님을 섬기게 하시겠다는 약속이 언약에 포함되어 있음을 기억해야 한다. 이 때문에 성화의 과정에서도 성도는 부지런히 주님께 나아가 이 약속을 이루어주실 것을 요구하라

---

[435] Preston, *The New Covenant*, 397.
[436] 프레스톤은 이 연합을 결혼 관계에 빗대어 설명한다. Preston, *The Breast-Plate of Faith and Love*, 12-13. 46.
[437] *Ibid.*, 397-98.
[438] Preston, *The Saint Qualification: or, A Treatise I. Of Humiliation II. Of Sanctification*, 3rd edition (London, 1637), 324-25.

고 프레스톤은 권면한다.[439] 이렇게 할 수 있는 신학적인 근거는 역시 "그리스도와의 연합"에서 발견된다. 믿음을 통해 그리스도와의 연합을 이룸과 더불어 칭의가 일어나고 곧이어 같은 토대 위에서 성화가 시작된다고 프레스톤은 설명한다.

◆ 어떻게 칭의로부터 성화가 일어나는가?…누구든지 그리스도를 믿음으로 그의 의를 받을 때 그리스도와 더불어 연합을 이루게 된다. 바로 이 연합과 함께 그리스도의 영이 임하시는 것이다.…칭의가 이루어짐과 동시에 그 사람은 성령을 받는 것이다.[440]

위의 인용문에 따르면 칭의와 성화는 서로 구분되지만 이와 동시에 그리스도라는 공통의 토대 위에서 상호 불가분의 관계를 맺는다.[441] 이것은 칭의와 마찬가지로 성화에 있어서도 택자들은 "그리스도에 대한 지속적인 의존"을 경험한다는 사실을 의미한다. 이 때문에 성화의 과정에 있는 모든 성도는 끊임없이 다음과 같이 고백하며 기도해야 한다고 프레스톤은 가르친다. "나는 혼자의 힘으로 아무것도 할 수 없습니다. 제 마음을 텅 빈 상자와 같이 주님 앞에 가져가오니 그것을 은혜로 채우소서." 요컨대 프레스톤의 언약신학 안에서 그리스도로부터 분리된 채 독립적으로 존재하는 "새 사람"이란—칭의와 성화의 모든 단계에서—결코 발견되지 않는 것이다.

셋째, 프레스톤은 특별히 구원의 확신 문제로 고민하는 성도를 위해 언약을 적극 활용할 것을 제안한다. 은혜 언약 안에서 모든 성도는 모든 종류의 위로와

---

439 Preston, *The New Covenant*, 400.
440 Preston, *The Saint Qualification*, 311.
441 Preston, *The New Covenant*, 400.

구원의 확신, 그리고 영적인 복들을 발견한다. 다양한 종류의 어려움들, 예를 들어 "모든 압박, 환란, 십자가, 질병, 정신적이고 육체적인 고뇌 등"에 빠져있는 사람들을 향해 프레스톤은 이렇게 권면한다. "왜 당신은 지금 당장 하나님께 나아가 [지금 이 어려움들로부터] 당신을 건져내는 것이 하나님의 언약의 일부임을 말하지 않는가?"[442] 프레스톤에게 있어 은혜 언약은 위로를 생산하고 수유(授乳)하는 무한한 저장고와 같다. "당신이 나약해질 때 [하나님의] 약속들로 나아가 그곳으로부터 위로의 젖을 짜내도록 하라. 그것이 당신에게 평화를 서사할 것이다."[443] 결국 은혜 언약 안에 있는 하나님의 백성에게 언약신학이란 일종의 위로의 교리로서 기능한다.

은혜 언약 안에 존재하는 온갖 종류의 유익과 복들을 열거한 후에 프레스톤은 이 언약에 들어오지 못하고 있는 사람들의 비참한 상태에 대해 주목을 한다. 이들에게 있어 하나님은 더 이상 보호자가 아니다. 프레스톤은 은혜 언약에 들어오기를 거절하는 사람들을 향해 다음과 같이 엄중하게 경고한다. "사탄이 그대를 해할 수 있고, 사람이 그대를 해할 수 있으며, 짐승들 또한 그대를 해할 수 있다. 또한 모든 피조물도 그대를 해할 수 있다.…왜냐하면 당신은 하나님과 더불어 맺는 [은혜] 언약 안에 거하지 않기 때문이다."[444] 한편 하나님의 은혜 언약 안에 거하는 자와 그렇지 않은 자를 극명하게 대조시키는 것은 사람들로 하여금 자신이 이 언약 안에 속했는지 그렇지 않은지의 여부를 어떻게 알 수 있는가 질문하도록 자극할 수도 있었다. 이에 대한 프레스톤의 대답을 검토하기에 앞서 본장의 초두에서 소개한 소위 "완전한 걸음"에 대한 프레스톤의 입장을 먼저 정

---

442 *Ibid.*, 402.
443 *Ibid.*, 403.
444 *Ibid.*, 406-407.

리해 보자.

(3) 은혜 언약 안에 있는 율법?

보즈먼은 프레스톤의 많은 설교들 가운데 "완전한 걸음"을 다룬 설교를 특별히 선택하여 이것이 마치 그의 신학 전반을 대변하는 것처럼 제시하였다. 보즈먼에게 있어 "완전한 걸음"은 율법적 완전주의를 의미하는 것이며 한 걸음 더 나아가 청교도 운동의 "규율적 속성"을 대변하는 개념이다. 그러나 반드시 기억해야 할 사실이 있다. 그것은 프레스톤 자신이 "율법적 순종"과 "복음적 순종"을 분명하게 구분한다는 점이다. "율법에 대한 순종은 두 가지로 나뉜다. 그 하나는 율법을 철저하고 엄격하게 지키는 것이고 또 다른 하나는 복음적으로 지키는 것이다."[445] 그렇다면 창세기 17장에서 하나님께서 아브라함에게 요구하신 완전한 순종은 과연 어디에 속하는 것일까? 두말할 나위 없이 이것은 "복음적 완전성"에 해당한다고 필자는 확신한다. 왜냐하면 하나님과 더불어 은혜 언약의 관계를 맺은 하나님의 백성에게 요구하는 순종은 율법적 순종이 아닌 복음적 순종임을 프레스톤은 분명히 밝히고 있기 때문이다. 그에 따르면 똑같은 율법이라 할지라도 그리스도 안에 있는 자들과 밖에 있는 자들에게 있어 그것은 판이하게 적용된다. 후자에게 있어 율법은 일종의 "죽이는 문자"로서 기능한다. 이를테면 이들에게 율법은 일종의 원수다. 이와 대조적으로 전자에게 있어 율법은 "건강하고 유익한 삶을 위한 지침"이며 또한 하나님이 베푸시는 "위로"의 원천이 된다.[446]

---

[445] Preston, *The Breast-Plate of Faith and Love*, 19. 보즈먼 역시 프레스톤이 양자를 구분하고 있음을 인식한다. 그럼에도 그는 복음적 완전성이 의미하는 바를 단순히 간과해 버린다. "프레스톤과 그의 청중은 엄밀함에 대한 요구가 단지 '복음적으로만 지켜질 수 있음'을 인정했다.…그럼에도 하나님의 요구는 확고부동하다." 보즈먼은 계속하여 주장한다. "따라서 프레스톤은 결론을 맺기를 우리는 '반드시' 우리의 모든 힘을 다해 그 요구를 성취해야만 한다." Bozeman, *The Precisianist Strain*, 6.

[446] Preston, *The New Covenant*, 279.

이런 맥락에서 볼 때, 역설적이게도 "완전한 걸음"에 대한 하나님의 요구는 이미 그 자체로 우리의 "불완전한 걸음"—반복적인 실패와 회개를 동반하는 의미에서—을 전제한다고 볼 수 있다. 실제로 프레스톤은 "완전한 걸음"이 우리 자신의 불완전함에 대한 고백과 더불어 시작된다고 가르친다. 또한 그 누구도 자신의 "한두 가지 죄악이나 매일의 삶 속에서 일어나는 실패가 [하나님과의] 언약을 파기할 수도 있다"는 생각으로 결코 염려하지 말라고 명령한다. 무엇보다 그러한 완전함은 우리에게 있어 아예 불가능하기 때문이다.[447] 요컨대 은혜언약 안에서 그리스도와 연합된 성도에게 요구되는 "완전한 걸음"은 반드시 복음적으로 이해되어야 하는 것이다. "복음적 완전성"에 대한 프레스톤의 개념이야말로 왜 그의 언약신학이 율법주의가 아니라 오히려 구원의 확신 교리로 활용될 수 있었는지를 잘 설명해 준다.

3) 언약과 구원의 확신

프레스톤의 언약신학에 따르면 성도의 삶에서 지속적으로 목격되는 죄들은 성도를 절망으로 몰아넣는 절대적인 요소가 될 수 없다. 왜냐하면 언약의 존폐 여부는 궁극적으로 우리의 순종과 불순종 여부에 근거하지 않기 때문이다. 이 주제에 대한 폰 로어의 해석은 다음과 같다.

> ◆ 사람 편에서 보았을 때, 언약의 지속 여부는 사람의 순종 행위가 아닌 순종하고자 원하는 마음에 근거한다. 그것은 사람의 중심에서 그 사람의 진심이 어디로 향하는가에 근거하고 있다는 것이다.…하나님은 행함의

---

447   *Ibid.*, 2-3; The Breast-Plate of Faith and Love, 2:152.

완전성 대신에 사람의 진실성을 받으신다. 행위 대신 의지를 수용하신다는 것이다.…프레스톤은 다음과 같이 말한다. "당신의 마음이 진실인 이상… 언약은 유효하다는 사실을 인식하라."448

폰 로어의 지적이 어느 정도 타당성을 가진 것임에도 불구하고 이것은 일종의 반쪽 진리에 불과하다. 프레스톤에게 있어 "복음적 완전성"이란, 하나님께서 우리의 불완전한 순종을 수용하시기 때문에 이것이 우리로 하여금 구원의 확신을 누리도록 하는 근거가 됨을 의미하지 않는다. 오히려 프레스톤은 반복하여 다음의 사실을 강조한다. 곧 은혜 언약 안에서 성도에게 주어지는 확신의 궁극적 근거는 그리스도의 완전한 공로 혹은 그의 완전한 의라는 사실이다.449

◆ 이것이야말로 사람이 구원받는 유일한 방법이다. 그리스도의 편에서 모든 공로는 이미 마련되었다. 하나님께서 준비해 놓으신 의가 존재한다. 하나님께서 마련하셨기에 마땅히 하나님의 의라고 불린다. [하나님은] 우리로부터 무엇을 구하거나 요구하시지 않는다. 우리는 다만 그것[하나님의 의]을 취하고 적용할 뿐이다.450

이 시점에서 프레스톤은 구원의 확신 교리의 핵심을 잘 드러낸다. 그리스도의 의, 이것이야말로 그리스도와의 연합을 통해 그의 의를 전가 받은 모든 성도가 누리는 사죄의 객관적인 근거다. 이 때문에 프레스톤은 우리의 구원과 위로

---

448 John von Rohr, "Covenant and Assurance in Early English Puritanism," *Church History* 34 (1965) 198.
449 "For thou must know that God workes not by halves…there is not work of the lord but it is perfect." Preston, *The New Covenant*, 325.
450 Preston, *Life Eternal*, 33; Preston, *Saint Qualification*, 489.

의 근거가 오직 예수 그리스도라고 거듭하여 강조한다.

한 걸음 더 나아가 프레스톤은 성도가 구원의 확신을 누릴 수 있도록 돕는 몇 가지 중요한 지표들을 지적한다. 첫째, 성경에 계시된 은혜 언약이다. 특히 은혜 언약 안에 포함되어 있는 하나님의 약속은 구원의 확신을 제공하는 영원한 근거다. 둘째, 성례는 하나님의 언약에 대한 가시적인 인증이다. 예를 들어, 성만찬을 행할 때마다 성도는 하나님께서 마치 "이 성찬은 내가 너의 죄를 이미 사했음을 보여 준다", 혹은 "너에게 약속한 사죄의 선언은 여전히 유효하다."라고 말씀하시는 음성을 들어야 한다고 프레스톤은 가르친다. 아울러 하나님은 결코 "언약 파괴자"가 될 수 없다는 사실을 강조한다.[451] 셋째, 성도가 소유한 참믿음은 자신의 구원 여부를 말해 주는 가장 자명한 근거가 된다. 내 믿음이 참믿음인 것을 어떻게 알 수 있는가? 프레스톤은 태중에 아기를 품고 있는 임산부의 비유를 들어 설명한다. 마치 여인이 태동을 느낄 때 자기 몸 안에서 새 생명의 존재를 확인하는 것처럼, 참믿음을 소유한 사람은 그 믿음으로부터 흘러나오는 크고 작은 움직임들을 통해 그것이 진정 살아있는 믿음인가 아니면 죽은 믿음인가 여부를 확인할 수 있다는 것이다.[452]

한 가지 기억할 사실은 프레스톤이 "확신의 믿음"을 "연합의 믿음"으로부터 따로 구분하여 생각한다는 것이다. 후자는 성도로 하여금 그리스도가 제공하는 의를 자기의 것으로 취하도록 만든다. 한편 전자의 믿음을 통해 성도는 자기가 이미 그리스도와 더불어 연합하였음을 스스로 깨닫고 확신하게 된다. "연합의 믿음"은 그 속성상 정도의 차이가 없고 절대적인 성격을 갖는다. 왜냐하면 이것의 근거가 약속한 바를 행하시는 하나님의 신실하심에 전적으로 달려있기 때

---

[451] John von Rohr, "Covenant and Assurance in Early English Puritanism," 196; Preston, *The New Covenant*, 332; *The New Covenant* (1639), 2:224ff.

[452] Preston, *The New Covenant*, 332.

문이다. 반면 "확신의 믿음"은 우리 자신의 주관적 체험에 근거한다. 왜냐하면 이것은 그리스도가 행하신 일에 대한 우리의 마음으로부터의 반응이기 때문이다.[453] 여기서 프레스톤은 청교도의 경건 생활의 커다란 특징 중 하나인 "자기성찰"의 이론적 토대를 마련하고 있는 듯하다. 믿음의 첫 번째 기능―연합의 믿음―과 달리 구원의 확신과 관련된 두 번째 기능은 개인에 따라 정도의 차이가 있기 마련이다. 이러한 믿음은 때로는 마음속 깊은 곳에 감추어져 있을 수도 있는데 이 경우 구원의 확신이 마치 결여된 것처럼 스스로 느낄 수도 있다.[454] 바로 이러한 이유에서 프레스톤은 그의 회중이 자신의 마음에 감추어져 있는 참믿음의 지표들을 찾아 그것을 주관적인 경험의 영역으로 끌어올리고 그 결과 확신의 믿음이 가져다주는 복들을 누리도록 권면하는 것이다. 이 과정에서 동원될 수 있는 다양한 수단들이 있는데 이것이 바로 하나님께서 교회에 허락하신 은혜의 방편들이다. 설교, 성례, 기도, 말씀에 대한 묵상, 그리고 (믿음의 선한 열매로서의) 선행 등이 이에 해당한다. 이러한 수단들을 활용함으로써 성도는 구원의 확신이 주는 기쁨을 찾아 누릴 수 있다고 프레스톤은 주장한다.

이미 앞서 언급한 대로 프레스톤이 강조한 확신의 근거는 우리의 공로와는 전혀 무관하다. 리처드 호키스(R. M Hawkes)가 올바르게 지적하듯이 청교도의 자기성찰은 결코 내면적 자아의 의로움이나 공로를 찾기 위함이 아니다. 오히려 자기 안에서 발견되는 그리스도의 의와 공로를 발견하는 것을 목표로 하는 것이다.[455]

---

453 Preston, *The Breast-Plate of Faith and Love*, 63-64; William K. B. Stoever, "A Faire and Easie Way to Heaven": *Covenant Theology and Antinomianism in Early Massachusetts* (Middletown: Wesleyan University Press, 1978), 132-33.
454 *Ibid.*, 132.
455 R. M. Hawkes, "The Logic of Assurance in English Puritan Theology," *Westminster Theological Journal* 52 (1990), 258.

◆ 청교도 신학에 있어 구원의 확신은 공로와 전혀 무관하다. 차라리 그것은 그리스도가 값없이 베푸시는 공로가 자기 안에 역사하고 있음을 발견하기 위한 수단이다. 자신의 주관적인 선을 추구하는 것이 아니라 그리스도의 영광에 관한 지식을 추구하는 일이라는 말이다. 확신은 이에 따른 열매일 뿐이다.[456]

주지하다시피 호키스의 평가는 프레스톤의 언약신학 및 구원의 확신 교리와도 잘 부합한다. 프레스톤의 "자기성찰"에 있어서도 최우선의 목표는 그리스도와의 연합에 대한 증거를 찾는 것이다.[457] 요컨대, 프레스톤에게 있어 그리스도로부터 분리된 의미의 "자기성찰"은 존재하지 않는 것이었다. 그가 강조한 "새로운 자아"는 엄격한 자기 규율을 통해 "완전한 걸음"에 도달한 도덕적 주체가 아니다. 오히려 그것은 은혜 언약 안에서 그리스도와 더불어 연합을 이룸을 통해 새롭게 태어난—그리고 자기의 의가 아닌 그리스도의 의와 공로에 철저히 의존하는—거듭난 자아인 것이다.

4. 맺는말

본장의 서론에서 필자는 16세기 말 영국의 청교도 운동 역사에서 목격되는 중요한 변화를 설명하는 제렛과 보즈먼의 테제를 소개하였다. 제도권을 통한 교회개혁의 이상이 좌절되자 청교도 지도부는 각 지방의 작은 단위로 내려가

---

[456] *Ibid.*, 251.
[457] Preston, *Life Eternal*, 85.

새로운 종류의 개혁운동을 시작하였는데 이것을 가리켜 보즈먼은 "경건주의적 전환"이라고 명명하였다. 이 전환점이 가장 크게 의미하는 바는 청교도 운동이 일종의 "규율종교"로 변화되었다는 것이다.[458] 한편 청교도의 언약신학이야말로 규율종교의 특징을 잘 대변하는데, 이를 통해 성직자들은 일반 신도에 대한 이들의 통제력을 확보하고자 시도하였다. 이러한 규율종교를 대표하는 인물들과 신학 체계 가운데 보즈먼과 제렛은 프레스톤과 그의 소위 쌍방적 언약 사상을 공통적으로 지적하였다.

제렛과 보즈먼의 연구는 청교도 언약신학이 탄생한 정치사회적 정황과 그것의 실천적 함의를 드러내는 데 일면 공헌했음에 틀림없다. 그럼에도 그것은 많은 약점―이미 본론을 통해 살펴보았듯이―을 가지고 있다. 특히 규율종교의 확산에 대한 일반 신도 대중의 호의적 수용을 잘 설명해 내지 못한다. 크리스토퍼 헤이(Christopher Haigh)에 따르면 이 시기 일반 신도 교구민들은 청교도 설교가의 설교와 목회 사역을 통해 크게 영향을 받았고, 무엇보다 종교개혁의 원리들을 이들의 "마음으로부터 수용하였다."[459] 어떻게 이것이 가능했을까? 규율종교의 논리 안에서 해답을 찾기에는 분명 한계가 있는 것으로 판단된다. 이것은 청교도 성직자들이 이들의 목회 현장에서 활용한 성경의 언약개념이 통제와 규율의 논리보다는 위로와 은혜의 수단에 훨씬 가까웠음을 오히려 반증한다. 본 장에서 살펴본 프레스톤의 언약신학과 그것의 목회적 적용은 이러한 사실을 잘 입증해 준다. 아울러 그의 "쌍방적" 언약의 주해적이고 신학적 토대를 면밀히 검토해 본 결과 이것이 칼뱅의 은혜 언약과 본질적으로 다른 것이 아님을 우리는 확인하였다.

---

458 Bozeman, *The Precisionist Strain*, 3-4.
459 Christopher Haigh, *English Reformations: Religion, Politics and Society Under the Tudors* (Oxford: Oxford University Press, 1993).

예를 들어, 보즈먼이 크게 부각한 바대로, 프레스톤은 "완전한 걸음"을 강조하였다. 그러나 여기서 말하는 완전함은 "복음적 완전성"을 의미했다. 특히 보즈먼이 인용한 텍스트—창세기 17:1에 대한 프레스톤의 설교—의 우선적인 강조점은 오히려 모든 것을 채우시는 하나님을 의미하는 "하나님의 충분성"(God's all-sufficiency)에 있다는 사실을 기억할 필요가 있다. 왜냐하면 바로 이 토대 위에서 성도의 소위 "완전한 걸음"이 가능하기 때문이다.

> ◆ 다른 어떤 본문보다 이 텍스트[창 17:1]를 택하는 것이 유익하다. 왜냐하면 여기에서 우리는 하나님 앞에서 행하는 모든 성실함과 하나님과 더불어 걷는 온전한 동행의 근거를 발견할 수 있기 때문이다. 이 근거는 바로 하나님은 모든 것을 채워주시는 분이라는 사실이다. 바로 이로 인해 성도는 [완전함에 대한 주님의 명령을] 마음속 깊이 수용할 수 있게 된 것이다.[460]

하나님은 아브라함에게 "내 앞에서 완전하라."라고 명령하시기 이전에 당신 자신을 "전능하신 하나님"으로 계시하였다. 프레스톤은 이 순서에 커다란 의미를 부여하였다. 그리고 본문을 이렇게 다시 읽는다. "아브라함아 나는 모든 것을 채우는 하나님이다. 그러므로 너는 내 앞에서 완전히 행하라."[461] 요컨대 은혜 언약 안에서 성도에게 요구된 온전한 순종에는 이미 그것에 선행하여 "완전한 걸음"을 가능케 하시는 하나님의 약속이 존재하는 것이다. 프레스톤에게 있어 "하나님의 충분성"은 그리스도의 완전한 의와 공로를 의미했다. 이것이야말로 성

---

460 Preston, *The New Covenant*, 2.
461 Ibid., 4.

도의 칭의뿐만 아니라 성화의 삶을 가능하게 만드는 근본적인 토대라는 사실을 우리는 이미 확인하였다.

프레스톤의 언약 설교에 대한 이러한 주해적이고 신학적인 검토가 선행되지 않고서는 어떻게 그의 "쌍방적 언약신학"이 성도들에게 위로를 주는 구원의 확신 교리와 서로 조화를 이룰 수 있었는지 제대로 설명하는 것이 불가능하다. 프레스톤의 언약신학이 보여주는 경건주의는 그의 역사적 정황뿐만 아니라 성경신학적이며 목회적인 관심에 의해 크게 영향을 받았다고 말할 수 있다. 그것은 칼뱅으로 대변되는 개혁주의 신학 전통으로부터의 일탈이 아니었다. 오히려 성경적인 "은혜 언약"의 개념이 성도의 삶 속에서 어떻게 구체화될 수 있는지에 대한 그의 비상한 목회적 관심이 자연스럽게 빚어낸 강조점의 변동일 뿐이었다. 물론 본장을 통해 프레스톤의 목회와 신학 전반을 평가하는 것에는 분명 한계가 있다. 언약에 관한 그의 설교와 저서들이 그의 모든 신학 체계를 대변하는 것이 아니기 때문이다. 그럼에도 그의 언약신학을 면밀히 검토하는 작업이 의미가 있는 것은, 성경적 언약이야말로 프레스톤의 목회와 신학의 중심부를 차지하고 있음에 틀림없기 때문이다.

존 프레스톤(John Preston, 1587-1628)
케임브리지 대학교 퀸스 칼리지의 선임 연구원과 학장, 임마누엘 칼리지의 사감, 그리고 링컨 대교회의 명예 참사회원이었다. 1611년 존 코튼의 설교를 듣고 회심한 후 초기 청교도 운동을 이끈 대표적인 인물이 되었다. 뛰어난 설교자로 인정받아 1622년 궁정 목사가 되었고 1624년에는 트리니티 교회의 강사가 되었다. 신학적으로는 온건한 개혁주의의 입장에서 아르미니우스주의와 싸웠으며 언약신학과 관련한 여러 편의 설교문과 저서들을 남겼다. 특히 제4장에서 소개한 퍼킨스와 마찬가지로 프레스톤 역시 성경적인 언약을 목회적 위로와 확신의 교리로 활용한 것이 인상적이다. 제6장은 은혜 언약의 조건성과 무조건성을 프레스톤이 어떤 방식으로 통합시키는지를 중점적으로 부각시켰다.

[그림 출처] https://en.wikipedia.org/wiki/John_Preston_(priest)#/media/File:John_Preston.jpg

제 7 장

사무엘 루더포드와 토머스 후커의 언약신학[462]

1. 들어가며

17세기 중엽 웨스트민스터 총회(1643-1649)와 더불어 영국의 종교개혁이 새로운 전환기를 맞이할 무렵, 영국과 스코틀랜드 그리고 뉴잉글랜드의 청교도 내부에서는 교회론 논쟁이 활발하게 진행되고 있었다. 과연 성경과 종교개혁의 원리에 부합하는 가장 이상적인 교회 정부의 형태는 무엇인가라는 문제를 두고 다양한 입장들이 서로 대립하고 있었다.[463] 1630년대부터 약 한 세대 동안 치열하게 전개된 교회론 논쟁에 가장 적극적으로 참여하며 많은 양의 논문과 소책자들을 후대에 남긴 논객들은 주로 영국과 스코틀랜드의 장로교회파와

---

[462] 본 장은 「장로교회와 신학」 10(2013): 221-47에 실린 필자의 논문임을 밝힌다.
[463] 크게 보아 국교회의 감독 제도를 지지하는 청교도와 그것에 반대하는 청교도 사이에 의견이 양분되어 있었다. 후자 안에도 상이한 입장들이 서로 대립하고 있었다. 웨스트민스터 총회 구성원의 다수를 차지했던 장로교회파와 그에 대항했던 소수 독립파가 대표적이었다. 회중교회를 지지했던 독립파는 일찍이 국교회 안에서 교회개혁을 추진하다가 뉴잉글랜드로 건너간 비분리파 회중교회주의자들과 대부분 입장을 같이하고 있었다. 한편 회중교회 정부 형태를 선택하면서도 국교회를 참 교회로 인정하기를 거부하고 국교회로부터의 분리를 주장했던 분리주의자들이 존재했다. 각 집단의 다양한 입장에 대해서는 다음의 글을 참고하라. 원종천, 『청교도 언약사상: 개혁운동의 힘』(서울: 대한기독교서회, 2010), 125-92.

뉴잉글랜드의 비분리파 회중주의자들로부터 나왔다. 이 가운데 대표적인 인물이 사무엘 루더포드(Samuel Rutherford, 1600-1661)와 토머스 후커(Thomas Hooker, 1586-1647)였다. 루더포드-후커의 교회론 논쟁(1644-1658)에서 두 사람은 각각 스코틀랜드 장로교회와 뉴잉글랜드 비분리파 회중주의의 입장을 대변했다.

후커는 뉴잉글랜드 (비분리파) 회중교회의 성경적, 신학적, 그리고 논리적 기초를 교회 언약 사상에서 발견하고 그것을 성경의 은혜 언약과 연결 짓고자 시도했다.[464] 루더포드는 후커의 교회 언약이 성경에서 계시된 은혜 언약의 원리와 전혀 무관한 인위적인 발명품이며 더구나 그것은 필연적으로 분리주의자들의 교회론을 낳게 된다고 강하게 비판했다. 한 걸음 더 나아가 그는 후커의 회중교회와 그의 교회 언약이 성경과 건전한 교회 전통으로부터 일탈한 전혀 "새로운 교회"를 만들어 내었다고 주장했다. 흥미로운 것은, 비록 루더포드가 은혜 언약과 교회 언약 사이의 관계를 철저히 부정한 것은 사실이지만 그렇다고 해서 그가 성경에 계시된 은혜 언약의 교회론적인 함의 자체를 부정한 것은 아니라는 사실이다. 오히려 루더포드는 보이는 교회(visible church)에서 이루어지는 말씀 선포와 성례, 회원가입, 교회 구성원의 특권과 의무, 그리고 치리 등의 핵심 요소들의 기초가 모두 은혜 언약 안에 포함되어 있다고 주장했다. 또한 그는 국가교회로서의 장로교회에 대한 성경적 모델을 시내산 언약이 규정한 구약 교회(이스라엘)에서 발견하고자 시도했다.[465]

---

[464] 후커와 그의 동료들은 교회 언약을 회중교회의 이론적 토대로 삼았다. 한 걸음 더 나아가 교회 언약은 지상에 존재하는 보이는 교회의 형상인(formal cause)에 해당한다고 주장하며 그 적용 범위를 크게 확대하였다. 뉴잉글랜드 회중교회가 행하는 명시적 형태의 교회 언약이 도래하기 이전에도 지상에 존재해온 모든 형태의 참 교회들은 하나님과 더불어 일종의 묵시적 형태의 교회 언약을 맺은 것이라고 후커는 설명한다. Thomas Hooker, *A Survey of the Sum of Church Discipline*, (London: A. M. for John Bellamy, 1648), Part I, 12-14, 45-46, 84. (이후의 쪽 표기는 따로 명시하지 않는 한 제1부에 해당하는 쪽이다).

[465] Hooker, *A Survey*, 1-18, 45, part IV, 38-45, 48; Samuel Rutherford, *The Due Right of Presbyteries* (London: E. Griffin, 1644), 83-88; idem, *A Survey of the Survey of that Summe of Church-Discipline Penned* by Mr.

안타까운 사실은 오늘날 적지 않은 수의 학자들이 루더포드-후커의 교회론 논쟁이 가진 중요성을 지적해 왔음에도 불구하고 막상 그것의 성경적이며 신학적인 쟁점들을 심도 있게 분석한 단행본 수준의 연구서가 지금까지 거의 찾아보기 힘들다는 점이다.[466] 이런 맥락에서 필자는 먼저 루더포드와 후커의 언약신학을 살펴보고 각각의 특징과 차이점들을 비교하여 분석해 보고자 한다.[467] 이를 통해 필자는 루더포드-후커 교회론 논쟁의 언약신학적 기초를 부각할 것이다. 특히 논쟁의 핵심적 쟁점이었던 교회 언약을 둘러싼 이견이 각자의 언약신학과 긴밀한 상관관계가 있음을 밝히고자 한다. 한편 본장의 결론부에서 필자는 루더포드와 후커의 언약신학이 보여주는 이러한 공통점과 차이점에 근거하여 각자의 교회론이 실제로 얼마만큼의 차이와 유사성을 보이고 있는지 평가할 것이다. 이 과정을 통해 17세기 청교도 언약신학의 교회론적인 함의를 부각하고 아울러 그것이 오늘날 한국교회의 현실에 어떤 시사점을 제공할 수 있는지 검토해 보고자 한다.

Thomas Hooker (London: Andr. Crook, 1658), 95-115, 138-56, 162-71, 474-85.

[466] 간략하나마 루더포드-후커 논쟁을 다룬 연구자들은 다음과 같다. Daniel W. O'Brien, "Law versus Discipline" (Ph. D. diss., University of Washington, 1981); Andrew T. Denholm, "Thomas Hooker: Puritan Preacher, 1586-1647," (Ph. D. diss., The Hartford Seminary Foundation, 1961); Omri K. Webb, "The Political Thought of Samuel Rutherford," (Ph. D. diss., Duke University, 1964); John Coffey, Politics, *Religion and British Revolutions: The Mind of Samuel Rutherford* (Cambridge: University of Cambridge Press, 1997).

[467] 루더포드와 후커의 언약신학에 관해서는 다음의 저서들을 참고하라. 루더포드: Webb, "The Political Thought of Samuel Rutherford"; San-Deog Kim, "Time and Eternity" (Ph.D. diss., University of Aberdeen, 2002); Guy M. Richard, *The Supremacy of God in the Theology of Samuel Rutherford* (Milton Keynes: Paternoster, 2008). 후커: John H. Ball, *Chronicling The Souls Windings* (New York: University Press of America, 1992); Denholm, "Thomas Hooker: Puritan Preacher, 1586-1647"; O'Brien, "Law versus Discipline"; Ronald H. Bainton, *Thomas Hooker and the Puritan Contribution to Democracy*, booklet reprinted from the Bulletin of the Congregational Library, vol. 10, No. 1(Oct. 1958); Sargent Bush Jr., *The Writings of Thomas Hooker* (The University of Wisconsin Press, 1980); Diane M. Darrow, "Thomas Hooker and the Puritan Art of Preaching," (Ph.D. diss., University of California, 1968); Shuffelton, *Thomas Hooker* 1586-164; E. H. Emerson, "Thomas Hooker and Reformed Theology" (Ph.D. diss., Louisiana State University, 1955).

2. 사무엘 루더포드의 언약신학

언약의 통일성에 관한 루더포드의 입장을 가이 리처드(Guy M. Richard)는 다음과 같이 요약한다. 루더포드에게 있어 은혜 언약은 "하나의 언약이다. 그것은 구약과 신약에 통일성을 부여하며 구약과 신약에 등장하는 하나님의 백성들을 하나의 백성을 묶는다. 이들은 모두 앞으로 오실 그리스도 혹은 이미 오신 그리스도를 믿는 (동일한) 믿음에 의해 구원을 받았다."[468] 비록 아담은 행위 언약 안에서 인류를 대표하는 언약적 수장으로서는 분명 실패했지만 그럼에도 아담 개인의 자격으로는 그 역시 우리가 그리스도를 믿는 믿음과 동일한 믿음에 의해 구원을 받았다고 루더포드는 확신한다. 구약에 계시된 다른 언약들과 새 언약에 대해서도 루더포드는 동일한 관점, 곧 그리스도 안에서 값없이 주어지는 은혜에 기초한 언약적 통일성이라는 시각으로 접근한다. 이처럼 루더포드가 은혜 언약의 통일성을 그토록 강조한 이유는 무엇일까? 무엇보다 그의 역사적 정황 속에서 중요한 단서를 발견할 수 있다.

1) 사무엘 루더포드의 언약신학과 역사적 정황

루더포드는 한편으로는 로마 가톨릭교회의 세력으로부터, 그리고 다른 한편으론 아르미니우스주의, 소키누스주의, 반율법주의, 그리고 재세례파 등의 도전에 대해 개혁주의의 입장을 수호하고 확고히 정립할 시대적 필요를 느끼고 있었다. 그의 언약신학이 구약과 신약의 연속성과 은혜 언약의 통일성을 크게 강

---

[468] Guy M. Richard, *The Supremacy of God in the Theology of Samuel Rutherford* (Milton Keynes: Paternoster, 2008), 156.

조하는 특징을 갖게 된 데는 이러한 시대적 환경이 일면 기여한 것으로 생각된다. 실제로 언약신학과 관련된 그의 주저인 『생명 언약』(The Covenant of Life Opened, 1655)의 총 사십 개의 장들 가운데 절반 정도의 분량에 해당하는 열여덟 장에서 루더포드는 앞서 언급한 종교집단 가운데 적어도 한 개 이상의 집단의 견해를 소개하고 그것을 논박한다. 특히 이들 가운데 아르미니우스주의, 소키누스주의, 반율법주의자들과 재세례파 등은 모두 구약과 신약 사이의 단절성을 크게 강조하는 특징을 가지고 있었다. 예를 들어 아르미니우스주의자들과 소키누스주의자들은 소위 삼중 언약의 시스템—행위 언약과 은혜 언약 그리고 일종의 열등한 제3의 언약으로서의 시내산 언약—을 수용하고 있었다.[469] 이들은 특히 시내산 언약과 은혜 언약 사이의 차이성을 강조하면서 전자에서 약속된 축복과 저주는 오로지 이 세상에서의 육적이고 가시적인 것이지 영적인 것과는 무관한 것이라고 가르쳤다.[470] 또한 모세의 율법은 은혜 언약과 정면으로 배치되기 때문에 새 언약의 시대에는 설 자리가 없는 것으로 파악하였다.[471] 재세례파 역시 구약과 신약 사이의 단절성을 주장했다. 이들에 따르면, 단지 현세적인 복을 약속받은 구약의 이스라엘과 달리 신약의 교회는 영적인 그리스도의 왕국이다. 신약 교회는 오로지 신자들만으로 구성되며 세례 역시 신앙고백을 할 수 있는 신자들에게만 베풀어져야 한다고 이들은 주장했다. 이러한 재세례파의 견해를 논박하며 루더포드는 성경의 언약을 "외면 언약"과 "내면 언약"의 두 차원으

---

[469] Peter J. Wallace, "The Doctrine of the Covenant in the Elenctic Theology of Francis Turretin," *Mid-America Journal of Theology 13*(2002): 152, 157.

[470] Rutherford, *The Covenant of Life Opened* (Edinburgh: Andro Anderson, 1655), 57-65.

[471] 이처럼 시내산 언약을 은혜 언약의 궤도로부터 일탈한 제3의 언약으로 파악하는 견해는—비록 개혁주의 전통 안에서도 지속적으로 제기되어 논쟁거리가 되어온 것이 사실이지만—적어도 루더포드의 시각에서 볼 때는 상당히 문제가 있는 것이었다. Richard A. Muller, "The Federal Motif in Seventeenth Century Arminian Theology," *Nederlands Archief voor Kerkgeschiedenis* 62:1(1982): 104; idem, "Divine Covenants, Absolute and Conditional," *Mid-America Journal of Theology*, 17(2006): 11-56; Sebastian Rehnman, "Is the Narrative of Redemption History Trichotomous or Dichotomous?" *Nederlands Archiv voor Kerkgeschiedenis*, 80/3 (2000): 296-308.

로 이해해야 한다고 주장했다. 외면 언약은 차별이 없이 만민에게 복음을 설교하는 것, 언약의 조건성, 국가 언약, 그리고 보이는 교회 등과 관련성을 갖는다. 한편 내면 언약은 개인적이고 무조건적이며 또한 영원하고 비가시적인 교회의 실재와 직접적으로 연결되어 있다. 루더포드가 보기에 재세례파를 비롯하여 분리주의적 교회관을 가지고 있는 자들은 신약 교회의 시대에도 엄연히 존재하는 외면 언약의 실재를 간과한다. 대신 신약 교회가 오로지 내면 언약의 구성원이라 말할 수 있는 택자들만으로 구성되어야 한다고 잘못 가르치고 있었다. 이는 성경이 가르치는 보이는 교회의 원리에 위배되는 것이라고 루더포드는 단언한다. 신약 교회 안에도 가룟 유다, 데마, 시몬 마구스와 같은 인물들이 외면 언약을 통해 얼마든지 보이는 교회의 구성원으로 들어올 수 있다. 또한 이사야 2:1-2, 19:25, 60장과 요한계시록 11:15에 근거하여 신약 시대의 열국들은 특히 복음 전파와 관련하여 외면적 언약의 복을 누릴 특권이 있다고 루더포드는 말한다.[472]

이처럼 루더포드는 신구약의 단절성을 주장하는 다양한 흐름에 대해 강하게 반발하였다. 그는 성경에서 다양한 형태로 계시된 언약들을 언약의 통일성과 연속성의 시각에서 신중하게 검토해야 한다고 가르쳤다. 이것은 은혜 언약은 물론이고 심지어 타락 이전의 행위 언약에 대한 해석에도 동일하게 적용되어야 한다고 루더포드는 생각했다.

---

[472] Rutherford, *The Covenant of Life*, 72-95, 118-19; idem, *A Survey of the Spirituall Anti Christ* (London: J. D., 1648), 10.

2) 사무엘 루더포드와 행위 언약

아담의 타락은 하나님께서 창세 전부터 작정하신 복음의 영광으로부터의 타락을 의미하는 것은 아니라고 루더포드는 주장한다. 왜냐하면 하나님의 영원한 작정과 의도 속에서 아담은 처음부터 율법의 영광(law glory)을 위해 예정된 존재가 아니었기 때문이다: "아담은 그의 최초의 상태에서조차도 율법의 영광을 위해 예정되지 않았다.…그렇다면? 과연 아담이 예수 그리스도를 통한 영생으로 예정되었다는 의미인가? 그렇다[!]"[473] 루더포드에 따르면 하나님은 아담을 행위 언약의 원리가 지배하는 에덴에 두실 때 이미 그에게 값없이 베풀 은혜, 곧 예수 그리스도를 통한 영생의 길을 선사할 "사랑의 계획"을 가지고 계셨다. 결국 하나님의 의도라는 시각에서 보았을 때, 아담의 최초상태는 잠시 동안만 머물도록 지어진 일종의 "여름 별장"과 같은 종류의 것이었다.[474] 이처럼 루더포드는 타락 전 아담의 상태를 행위 언약이라는 시각으로 조명하면서도 그의 주된 관심은 행위 언약 안에 있는 은혜의 요소들을 찾아내는 데 있었다. 루더포드는 "율법언약에 있어서조차도 은혜가 현저하게 부각되어 나타났다."[475]라고 말하며 행위 언약 안에 계시된 하나님의 은혜를 부각하기 위해 언약 체결, 영생에 관한 약속, 그리고 심지어 죽음에 대한 경고조차도 은혜의 시각에서 해석한다.

(1) 아담과 언약을 체결함

비록 창세기가 행위 언약을 명시적으로 밝히지는 않지만, 루더포드는 창세

---

473 물론 이것은 아브라함이나 야곱과 같이 한 개인의 자격에서 그렇다는 것이지 모든 후손을 대표하는 공인의 차원에서 그랬다는 의미는 아니다. Rutherford, *The Covenant of Life*, 2.
474 Rutherford, *The Covenant of Life*, 2-3.
475 Rutherford, *The Covenant of Life*, 35; San-Deog Kim, "Time and Eternity," 298; Richard, *The Supremacy of God*, 148.

기 2:17에 근거하여 하나님이 인간과 더불어 맺은 최초의 언약은 행위 언약이라고 생각한다.[476] 그런데 행위 언약이 도입되기 이전에 이미 피조물로서 아담은 창조주가 피조세계와 더불어 맺은 일종의 "자연 언약"의 통치하에 있었다고 루더포드는 주장한다. 예레미야 31:35과 시편 119:91에 근거하여 볼 때, 피조세계의 모든 만물은 각자 지음 받은 목적에 부합하도록 존재할 의무를 부여받았다고 말할 수 있다. 물론 사람도 예외가 될 수 없다(렘 5:22이하). 사람 역시 자기를 지으신 창조주를 믿고 경외하며 사랑하는 한편 마음에 새겨진 도덕법을 신실하게 지켜야 할 의무가 있었다. 물론 이러한 순종의 대가로 영생을 요구할 권리가 있는 것은 아니었다. 그러나 이제 하나님은 아담과 더불어 행위 언약을 체결하심으로 아담이 피조물의 신분에서 어차피 마땅히 드려야 하는 순종을 무한한 가치를 갖는 영생으로 갚아 주시겠다고 선언하셨다. 아담과 더불어 언약을 체결하신 것 자체가 (루더포드의 표현을 빌리자면) 하나님의 "황공한 자기 비하"였다.[477]

(2) 생명에 대한 약속

하나님의 선하심과 사랑은 행위 언약 안에서 약속으로 주어진 생명과 더불어 더욱 명백하게 드러났다. 여기서 생명은 무엇을 뜻하는가? 루더포드는 이것이 영광의 하나님과 더불어 누리는 교제를 핵심으로 하는 "영원한 생명"이라고 정의한다. 비록 이 생명이 언약적 순종의 결과로서 주어지는 것임에는 틀림없지만 이것은 차라리 하나님께서 "값없이 베푸시는 선물"로서 이해되는 것이 마땅하다고 루더포드는 주장한다. 왜냐하면 피조물이 행하는 "자연적 순종"과 하나

---

476 Rutherford, *The Covenant of Life*, 19, 20-23, 228.
477 Rutherford, *The Covenant of Life*, 35.

님께서 베푸시는 "초자연적 보상" 사이에 그 어떠한 자연적이고(*ex natura rei*) 본질적 관련성이 존재하지 않기 때문이다. 이런 측면에서 행위 언약은 그 본질에 있어서 단순한 율법적, 자연적 관계를 초월하는 은혜의 요소가 있다고 루더포드는 가르친다.[478]

(3) 죽음에 대한 경고

그렇다면 영원한 생명에 대립하는 죽음의 저주를 어떻게 이해할 것인가? 루더포드는 창세기 2:17의 저주를 "계시된 경고 그 자체"로서의 율법의 차원과 그것의 "이차적 현실태와 최종태(*actu secundo & quoad eventum*)"로서의 하나님의 작정의 두 가지 차원으로 나누어서 살펴보아야 한다고 주장한다. 특히 후자의 시각에서 볼 때 본문에는 율법과 더불어 감추어진 복음의 두 요소가 모두 포함되어 있다고 말한다.[479] 다시 말해 창세기 2:17을 읽을 때 우리는 율법적 저주의 뒤에 숨겨진 하나님의 "복음적 치료제", 곧 그리스도를 발견할 수 있어야 한다고 루더포드는 주장한다.[480] 하나님의 경고는 복음적 방식으로 이해되어야 한다는 것이다. 하나님은 자녀들로 하여금 두렵고 떨림으로 구원을 이루고 그리스도에게 단단히 붙어 있도록 만들고자 하는 복음적 의도를 가지고 계신다고 그는 가르친다. 이러한 하나님의 복음적 의도라는 관점에서 루더포드는 계속하여 행위 언약과 은혜 언약의 두 시기 사이에 연속성을 부여하고자 시도한다.

---

478 Rutherford, *The Covenant of Life*, 22-23, 49-50; idem, *Rutherford's Catechism: Containing the Sum of Christian Religion* (Edinburgh: Blue Banner Productions, 1998), 28.
479 Rutherford, *The Covenant of Life*, 4.
480 Rutherford, *The Covenant of Life*, 5, 8, 193.

3) 사무엘 루더포드와 은혜 언약

구약과 신약에 계시된 다양한 언약들을 하나의 은혜 언약으로 파악하고 이들 사이의 통일성을 강조한 루더포드의 언약신학을 보다 잘 이해하기 위해서는 두 가지 사실을 기억할 필요가 있다. 첫째, 이미 앞서 언급한 바대로 루더포드는 은혜 언약을 외면 언약과 내면 언약의 두 차원으로 이해한다는 것이다. 루더포드는 이 차이를 구약과 신약의 차이로 이해하지 않는다. 대신 옛 언약에도 두 차원이 있고 마찬가지로 새 언약의 시대에도 두 차원이 존재한다고 가르친다. 둘째, 루더포드의 은혜 언약은 철저하게 하나님의 선재적이고 값없이 베푸시는 은혜와 인간의 복음적인 순종 혹은 의무 두 가지 차원으로 구성된다. 이러한 은혜 언약의 두 측면 혹은 상호성(mutuality)은 모세 오경에 등장하는 대표적인 두 언약, 곧 아브라함 언약과 시내산 언약 모두에서 잘 발견된다. 특히 후자를 열등한 형태의 제3의 언약으로 파악하는 견해를 강하게 비판하면서 성경에 계시된 언약은 단 하나의 은혜 언약일 뿐이며 따라서 모세 언약 역시 은혜 언약임에 틀림없다고 선언한다. 한 걸음 더 나아가 시내산 언약 안에 계시된 모세의 율법 역시 은혜 언약의 본질적 요소라고 주장한다. 이를 증명하기 위해 루더포드는 시내산에서 맺어진 언약과 아브라함과 맺은 언약을 서로 비교하며 양자 사이에 존재하는 연속성을 부각한다.[481]

(1) 아브라함 언약

루더포드에게 있어 옛 언약과 새 언약 사이에 존재하는 연속성을 입증하는 가장 좋은 실례가 바로 아브라함 언약이었다. 아브라함 언약 안에서 계시된 약

---

481 Rutherford, *The Covenant of Life*, 60-65.

속과 복 그리고 후손 등을 영적인 의미로 이해하는 사도 바울의 해석에 근거하여 루더포드는 다음과 같이 결론을 내린다. "아브라함 언약과 신약 시대 우리의 언약이 서로 다른 것이라고 말할 수 있는 그 어떠한 근거도 존재하지 않는다."[482] 특히 "약속의 자손"이 가리키는 바가 아브라함의 여러 자손이 아닌 그리스도라는 사실을(갈 3:16) 루더포드는 강조한다. 요컨대 아브라함 언약과 새 언약은 그 언약의 실체인 그리스도 안에서 통일성을 이루게 된 것이다.

(2) 시내산 언약

루더포드에게 있어 시내산 언약은 행위 언약도 제3의 언약도 아닌 순수한 은혜 언약이다.[483] 모세 언약이 대표하는 옛 언약 안에 계시된 은혜의 다섯 가지 요소들을 루더포드는 다음과 같이 정리한다. 첫째, 아르미니우스주의의 견해, 곧 시내산 언약 안에서 "하나님은 오직 의에 대한 인정과 죄에 대한 정죄를 선언하신 반면 은혜 언약 안에서 하나님은 용서와 중생을 행하신다."라는 주장을 반박하면서 루더포드는 다윗, 요시아, 여호사밧, 사무엘, 바룩, 기드온, 다니엘 그리고 수많은 선지자들이 증언하는 대로 모세 언약의 시대에도 하나님은 신약의 성도가 경험하는 것과 동일한 사죄를 구약의 성도들에게 적용하셨다. 둘째, 율법의 행위원리는 복음적인 목적을 가진다. 곧 하나님의 백성들로 하여금 그리스도를 믿는 믿음으로 인도하는 숨겨진 의도가 있는 것이다. 따라서 로마서 2장과 4장, 그리고 히브리서 11장이 증언하는 대로, 구약의 성도들 역시 행위가 아닌 믿음에 의해 의롭다 하심을 받은 것이다. 셋째, "종의 영"과 "양자의 영"에 대한

---

[482] Rutherford, *The Covenant of Life*, 81.
[483] 개혁주의 전통 안에는 루더포드와 같이 시내산 언약을 순수한 은혜 언약으로 파악하는 견해 이외에도 그 안에 있는 행위의 원리에 주목하여 그것을 행위 언약의 갱신된 형태로 파악하거나 은혜와 행위의 두 가지 원리의 혼합된 형태로 파악하는 이견들이 처음부터 존재했다. 이에 대해서는 본서 제1장을 참고하라. Muller, "The Federal Motif," 102-22; idem, "Divine Covenants," 11-56; Rehnman, "Is the Narrative of Redemption History," 296-308.

구분을 이용하여 루더포드는 모든 구약의 성도를 전자와 연결 짓는 것은 바른 성경해석이 아니라고 말한다. 구약의 성도 역시 진정한 "후사요 자녀들이다"(갈 4:1-2). 넷째, 다윗, 요나, 히스기야 등의 인물들이 증언한 대로 옛 언약의 시대에도 참 회개가 존재했다. 따라서 구약과 신약의 모든 신자에게 선언되는 사죄와 칭의 역시 같은 종류의 것이다. 마지막으로, 시내산 언약에서 약속된 젖과 꿀이 흐르는 땅에 대한 복 역시 단순히 이 땅에 속한 것으로만 해석될 수 없다. 그것은 천국에 대한 모형으로서 주어진 것이다.[484]

모세 언약 안에 주어진 십계명에 대해서도 루더포드는 그것이 포함하고 있는 은혜의 본질을 이해하기 위해서 십계명의 서언이라는 시각으로 개별 의무 조항을 읽어야 한다고 주장한다. 여기서 루더포드는 십계명의 이중구조와 아브라함 언약의 이중구조를 비교하면서 두 언약 사이에 존재하는 (구조상의) 연속성을 크게 부각한다. 주지하다시피 창세기 17장에 기록된 아브라함 언약은 "나는 전능한 하나님이라."라는 선언과 더불어 "너는 내 앞에서 행하여 완전하라."라는 의무 규정의 이중 구조로 되어 있다. 이와 마찬가지로 십계명 역시 "나는 너를 애굽 땅 종 되었던 집에서 인도하여 낸 네 하나님 여호와니라."(출 20:2)라는 서언과 그 이후에 이어지는 의무 규정의 이중구조로 되어 있다. 각각의 언약의 첫 번째 부분에서 드러난 하나님의 선재적 은혜의 선언—"모든 것을 채우시는 하나님"과 "구원하시는 하나님"—으로 말미암아 언약의 두 번째 부분에 해당하는 인간의 의무 규정을 결코 행위 언약으로 받을 수 없는 것이라고 루더포드는 주장한다. 모든 것을 채우시는 하나님의 전능하심 (아브라함 언약)이 그리스도 안에서 궁극적으로 성취된 것처럼 구원하시는 하나님(시내산 언약)의 궁극적 성취 역시 예수 그리스도 안에서 온전하게 이루어졌다고 말한다. 요컨대 그

---

484 Rutherford, *The Covenant of Life*, 58-61.

리스도 안에서 은혜 언약의 두 가지 차원, 곧 하나님의 법에 대한 순종의 의무와 하나님께서 값없이 베푸시는 은혜의 원리 사이의 긴장 관계는 복음적으로 해소되는 것이다.[485]

(3) 새 언약과 복음적 순종

같은 맥락에서 루더포드는 새 언약 시대의 성도들에게도 매우 높은 수준의 순종의 삶이 요구된다고 주저함 없이 선언한다. 이와 관련하여 루더포드는 은혜 언약에 관한 그의 논문 제2부에서 성화의 삶이 필수적으로 요구하는 "죄 죽임"(mortification)의 구체적인 내용들을 자세하게 상술한다.[486] 특히 그는 성도가 자기 자신을 신뢰하지 말고 오로지 하나님만을 신뢰할 의무가 있음을 강조한다. 한 걸음 더 나아가 이웃을 용서하고 사랑하는 삶 역시 죄 죽임의 삶이 요구하는 필수적인 의무 조항이라고 가르친다. 이러한 내용은 루더포드의 언약신학에 있어 은혜 언약의 절대적 "은혜"라는 속성이 결코 사람에게 요구되는 언약적 의무의 요소를 상쇄하는 것이 아님을 잘 보여준다. "의무와 성화를 무시하는 것은 은혜의 길이 아니다.…은혜는 순종을 파괴하지 않는다. 그리스도는 율법을 믿음의 친구로 만드셨다."[487]

그러나 한 가지 기억할 사실이 있다. 루더포드는 성도에게 요구되는 언약적 순종의 의무를 가리켜 "복음적 행위" 혹은 "복음적 순종"이라고 정의했다. 이것의 의미는 무엇일까? 첫째, 은혜 언약의 법은 타락 전에 주어진 행위 언약의 법과 다른 것이다. 전자는 "행위 원리"에 기초한 반면 후자는 갈라디아서 3:23이

---

485 Rutherford, *The Covenant of Life*, 59-60.
486 Rutherford, *The Covenant of Life*, Part II, 257-81.
487 Rutherford, *The Tryal and Triumph of Faith* (London: John Field, 1645), Sermon XV, 121.

규정한 "복음적 의도"에 기초한다. 또한 은혜 언약의 조건으로 제시된 믿음 역시 선물로서 주어진다. 둘째, 루더포드는 율법적 순종과 복음적 순종을 구분한다. 전자는 공로적 순종인 반면 후자는 아버지에 대한 사랑의 동기에서 흘러나오는 자녀의 순종이라는 차별성을 갖는다. 셋째, 은혜 언약 안에 있는 자들에게 요구되는 순종 안에는 "삼중적 달콤함", 곧 명령 자체 안에 담긴 달콤함, 주어진 명령을 수행할 수 있도록 주어지는 능력 안에 내재된 달콤함, 그리고 마지막으로 이 모든 과정에서 그리스도와 더불어 누리는 교제 안에 내재되어 있는 달콤함 등이 약속되어 있다. 바로 이러한 달콤함 때문에 은혜 언약의 두 가지 측면—하나님의 절대적 은혜와 인간의 복음적 순종—이 서로 완벽히 조화로운 관계를 이룰 수 있다고 루더포드는 확신한다.[488]

4) 사무엘 루더포드와 구속 언약[489]

이러한 루더포드의 확신은 보다 근본적이고 확실하며 영원한 언약적 기초를 갖는다. 이것은 특히 은혜 언약의 통일성을 강조하기 위해 루더포드가 반복적으로 강조해 온 하나님의 불변하는 작정과 의도가 명시적으로 발견되는 장소이기도 하다. 또한 바로 이곳에서 모든 성도는 구원의 확신에 대한 영원히 흔들리지 않는 근거를 발견할 수 있다고 말한다. 이것은 바로 성경의 여러 부분에서 계시된 삼위 안에서 이루어진 신비로운 언약, 곧 구속 언약—혹은 보증인의 언약(Covenant of Suretyship)—을 가리킨다고 루더포드는 주장한다. 루더포드

---

[488] Rutherford, *The Covenant of Life*, 8-16, 70-71, 193-99, 213-17, 311, 315, 338-56.

[489] 구속 언약에 관한 루더포드의 견해는 다음을 참조하라.*The Covenant of Life*, part II, 225-368.; *The Tryal and Triumph of Faith*,, 44-65. 한편 구속 언약에 관한 현대의 논의에 관하여는 다음 연구자들의 저작들을 참고하라 [참고문헌을 보라]. Steven M. Baugh (2004), Carol A. Williams, (2005), Richard A. Muller (2007), Carl R. Trueman (2009).

는 구속 언약을 두 차원에서 정의한다. 첫째, 구속 언약은 "시간 안에서" 여호와와 그리스도 사이에 맺어진 언약을 지칭한다. 여기서 그리스도는 왕, 제사장, 그리고 선지자의 삼중직을 수행하는 자격으로 언약에 참여한다. 둘째, 구속 언약은 초시간적으로 삼위 안에서 이루어진 영원한 언약으로서 특히 성부와 성자가 언약의 당사자로 참여한다. 여기서 성부는 영원한 작정 가운데 성자를 선택하고 성자의 구원 사역에 대한 보상으로 택자들을 약속한다. 성자는 인류의 구원을 위해 특별한 사역 ― 성육신과 십자가와 부활 등 ― 을 수행하기로 자발적으로 동의한다. 이 언약은 영원부터 이미 확정되고 결론지어진 언약인데 무엇보다 언약의 당사자들이 영원한 하나님이시기 때문이다. 한편 구속 언약 안에서 그리스도가 맺는 관계 역시 두 가지 차원에서 고려되어야 한다고 루더포드는 지적한다. 한편으로 그리스도는 하나님으로서 성부와 성령과 더불어 동일한 자격으로 언약의 주체가 되신다. 또 다른 한편에서 그리스도는 중보자이다. 따라서 그분은 택자들을 대표한다. 이러한 측면을 고려할 때 우리는 구속 언약이 삼위 하나님과 그리스도 사이에 맺어진 영원한 언약이라고 말할 수 있다.[490] 루더포드의 입장에서 여호와와 성자 사이에 맺어진 영원한 구속 언약은 다음의 세 가지 차원에서 매우 핵심적인 중요성을 가진다. 첫째, 이 구속 언약이야말로 언약적 통일성의 영원한 기초를 제공한다. 둘째, 특별히 은혜 언약의 영원한 기초가 된다. 셋째, 목회 현장에서 구속 언약은 성도가 누리는 구원의 확신의 확실한 근거가 된다.

(1) 구속 언약에 관한 13개 논증

이처럼 구속 언약이 가진 중요성을 이야기하면서 루더포드는 신구약 성경

---

[490] Rutherford, *The Covenant of Life*, 302, 309, 333.

안에서 구속 언약의 존재를 입증하기 위해 다음의 열세 가지 논증을 시도한다.

	논증의 핵심적 내용 요약	성경적 증거	쟁점
1	성육한 그리스도가 하나님을 "나의 하나님"이라 부른 것은 그가 하나님과 더불어 언약 관계에 있음을 입증한다. (하나님이 "저들의 하나님"이 되신다는 개념은 구약 전반에서 드러난 언약적 표현이다.)	시 40:8; 45:7; 89편; 사 55:4; 계3:12	언약적 호칭
2	성자가 하나님의 "종" 혹은 "중보자"라는 직위로 불리게 된 것은 "본성의 필연성"에 따른 것이 아니라 [언약적이고] "자발적인 동의"에 의한 것이다.	사 42:1, 6; 겔 34:23; 슥 13:7; 말 3:1	그리스도의 중보자 혹은 종의 직분
3	그리스도가 우리의 구세주와 보증이 되어 하나님께 무엇인가를 드리기로 자발적으로 동의한 것 자체가 여호와 성자 사이에 상호 협약이 있었음을 증거한다.	시 40:6; 히 7:22; 10:5; 마 20:28; 21:37; 눅 19:10; 사 53:10; 롬 8:3, 32	그리스도의 자발적이고 자유로운 동의
4	성부가 그리스도에게 구원받을 택자들을 약속했고 성자는 이들을 기꺼이 받기로 동의한 것은 성부와 성자 사이에 언약이 이미 성립되었음을 증거한다.	요 6:37, 39	구속 언약 안에 있는 "택자들"
5	그리스도가 옛 언약과 새 언약의 인증들(할례와 세례)을 수용한 사실이 그리스도가 맺은 언약의 실재를 증거한다.	요 1:29; 창 17:7; 출 12:48; 마 28:20; 골 2:11, 12	언약의 인증들
6	성부와 성자가 율법의 길을 선택하는 대신에 "복음의 길"(언약적 자기 비하)을 자율적으로 선택했다는 사실이 언약의 실재를 암시한다.	창 2:17; 참조. 창 3:15	언약 체결을 위한 하나님의 자기 비하
7	그리스도가 중보자의 사역을 수행하는 조건으로 아버지에게 받은 약속들-용서, 평화, 견인, 새 마음, 영생, 성화의 영향력, 하나님 지식 등-은 여호와와 그리스도 사이에 보증인의 언약(구속 언약)이 존재함을 증거한다.	렘 31:33, 34; 32:39, 40; 히 8:12; 갈 3:16; 사 2:1, 2; 54:10; 59:21; 60:1-6; 겔 34:25; 36:26, 27; 레 26:6, 11, 12; 시 22:27; 고후 1:20	그리스도에게 주어진 약속들
8	요한복음 17장의 기도에서 그리스도는 자기에게 약속되고 예언된 내용에 대해 아버지께 요구한다. 이것은 성부와 성자 사이에 일종의 언약이 체결되었음을 증거한다.	요 17:5; 사 22:22-23; 슥 3:8; 6:12-13; 미 5:4; 시 72:7	약속된 것을 요구하는 그리스도의 기도
9	성부는 그리스도에게 당신의 백성을 구하라고 명했고 택자들에 대한 그리스도의 요구를 듣고 허락하기로 약속했다.	시 2:8; 89:26-28	택자에 대한 성부와 성자 사이의 언약
10	삯을 위한 그리스도의 (공로적) 사역과 이에 대한 성부의 보상은 양자 사이에 언약 관계가 성립되었음을 증거한다.	사 49:4-6; 53:10-12; 슥 11:12; 빌 2:9	그리스도의 공로적 사역과 삯

	논증의 핵심적 내용 요약	성경적 증거	쟁점
11	하나님께서 맹세(oath)로 그리스도를 영원한 제사장과 왕으로 세우신 것은 일종의 언약이다.	히 7:21; 시 110:4; 말 2:5; 시 89:35; 행 2:30; 시 132:11	하나님의 맹세와 그리스도의 제사장직과 왕직
12	택자들의 구원을 위해 그리스도는 이미 창세 전에 따로 구별되고 선택받았다. 또한 인류를 향한 언약적 사랑의 계획 안에서 성부와 성자는 서로 기뻐하였다. 그렇다면 이것은 택자들의 구원을 위한 사랑의 언약이 이미 창세 전에 존재했음을 암시한다.	잠 8:22-31; 렘 31:3; 벧전 1:20	택자의 구원계획을 위해 그리스도가 창세 전에 미리 선택됨. 성부와 성자의 기쁨.
13	하나님께서 부르심(calling)으로 그리스도를 영원한 제사장과 왕으로 세우심. 이 역시 그리스도의 왕직과 제사장직이 언약에 의해 마련되었음을 암시함.	시 2:6; 히 5:5; 7:22; 행 13:33 말 2:5; 왕하 11:17; 삼하 5:3	하나님의 부르심과 그리스도의 제사장직과 왕직

주지하다시피 구속 언약을 명확히 입증할 만한 성경의 명시적 근거 구절은 존재하지 않는다. 이 때문에 루더포드는 구속 언약의 내용이나 핵심적인 구성요소와 관련이 있는 성경 구절들을 찾아 이를 구속 언약의 근거 구절로 사용하는 과정에서 논리적인 추론의 방식을 도입한다. 이는 웨스트민스터 회의의 신학자들이 일컬은바 소위 "건전하고 필요한 결론들"을 이성적 추론의 수단을 사용하여 성경의 텍스트로부터 이끌어내는 방식이었다.[491] 예를 들어 루더포드는 창세기 2:17을 다음과 같은 논리로 읽어낸다 (논증 6). "하나님은 [창세기 2:17에 계시된 죽음의 경고를 따라] 모든 육체에게 '율법의 법칙'을 적용하여 아들을 보내시지 않을 수도 있었다. 한편 아들의 입장에서는 보내심을 받는 일을 거절할 수도 있었다. 따라서 그리스도의 오심은 일종의 협약에 의해 이루어진 일이라고 말할 수 있다."[492] 이와 유사한 방식을 동원하여 루더포드는 나머지 논증들을 구성한다 (논증 1, 2, 3, 7, 10, 11, 13). 한 가지 특징적인 것은 루더포드가 성경 텍스트에서 그리스도의 직위를 가리키는 단어들—"종"(사 42:1), "사자"(말 3:1), "보

---

[491] The Westminster Confession of Faith, chapter 1, article 6. Muller, *Post-Reformation Reformed Dogmatics*, vol.2 (Grand Rapids: Baker, 2003), 497-501.

[492] Rutherford, *The Covenant of Life*, 296.

증"(히 7:22), "왕"(시 2:6), "(영원한) 제사장"(시 110:4)—에 특별한 관심을 기울인다는 사실이다. 삼위 안에는 열등과 우월의 관계가 있을 수 없다. 성자가 성부와 더불어 동등한 위격이라는 사실을 전제했을 때, 성자가 위에 열거한 호칭과 직위를 얻게 된 사실은 사람의 구원을 위해 그리스도가 하나님과 더불어 모종의 언약 관계를 맺으셨음을 증거하는 것이라고 루더포드는 주장한다. 특히 그리스도가 이러한 직위를 얻은 것이 성부와의 관계성 속에서 이루어진 것으로 성경이 묘사한다는 사실을 루더포드는 크게 부각한다.

그렇다면 구속 언약의 기능은 무엇인가? 무엇보다 구속 언약은 모든 성경적 언약의 통일성을 제공하는 근본적인 기초가 된다. 한편으로 구속 언약은 행위 언약과 은혜 언약을 연결 짓는다. 구속 언약 속에서 그리스도는 두 언약 모두와 직접적인 관계를 맺었다. 그리스도는 행위 언약의 모든 내용을 온전하게 성취하는 자로서 또한 이와 동시에 은혜 언약에 있어서는 택자들을 위한 "복음적 보증"으로서 역할 한다.[493] 결국 그리스도 안에서 한 때 행위 언약 안에서 약속으로 주어진 영원한 생명이 이제는 은혜 언약 아래에 있는 모든 신자에게 주어질 수 있게 되었다. 이는 그리스도가 두 언약 모두와 관련하여 중보자의 역할을 감당했기에 가능해진 사실이다. 또 다른 한편으로 구속 언약 안에서 옛 언약과 새 언약 모두 긴밀하게 연결되었다. 루더포드가 사용한 구속 언약의 근거 구절들은 구약과 신약에서 계시된 은혜 언약의 각 시대로부터 고르게 동원되었다. 이러한 맥락에서 루더포드는 구속 언약이 은혜 언약으로부터 결코 분리될 수 없다고 강조한다. 특히 구속 언약은 "은혜 언약의 안정성과 확실성의 근거"가 된다고 루더포드는 주장한다.[494] 언약의 안정성과 확실성은 그것들이 우리 안에 근거를

---

493 Rutherford, *The Covenant of Life*, 225, 253, 260. 또한 트루먼의 글을 참조하라. Trueman, "From Calvin to Gillespie on Covenant," 387-93.

494 Rutherford, *The Covenant of Life*, 309.

갖지 않고 하나님의 구원하시는 의지와 그리스도의 공로적 순종—언약의 조건들을 성취함—에 근거하기 때문이다.[495] 이런 맥락에서 루더포드는 구속 언약을 구원의 확신 교리로서 적극 활용하였다. 구속 언약에 따르면 성도 한 사람 한 사람은 영원 전부터 성부가 그리스도에게 약속한 택자들 안에 이미 포함되어 있고 그리스도는 이들을 자기의 양으로서 이미 알고 있다(딤후 2:19; 요 17장). 이러한 구속 언약을 은혜 언약과 비교해 볼 때, 성도는 더욱 확실한 언약적 사랑과 은혜를 구속 언약 속에서 발견하게 된다. 구속 언약은 은혜 언약의 사랑과 은혜의 근원이 된다는 측면에서 (루더포드의 표현을 빌리자면) "사랑의 근원"이요 "은혜의 근원"이라고 말할 수 있다.[496]

5) 루더포드의 언약신학이 가진 교회론적 함의

지금까지 살펴본 바대로 루더포드의 언약신학은 언약의 통일성과 더불어 그것의 변치 않는 토대로서의 구속 언약을 크게 강조하는 특징을 가진다. 이러한 특징은 그의 교회론 논쟁—특히 교회 언약에 대한 그의 입장—에 어떤 방식으로 반영되었을까? 필자는 세 가지 측면에서 이 문제에 대한 대답을 마련해 보고자 한다. 첫째, 옛 언약과 새 언약 사이의 통일성을 논증하면서 루더포드가 도입한 외면 언약과 내면 언약의 구분은 구약 교회와 신약 교회 모두를 설명하는 틀로 사용된다. 루더포드가 보기에 재세례파와 분리주의자들이 가지고 있는 교회론의 핵심적인 오류는 이 구분을 구약과 신약의 차이로 혼동하는 데서 비롯된

---

[495] 이 시점에서 루더포드는 아르미니우스주의와 소키누스주의의 은혜 언약은 사실상 행위 언약과 다르지 않다고 비판한다. 왜냐하면 이들의 은혜 언약은 결국 인간의 자율적인 자기결정에 기초하기 때문이다. Rutherford, *The Covenant of Life*, 65, 201, 327-28.

[496] Rutherford, *The Covenant of Life*, 63-65, 294, 324, 326.

것이다. 이를 교정하기 위해 루더포드는 구약 교회 안에도 하나님과 더불어 내면 언약의 관계를 맺는 보이지 않는 교회의 실재가 언제나 존재해 왔음을 강조한다. 이와 동시에 신약교회 안에도 외면 언약으로 특징지어지는 "보이는 교회"의 실재가 연속적으로 존재함을 강조했다. 특히 후자와 관련하여 루더포드는 이렇게 말한다. "[새 언약의 시대에서도] 보이는 교회의 모든 구성원이 실제적으로 또한 개인적으로 언약 백성이라고 말할 수는 없다."[497] 새 언약에서 약속된 "새 마음"이 오로지 택자들에게만 주어지는 반면 하나님의 "허용하시고 명령하시는 작정"에 따라 복음 설교를 들을 권리는 보이는 교회 안에 존재하는 택자와 불택자 모두에게 주어진다고 루더포드는 주장한다.[498] 신약의 보이는 교회 안에서 이스마엘, 에서, 시몬 마구스, 가룟 유다, 바리새인 등과 같은 모든 종류의 위선자들을 제거하려는 재세례파의 시도는 성경의 가르침과 부합하지 않는 것임을 루더포드는 반복하여 강조한다. 한편 독립파의 문제점을 지적하면서 루더포드는 이들 역시 외면 언약과 내면 언약의 구분을 제대로 이해하지 못하고 있다고 주장한다. 특히 이들은 분리주의자들의 오류, 곧 교회의 구성원인 "고백자들"(professors)을 내면 언약의 구성원, 곧 택자들과 일치시키는 잘못을 범하고 있다고 비판했다.[499]

둘째, 성경의 언약들이 가진 다양성을 초월하는 통일성은 결국 하나님의 "단일하고 동일한 영원한 사랑"에 깊은 뿌리를 내리고 있다. 구세주의 사랑은 아브라함 언약 혹은 심지어 아담의 타락과 더불어 시작된 것이 결코 아니었다. 에덴에서 아담이 받은 것은 이미 영원 전에 마련된 복음 은혜의 "사본"일 따름이었

---

[497] Rutherford, *The Covenant of Life*, 119.
[498] Rutherford, *The Covenant of Life*, 77-78, 131-32, 339-44, 347.
[499] Rutherford, *The Covenant of Life*, 130.

다. 요컨대 하나님의 사랑은 시대의 흐름에 따라 더해지거나 변하는 것이 결코 아니다(렘 31:3). 하나님의 언약적 사랑이 가진 불변성에 대한 강조는 루더포드로 하여금 은혜 언약의 시대를 넘어서는 그 어떠한 새로운 시대는 존재하지 않으며 따라서 은혜 언약 이외에 또 다른 언약을 도입하려는 모든 시도에 대한 부정적인 태도를 취하도록 만들었다. 은혜 언약은 이미 그 자체로서 완전하고 동일하며 또한 영원하다. 따라서 소위 "보다 영적인" 언약이라는 명목으로 추가 혹은 도입되는 새로운 언약은 모두 비성경적이며 동시에 이단적이다.[500]

셋째, 구속 언약에서 그리스도에게 약속된 것은 자녀들에 대한 징계의 "회초리"를 포함한다. "우리에게 있는 회초리들은 하나님과 그리스도 사이에 맺어진 언약에 포함되어 있고 또한 은혜 언약의 복음 책에 기록된 언약적 사랑이다."[501] 자녀가 범죄할 때 하나님은 징계의 회초리를 들어 자녀들로 하여금 회개에 이르도록 치리를 행하신다. 그러나 이는 아버지의 징계이며 언약적 사랑을 결코 무효화시키지 않는다(히 12장). 구속 언약과 은혜 언약 안에 포함된 징계의 회초리는 루더포드의 교회론 안에서 중요한 역할을 감당한다. 토머스 후커의 경우 교회 안에서 행해지는 권징의 이론적이고 실천적 기초를 교회 언약의 개념 안에서 찾고자 시도한다. 권징의 근거를 찾는 물음에 대한 루더포드의 해답은 간단하다. 은혜 언약 안에 이미 교회가 행하는 모든 치리와 권징의 신학적 기초가 제공되어 있다는 것이다. 한 걸음 더 나아가 루더포드는 이 지상에 세워진 보이는 교회에서 필요로 하는 모든 요소—회원권의 근거, 말씀과 성례, 직원의 선출, 그리고 치리와 권징 등—의 성경적이며 실천적 근거가 은혜 언약 안에 이미 계시되었음을 주장하면서 위의 내용들을 교회 언약의 개념 위에 구축하고자 했

---

[500] 여기서 루더포드가 염두에 둔 집단은 주로 재세례파, 반율법주의자, 신령주의자들 그리고 분리주의자들이다. Rutherford, *The Covenant of Life*, 72-95, 85-86, 129-33, 215, 308

[501] Rutherford, *The Covenant of Life*, 353.

던 후커의 시도를 강하게 비판한다. 이러한 루더포드의 비판에 대한 후커의 입장을 먼저 검토한 후 둘 사이에 진행된 교회론 논쟁을 평가해보기로 하겠다.

3. 토머스 후커의 언약신학

지금까지 우리는 루더포드의 교회 언약 비판이 그의 언약신학이 가진 특징들과 일관성이 있음을 살펴보았다. 이제 필자는 후커의 교회 언약 변증과 그의 언약신학 사이에 논리적이고 신학적인 일관성이 있는지 검토하고자 한다. 한편으로 후커는 성경에 계시된 언약들에 대해 루더포드가 말한 은혜 언약의 통일성을 적극 수용한다. 일찍이 T. A. 덴홀름(Denholm)이 옳게 지적한 대로 후커는 은혜 언약에 관한 그의 논문(*The Covenant of Grace Opened*, 1649)에서 아브라함이 대표하는 옛 언약과 새 언약이 질적으로 같은 것임을 논증하였다.[502] 유아세례와 교회 언약에 관한 재세례파의 견해를 논박하면서 후커는 아브라함 언약을 사용하여 신약 교회의 유아세례를 정당화하고 그 과정에서 옛 언약과 새 언약의 본질이 언제나 동일한 것임을 주장한 것이다.[503] 요컨대 은혜 언약의 통일성에 대해서 후커와 루더포드는 기본적으로 같은 입장을 취했다고 말할 수 있다.

그러나 또 다른 한편에서 후커는 루더포드와 달리 은혜 언약의 통일성과 더불어 다양성과 차별성에 보다 큰 관심을 기울였다. 후커가 보기에 성경에 계시

---

[502] Denholm, "Thomas Hooker," 248. Hooker, *The Covenant of Grace Opened* (London: Printed by G. Dawson, 1649), 4.

[503] 후커는 특히 존 스필스베리의 유아세례 및 교회 언약에 관한 비판을 논박한다. John Spilsbury, *A Treatise Concerning the Lawfull Subject of Baptisme* (London: Henry Hills, 1643).

된 은혜 언약의 경륜적 역사는 지속적으로 변화되고 역동적이며 점진적으로 발전하는 특징을 가지고 있다. 예를 들어 옛 언약과 새 언약의 차이를 설명하면서 후자에서 계시된 은혜의 범위와 정도가 전자에 비해 비약적으로 확대되었음을 후커는 강조한다. 이런 맥락에서 종교개혁의 완성은 계서제(階序制)적 감독 제도의 폐지와 더불어 "사역에 있어서의 평등"을 실현할 때에야 비로소 이루어지는 것이라고 후커는 믿었다. 하나님의 구속 역사의 단계들에 있어 회중교회의 성립은 교회사의 완성 단계에 속하는 것이며 따라서 그의 회중교회야말로 일종의 하나님께서 부여하신 시대적 사명을 성취하고 있는 것이라고 확신하고 있었다.[504]

1) 토머스 후커와 행위 언약: 아담의 특수성

구속사의 경륜 속에 드러난 다양성에 주목하는 후커의 시각은 타락 전 아담의 상태 혹은 행위 언약을 설명하는 방식에서부터 잘 드러나고 있다. 루더포드가 행위 언약 안에 계시된 은혜의 요소에 주목하고 또한 하나님의 영원한 작정에 근거해서 행위 언약과 은혜 언약의 연속성을 강조했던 것과 대조적으로 후커는 두 언약 사이에 존재하는 중요한 차이점에 주목한다. 행위 언약에서조차 은혜의 요소를 크게 부각했던 루더포드와 달리 후커는 그의 논문(*The Patterne of Perfection*, 1640)에서 보다 많은 부분을 할애하여 아담의 탁월한 상태—특히 타락과 더불어 은혜를 절대적으로 필요로 하게 된 인류의 상태와 대조를 이루는 의미에서—를 중점적으로 논의한다. 후커는 행위 언약의 원리, 곧 "행하라 그리하면 살리라"와 은혜 언약의 "믿으라 그리하면 살리라" 양자 사이에는 근

---

[504] Hooker, *A Survey*, "The Preface," 1-18.

본적인 차이점이 존재한다고 주장한다. 주지하다시피 전자는 율법의 원리에 후자는 믿음의 원리에 세워졌다. 이 때문에 갈라디아 3:12에서 행위의 언약과 믿음의 언약은 서로 대립적으로 묘사된다고 후커는 지적한다. 아담의 독특한 상태를 지적하며 후커는 "아담의 탁월성"을 다음과 같이 세부적으로 설명한다.[505]

첫째, 아담은 하나님의 법에 순종할 수 있는 자연적 능력을 소유했다. 이 자연적 능력으로 말미암아 아담은 자율적인 자기결정으로 자신을 위한 (공로적) 행위를 실천할 수 있었다. 다만 그에게 필요한 것은 하나님께서 일상적으로 베푸시는 섭리적 도우심일 뿐이었다. 이것은 아담뿐만 아니라 다른 모든 피조계에 일반적으로 제공되는 섭리임을 후커는 강조한다. 이처럼 거룩한 순종을 아담에게 요구하신 하나님께서 그것을 행할 수 있는 높은 수준의 자연적 능력을 아담에게 부여하신 것은 지극히 당연한 것이라고 후커는 생각했다. 이러한 아담의 상태와 대조적으로 은혜 언약하에 있는 모든 성도는 아담이 가졌던 자연적 능력을 완전히 상실했고 이 때문에 그리스도의 특별한 은혜를 필요로 하게 되었다고 후커는 주장한다.

둘째, 아담은 율법이 요구하는 모든 것을 매우 철저하고 완벽하게 수행해 낼 수 있는 충분한 능력을 가지고 있었다. 후커의 표현을 빌리자면 "아담의 마음과 율법은 그 폭과 길이에 있어 정확히 일치한다."[506] 율법은 아담의 온 마음을 가득 채웠고 아담 역시 율법 전체를 온전히 수행할 수 있었다. 이 역시 은혜 언약하에 있는 신자들에게는 해당되지 않는 사항이다. 이들의 순종과 믿음은 불완전하기 때문이다. 이처럼 연약하고 불완전한 우리가 가장 선한 행위를 하는 순간에조차도 언제나 부패한 요소가 있게 마련이라고 후커는 설명한다 (롬 7:21;

---

[505] Hooker, *The Paterne of Perfection*, 208-10, 211, 215; idem, *The Application of Redemption*, 302. 아담의 네 가지 상태에 대해서는 Hooker의 *The Paterne of Perfection*, 213-23을 참고하라.

[506] Hooker, *The Paterne of Perfection*, 217.

히12:1).

　셋째, 아담은 행위 언약 속에서 약속된 생명을 자신의 순종에 대한 정당한 대가로서 요구할 수 있었다. 아담이 하나님의 법에 순종했더라면 그는 순종의 대가로 주어지는 보상을 받기 위해 특별한 은혜를 구할 필요가 없었을 것이다. 왜냐하면 그의 순종에는 그 어떠한 결함(fault)도 발견되지 않았을 것이기 때문이다. 로마서 4:4을 인용하면서 후커는 아담이 얻었을 순종의 대가는 정당한 대가이지 은혜로 얻는 것이 아니었을 것이라고 주장한다. 믿음의 법 안에서 신자는 자랑할 수 없는 것이 현실이지만 행위의 법을 온전히 순종한 아담에게는 자랑(boasting)도 얼마든지 허락되었을 것이라고 후커는 주장한다(롬 3:27).

　넷째, 공인으로서의 아담은 자기 자신뿐만 아니라 그의 모든 후손을 대표하여 언약을 맺었다. 따라서 그가 행위 언약을 온전히 지켰더라면 그와 더불어 그의 모든 자손이 함께 생명을 얻게 되었을 것이다. 한편 아담과 달리 은혜 언약하에 있는 모든 사람은 믿음의 원칙을 자신에게 개인적으로 적용할 수 있을 따름이다. 이 때문에 다른 사람의 믿음이 나의 것을 대신할 수 없고 그 반대의 경우도 마찬가지이다.

　요컨대 위에 열거한 네 가지 사항은 행위 언약 아래에 있던 아담과 은혜 언약 시대에 사는 그의 모든 후손 사이에 분명한 불연속성이 존재했음을 증거한다.[507] 이처럼 최초 아담의 상태에 대한 루더포드와 후커의 강조점은 사뭇 다르다. 루더포드는 하나님의 영원한 작정을 강조하면서 아담은 결코 율법의 영광을 위해 예정되지 않았음을 강조하였다. 아담은 이미 창조 이전에 예수 그리스도를 통한 영생의 길로 예정되었다고 루더포드는 주장한다. 물론 루더포드 역시 아담이 행위 언약의 조건을 성공적으로 성취할 가능성을 배재한 것은 아니었다. 그

507　Hooker, *The Paterne of Perfection*, 214-16.

럼에도 루더포드의 강조점은 아담을 위해 "복음적 선택을 통한 영광"의 길을 예비하신 하나님의 "값없이 베푸시는 은혜"에 있었다고 말할 수 있다.[508] 이에 비해 후커는 하나님의 작정과 숨겨진 의도를 길게 상술하기보다는 행위 언약에 참여한 아담의 특수성 혹은 차별성을 논하는 데 더욱 큰 관심을 보였다. 은혜 언약의 시대에 살고 있는 신자들과 달리 아담은 행위 언약의 모든 조건을 온전히 수행할 수 있는 탁월한 능력을 부여받았다.[509]

흥미로운 사실은 아담이 행위 언약의 조건을 완벽하게 만족시켜 약속된 영원한 생명을 얻게 되었을 가정적 상황에 대한 두 사람의 설명 역시 적지 않은 차이를 보인다는 것이다. 루더포드에 따르면 이 경우 아담이 자기 자신과 후손들을 위해 얻게 될 생명은 엄격한 의미에서 공로로 간주될 것이 아니라 오히려 "값없이 주어진 보상" 혹은 "값없이 주어진 선물"로서 이해되어야 할 것이라고 주장한다. 그 이유는 아담의 (자연적) 순종과 그것의 보상으로서 주어진 (초자연적인) 영원한 생명 사이에 그 어떠한 내재적 비례관계가 성립하지 않기 때문이다. 루더포드와 달리 후커는 행위 언약이 명시한 언약적 성격을 좀 더 부각한다. 행위 언약 안에서 아담이 그 조건을 수행했을 경우 그가 순종의 결과로 누렸을 영원한 생명은 분명 정당한 대가로서 간주되어야 한다는 것이 후커의 생각이다.[510]

2) 토머스 후커와 은혜 언약

아담의 최초상태가 가지고 있었던 독특성을 설명한 후 후커는 이제 은혜 언

508　Rutherford, *The Covenant of Life*, 2-3, 180-81.
509　Hooker, *The Paterne of Perfection*, 218-19. 238.
510　Rutherford, *The Covenant of Life*, 22 - 23: Hooker, *The Paterne of Perfection*, 218-38.

약의 시대를 고찰한다. 성경에 나오는 다양한 언약들, 특히 옛 언약과 새 언약을 비교하면서 후커는 은혜 언약의 공통적 본질과 더불어 각각의 언약이 가진 독특성을 자세하게 논의한다. 먼저 독자들로 하여금 은혜 언약을 보다 잘 이해시키기 위하여 후커는 그것을 이중적 관점에서 바라볼 것을 제안한다. 곧 은혜 언약은 내면적(inward) 차원과 외면적(outward) 차원을 가진 일종의 이중 언약(double covenant)이라는 것이다. 전자는 영적이고 개인적인 언약으로서 하나님과 택자들 사이에 맺어진 보이지 않는 언약이다. 이 관계는 결코 깨어질 수 없는데 후커는 이를 가리켜 영원한 언약 혹은 절대적인 언약이라고 하였다. 한편 후자는 하나님과 택한 백성들 사이에 가시적이고 공적으로 맺어진 언약을 가리킨다. 이것은 하나님께서 인간의 역사 가운데서 행하시는 외면적인 경륜에 포함된다. 이 가시적인 언약 속에서 하나님은 택함을 받은 백성 전체의 하나님으로서 선언되고 이들은 모두 하나님의 백성으로 선언된다(출 19:5). 이러한 외면적 언약은 그 구성원들에게 귀로 들을 수 있는 신앙고백과 눈으로 볼 수 있게 드러난 언약적 순종(거룩함)을 요구한다. 여기서 강조되는 것은 겉으로 드러난 신앙고백과 거룩함이 말 그대로 외면적인 것이고, 상대적이며, 또한 불완전하다는 사실이다.[511] 자연히 외면 언약의 구성원 모두가 보이지 않는 내면 언약의 구성원(택자)이라고 말할 수 없는 것이라고 후커는 강조한다. 이처럼 은혜 언약을 외면 언약과 내면 언약으로 구분하는 것은 루더포드의 견해와 정확히 일치하는 것이었다.

또한 루더포드와 마찬가지로 후커 역시 성경에 등장하는 다양한 형태의 은혜 언약을 관통하여 흐르는 하나의 공통 분모에 주목한다. 특히 옛 언약과 새 언약이 그 본질에 있어 정확히 일치하며 따라서 연속성을 갖는다고 주장한다. 복

---

511 Hooker, *The Covenant of Grace*, 2-3; idem, *A Survey*, 36-37.

음 시대의 언약과 율법 시대의 언약이 서로 어떤 관계인지를 묻는 질문에 대해 후커는 이렇게 대답한다. "본질에 있어서는 두 언약은 서로 동일하다. 그러나 각각의 (역사적) 환경에 따른 외면적인 의식에서 드러나는 차이점들이 분명 존재한다. 이 경우 이것은 [언약의] 본질에 있어서의 차이를 뜻하는 것은 물론 아니다." 여기서 본질이란 그리스도를 가리킨다. 결국 그리스도 안에서 은혜 언약은 궁극적인 통일성을 이룬다는 뜻이다.[512]

그러나 후커는 은혜 언약의 각 시대가 갖는 고유한 특징과 다양성에도 크게 주목하였다. 특히 언약의 가변적 특징들은 주로 언약의 인증이나 의식 등과 연관되어 있다. 옛 언약의 성례와 새 언약의 성례는 그 외면적인 형식에 있어 커다란 차이점을 보이는 것이 사실이다. 무엇보다 옛 언약의 성례들에는 유효기간이 부여되었다. 그것들이 가리키는 실체, 곧 그리스도가 도래했을 때 옛 언약의 성례들은 애초의 목적을 성취하였다. 따라서 신약 시대에 이르러 옛 의식들은 폐지되어야 했다. 한 걸음 더 나아가 후커는 유효기간이 만료된 구약의 의식을 오늘날 행하는 것은 죄를 범하는 것이라고까지 말한다. 예를 들어 구약의 할례를 새 언약의 시대에 행하는 것은 성육신의 의미를 무효화시키는 "극악한 범죄"에 해당한다.[513] 이처럼 후커는 하나님의 구속 역사 가운데 계시된 언약의 변화하는 요소들에 주목하고 그것들을 강조하였다. 언약의 통일성과 더불어 다양성에 관심을 기울이며 후커는 아브라함 언약, 모세 언약, 그리고 새 언약 등에 대해 상술한다.

---

512   Hooker, *The Covenant of Grace*, 4-5, 9, 12. 인용문은 4쪽.
513   Hooker, *The Covenant of Grace*, 12, 13.

(1) 아브라함 언약

아브라함 언약을 일종의 "육적인 언약"으로 규정한 재세례파의 견해를 논박하며, 후커는 아브라함 언약은 확실히 "복음 언약"이며 구원을 비롯한 모든 영적인 은혜가 그 안에 포함되어 있음을 주장하였다.[514] 특히 로마서 3장과 4장 그리고 갈라디아서 3장에서 사도 바울이 아브라함을 믿음으로 의롭다 하심을 입은 실례로서 제시한 사실에 주목하였다. 아브라함 언약의 본체는 약속의 씨, 곧 그리스도이며 언약의 인증으로 주어진 할례는 곧 "믿음으로 의롭다 하심을 얻는 것에 대한 인증"으로 간주되어야 한다고 후커는 주장했다(롬 4:11). 요컨대 아브라함 언약은 곧 은혜 언약이었다.[515]

은혜 언약의 통일성이라는 시각에서 아브라함 언약이 은혜 언약에 속함을 확인한 후, 후커는 곧이어 아브라함 언약과 새 언약 사이에 존재하는 차이점을 상술하기 시작한다. 후커에 따르면 양자 사이에는 역사적 정황과 "경륜의 방식에 있어서" 적지 않은 차이가 존재한다.[516] 첫째, 언약의 인증과 관련하여 아브라함 언약의 할례와 새 언약의 세례는 여러 면에서 다르다. 예를 들어 할례가 "잘라내는" 예식이라면 세례는 "씻어내는" 예식이라고 말할 수 있다. 전자가 남자에게만 해당한다면 후자는 남녀노소 모두에게 해당한다. 전자가 생후 팔 일에 행해지는 반면 후자의 경우는 특정한 날에 구애받지 않는다. 전자가 앞으로 도래할 그리스도를 바라보는 예식으로서 그리스도의 성육신에 의하여 보증된 것이라면 세례는 그리스도의 성육신뿐만 아니라 그의 죽으심과 부활 그리고 승천과 재위 등에 의해 보증되었다. 둘째, 언약의 외면적인 모형에 있어서 아브라

514　Hooker, *The Covenant of Grace*, 5-6, 10.
515　Hooker, *The Covenant of Grace*, 4-10.
516　세 가지 차이점에 대해서는 다음을 참조하라. Hooker, *The Covenant of Grace*, 6-9, 62.

함 언약과 새 언약은 차이를 보인다. 아브라함에게 하나님은 하나의 민족과 가나안 땅을 약속하셨다. 전자는 하나님의 백성을 후자는 천국을 가리키는 일종의 모형으로 해석되어야 한다고 후커는 주장한다. 아울러 언약의 외형적인 모형은 구속사의 전개 과정에 따라 얼마든지 변화될 수 있다고 주장한다. 예를 들어 옛 언약의 시대에 유대인들은 이방인과 혼인하거나 교제하는 일에 제한을 받았다. 반면 새 언약의 시대에서 하나님은 친히 유대인과 이방인 사이에 존재하는 장벽을 깨뜨리셨다(행 11장). 셋째, 성례의 유효성에 있어서도 두 언약 사이에 차별성이 발견된다. 특히 새 언약의 성례는 옛 언약의 그것보다 명확성과 범위 그리고 생동감에 있어서 탁월하다. 새 언약의 성례에서 그리스도는 더욱 명확하게 계시된다. 이 때문에 옛 언약은 새 언약과 비교될 때 그림자라고 불리는 것이다. 또한 아브라함의 때보다 새 언약 시대의 성례는 더욱 광범한 규모로 행해지면서 결국 구속사를 통해 하나님의 은혜가 점점 더 넓게 확장되어왔음을 증거한다. 마지막으로 옛 언약의 성례가 "낡고 쇠하는 것"(히 8:13)인 반면 새 언약의 인증들은 더욱 새롭고 신선하다(렘 31:31-34). 후커는 다음과 같이 결론을 내린다. 아브라함 언약과 새 언약 사이에는 비록 "종류(kind)에 있어서는" 동일한 영적인 유효성을 가지나 "정도(degree)에 있어서는" 현격한 차이를 보인다.[517]

(2) 모세 언약

후커에 따르면 모세 언약에는 행위 언약의 원리와 은혜 언약의 원리가 서로 혼합된 형태로 나타난다. 우선 루더포드와 마찬가지로 후커는 모세 언약의 본질이 은혜 언약에 속하는 것으로 설명한다. 후커는 주저함 없이 모세 언약을 하나님께서 자기 백성과 더불어 맺으신 "새로운 순종의 언약 혹은 감사의 언약"이라

---

517   Hooker, *The Covenant of Grace*, 7-9.

고 가르친다. 출애굽기 14:13에서 모세가 이스라엘 자손에게 언급한 여호와께서 행하시는 구원은 앞으로 그리스도께서 신자들을 위해 성취하실 구원을 예표한다. 한편 십계명의 서언을 볼 때, 하나님께서 이스라엘 자손에게 요구하신 순종 역시 복음적 순종으로 볼 수 있으며 계명에 대한 순종은 그것을 행함으로 생명을 얻고자 하는 것이 아니라 오히려 이미 베풀어진 구원의 은혜에 대한 감사의 반응으로 이해해야 한다고 후커는 주장한다. 이 율법은 사람들로 하여금 그리스도에게로 나아가도록 독려하며 따라서 율법의 궁극적인 목적은 복음적이라고 말 할 수 있는 것이다.[518] 신약의 성도들이 세례와 성찬을 통해 그리스도와 연합하듯이 구약의 성도들 역시 홍해를 건너고, 구름 아래를 걸으며, 만나를 먹고 반석에서 나는 물을 마심을 통해 그리스도와 더불어 연합했다(고전 10:1-4). 결국 루더포드와 후커 모두에게 있어 그리스도는 새 언약뿐만 아니라 모세 언약의 기초에 해당한다고 결론지을 수 있다.[519]

그런데 루더포드와는 달리 후커는 모세 언약이 아담의 행위 언약과도 긴밀한 연속성을 가진다고 설명하였다. 특히 출애굽기 19장에서 하나님이 자기 백성들과 더불어 언약을 맺고 백성은 하나님께 순종을 약속하는 장면을 묘사하면서 후커는 이것이 하나님께서 아담과 더불어 맺은 행위 언약과 일맥상통한다고 주장한다.[520] 그렇다면 모세 언약이 포함하고 있는 소위 두 가지 원리 곧 행위 언약의 원리와 은혜의 원리를 후커는 어떤 방식으로 조화시키고 있는가? 이에 대한 대답을 마련하면서 후커는 내면 언약과 외면 언약의 구분을 모세 언약으로 대입한다. 적어도 후자의 측면에서 볼 때 모세 언약은 행위 언약의 갱신된 형태

---

518 Hooker, *The Covenant of Grace*, 5; idem, *The Faithful Covenanter* (London: C. Meredith, 1644), 11-14; idem, *The Saint Dignitie and Dutie* (London: G. D., 1651), 33-34.
519 Hooker, *The Covenant of Grace*, 9; Rutherford, *The Covenant of Life*, 59-60.
520 Hooker, *The Paterne of Perfection*, 211; Rutherford, *The Covenant of Life*, 58-61.

라고 후커는 주장한다. 특히 언약의 조건성과 "행하라 그리하면 살리라"로 표현될 수 있는 행위의 원리가 전면에 부각되고 있다는 측면에서 그렇다.[521]

이처럼 외면과 내면의 두 차원을 갖는 모세 언약은 다음의 네 가지 중요한 특징을 가진다. 첫째, 아브라함 언약과 비교해 볼 때, 모세 언약은 그 외면적 차원의 규모에서 매우 확장되었음을—개인에서 이스라엘 나라로—후커는 강조한다. 둘째, 유대인들은 민족 공동체의 자격으로 하나님과 더불어 일종의 외면적 은혜 언약을 체결하였다. 셋째, 이러한 외면 언약은 언약의 조건들을 강조한다. 오로지 "선택받은 백성"이 하나님의 계명들을 순종하는 동안만 외면 언약은 유효할 뿐이다. 넷째, 따라서 외면 언약은 성도 개인의 영적인 상태, 곧 그 사람이 하나님과 더불어 내면적이고 영원한 은혜 언약의 관계 속에 있음을 반드시 보장하는 것은 아니다. 왜냐하면 외면 언약의 범위는 내면 언약보다 훨씬 넓기 때문이다. 한편 역사적으로 볼 때, 전자는 이스라엘의 불순종과 배도로 말미암아 파기될 수 있는 언약인 반면 후자의 경우는 결코 깨어질 수 없는 언약임을 후커는 강조한다.[522]

그렇다면 외면 언약이 소위 "선택받은 백성"에게 가져다주는 유익은 무엇인가? 유대민족의 특권과 관련하여 후커는 다음의 유익들을 나열한다.

- 그[하나님]는 이들[이스라엘]에게 자신을 드러내시고 이들을 자신의 소유로 삼으실 것이다. 이들은 그의 기업으로 불릴 것이며(신 32:9) 하나님은 다른 모든 민족 가운데 이들을 특별히 아실 것이다(암 3:2). 그는 이들과 더불어 정혼하고 이들이 이러한 특권에 부응하는 한 이들을 선민으로

521　Hooker, *An Exposition of the Principles of Religion*, 8.
522　Hooker, *The Faithful Covenanter*, 8-10, 16; idem, *The Covenant of Grace*, 3-4.

삼아 자신의 소유로 삼고 이들의 유익을 도모하실 것이다. 또한 이들이 정절을 지키고 하나님을 이들의 하나님으로 섬기는 한, 하나님은 자신을 이들의 하나님이 되실 것이다.…하나님은 이들 가운데 거하시고…이들에 대해 특별한 관심을 기울이시며, 이들을 밤낮으로 또한 매 순간 보호하실 것이다. 이들은 하나님의 날개 아래 거할 것인데 이것은 그들이 하나님의 특별한 은총을 입는다는 사실을 표현한 것이다.[523]

흥미로운 사실은 외면 언약의 유익과 한계에 대한 후커의 설명이 이미 우리가 앞에서 살펴본 루더포드의 외면 언약 개념과 잘 부합하고 있다는 점이다. 후커와 마찬가지로 루더포드 역시 모세 언약이 일종의 국가 언약으로서 분명 외면 언약에 속하는 것이라고 생각한다.[524] 그리고 후커가 말한 외면 언약의 특권과 루더포드가 지적한 "선포된 언약"(covenant preached)의 특권 또한 유사하다.[525] 요컨대 전반적으로 보아 모세 언약에 대한 후커와 루더포드의 견해에서 주목할 만한 차이점을 발견하는 것은 쉽지 않다. 다만 국가 언약으로서의 모세 언약이 함축하는 교회론적인 의미를 해석함에 있어서 두 사람은 서로 다른 입장을 취하고 있다. 이것에 대해서는 잠시 후에 상술하기로 한다.

(3) 새 언약

루더포드와 마찬가지로 후커 또한 새 언약의 두 차원, 곧 일방적이고 쌍방적인 성격 모두를 강조하였다. 먼저 자신의 회심 체험 때문이었는지[526] 후커는 새

523　Hooker, *The Covenant of Grace*, 3.
524　Rutherford, *The Covenant of Life*, 118-19, 340-43.
525　Rutherford, *The Covenant of Life*, 340.
526　코튼 매더(Cotton Mather)에 따르면 후커는 새 언약이 포함하고 있는 약속들 안에서 "양자의 영"을 발견하였고 이

언약이 일방적으로 약속하는 무조건적 은혜에 비상한 관심을 기울였다. 그리고 과거의 자기처럼 구원의 확신 문제로 불안해하는 영혼들에게 그는 다음과 같이 말했다. "[새 언약의] 약속들은 물에 빠져 죽어가는 죄인을 건져 주 예수 그리스도에게로 실어 나르는 보트와도 같습니다."[527] 물론 새 언약 안에도 조건적 조항이 포함되어 있음을 후커는 지적한다. 가장 중요한 조건은 바로 믿음이었다. 그러나 이러한 믿음의 조건마저 새 언약의 약속에 포함되어 있음을 후커는 더욱 강조한다. 하나님은 사람이 이 믿음의 조건을 성취하도록 하신다. "사람의 영혼과 더불어 이 조건을 세우실 때 하나님은 그로 하여금 언약의 조건을 수행할 수 있도록 만드신다."[528] 이처럼 후커에게 있어 새 언약의 핵심은 하나님께서 죄인을 위해 그리스도 안에서 행하신 구원에 있으며 따라서 새 언약은 반드시 구원의 확신과 위로의 근거가 되어야 한다고 후커는 확신한다.

그러나 이와 동시에 후커의 새 언약에 대한 이해는 순종의 의무를 결코 배제하지 않는다. 만일 언약의 조건들을 인간 편에서 온전하게 순종하는 것이 불가능할진대 "왜 우리는 우리가 결코 할 수 없는 일을 성취하기 위해 애써야만 하는가?"라는 질문에 대해 그는 이렇게 답변한다. "나는 그대가 할 수 없는 일을 하라고 말하지 않는다. 대신 그 일을 능히 성취할 수 있는 분에게 나아갈 것을 말한다."[529] 그리고 최선을 다해 이미 주어진 은혜의 수단들을 적극적으로 사용하라고 후커는 충고한다. 물론 이러한 사람 편의 노력이 결코 구원을 위한 공로적 순종으로 간주될 수는 없다. 수단은 수단에 불과할 뿐이고 결국 모든 능력의

것은 후커의 회심 체험에 있어 결정적 역할을 하였다. Cotton Mather, *Magnalia Christi Americana*, Book III (London: Thomas Parkburts, 1702), 58.

527 Mather, *Magnalia Christi Americana*, 58.
528 Hooker, *The Soules Vocation or Effectual Calling to Christ* (London: J. Haviland, 1638), 40-41.
529 Hooker, *The Application of Redemption*, Book VIII, 448.

근원은 사람의 영혼에 직접 역사하시는 하나님의 전능함에 있기 때문이다.[530] 같은 맥락에서 후커는 율법적 순종과 복음적 순종의 세 가지 차이점을 상술한다.[531]

첫째, 율법적 순종은 우리에게 완전하고 엄밀한 순종을 요구하지만 복음적 순종은 우리에게 의지와 마음과 노력에 있어 "진실함"을 요구한다. 이러한 진실함을 근거로 후자는—비록 완전함에 이르지 못한다 할지라도—하나님께서 받으시는 순종으로 간주될 수 있다. 둘째, 율법적 순종의 동기는 공로적 의로 연결되지만 복음적 순종의 동기는 주님께 대한 감사에 근거한다. 셋째, 율법적 순종은 행위자가 자기 자신을 위한 무엇인가를 생산해 내는 것인 반면, 복음적 순종은 우리의 중보자이신 그리스도 안에서 이루어지는 성도들의 순종이다. 요컨대 후커는 새 언약의 순종이 그리스도 안에서 짐이 되기보다는 오히려 위로의 근거가 될 수 있다고 주장한다. 왜냐하면 이 순종은 궁극적 의미에서 우리의 능력에 기초한 것이 아니기 때문이다.

이처럼 은혜 언약의 일방성과 상호적 성격은 후커의 은혜 언약 개념 안에서는 서로 모순되거나 충돌되지 않고 오히려 조화를 이루고 있다. 이것은 루더포드의 견해와도 정확히 일맥상통하는 것이다. 예를 들어, 복음적 순종에 대한 후커의 견해는 루더포드가 말한 은혜 언약의 순종이 가지고 있는 "삼중적 달콤함"과 그 내용적인 면에 있어서 거의 정확하게 일치하고 있다.[532]

---

530 Hooker, *The Application of Redemption*, Book VIII, 448, 449, 450.
531 Hooker, *An Exposition of the Principles of Religion*, 52-53.
532 Rutherford, *The Covenant of Life*, 70-71.

3) 토머스 후커와 구속 언약

　루더포드와 마찬가지로 후커 역시 하나님과 그리스도 사이에 맺어진 특별한 언약의 존재에 주목하고 그것이 은혜 언약의 영원한 기초가 됨을 인정한다.[533] 특히 후커는 이 언약의 실천적 함의에 주목한다. 무엇보다 이것이 모든 성도로 하여금 구원의 확신을 얻도록 독려하는 "놀랍고 경이로운 달콤한 위로"가 되어야 한다고 생각했다.[534] 또한 동시에 이 특별한 언약은 성도들로 하여금 거룩한 삶으로 나아가게끔 독려하는 자극제로 활용되어야 한다는 것이 후커의 생각이다. 성도의 구원이 그리스도의 보혈이라는 값비싼 대가를 치르고 주어진 것임을 강조하며 후커는 이렇게 말한다. "그리스도가 우리를 죄악으로부터 구원하기 위해 자기 전부를 주신 사실을 생각한다면 우리가 또다시 똑같은 죄악으로 달려가는 것은 정말 있을 수 없는 끔찍한 일이다."[535] 같은 설교의 마지막 부분에서 후커는 모든 성도는 자기 자신을 포함한 그 어떠한 것보다도 그리스도를 사랑해야 할 의무를 갖는다고 크게 강조한다. "모든 것보다 그리스도를 사랑하십시오. 당신의 죄악보다, 세상보다, 당신의 친구들보다, 당신의 자유보다, 당신의 재산과 생명보다 더욱 그리스도를 사랑하십시오. 무엇보다 그리스도는 자신의 생명보다 당신을 더욱 사랑하셨기 때문입니다. 또한 당신을 죄악으로부터 구원해내기 위해 자기 자신을 주신 것입니다."[536]

　이처럼 후커는 구속 언약의 신비를 벗겨내는 것보다는 구속 언약이 목회 현장에서 어떻게 적용될 수 있는지에 주된 관심을 기울였다. 또한 루더포드만

---

[533]　Hooker, *The Saint Dignitie and Dutie*, 30.
[534]　Hooker, *The Saint Dignitie and Dutie*, 32.
[535]　Hooker, *The Saint Dignitie and Dutie*, 35-36.
[536]　Hooker, *The Saint Dignitie and Dutie*, 42-43.

큼 구속 언약을 자세하게 논의하지도 않는다.[537] 루더포드가 구속 언약을 입증해 내기 위해 성경에서 많은 수의 근거 구절들을 찾기 위해 노력을 기울이고 또한 깊은 사유와 논리를 동원한 것과는 흥미로운 대조를 이룬다. 아마도 후커의 주된 관심은 영원하고 신비로우며 (루더포드의 표현을 빌리자면) 무시간적인(a-temporal) 구속 언약보다는 역사 속에서 구체적으로 계시된 은혜 언약의 다양성과 통일성, 또한 그것의 실천적 함의를 논하는 데 있었던 것으로 보인다.

4) 토머스 후커의 언약신학이 가진 교회론적 함의

(1) 유아세례와 국가교회

주지하다시피 루더포드는 물론 후커 역시도 구약과 신약 사이에 존재하는 연속성을 강조하였다. 특히 두 사람 모두 아브라함 언약의 할례를 근거 삼아 신약의 유아세례를 정당화하고자 시도했다. 만일 아브라함의 자녀들이 하나님께서 세우신 언약의 인증(할례)을 받을 권리가 있었다면 새 언약 시대의 자녀들 역시 세례를 받을 권리가 있다고 후커는 주장했다. 구속 역사의 거시적인 관점에서 보았을 때 신약 교회 안에서 유아세례를 부정하는 것은 결국 그리스도의 은혜가 이전 시대에 비해 퇴보했음을 의미하는 것이다. 후커는 이것이 곧 죄를 범하는 것이라고까지 단언했다.[538]

한편 분리주의자였던 존 스필스베리(John Spilsbury)에 따르면 유아세례는 결국 그리스도의 몸인 교회를 부패하게 만들 것이었다. 왜냐하면 유아세례는 국가교회를 생산해 내는 역할을 감당해 왔는데 스필스베리에게 있어 국가교회

---

537 구속 언약에 대한 후커의 견해를 보여주는 저작들은 많지 않다. *The Souls Exaltation* (1538)과 *The Saint Dignitie and Dutie* (1651)에 실린 첫 번째 설교 "The Gift of Gifts (on Tit. 2.14)"를 참고하라.

538 Hooker, *The Covenant of Grace*, 73, 82; Rutherford, *The Covenant of Life*,, 75-76.

는 곧 육적인 교회를 의미했기 때문이다. 이러한 스필스베리의 견해를 반박하면서 후커는 유아세례와 국가교회의 연결고리가 반드시 필연적인 것은 아니라는 사실을 지적한다.

> ◆ 유아세례가 국가교회를 만들어낸다는 생각에 나는 동의하지 않는다. 왜냐하면 그것은 사실이 아니기 때문이다. 국가교회의 특권은 오로지 유대인들에게만 적용된 것이었다. 이들은 국가적 법령에 따라 일 년에 세 차례씩 하나님께 나아와야만 했다. 또한 국가 [교회]의 직원들과 대제사장이 존재했고 모든 남자는 일 년에 세 번 소집되었다. 이 모든 것이 국가적으로 행해졌다. 그러나 오늘날은 그렇지 않다. 모든 것이 개별 교회 단위로 이루어진다. 지교회에 소속된 지교회의 규례들과 직원들, 목사와 교사들은 각자의 회중에 소속되어 있다. 비록 이들의 자녀들에게 세례가 베풀어지나 이들은 그 지교회 회중의 일원이 되는 것이다. 그러나 한 가지 기억할 것이 있다. 국가교회의 존재 자체가 그리스도의 몸을 파괴하는 것은 아니다. 왜냐하면 국가교회를 자신의 교회로 세운 장본인이 바로 하나님 자신이기 때문이다. 만일 그렇게 [국가교회가 그리스도의 몸을 파괴한다고] 말한다면 그것은 곧 하나님께서 교회를 파괴한다고 말하는 것이다. 이것이 신성모독적인 발언임은 두말할 나위 없다. 다만 오늘날 시대에 사는 우리 모두는 [국가교회가 아닌] 개별 교회에 소속되어 있는 것이다.[539]

위의 인용문은 후커와 스필스베리 사이의 이견뿐만 아니라 후커와 루더포드 사이의 견해 차이를 이해하기 위해서도 매우 요긴한 내용을 담고 있다. 우

---

539 Hooker, *The Covenant of Grace Opened*, 65.

선 후커는 스필스베리의 견해, 곧 유아세례가 국가교회를 생산하기 때문에 결국 그리스도의 몸을 부패시킨다는 견해를 반박한다. 무엇보다 구약 시대에 국가교회를 처음 만드신 분이 하나님 자신임을 상기시킨다. 한편 후커는 국가교회가 새 언약의 시대에도 지속적으로 존재해야 한다고 믿었던 루더포드의 의견에 동의하지 않는다. 루더포드에게 있어 유아세례는—스필스베리가 지적한 바대로—국가교회와 긴밀하게 연결되어 있었다. 가장 이상적인 형태의 보이는 교회는 반드시 국가교회의 모습이어야 한다고 루더포드는 확신하고 있었다. 그리고 이 국가교회 안에서 태어나는 모든 자녀는 "이들의 부모의 사악함과 무관하게" 유아세례를 통해 국가교회의 일원으로 받아들여져야 한다고 주장했다.[540] 이러한 루더포드 및 스필스베리의 생각과 달리 후커는 유아세례와 국가교회 사이에 그 어떠한 필연적 연결고리가 성립하지 않는다고 주장했다. 물론 구약의 교회가 국가적인 교회 언약에 근거하여 국가교회를 세우고 그 일원이 되기 위해 일종의 외면적 인증으로서 할례를 요구한 사실을 후커는 인정했다. 그러나 이것은 어디까지나 옛 언약 시대에 살았던 유대인들에게만 해당하는 사항이라고 후커는 믿었다. 일찍이 하나님은 이들을 학교에 처음 입학하는 초등학생들로 대우하셨다.[541] 이 초보 단계의 교회가 점차 자라 신약 교회로 성장했을 때 하나님은 더이상 이들이 국가교회의 일원으로 남아 있기를 원치 않는다. 대신 개별 교회와 더불어 언약 관계를 맺고 그 교회에 소속된 일원이 되기를 원하신다. 또한 새 언약 시대에 각 교회 안에서 행해지는 유아세례 역시 국가교회의 회원이 아닌 각각의 교회의 회원들을 생산해 내는 것이라고 후커는 주장한다.

---

540 Rutherford, *A Peaceable and Temperate Plea* (London: John Bartlet, 1642), 164-87; idem, *The Covenant of Life*, 72-91; Coffey, *Politics, Religion and British Revolutions*, 206.

541 Hooker, *The Covenant of Grace*, 62.

(2) 교회 언약

한편 후커의 언약신학이 가진 교회론적인 함의가 가장 잘 드러난 곳은 그의 교회 언약론이다. 이미 앞서 언급한 바대로 교회 언약은 루더포드-후커 논쟁의 핵심적 쟁점이기도 하였다. 후커의 교회 언약에 대한 루더포드의 비판의 핵심에는 보이는 교회와 보이지 않는 교회에 대한 전통적 구분이 자리 잡고 있다. 후커와 그의 교회 언약 개념은 전통적 교회론의 기본적인 구분을 파괴한다는 것이 루더포드의 주장이었다. 루더포드는 이렇게 말한다.

> ◆ 토머스 후커는 하나님과 맺는 [보이는] 언약으로부터 다음의 사실을 입증하고자 이렇게 주장한다. 즉 우리는 눈에 보이는 고백자들(visible professours) 모두를 [하나님에 의해] 내적으로 부르심을 받고 의롭다 칭함 받은 자들로 간주해야 한다. 또한 교회의 구성원들은 우리의 판단에 따라 예외 없이 이러한 자들로만 채워져야 한다.[542]

여기서 루더포드는 구체적으로 후커의 『교회 치리 강요 개설』(*A Survey of the Sum of Church Discipline*) 1부 3장의 39-40쪽을 지적하면서 후커가 사도행전 20:28에 나오는 온 "양 떼"를 하나님의 내적이고 유효한 부르심을 받은 보이지 않는 성도, 곧 "실제로 구원을 받은 참 신자"로 잘못 이해하고 있다고 주장한다.[543]

그러나 분명한 사실은 여기서 텍스트를 잘못 읽은 당사자는 루더포드라는 점이다. 루더포드가 인용한 후커의 글에서 후커가 실제로 주장한 내용은 다음

---

[542] Rutherford, *The Covenant of Life*, 130.
[543] Rutherford, *The Covenant of Life*, 129-130.

과 같다.

- 사도행전 20:28. 온 양 떼를 보살피며(παντὶ τῷ ποιμνίῳ) 하나님이 자기 피로 사신 교회를 먹이라. 여기서 교회는 우리에게는 회중교회를, 루더포드씨에게는 장로교회를 의미한다. 둘 중 어느 쪽에 해당하든지 분명한 것은 이것이 틀림없이 보이는 교회를 의미한다는 것이다. 이 교회를 교의와 치리를 통해 보살피고 먹이기 위해 장로들과 직원들이 세움을 입었다. 이 교회가 보이는 교회임에 틀림없는 것은 만일 그렇지 않다면 눈으로 보고 아는 교회가 아닌 다음에야 어찌 이들[장로와 직원들]이 치리를 행하는 것이 가능하겠는가? 그러나 이러한 사실에도 불구하고 [성경은] 이 교회를 가리켜 하나님의 피로 사신 교회라고 부른다. 이것 이상으로 영광스러운 일은 없는 것이다. 만일 누군가가 말하길 오로지 눈에 보이지 않는 택자들만이 그와 같은 이름으로 불려야 하는 것이라 말한다면 나는 이렇게 응답할 것이다. 그와 같은 생각은 말씀의 핵심과 텍스트의 의도에 위배되는 것이다. 이들은 분명 온(παντί) 양 떼를 보살펴야만 했기 때문이다.…성경 본문의 [자연스런] 흐름과 통상적인 의미에서 보았을 때, 여기서 구속받고 거룩함을 입은 자들은 눈에 보이는 자들을 가리키는 것이지 이들이 반드시 실제로 그렇다는 의미가 아니다. 조금의 의심할 여지도 없이 이러한 해석이 본문의 흐름과 잘 부합한다.[544]

위의 인용문은 후커가 본문의 "양 떼"를 실제로 구속받고 거룩함을 입은 택자들만의 교회로 이해하고 있지 않다는 사실을 분명하게 증언한다. 후커는 다

---

544 Hooker, *A Survey*, 39-40.

만 본문에서 비록 눈에 보이는 지상교회가 눈에 보이지 않는 택자들의 교회와는 분명 다르지만 그럼에도 성경은 이 지상교회를 가리켜 "하나님의 피로 구속된 교회"라고 부르고 있다는 사실을 강조하고자 했던 것이다. 루더포드와 마찬가지로 후커 역시 지상의 보이는 교회는 반드시 택자들과 더불어 위선자들—이스마엘, 에서, 시몬 마구스 등—을 포함하고 있다고 주장한다.[545] 요컨대 후커는 루더포드가 중요시하는 보이는 교회와 보이지 않는 교회에 대한 전통적인 구분에 전적으로 동의하고 있었던 것이다.

또한 루더포드의 우려와 달리 후커는 그의 교회 언약 개념을 보이지 않는 교회와 결코 연결시키지 않았다. 오히려 그 반대였다. 후커는 그의 (비분리파) 회중교회의 교회 언약이 일종의 외면적인 인증으로서 오로지 보이는 교회에 속하는 것일 뿐이라고 거듭하여 강조한다. 이러한 후커의 시각은 스필스베리의 견해를 논박하며 자신의 교회론을 그로부터 차별화시키는 그의 네 가지 논증에서 잘 드러나고 있다. 스필스베리의 주장과 후커의 논박은 다음과 같이 요약될 수 있다.[546]

주장	존 스필스베리	토머스 후커
1	만일 유아들이 은혜에 대해 분깃이 있다고 주장한다면 이는 곧 사람은 언제고 은혜로부터 떨어져 나갈 수 있다고 주장하는 꼴이 된다.	그렇다. 결코 실패할 수 없는 구원의 은혜와는 달리 [교회] 언약이 요구하는 거룩함과 외면적 언약의 은혜는 얼마든지 상실될 수 있다.
2	그렇다면 은혜 언약은 결국 사람에게 아무런 가치가 없게 되거나 소위 외면 언약을 가진 자들 가운데는 그리스도에게 접붙여지지 않은 자가 있다는 이야기가 된다.	사실이다. 유아세례를 포함하는 성례는 오로지 외면적인 언약에 소속된 것일 뿐이다. 그럼에도 하나님은 이 외면적 인증들을 교회를 위해 선하게 활용하신다.

545　Rutherford, *The Covenant of Life*, 131-32. Hooker, *A Survey*, 41-42; idem, *The Covenant of Grace*, 59.
546　Hooker, *The Covenant of Grace*, 44-61. 교회 언약에 관해서는 다음의 페이지들을 보라. 17, 19, 22-23, 35, 38, 67-68. 인용문은 58, 60쪽을 보라.

주장	존 스필스베리	토머스 후커
3	결국 외면 언약이라는 것은 보편구원론을 낳을 것이다. 혹은 외면 언약의 은혜라고 하는 것은 결국 사람을 구원해내지 못하는 은혜로 전락할 것이다.	외면 언약은 내면 언약에 비해 그 범위가 매우 넓다. 그럼에도 그것이 보편구원론을 도입하는 것은 결코 아니다. 주지하다시피 구약 시대의 이스라엘 안에서 모든 이가 구원을 얻는 것은 아니다.
4	유아세례와 외면적인 교회 언약은 우리로 하여금 사실이 아닌 것을 믿도록 한다. 예를 들어 이스마엘이 참 신자가 아닌 것이 분명하다. 그럼에도 이스마엘이 외면 언약의 은혜와 거룩함을 소유했다고 말하는 것은 잘못이다.	교회 언약을 오해하지 마라. 그것은 반드시 데마, 시몬 마구스, 그두라의 자녀들, 또한 이스마엘을 모두 포함한다. 내면적으로 사악한 자들에 대해 "교회는 하나님이 보증하시는 바 이들에게 성례를 자유롭게 베풀 수 있는 의무가 있는 것이다"

스필스베리와의 논쟁을 통해 후커는 비분리파 회중교회의 교회론과 관련하여 다음의 세 가지 사실을 확인했다. 첫째, 후커는 자신의 교회 언약을 스필스베리가 대변하는 분리주의자들의 교회론으로부터 명확히 분리해내고자 시도했다. 둘째, 루더포드와 마찬가지로 후커 역시 은혜 언약의 두 가지 차원, 곧 외면적 언약과 내면적 언약의 구분을 시도했다. 아울러 이러한 구분을 구약의 이스라엘과 신약의 교회 모두에 적용했다. 셋째, 신구약의 성례와 더불어 그의 교회 언약 역시 언약의 외면적인 인증에 해당한다는 사실을 거듭 확인했다. 이러한 세 가지 내용을 숙지할 때 우리는 루더포드-후커의 교회론 논쟁을 보다 균형 잡힌 시각에서 평가할 수 있게 된다.

4. 맺는말

지금까지 우리는 루더포드와 후커가 성경의 은혜 언약을 설명하는 방식에 있어 주목할 만한 차이점을 보인다는 사실을 논의하였다. 이것은 후커의 언약 신학과 그의 교회 언약 사이의 연결고리를 이해하기 위해서는 꼭 필요한 선행적 연구라고 말할 수 있다. 후커와 비교해 볼 때, 루더포드는 성경의 언약들이 가지고 있는 차별성이나 다양성보다는 오히려 결코 변하지 않는 실체―혹은 통일성―를 크게 강조한다. 특히 은혜 언약의 영원하고 초월적인 기초에 해당하는 구속 언약을 강조하고 그것의 실체를 성경 주해를 통해 증명해 내는 데 많은 노력을 기울인다. 루더포드가 교회 언약에 대해 취한 입장은 단호하다. 그것은 불필요하다는 것이다. 이 땅에 존재하는 지상교회가 교회로 성립함에 있어 그것이 과거든 미래든 현재의 교회든 상관없이 성경에 계시된 은혜 언약 혹은 복음 언약만으로 충분하다는 것이 루더포드의 입장이다. 따라서 은혜 언약 이외에 그 어떤 종류의 언약을 도입하려는 시도는 불필요할 뿐만 아니라 잘못된 것이다. 특히 그는 재세례파를 포함하는 분리주의자들의 교회 언약을 성경과 전통으로부터 일탈한 것으로 여기고 비판하며 철저히 배격했다. 루더포드가 뉴잉글랜드 비분리파 회중교회가 도입한 교회 언약을 거부한 근본적인 이유도 후커의 교회 언약 역시 분리주의자들의 그것과 같은 연장선상에 있는 것으로 이해했기 때문이었다.

한편 루더포드와 마찬가지로 후커 역시 모든 시대를 관통하여 은혜 언약의 토대를 제공한 실체를 예수 그리스도로 이해하였다. 은혜 언약은 그 본질에 있어 하나다. 곧 예수 그리스도 안에서 통일성을 이룬다. 그런데 루더포드에 비해 후커는 언약의 통일성과 아울러 각 시대마다 계시된 언약의 다양한 형태와 고유한 특질들에 많은 관심을 기울였다. 은혜 언약의 외면적 형태는 언제나 변화되어왔다. 이미 옛 언약의 많은 요소가 새 언약의 도래와 더불어 철폐되었다. 한편 국가교회의 형태는 후커 당대에 이르기까지 지속된 것이 사실이었다. 그러나 종교개혁과 더불어 국가교회를 회중교회의 형태로 대체하는 것이 종교개혁 이후의 세대에게 주어진 새로운 시대적 과제라고 후커는 주장했다. 뉴잉글랜드의 비분리파 회중주의자들이 추구한 교회 형태야말로 일찍이 구약의 선지자들이 예언한 새 언약 시대의 이상적인 교회의 모습이라고 후커는 확신하였다.

그러나 한 가지 기억할 사실이 있다. 그것은 이러한 차이점에도 불구하고, 두 사람 사이에는 행위 언약, 은혜 언약, 그리고 구속 언약 등의 본질적인 요소들에 대한 신학적인 불일치점이 발견되지 않는다는 사실이다. 두 사람 모두 위에 언급한 세 가지 언약이 성경 안에서 발견된다는 사실에 동의했다. 무엇보다 은혜 언약의 본질 혹은 실체가 그리스도라는 사실에 동의했고 이에 따라 옛 언약과 새 언약 사이에 존재하는 기본적인 연속성을 강조하였다. 또한 두 사람 모두 은혜 언약을 외면적 차원과 내면적 차원으로 구분한 후 전자를 지상에 존재하는 보이는 교회의 언약으로, 후자를 하나님이 택자들과 더불어 맺는 보이지 않는 은혜 언약으로 규정하는 것에 동의하였다. 이러한 기본적인 일치점들을 제대로 파악하는 것은 두 사람 사이에 있었던 교회론 논쟁을 바로 이해하는 데 있어 필수적이다. 왜냐하면 특히 교회 언약을 두고 벌어진 치열한 공방전은 많은 경우 서로의 입장을 지나치게 오해하거나 과장한 데서 비롯되었기 때문이다. 언약신학의 기본적인 내용들에 있어 두 사람의 입장이 서로 일치한다는 사실들을 염두에 두고 이들의 논쟁을 면밀하게 검토할 때에야 비로소 독자들은 두 사람의 입장 차이에 대한 보다 균형 잡힌 평가를 내릴 수 있게 될 것이다.

특히 교회 언약에 관한 두 사람의 이견을 이해하기 위해 그것이 후커에게 있어 (루더포드의 우려와 달리) 언제나 외면적 은혜 언약으로 인식되었다는 사실을 기억할 필요가 있다. 루더포드와 마찬가지로 후커 역시 은혜 언약의 두 측면, 곧 택자만을 위한 내면적 은혜 언약과 보이는 교회를 위한 외면적 은혜 언약의 구분을 고수하였다. 그리고 자신의 교회 언약을 후자에 위치시켰다. 회중교회의 교회 언약이 외면적 은혜 언약의 한 형태—혹은 넓은 의미의 은혜 언약—라는 사실을 명시함으로써 후커는 은혜 언약과 무관한 전혀 새로운 종류의 언약을 만들어내었다는 비난을 피할 수 있었다. 또한 후커의 교회 언약이 분리주의자들의 교회론에 기초한 것이라는 비난에 대한 후커의 입장은 매우 확고했다. 후커에게 있어 교회 언약의 도입은 (루더포드의 주장처럼) 보이는 지상교회를 보이지 않는 천상교회와 일치시키고자 하는 인위적인 시도가 결코 아니었다. 오히려 그것은 일찍이 루더포드 자신이 외면 언약의 사례들로 제시했던 구약의 이스라엘 교회나 혹은 루더포드가 추구했던 국가교회의 연장선상에 있는 언약, 곧 보이는 교회를 위한 외면적 언약이라는 것이 후커의 핵심적 주장이었다. 실제로 후커는 그의 책 『교회 치리 강요 개설』(A Survey of the Sum of Church Discipline)에서 독자들로 하여금 뉴잉글랜드 회중교회가 분리주의자들의 교회라는 오해와 선입견을 버릴 것을 간곡히 당부한다.[547]

만일 후커의 이러한 주장이 사실이라면 뉴잉글랜드 (비분리파) 회중교회가 성경과 건전한 교회 전통으로부터 일탈한 전혀 새로운 교회라는 루더포드의 주장은 분명 과장된 것임에 틀림없다. 후커와 루더포드의 언약신학이 각각 다양성과 통일성에 대한 강조점의 차이에도 불구하고 본질적인 면에서 대부분 일치하고 있다는 사실을 고려한다면 루더포드의 교회와 후커의 교회가 근본적으로 다른 교회가 아님을 반복하여 강조하는 후커의 입장을 이해할 만하다.[548] 이것은 교회론 논쟁을 통해 부각된 이들 사이의 이견들―특히 교회 언약과 관련하여―이 각자의 언약신학에 깊이 뿌리 내리고 있고 이들의 언약신학이 본질적 수준에서 대부분 합일을 이루고 있다는 사실을 고려할 때 더욱 그러하다.

이러한 사실이 오늘날 한국 장로교회의 목회 현실에 시사해 주는 바는 무엇일까? 루더포드가 대변하는 장로교회의 교회론과 뉴잉글랜드의 비분리파 회중교회가 도입한 교회 언약이 신학적으로나 실천적으로 전혀 양립 불가한 것은

547　Hooker, *A Survey of the Sum of Church Discipline*, 48.
548　Hooker, *A Survey of the Sum of Church Discipline*, "Preface," 12.

아니라고 가정할 때 교회 언약이 가지고 있는 여러 가지 유익과 장점들을 장로교회 안으로 일부 도입하여 활용하는 것이 가능할 수도 있다는 사실을 의미하는 것은 아닐까? 명시적 형태의 교회 언약이 교회에 가져다주는 유익에 대한 후커의 견해는—『교회 치리 강요 개설』에 나타난 그 자신의 전반적인 논지에 비추어 볼 때—크게 세 가지로 요약될 수 있다. 첫째, 교회의 구성원들은 새 언약 시대의 성도로서—또한 지교회 회원으로서—의 특권과 의무를 보다 분명하게 이해하고 숙지하게 된다. 둘째, 교회의 치리에 보다 적극적으로 순종하고 참여하게 된다. 셋째, 교회 구성원들의 마음을 더욱 결속시키고 헌신을 고무한다.[549] 교회 언약이 목표한 이러한 장점들은 장로교회의 전통적인 교회론과 더불어 크게 갈등을 일으키지 않는 범위 안에서 오늘날 장로교회의 목회 현장 안에 창조적으로 접목될 수 있는 내용들이라 생각한다. 특히 현재의 한국교회 안에서 한 지교회의 구성원이 되는 과정 자체가 점차 형식화되고 커다란 의미를 부여받지 못하는 현실 가운데 더욱 호소력 있는 시도가 될 수도 있지 않을까 조심스럽게 전망해 본다.

---

549 Hooker, *A Survey*, 48-49.

윌리엄 퍼킨스와 존 프레스톤이 이른 시기의 청교도 언약신학을 대변했다면 사무엘 루더포드와 토머스 후커는 이미 완숙한 단계에 도달한 언약신학의 모습을 보여준다. 제7장을 통해 독자는 청교도 언약신학 안에서 발견되는 "다양성"을 흥미롭게 확인할 수 있었다.

사무엘 루더포드(Samuel Rutherford, 1600-1661)

17세기 스코틀랜드의 대표적인 청교도 지도자이다. 스코틀랜드 앤워스 교구에서 열정적으로 목회하였다. 1647년부터는 세인트앤드루스 대학교 세인트 메리 칼리지의 학장과 총장(1651)으로 신학교 사역을 하였다. 스코틀랜드 장로교회를 대표하여 웨스트민스터 회의에 참석하여 적지 않은 영향력을 발휘했다. 장로교정치가 가장 성경적인 교회 정부 형태임을 확신했으며 믿음, 기도, 교리문답, 그리고 언약신학과 관련된 다양한 저서들을 남겼다. 또한 『법과 국왕』(Lex Rex)의 저술을 통해 성경에 기초한 국민 재권 사상을 설파하였다. 언약신학 분야에서는 특히 초시간적인 구속 언약의 존재를 성경적으로 훌륭하게 변증하였다.

[그림 출처] https://en.wikipedia.org/wiki/Samuel_Rutherford#/media/File:Samuel_Rutherford_St._Andrews.jpg

토머스 후커(Thomas Hooker, 1586-1647)

17세기 뉴잉글랜드의 대표적인 청교도 지도자이다. 존 코튼, 새뮤얼 스톤, 리처드 매더 등과 더불어 초기 뉴잉글랜드 비분리파 회중교회를 이끌었다. 영국 케임브리지 대학교 임마누엘 칼리지에서 수학 기간 중 회심을 체험했다. 이후 동 대학과 첼름스퍼드의 강사가 되었고 교리문답과 탁월한 설교사역을 통해 많은 사람에게 영향을 끼쳤다. 국교회의 탄압을 받아 암스테르담을 거쳐 뉴잉글랜드로 건너갔다 (1633). 17세기 중엽 스코틀랜드 장로교주의와의 교회론 논쟁에서 뉴잉글랜드 회중교회를 성경적으로 훌륭하게 변증했다. 교회론 이외에도 회심과 구원 그리고 언약에 관한 설교집과 저서들을 남겼다. 언약신학과 관련해서는 은혜언약을 교회론적으로 적용한 교회 언약의 성경적이며 이론적인 기초를 마련하는 데 크게 기여했다.

[그림 출처] http://connecticutponnaraymen.weebly.com/thomas-hooker.html

제 8 장
프란키스쿠스 투레티누스와 토머스 보스턴의 언약신학: 시내산 언약에 대한 비교 연구[550]

1. 들어가며

토머스 보스턴(Thomas Boston, 1676-1732)의 언약신학은 오늘날 적지 않은 수의 연구자들 사이에서 논쟁거리가 되어왔다. 제임스 토랜스(James B. Torrance)를 비롯한 일군의 학자들은 보스턴의 신학 안에서 일종의 모순을 발견한다. 소위 은혜의 신학자로 알려진 보스턴은 언약신학자로도 널리 알려졌는데 이 두 가지는 사실상 양립 불가능하다는 것이 토랜스, 도널드 부르깅크(Donald Bruggink) 그리고 찰스 벨(Charles Bell) 등의 주장이다. 논의의 핵심에는 언약신학의 성격을 과연 어떻게 이해할 것인가의 문제가 자리 잡고 있다. 이들에게 있어 언약신학은 곧 율법주의를 의미한다.[551] 한 걸음 더 나아가 이들

---

550 본 장은 「한국개혁신학」 36(2012): 262-303에 실린 필자의 논문임을 밝힌다.

551 James B. Torrance, "The Covenant Concept in Scottish Theology and Politics," in *The Covenant Connection: From Federal Theology to Modern Federalism*, ed. Daniel J. Elazar (Oxford: Lexington Books, 2000), 158; "The Concept of Federal Theology-Was John Calvin a 'Federal' Theologian?" *Calvinus Sacrae Scripturae Professor*, ed. Wilhelm H. Neuser (Grand Rapids: Eerdmans, 1994): 15-40. Charles M. Bell, *Calvin and*

은 17세기 언약신학과 칼뱅의 (은혜의) 신학 사이에 급격한 단절성이 존재한다고 주장한 켄달(R. T. Kendall)의 테제에 동의한다. 따라서 보스턴이 언약신학자로 불리는 한 진정한 의미에서 칼뱅의 후예가 될 수 없다는 것이다. 이러한 난제를 해결하기 위해 토랜스는 다음과 같은 결론을 내린다. 곧 보스턴은 언약신학자임이 틀림없지만 그가 일평생 싸운 율법주의의 근본적인 뿌리가 "언약신학 그 자체로부터 자라난 것을" 그 자신은 미처 깨닫지 못한—혹은 신학적인 일관성을 견지하는 데 있어 실패한—신학자라고 주장한다.[552]

한편 도널드 매클리오드(Donald Macleod)와 앤드루 맥고완(A. T. B. McGowan)은 언약신학과 율법주의를 동일한 것으로 규정하는 견해를 반박한다. 예를 들어 매클리오드는 18세기 "매로우 논쟁"(The Marrow Controversy, 1717-23)에서 복음의 보편적 제시와 하나님의 거저 베푸시는 은혜를 강조한 "매로우주의자들"(The Marrow Men)의 신학적 입장이 곧 언약신학의 핵심을 대변하는 것으로서 묘사한다.[553] 맥고완 또한 보스턴의 언약신학을 "은혜의 신학"으로 규정한 후, 그것이 『웨스트민스터 신앙고백서』가 대변하는 전통적인 칼뱅주의의 입장과 그 맥을 같이한다고 주장한다. 보스턴의 언약신학이 "매로우주의자들"—보스턴 자신이 그 일원이었음에도 불구하고—의 신학과 충돌을 일으킨다고 주장하는 비판자들을 맥고완은 다음과 같이 논박한다.

Scottish Theology: The Doctrine of Assurance (Edinburgh: Handsel Press, 1985). Donald J. Bruggink, "The Theology of Thomas Boston 1676-1732," Ph.D. dissertation (University of Edinburgh, 1956). 특히 토랜스는 언약신학의 본질적 특성이 언약의 조건성 혹은 계약적 성격에 있다고 주장한다. Torrance "The Covenant Concept in Scottish Theology and Politics," 160. 토랜스는 앞의 저작들 안에서 이러한 주장을 구체적으로 입증할 만한 일차자료들을 충분히 제시하지 못하는 취약점을 노출했다. 17세기의 문헌자료를 폭넓게 분석하지 않은 채 주로 이차자료에 근거하여 언약신학의 성격을 율법주의로 일반화시켜 규정한 것은 비단 토랜스뿐만 아니라 벨과 부르징크의 저작들이 가진 공통의 약점이기도 하다.

552 Torrance, "Covenant or Contract? A Study in the Theological Background of Worship in Seventeenth-Century Scotland," *Scottish Journal of Theology* 23(1970): 63.

553 Donald Macleod, "Federal Theology-An Oppressive Legalism?" *Banner of Truth* (Feb., 1974), 21-28; idem, "Faith as Assurance," *Free Church Monthly Record* (May, 1998), 99-101.

◆ 보스턴을 언약신학에 대해 항거하는 자들을 대변하는 신학자로 간주하거나 혹은 그의 신학 안에서 종국적으로는 언약신학을 폐기하게 만드는 어떤 요소들이 존재한다고 믿는 이들의 생각은 분명 잘못되었다고 우리는 믿는다. 어떤 순간에도 보스턴은 『웨스트민스터 신앙고백서』의 입장과 다른 견해를 표명한 적이 없으며 그가 저술한 그 어떠한 내용도 그와 같은 식으로 해석될 여지는 전혀 없다.[554]

이처럼 맥고완은 보스턴의 언약신학과 『웨스트민스터 신앙고백서』 사이에 존재하는 연속성을 강조하였다. 그런데 맥고완의 주장이 전반적으로 틀리지 않았음에도 그의 논박은 부분적으로 피상적이고 충분하지 못하다는 지적이 제기되어 왔다.[555] 첫째, 켄달의 테제를 수용하는 사람들은 칼뱅의 신학과 『웨스트민스터 신앙고백서』 사이에 일종의 단절성이 존재한다고 믿는다. 요컨대 『웨스트민스터 신앙고백서』 자체가 칼뱅의 신학을 대변할 수 없다는 것이다.[556] 둘째, "매로우 논쟁"에서 보스턴과 매로우주의자들의 반대편에 서서 이들과 논쟁한 제임스 해도우(James Hadow) 역시 언제나 자신을 충실한 칼뱅주의자로 간주

554　McGowan, *The Federal Theology of Thomas Boston*, 208.

555　Mark W. Karlberg, book review on *The Federal Theology of Thomas Boston* in *Journal of the Evangelical Theological Society*, 42:3 (Sept. 1999): 545; Timothy Trumper, book review on *The Federal Theology of Thomas Boston*, in *Westminster Theological Journal* 62:1(2000): 154-55.

556　특히 홈즈 롤스톤의 저작들을 참고하라. Holmes Rolstone III, "Responsible Man in Reformed Theology: Calvin versus the Westminster Confession," *Scottish Journal of Theology* 23:2 (1970): 129-56; idem, *John Calvin versus the Westminster Confession* (Richmond: John Knox Press, 1972). 비록 본장에서 직접 논의되지는 않으나 지난 한 세대 동안 소위 "칼뱅주의자들에게 대항하는 칼뱅"(Calvin against Calvinists)으로 알려진 켄달과 홈즈 등의 테제는 다음의 학자들에 의해 효과적으로 반박되었음을 기억할 필요가 있다. Paul Helm, *Calvin and the Calvinists* (Edinburgh: Banner of Truth Trust, 1982); Carl R. Trueman & R. Scott Clark, eds., *Protestant Scholasticism: Essays in Reappraisal* (Carlisle: Paternoster Press, 1999); Willem J. Van Asselt & Eef Dekker, *Reformation and Scholasticism: An Ecumenical Enterprise* (Grand Rapids: Baker, 2001); Richard A. Muller, *After Calvin: Studies in the Development of a Theological Tradition* (Oxford: Oxford University Press, 2003). 폴 헬름과 리처드 A. 멀러(Richard A. Muller) 등이 수행한 보다 균형 잡힌 연구에 따르면 칼뱅의 신학과 웨스트민스터 신앙고백 및 청교도 저작들에서 부각되기 시작한 언약신학 사이에는 (복음에 대한 이해에 있어) 본질적인 차이가 존재하지 않는다.

하고 있었다는 사실을 간과해서는 안 된다. 따라서 칼뱅과 웨스트민스터 신앙고백의 전통으로부터 일탈한 장본인이 (보스턴이 아닌) 해도우였다고 쉽게 단정하기에 앞서 맥고완은 좀 더 충분한 근거들을 제시했어야 한다고 지적한 티모시 트럼퍼(Timothy Trumper)의 비판은 정당한 것으로 보인다.557

주지하다시피 보스턴의 언약신학을 둘러싼 지금까지의 논의는 주로 율법과 복음에 대한 보스턴의 견해에 초점을 맞추어 진행되어왔다. 이것을 염두에 두면서 필자는 특히 시내산 언약—혹은 모세 언약—에 대한 그의 신학적 입장을 검토해보고자 한다. 시내산 언약이야말로 율법과 복음의 관계성에 대한 그의 견해가 가장 잘 드러나 있는 곳이기 때문이다. 필자는 이 장에서 과연 보스턴의 언약신학이—토랜스를 비롯한 일부 학자들의 주장처럼—소위 "은혜의 신학"과 그 어떠한 신학적 모순이나 갈등을 일으키고 있는지 살펴볼 것이다. 한편 시내산 언약에 대한 보스턴의 견해를 보다 폭넓은 개혁주의 언약신학 전통 속에서 자리매김하기 위해 그의 신학적 입장을 제네바의 개혁파 정통주의 신학자 프란키스쿠스 투레티누스(Franciscus Turretinus)의 견해와 비교할 것이다. 투레티누스는 그의 『논박신학 강요』(*Institutio theologiae elencticae*)에서 시내산 언약을 둘러싼 다양한 이견들을 소개하고 나름대로 정통적인 입장을 정리하였다.558 만일 투레티누스와 보스턴 사이에 본질적인 연속성이 발견된다면, 보스턴의 언약신학은 개혁주의 언약신학의 한 흐름을 대변하는 것으로서 인정받게 될 것이다. 한 걸음 더 나아가, 두 사람의 언약신학 모두 율법에 대한 복음적 이해를

557　McGowan, *The Federal Theology of Thomas Boston*, 107, 208; *Trumper, book review on The Federal Theology of Thomas Boston*, 155.

558　Francisco Turrettino, *Institutio Theologiae Elencticae* (이후 Inst.로 표기), 3 parts (Geneva: Apud Samuelem de Tournes, 1679-1685). 영문 역본은 다음을 참고하라. Francis Turretin, *Institutes of Elenctic Theology*, trans. G. Musgrave Giger & ed. J. T. Dennison (Phillipsburg: P&R Publishing, 1992). 본장에서 특별히 투레티누스의 견해를 선택하여 보스턴의 입장과 비교하는 주요한 이유가 이와 관련되어 있다. 투레티누스는 개혁파 정통신학의 성숙기를 대표하는 제네바의 신학자로서 당대까지의 다양한 신학적 입장들을 종합적으로 소개하고 개혁파를 대변하는 입장에서 다른 견해들을 평가 및 논박하고자 시도했다.

정립하고자 시도했다는 사실을 통해 우리는 언약신학의 성격을 단순히 율법주의로 간주할 수 없음을 확인할 것이다. 오히려 언약신학은 두 사람 모두에게 율법과 복음 그리고 하나님의 주권적 은혜와 인간의 의무에 대한 좀 더 (성경적으로) 건전하고 균형 잡힌 이해의 틀을 제시하고 있었던 것이다.

2. 토머스 보스턴의 역사적 정황

보스턴은 성경의 언약을 크게 행위 언약과 은혜 언약으로 구분한다. 타락 전에 아담과 하나님 사이에 맺어진 행위 언약에서 아담은 모든 인류를 대표한다. 한편 타락 후에 하나님과 택자들 사이에 맺어진 은혜 언약 안에서 그리스도는 모든 택자를 대표한다.[559] 한 가지 중요한 사실은, 보스턴이 타락 이후 성경에 등장하는 다양한 언약들을 "은혜 언약"이라는 단 하나의 범주로 묶어서 설명한다는 것이다. "본질에서 차별화되는 두 개의 은혜 언약이 존재하는 것이 아니다. [구속사의] 경륜에서의 다양성 아래 오직 하나의 똑같은 은혜 언약이 존재할 뿐이다."[560] 은혜 언약의 다양성과 통일성에 대한 보스턴의 견해는 칼뱅과 투레티누스의 기본적인 입장과 정확히 일맥상통한다. 일찍이 칼뱅은 그의 『기독교강요』에서 성경의 다양한 언약들은 "그 본질에서는 하나이지만 (구속사의) 경륜에서 다양성"을 드러낸다고 주장하였다.[561] 같은 맥락에서 투레티누스 역시 "은

---

[559] 에드워드 피셔의 저작 『현대신학의 정수』에 대한 보스턴의 주해를 보라. Boston's annotation on Edward Fisher, *The Marrow of Modern Divinity. In The Complete Works of Thomas Boston*. 12 vols, with a new introduction by J. R. Beeke & R. J. Pederson (Stoke-on-Trent, UK: Tentmaker Publications, 2002, 1853), vol. 7, 159.

[560] Boston's annotation on *The Marrow of Modern Divinity*, 212. 여기서 보스턴은 『웨스트민스터 신앙고백서』 제7장 6절을 명시한다.

[561] Calvin, *Inst*. 2.11.1. 여기서 본질은 예수 그리스도를 가리킨다.

혜 언약은 과연 각 세대에서 본질상 하나이며 동일한 것인가?"라고 묻고 스스로 "그렇다."라고 대답한다.[562] 주지하다시피 투레티누스는 구약과 신약의 단절성을 강조한 소키누스주의자, 재세례파 그리고 항론파 등의 도전을 반박하는 논쟁적 상황 속에서 은혜 언약의 통일성을 크게 강조하였다. 그렇다면 보스턴이 "하나의 똑같은 은혜 언약"을 강조한 역사적 정황은 무엇일까? 그의 언약신학이 형성된 사회정치적이며 신학적인 배경을 각각 살펴보자.

1) 토머스 보스턴과 그의 사회정치적 정황

스코틀랜드의 저명한 신학자 보스턴은 "매로우 논쟁"에 참여한 핵심 인물로 알려졌다. 조나단 에드워즈(Jonathan Edwards)는 토머스 길레스피(Thomas Gillespie)에게 보낸 서한에서 보스턴을 가리켜 "진실로 위대한 신학자"라고 불렀다.[563] 그러나 "매로우 논쟁" 이전에도 보스턴은 이미 심프림(Simprim)과 에트릭(Ettrick)에서 헌신적으로 교회를 섬긴 열정적인 목회자로 널리 알려졌었다. 심프림에서의 사역 동안 교구민의 모든 가정은 큰 변화를 체험했다. 애초에는 가정예배를 드리는 가정이 하나도 없었으나 7년이 지난 후에는 거꾸로 가정예배를 드리지 않는 가정이 하나도 없게 되었다. 한편 심프림에서의 사역을 마치고 1707년 에트릭 교회에 처음 부임했을 때 수찬자의 수는 불과 57명에 불과했었다. 5년 후에 그 수는 150명으로 늘어났고 24년이 흐른 후 그가 행한 마지막

---

[562] Francis Turretin, *Institutes of Elenctic Theology* (이후 *Inst.*로 표기), translated by George Musgrave Giger and edited by James T. Dennison (Phillipsburg: P&R Publishing, 1992): 8.3.4. Peter J. Wallace, "The Doctrine of the Covenant in the Elenctic Theology of Francis Turretin," *Mid America Journal of Theology* 13(2002): 163. [143-79]

[563] Jonathan Edwards, *The Works of Jonathan Edwards*, ed. John E. Smith (New Haven, Yale University Press, 1957), 2:489.

성찬에 참여한 사람들은 무려 777명이었다.[564]

1676년 보스턴이 태어났을 때, 스코틀랜드 장로교회는 영국의 왕실과 국교회에 항거하는 투쟁의 와중에 있었다. 찰스 1세가 영국 국교회를 스코틀랜드에 강제로 이식하려고 시도하자 스코틀랜드 국민은 "국민 계약"(National Covenant)을 맺고 이에 맞섰다. 영국 내전 기간 중 스코틀랜드 교회는 올리버 크롬웰(Oliver Cromwell)에게 지원을 약속하는 대가로 "엄숙동맹과 계약"(The Solemn League and Covenant)에 대한 영국 의회의 동의를 얻어내었다. 이로써 스코틀랜드는 독립적인 장로교회 체제를 보장받을 수 있게 되었다. 그러나 1660년 영국에서 왕정복고가 이루어진 이후 찰스 2세는 국교회를 다시 스코틀랜드에 도입하였다. 그의 강압적인 국교회 정책 때문에 많은 교인이 들판이나 비밀집회소 (conventicles)에서 예배드렸다. 영국 정부는 1664년 비밀집회 금지법(Conventicle Act)을 제정한 후 잔혹하게 이들을 탄압하였다. 1661년부터 1685년까지 대략 18,000명의 장로교도가 처형당하였다. 특별히 1685년부터 1688년 사이에 박해의 강도가 강화되어 이 시기를 가리켜 "살육의 시대"라고 부른다. 마침내 명예혁명(1688)이 일어난 후에야 비로소 교회는 평화기를 맞이할 수 있었다. 주지하다시피 스코틀랜드 교회는 종교적 자유를 획득하기까지 두 개의 단어, 곧 "언약(계약)"과 "장로교"의 이름으로 투쟁하였다. 바로 이러한 이유에서 장로교의 승리는 곧 언약의 승리로 널리 인식되었다는 맥고완의 주장은 설득력이 있다.[565]

564　Joel R. Beeke, "The Life and Theology of Thomas Boston," in Boston, *Works* vol.1, 1-5; 앤드루 톰슨, 『언약의 사람: 토머스 보스턴』, 홍상은 옮김 (서울: 지평서원, 2004), 86-87, 106-7.

565　W. D. J. McKay, "The Westminster Assembly and the Solemn League and Covenant," *Reformed Theological Journal*, 9 (1993): 5-18; George Gilfillan, *The Martyrs, Heroes, and Bards of the Scottish Covenant* (London: Albert Cockshaw, 1852), 78; Robert Wodrow, *The History of the Sufferings of the Church of Scotland from the Restoration to the Revolution* (Glasgow, 1841), vol.4, 417-19; McGowan, *The Federal Theology of Thomas Boston*, 6-8; 서요한, 『언약 사상사』 (서울: 기독교문서선교회, 1994). 44.

물론 1688년의 승리와 1690년 장로교 체제의 공식적인 회복이 이루어진 이후로도 스코틀랜드 교회는 몇 가지 난관들—종교적 관용, 교회-국가의 관계, 반율법주의 및 신율법주의의 대두 등—을 극복해야만 했다. 보스턴이 활동했던 시기에 적어도 두 가지 중요한 정치적 사건이 있었다. 첫째, 1707년 연합법에 따라 스코틀랜드와 잉글랜드 두 왕국은 합병하였고 의회도 영국 의회로 단일화되었다. 당시 영국의 앤 여왕은 독실한 국교도였기 때문에 스코틀랜드 장로교인 중 적지 않은 수가 합병에 대한 강한 거부감을 표현하였다. 그 가운데 과격한 계약파로 알려진 캐머런파(The Cameronians)는 합병에 저항하다가 많은 희생을 치렀다. 둘째, 1711년에는 소수의 (일반 신도) 재력가들에게 목사의 임명권을 행사하도록 허락하는 성직 추천법(Patronage Act)이 제정되어 이듬해부터 실행되었다. 이것은 스코틀랜드 교회가 추구해온 신앙적 자유와 회중 스스로 그들의 목회자를 뽑을 권리를 박탈하는 조치였다. 이런 상황은 계약파의 저항을 불러일으켰고 영국 정부와 타협한 교회 지도부에 대해 등을 돌리도록 자극했다.[566]

이러한 역사적 정황이 스코틀랜드 언약신학에 미친 영향은 무엇일까? 영국 정부에 대한 계약파의 저항이 장기화함에 따라 언약 개념에 사회정치적 함의가 점차 부가되기 시작되었음에 주목하는 연구자들이 있다. 예를 들어 토랜스는 언약개념이 일종의 "정치 신학"(theology of politics)이 되었다고 주장한다.

◆ 자유를 위해 투쟁하는 나라의 정치사회적 환경 속에서 이것[언약]

---

[566] Yohahn Su, "The Contribution of Scottish Covenant Thought to the Discussions of the Westminster Assembly (1643-1648) and Its Continuing Significance to the Marrow Controversy (1717-1723)," Ph.D. diss (University of Glamorgan, 1993), 270-94. 이 논문의 내용은 저자에 의해 번역되어 한글 저서—서요한의 『언약 사상사』—로 출판되었다.

은 당대인들에게, 마치 현대인들에게 노조, 민권, 임금 분쟁 등의 단어들이 의미하는 것과 유사한 언어로서 인식되었다. 그것은 일종의 "정치 신학"으로서 회중에게 복음을 전달할 때 동원되는 일종의 개념적 틀을 제공했다. 또한 이와 같은 술어를 통해 복음은 언약 국가의 이미지를 획득하였다.[567]

토랜스는 한 걸음 더 나아가 정치적인 "계약"(contractual) 개념들이 스코틀랜드 교회의 설교와 예배의 행태를 급격하게 변화시켰다고 주장한다.[568] 토랜스의 이러한 관찰이 어느 정도는 통찰력이 있음을 부인할 수 없지만, 스코틀랜드 교회가 성경의 언약 사상을 정치적 개념으로 이해했다거나 정치적 계약 개념이 교회의 예배에까지 지대한 영향을 미쳤다는 그의 주장은 지나치게 일면적이다. 서요한에 따르면 스코틀랜드 교회의 교인들은 언약이 가지고 있는 정치적인 함의--특히 하나님이 국가와 더불어 맺는 언약의 개념과 관련하여--를 인식하면서도 결코 은혜 언약의 핵심을 놓치지 않았다.[569] 오히려 영국 정부의 정치적 탄압하에서 스코틀랜드 장로교인들은 "교리의 순수성을 지켜내는 것이 그들의 마지막 보루"라고 생각했음을 서요한은 지적한다.[570] 이것 역시 설득력 있는 주장이라 판단된다. 단순한 정치적 개념이 아닌 성경적 교리로서의 보스턴의 언약신학에 대한 보다 균형 잡힌 이해를 위해 먼저 그의 신학적 정황을 검토해보자.

---

567   Torrance, "Covenant of Contract?" 64.
568   Torrance, "Covenant of Contract?" 64.
569   Yohahn Su, "The Contribution of Scottish Covenant Thought to the Discussions of the Westminster Assembly (1643-1648)," 258.
570   Yohahn Su, "The Contribution of Scottish Covenant Thought," 295.

2) 보스턴과 신학적 정황: "매로우 논쟁 1717-1723"

1645년 영국인 에드워드 피셔(Edward Fisher)는 『현대신학의 정수』(*The Marrow of Modern Divinity*)를 저술하였다. 서문에서 피셔는 책의 저술 목적을 다음과 같이 밝혔다. 즉 독자들로 하여금 "언약이 행위 언약으로부터 구분되는 차이점을 분명히 인식하도록 하며, 값없이 베푸시는 은혜의 교리와 그리스도의 신비들, 그리고 신앙의 삶 등을 경험적으로 알게 하도록 하기 위함이다."[571] 본문 안에서 피셔 자신의 견해를 대변하는 주인공 복음주의자(*Evangelista*)는 율법주의자(*Nomista*)와 반율법주의자(*Antinomista*) 사이에서 중도적인 노선을 유지하는 것으로 묘사된다.[572]

보스턴은 에트릭에서 목회하던 시절 피셔의 책을 읽고 크게 감화를 받았다. 여기에는 보스턴 자신의 특별한 경험이 작용했다. 과거 준목사였을 때 보스턴의 설교는 지나치게 죄와 심판 그리고 율법을 강조하는 특징을 가지고 있었다. 어느 날 다이사트(Dysart)라는 이름의 나이 많은 성도가 젊은 보스턴에게 찾아가 그리스도를 설교하라는 뜻깊은 조언을 했다. 그의 조언을 달게 받은 후 보스턴은 "사랑의 복음"을 전하기 시작했고 그때부터 복음의 많은 열매를 거두기 시작했다. 피셔의 저서는 그가 목회 현장에서 체험한 은혜의 복음을 성경적이며 조직신학적으로 잘 정리해 주었다.[573] 피셔의 작품을 정독한 후 보스턴은 구원의 유일한 근거가 하나님께서 거저 베푸시는 은혜라는 더욱 큰 확신을 가지고 열정적으로 설교하기 시작했다. 스코틀랜드 교회가 종교개혁의 원리로부터 차

---

[571] Fisher, *The Marrow of Modern Divinity*, 157.
[572] 이 책은 네 명의 인물 사이에 이루어진 대화의 형식으로 기록이 되어 있다. 네 주인공은 다음과 같다. 복음주의자(Evangelista), 율법주의자(Nomista), 반율법주의자(Antinomista) 그리고 이제 막 신앙에 입문한 젊은 초심자(Neophytus).
[573] 톰슨, 『언약의 사람: 토머스 보스턴』, 52-53.

즘 벗어나 율법주의로 경도되었다고 느낀 보스턴은 피셔의 저서를 스코틀랜드 교회 안에 널리 소개하고자 노력하였다. 제임스 호그(James Hog), 에벤에제르(Ebenezer) 그리고 랄프 어스킨(Ralph Erskine) 등도 보스턴과 뜻을 같이하였다. 한편 세인트 메리 신학교의 학장이었던 제임스 해도우는 이들을 반율법주의자들이라고 비판하면서 『현대신학의 정수』를 금서 조치하고자 시도하였다. 이로써 매로우 논쟁이 시작되었다. 논쟁 과정에서 보스턴과 그의 동료들은 이 책과의 관련성 때문에 "매로우주의자들"(The Marrow Men)"[574]로 알려지게 되었다.

그렇다면 매로우주의자들이 감지한 위험, 곧 스코틀랜드 교회의 강단에서 많은 설교자가 은혜의 복음보다는 율법과 행위의 원리를 강조하게 되었던 것은 어떤 이유에서였을까? 특별히 그 신학적 배경과 관련하여 토랜스는—이미 앞선 논의에서 충분히 암시되었듯이—주된 원인을 언약신학에서 찾는다. 율법주의를 그 핵심으로 하는 언약신학이 발달하면서 스코틀랜드 교회는 자연히 율법적 행위를 강조하게 되었다는 것이다. 이에 대해 맥고완은 문제의 원인이 언약신학 자체에 있다기보다는 언약의 조건성만을 지나치게 강조하는 "왜곡된 형태의 언약신학"에 있다고 주장한다. 그 대표적인 예로 제임스 해도우의 신학 노선을 지적한다. 한편 서요한은 알미니안주의에서 발견되는 펠라기우스적인 요소—인간 스스로 자신의 노력으로 은혜를 받을 자격을 갖출 수 있다는 가르침—가 정통 신앙에서 일탈한 율법주의의 원인이 될 수 있음을 언급한다.[575]

---

[574] 소위 "매로우주의자들"로 명명된 12명의 목회자는 다음과 같다. Thomas Boston, James Hog, John Bonar, John Williamson, James Kid, Gabriel Wilson, Ebenezer Erskine, Ralph Erskine, James Wardlaw, Henry Davidson, James Bathgate, William Hunter.

[575] Torrance, "Covenant or Contract?" 58-59. 61; Yohahn Su, "The Contribution of Scottish Covenant Thought to the Discussions of the Westminster Assembly (1643-1648)," 298; McGowan, *The Federal Theology of Thomas Boston*, 182.

이처럼 율법주의가 도입된 원인에 대해서는 다양한 이견이 존재하지만 이들은 모두 18세기를 전후한 시기에 율법적 행위를 강조하는 설교가 스코틀랜드 교회 안에 널리 유행했고, 또한 이것이 당대의 큰 논쟁거리가 되었다는 사실에 동의한다. 이들이 주목하는 대표적인 예가 1717년 옥터라더(Auchterarder) 노회의 사건이다. 당시 옥터라더 노회는 율법주의의 확산을 막는 차원에서 목회자 후보생들에게 다음의 조항에 의무적으로 동의하라고 요구했다. "그리스도에게 나아오기 위해 또한 하나님과의 언약 관계 안으로 들어오기 위해 [그 선행 조건으로서] 우리는 반드시 죄를 버려야 한다고 가르치는 것은 건전하지도 않고 정통적인 입장도 아니라고 나는 믿습니다." 그런데 후보생 가운데 한 사람이었던 윌리엄 크레이그(William Craig)는 이 요구에 불응하였고 이 문제를 총회에 제소하였다. 총회는 크레이그의 입장을 지지하면서 오히려 옥터라더 노회를 정죄하는 데 결의하였다. 총회의 결정은 곧이어 심각한 신학적 논쟁을 불러일으켰다. 보스턴은 노회의 입장—비록 문제가 된 조항이 그 표현에서 불필요한 오해를 불러일으킬 수 있음을 충분히 인정하였지만—을 지지하면서 "율법적 회개"와 "복음적 회개"를 신중하게 구분할 것을 지적하였다. 참 회개를 의미하는 후자는 복음 안에서 용서의 은혜가 주어진 결과로서 가능한 것이지 그 순서가 뒤바뀔 수 없다는 것이 그의 핵심적 주장이었다.[576]

옥터라더 논쟁이 한창 진행되는 와중에 보스턴은 피셔의 저작을 제임스 호그에게 건네주었다. 호그는 자신의 서문을 곁들인 『현대신학의 정수』를 출판하였고 이로써 한 단계 더욱 격화된 "매로우 논쟁"을 촉발했다. 파이프(Fife) 노회에서 해도우는 『정수에서 발견된 반율법주의』(*The Antinomianism of the Marrow Detected*)를 발표하며 매로우주의자들을 반율법주의자들로 고소하

---

[576] Boston, *Memoirs*, in *Works*, vol. 12, 276.

였다. 결국 1720년 총회는 해도우의 입장을 편들어주었다. 그 결과 피셔의 저작과 매로우주의자들의 신학적 입장이 정죄되었다.[577] 한 가지 안타까운 것은 당시 총회의 결정을 지지한 다수의 회원이 정작 피셔의 저작을 직접 읽어보지도 않았다는 사실이다. 이 때문에 보스턴은 자신의 긴 주해를 첨가한 『현대신학의 정수 주해』를 1726년에 출판했다. 독자들로 하여금 본서를 직접 읽은 후 "과연 신율법주의에 반대하는 것이 곧 반율법주의를 의미하는 것인가?"의 질문에 스스로 답해보라고 보스턴은 권면한다. 아울러 피셔와 자신의 신학적 입장이 루터를 비롯한 종교개혁자들의 신학을 그대로 계승한 정통적인 견해임을 주장한다.[578]

이처럼 보스턴의 당대에 치열하게 진행된 신학적 논쟁들이 의미하는 바는 무엇인가? 토랜스에 따르면 언약신학의 조건성과 복음은 서로 양립할 수 없음을 보여주는 것이 이 시기의 주된 교훈이다. "이 시기 전반으로부터 우리가 얻을 수 있는 신학적 교훈은 조건적 은혜의 교리가 가르쳐질 때마다…하나님의 은혜의 복음은…뒷전으로 밀려나게 된다는 사실이다."[579] 그러나 언약의 조건성과 복음 간의 상관관계는 토랜스가 가정한 것과 같이 그리 단순한 것이 아니다. 무엇보다 우리는 피셔와 보스턴 모두 양자의 긴밀한 상관관계를 언약신학의 틀 안에서 신중하게 다루고 있음을 기억해야 한다. 특히 시내산 언약을 해설하면서 보스턴은 오히려 하나님께서 거저 베푸시는 은혜와 언약의 조건성 사이에 형성되어 있는 "조화"를 발견하고 이것을 성경신학적으로 심도 있게 논의한다.

---

577 Torrance, "Covenant or Contract?" 59. 서요한은 매로우주의자들과 해도우의 차이를 언약에 대한 입장 차이로 묘사한다. 전자에게 있어 은혜 언약은 그리스도 안에 약속된 은혜의 "유언"(testament)이었던 데 비해 후자에게 언약은 인간 편의 의무와 준비를 강조하는 "계약"이었다. Yohahn Su, "The Contribution of Scottish Covenant Thought to the Discussions of the Westminster Assembly," 330. 매로우 논쟁에 대한 보다 상세한 논의에 대해서는 다음의 저작들을 참고하라. David C. Lachman's The Marrow Controversy 1718-1723 (Edinburgh: Rutherford House Books, 1998), chapter 3 and 4: 201-475; William VanDoodewaard, "To Walk According to the Gospel: The Origin and History of The Marrow of Modern Divinity," Puritan Reformed Journal 2 (2009): 96-114.

578 보스턴이 주해한 The Marrow of Modern Divinity with Notes (1726)의 서문을 참조하라.

579 Torrance, "Covenant or Contract?" 60.

3. 토머스 보스턴과 시내산 언약

『현대신학의 정수』에서 피셔는 시내산에서 이스라엘 백성이 하나님과 더불어 맺은 언약은 "행위 언약의 새로운 판본"이라고 명시한다.[580] 그러나 타락 전 아담이 맺은 행위 언약과 시내산 언약의 행위 원리—"이것을 행하라 그리하면 살리라"—는 그 목적에서 분명히 구분된다. 시내산에서 하나님이 이스라엘 백성과 더불어 언약을 맺으신 것은 "사람으로 하여금 그의 약함을 깨닫고, 결국 그리스도에게로 피하도록 하는 것 이외에 다른 목적은 존재하지 않는다."[581] 바로 이러한 목적을 위해 과거 아브라함에게 주셨던 은혜 언약에 행위의 원리가 새롭게 추가된 것이다. 어디까지나 이것은 은혜 언약의 효과를 위한 것이기 때문에 시내산 언약의 행위 원리는 은혜 언약에 철저히 "종속적이며 수종 드는 방식"으로 역할 한다고 피셔는 강조한다.[582]

보스턴은 그의 주해에서 피셔의 입장을 더욱 분명히 설명하고 그 논의를 발전시킨다. 피셔의 설명 방식이 일으킬 수 있는 불필요한 오해를 막기 위해 모세 언약은 은혜 언약과 행위 언약 모두가 섞여 있는 "혼합된 제도"라고 보스턴은 설명한다. "시내산 혹은 호렙에서 맺어진 관계는 일종의 혼합된 제도다. 약속 혹은

---

580 Fisher, *The Marrow of Modern Divinity*, In *Works*, vol. 7, 195, 202. 필자가 조사한 바에 따르면 시내산 언약에 대한 언약신학자들의 다양한 견해는 대략 다음의 네 가지로 분류될 수 있다. 첫째, 시내산 언약은 행위 언약이라는 견해다. 윌리엄 펨블(d.1623), 존 프레스톤(d.1628), 에드워드 피셔(d.1655), 베버소르 파웰(d.1670) 등의 주장이다. 오늘날은 메러디스 클라인과 마크 W. 칼베르그 등이 모세 언약의 행위 원리를 크게 강조한다. 둘째, 시내산 언약은 순수한 은혜 언약이라는 견해이다. 존 볼(d.1640), 앤서니 버지스(d.1644), 제임스 어셔(d.1656), 토머스 블레이크(d.1657), 사무엘 루더포드(d.1661), 데이비드 딕슨(d.1663), 프랜시스 로버츠(d.1675) 등의 학자들이 주장했다. 오늘날의 신학자 중에는 존 머리(d.1975)와 어니스트 케번(d.1965) 등이 이 견해를 따른다. 셋째, 시내산 언약은 제3의 언약이라는 견해이다. 존 카메론(d.1625), 모이제 아미로(d.1664), 요한네스 코케이우스(d.1669) 등이 대표적인 학자들이다. 넷째, 시내산 언약에는 행위와 은혜의 두 원리가 혼합된 형태로 존재한다는 견해다. 프란키스쿠스 투레티누스를 비롯하여 윌리엄 에임스(d.1633), 토머스 후커(d.1648), 레너드 라이센(d.1700), 토머스 보스턴(d.1732) 등이 이 견해를 따른다. 이들은 특히 처음 두 가지의 견해를 은혜 언약의 통일성이라는 시각에서 하나로 통합시키는 노력을 기울였다.

581 Fisher, *The Marrow of Modern Divinity*, In *Works*, vol. 7, 204.

582 Fisher, *The Marrow of Modern Divinity*, In *Works*, vol. 7, 204.

은혜 언약은 물론 율법 또한 존재한다. 전자의 언약은 믿음을 요구한다. 후자의 언약은 행위를 요구한다."583 어떤 의미에서 보면 시내산에서 하나님은 두 개의 서로 다른 언약을 이스라엘 백성과 맺으신 것이라고 말할 수 있다. 일찍이 아브라함과 더불어 맺으셨던 은혜 언약은 십계명의 서론에 계시되어 있다. 이스라엘 백성은 이것을 믿음으로 받도록 요구되었다. 은혜 언약의 연장으로서 십계명은 언약의 머리가 되시는 중보자 그리스도를 통해 수여된 것이며 그 성격은 언약 백성을 위한 삶의 규칙서로 이해되어야 한다. 한편 타락 전 아담이 맺은 행위 언약의 원리가 이제 시내산에서 천둥과 번개와 더불어 주어진 십계명 안에 포함되었다. 이것은 율법의 의를 보여준다. 행위 언약 안에서 사람은 완전한 의의 법에 온전히 순종하도록 요구받았다.584

이처럼 은혜와 행위의 언약 사이에 존재하는 차이점을 밝힌 후에 보스턴은 양자 사이의 유기적 관계를 설명한다. 여기서 그는 피셔의 견해에 온전히 동의한다. 곧 행위 언약으로서의 시내산 언약이 선언한 행위의 원리는 철저히 은혜 언약에 종속된다는 것이다. 율법 앞에서 이스라엘 백성은 하나님께서 요구하시는 의가 무엇인지 확인한다. 한편 그것이 자신들 안에 결여되었음을 발견하고 절망하게 된다. 이제 언약 백성은 또 다른 언약, 곧 은혜 언약으로 시선을 돌린다. 그리고 그 안에 하나님께서 베풀어 두신 그리스도의 의를 믿음으로 붙잡게 되는 것이다.585 바로 이러한 방식으로 행위의 법은 은혜 언약에 종속된다. 이 사실을 좀 더 쉽게 이해시키기 위해 보스턴은 겉으로 드러난(conspicuous) 부분과 비록 숨겨져 있으나 본질에 해당하는 주요부(principal part)를 구분한다. 전자

---

583   Fisher, *The Marrow of Modern Divinity*, In *Works*, vol. 7, 200-1.
584   Fisher, *The Marrow of Modern Divinity*, In *Works*, vol. 7, 197.
585   Fisher, *The Marrow of Modern Divinity*, In *Works*, vol. 7, 197-99.

에 따라서 시내산 언약은 행위 언약이라고 말할 수 있다. 반면 후자―특히 하나님의 의도의 측면―를 고려할 때 시내산 언약은 분명히 은혜 언약인 것이다.[586] 한 가지 흥미로운 것은 십계명의 이중적 성격을 보스턴은 그것을 받는 수용자와의 관계성 속에서 부각한다는 점이다. 예를 들어 신자들에게 십계명은 그리스도의 법으로 주어지지만 그리스도 밖에 있는 불신자들, 곧 타락 이후의 모든 자연인에게 십계명은 끝까지 행위 언약으로 기능한다.[587] 이와 관련된 논의들을 좀 더 자세히 이해하기 위해 우리는 자연법에 관한 보스턴의 견해를 먼저 검토할 필요가 있다.

1) 자연법과 모세 언약

보스턴은 자연법과 행위 언약의 관계성을 다음과 설명한다. 하나님께서 아담과 더불어 행위 언약을 맺기 이전에, 자연법은 이미 첫 사람의 창조 시에 그의 지성과 마음속에 새겨졌다(롬 2:15). 이후 행위 언약이 체결되자 자연법은 행위 언약의 핵심적 본질로서 그 안에 통합되었다.[588] 그렇다면 행위 언약과 자연법 사이에는 과연 무슨 차이가 있는가? 보스턴에 따르면 자연법에는 "영생에 관한 약속"이 없는 반면에 행위 언약에는 영생과 죽음이 약속되었다. "하나님은 자연법에 영생에 관한 약속과 죽음에 관한 위협을 부가하셨고 이로써 그것은 행위 언약이 되었다."[589] 하나님께서 선악수의 열매를 금하셨을 때, 아담은 사실상 두 개의 법, 곧 자연법과 (언약의) 상징법(symbolical law) 아래에 놓이게 되었다.

---

586 Fisher, *The Marrow of Modern Divinity*, In *Works*, vol. 7, 198.
587 Boston, *Works*, vol. 2, 89.
588 Boston, *Works*, vol.11, 191.
589 Boston, *Works*, vol.11, 191.

전자는 아담으로 하여금 후자의 법에 순종하게 하였다. 한 걸음 더 나아가 피조물로 하여금 자신의 창조주를 몸과 마음과 뜻을 다해 사랑해야 할 당위성을 부여하는 것도 자연법의 기능이다. 요컨대 두 개의 법 사이에는 "완벽한 조화"가 형성되어 있었다고 보스턴은 설명한다.[590] 이 조화로운 관계는 아담이 행위 언약을 깨뜨렸을 때 파괴되었다. 그 결과 이제 자연법은 범죄한 인류를 정죄하는 법으로 기능하기 시작했다.

자연법이 행위 언약과 맺는 긴밀한 관계를 설명한 이후, 보스턴은 계속하여 자연법과 모세 언약의 관계를 설명한다. 모세의 법은 세 가지 법, 곧 의식법과 실정법 그리고 도덕법으로 구성되어 있다. 의식법과 실정법은 유대인에게 주어진 것이다. 특히 의식법은 그리스도가 오시기까지만 유효하다가 이후 폐기되었다. 도덕법은 그 범위에서 보편적이다. 양심에 계시된 하나님의 법은 모든 인류를 의로움과 거룩함을 그 특징으로 하는 도덕법의 이름으로 구속한다.[591] 이러한 도덕법이 성문화된 것이 바로 십계명이다. 즉 하나님 사랑과 이웃 사랑을 골자로 하는 십계명은 모든 사람의 양심에 계시된 일종의 도덕법인 동시에 자연법이다. 왜냐하면 자연법은 그 본질에서 도덕법과 일치하기 때문이다.[592] 이런 맥락에서 아담이 에덴에서 처음 죄를 범했을 때 그는 사실상 십계명 전부를 범한 것이나 마찬가지였다고 보스턴은 주장한다.[593]

---

590 Boston, *Works*, vol.11, 192.
591 Boston, *Works*, vol.2, 60-61.
592 Boston, *Works*, vol.2, 59.
593 "아담에게 주어진 십계명의 법은 행위 언약으로서 순종을 그 조건으로 하여 영생이 약속되어 있으며 불순종의 경우는 영원한 죽음의 위협이 부가되었는데 이로써 행위 언약이 성립되었다." Boston's annotation, *The Marrow of Modern Divinity*, 250-51.

2) 모세 언약과 그리스도의 법

지금까지의 논의를 요약하자면, 보스턴에게 있어 자연법은 창조 시에 아담에게 주어졌고 도덕법으로서의 십계명 안에서 명시화되었으며 언약과 관련해서는 행위 언약의 본질을 구성한다. 타락 전 아담에게 있어 자연법은 일종의 "삶의 규칙"으로 기능했으며 타락 이후에는 인류를 정죄하는 역할을 맡게 되었다. 한편 은혜 언약의 약속하에 있는 언약 백성에게 그것은 또다시 "삶의 규칙"으로서 역할 하게 되었다. 바로 이러한 이유에서 자연법과 그리스도의 법 사이에는 본질적인 연속성이 존재한다고 보스턴은 확신한다. 무엇보다 도덕법으로서의 십계명은 타락 전의 인류나 타락 후 은혜 언약하에 있는 신자들 모두에게 일종의 "삶의 규칙"으로서 기능해 왔기 때문이다.[594] 여기에는 구약의 성도 역시 예외가 될 수 없다.

대표적인 예로 보스턴은 아브라함과 그의 언약을 지적한다. 구약의 가장 대표적인 은혜 언약인 아브라함 언약에서조차 도덕법(혹은 자연법)의 요소가 계시되어 있다. 이것은 아브라함 언약과 모세 언약 사이에 존재하는 연속성을 구성하는 하나의 핵심적인 요소라고 보스턴은 확신한다. 특히 창세기 17장에 기록된 아브라함 언약과 십계명은 그 내용과 형식에서 매우 유사하다. 두 언약 모두 하나님의 약속과 인간의 의무라는 두 개의 부분으로 구성되어 있다. 십계명의 서문에서 하나님은 자신을 이스라엘 백성을 구원해낸 이들의 하나님으로 계시하고 있는데 이것은 오래전에 아브라함과 맺은 약속(창 17:7)이 이제—모세의 당대에—성취된 것을 의미했다. 같은 맥락에서 하나님은 창세기 17:1에서 자신을 전능한 하나님으로 먼저 계시한다. 보스턴은 이것을 언약적 행위로 해석한

---

594   Boston's annotation on *The Marrow of Modern Divinity*, 192.

다. 곧 모든 것을 가능하게 하는 하나님의 전능성은 아브라함에게 "후손" 곧 그리스도를 보내 주시겠다는 약속을 분명히 성취함으로써 드러나는 전능성이다. 한편 서론적 선언에 이어서 하나님은 아브라함에게 "너는 내 앞에서 행하여 완전하라."(창 17:1)라고 명령하신다. 이것은 언약의 두 번째 부분, 곧 인간의 의무를 규정한다. 또한 이것은 구원자 하나님에 대한 서론적 계시에 뒤를 이어 10개의 의무 조항이 나열되는 십계명의 이중 구조를 연상케 한다.[595]

이처럼 아브라함 언약과 십계명에서 드러나는 구조상의 특징은 도덕법으로서의 십계명을 우리가 어떻게 해석해야 하는가에 관해 중요한 단서를 제공한다. 곧 십계명의 의무 규정은 그 서문 혹은 아브라함 언약의 서문에 해당하는 "나는 전능한 하나님이라"의 선언에 비추어 해석되어야 한다는 것이다. 이미 앞서 언급한 바와 같이 하나님의 전능성은 아브라함에게 약속된 "약속의 씨"인 그리스도 안에서 성취되었다. 심지어 시내산에서 십계명을 수여한 장본인도 그리스도 자신이었다고 보스턴은 믿는다. 결국 그리스도 안에서 아브라함 언약과 시내산 언약은 모두—언약의 본질에서—은혜 언약에 해당하는 것이다.[596]

한편 아브라함 언약과 십계명 사이에서 발견되는 유사성은 은혜 언약이 그 속성상 도덕법과 결코 양립 불가한 것이 아니라는 사실을 잘 드러내 준다. 타락 전 아담의 마음속에 새겨져 있던 도덕법은 은혜 언약 아래에 있는 구약과 신약 시대 성도의 마음속에도 여전히 남아 있었다. 물론 은혜 언약 안에서 십계명은 더 이상 정죄하는 법으로서의 행위 언약이 아니라 그리스도의 법으로 기능하게 되었다.[597] 보스턴은 은혜 언약 안에 내재되어 있는 두 가지 요소, 곧 하나님의

---

595 Boston's annotation on *The Marrow of Modern Divinity*, 196.
596 Boston's annotation on *The Marrow of Modern Divinity*, 196.
597 Boston's annotation on *The Marrow of Modern Divinity*, 170.

주권적인 약속(은혜)과 더불어 그리스도의 법이 요구하는 인간 편의 책임과 의무를 발견하였다. 이런 측면에서 보았을 때, 보스턴에게 은혜 언약은 이미 그 자체로 쌍방적(bilateral) 언약이었던 것이다.

3) 그리스도와의 연합과 복음적 순종

보스턴은 은혜 언약 안에 있는 그리스도의 법을 가리켜 주님의 "달콤한 명령"이라고 부른다. 우리에게 명령하신 하나님은 모든 완전함과 영광스러움 그리고 탁월한 매력을 소유한 존재일 뿐만 아니라 존재하는 모든 것의 주인이 되시는 분이다. 이러한 위대한 존재가 자신을 피조물에 불과한 우리와 연합하기 위해 기꺼이 언약을 맺길 원하신다는 사실을 고려할 때, 그의 명령 자체가 우리에게는 매우 달콤한 것이라고 보스턴은 가르친다.[598] 이러한 달콤함은 다음의 세 가지 사항을 고려할 때 더욱 분명하게 드러난다.

첫째, "그리스도의 법"이 우리에게 주어진 것 자체가 우리가 행위 언약의 저주로부터 해방되었음을 의미한다. 이런 의미에서 그리스도의 법은 이미 그 자체로 하나님께서 그리스도 안에서 거저 베푸시는 은혜의 강력한 증거가 되는 것이다.

둘째, 믿음의 법이 행사하는 우월성 때문이다. 보스턴에 따르면 성경에는 세 가지 종류의 율법이 계시되어 있다. 첫째는 행위의 법이다. 행위 언약으로서의 십계명이 그 대표적인 예이다. 둘째는 믿음의 법이다. 이것은 복음 혹은 은혜 언약과 동일시된다. 마지막으로 그리스도의 법이 있다. 이것은 "삶의 규칙"으로서의 십계명이 잘 예시한다. 행위의 법이 그리스도의 법으로 바뀌는 것은 전적으

598　Boston, *Works*, vol. 2, 90; vol. 8, 16-19.

로 믿음의 법에 따라서 이루어진다. 누구든지 예수 그리스도를 믿는 순간 그에게 행위의 법은 더 이상 효력을 잃고 그리스도의 법으로(무조건적으로) 뒤바뀌게 된다. 바로 이러한 이유에서 보스턴은 "그리스도의 법은 믿음의 법에 종속된다."라고 주장한다.[599]

셋째, 그리스도의 법이 "달콤한 명령"으로 불릴 수 있는 가장 중요한 근거는 바로 "그리스도와의 연합"에서 발견된다. 신자는 그리스도와 이중적인 관계—중보자와 머리—를 맺는다. 먼저 중보자로서의 그리스도는 행위 언약이 요구하는 모든 조건을 택자들을 위해 온전히 성취하셨다. 그리스도의 의는 택자들에게 전가되었고 이 때문에 신자는 행위의 법으로부터 해방되었다.[600] 그렇다면 의의 전가는 과연 어떤 방식으로 이루어지는가? 이것은 그리스도와의 연합을 통해 가능하게 되었다고 보스턴은 설명한다.

> ◆ 신자들이 믿음으로 말미암아 그리스도와 더불어 연합을 이루는 그 첫 순간에 이들은 행위 언약의 법으로부터 해방된다. 이로써⋯그리스도와의 연합 이후뿐만 아니라 그 이전에 지은 죄까지, 곧 출생에서 죽음에 이르기까지 범하는 모든 죄는, 그 [행위] 언약을 파괴한 대가로서 그[그리스도]에게로 옮겨진다. 이것이 바로 칭의에서 이들이 받는 용서라고 말할 수 있다.[601]

비단 칭의만이 아니다. 보스턴은 성화의 교리까지도 "그리스도와의 연합"이

599　Boston's annotation on *The Marrow of Modern Divinity*, 169-70.
600　Boston, *A View of the Covenant of Grace from the Sacred Records*, in *Works*, vol.8. 384.
601　Boston's annotation on *The Marrow of Modern Divinity*, 289.

라는 개념으로 설명한다. 여기서 그리스도는 택자들의 머리로서 성도와 연합을 이룬다.

> ◆ 거룩하지 않은 세상을 거룩하게 만들기 위해 하나님께서 고안해 내신 장치는 바로 죄인들을 그리스도—곧 아버지께서 거룩하게 만드는 힘의 근원으로 삼으신—와 더불어 연합시켜서 그로부터 거룩함을 이어받게 하는 것이다. 그리스도와의 연합이야말로 성화에 이르는 유일한 길이다.[602]

이처럼 우리의 중보자요 머리가 되신 그리스도와의 연합은 은혜 언약 안에서 성도에게 약속된 모든 유익을 전달받는 참되고 유일한 방법이 된다.

물론 그리스도와의 연합 자체가 성도의 책임과 의무를 무효화시키는 것은 결코 아니다. 오히려 은혜 언약 아래에 있는 성도 역시 실로 많은 일을 행해야 한다고 보스턴은 설명한다. "율법은 반드시 행해지고 지켜져야만 한다. 물론 생명과 구원을 얻기 위한 것이 아니다. 오히려 생명과 구원을 얻은 사실 때문에 그렇게 해야 한다." 성도의 선행과 순종을 가리켜 보스턴은 "율법적 순종"이라 부르지 않는다. 대신 "복음적으로 선한 행위" 혹은 "참된 순종"이라고 명명한다. 전자는 자신의 의를 위해 행하는 행위지만 후자는 "우리의 의가 되시는 주님께 대한 우리의 사랑을 증거하기 위한 것으로서, 우리 자신의 힘이 아닌 우리의 주와 구원자 되시는 하나님의 능력으로 행하는" 선행이다.[603] 전자가 행위 언약에 얽매여 있는 자들의 것이라면 후자는 은혜 언약 아래에서 진정한 자유인이 된 자들의 순종이다. 결국 그리스도에 대한 사랑이야말로 성도로 하여금 그의 계명

---

602 Boston, *Works*, vol.2, 9.
603 Boston, *Works*, vol.2, 90; Boston's annotation on *The Marrow of Modern Divinity*, 254, vol.8, 305..

들을 자발적으로 지키도록 하는 "달콤하면서도 강력한" 동인(動因)이다.[604] 요컨대 하나님께서 우리에게 그리스도의 법을 주시고 우리의 참된 순종을 기대하시는 궁극적인 이유는 성도와 더불어 참 교제를 나누길 원하시는 하나님의 사랑 때문이다.[605]

4. 프란키스쿠스 투레티누스와 시내산 언약

1) 투레티누스의 신학적 정황

피터 월러스에 따르면 투레티누스의 언약신학은 성경과 칼뱅의 사상으로부터 발전되어 나온 것일 뿐만 아니라 그의 당대에 역동적으로 전개된 다양한 신학적 논쟁의 영향 속에서 형성된 특징을 가지고 있다.[606] 특히 시내산 언약과 관련하여 투레티누스는 아르미니우스(Arminius), 아미로(Amyraut), 그리고 코케이우스(Cocceius)의 도전으로부터 개혁파 정통주의적 입장을 재확인하고 그것을 고수하고자 노력하였다. 이들은 모두 구약과 신약—혹은 옛 언약과 새 언약—의 단절성을 강조하는 경향이 있었으며 특히 시내산 언약을 은혜 언약으로부터 따로 분리하는 특징을 보여주었다. 첫째, 투레티누스가 주장한 바에 따르면 당시 아르미니우스의 추종자들은 그리스도에 대한 믿음이 구약 시대에도 존재했음을 부인했다. 특히 모세의 법은 은혜와 대립하기 때문

---

604 Boston, *Works*, vol.2, 90.
605 Boston, *Works*, vol.2, 85.
606 Peter J. Wallace, "The Doctrine of the Covenant in the Elenctic Theology of Francis Turretin," *Mid America Journal of Theology* 13(2002): 145, 149.

에 그리스도에 의해 폐지되었고 따라서 새 언약 안에는 설 자리가 전혀 없다고 가르쳤다(*Inst.* 12.5.1-3). 둘째, 소뮈르 학파의 주창자인 모이제 아미로는 삼중 언약—곧 자연 언약(*foedus naturae*), 율법 언약(*foedus legale*), 은혜 언약(*foedus gratiae*)—의 교리를 가르친 것으로 유명하다. 하나님의 계시는 점진적으로 발전하여 은혜 언약에서 절정을 이루었다. 따라서 구약의 "율법 언약"은 신약의 "은혜 언약"보다 열등하며 후자로부터 구분된 일종의 제3의 언약에 해당한다.[607] 셋째, 비록 아미로의 견해만큼 나아가지는 않았으나 코케이우스 역시 구약과 신약의 언약을 엄밀하게 구분하였다. 물론 구약의 모형론적인 해석을 통해 구약과 신약의 연속성을 그 역시 인정하였다. 그럼에도 구약 시대에 하나님은 유대인들의 죄를 단지 "간과하심"(passing over)으로 용서하신 반면 신약에서는 유대인이나 이방인의 죄를 차별 없이 온전하게 용서하셨다고 주장하는 등 신약의 은혜 언약을 구약의 (은혜) 언약으로부터 크게 차별화시키는 경향이 있었다.[608] 이 세 그룹 이외에도 투레티누스는 소키누스주의자들과 재세례파의 견해도 반박하였다. 왜냐하면, 이들 역시 모세 언약에는 성령과 영생이 약속되지 않았다고 주장하며 구약과 신약의 단절성을 크게 강조했기 때문이다(*Inst.* 12.5.2-4). 리처드 멀러(Richard A. Muller)가 옳게 지적한 바와 같이 시내산 언약과 모세의 율법을 은혜 언약으로부터 따로 분리해내는 것은 개혁주의 언약신학의 전반적인 흐름에서 볼 때 오히려 소수이거나 좀 더 심하게 표현하면 일탈

---

[607] Wallace "The Doctrine of the Covenant in the Elenctic Theology of Francis Turretin," 157-58; Brian G. Armstrong, *Calvinism and the Amyraut Heresy: Protestant Scholasticism and Humanism in Seventeenth Century France* (Madison: Univ. of Wisconsin Press, 1969), 144, 146-47.

[608] 아미로와 달리 코케이우스는 십계명이 은혜 언약에 속한다고 명시한다. 한편 구약의 성도와 신약의 성도가 누리는 용서의 은혜가 서로 다르다는 코케이우스의 주장은 1660년대에 푸치우스(Voetius)와 마레시우스(Maresius)에 의해 강한 비판을 받았다. Willem J. van Asselt, *The Federal Theology of Johannes Cocceius* (1603-1669) (Leiden: Brill, 2001), 45; Wallace, "The Doctrine of the Covenant in the Elenctic Theology of Francis Turretin," 153-55.

한 것이라고까지 평가할 수 있다.[609]

투레티누스는 위에 열거한 논객들을 크게 둘로 나누어 논박하였다. 아르미니우스, 소키누스, 그리고 재세례파 등의 견해에 대해서는 이들을 "현대의 펠라기우스주의자들"로 부르는 등 명백한 이단으로 규정하여 배격하지만(*Inst.* 12.5.1), 아미로와 코케이우스의 견해에 대해서는 다소 유화적인 태도를 보이며 이들의 오류를 지적하였다.[610] 한편으로 투레티누스는 아담의 타락 이후 구약과 신약에 계시된 언약들을 모두 하나의 영원한 은혜 언약 안에 포함시켰다. 따라서 하나님이 현재 우리와 맺으신 언약은 구약 시대 아브라함과 맺으신 언약과 본질적으로 같은 것이다(눅 1:68, 70, 72, 73; 행 3:25; 갈 3:8; 롬 4:3, *Inst.* 12.5.7; 12.7.18). 또한 은혜 언약의 통일성으로부터 모세 언약을 따로 구분해내려는 시도 역시 분명 잘못된 것이다. 그러나 다른 한편으로, 투레티누스는 율법과 복음에 대한 전통적인 구분을 염두에 두면서 옛 언약과 새 언약의 주요한 차이점을 강조하는 이들의 논의에도 세심한 주의를 기울였다.[611] 이런 맥락에서 투레티누스는 율법과 복음의 다양한 요소들이 함께 등장하는 시내산 언약을 은혜 언약의 통일성과 다양성을 동시에 설명할 수 있는 전략적으로 매우 중요한 지점으로 간주하였다.

2) 시내산 언약에 계시된 율법과 복음

투레티누스에 따르면 시내산 언약을 가리켜 순전히 은혜 언약이라고 말하거

---

[609] Richard Muller, "The Federal Motif in Seventeenth Century Arminian Theology," *Nederlands Archief voor Kerkgeschiedenis* 62:1(1982): 104. [102-22]

[610] 예를 들어 아미로를 따르는 자들을 가리켜 투레티누스는 "우리 사람들"이라는 표현을 사용하는 데 주저하지 않았다. Turrettino, *Inst.* 12.6.3.

[611] Wallace, "The Doctrine of the Covenant in the Elenctic Theology of Francis Turretin," 144-45, 153-55, 149.

나 이와 대조적으로 오로지 행위 언약일 뿐이라고 말하는 것은 잘못된 견해이다. 그렇다고 하여 아미로의 경우처럼 모세 언약을 앞의 두 언약으로부터 구분되는 제3의 언약으로 규정하는 것 역시 잘못이다. 은혜 언약의 통일성이라는 시각에서 보았을 때 시내산 언약은 분명 은혜 언약에 속하기 때문이다. 그렇다면 투레티누스는 시내산 언약의 성격을 어떻게 규정하는가? 이 질문에 대해 그는 시내산 언약이 앞의 두 언약 사이의 혼합(mixtura)된 형태라고 대답한다(*Inst*. 12.12.5). 모세 언약이 은혜 언약인 까닭은 하나님께서 그렇게 선언하였기 때문이다. 하나님은 그의 백성에게 자신을 구원자로 계시하셨다. 반면 언약의 당사자인 이스라엘 백성은 죄인으로 간주되며 (따라서) 언약의 중보자가 등장한다. 무엇보다 모세 언약을 주신 목적 자체가 하나님의 백성을 그리스도로 이끌게 하기 위함이다. 아울러 구속사의 전반적 흐름에서 조망해 보았을 때 하나님께서 이전에 아브라함과 맺은 언약보다 더욱 열등한 언약을 새롭게 맺으셨을 리 없다는 것이 투레티누스의 확고한 생각이다(*Inst*. 12.12.4-22).

한편 행위 언약의 측면에서 모세 언약을 조명할 때 다음의 두 가지 특징이 잘 드러난다. 첫째, 시내산 언약을 맺으면서 하나님은 율법의 수여자로서 죄를 심판하고 오직 의로움을 인정하시는 신으로 자신을 계시하였다. 둘째, 언약의 조항들이 행위의 원리, 곧 "이것을 행하라 그리하면 살리라"의 원칙에 기초해 있다(*Inst*. 12.12.3-4). 요컨대 시내산 언약에는 행위(율법)와 은혜(복음)가 동시에 계시되어 있는 것이다. 서로 반대되는 이 두 가지 원리를 하나로 조화시키기 위해 투레티누스는 모세 언약을 내면적인 본질과 외면적인 경륜으로 구분하여 설명한다. 전자에 따라 모세 언약은 아브라함 언약과 동일하나 후자에 따라 그것은 행위 언약의 형식으로 선언되었다는 것이다.

◆ 시내산 언약은⋯아브라함 언약과 같지만 그것의 우유적 및 외면적

요소에 따라서는 서로 다르다. 곧 [하나님의] 외면적 경륜에 따라 율법의 엄격한 선언을 통해 그것은 행위 언약의 형식을 입게 되었다. 이것은 죄인들로 하여금 행위 언약을 지키도록 의도된 것이 아니다. 왜냐하면, 이것은 [죄인들에게] 불가능하기 때문이다. 대신 이스라엘 백성이 매일매일 행위 언약을 범하는 사실을 기억하며 가책을 받도록 하고 자신들의 죄와 그에 따른 하나님의 저주를 항상 실감 나도록 느끼게 함을 통해 율법의 의에 관한 한 불가능성을 스스로 인정하도록 한다. 율법의 의에 대한 [헛된] 소망을 버리는 대신 구원하는 의에 대한 갈증은 점차 증대되고 마침내 궁극적으로는 그리스도에게로 인도하는 것이다(*Inst.* 12.12.5).

같은 맥락에서 투레티누스는 십계명을 그것의 본질과 외면적 요소로 구분한다. 전자에 따라 십계명은 죄인으로 하여금 자기 자신의 의가 아닌 그리스도의 의를 붙잡게 한다. 이러한 복음적 기능에 비교해 볼 때, 도덕법과 의식법 그리고 실정법으로서의 십계명이 강조하는 행위의 원리는 부차적이다(*Inst.* 12.7.32). 결국 십계명이 가진 복음적이며 내면적 기능—곧 그리스도에게로 이끄는 "몽학선생"의 기능—으로 인해 "십계명은 은혜 언약에 속한다."라고 투레티누스는 주저함 없이 선언한다(*Inst.* 12.7.30). 모세의 율법은 은혜 언약과 분리되었을 때는 "죽이는 문자"(고후 3:6)가 되지만 은혜 언약이 약속하는 그리스도와 관련해서는 은혜의 수단이 되는 것이다(*Inst.* 11.23.12). 왜냐하면 "은혜 언약 안에서 행위 언약이 우리에게 요구하는 모든 것을 그리스도께서 성취하셨기 때문이다"(*Inst.* 12.12.22). 흥미로운 것은 모세 언약에 대한 투레티누스의 설명이 이미 앞서 살펴본 보스턴의 가르침과 놀라울 정도로 유사하다는 사실이다. 시내산 언약을 일종의 "혼합된 제도"로서 파악하는 것은 물론 그것을 은혜 언약의 통일성 안에 자리매김하는 시도 역시 똑같다. 한 걸음 더 나아가 시내산 언약 안에 있는 행위와 은혜의 두 가지 원리 사이의 관계성을 설명하면서 그것이 겉으로 부각된 (conspicuous) 부분과 주요부(principal part)로 구분된다고 주장한 점, 또한 전자가 후자에 철저히 종속된다고 말한 보스턴의 설명은 일찍이 투레티누스가 시내산 언약을 외면적 경륜과 내면적 본질로 구분하고 전자가 후자, 곧 그리스도를 지향한다고 가르친 것과 정확히 일맥상통한다.[612]

한편 은혜 언약과 더불어 율법은 폐기된 것이 아니라 오히려 언약 백성을 위한 삶의 "규칙"으로서 지속해서 기능하게 되었다는 사실을 지적하면서 투레티누스는 은혜 언약의 쌍방적 성격을 강조하였다. 그렇다면 하나님의 은혜와 더불어 사람 편의 책임과 순종을 요구하는 은혜 언약의 두 측면 사이의 관계를 투레티누스는 어떻게 이해하는가? 흥미로운 것은 보스턴과 마찬가지로 투레티누스 역시 양자의 관계를 "달콤한 조화"(suavi harmonia)의 관계로 묘사한다는 것이다.

> ◆ 이[모세] 언약 안에서 율법과 복음은 달콤한 조화(suavi harmonia)를 이룬다. 복음 없이 율법이 행사되지 않고 율법 없이 복음이 역할 하지 않는다. 마치 율법적 복음(Legale Evangelium) 혹은 복음적 율법(Lex Evangelica)과 같은 것이다. 순종으로 가득 찬 복음이요 또한 믿음으로 가득 찬 율법이다. 결국 복음은 결코 율법을 파괴하지 않는다. 대신 우리에게 그리스도를 주사 그가 율법을 온전히 성취함으로 오히려 율법을 세우는 것이다(롬 3:31). 율법은 복음을 반대하지 않는다. 왜냐하면, 우리에게 복음을 가리키고 또한 복음으로 인도하는 것을 목적으로 삼는 것이 바로 율법이기 때문이다(Inst. 12.12.22).

---

612 Fisher, *The Marrow of Modern Divinity*, In Works, vol. 7, 197-202.

위의 인용문이 잘 암시해 주듯이 쌍방적 은혜 언약의 두 가지 측면이 "달콤한 조화"를 이루는 것은 율법의 요구를 온전히 성취하신 그리스도의 구속 사역에 기초하고 있다. 이 부분에 대한 투레티누스의 좀 더 상세한 설명을 들어보자.

(1) 자연 언약과 그리스도

투레티누스는 성경에 기록된 언약들을 크게 두 종류, 곧 "자연 언약"(The covenant of nature) —혹은 행위 언약—과 은혜 언약으로 나누어 설명한다.[613] 중요한 사실은 이 두 개의 언약이 지향하는 궁극적인 목표가 같다는 것이다. 곧 하나님께서 언약을 맺으신 궁극적 목적은 언약의 참여자인 사람과 더불어 사랑의 "교제"를 누리는 것이며 또한 사람과 더불어 "가깝고도 친밀한 연합"을 이루는 데 있다.[614]

> ◆ 하나님께서는 모든 시대마다 교회를 두시고 그 안에 거하시며 교회로 하여금 하나님과 더불어 사귐을 통해 행복을 누리길 원하였다. 또한, 하나님은 오직 언약을 통해 그러한 교제를 이루어 나가시길 기뻐하셨는데 이러한 언약 안에서 언약의 당사자들은 서로 가깝고도 친밀한 연합을 이룬다 (*Inst.* 12.2.1).

여기서 투레티누스는 성경에 계시된 언약의 핵심을 잘 드러낸다. 다시 말해

---

[613] "자연" 언약이라고 부르는 이유는 그것이 창조 시에 부여받은 사람의 본성과 능력에 기초하기 때문이다. 또한 그것을 "율법" 언약으로 불리기도 하는데 이것은 자연인 안에 새겨진 율법에 대한 순종을 그 조건으로 하기 때문이다. 마지막으로 "행위" 언약이라고 불리는 이유는 그것이 행위 혹은 순종에 기초하기 때문이다. Turrettino, *Inst.* 8.3.5; 8.6.10.

[614] 벤자민 인먼에 따르면, 투레티누스의 언약신학에서 "언약의 목적은 역사적 단계를 밟아감에 따라 교제(communion)의 양적 증가가 점차 이루어져 가는 것으로 묘사된다." Benjamin T. Inman. "God Covenanted in Christ: The unifying role of theology proper in the systematic theology of Francis Turretin." Ph.D. diss (Westminster Theological Seminary, 2004): 275

하나님이 사람과 더불어 누리는 "사랑의 연합과 상호 의무"의 관계야말로 언약의 심장부를 구성하는 것이다. 동시에 이것은 성경적 언약 사상 자체가 일종의 상호성(mutuality)을 전제하고 있음을 잘 말해준다(Inst. 8.3.2). 앞서 살펴본 바와 같이 이것은 또한 그리스도와 맺는 사랑의 연합을 언약의 핵심으로 묘사한 보스턴의 주장과도 잘 들어맞는다.[615]

투레티누스에 따르면 첫 사람 아담은 하나님에 대해 이중적 의무를 지고 있었다. "자연적 의무"와 "언약적 의무"가 그것이다. 행위 언약과 더불어 후자의 의무가 새롭게 성립되기 이전에도 아담은 이미 이성적 피조물로서 창조주에게 순종할 자연적 의무를 지고 있었다. 그런데 행위 언약과 더불어 아담은 모든 인류를 대표하는 언약적 의무를 새롭게 부여받게 된 것이다. 물론 언약적 의무는 이미 그 자체로서 하나님의 은혜를 입증하는 증거가 된다. 왜냐하면, 피조물로서 마땅히 행해야 하는 자연적 의무 수행에 하나님은 영원한 생명을 보상으로 약속하셨기 때문이다(Inst. 8.3.2). 이러한 설명 역시 아담의 상태에 대한 보스턴의 해석과 일치한다. 보스턴 역시 아담이 자연법과 상징법의 이중적 의무 아래에 있었다고 설명하였다.[616]

한편 자연 언약과 그리스도의 관계성에 대해 투레티누스는 다음과 같이 흥미로운 주장을 한다. 첫째, 자연 언약의 상태가 믿음의 가능성을 배제하는 것은 아니다. 특히 타락 전 최초상태의 아담은 "하나님의 말씀"을 믿을 수 있는 능력이 있었다고 투레티누스는 가르친다. 한 걸음 더 나아가 이것은 곧 아담에게도 그리스도를 믿을 수 있는 능력이 있었음을 시사한다. 물론 이 경우 아담이 가진 믿음의 내용은 그리스도의 구원 사역에 대한 것은 분명 아닐 것이라고 투레

---

615   Boston, *Works*, vol.2, 85.
616   Boston, *Works*, vol.11, 191.

티누스는 설명한다(*Inst.* 8.2.2). 둘째, 보스턴과 마찬가지로 투레티누스 역시 타락과 더불어 행위 언약이 깨어진 이후에도 그것은 도덕법으로 남아 오늘날까지 지속해서 기능한다는 사실에 주목한다. 그런데 타락한 인류는 행위 언약의 요구를 수행할 능력을 상실했기에 그것은 반드시 (은혜 언약 안에서) 그리스도에 의해 온전히 성취되어야만 했다. 요컨대 그리스도에 의해 성취된 의는 바로 최초의 아담에게 요구되었던 의와 본질적인 연속성을 가지고 있는 것이다(*Inst.* 5.10.21; 12.12.22). 이러한 사실을 고려할 때 타락 전부터 존재한 자연 언약은 타락 후에 계시된 은혜 언약과 매우 유기적으로 연결되어 있다고 말할 수 있다. 주지하다시피 이러한 관련성의 핵심에는 그리스도가 자리 잡고 있다.[617]

(2) 은혜 언약과 그리스도

투레티누스에 따르면 자연 언약과 은혜 언약—혹은 율법과 복음—사이에는 다음과 같은 열 가지의 주요한 차이점이 존재한다.[618]

	자연 언약 *foedus naturae*	은혜 언약 *foedus gratiae*
저자(Author)	창조주 하나님	구원자 하나님
당사자	하나님과 사람	하나님, 죄인, 중보자
기초	사람의 순종	그리스도의 순종
약속	영생(생명)	영생 / 죄와 죽음으로부터의 용서와 해방
조건	행위	믿음
목적	공의의 실현	은혜의 선언
계시된 곳	자연 상태에서의 양심	특별계시 / 신비
순서	선(先): 언약 파기자에게 소망이 있음	후(後): 언약 파기자에게 더 이상 소망 없음

---

617 구약과 신약에 계시된 은혜 언약의 통일성과 언약의 실체를 그리스도로 파악하는 투레티누스의 견해에 대해서는 다음의 논문을 참고하라. 문병호, "언약의 실체 그리스도: 프란시스 툴레틴의 은혜 언약의 일체성 이해." <개혁논총> 9(2008): 1-19.

618 Turretinus, *Inst.* 12.4.1-12.

	자연 언약 *foedus naturae*	은혜 언약 *foedus gratiae*
범위	보편적	그리스도 안에 있는 택자
효과	순종에 따른 영광 타락에 따른 두려움 죄인에 대한 속박 사람을 하나님으로부터 분리함	오직 하나님께만 영광 타락한 인류에 대한 은혜 죄인에 대한 해방 분리된 사람을 하나님께로 회복시킴

투레티누스는 위와 같은 차이점을 상술한 후, 특히 칭의론의 핵심 주제인 전가(imputation) 교리의 중요성을 크게 부각한다. 이미 앞서 언급한 바와 같이 그리스도는 행위 언약(율법)의 모든 요구를 완벽하게 수행함을 통해 공로적 의를 확보하였다. 그리스도의 공로(의)는 은혜 언약 안에서 그를 믿는 택자들에게 전가된다(*Inst.* 12.12.22). 따라서 은혜 언약 안에서 신자가 의롭게 되는 것은 사람의 공로적 의가 아닌 (전가된) 그리스도의 의에 철저히 근거한 것이다. 은혜 언약의 복음을 제대로 이해하기 위해서 우리는 이것을 혼동하지 않아야 한다고 투레티누스는 조언한다(*Inst.* 12.3.6).

이와 동시에 투레티누스는 그리스도의 의가 우리에게 전가된 사실이 은혜 언약의 쌍방적 성격을 무효로 하는 것이 결코 아님을 강조한다. 은혜 언약에는 하나님의 약속과 더불어 사람의 순종과 의무가 요구된다. 마치 타락 전의 상태에도 믿음의 자리가 있었던 것과 마찬가지로 은혜 언약의 시대에서도 순종이 확고하게 뿌리 내리고 있다는 뜻이다(*Inst.* 12.3.1-17).[619] 은혜 언약 안에서 하나님은 분명히 "우리의 하나님"이 되시겠다고 선언하셨다. 그런데 이는 곧 우리가 하나님의 백성답게 살아야 할 의무를 암시하는 것이라고 투레티누스는 설명한다(*Inst.* 12.2.26). 이러한 의무는 첫째, 우리가 세상으로부터 구별되어 오직 하나님만을 예배하고 섬길 의무를 포함한다. 주지하다시피 하나님을 예배하는 것과

---

[619] Benjamin, "God Covenanted in Christ," 271.

그의 말씀대로 순종하는 것은 불가분리의 관계이다. 둘째 믿음과 회개—혹은 성화에 대한 열망—의 의무가 있다. 이것이야말로 언약 백성에게 요구되는 두 가지 주요한 의무라고 투레티누스는 확신한다. 전자가 하나님의 약속을 붙잡는 것이라면 후자는 그것을 성취하는 것이라고 표현할 수 있다(*Inst.* 12.3.26-29).

(3) 은혜 언약과 "복음적 율법"

투레티누스에게 은혜 언약은 율법과 복음, 은혜와 믿음, 그리고 약속과 의무 등의 서로 다른 요소들을 포함하는 쌍방적 언약이다. 이미 앞서 언급한 바대로 투레티누스는 은혜 언약의 쌍방적 성격을 구성하는 이러한 대립적인 요소들 사이에 갈등과 긴장 대신에 "달콤한 조화"를 발견하였다. 이런 조화가 가능한 근거는 무엇일까? 첫째, 하나님은 은혜 언약이 요구하는 두 개의 "주요한 의무"인 믿음과 회개까지도 언약 백성에게 선물로 주셨기 때문이다(*Inst.* 12.3.30). 이 때문에 하나님의 복과 은혜는 약속뿐 아니라 우리의 의무 가운데서도 발견된다고 투레티누스는 강조한다(*Inst.* 12.1.11). 둘째, 은혜 언약에 있는 율법은 행위 언약 속에 있는 율법과는 전혀 다르다. 후자가 행위의 원리에 기초하고 있다면 전자는 은혜의 원리에 기초하고 있다. 후자가 율법적 순종을 요구한다면 전자는 "복음적 순종"을 요구한다. 마지막으로 후자가 생명을 얻기 위한 것이라고 한다면 전자는 이미 얻은 생명으로부터 열매 맺는 것이라고 말할 수 있다(*Inst.* 12.4.17). 이러한 이유 때문에 투레티누스는 은혜 언약 안에 있는 율법을 가리켜 "복음적 율법"이라고 명명한다(*Inst.* 12.3.29). 셋째, 행위 언약의 율법적 순종이 완벽함을 요구하는 것과 대조적으로 은혜 언약이 요구하는 "복음적 순종"은 우리의 불완전함까지 있는 그대로 수용한다(*Inst.* 12.4.17). 이에 대한 성경적 실례로 투레티누스는 아브라함의 예를 지적한다. 아브라함과 은혜 언약을 맺으면서 하나님은 "너는 내 앞에서 행하여 완전하라."(창 17:1)라고 말씀하였다. 투레티누스는 여기에서 완전함이 율법적 완전함이 아닌 "복음적 완전함"이라고 설명한다 (Inst. 12.3.30). 왜냐하면, 이것을 요구하기 전에 하나님은 먼저 자신을 "전능하신 하나님"으로 계시하셨기 때문이다. 이것은 하나님께서 전능하신 능력으로 자신의 언약 백성을 도와 언약이 요구하는 내용을 충분히 감당해 낼 수 있도록 하신다는 사실을 의미한다고 투레티누스는 해석한다. 이런 설명은 앞서 소개한 보스턴의 해석과도 일맥상통한다.[620]

마지막으로, "달콤한 조화"의 가장 결정적인 근거는 "그리스도와의 연합"에서 발견된다. 보스턴과 마찬가지로 투레티누스 역시 "그리스도와의 연합" 교리를 신자와 그리스도가 맺는 이중적 관계로 설명한다.[621] 먼저 중보자 그리스도와 맺는 연합을 통해 성도는 그리스도의 의를 전가 받고 모든 죄책으로부터 해방되는 은혜를 경험한다. 한편 택자의 머리가 되시는 그리스도와의 연합을 통해 성도는 성령의 역사로 말미암아 자신의 성화를 이루어 나간다(Inst. 16.3.6). 요컨대 은혜 언약 안에서 성도가 발견하는 칭의와 성화를 포함하는 모든 유익은 그리스도와의 연합을 통해 공급되는 것이다. 한 걸음 더 나아가 "그리스도와의 연합"은 투레티누스와 보스턴이 명시적으로 규정한 언약의 궁극적 목표, 곧 하나님과 그의 백성 사이의 사귐과 교제와도 잘 들어맞는다(Inst. 13.9.3).

이처럼 은혜 언약 안에서 발견되는 율법에 대한 투레티누스와 보스턴의 설명은 거의 모든 측면에서 놀라울 정도의 유사성을 보이고 있다. 동시에 이들의 견해는 칼뱅의 입장과도 주목할 만한 연속성을 보인다. 예를 들어 "그리스도와의 연합"에 관한 이들의 견해는 칼뱅이 말한 하나님의 이중 은혜―곧 칭의와 성

---

620 투레티누스와 보스턴의 해석은 본문에 대한 칼뱅의 주해와도 잘 부합하고 있다. Boston's annotation on *The Marrow of Modern Divinity*, 196; Calvin's commentaries on Gen 17:1. John Calvin, *A Commentary on Genesis* (Grand Rapids: Christian Classics Ethereal Library, 1999), vol.1.

621 Boston, *Works*, vol.2, 9.

화―와 일맥상통한다.[622] 또한 언약의 궁극적인 목적을 하나님과 사람 사이의 교제로 파악하는 견해 역시 칼뱅이 발견한 언약 개념의 본질과 조화를 이룬다. 피터 릴백(Peter Lillback)에 따르면 "칼뱅의 언약 개념에서 본질적인 것은 스스로를 묶으시는 하나님에 대한 개념이다.…따라서 언약은 하나님과의 연합을 이루는 수단이 된다. 그것은 하나님과 사람 사이의 결합을 의미하는 것이다."[623]

5. 토머스 보스턴: 시내산 언약의 목회적 적용

지금까지 논의한 바로는 시내산 언약은 보스턴과 투레티누스 모두에게 있어 신학적 난제가 되기보다는 오히려 은혜 언약 혹은 성경의 복음을 보다 균형 잡힌 시각에서 매우 체계적으로 제시할 좋은 기회를 제공했다. 그 안에서 구약과 신약, 율법과 복음, 하나님의 주권과 사람의 의무 및 순종 등은 서로 모순이나 갈등을 일으키기보다는 오히려 아름다운 조화를 이루고 있다고 이들은 스스로 확신했으며 또한 이것을 중점적으로 부각했다.[624] 무엇보다 시내산 언약을 은혜 언약의 통일성이라는 시각에서 접근하고, 그것의 본질을 그리스도로 규정한 점, 또한 그리스도의 복음을 잘 드러내기 위해 언약의 "본질"과 "외면적 경륜"의 구분을 도입한 점 등에서 보스턴과 투레티누스는 놀라울 정도의 유사성을 보였다.[625]

---

622 Jean Calvin, *Institutes of the Christian Religion*, ed. John T. McNeill, trans. Ford L. Battles, vol. 1 (Philadelphia: Westminster Press, 1960), 592-93 [3.3.1], 725[3.11.1].

623 Peter Lillback, *The Binding of God: Calvin's Role in the Development of Covenant Theology* (Grand Rapids: Baker Academic, 2001), 137.

624 Boston, *Works*, vol. 2, 68.

625 Boston, *Works*, vol. 2, 68; Turrettino, *Inst.* 12.8.32; 12.12.18.

물론 두 사람 사이에 존재하는 미묘한 차이점에도 우리는 주목해야 한다. 조직신학자로서 투레티누스가 주로 시내산 언약의 내면적 본질과 외면적(우유적) 경륜의 차이를 심도 있게 논하는 동안 목회자로서의 보스턴은 똑같은 언약이 신자와 불신자에게 각각 어떤 의미가 있고 또한 각자에게 어떻게 적용되어야 하는지에 더욱 큰 관심을 기울였다. 보스턴에 따르면 같은 십계명이라 할지라도 그것이 신자에게는 "그리스도의 법"—혹은 "삶(life)의 규칙"—으로 적용되는 반면 불신자에게는 여전히 "행위 언약"으로 기능한다. 이는 곧 은혜 언약 밖에 있는 모든 불신자가 행위 언약의 심판과 저주 아래에 있음을 의미하는 것이라고 보스턴은 강조한다. 보스턴은 언약신학에 관한 두 개의 논문—"성경의 행위 언약에 대한 고찰"(*A View of the Covenant of Works from the Sacred Records*) 및 "성경의 은혜 언약에 대한 고찰(*A View of the Covenant of Grace from the Sacred Records*)—에서 신자와 불신자에 대해 각각 다음과 같이 경고한다. 먼저 교인들을 향해 보스턴은, 모든 신자는 "행위 언약으로서의 율법"이 행사하는 모든 정죄로부터 해방되었음을 선언한다. 그러나 이러한 해방이 "그리스도의 법"으로부터의 해방까지 포함하는 것이 아님을—따라서 율법 폐기론은 참 복음이 아님을—분명히 인식하라고 경고한다. 한편 불신자들을 향해 보스턴은 더욱 간절한 마음으로 은혜 언약의 복음을 외친다. 곧 하루속히 행위 언약의 저주로부터 빠져나와 은혜 언약으로 들어오라고 설교한다.

아직도 [행위] 언약 아래 머물고 있는 불신자들이여, 지금 때마침 당신에게 주시는 양심의 가책과 경고와 격려와 권면을 받아들이십시오. 그리고 예수 그리스도를 믿음으로 행위 언약으로부터 해방되어 은혜 언약 안에 안착하십시오.… 자, 지금 이대로 집에 돌아가서 또 다른 밤을 저주 아래서 보내는 것은 정말로 안전하겠습니까? 당신이 언제 어느 때 삶의 마지막 순간을 맞이할지 모르면서 지금 이 기회를 또다시 떠나보내는 것이 어찌 안전한 선택이겠습니까? 조금이라도 당신이 당신의 영혼을 위하신다면 이 말을 가슴에 새기고 더는 지체하지 마십시오. 어서 서둘러 피하여 당신의 생명을 구하십시오. 이것을 심각하게 고려하시길 기도합니다.[626]

한 가지 흥미로운 것은 지금 보스턴의 목소리를 듣고 있는 청중이 이미 스코틀랜드 교회에 소속된 기독교인들이라는 사실이다. 그럼에도 보스턴이 이러한 권면을 한 까닭은 무엇일까? 그것은 적지 않은 수의 회중이 여전히 율법주의에 얽매여서 여전히 은혜 언약 안에 있는 참 복음을 발견하지 못한 명목상의 기독교인이라는 그의 판단 때문이었다. 보스턴은 이들을 가리켜 "천둥과 번개가 치는 시내산에 머물면서 시온으로 나오려 하지 않는 자들"이라고 부른다.[627]

이처럼 보스턴이 시내산 언약과 십계명을 논하면서 신자와 불신자의 차이에 집중하는 이유는 무엇일까? 무엇보다 교구민들을 향한 그의 지대한 목회적 관심에서 그 이유를 발견할 수 있을 것이다. 사람의 영혼과 복음에 대한 탁월한 열심 때문에 그의 언약신학은 신학적 논의에 머물지 않는다. 대신 언약의 실천적 적용에 큰 관심을 기울인다. 그 결과 행위 언약과 은혜 언약에 대한 그의 신학 사상은 목회 현장에서 복음을 증거하는 데 효과적으로 동원된다. 보스턴의 언약신학이 율법과 복음 사이의 균형을 강조하는 특징을 갖게 된 원인 중의 하나도 그 자신이 목회 현장 안에서 율법주의와 반율법주의가 미치는 폐해들을 직접 목격했기 때문이라고 필자는 생각한다. 실제로 보스턴은 "성경의 행위 언약에 대한 고찰" 안에서 상당한 양의 지면을 할애하여 이 주제를 다룬다. 아직도

---

626 Boston, *A View of the Covenant of Works*, in *Works* vol.11, 338.
627 Boston, *A View of the Covenant of Works*, in *Works* vol.11, 266.

스코틀랜드 교회 안에 있는 수많은 명목상의 기독교인들이 이미 깨어진 행위 언약 안에 머물고 있는데 이러한 영적 상황이야말로 가장 비참한 현실이라는 것이 그의 확신이다. 이 때문에 그는 거듭하여 이렇게 외친다.

◆ 결코, 깨어진 행위 언약과 그것의 율법주의적 원리들과 행태들로 돌아오지 않길 바랍니다. 여러분의 영성이 그것들에 기울어질수록 여러분은 더욱더 거룩함에 멀어질 것입니다. 여러분이 [율법주의적] 의무에 빠져들수록 당신들은 점점 더 하나님의 호의로부터 멀어지는 것입니다. 율법에 대해 죽는 것이 곧 하나님에 대해 사는 것입니다.[628]

6. 맺는말

1956년 찰스 매코이(Charles McCoy)는 코케이우스의 언약신학에 대한 그의 박사학위 논문에서 17세기 언약신학의 부흥으로 말미암아 "하나님과 사람 사이에 의미 있는 상호작용"이 개혁주의 신학 안에 중요하게 자리매김 되었다고 주장했다. 비교적 최근에 출판된 마이클 호튼(Michael Horton)의 『언약신학』에서 호튼은 한 걸음 더 나아가 언약신학이야말로 개혁파 정통주의 신학을 가장 폭넓게 담아내는 신학적 틀을 제공한다고 말한다. 아울러 언약신학의 궁극적—혹은 존재론적—근거가 바로 하나님 자신이라고 호튼은 주장한다. 왜냐하면, 삼위 사이의 내재적 관계(ad intra)가 이미 그 자체로 언약적이기 때문이다. 호튼의 시각에서 보았을 때, 하나님께서 사람과 더불어 맺는 외향적 관계(ad

---

628 Boston, *A View of the Covenant of Works*, in *Works* vol.11, 339.

extra) 역시 사랑의 교제를 그 핵심으로 하는 언약 관계라는 것은 하나님의 속성과 잘 부합한다고 말할 수 있다.[629]

이러한 언약 관계 혹은 "하나님과 사람 사이의 의미 있는 상호작용"의 구체적인 내용은 과연 무엇일까? 이 질문과 관련하여 필자는 특별히 시내산 언약에 대한 보스턴과 투레티누스의 견해를 자세히 검토하였다. 그 결과 다음의 두 가지 사항을 확인할 수 있었다. 첫째, 신자들이 하나님과 더불어 맺는 언약 관계는 결코 "율법주의"에 자리를 내어 주지 않는다. 보스턴에 따르면 율법주의야말로 "참 거룩"과 "진정한 순종"에 대한 최대의 적이며, 따라서 하나님과 사람 사이에 맺는 사귐에 결정적인 해악을 가져다준다. 하나님과 사람 사이의 진정한 사귐을 가능케 하는 궁극적인 근거와 관련하여 보스턴과 투레티누스는 모두 "그리스도의 의"를 가리킨다. 이것은 은혜 언약 안에서 신자들에게 전가되는데 이로 말미암아 언약 백성은 이들의 하나님과 더불어 사귐과 "사랑의 교제"를 누릴 수 있게 되었다. 둘째, 이러한 사랑의 사귐을 핵심으로 하는 언약 관계는 결코 "반율법주의"를 허락하지 않는다. 마치 율법주의가 의미 있는 언약 관계를 파괴하듯이 반율법주의 또한 참 거룩과 순종 그리고 사랑의 교제를 파괴한다. 바로 이러한 이유에서 보스턴과 투레티누스는 모두 은혜 언약 안에 거하는 백성의 삶을 지배하는 "그리스도의 법"에 집중한다. 그리스도 밖에서 율법은 죄인을 정죄하는 행위 언약으로 기능하는 반면 은혜 언약 안에서 그것은 신자의 삶을 바른 길로 인도하는 "그리스도의 법"이 되는 것이다.[630] 결국 두 사람 모두 은혜 언약의 쌍방적 성격 안에서 율법주의와 반율법주의의 오류를 피하면서 이와 동시에

---

629   Charles McCoy, "The Covenant Theology of Johannes Cocceius," Ph.D. diss (Yale University, 1956), 137. 비록 개신교 스콜라주의와 소위 "두 전통 이론"에 대한 매코이의 견해가 지나치게 일면적이라는 단점이 있으나 적어도 개혁파 정통주의 안에서 언약신학이 핵심적인 역할을 하게 되었다는 그의 지적은 설득력이 있다. 마이클 호튼, 『언약신학』(*Introducing Covenant Theology*), 백금산 역 (서울: 부흥과개혁사, 2009), 11, 18. 특히 서문과 제1장을 참조하라.

630   Boston's annotation on *The Marrow of Modern Divinity*, 292.

신학적이며 실천적인 균형을 유지할 수 있었다고 결론 내릴 수 있다.

마지막으로 본장을 통해 필자는 성경의 언약들에 대한 보스턴의 해석이 기본적인 해석의 틀과 방식은 물론 그 주요한 부분들에서 성경적 은혜 언약에 대한 투레티누스의 해석과 대부분 일치하고 있음을 강조하였다. 물론 양자 사이에 발견되는 미묘한 차이가 전혀 없는 것은 아니지만, 이것은 대부분 목회적이며 실천적 관심과 적용으로부터 비롯된 것이지 성경에 대한 신학적 이견을 나타내는 것이 아니라고 필자는 주장하였다. 이러한 사실은 보스턴의 언약신학이 전반적으로 개혁파 정통주의 언약신학 전통의 큰 흐름과 잘 일치하고 있음을 단적으로 보여준다. 한 걸음 더 나아가 이것은 보스턴의 언약신학에 대한 토랜스의 일면적인 평가를 반박한다. 토랜스에 따르면 보스턴은 (칼뱅이 대변하는) 은혜의 신학과 (언약신학이 대변하는) 율법주의 사이에서 무리한 조합을 시도하다가 일관성을 상실한 신학자로서 묘사되었다. 보스턴이 언약신학자임에도 율법주의의 오류에 빠지지 않을 수 있었던 것은 다행히도 그가 은혜의 신학자이기도 했기 때문이라는 것이 토랜스의 생각이다. 그러나 본장을 통해 우리는 투레티누스의 언약신학이 율법주의와는 무관하다는 사실을 확인하였다. 오히려 언약신학의 이름으로 보스턴과 투레티누스는 반율법주의뿐만 아니라 율법주의 역시 분명하게 배격한다는 사실에 우리는 주목해야 한다. 이것은 언약신학과 율법주의는 결코 동일한 것으로 간주될 수 없다는 사실을 보여준다. 토랜스의 생각과는 정반대로 이들의 언약신학은 성경의 복음 안에 있는 은혜의 본질을 효과적으로 드러내는 데 적극 활용되고 있었던 것이다. 요컨대 은혜의 신학자이면서 동시에 언약신학자였던 보스턴은 그의 신학 체계 안에서 결코 일관성을 상실하지 않았던 것이다.

물론 지금까지의 논의가 보스턴과 투레티누스의 언약신학 전반에 관한 것이 아니라 주로 시내산 언약에 국한해서 이루어졌음을 다시 한번 상기할 필요가 있다. 보스턴의 언약신학이 가진 특징들을 더욱 풍성히 드러내기 위해서는 그의 저작들을 스코틀랜드를 비롯한 영국과 대륙 그리고 뉴잉글랜드에서 활동한 언약신학자들의 주요 작품들과 더불어 읽고 비교하는 작업이 필요할 것이다. 또한, 언약에 관한 16, 17세기의 저작들과도 비교 검토하는 것도 매우 유익할 것이다. 특히 종교개혁기와의 연속성/비연속성 문제를 논할 때 후자에 대한 통시적 연구는 필수적이라 하겠다. 이처럼 앞으로의 연구과제와 비교해 볼 때, 이 글에서 논의한 범위는 매우 제한적임이 틀림없다. 그럼에도 이 장에서의 시도가 나름대로 의미가 있는 것은 보스턴과 투레티누스의 언약신학 안에서 모세 언약이 차지하고 있는 중요성 때문이다. 분명한 것은 이들에게 있어 모세 언약이 맺어진 시내산은 언약의 주요한 요소들, 곧 행위 언약과 은혜 언약, 구약과 신약, 율법과 복음, 하나님의 주권과 인간의 책임 등이 만들어내는 복잡하고 섬세한 관계들을 역동적이면서도 가장 조화롭게—이들의 표현을 빌리자면 "달콤하게"—풀어낼 최적의 장소였던 것이다.

성경에 등장하는 다양한 언약들 가운데 특히 시내산 언약(모세 언약)은 학자들 사이에 많은 논쟁을 불러일으켰다. 제8장을 통해 독자는 시내산 언약이 포함하고 있는 다양한 신학적 주제들을 발견할 수 있었다. 또한 시내산 언약의 다채로운 요소들을 개혁파 전통의 언약신학자들이 어떤 방식으로 조화시켜왔는지를 토머스 보스턴과 프란키스쿠스 투레티누스의 실례를 통해 흥미롭게 관찰하였다.

프란키스쿠스 투레티누스(Francs Turretin, 1623-1687)

제네바의 신학자로서 17세기 개혁파 정통주의 신학을 대변하는 대표적인 인물이다. 특히 개신교 스콜라주의의 신학 방법론을 사용하여 개혁주의 신학을 체계화했으며 로마 가톨릭, 아르미니우스주의, 소키누스주의, 그리고 소뮈르 학파 등과 논쟁하였다. 투레티누스는 그의 대표적인 저서 『논박신학강요』(Institutio Theologiae Elencticae, 1679-85)를 통해 개혁파 정통신학의 입장을 훌륭하게 변증하였다. 언약신학과 관련하여서는 성경 안에 계시된 은혜 언약의 통일성을 강조하였다. 아울러 구속사의 경륜 가운데서 드러난 다양성에 대해서도 상세하게 설명하였다.

[그림 출처] https://en.wikipedia.org/wiki/Francis_Turretin#/media/File:Portret_van_Franciscus_Turrettinus,_RP-P-1908-1659.jpg

토머스 보스턴(Thomas Boston, 1676-1732)

17-18세기 스코틀랜드 장로교회의 대표적인 목회자요 신학자이다. 에딘버러 대학교에서 수학하였고 심프림과 에트릭에서 훌륭하게 목회 사역을 감당했다. 특히 회심, 율법과 복음, 은혜 언약, 복음 전도 등의 주제에 관한 탁월한 설교와 저서들을 남겼다. 유명한 "매로우 논쟁"(1717-23)에서 보스턴은 소위 "복음주의자들"(매로우 형제들)의 편에 서서 총회가 율법주의로 경도되는 것에 반대하였다. 언약신학과 관련하여 보스턴은 성경적 언약개념을 위로와 확신의 교리로 삼아 자신의 목회 현장에서 실천적으로 탁월하게 적용하였다.

[그림 출처] https://en.wikipedia.org/wiki/Thomas_Boston#/media/File:Thomas_Boston_from_A_general_account_of_my_life.png

언약신학,
쟁점으로 읽는다

제3부

언약과 실천

COVENANT THEOLOGY

제 9 장

구속 언약과 "죄 죽임"(Mortification) 교리: 사무엘 루더포드의 『생명 언약 제2부: 구속 언약』을 중심으로[631]

1. 들어가며

사무엘 루더포드(Samuel Rutherford, 1600-1661)는 그의 저서 『생명 언약』 (*The Covenant of Life Opened*, 1655)[632]의 제2부에서 구속 언약 교리의 성경적인 근거를 논증하기 전에 신자의 [옛 사람을] "죽임"(mortification), 혹은 "죄 죽임"에 대해 긴 지면을 할애하여 논의한다. 과연 죄 죽임과 구속 언약은 서로 어떤 관련성을 맺고 있는 것일까? 지금까지 이 주제를 탐구한 선행 연구는 거의 없다고 해도 과언이 아닐 것이다. 개신교 안에서 독립된 주제로서의 "죄 죽임"은 주로 성화 교리와 관련하여 논의되어왔고, 인물로는 장 칼뱅(Jean Calvin,

---

[631] 본 장은 『가난하나 부요케: 조병수 박사 은퇴기념논총』 은퇴기념논총 출판위원회 편(서울: 가르침, 2020), 635-662에 게재된 논문을 편집했음을 밝힌다. 원제는 다음과 같다. "사무엘 루더포드의 죄 죽임 교리와 구속 언약: 『생명 언약 제2부: 구속 언약』을 중심으로"

[632] 원서명은 다음과 같다. *Samuel Rutherford, The Covenant of Life Opened: Or, A Treatise of the Covenant of Grace* (Edinburgh: Andro Anderson, 1655).

1509-1564)과 존 오웬(John Owen, 1616-1683)의 견해가 주목받아온 반면,[633] 루더포드의 죄 죽임에 관한 박사논문 급 이상의 연구는 이루어지지 않고 있다.

한편 구속 언약에 대한 연구도 17세기 일차자료들에 비하면 미미한 수준에서 이루어져왔다. 구속 언약이란 초시간적인 의미에서 창조 이전에 혹은 영원에서부터 사람의 구원과 특히 그리스도의 구속 사역에 관하여 삼위 사이에 맺어진 영원한 언약으로 정의될 수 있다.[634] 오늘날 구속 언약을 연구한 연구자들로는 구속 언약의 석의적인 토대를 탐구함을 통해 종교개혁과 17세기 구속 언약 교리의 연속성을 훌륭하게 입증해 낸 리처드 A. 멀러(Richard A. Muller)와, 17세기 청교도의 구속 언약이 교리사적으로 (특히 기독론에서) 어떤 기여를 했는지를 잘 드러낸 칼 R. 트루먼(Carl R. Trueman), 그리고 비교적 최근에 구속 언약 교리에 대한 입문서를 저술한 존 페스코(John Fesko) 등이 대표적이다. 이 외에도 주로 17세기 언약신학자들 가운데, 요한네스 코케이우스(빌렘 반 아셀트), 토머스 굿윈(마크 존스), 데이비드 딕슨(캐럴 윌리엄스, 김주현, 우병훈), 조나단 에드워즈(레이따 야자와) 등의 구속 언약 교리에 대한 연구물들이 지금까지 발표되어왔다.[635] 한편 루더포드의 언약신학이나 구속 언약 교리에 관해서는

---

633 David K. Winecoff, "Calvin's Doctrine of Mortification," *Presbyterion* 13/2(1987): 85-101; John F. MacArthur Jr, "Mortification of Sin," *The Master's Seminary Journal* 5/1(1994): 3-22; Randall C. Gleason, *John Calvin and John Owen on Mortification: A Comparative Study in Reformed Spirituality* (New York: Peter Lang, 1995); 윤종훈, "The Significance of John Owen's Theology on Mortification for Contemporary Christianity," Ph.D. dissertation (University of Wales, 2003); idem, "죄 죽임론(The Doctrine of Mortification)에 관한 성경적 소고," 「총신대논총」 32(2012): 300-25; idem, "존 오웬의 죄 죽임론(죄억제론)에 나타난 성화론의 은혜와 의무의 상관관계에 대한 개혁주의적 이해," 「개혁논총」 4(2006): 1-22; 박동국, "바울의 성화론 내에서의 몸의 행실 죽이기(롬 8:13)," Ph.D. dissertation (ACTS, 2009); 장해경, "칼뱅의 '죄 죽임'(Mortification)의 교리에 관한 주석적 고찰," 「신약연구」 8/2(2009): 259-87; 권연경, "죽음과 새로운 삶의 변증법: 바울의 복음과 자기부정의 논리," 「신학과 실천」 51(2016): 403-37.

634 존 페스코, 『삼위일체와 구속 언약』 (서울: 부흥과개혁사, 2019), 166.

635 Richard A. Muller, "Toward the Pactum Salutis: Locating the Origins of a Concept," *Mid-America Journal of Theology* 18 (2007): 11-65; Carl R. Trueman, "From Calvin to Gillespie on Covenant: Mythological Excess or an Exercise in Doctrinal Development?" *International Journal of Systematic Theology* 11:4 (2009): 378-397; John Fesko, *The Covenant of Redemption: Origins, Development, and Reception* (Göttingen: Vandenhoeck & Ruprecht, 2015); Idem, *The Trinity and the Covenant of Redemption* (Christian Focus Pub.,2016); Willem J.

한병수와 필자의 연구물을 언급할 수 있겠다.[636]

루더포드의 구속 언약과 죄 죽임 교리는 『생명 언약』과 『죽으심으로 죄인들을 자신에게 이끄시는 그리스도』(1647), 그리고 『율법 폐기론의 비밀에 대한 간략한 고찰』(1648) 등에 잘 반영되어 있다.[637] 본 장에서는 특히 두 주제를 한 저서 안에서 다루고 있는 『생명 언약 제2부: 구속 언약』을 집중적으로 분석한다. 루더포드는 『생명 언약』 제1부에서 행위 언약과 은혜 언약과 관련한 주요 논제들을 논의하고, 제2부에서는 "중보자 언약" 혹은 "구속 언약"을 다룬다. 제2부에서 루더포드는 구속 언약이 참으로 존재한다는 사실을 입증하기 위해 구약과 신약의 주요 성경 본문으로부터 열세 가지의 주해적 근거를 제시한다(제6-9장). 흥미로운 것은 이에 앞서 루더포드가 신자의 "죽임" 교리에 관한 서른 가지 이상의 특징을 자세히 상술한다는 사실이다(제4장). 겉보기엔 서로 독립적인 주제인 "죄 죽임"과 "구속 언약"을 그가 『생명 언약』의 제2부에서 함께 논의한 의도는

---

van Asselt, "The Doctrine of the Abrogations in the Federal Theology of Johannes Cocceius," (1994): 101-16; idem, *The Federal Theology of Johannes Cocceius*, translated by R. A. Blacketer (Leiden, Boston, Köln: Brill, 2001); Mark Jones, *Why Heaven Kissed Earth: The Christology of the Puritan Reformed Orthodox Theologian*, Thomas Goodwin 1600-1680 (Göttingen: Vandenhoeck and Ruprecht, 2010); Carol A Williams, "The Decree of Redemption is in Effect a Covenant: David Dickson and the Covenant of Redemption," Ph.D. dissertation (Calvin Theological Seminary, 2005); Joohyun Kim, "The Holy Spirit in David Dickson's Doctrine of the Pactum Salutis," *Puritan Reformed Journal* 7/2 (2015): 112-26; 우병훈, "데이비드 딕슨의 구속 언약의 특징과 그 영향," 「개혁논총」 34(2015): 63-112; Mark Beach, "The Doctrine of the Pactum Salutis in the Covenant Thought of H. Witsius," *Mid-America Journal of Theology* 13(2002): 102-42; Reita Yazawa, "Covenant of Redemption in the Theology of Jonathan Edwards: The Nexus Between the Immanent and Economic Trinity," Ph.D. dissertation (Calvin Theological Seminary, 2013); idem, *Covenant of Redemption in the Trinitarian Theology of Jonathan Edwards* (Eugene, OR: Pickwick Publications, 2019).

636 한병수, "구속의 언약: 사무엘 러더포드 사상을 중심으로," 「한국개혁신학」 60(2018): 83-107. 필자의 논문들로는 다음을 참고하라. Sang Hyuck Ahn, "Covenant in Conflict: The Controversy over the Church Covenant between Samuel Rutherford and Thomas Hooker," (Ph.D. diss., Calvin Theological Seminary, 2011); "사무엘 러더포드와 토머스 후커의 언약신학: 교회론적 함의를 중심으로," 「장로교회와 신학」 10(2013): 221-47 ; "정교분리의 관점에서 조명한 사무엘 러더포드와 토머스 후커의 17세기 교회론(교회 정부) 논쟁" 「한국개혁신학」 47 (2015): 184-217; "사무엘 러더포드의 생애와 신학," 『칼뱅 이후 영국의 개혁신학자들』. (부산: 고신대학교 개혁주의 학술원. 2016), 186-216.

637 원서명은 다음과 같다. Samuel Rutherford, *Christ Dying and Drawing Sinners to Himself* (London: Andrew Crooke, 1647); Idem, *A Modest Survey of the Secrets of Antinomianism*, in A Survey of the Spiritual Anti-Christ (London: J. D. & R. I. for Andrew Crooke, 1648).

무엇일까? 두 주제 사이의 연결고리를 드러내고 이해하는 것이 본 장의 목적이다. 이 과정에서 루더포드에게 있어 신자의 죄 죽임과 구속 언약 교리는 모두 일종의 삶을 위한 교리였음이 드러날 것이다.

2. 루더포드의 "죄 죽임" 교리

1) "죄 죽임"(mortification)이란 무엇인가?

루더포드에 따르면 죄 죽임은 "죄에 대하여 죽는 것"(벧전 2:24, "친히 나무에 달려 그 몸으로 우리 죄를 담당하셨으니 이는 우리로 **죄에 대하여 죽고** 의에 대하여 살게 하려 하심이라"), 혹은 "땅에 있는 지체를 죽이는 것"(골 3:5, "그러므로 **땅에 있는 지체를 죽이라.** 곧 음란과 부정과 사욕과 악한 정욕과 탐심이니 탐심은 우상 숭배니라")이다.[638] 루더포드는 『생명 언약』 제2부 제4장에서 "죄 죽임이란 무엇인가?"라는 질문에 대해 답하면서 이러한 죄 죽임의 기원이 "그리스도의 죽으심"에 있다고 말한다.

그 기원에 있어서 우리의 죄 죽임은 **그리스도의 죽으심**으로부터 기원한다. 그분 안에서 우리는 그와 더불어 십자가에 못박혔다(갈 2:20).⋯이것[죄 죽임]은 하나님께서 금하신 것과, 선택에 있어 중립적인 것, 그리고 하나님께서 명령하신 것 등에 대해 영혼의 전체 능력과 경향성—영혼의 의지가 기울고 작동하는 데 있어—이 사망하는 것을 의미한다. 감정뿐만 아니라 이해력과 지성

---

638   Rutherford, *Christ Dying and Drawing Sinners to Himself*, 496-497. 인용된 성구에서 강조는 필자의 것이다.

모두 사망하는 것이다. 그러므로 **그리스도의 죽으심**에 의해 원죄가 정죄 받아 굴복될 때, 또한 **성화의 영**에 의한 지배가 이루어질 때에야 비로소 죄 죽임이 이루어지는 것이다.…오직 새로운 출생만이 죄 죽임에 해당된다.639

이 같은 죄 죽임의 정의에서 루더포드는 다섯 가지 중요한 사실을 지적한다. 첫째, 죄 죽임은 "새로운 출생", 곧 중생을 전제로 한다. 이는 자연적, 철학적, 도덕적, 그리고 사회적인 죽임 등과 구별되며,640 오직 그리스도를 믿고 거듭난 신자만이 죄 죽임을 실천할 수 있다. 참된 의미의 죄 죽임이란 십자가에 못 박히신 구세주를 믿는 믿음으로부터 흘러나오는 것이기 때문이다. 둘째, 따라서 신자의 죄 죽임 교리는 참 신자 안에도 죄가 내주한다는 사실을 전제한다. 셋째, 신자의 죄 죽임은 그리스도의 죽으심에 그 기원을 둔다. 넷째, "성화의 영" 곧 성령님의 통치가 이루어질 때 신자의 죄 죽임이 가능해진다. 다섯째, 죄 죽임은 옛사람 전체의 사망을 의미한다. 이는 성화의 대상이 신자의 전체 인격과 삶이라는 사실을 말한다.641

639　Rutherford, *The Covenant of Life Opened*, 261. 강조는 필자의 것이다. 죄 죽임의 정의에 대해 또한 다음을 보라. Rutherford, *Christ Dying and Drawing Sinners to Himself*, 508.

640　루더포드에 따르면 세상의 철학자들도 자연의 빛으로 피조물을 바라볼 때, 아무런 만족을 발견하지 못하고 부와 명예 등과 같은 피조물에 대해 일종의 철학적인 죄 죽임을 실천할 수 있다. 도덕적인 사람들 역시 시민적인 덕을 행하며 나름대로 죄 죽임을 실천한다. 또한 바리새인들 역시 이들 자신의 기준을 따라 죄 죽임을 실천한다. 그러나 이들은 그리스도와 함께 십자가에 못 박히지 않았다. 오히려 자기의 의, 공로, 그리고 죽은 행실 등에 대해 살아 있고, 이러한 것들을 매우 강력하게 고수한다. 이 모든 상태는 그리스도의 죽으심과 무관한 죽음이라고 루더포드는 말한다. Rutherford, *The Covenant of Life Opened*, 265-268.

641　루더포드에 따르면 "참된 죄 죽임은 복음의 영에 의해 이루어진다." Rutherford, *A Modest Survey of the Secrets of Antinomianism*, 2. 루더포드의 이러한 가르침은 존 오웬의 죄 죽임 교리와 잘 부합한다. 오웬은 『죄 죽임에 관하여』(Of the Mortification of Sin)에서 로마서 8장 13절에 근거하여 "영으로써 몸의 행실을 죽이는 것"을 죄 죽임으로 규정한다. 오웬 역시 오로지 신자만이 죄 죽임의 의무를 실천할 수 있으며, 오직 성령님께서 그리스도의 죽음을 신자에게 유효적으로 적용하신다고 말한다. 또한 신자는 믿음과 사랑으로 그리스도의 죽음을 자신에게 적용하는 것이라고 주장하며, 오웬 역시 그리스도의 죽음을 부각한다. John Owen, *Of the Mortification of Sin in Believers (1656) in The Works of John Owen*, ed. by William H. Goold, vol.6 (Edinburgh: T & T Clark, 1862), 5-6. 오웬의 『죄 죽임에 관하여』가 로마서 8:13 주해로부터 출발한다면, 루더포드의 죄 죽임 교리는 갈라디아서 2:20("내가 그리스도와 함께 십자가에 못 박혔나니")에서 죄 죽임의 논의를 시작한다. Rutherford, *The Covenant of Life Opened*, 261; Owen, *Discourse on the Holy Spirit (1674) in Works 3*: 560-61. 오웬은 신자 안에 내주하시는 성령께서 모든 죄 죽임의 기초이며(Works 3:549), 신자는 모든 성화의 과정에서 죄 죽임의 의무를 감당해야 한다고 말한다(Works 3:541).

루더포드는 이러한 죄 죽임의 교리가 율법 폐기론자들의 가르침과 얼마나 다른 것인지 설명한다. 율법 폐기론자인 헨리 덴(Henry Denne, c.1606-1660)에 따르면, 죄 죽임이란 "그리스도의 몸에 의해 죄가 죽임당한 것을 **인식하는 것**"이다. 신자가 그리스도의 소유가 된 것은 그가 육체의 정욕을 십자가에 못 박았기 때문이 아니라 오히려 "나를 위해 나의 정욕을 십자가에 못 박으신 그리스도를 내가 **믿기** 때문이다."라고 덴은 주장한다.[642] 루더포드는 율법 폐기론에 있어 죄 죽임은 그리스도에 의해 전가된 죄 죽임(imputative mortification)을 믿는 일종의 믿음의 행위일 뿐이라고 비판한다.[643] 이와 대조적으로 성경은 신자로 하여금 자신 안에 내주하는 죄에 대해 물리적이며 실제적으로 죄 죽임을 실천해야 한다고 가르친다(갈 6:14).[644] 루더포드는 칼뱅의 견해를 인용하며 칼뱅 시대의 자유 방임론자들(Libertines)과 자기 시대의 율법 폐기론자들, 곧 헨리 덴, 존 솔트마쉬(John Saltmarsh, d. 1647), 로버트 타운(Robert Towne, 1593-1663), 그리고 존 이튼(John Eaton, fl.1619) 사이의 유사성을 비교한다. 일례로, "죄를 감각하지 않는 것이 곧 죄 죽임"이라는 생각이 이들 사이의 공통점이라고 루더포드는 지적한다.[645] 이러한 맥락 안에서 칼뱅 시대의 자유 방임론자들과 율법 폐기론자들은 모두 겉으로는 옛사람이 십자가에 못 박혔다는 사실을 강조하지만, 실제로는 하나님의 은혜를 오용하고 신자의 삶에서 모든 거룩을 파괴한다고 루더포드는 주장한다.[646] 이에 비해 성경에 계시된 그리스도의 죽음은 신

---

642 루더포드의 인용을 보라. Rutherford, *Christ Dying and Drawing Sinners to Himself*, 499. 강조는 필자의 것이다.
643 만일 죄 죽임이 믿음의 행위에 속한다면, 신자는 죄 죽임에 의해 의롭게 된다고 주장하는 셈이 될 것이라고 루더포드는 지적한다. Rutherford, *A Modest Survey of the Secrets of Antinomianism*, 42.
644 Rutherford, *Christ Dying and Drawing Sinners to Himself*, 509-511; Rutherford, *A Modest Survey of the Secrets of Antinomianism*, 41-42.
645 칼뱅 시대의 자유 방임론자들과 루더포드 시대의 율법 폐기론자들 사이의 다섯 가지 유사성 가운데 네 번째 유사성을 보라. *Christ Dying and Drawing Sinners to Himself*, 504-5. 인용은 504쪽 측주를 보라.
646 Rutherford, *Christ Dying and Drawing Sinners to Himself*, 500; Rutherford, *A Modest Survey of the Secrets of*

자로 하여금 자신의 정욕을 죽이라고 가르친다.[647]

2) 그리스도의 죽음과 신자의 죄 죽임

과연 그리스도의 죽음은 어떤 방식으로 신자의 죄 죽임에 영향을 미치는가? 그리스도의 죽음은 "물리적 원인의 방식으로"(*ad modum causae physicae*) 신자의 죄 죽임에 실제적인 영향력을 미친다고 루더포드는 말한다. 신자는 그리스도와 함께 **법적으로** 사망했고, 그리스도는 보혈의 공로로 신자를 값 주고 사셨으며, 하나님께서 주시는 생명을 우리에게 주입하심으로 죄 죽임을 적용하신다. 또한 그리스도의 죽음은 신자로 하여금 그리스도를 본받아 죄 죽임을 실천하도록 도덕적이며 설득력 있는 영향력을 행사한다.[648]

그렇다면 그리스도가 죽으셨을 때, 아직 태어나지도 않은 신자들의 경우 과연 어떤 의미에서 그리스도와 함께 십자가에 못 박히는가? 앞서 언급한 대로 루더포드는 그리스도와 신자가 "법적으로" 연결되어 있음을 지적한다. 비유컨대 태중의 아기는 태어나기 전부터 이미 아버지의 유산을 상속할 권리를 갖는다.[649] 이와 비슷한 원리에서 출생하기 전의 신자라도 그리스도 안에서 **법적으로** 이미 십자가에 못 박힌 것이라고 루더포드는 설명한다. 또한 법적으로 그리스도와 연합을 이룬 신자는 그리스도와 함께 율법에 대해서도 죽었다. 그리스도께서 십

Antinomianism, 42

647 Rutherford, *Christ Dying and Drawing Sinners to Himself*, 513; Idem, *A Survey of the Spiritual Anti-Christ*, 196-197. 특히 율법 폐기론의 죄 죽임 교리에 대한 루더포드의 비판에 대해서는 다음을 보라. Rutherford, *A Modest Survey of the Secrets of Antinomianism*, 40-42(Chap.XXXIX); Idem, *The Tryal & Triumph of Faith* (London: John Field, 1645), 169-95(Sermon XIX).

648 Rutherford, *The Covenant of Life Opened*, 262.

649 따라서 신자는 법적으로 "그리스도 안에서 법적인 만족을 행하였고, 우리의 본성은 그리스도 안에서 못 박혔으며, 우리는—아직 태어나지도 않았지만—그리스도 안에서 만족의 형벌을 받음으로 인해 분명히 속죄받았다."라고 루더포드는 말한다. Rutherford, *The Covenant of Life Opened*, 257.

자가에서 율법의 저주와 법적인 만족을 이루신 이상, 그리스도를 머리로 삼는 지체들 역시 "지옥과 진노 그리고 율법적 보복"에 대해 죽은 것이다. 이런 맥락에서 사탄이 신자의 양심에서 우리를 고소할 때, 신자는 다음과 같이 대답할 수 있다. "나는 그리스도와 함께 있었고, 그분과 함께 십자가에 못 박혔으며, 이제 율법에 대해 죽었고, 또한 첫째와 둘째 사망에 대해서도 죽었다는 사실을 믿는다."650

3) 신자는 무엇에 대해 죽어야 하는가?651

그렇다면 무엇에 대해 신자는 십자가에 못 박혀야 하는가? 루더포드는 갈라디아서 6:14에 근거하여 신자는 "세상"에 대해 죽어야 한다고 설명한다.652 여기서 "세상은" 우선 다음의 여섯 가지 항목을 포함하는 것으로 루더포드는 해석한다. 첫째, 신자는 자아에 대해 죽어야 한다. 그리스도께서는 그분 자신의 고귀한 자아를 스스로 버리셨다. 그리스도로 말미암아 이제 신자는 새로운 **영적 자아**를 소유하게 되었다. 이 새로운 자아는 그리스도와 함께 죽었고 그리스도와 함께 사는 "나"다(갈 2:20). 둘째, 죄 죽임은 **의지**에 있어서 죽음을 요구한다. 그리스도께서는 "내 원대로 마시옵고 아버지의 원대로 되기를 원하나이다."라고 기도하셨다. 루더포드에 따르면 피조물에 대한 의지가 살아 있는 한, 죄 죽임이 일어나는 것은 거의 불가능하다. 셋째, 우리의 **생명**이 죄 죽임의 대상이다. 그리스도께서는 자기 목숨을 많은 사람의 대속물로 주셨다(마 20:28; 딤전 2:6). 그

650　Rutherford, *The Covenant of Life Opened*, 257-58.
651　Rutherford, *The Covenant of Life Opened*, 268-81.
652　갈라디아서 6:14: "그러나 내게는 우리 주 예수 그리스도의 십자가 외에 결코 자랑할 것이 없으니 그리스도로 말미암아 세상이 나를 대하여 십자가에 못 박히고 내가 또한 세상을 대하여 그러하니라."

분은 양들을 위해 자기 목숨을 버리신 선한 목자다(요 10:11). 바울은 예수님께 받은 사명을 감당하기 위해 자신의 생명을 조금도 귀한 것으로 여기지 않았다(행 20:23-24). 신자가 자신의 생명에 대해 죄 죽임을 실천한다는 것은 그리스도를 위해 자신의 생명을 미워하는 것을 의미한다(눅 14:26). 넷째, 신자는 자신의 **지혜**에 대해서 죽어야 한다. 복음의 지혜와 비교할 때, 세상의 지혜는 어리석기 때문이다(고전 1:18-19). 신자는 세상의 지혜에 대해 죽지 않는 한 하나님을 영화롭게 할 수 없다. 다섯째, 세상의 **책과 학문**에 대해서도 죽어야 한다. 루더포드는 전도서 12:12을 인용한다. "많은 책들을 짓는 것은 끝이 없고 많이 공부하는 것은 몸을 피곤하게 하느니라." 우리의 지성은 교만하고 거만하다. 이 때문에 신자는 지식에 대한 죄 죽임을 실천해야 한다. 여섯째, 신자는 **맘몬**에 대해서 죽어야 한다. 한 조각의 빵조차 살 수 없는 가난한 자일지라도 그 마음속에는 "일확천금에 대한 파도와 같이 넘실거리는 욕구"가 존재한다.[653] 타락한 인류는 욕망이라는 병에 걸려 있다. 신자는 재물을 포함하는 피조물에 대한 다양한 종류의 억제할 수 없는 정욕들에 대해서 죄 죽임을 실천해야만 한다.

계속하여 루더포드는 신자가 죽어야만 하는 스물네 가지의 대상을 상술한다. 그 주제와 근거로 제시하는 성경 구절 그리고 성경의 모범을 요약하여 정리하면 다음과 같다.[654]

죄 죽임의 대상	관련 구절	성경의 모범	내용
명예	사 50:6; 마 26:67; 마 27:26; 빌 4:12; 고전 4:12-13; 시 38:13	예수 그리스도, 사도 바울, 다윗	신자는 명예에 대해 죽어야 한다. 수치와 모욕을 감수하신 주님으로부터 자기 비하의 기술을 배우며, 세상의 비방과 박해에 대해 죽어야 한다.

---

653 Rutherford, *The Covenant of Life Opened*, 270.
654 루더포드의 『생명 언약』(*The Covenant of Life Opened*), 271-81의 내용을 간략하게 도표화한 것이다. 번호, 주제어, 근거 구절, 성경의 모범 등과 같은 분류는 필자의 것이다.

죄 죽임의 대상	관련 구절	성경의 모범	내용
상처	눅 23:34; 행 7:60; 골 3:13	예수 그리스도, 스데반	신자는 자신이 받은 상처에 대해서도 죽어야 한다. 십자가에서 용서를 선언하신 주님을 본받아 신자들은 피차 용서를 실천해야 한다.
통치자나 공직 등의 직분	삼하 16:9-13; 시 89:50-51	예수 그리스도, 다윗	신자는 어떤 공직이나 국왕, 통치자, 주인, 선지자, 교사 등의 자리에 대해 죽어야 한다. 주님은 메시아 직분의 위대함을 기꺼이 잊으시고 고난의 방식으로 자신의 직분을 성취하셨다.
쾌락	욥 31:1; 창 39:9	욥, 요셉	신자는 쾌락에 대해 죽기 위해 노력해야 한다.
세상과 세상을 사랑하는 것	요일 2:15-16; 약 4:4		신자는 세상과 세상에 있는 것들을 사랑하지 않도록 세상에 대해 죽은 마음을 가져야 한다.
피조물이 주는 위로	시 27:10; 사 49:15; 욥 19:15-19; 딤후 4:16; 호 14:3; 사 30:7, 15; 사 2:22; 시 33:16-17; 미 7:6; 겔 23:23; 삼하 16:11	욥, 호세아, 바울	신자는 가족과 친족, 친구, 종, 국가, 군사력 등을 포함한 모든 피조물이 주는 위로에 대해서 죽어야 한다. 주님은 "너희는 인생을 의지하지 말라"(사 2:22)고 말씀하신다.
가정, 조국, 어머니 교회	눅 19:41; 마 23:37-38; 사 5:9, 6:10-12; 렘 9:1-4, 16-13; 미 3:12; 호 4:3, 5:6, 9	예수 그리스도, 구약 선지자들	신자는 가족과 조국 그리고 조국 교회에 대해서 죽어야 한다. 주님은 예루살렘 멸망에 대한 하나님의 뜻을 아멘으로 수용하셨다. 구약의 선지자들도 시온의 멸망을 선언하시는 하나님의 말씀을 아멘으로 수용했다.
법과 정부, 환상과 예언	사 3:2, 4; 대하 15:3; 호 3:4, 10:3	이사야	신자는 하나님께서 왕, 제사장, 법과 선지자 등을 포함하여 빼앗아 가실 수 있는 모든 것들에 대해 죽어야 한다.
해상 무역	겔 27장; 계 18:11-13; 렘 51장; 사 2:13-16, 5:8; 14:8; 50:2		신자는 강대국들과 거래하는 해상 무역, 좋은 집, 토지, 포도원, 나무, 곡식, 가축 등에 대해 죽어야 한다.
장군과 용사	사 3:1, 3-4; 시 76:5-6		신자는 하나님 외에 그 어떤 용사와 힘센 자, 그리고 장군에 대해서 죽어야 한다.
혈통과 가문	애 4:5, 12; 사 40:23		신자는 영예로운 출생, 혈통, 고귀한 가문 등에 대해서 죽어야 한다.
젊음의 활기	전 12:1-3; 삼하 19:35; 레 26:26; 전 2:2	바르실래, 솔로몬	신자는 식욕, 노래, 스포츠, 여가, 춤, 게임, 희락 등과 관련한 젊음의 활기에 대해 죽어야 한다.
예배 규례, 예루살렘	겔 11:16	다윗	성전, 예배의 외적인 요소, 은혜의 수단 등은 하나님이 아니다. 신자는 오직 하나님에 대해서 살고, 하나님 이외의 모든 것에 대해서는 거룩한 죽음을 실천해야 한다.

죄 죽임의 대상	관련 구절	성경의 모범	내용
행위	엡 2장; 고전 4:4; 빌 3:8	바울	신자는 행위에 대해 죽어야 한다. 행위는 사람을 의롭게 만들거나 구원하지 못한다.
경건한 사람	고후 5:16	바울	신자는 아무리 경건한 사람일지라도 사람을 신뢰의 대상으로 삼지 않는다.
기도	시 22:2; 69:1-3		기도하는 신자는 신뢰와 희망을 우리가 드리는 기도에 두지 말고 기도를 들으시는 하나님께 두어야 한다. 기도 자체는 하나님이 아니다.
믿음			신자는 하나님 대신 내가 믿는다는 사실 자체, 곧 자신의 믿음을 신뢰하지 않아야 한다.
하나님이 주시는 감각적인 위로			신자는 위로자이신 하나님보다 하나님이 주시는 위로에 더욱 집착해서는 안 된다. 우리의 믿음은 하나님을 붙잡는 일에 더욱 살아있어야 한다.
은혜의 습성	고후 1:9	바울	신자는 그리스도가 아닌 은혜의 습성을 신뢰하는 것에 대해 죽어야 한다. 회심 후 새롭게 된 자신을 신뢰하는 것 역시 마치 우리 안에 있는 것이 우리를 구원해낼 수 있을 것처럼 생각하는 것과 같다.
외형적 영광의 복			신자는 외형적인 영광의 복을 누리는 것에 대해서 죽어야 한다. 신자가 천국을 갈망하는 것은 하나님 때문이지 그 이외의 다른 요소들 때문이 아니다.
문자로서의 약속			신자는 그리스도가 제거된 문자로서의 약속에 대해 죽어야 한다. "약속은 보석함이고 그리스도는 그 안에 담긴 보석이다"(암브로시우스)
하나님의 외향적 현현			신자는 햇살과 같은 하나님의 외향적 현현에 대해서도 죽어야 한다. 신자는 하나님 임재의 모든 형태를 수용하고 사랑해야 한다.
모든 섭리			신자는 하나님께서 기적적으로 베푸시는 것과 빼앗아 가시는 모든 섭리에 대해 죽어야 한다. 그리스도와 더불어 십자가에서 죽은 신자만이 모든 섭리에 복종한다.
죽은 예배 혹은 형식적 예배	골 2:20; 갈 4:9; 빌 3:3; 롬 12장	바울	그리스도와 더불어 죽은 모든 사람은, 모든 죽은 예배와 생명력 없는 의식들, 그리고 형식적인 예배에 대해 죽었다(골 2:20; 갈 4:9). 그 대신 하나님을 [참으로] 예배하는 일에 살아 있다.

처음 여섯 가지와 위에 정리한 스물네 가지 항목은 신자의 죄 죽임이 얼마나 철저한 자기부정을 요구하는지를 잘 드러낸다. 신자는 세상이 주는 즐거움과 피조물에서 얻는 위로에 대해 죽어야 한다. 한 걸음 더 나아가 하나님께서 선물로 주시는 인생의 분복과 가족, 친구, 위로 등에 대해서도 철저히 죽어야 한다. 또한 고난과 심판을 포함하는 하나님의 모든 섭리에 대해 "아멘"으로 응답해야 한다. 요컨대 신자는 자기 자신을 십자가에 못 박아야 한다.

죄 죽임을 실천하는 신자는 주님을 바라보는 순간에조차도 은밀하게 자기 자신의 행위를 신뢰하지 말아야 한다고 루더포드는 말한다. 일례로 믿음과 기도와 같은 은혜의 수단을 활용할 때, 신자는 하나님만을 바라보아야지 은혜의 수단 자체를 의지해서는 안 된다. 신자는 기도할 때 하나님께 집중하지 못한 채 기도하는 자신이나 자기가 씨름하고 있다는 사실 그 자체를 바라보지 않도록 주의해야 한다.

◆ 기도를 많이 하는 것은 선하나, 우리는 기도에 대해서도 죽어야 한다. 우리가 많이 부르짖고 기도하면서도 응답받지 못하는 원인 가운데 하나는(시 22:2; 69:1-3), 우리의 신뢰와 희망을 기도를 들으시는 하나님께 두기보다는 우리가 드리는 기도에 두기 때문이다. 기도 자체는 하나님이 아니다. 우리는 자주 우리 자신의 기도와 우리 자신의 씨름을 바라보며 하나님보다는 나 자신의 기도와 씨름을 향해 기도한다. 우리는 기도하는 것이 곧 일을 행하는 것이고, 기도가 마법을 행한다고 믿는다. 이는 마치 기도 자체가 천능자인 것처럼 믿는 것이다.[655]

---

655   Rutherford, *The Covenant of Life Opened*, 279.

기도의 경우와 마찬가지로 믿음에 대해서도 신자는 주의를 기울여야 한다. 신자는 믿음의 대상이신 주님보다 "내가 믿는다는 사실 자체에 대한 나의 믿음"을 신뢰하지 말아야 한다. 루더포드는 다음과 같이 묻는다.

◆ 과연 믿음이 당신을 위해 십자가에 못 박혔는가? 얼마나 많은 이들이 평화와 용서 그리고 의를 그리스도가 아니라 오히려 자신들의 믿는 행위로부터 가져오는가?…이런 경우, 우리는 하나님보다는 하나님께 대한 [나의] 믿음에 좀 더 무게를 둔다. 기도에 있어서도 마찬가지다. 하나님 자신보다는 [내가] 하나님께 기도하는 행위에 보다 큰 무게를 두는 것이다.[656]

이 모든 것 안에서 신자는 자신을 의뢰하지 말고 철저히 "예수 그리스도를 믿은 믿음에 의해 그분을 지속적으로 의지하는" 삶을 실천해야만 한다.[657] 무엇보다 신자는 그리스도와 함께 십자가에 못 박히고 그분과 더불어 살아났기 때문이다(갈 2:20).

4) 죄 죽임의 행동 양식

그렇다면 지금까지 상술한 서른 가지 대상에 대해 죄 죽임을 실천한 사람들의 특징은 무엇일까? 루더포드는 죄 죽임을 실천한 신자의 행동 양식을 다음 네 가지로 요약한다. 첫째, 무위(無爲), 곧 아무런 행동도 하지 않는다. 이에 대한 성

656　Rutherford, *The Covenant of Life Opened*, 279.
657　Rutherford, *The Covenant of Life Opened*, 280.

경 구절로 시편 38:12-13과 39:9을 제시한다.[658] 또한 전도서 2:8을 인용하면서 죄 죽임을 실천한 신자는 세상의 노래와 악기 소리 그리고 온갖 재화 등에 대해서도 죽은 자와 같다고 말한다.[659]

둘째, 천천히 느리게 행동한다. 시편 131:2을 인용하며 루더포드는 죄 죽임의 실천은 곧 우리의 영혼을 "젖 뗀 아이가 그의 어머니 품에 있음"에 비유한다. 또한 베드로전서 4:12을 주해하면서 신자는 외부로부터 닥치는 불시험에 대해 성급하게 반응하거나 이상한 일 당하는 것처럼 여기지 않는다고 말한다. 하나님의 은혜는 신자로 하여금 하나님 이외의 모든 것에 대해서는 여유 있고 느리게 반응하도록 만들기 때문이다.

셋째, 사심 없이 행동한다. 죄 죽임을 실천한 영혼은 하나님을 제외한 그 어떤 것에도 마음을 고정적으로 기울이지 않는다고 루더포드는 말한다. 그는 성경의 인물들 가운데 특별히 다윗과 모세를 지적한다. 다윗은 심지어 법궤나 영적인 위로에도 치심하지 않았다. 법궤를 메고 가자는 사독을 향해 다윗은 이렇게 말한다. "보라 하나님의 궤를 성읍으로 도로 메어 가라." 법궤를 옮겨 가는 것과는 다른 것에서 위로를 받겠다는 말이다. 모세의 경우 하나님께서 원하신다면, 심지어 영생의 분깃에 대한 개인적 보증까지도 기꺼이 내려놓을 수 있었다고 루더포드는 말한다. 루더포드는 독자들에게 다음과 같이 권면한다.

◆ 우리는 피조물을 사랑한다. 그러나 마치 사랑하지 않는 듯이 사랑

---

658 시편 38:12-13. "나를 해하려는 자가 괴악한 일을 말하여 종일토록 음모를 꾸미오나 나는 못 듣는 자 같이 듣지 아니하고 말 못하는 자 같이 입을 열지 아니하오니"; 시편 39:9. "내가 잠잠하고 입을 열지 아니함은 주께서 이를 행하신 까닭이니이다."

659 전도서 2:8. "은 금과 왕들이 소유한 보배와 여러 지방의 보배를 나를 위하여 쌓고 또 노래하는 남녀들과 인생들이 기뻐하는 처첩들을 많이 두었노라." 이러한 내용을 진술하며 "다 헛되어 심령의 괴로움"이라 고백하며 회개하는 솔로몬은 이제 죄 죽임에 이른 사람이라고 루더포드는 말한다. Rutherford, *The Covenant of Life Opened*, 263.

한다.…자녀를 사랑하라. 그러나 당신의 마음이 그 아이에게 너무 집착하지 않도록 여유를 가지라. 쟁기질하라. 그러나 사고파는 일에 마음을 쓰지 말라. 현세에 살면서 우리의 마음을 거래하는 일에 치심하지 않는 것이 최선이다. 고린도전서 7:29-30 말씀을 보라. "아내 있는 자들은 없는 자 같이 하며, 우는 자들은 울지 않는 자 같이 하며 기쁜 자들은 기쁘지 않은 자 같이 하며, 매매하는 자들은 없는 자 같이 하라." 우리의 정서를 다음의 대상들, 곧 아버지, 어머니, 남편, 아내, 자녀, 주택, 수익, 아름다움, 명예, 새로 구입한 농장 등에 대해 행사할 때, 우리의 마음을 적당히 떨어뜨려 일종의 **"경건한 간격"**을 유지하는 것이 필요하다. 사랑하나 사랑하지 않고, 기뻐하나 기뻐하지 않으며, 애통하나 애통하지 않는 것 등이야말로 죄 죽임이 무엇인지를 가장 잘 말해준다.[660]

이처럼 모든 피조물에 대해 "경건한 간격"을 유지하며 사랑하는 것이 "사심 없이 행동"하기 위한 중요한 요건이다. 그다음으로 신자는 열정과 전심을 다해 우리의 유일한 갈망의 대상인 그리스도를 사랑한다.

넷째, 죄 죽임의 행동 양식은 우리 기대와 반대되는 모든 하나님의 섭리를 수용하고 이에 친숙하게 행동한다.[661] 이를 실천하는 신자는 빌립보서 4:12에 기록된 사도 바울의 고백에 참으로 동의한다. "나는 비천에 처할 줄도 알고 풍부에 처할 줄도 알아 모든 일 곧 배부름과 배고픔과 풍부와 궁핍에도 처할 줄 아는 일체의 비결을 배웠노라." 요컨대 신자는 모든 섭리에 대해 아멘이라고 말한다. 왜냐하면 그리스도께서 나를 위해 십자가에 못 박히셨으며, 나 또한 그리스

---

660 Rutherford, *The Covenant of Life Opened*, 264. 강조는 필자의 것이다.
661 Rutherford, *The Covenant of Life Opened*, 265.

도 안에서, 그리고 그리스도와 더불어 못 박혔기 때문이다.[662]

3. 그리스도와의 연합: 죄 죽임과 구속 언약의 연결고리

루더포드에 따르면 신자의 죄 죽임은 신자가 그리스도와 연합하여 그분과 함께 십자가에 못 박힌 사실과 직접 관련을 맺고 있다. 앞서 언급했듯이 이 연합을 통해 그리스도의 죽음은 신자에게 "물리적 원인의 방식"으로, 혹은 "법적"으로 또한 "도덕적"으로 적용된다.[663] 과연 이러한 연합은 언제 이루어졌는가? 이 연합은 신자가 아직 태어나기 전에 이루어졌다고 루더포드는 말한다.

◆ 우리가 아직 태어나지도 않았고 **아무런 존재도 갖지 않았을 때**, 하나님께서는 첫째 아담을 마치 우리의 자연적인 아버지나 머리인 것처럼, 법적인 우리의 아버지와 머리로 삼으셨다. 이때 우리는 첫째 아담이 이러한 자리에 서도록 하는 데 관여하거나 그 어떤 행위를 하지도 않았다. 그럼에도 우리는 아담 안에서 죄를 범했다. 또한 신적인 전가에 의해 그의 죄는 우리의 것이 되었다. 이런 사실을 고려할 때, 그리스도께서도 아직 태어나지 않은 수많은 신자들을 위해 십자가 위에서 무엇인가를 참으로 행하셨다는 것을 과연 누가 부정할 수 있겠는가? 이러한 하나님의 경륜에 따라, 채무자가 아닌 채권자[하나님] 자신이 일종의 법적 수장 혹은 복음적 보증인을 임명

---

662 Rutherford, *The Covenant of Life Opened*, 265.
663 Rutherford, *The Covenant of Life Opened*, 262.

하신 것이다.⁶⁶⁴

이러한 내용이 사실이라면 "산들이 생기고 깊음이 존재하기 이전에"(잠 8장) 이미 영원에서 "사랑의 협상", 곧 구속 언약이 체결되고 서명된 것이라고 루더포드는 주장한다.⁶⁶⁵ 이런 의미에서 구속 언약은 그리스도와 신자 사이에 이루어진 연합의 영원한 기초다. 또한 구속 언약은 그리스도의 죽음이 신자의 죄 죽임에 법적이며 도덕적인 영향력을 미칠 수 있도록 하는 근원적인 원인에 해당한다.

1) 법적 연합의 기초로서 보증인 (구속) 언약

루더포드에 따르면 그리스도와 신자 사이의 연합은 **법적** 연합이다. 여기서 그리스도는 신자들을 위한 "법적 수장" 혹은 "복음적 보증인"으로 임명받으셨다. 이로 인해 그리스도의 죽으심을 포함한 그분의 모든 지상 사역은 일종의 공인으로서 행하신 일이 된다.⁶⁶⁶ 주지하다시피 그리스도께서 택자를 위한 보증인으로 임명받았다는 것은 루더포드의 영원한 구속 언약, 혹은 보증인 언약 교리에 있어 핵심적인 내용이다. 구속 언약 안에서 그리스도의 죽으심은 그분 자신의 백성을 법적으로 묶고 이들에게 적용된다.

◆ 성부 하나님과 성자 하나님 사이에 하나의 언약이 존재한다. 그리

---

664 Rutherford, *The Covenant of Life Opened*, 257-58.
665 Rutherford, *The Covenant of Life Opened*, 307. 구속 언약이 존재했음을 증거하는 열두 번째 논증을 보라.
666 Rutherford, *The Covenant of Life Opened*, 314-15.

스도께서 죽으셔야 한다는 내용의 언약이다. 단순한 죽음이 아니라 영광의 상속자들을 위한 죽음이고 또한 이들의 이름으로 죽으신 죽음이다. 이들은 [상속자로] 지정된 가족과도 같다. (그분의 죽으심은 언약으로 말미암아 수많은 특정한 사람들을 하나의 가족관계로, 또한 법적으로 묶어주고, 이들을 값을 치르고 사신 죽음이다.)[667]

구속 언약 안에서 택자의 보증인이 되신 성자께서는 "사람의 본성을 취하심으로 자신의 피로 하나님의 진노를 만족시키고, 공로를 획득하며, 자기 백성을 성화시키기에 적합한 자리를 차지하셨다." 이로써 법적으로 첫째 아담 안에서 범죄한 신자는 둘째 아담 안에서 만족(satisfaction)을 수행한다.[668] 이러한 연합을 가리켜 루더포드는 "가장 높으신 주님께서 자신을 비워 질그릇과 연합하신 하나님의 경이로움"이라고 부른다.[669]

루더포드는 『생명 언약』 제2부 제9장에서 그리스도의 "보증인" 직분에 관하여 자세히 논의한다.[670] 루더포드에 따르면 보증인은 경제적이며 법적인 의미에서 다른 누군가를 위해 배상할 것을 약속하는 존재이다. 어떤 경우에 보증인은 단순히 채무를 떠안는 데 그치지 않고 누군가를 위해 생명을 걸거나 그 사람 때문에 자기 생명을 잃기도 한다. 루더포드는 토머스 굿윈의 저작을 인용하면서 유크리투스가 유페누스의 보증인이 되어 스스로 인질이 된 이야기와 테살리아인들이 250명의 인질을 살해한 사건, 그리고 로마인들이 300명의 볼스트인들

---

667 Rutherford, *The Covenant of Life Opened*, 360.
668 Rutherford, *The Covenant of Life Opened*, 285-86. 인용은 285쪽을 보라.
669 Rutherford, *The Covenant of Life Opened*, 286.
670 Rutherford, *The Covenant of Life Opened*, 316-39. 특히 321-33쪽을 보라.

을 죽인 사례 등을 제시한다.[671] 보증인으로서 그리스도는 자기 백성의 목숨을 대신하여 법정 최고형의 형벌을 기꺼이 받으셨다.[672] 에드워드 리의 말을 인용하면서 루더포드는 보증인으로서 그리스도는 "언약과 피의 증서"로 우리의 "자리를 대신하셨다."라고 말한다.[673]

우리를 위한 보증인이 되시기 위해 그리스도는 두 가지 요건을 충족시키셨다. 첫째, 우리의 본성을 취하시기 위해 스스로 낮아지셨다. 이로써 그리스도께서는 우리의 친족 "고엘"(욥 19:25)[674]이 되셨다. 둘째, 율법 안에 있는 우리의 조건을 취하셨다. 우리는 율법의 저주 아래에 있었다(신 27:26). 그리스도는 율법의 저주로부터 우리를 해방시키기 위해 스스로 저주가 되셨고, 우리를 위해 율법의 요구를 성취하셨으며(갈 3:10), 우리의 이름을 "복음의 헌장"에 기입해 주셨다.[675] 물론 이 모든 일은 그분 자신의 자유로운 의지와 자발적인 언약에 의해 이루어졌다. 또한 우리를 위해 보증인의 역할을 감당하신 그리스도는 하나님이시며, 그분 자신의 생명에 대해 절대적 주권을 소유하신 존재임을 루더포드는 강조한다(요 10:18). 결국 그리스도께서 행하신 중보자의 사역은 값없이 베푸시는 은혜로 말미암은 것임을 루더포드는 독자에게 상기시킨다.[676] 이러한 은혜에 기초하여 그리스도와 법적인 연합을 이룬 신자는 참으로 복되다고 루더포드는

---

671 루더포드가 인용한 내용에 대해서는 다음 저작의 68쪽을 보라. Thomas Goodwin, "Faith supported by Christ's Resurrection," in *Christ Set Forth in Death, Resurrection, Ascension, Sitting at God's right hand, Intercession as the Cause of Justification, Object of Justifying Faith* (London, Robert Dawlman, 1645); Rutherford, *The Covenant of Life Opened*, 322-23.

672 Rutherford, *The Covenant of Life Opened*, 322.

673 Rutherford, *The Covenant of Life Opened*, 321-22. 루더포드는 잠언 22:26이 70인역에서 "너는 네 자신을 보증인[자리로] 들어가게끔(εἰς ἐγγύην) 만들지 말라."라는 의미로 번역되었음에 주목한다. 히브리어 어원상 보증인이 된다는 것은 서로 섞인다는 뜻이다. 그리스도는 택자의 자리를 대신하여 이들과 하나가 되신 보증인이시다.

674 루더포드는 욥기 19:25에 기록된 "나의 대속자"(גֹּאֲלִי)가 히브리어 원문을 따라 "친족-기업 무를 자(kinsman-redeemer)"를 의미하는 것으로 이해한다.

675 Rutherford, *The Covenant of Life Opened*, 321-22.

676 Rutherford, *The Covenant of Life Opened*, 323.

선언한다.

그리스도와 신자들은 하나의 법적인 공문서와 유죄 판결로부터의 해방을 기록한 하나의 면책 증서 안에 함께 존재한다고 말할 수 있다. 그리스도께서는 형벌의 유죄 판결로부터, 우리는 생득적인 죄책과 형벌의 유죄 판결로부터 해방된 것이다. **모든 면에서 그리스도와 더불어 연합되었고,** 이 언약에 우리의 아멘과 동의로 가입되어 있는 우리는 참으로 복되다.[677]

- 우리를 위한 법적이며 언약적인 수장이신 그리스도는 그분 자신을 위해 살지 않으셨고, 그분 자신을 위해 죽으시지 않았다. 그분의 죽음은 "우리를 위한"(ὑπὲρ ἡμῶν) 보증인으로서 죽음이다.[678] 이 때문에 그리스도의 죽음은 택자에게 법적인 효력을 갖는 유효적 죽임이 된다. 또한 그리스도와 연합한 신자의 죄 죽임을 위한 실제적인 근거가 되는 것이다.

2) 죄 죽임의 도덕적 근거로서의 구속 언약

루더포드에 따르면 그리스도의 죽음은 그 죽음의 방식에 있어서도 신자들을 그리스도께로 이끌어 그분과 연합하도록 만든다. 한 걸음 더 나아가 신자 안에서 죄 죽임이 시작되는 내적인 동기를 제공한다. 땅에서 높이 들리어 나무에 달리신 그리스도의 죽음은 죄 죽임의 "특별한 수단"이라고 루더포드는 말한다.[679] 주지하다시피 그리스도께서는 "수치스러운 방식으로 십자가 위에 높이 달리셨다."

---

[677] Rutherford, *The Covenant of Life Opened*, 351. 강조는 필자의 것이다.
[678] Rutherford, *The Covenant of Life Opened*, 315.
[679] Rutherford, *Christ Dying and Drawing Sinners to Himself*, 496-97. 인용은 496쪽을 보라. 루더포드는 요한복음 12:32("내가 땅에서 들리면 모든 사람을 내게로 이끌겠노라")을 인용한다.

- 이러한 포즈(posture)로 그분은 우리를 당신께로 이끄신다. 이는 곧 우리 안에서 죄에 대한 죽음과 세상의 쾌락과 영예에 대한 우리의 죽음이 분명히 작동하는 것이다. 그리스도는 죽으심으로 그분 자신의 형제들을 지옥과 죄로부터 이끌어 내셨다. 또한 그분은 죽으심으로 그분 자신의 배우자를 자신의 팔로 안으셨다. 이는 그리스도께서 우리와 더불어 연합을 이루시기를 얼마나 원하셨는지를 보여준다.[680]

그렇다면 이러한 방식의 죽음은 언제 어디서 계획되었는가? 바로 영원한 구속 언약에서 이루어졌다. 이런 면에서 구속 언약은 신자로 하여금 죄 죽임을 실천할 수 있는 동기를 부여하고, 이를 지속해 나갈 수 있도록 위로와 확신을 신자의 마음에 끊임없이 공급한다. 첫째, 구속 언약은 신자로 하여금 하나님의 무한하신 "사랑의 계획"을 따라 무가치한 존재를 값주고 사신 주님의 영원한 사랑에 의해 압도되도록 만든다.

- 아, 우리는 얼마나 무가치한 존재였는가! 그럼에도 하나님은 우리를 원하신 것이다. 우리에게 입히신 **사랑**에 비해 우리의 값어치는 얼마나 낮은가? 과연 사람이 하나님의 면류관이 된다거나, 사람을 얻기 위해 하나님이 무엇을 걸고, 달리며, 이들을 경쟁에서 승리하여 상으로 얻는다는 것이 있을 수 있겠는가? 과연 무로부터 지음 받은 비천한 한 조각 안에 그토록 높으시고, 깊으시며, 광범하고 오랜 기간에 걸친 계획과 높으신 목표를 담을 수 있는 공간이 있겠는가?…그러나 **사랑**은 이렇게 말하지 않는다. 결코 더욱 적은 사랑으로 이를 성취할 수 없는 것이다. 게다가 우리를 값 주고 사

---

[680] Rutherford, *Christ Dying and Drawing Sinners to Himself*, 497.

는 데 있어 이 사랑은 실수할 수 없는 **사랑**이다. 또한 값없이 베푸시는 **사랑의 계획**에 있어 이 무한하신 사랑은 결코 오류를 범할 수도 없다.[681]

루더포드는 이러한 주님의 무한하고 오류가 없는 "사랑의 계획"에 따른 사랑이 "영원한" 사랑임을 강조한다. 영원한 구속 언약에 근거를 두는 만큼 이 사랑 또한 영원한 것이다. 우리를 향한 그리스도의 사랑은 세상의 역사와 더불어 시작한 것이 아니다. 이보다 훨씬 "오래된 사랑"이다. "하나님의 사랑은 하나님 자신보다 결코 젊지 않다." 시간 안에서 이루어진 은혜와 사랑만으로는 구원이 이루어질 수 없었을 것이라고 루더포드는 말한다. 또한 예레미야 31:3("내가 영원한 사랑으로 너를 사랑해왔노라")을 인용하면서 루더포드는 이 사랑이 자신을 강하게 붙들어 주기를 소원한다고 고백한다.[682] 요컨대 영원한 구속 언약에서 이루어진 그리스도와 신자의 연합은 영원한 사랑의 연합이다. 신자의 죄 죽임이 그리스도와의 연합에 기초하는 이상, 이 영원한 사랑이 신자의 죄 죽임에 영향을 미치는 것은 당연하다.

둘째, 구속 언약에서 그리스도는 아버지로부터 받은 자들을 자신의 소유로 삼고, 이들 중 아무도 잃어버리지 않고 마지막 날까지 보존하여 다시 살리실 것을 보증하신다.[683]

◆ 그리스도 역시 아버지께서 그에게 넘겨주신 자들을 소유하시며 이 많은 사람을 각각 그리고 이름으로 아신다.…또한 [요한복음 17장] 12

---

681 Rutherford, *The Covenant of Life Opened*, 300. 구속 언약의 성경적 근거를 밝히는 열 번째 논증의 결론을 보라.
682 Rutherford, *The Covenant of Life Opened*, 307-8. 인용은 308쪽을 보라.
683 구속 언약의 성경적 근거를 밝히는 네 번째 논증("하나님과 그리스도 사이에 서로 주고받은 내용이 존재한다")을 보라. Rutherford, *The Covenant of Life Opened*, 293-94.

절을 보라. "내게 주신 이들을 보전하고 지키었나이다(οὓς δέδωκάς μοι, ἐφύλαξα). 그중의 하나도 멸망하지 않았나이다."…계속하여 [요한복음 6장] 39절을 보라. "나를 보내신 이의 뜻—언약적 의지다—은 내게 주신 자 중에 내가 하나도 잃어버리지 아니하고 마지막 날에 다시 살리는—언약과 복음 약속에 의거하여—이것이니라."[684]

이같이 그리스도께서 그분 자신의 백성을 보존하신다고 약속하신 견인의 은혜는 모든 신자에게 확실한 위로의 근거를 제공한다. 루더포드는 다소 격앙된 어조로 다음과 같이 묻는다.

- ◆ 나를 구원하시기 위해 성부 하나님께서는 나를 성자 그리스도께 주셨고, 성자께서는 나를 담당하셨으며, 나를 보전하신다는 기록된 계약서를 그분 자신의 손에 들고 계셨다. **과연 무엇이 이보다 더 강력한 위로를 말할 수 있겠는가?** 아, 얼마나 큰 행복인가! 나는 내 자신을 보존하는 자가 아니다. 그리스도께서 이를 자신의 수중으로 가져가셨다. 또한 성부와 성자는 언약의 방식으로 상호 간의 협약을 체결하셨다. 한 분은 나를 다른 편에게 보내주셨고, 다른 분은 나를 받아 보존하기로 하셨다.[685]

필자가 보기에 루더포드가 언급한 "강력한 위로"는 특히 죄 죽임을 실천하는 신자에게 의미 있게 적용된다. 참 신자는 죄 죽임을 위로와 평화, 그리고 확신의 근거로 삼지 않는다. 오로지 그리스도와 하나님의 은혜로운 언약 안에서 참

684　Rutherford, *The Covenant of Life Opened*, 294.
685　Rutherford, *The Covenant of Life Opene*, 294. 강조는 필자의 것이다.

된 위로의 근거를 발견한다. 이에 관해 루더포드는 계속하여 다음과 같이 고백한다.

> ◆ 내 영혼은, 모든 평화와 위로와 구원의 확신을 소키누스의 신앙에 두는 자들의 비밀에 참여하지 않는다. 이들의 신앙은 구주 예수님께 무심하게 의뢰하는 반면 이들 자신의 거룩, 경성함, 순종, 하나님께 대한 사랑 등을 의지한다.…더욱 강력한 위로는 다음의 토대 위에 근거한다. (마땅히 신자는 가장 강력한 위로를 선택해야 한다.) 곧 성부께서 죄인을 성자에게 주시고, 성자께서 이들을 받으신다. **또한 나에게 있어 믿음의 확신은 내가 나를 위해 수행하는 일보다는 그리스도께서 나를 위해 행하신 일들에 의존한다.** 따라서 나는 결코 상실되거나 쫓겨나지 않을 것이다.[686]

주지하다시피 신자의 죄 죽임은 성화의 좋은 증거에 해당한다. 그러나 소키누스주의자들과 달리 신자는 자신의 죄 죽임 행위를 위로와 확신의 근거로 삼지 않는다. 오로지 그리스도와 그분의 사역만을 의지할 뿐이다. 이것이야말로 그리스도와 연합된 신자가 그리스도께 대해 취하는 당위적인 태도이자 특권에 해당한다.[687]

686　Rutherford, *The Covenant of Life Opened*, 294.
687　루더포드에 따르면 신자가 믿음을 통해 누리는 그리스도와의 연합은 언약적 연합의 성격을 갖는다. 참 신자는 이 연합을 죄를 짓는 기회로 삼지 않는다. 오히려 죄인과의 언약적 연합을 통해 우리가 받을 형벌을 담당하신 그리스도를 바라본다.

　　믿음은 언약적 연합을 전제한다. 여기서 하나님은 그리스도를 우리의 보증인으로 삼으셨고, 그리스도는 기꺼이 우리의 보증인이 되시기를 의지했으며, 우리의 본성을 취하여 인격적 연합을 이루셨을 뿐만 아니라 우리의 상태와 조건을 취하사 우리의 이유를 그분 자신의 이유로 삼으시고, 우리의 죄를 그분 자신의 것으로 삼으셨다. 그 이유는 이것들을 옹호하거나 이것들을 향해 "아멘"이라고 말씀하셔서 마치 우리로 하여금 그 죄들을 반복하여 지을 수 있도록 하시기 위함이 아니다. 오히려 그리스도께서 그 죄들로 인한 형벌을 당하는 고통을 감수하시기 위함이다.

　　사무엘 루더포드, 『생명 언약 제1부: 행위 언약과 은혜 언약』, 안상혁 역(수원: 합신대학원출판부, 2018), 512-513.

4. 맺는말

루더포드는 1637년에 제임스 린제이(James Lindsay)에게 보낸 서신에서 "성화와 우리의 정욕에 대한 죄 죽임은 기독교의 가장 어려운 부분이다."라고 말했다.[688] 그럼에도 모든 신자가 죄 죽임을 실천해야 하고 또한 마땅히 실천할 수 있는 까닭은 무엇일까? 루더포드는 신자의 죄 죽임 역시 중보자 그리스도의 값없이 베푸시는 은혜에 기초한 것임을 우리에게 상기시킨다.[689] 우리를 위한 법적이며 언약의 수장이신 그리스도는 그분 자신을 위해 살지 않으셨고, 그분 자신을 위해 죽지 않으셨다. 그분의 죽음은 "우리를 위한"(ὑπὲρ ἡμῶν) 보증인으로서 죽음이다.[690] 이 때문에 그리스도의 죽음은 택자에게 법적인 효력을 갖는 유효적 죽임이 된다. 또한 그리스도와 연합한 신자가 죄 죽임을 실천할 수 있는 도덕적이며 실제적인 근거가 된다.

루더포드에 따르면, 신자의 죄 죽임이 그리스도와의 연합에 근거해 있고, 이 연합은 영원한 구속 언약으로부터 비롯되었다는 사실은 결코 신자를 수동적으로 내버려 두지 않는다. 구속 언약의 확실성은 신자가 주님과 더불어 누리는 사랑의 교제를 대체하는 것이 아니라 오히려 친밀감을 강화시킨다. 이는 마치 부부의 사귐이 이들의 결혼 언약을 확증하는 것과 같다.

- ◆ 결혼 당사자는 단 한 번 결혼한다. 맹세로 하는 언약도 마찬가지다. 단 한 번의 언약 체결도 스무 번 하는 언약이나 마찬가지다. 그런데도 혼인

---

688   Rutherford, *Letter CCXXXV: To James Lindsay* (Sep. 7, 1637), in *Letters of the rev. Samuel Rutherford*, eds James Anderson & A. A. Bonar (Edinburgh: William Whyte and Co., 1848), 474-475.

689   Rutherford, *The Covenant of Life Opened*, 323.

690   Rutherford, *The Covenant of Life Opened*, 315.

의 사랑을 자주 반복하는 행위는 결혼 언약에 상당한 힘과 확고함을 보충해 준다. 이러한 [사랑의] 행위는 우리의 처음 가입한 상태를 확증한다. 따라서 그리스도를 예수님과 구주로 알고 붙잡는 믿음의 행위를 새롭게 갱신하는 것은 곧 **사랑의 행위를 새롭게 하는 것이다**. **또한 우리의 마음을 주님과 왕이신 그리스도에게 더욱더 연합시키는 행위다**. 그리스도와 나누는 대화가 거의 없다면 이는 곧 혼인 관계의 사랑을 파괴하는 것이다. 좀처럼 만나지 않고 접촉이 뜸해지는 것은 친밀감이 소원해지는 결과를 초래한다.[691]

본장의 서론에서 필자는 루더포드의 죄 죽임과 구속 언약 교리 사이의 연결고리를 탐구할 것이라고 말하였다. 필자가 확인한 바로는 그리스도와의 연합 안에서 두 주제는 서로 유기적으로 연결되어 있다. 이런 측면에서 볼 때, 루더포드가 『생명 언약』의 제2부에서 두 가지를 함께 다룬 것은 이해할 만하다. 또한 필자는 루더포드에게 신자의 죄 죽임과 구속 언약 교리는 모두 삶을 위한 교리였음을 언급하였다. 루더포드는 위의 인용문에서도 이 사실을 잘 드러내 준다. 그에게 있어 그리스도와의 연합은 이론적인 개념에 그치지 않는다. 신자는 "그리스도와 나누는 대화"를 통해 영원에서부터 법적이며 언약적으로 이루어진 그리스도와의 연합을 확인한다. 오늘 그리스도와 누리는 친밀한 교제는 신자로 하여금 죄 죽임을 실천할 수 있는 동기를 부여하고, 이를 지속할 수 있는 힘을 공급한다. 요컨대 그리스도와의 연합은 신자의 죄 죽임과 구속 언약을 연결할 뿐만 아니라 신자로 하여금 이들을 경건을 위한 삶의 교리로 활용하도록 독려한다.

691　Rutherford, *The Covenant of Life Opened*, 351. 강조는 필자의 것이다.

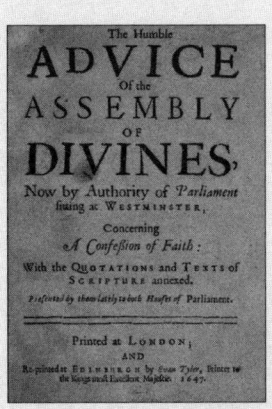

1647년 런던에서 출판된 『웨스트민스터 신앙고백서』의 표지

죄 죽임(Mortification of Sin): 중생한 신자는 그리스도의 죽으심과 부활의 능력으로, 또한 내주하시는 성령님으로 말미암아 거룩하게 하심을 받는다. 신자의 성화는 흔히 죽임(mortification)과 소생(vivification)으로 설명된다. 『웨스트민스터 신앙고백서』는 이 두 가지를 다음과 같이 설명한다. "온몸에 대한 죄의 지배는 파괴되고 이것으로 인한 여러 욕정은 점점 더 약화되며 죽게 된다. 그리고 이들은 모든 구원하는 은혜 안에서 점점 더 살아나고 강해져서 참된 거룩함을 실행할 수 있게 된다."(WFC 13.1) 여기서 죽임은 흔히 "죄 죽임", 곧 "죄에 대하여 죽는 것"(벧전 2:24), 혹은 "땅에 있는 지체를 죽이는 것"(골 3:5)을 의미한다.

제 10 장
17세기 뉴잉글랜드 청교도의 교회 언약 (Church Covenant):
뉴잉글랜드 청교도의 공예배 순서와 신학을 중심으로[692]

1. 들어가며

오늘날 개혁주의의 유산을 이어받은 한국 장로교회가 건전하고 성경적인 공예배 순서의 모델을 찾는 과정에서 17세기 뉴잉글랜드 청교도의 예배와 신학을 검토하는 것은 의미가 있다. 이들은 동시대인들을 위해 성경과 종교개혁의 정신에 부합하는 가장 이상적인 예배 공동체의 모델을 실험적으로 제시하는 것을 일종의 시대적 사명으로 인식했던 사람들이기 때문이다. 그러나 역설적이게도 오늘날의 많은 연구자들은 뉴잉글랜드 청교도의 예배가 일종의 모범적인 모델로서 제시되기에는 부적합하다고 생각한다. 특히 예배음악(악기사용)에 대한 소극적이거나 심지어 부정적인 태도, 매우 긴 시간 동안 일어선 채로 진행되는 공예배

---

[692] 본장은 「신학정론」 30:2(2012): 659-96에 실린 필자의 논문 "17세기 뉴잉글랜드 청교도의 공예배 순서와 신학"을 일부 수정한 것임을 밝힌다.

의 기도, 그리고 종종 한 시간짜리 모래시계를 두세 번씩 뒤집도록 끝나지 않는 긴 설교 등의 요소가 오늘날의 예배 순서로 적용되기에는 비현실적이라는 인식이 널리 퍼져있기 때문이다. 또한 전통적인 예전에 대한 청교도의 지나친 거부반응이 건전하고 의미 있는 틀이나 내용—대표적인 예로 사도신경이나 주기도문의 순서—마저 일소시켜버리고 말았다는 비판도 꾸준히 제기되어왔다. 예를 들어, 윌리엄 맥스웰(William D. Maxwell)은 청교도의 반-예전적 태도로 말미암아 이들의 예배가 일종의 "약식 예배 수준"으로 전락했다고 평가하는가 하면 브라이언 스핑크즈(Bryan D. Spinks)는 이것을 가리켜 "예전의 무정부상태"라고 명명하기도 했다.[693]

한편으론 예배를 신앙과 삶의 심장부에 두면서 또 다른 한편으론 정형화된 예배의 형식을 다소 지나칠 정도로 반대한 뉴잉글랜드 청교도가 선택한 공예배의 순서는 무엇일까? 또한 그것은 어떤 신학적이며 성경적인 기초에 근거한 것일까? 이러한 질문들에 대한 대답을 마련하기 위해 필자가 참고한 사료들의 대표적인 저자들은 다음과 같다. 존 코튼(John Cotton, 1585-1652), 리처드 매더(Richard Mather, 1596-1669), 토머스 후커(Thomas Hooker, 1586-1647), 토머스 쉐퍼드(Thomas Shepard, 1605-1649), 존 노튼(John Norton, 1606-1663), 그리고 토머스 레치포드(Thomas Lechford, 1590-1644) 등이다.[694] 이들은 주로 17세기 중엽에 있었던 영국의 장로교파 청교도와의 교회

693　Bryan D. Spinks, *From the Lord and "the Best Reformed Churches"* (Rome: C.L.V.-Edizioni Liturgiche, 1984), 25; 맥스웰은 제임스 모팻의 평가를 인용한다: "예전에 대한 반동은 예배에 있어서 자유로움과 영적인 면에 대한 지나친 열심에서 비롯된 것이다.…불행스럽게도 장로교회는 한 때 자신들의 예배 유산 중 소중한 요소들을 버러버렸다." William D. Maxwell, 정장복 옮김, 『예배의 발전과 그 형태』(서울: 쿰란출판사, 1998), 176-77.

694　존 코튼의 다음 저작들을 보라. *A Treatise of I. Of Faith…IV. Questions and Answers upon Church-Government* (Boston, 1634, reprint 1713); *The True Constitution of a Particular Visible Church* (London, 1642); *The Doctrine of the Church* (London, 1644); *The Keyes of the Kingdom of Heaven* (London, 1644); *The Way of the Churches of Christ in New England* (London, 1645), 66-70; *The Way of Congregational Churches Cleared* (London, 1648), 61; Richard Mather, *An Apologie of the Churches in New England for Church Covenant* (London, 1643); Mather, *Church Government and Church Covenant Discussed* (London, 1643); Thomas

론 논쟁 과정에서 뉴잉글랜드 (비분리파) 회중교회의 예배에 관한 중요한 정보들을 기록에 남겼다. 특히 코튼의 논문 세 편—"교회론"(*The Doctrine of the Church*, London, 1644); "뉴잉글랜드 그리스도의 교회들의 길"(*The Way of the Churches of Christ in New England*, London, 1645); "회중교회 해제"(*The Way of Congregational Churches Cleared*, London, 1648)—과 후커의 저작인 『교회 치리 강요 개설』(*A Survey of the Sum of Church Discipline*, London, 1648), 그리고 쉐퍼드의 논문(*A Treatise of Liturgies*, London, 1653) 등이 중요하다. 아울러 레치포드는 당시 보스턴 교회의 예배에 직접 참석했던 경험자로서 자신의 저작을 통해 뉴잉글랜드 교회의 예배 모습을 영국에 소개했는데 그 책이 바로 『순전한 교제; 뉴잉글랜드 소식』(*Plaine Dealing; Or, Newes from New England, London*, 1642)이다.

한편, 17세기 뉴잉글랜드 회중교회의 예배 모습을 연구한 19세기 연구자들 가운데는 특히 헨리 덱스터(H. M. Dexter, 1821-1890)와 엘리스 얼(Alice M. Earle, 1851-1911)의 저작들을 참고하였다: H. M. Dexter, 『지난 300년의 모든 자료에서 비췬 회중주의』(*The Congregationalism of the Last Three Hundred Years as Seen in its Literature*, New York, 1880); A. M. Earle, 『뉴잉글랜드의 안식일』(*Sabbath in Puritan New England*, New York, 1891). 오늘날의 연구자들 가운데는 호튼 데이비스(Horton Davies), 패트리샤 콜드웰(Patricia Caldwell), 앨런 칼덴 (Allen Carden), 존 폰 로어(John von Rohr), 해리 스타우

Hooker, *A Survey of the Sum of Church Discipline* (London, 1648); Thomas Shepard, *A Treatise of Liturgies* (London, 1653); Shepard, *Thomas Shephard's Confessions*, edited by George Selement & Bruce C. Woolley (Boston: The Society, 1981); John Norton, *Responsio* (Londoni, 1648), translated by Douglas Horton, *The Answer* (Cambridge: The Belknap Press, 1958); Thomas Lechford, *Plaine Dealing; Or, Newes from New England* (London, 1642); Simeon Ash and William Rathband ed., *A Letter of Many Ministers in Old England* (London, 1643).

트(Harry Stout) 그리고 오덕교 교수 등의 저작들이 큰 도움을 준다.695 그 가운데 특히 데이비스는 뉴잉글랜드뿐만 아니라 영국 청교도의 예전을 면밀하게 분석함을 통해 전자의 독특성을 넓은 시각에서 탁월하게 분석하였다.

위의 사료들과 이차 문헌들의 증언을 통해 필자는 17세기 중엽 뉴잉글랜드 비분리파 회중교회의 예배의 모습을—주일 공예배의 순서를 중심으로—살펴보고자 한다. 이들의 예배 순서에 나타난 주요한 특징들과 그것의 원리를 검토한 후, 뉴잉글랜드 청교도의 예배 신학에 있어 과연 핵심적인 요소는 무엇이며 그것이 예배 순서의 주요 요소들과 어떤 신학적인 관련성을 맺고 있는지를 분석할 것이다. 이를 통해 뉴잉글랜드 청교도 예배의 주요한 특징인 단순성과 그것의 언약신학적 토대가 오늘날 우리에게 시사해 주는 바는 과연 무엇이고 그것의 실천적 함의에는 어떤 것들이 있는지 검토해보고자 한다.

2. 뉴잉글랜드 비분리파 회중교회의 공예배 순서

1) 실례: 보스턴 교회의 공예배[696]

1641년 뉴잉글랜드 보스턴의 주일 아침, 주민들은 집회를 알리는 종소

---

[695] Horton Davies, *The Worship of the American Puritans*, 1629-1730 (New York: Peter Lang,, 1990); Patricia Caldwell, *The Puritan Conversion Narrative* (Cambridge: Cambridge University, 1983); Allen Carden, *Puritan Christianity in America* (Grand Rapids: Baker, 1990); John von Rohr, *The Shaping of American Congregationalism*, 1620-1957 (Cleveland: The Pilgrim, 1992); Harry Stout, "Liturgy, Literacy, and Worship in *Puritan Anglo-America*, 1560-1670" in *By the Vision of Another World*, ed. by J. D. Bratt (Grand Rapids: Eerdmans, 2012), 11-35; 오덕교, "교회사에 나타난 예배," 「성경과 신학」 6(1988): 113-30.

[696] Cotton, A Treatise, 19-28; *The True Constitution of a Particular Visible Church* (London, 1642), 5-8; *The Doctrine of the Church*, 1-14; The Keyes, 17; *The Way of the Churches of Christ*, 66-70; *The Way of Congregational Churches Cleared*, 61; Lechford, *Plaine Dealing*, 43-58; Ash and Rathband ed., *A Letter of Many Ministers*, 1-90; Hooker, *A Survey*, Book III, 28-33; Davies, *The Worship of the American Puritans*, 11-22.

리―얼마 전까지는 북소리였다―를 듣고 가족들과 더불어 마을 중앙에 있는 예배당으로 모여들었다. 예배는 오전 9시에 시작되었다. 예배를 인도하는 목사가 강단에 나와 개회 기도를 인도하는데 보통 15분 정도 걸린다. 기도를 마치면 목사나 교사 중 한 사람이 앞으로 나와 성경의 한 장을 봉독한 후, 회중이 잘 알아들을 수 있도록 말씀을 풀어 설명한다. 성경 주해가 끝나면 치리 장로들 가운데 한 사람이 나와 시편 찬양을 인도한다. 다시 목사가 강단에 서서 약 한두 시간 설교한다. 설교 후에 모든 회중이 시편 찬양을 함께 부른다. 그날의 설교자가 아닌 다른 목사나 교사가 나와 한참 동안―평균 60분에서 90분 정도 길이의[697]―기도를 인도하고 축도함으로 예배를 폐회한다.

두 시에 시작되는 오후 예배의 경우도 오전 예배의 순서와 거의 동일하다. 다만 헌금과 (대상자가 있는 경우) 세례식, 그리고 새로운 회원의 입회 의식과 권징 등이 설교와 축도 사이에 추가되었다. 또한 설교 전후로 설교자가 기도를 했기 때문에 오전 예배에 비해 목사의 기도와 설교가 모두 길어지는 경향이 있었다.[698] 특별한 행사가 없는 경우에도 주일 오전과 오후 예배는 모두 보통 세 시간에서 네 시간 정도 걸렸다. 목회자들―목사와 교사들―은 예배의 사회, 설교, 성경봉독과 해설 그리고 성례 등을 서로 번갈아 담당하는 방식으로 역할을 분담하였다.

한편 보스턴 교회의 경우 한 달에 한 번꼴로 성만찬을 행했다. 집례자 목사와 치리 장로들은 성찬상 앞에 앉았고 회중 역시 각자의 자리에 앉은 채로 예식이 진행되었다. 집례자는 떡을 들고 축사한 후 떡을 떼어 회중을 향해 주님의 말씀을 인용하여 받아먹으라 명한다. 집례자 자신이 먼저 먹고 상 앞에 앉아 있는 장로들에게 나누어 준다. 곧이어 집사들이 나와 상 위에 놓인 떡을 들고 회중에

---

697 E. Hambrick-Stowe, *The Practice of Piety* (Chapel Hill: University of North Carolina, 1982), 104.
698 Davies, *The Worship of the American Puritans*, 133.

게 분병했다. 배잔의 경우도 동일한 순서로 진행되었다. 성찬이 끝나면 감사의 시편 찬송을 함께 부르고 목사의 축도로 모든 예배 순서를 마쳤다.

지금까지 살펴본 내용에 근거해 볼 때, 보스턴 교회에서 이루어진 주일 예배의 기본적인 순서는 다음과 같다.

〈보스턴 교회의 주일 공예배 순서(1641년)〉
개회기도
성경 봉독과 해설
시편 찬송
설교
시편 찬송
기도
헌금/세례/회원 입회식[오후예배]
성만찬[한 달에 한 번씩]
축도

주로 레치포드의 증언에 기초하여 작성된 이와 같은 순서는 일찍이 1634년에 존 코튼이 작성한 『교회 정부 형태에 대한 질의 문답서』에 기록된 공예배 순서와도 잘 부합한다. 코튼은 1633년과 1652년 사이에 보스턴 교회를 교사로 섬겼다. 한 가지 흥미로운 것은 코튼이 추천한 공예배 순서에는 설교 후 회중 가운데 몇 사람의 예언—주로 장로들 가운데 성경을 해석할 수 있는 자가 담당—과 설교에 대한 질의나 권면의 순서가 추가되어 있다는 사실이다.[699] 약 7년 후 같은

---

699 여자의 경우 질문하는 것이 허락되지 않았다. 이처럼 코튼이 예언과 질의를 예배의 순서에 삽입한 것은, 오덕교 교수가

교회의 예배를 참석한 레치포드가 이에 대한 언급을 하지 않을 것을 미루어볼 때, 예언과 질의, 그리고 권면 등의 순서는 초기에는 시행되었으나 얼마 지나지 않아 공예배 순서에서 점차 사라지게 된 것으로 생각된다.[700] 이러한 변화를 제외하면 뉴잉글랜드 다른 지역의 교회들도 보스턴 교회와 크게 다르지 않은 예배 순서를 따랐을 것이라고 레치포드와 데이비스는 판단한다.[701]

2) 보스턴 교회 공예배의 특징

보스턴 교회 공예배 순서가 보여주는 가장 큰 특징은 무엇보다 간결성 혹은 단순성에 있다. 이것은 같은 시기 가톨릭과 영국 국교회의 예배 의식은 물론 심지어 같은 개혁파 신앙을 고백하는 영국 청교도의 예배 순서와 비교할 때도 잘 드러나는 특징이다. 다음은 17세기 중엽 영국과 스코틀랜드 그리고 뉴잉글랜드의 주요 교회들에서 이루어진 전형적인 주일 오전 공예배 순서—성만찬의 세부 순서들을 제외한 "말씀의 예전"—를 간략하게 비교해 놓은 도표다.

옳게 지적하듯이, 그것이 성경에 기록된 신약 교회의 예배순서에 포함되어 있었다고 판단했기 때문이다. 예를 들어 코튼은 골로새서 3:16, 고린도전서 14:29, 34-35 등의 구절들을 인용한다. Cotton, *Questions and Answers*, 26; 오덕교, "교회사에 나타난 예배," 120-121.

[700] 코튼의 『교회 정부 형태에 대한 질의 문답서』는 1644년에 출판된 그의 『교회론』(*The Doctrine of the Church*, 1644)에 그 전문이 실려 있다. 예언과 질의응답과 관련하여 후자의 문서에는 "만일 시간이 허락한다면"이라는 어구가 새롭게 삽입되어 있다. 이 같은 사실로 미루어볼 때, 아마도 공예배가 지나치게 길어지는 현상을 방지하기 위해 위와 같은 순서를 점차 빼버린 것이 아닌가 생각된다. Cotton, *The Doctrine of the Church*, 6.

[701] Davies, *The Worship of the American Puritans*, 16.

⟨17세기 중엽 영국과 뉴잉글랜드 교회의 공예배 순서 비교: "말씀의 예전" 중심으로⟩[702]

영국과 스코틀랜드			뉴잉글랜드
영국 국교회	웨스트민스터/ 스코틀랜드 『공중예배규범』(1644)	리처드 백스터의 『예전의 개혁』(1644)	보스턴 교회 (비분리파 회중교회)
입당송: 시편 주기도문 성결을 위한 기도 입당송 반복 키리에(자비송) 글로리아(영광송) 인사 및 본 기도 왕을 위한 기도 서신서 봉독 복음서 봉독 니케아 신조 설교 [성만찬 예전] 성경: 말씀 또는 노래로 인사와 감사기도 평화의 인사 축도	예배의 부름 기원: 경외, 간구, 조명 시편 찬송 구약 봉독 (1장) (시편 찬송) 신약 봉독 (1장) (시편 찬송) 고백과 중보의 기도 설교 기도 주기도문 [성만찬 예전] 성찬 후 권면과 기도 시편 찬송 축도	기원 신조 낭독[703] 십계명 낭독 성구 낭독: 회개를 준비 죄의 고백과 사죄기도 주기도문 사죄의 말씀과 권면 시편찬송 구약봉독 (1장) 시편찬송 신약봉독 (1장) 왕과 위정자를 위한 기도 찬송[704] 중보기도 설교 중보기도 [성만찬 예전] 성찬 후 기도와 권면 시편찬송 축도	개회기도 성경 봉독과 해설 시편 찬송 설교 시편 찬송 기도 [성만찬 예전] 성찬 후 시편 찬송 축도

보스턴 교회의 공예배 순서가 비교적 짧고 단순하다는 사실은 17세기 예전 뿐만 아니라 오늘날의 개혁교회들을 위해 D. G. 하트와 John R. 뮤터가 제안하는 예배 순서와 비교할 때도 잘 부각된다.[705]

702　Maxwell, 『예배의 발전과 그 형태』, 162-204; Horton Davies, *The Worship of the English Puritans* (Morgan: Soli Deo Gloria, 1997), 263.
703　사도신경, 니케아 신경, 아타나시우스 신경 가운데 하나를 목사가 낭독한다.
704　시편송이나 베네딕투스 혹은 마리아의 찬미
705　D. G. Hart & John R. Muether, 김상구 외 옮김, 『개혁주의 예배신학』(서울: P&R, 2009), 112-16. 위와 같은 순서는 "죄-은혜-감사의 구조"이며 칼뱅 이후 개혁주의 예배를 특징짓는 예전의 기본적 구조라고 저자들은 주장한다.

예배로의 부름

기원과 찬양의 기도

시편 혹은 찬양의 찬송

신앙고백

영광송

십계명 봉독

죄의 고백

사죄의 확신 (선언)

시편 혹은 감사의 찬송

조명을 위한 기도

성경봉독

설교

중보기도

[성만찬]

봉헌기도

헌금

마지막 찬송

축도

    그렇다면 보스턴 교회가 대변하는 뉴잉글랜드 청교도 예배 의식의 간결성 혹은 단순성은 과연 무엇에 근거하고 있을까? 크게 두 가지 원리를 생각해 볼 수 있다. 첫째는 "오직 성경"(*sola scriptura*)의 원리다. 특히 예배 규례에 이 원칙을 적용함에 있어 뉴잉글랜드 청교도 지도자들은 유연성을 발휘하지 않았다. 오히려 성경에 명시적으로 규정되어 있지 않은 모든 요소들을 찾아 제거하기 위해 노력했다.[706] 코튼은 공예배에 "하나님의 책" 이외의 그 어떠한 책을 끌어들이는 것을 "불법"으로 규정하였고 노튼은 인간의 발명품은 모두 헛되다고 주장했다.[707] 인크리즈 매더(Increase Mather, 1639-1723)는 이렇게 말한다 "성경이 보증하고 있지 않은 그 어떠한 요소도 결코 하나님을 예배하는 일에 허락될 수 없다. 반면 주께서 제정하신 모든 것에 대해서는 그 어떠한 요소도 소홀히 하지 않도록 주의해야 한다."[708] 이들에게 찬양, 기도, 말씀 그리고 세례와 성만찬을 제외한 다른 요소들은 자칫 성경보다는 사람의 전통에 의해 도입된 불필요한 요소들로 간주될 수 있었다.

그런데 여기서 한 가지 기억할 사실이 있다. 소위 "성경이 보증하는" 가장 기본적인 요소들로 예배 순서를 간소화했다고 해서 공예배 시간 역시 짧아진 것은 결코 아니라는 사실이다. 오히려 다른 지역의 예배에 비해 뉴잉글랜드의 주일 예배는 더욱 길게 진행되었다. 이것은 오직 성경의 원리에 기초한 간결한 예전이 오히려 기도 및 "거룩한 설교"에 대한 집중도를 더욱 가중시키는 역할을 했음을 잘 말해준다.[709] 비단 예전뿐만 아니었다. 예배당 역시 말씀 중심의 예배를 위해 모든 면에서 단순하게 개조되었다. 이들은 교회 건물을 가리켜 성전—천주교의 제사로서의 미사를 연상케 하는 표현—대신 "만남의 집"(meeting house)이라고 불렀다. 거의 모든 예배당은 직사각형의 단순한 구조였으며 회중과 성직자의 공간을 따로 분리하는 구조물은 처음부터 설치되지 않았다. 예배당 안에는 각종 형상, 조각상, 성화 등을 두지 않았음은 물론이다. 예배당의 벽

---

706 Carden, *Puritan Christianity in America*, 116.

707 Cotton, *A Modest and Cleare Answer to Mr. Balls Discourse of Set formes of Prayer* (London: R.O. and G.D., 1642), 5; Norton, *The Answer*, 145.

708 Increase Mather, *A Call from Heaven* (Boston, 1679), 90.

709 Alice M. Earle, *Sabbath in Puritan New England* (New York: Scribner's, 1891, reprint 2008), 48-52; J. S. McGee, *The Godly Man in Stuart England* (New Haven: Yale University, 1976), 9; Davies, *The Worship of the American Puritans*, 17, 43.

은 하얀색으로 칠했다. 예배음악도 단순화하기 위해 예배당 안에서 오르간을 치우고 회중이 함께 부르는 단조로운 운율의 시편 찬송을 도입했다. 리랜드 라이컨 (Leland Ryken)에 따르면 이 모든 노력은 "말씀 중심의 예배"를 지향하고 있었다.[710]

한편 해리 스타우트(Harry Stout)은 이러한 공예배 순서의 단순성을 제대로 이해하기 위해서는 당시 뉴잉글랜드 청교도가 전통적인 듣고 보는 것 중심의 문화로부터 벗어나 글자 그대로 "책[성경]의 사람들"로 변화된 역사적 정황을 고려해야 한다고 주장한다. 케니스 로크리지(Kenneth Lockridge)의 연구에 따르면 뉴잉글랜드로 건너온 청교도의 다수는 읽고 쓸 줄 아는 능력을 갖추고 있었다.[711] 이처럼 낮은 문맹률은 이들이 전통적인 예배와 예전에 대한 새로운 시각을 형성할 수 있게 된 배경을 제공한다. 일찍이 문맹률이 높았던 전통적 종교 문화 속에서는 예전이나 의식을 통해 기독교의 정체성이 규정되었다. 그런데 종교개혁의 "오직 성경" 원리와 더불어 성경이 널리 보급되면서 문맹률이 현저하게 떨어지자 이제는 말씀에 대한 바른 지식—혹은 교리—이 기독교인을 드러내 주는 제1지표가 되었다. 한때 회중은 정형화된 예전의 틀을 통해 기독교의 진리를 이해하였다. 그러나 이제는 스스로 성경을 읽고 보이지 않는 진리의 세계를 이해할 수 있게 되었다. 따라서 회중은 더 이상 복잡하고 정교하게 짜인 예전을 통해 복음의 진리를 가시적인 방식으로 교육받을 필요성을 상대적으로 덜 느끼게 되었다고 스타우트는 주장한다. 한편 칼뱅의 제네바 성경(Geneva Bible)이 초기 뉴잉글랜드의 거의 모든 가정에 보급되었다. 이러한 이유에서 그것은 최초의 "대중 성경"이 될 수 있었다. 스타우트에 따르면, 뉴잉글랜드 청교도가 전통

---

710   Leland Ryken, 『청교도: 이 세상의 성자들』, 김성웅 역 (서울: 생명의말씀사, 1995), 240-51; Earle, *Sabbath in Puritan New England*, 1-11.

711   Kenneth Lockridge, *Literacy in Colonial New England* (New York: Norton, 1974), 72-101.

적인 예전과 공동 기도문을 예배 순서로부터 과감하게 삭제할 수 있었던 배경에는 뉴잉글랜드 신자들의 손에 이미 제네바 성경이 있었기 때문이었다. 앞서 스핑크즈가 언급한 "예전의 무정부상태"는 실제로 예배의 무정부상태를 초래하지 않았다. 그 이유는 예배에 참석하는 청교도 회중의 머리 안에 일찍이 예전의 표지가 가리키고 있는 진리에 대한 더욱 확실한 지식이 이미 자리 잡고 있었기 때문이었다.[712]

둘째, 말씀과 기도 중심의 간결한 예배 의식은 청교도 신앙이 표현하고 있는 "마음 종교"(Heart-Religion)의 특징을 잘 드러낸다. 이들이 가톨릭이나 정교회의 전통적인 예전을 배격하고 간결한 예배 순서를 채택한 중요한 이유들 가운데 하나는 무엇보다 정형화된 틀이나 형식에 따른 예배가 회중의 "마음"으로부터 자발적으로 우러나오는 진정한 영적 예배에 도움이 되지 못한다는 확신 때문이었다.[713] 청교도 예배의 특징에 대해 오덕교 교수는 리처드 십스(Richard Sibbes, 1575-1633)의 말을 인용하며 다음과 같이 요약한다.

- ◆ 청교도들에게 신약 시대의 예배는 신령과 진정으로 드리는 예배를 의미하였다. 곧 신령한 예배는 의식이나 형식에 의하여 드려지는 예배가 아니요, 모형과 형상을 통하여 드려지는 예배도 아니라, 오직 믿음과 마음에서 우러난 예배라고 이해하였다. 왜냐하면 신령한 예배는 "우리의 마음과 영혼으로 드리는 예배이기 때문이다."[714]

---

712 Stout, "Liturgy, Literacy, and Worship," 11-35; Stout, "Word and Order in Colonial New England," in *The Bible in America*, ed. N. O. Hatch & M. A. Noll (Oxford: Oxford University Press, 1982): 19-38.
713 정확히 같은 이유에서 이들은 주기도문마저 공예배의 순서로부터 제하였다. 다 함께 주기도문을 반복하는 것이 자칫 무의미한 입술만의 고백이 될 수 있다는 우려 때문이었다. 기도는 무엇보다 마음으로부터 우러나오는 고백이어야만 했다. von Rohr, *The Shaping of American Congregationalism*, 45-46.
714 오덕교, "교회사에 나타난 예배," 116; Richard Sibbes, *Works of Richard Sibbes*, vol.5 (Edinburgh: The Banner of Truth Trust, 1978), 71.

요컨대 설교와 기도를 비롯한 공예배의 모든 순서는 한결같이 예배자의 "마음"에 초점을 맞추어 진행되었다.[715] 예를 들어, 청교도는 "평이한 설교"(plain style)를 추구했다. 평이한 설교가 목표하는 것은 무지한 자들로 하여금 하나님의 말씀을 쉽게 이해하도록 만듦으로써 이들의 죽은 마음을 살려내는 데 있었다. 설교의 목표는 단순한 지적 확신보다는 말씀과 성령의 능력으로 회중의 심령을 변화시키는 데 있었던 것이다.[716] 공기도의 경우도 마찬가지였다. 미리 정해진 기도문을 읽는 것보다 자유로운 형식의 기도를 선택한 이유도—또한 짧은 기도보다는 긴 기도를 선호한 까닭도—기도란 마음으로부터 흘러나오는 애정의 표현이라는 인식 때문이었다. 코튼은 미리 정해진 기도문 대신에 자유롭고 즉석에서 드리는 기도를 옹호하는 소책자의 첫 페이지에서 기도를 하나님께 올리는 "마음의 열망"이라고 정의했다.[717] 마찬가지로 쉐퍼드 목사 역시 기도를 "애정"의 표현으로 이해한다.

> ◆ 요리문답이나 신앙고백서의 경우는 그 성격상 일정한 형식과 제한된 틀이 필요하다. 그러나 공기도의 경우는—잘못을 방지하기 위해 넓은 의미에서 적당한 형식과 질서에 따르도록 요구할 수는 있지만—본질적으로 그 어떠한 고정된 틀을 요구하지 않는다. 왜냐하면 하나님은 [공]기도를 통해 우리가 믿어야 하는 새로운 사항이나 어떤 교의가 아닌 새로운 애정(affection)에 관한 문제들을 날마다 주시기 때문이다.[718]

---

715 Carden, *Puritan Christianity in America*, 117; von Rohr, *The Shaping of American Congregationalism*, 45.
716 von Rohr, *The Shaping of American Congregationalism*, 43; Davies, *The Worship of the American Puritans*, 79, 91.
717 Norton, *The Answer*, 155; Cotton, *A Modest and Cleare Answer*, 1, 14.
718 Shepard, *A Treatise of Liturgies*, 35.

이처럼 기도를 마음으로부터 우러나는 사랑의 표현으로 인식한 쉐퍼드 목사에게 있어 짧은 기도가 "애정의 결핍"으로 간주된 사실과 또한 이 때문에 기도를 줄이기보다는 오히려 더욱 늘리고자 원했던 그의 시도는 어떤 의미에서는 매우 자연스러운 반응이었다.[719]

지금까지 필자는 뉴잉글랜드 청교도의 간결하고 단순한 예배 순서가 청교도 신앙의 일반적인 두 가지 특징, 곧 "오직 성경"의 원리와 "마음의 종교"를 잘 반영하고 있다는 사실에 대해 살펴보았다. 그렇다면 말씀과 마음의 예배에 대한 뉴잉글랜드 청교도의 특별한 관심은 과연 어떤 (성경)신학적 토대에 뿌리를 내리고 있는 것일까?

3. 예배 신학으로서의 교회 언약

호튼 데이비스에 따르면 뉴잉글랜드 청교도 예배의 신학적 토대는 곧 언약 신학이다. 1643년에 이르러 청교도의 언약신학은 『웨스트민스터 신앙고백서』로 공식화되었다. 또한 이듬해 작성된 웨스트민스터 예배 모범은 웨스트민스터 총회에 참석한 장로교파와 독립파 모두의 예배 신학을 대변한다. 한편 뉴잉글랜드로 건너온 청교도는 "교회 언약"(church covenant)을 도입하고 예배 공동체의 구성원에 대한 매우 엄격한 기준을 적용하였다. 이들에게 있어 교회란 "구원 얻는 믿음"을 고백하는 사람들이 모여 하나님을 예배하고 서로를 돌아보며 모든 거룩한 규례들—말씀과 성례 그리고 권징 등을 포함—을 행하기로 엄숙히 (교회) 언약을 맺은 자들의 자발적인 공동체를 의미했다. 이것은 일찍이 칼뱅이 제

---

719 Michael McGiffiert ed., *God's Plot* (Mass.: University of Massachusetts, 1994), 187.

시한 교회의 정의와는 사뭇 다르다고 데이비스는 주장한다.[720]

◆ 칼뱅은 복음이 선포되고 세례와 성만찬의 성례가 베풀어지며 거룩한 권징이 행해지는 곳에는 교회가 존재한다고 정의했다. 청교도는 여기로부터 한 걸음 더 나아가 매우 엄격한 규정을 요구한다. 곧 교회는 반드시 눈에 보이는 성도들(visible saints)로만 구성되어야 한다는 것이다. 과거의 신학자들은 말하길 오직 하나님만이 사람의 마음을 아시기에 [참] 교회는 눈에 보이지 않게 마련이다. 그러나 청교도는 [사람 마음속의] 동기를 헤아려보기로 했다. 에드먼드 모건(Edmund S. Morgan)이 설득력 있게 보여주었듯이, 교회 회원권을 얻고자 하는 모든 후보자들에게 구원 얻는 믿음의 시험을 요구하는 관행은 매사추세츠의 비분리파 청교도로부터 시작하여 플리머스, 코네티컷, 뉴헤이븐의 지역 공동체로 퍼져나갔으며 마침내 영국으로까지 전해지게 되었다. 성도의 [보이지 않는] 자격은 반드시 가시화되어야만 했던 것이다.

이처럼 데이비스는 청교도 예배 신학의 핵심을 언약신학으로 파악하고 특별히 뉴잉글랜드의 차별화된 특징을 교회 언약에서 발견하였다. 이것이 일면 통찰력 있는 관찰임에 틀림없다. 그럼에도 데이비스의 주장은 몇 가지 측면에서 중요한 문제점들을 노출하였다. 첫째, 청교도 언약신학에 대한 그의 견해는 소위 "칼뱅주의자들에게 대항하는 칼뱅"(Calvin against the Calvinists)의 테제에 기초하고 있다. 일찍이 바질 홀(Basil Hall), R. T. 켄달(Kendall), J. B. 토랜스(Torrance) 그리고 페리 밀러(Perry Miller) 등이 주장한 이 테제에 따르면 칼

720　Davies, *The Worship of the American Puritans*, 23-31. 아래 인용문은 31쪽을 보라.

뱅의 예정론은 일종의 결정론이며 이에 대한 반발 내지 대안으로서 등장한 것이 바로 청교도의 언약신학이라는 것이다. 밀러의 다소 극단적인 표현을 피하면서도 데이비스는 기본적으로 이들의 시각에 동의한다.[721] 그러나 한 가지 기억할 사실이 있다. 지난 한 세대 동안 칼뱅과 그의 후예들 사이에 급격한 단절이 존재한다고 가정한 이 테제는 폴 헬름(Paul Helm), 로저 니콜(Roger Nicole), 피터 릴백(Peter A. Lillback), 라일 비에르마(Lyle D. Bierma), 칼 트루먼(Carl R. Trueman), 빌렘 반 아셀트(Willem van Asselt), 그리고 리처드 A. 멀러(Richard A. Muller) 등의 학자들에 의해 지속적인 비판과 도전을 받아왔다. 이들이 수행한 보다 균형 잡힌 연구에 따르면 칼뱅의 신학과 청교도의 언약신학이 각각 제시하는 복음에는 본질적인 차이가 존재하지 않는다.

둘째, 데이비스는 영국 청교도의 언약신학과 뉴잉글랜드의 교회 언약 사이의 연속성과 비연속성 문제를 다루지 않는다. 특히 1630년대부터 약 한 세대 동안 영국의 장로교파 청교도와 뉴잉글랜드의 (비분리주의) 회중주의파 청교도 사이에 치열하게 진행된 교회론 논쟁을 간과한다. 그 결과, 후자의 교회 언약에 대한 데이비스의 묘사가 사실상 뉴잉글랜드 청교도 당사자의 목소리보다는 오히려 교회 언약에 대한 비판자들의 시각과 진술에 크게 기초하고 있다는 사실을 미처 인식하지 못한다. 후자에 따르면, 교회 언약은 지상교회를 보이지 않는 천상교회의 실재에 최대한 근접시키고자 하는 시도였고, "보이는 성도"란 **실제로** 거듭난 성도를 의미했으며, 따라서 "구원 얻는 믿음"에 관한 간증을 도입한 이유도 (말 그대로) 실제로 구원을 받은 사람을 가려내기 위한 일종의 자격심사

---

[721] "칼뱅주의자들에게 대항하는 칼뱅" 테제와 저작들에 대해서는 본서의 제1장을 참고하라. 데이비스는 노먼 페팃(Norman Pettit)의 말을 인용하며 페리 밀러의 부적절한 표현—약속이행을 꺼려하는 듯한 하나님에 대한 묘사—을 수정한다. 그러나 노먼 역시 칼뱅과 칼뱅주의자들 사이의 단절성이 존재한다고 믿는 학자들 가운데 하나다. Davies, *The Worship of the American Puritans*, 31.

와 같은 것이었다. 그러나 이것들은 사실상 분리주의자들의 교회론과 이들의 교회 언약에 해당하는 것이었고 비분리파 회중교회의 공식적인 입장과는 무관한 것이었다. 오히려 존 코튼, 리처드 매더, 토머스 후커, 존 데번포트 그리고 존 노튼 등과 같은 뉴잉글랜드 비분리파 회중교회의 지도자들은 자신들의 교회 언약이 분리주의자들의 교회론과는 전혀 무관하다는 사실을 한목소리로 주장하고 있었다.[722]

셋째, 데이비스는 청교도의 언약신학과 특히 뉴잉글랜드의 교회 언약이 주로 예배 공동체의 구성원에 관한 기초를 제공하고 있음에 크게 주목하는 반면 교회 언약에 대한 정의나 그것이 예배 순서의 다른 요소들—설교와 기도 그리고 성만찬 등—에는 구체적으로 어떤 의미에서 신학적 토대를 제공하는지 면밀하게 분석하지 않는다.[723] 필자가 연구한 바에 따르면 교회 언약은 다음과 같이 폭넓게 정의될 수 있다.

첫째, 문서로서의 교회 언약이다. 보통의 경우 뉴잉글랜드 회중교회들의 교회 장부(church record book)의 첫 번째 페이지에 등장한다. 교회 공동체의 설립 취지를 서술하고 설립회원들의 신앙고백과 서약 그리고 서명 등이 기록되어

---

[722] 이에 관한 데이비스의 묘사는 주로 페리 밀러의 견해를 무비판적으로 수용한 결과다. 이 주제를 다룬 연구서들로는 다음을 참고하라. 안상혁, "뉴잉글랜드 청교도의 교회 언약과 절반 언약의 성격," 151-182; "Covenant in Conflict"의 제2장; Caldwell, *The Puritan Conversion Narrative*. 콜드웰은 "구원 얻는 믿음"에 관한 간증이 전통적으로 행해지던 "외면적인 (신앙) 고백의 또 다른 형태"에 불과했음을 입증하는 스턴과 브로너의 연구를 인용한다. R. P. Stearns & D. Brawner. "New England Church 'Relations' and Continuity in Early Congregational History," *Proceedings of the American Antiquarian Society* 75 (April 1965): 13-45. 한편 이 의식이 뉴잉글랜드의 회중교회에 새롭게 도입된 이유에 관해서 그녀는 교회 회원권이 일종의 "구원의 확신"의 수단으로 활용되었음을 주장한다. 특히 베어드 팁슨(Baird Tipson)의 연구를 인용하면서 패트리샤는 당시 뉴잉글랜드 청교도의 역사적 정황에 주목한다. 신대륙으로 건너온 청교도에는 더 이상 탄압하는 정권이 없게 되었고 따라서 이를 피해 도피하는 행위 자체가 구원의 확신의 징표로 인정받는 기존의 상황이 종료되었다. 바로 이때부터 이들이 도입한 교회 회원권—특히 구원 얻는 믿음에 대한 개인적 신앙고백—에 이러한 기능이 부여된 것이다. 팁슨에 따르면 영국 본토에서도 비슷한 상황이 연출되었을 때 뉴잉글랜드의 교회회원 자격심사와 유사한 행태가 도입되었다. 콜드웰은 이러한 팁슨의 주장—구원의 확신에 대한 필요에 대한 교회의 응답으로서의 교회 회원권—이 모건의 배제주의적 접근이나 스턴의 포용주의적 해석보다 좀 더 설득력 있는 해석이라고 주장한다. Caldwell, *The Puritan Conversion Narrative*, 81-116; Baird Tipson, "Invisible Saints," *Church History* 44 (December 1975): 460-71.

[723] 데이비스의 저서, *The Worship of the American Puritans*에서 예배신학을 다룬 제3장(pp. 23-49)은 교회 언약과 교회 회원권에 관한 내용을 다루는 데 대부분의 지면을 할애한다.

있다. 둘째, 예식으로서의 교회 언약이다. 보통 지교회를 처음 설립하거나 새로운 신자들에게 교회의 정회원권을 부여할 때 치르는 예식이다. 이 예식을 통해 모든 참가자는 교회 회원의 특권과 의무를 숙지하게 된다. 특별히 교회의 정회원권을 처음 얻는 신자들에게는 회중 앞에서 공적인 신앙고백과 더불어 개인의 짧은 간증을—주로 회심 체험과 관련하여—진술하도록 요구되었다. 셋째, 교의(doctrine)로서의 교회 언약이다. 17세기 중엽의 교회론 논쟁에서 주로 뉴잉글랜드 (비분리주의) 회중교회 지도자들—존 코튼, 리처드 매더, 그리고 토머스 후커 등—이 크게 강조한 측면이다. 흔히 은혜 언약과의 관련성—특히 교회론적 함의와 관련하여—을 중심으로 광범위하게 논의되었다.[724]

토머스 후커는 이러한 교회 언약이 설교와 성례를 포함하는 모든 교회의 규례들(church ordinances)에 매우 특별한 의미를 부여한다고 설명한다. 먼저 그는 일반적 의미에서의 "성도의 행위"(Christian action)와 언약이라는 특별한 관계 속에서 이루어지는 "교회의 행위"(church action)를 구분한다. 모든 성도는 자기가 소속되어 있는 지교회를 떠나 다른 아무 교회—참 교회라는 전제하에—의 예배에 참석하여 말씀을 듣고 성례에 참여할 수 있다. 이것은 보이는 교회의 성도에게 보편적으로 보장된 특권이다. 따라서 모든 신자는 소위 "성도의 행위"에 근거하여 이러한 특권을 누린다. 한편 동일한 성도가 이번엔 자신이 소속된—회원의 자격으로—지교회의 예배에 참여하여 말씀과 성례의 특권을 누릴 경우 후커는 이것이 "교회의 행위"에 근거한 특권이라고 부르며 따로 구분한다. 그에 따르면, 교회의 행위는 교회 언약으로부터 흘러나온다. 각 성도는 교회 언약을 통해 지교회의 회원이 되기 때문에 본인이 소속된 예배 공동체의 규례

---

[724] 교회 언약의 세 가지 정의와 관련하여 다음을 참고하라. Sang Hyuck Ahn, "Covenant in Conflict: The Controversy over the Church Covenant between Samuel Rutherford and Thomas Hooker" (Ph.D. diss., Calvin Theological Seminary, 2011), 15-31.

들에 참여할 때에야 비로소, 성도의 행위는 지교회와 맺은 특별한 언약 관계 안에서 이루어지는 "교회의 행위"가 되는 것이다.⁷²⁵ 그렇다면 소위 "교회의 행위"로서 이루어지는 설교와 기도 그리고 성만찬 등의 규례들은 뉴잉글랜드 (비분리파 회중교회) 청교도의 예배에 과연 어떤 특별한 의미를 부여하였을까?

1) 교회 언약과 설교

무엇보다 교회 언약은 회중이 공예배에 참여하여 설교, 찬양, 기도 그리고 성만찬의 복을 누리는 것을 일종의 특권으로서 인식하도록 만들었다. 흥미로운 것은 당시 뉴잉글랜드 교회의 긴 설교가 오히려 회중의 권리로서 당연시되었다는 사실이다. 엘리스 얼은 다음과 같이 주장한다.

> ◆ 초기 교회의 회원들은 이처럼 긴 설교와 예언을 결코 싫어하지 않았다. 오히려 이들은 짧은 설교를 신앙 없고 불경건하다고 생각했을 뿐만 아니라 그것은 마치 자신들이 돈을 지불하고 마땅히 받아야 할 정당한 대가를 제대로 받지 못하는 것이라고 생각했다.⋯설교가들이 직면해야 했던 문제나 반대들을 기록한 성직자와 일반 신도의 모든 문헌자료와 일기들 안에서 지금까지 나는 지나치게 긴 기도나 설교에 대한 단 한 건의 불평이나 비판에 관한 기록도 발견하지 못했다.⁷²⁶

물론 비판까지는 아니라 할지라도 뉴잉글랜드를 방문한 사람들 가운데 몇

---

725 Hooker, *A Survey*, 288-296, part III, 10.
726 Earle, *Sabbath in Puritan New England*, 50.

사람들은 예상을 초월할 정도의 긴 설교와 기도에 놀랐다는 식의 반응을 기록으로 남기기도 했다.[727] 그러나 이러한 사례들을 제외하고는 적어도 초기 예배 공동체에 대한 엘리스 얼의 묘사는 지나친 과장이 아닌 듯하다. 스타우트에 따르면 전통적인 예전을 거부하고 말씀 중심의 예배를 정착시킨 주인공은 어떤 의미에서는 일반 신도 회중이었다. 특히 제네바 성경의 보급과 더불어 회중은 그들의 목사들에게 하나님의 말씀을 "이들이 이해할 수 있는 방식으로" 더욱 상세하면서도 좀 더 체계적으로 설명해줄 것을 요구하고 있었다.[728] 결국 청교도 설교의 대표적인 특징이라고 말할 수 있는 평이한 형식의 주해 혹은 강해 설교도 회중의 필요와 요구에 대한 반응이라고 말할 수 있다.

실제로 레치폴드의 증언에 따르면 말씀에 대한 회중의 적극적인 태도는 공예배가 이루어지는 주일 이전부터 목격되었다. 보스턴 교회의 교인들은 매주 목요일에 교회에 와서 코튼의 성경 강해에 참석하였다. 이 외에도 교회는 성경을 배울 수 있는 많은 기회를 제공하고 있었다. 다수의 성도는 평균 2-3회 정도 주중에 열린 집회에 참석하여 성경 강해나 설교를 들었다고 코튼은 증언한다. 때로는 이것이 일상생활에 큰 지장을 초래할 정도였기 때문에 관료들과 목회자들이 특별한 회합을 열어 교회의 모임 회수와 시간을 제한할 필요성을 논의했을 정도였다.[729] 이윽고 토요일 저녁이 되면 각 가정에서 주일 예배를 위한 본격적인 준비가 이루어진다. 특히 부모들은 지교회 목회자의 지도 아래서 자녀들에게 교리 교육을 시행했다. 다음 날 오전, 자녀들은 주일 오전 예배에 참석하여 설교에 집중해야 했다. 왜냐하면 그날 저녁 가장이 설교의 요점에 대해 질문할 때 잘

---

727 예를 들어, 네덜란드 경건주의 일파인 라바디스트(Labadist)의 한 사람이었던 야스퍼 당카에르츠는 1680년 보스턴 교회를 방문한 뒤 "한 목사는 강단에 나와 두 시간 동안 기도를 인도했다."라고 말하고 오후 예배 역시 서너 시간이나 소요되었다고 증언한다. Davies, *The Worship of the American Puritans*, 17-18.

728 Stout, "Liturgy, Literacy, and Worship," 26-27.

729 Lechford, *Plaine Dealing*, 51-52; Cotton, *The Way of the Churches*, 70.

대답해야만 했기 때문이었다.[730] 한편 설교 시간에 적지 않은 수의 성도는 목사의 설교를 요약하였다. 예를 들어, 코네티컷 윈저(Windsor, Connecticut) 회중교회의 성도였던 매튜 그랜트(Matthew Grant, 1601-1681) 집사는 토머스 후커 목사의 1638년 10월 4일 추수감사주일 설교와 1647년 6월 20일 주일 설교를 그의 일기에 나름대로 요약하여 기록하였는데 그 분량이 각각 31쪽과 11쪽에 달하였다.[731] 또한 설교가 마친 후에는 회중 가운데 은사가 있는 자들은 공적인 예언[성경 해석]의 순서에 참여할 수 있었고, 예배에 참여한 모든 남자 회원은 그 날의 설교에 대해 질문을 하거나 받은 은혜를 나누는 방식으로 (넓은 의미에서) 설교에 참여하였다.[732] 이처럼 말씀 중심의 예배에 대한 회중의 적극적인 태도는 매우 인상적이다.

매튜 그랜트 집사의 설교 노트(1647년 6월 20일 설교)

---

730   Earle, *Sabbath in Puritan New England*, 109-110; Davies, *The Worship of the American Puritans*, 14.
731   설교 노트의 전문은 Matthew Grant Diary (1637-54)와 조지 워커의 저서 부록 편에 실려 있다: Matthew Grant, Matthew Grant Diary (1637-54), *Connecticut State Library. State Archives*, RG 000 Classified Archives, 974.62 W76gra; George L. Walker, *History of the First Church in Hartford*, 1633-1883 (Hartford: Brown & Gross, 1884), 429-34. 필자가 관찰한 바에 따르면, 후커의 설교는 존 폰 로어가 정리한 청교도 설교의 세 가지 기본적인 구성요소—첫째, 텍스트에 대한 기본적인 주해와 배경 설명, 둘째, 교리 해설, 셋째, 삶으로의 적용—에 잘 부합한다. von Rohr, *The Shaping of American Congregationalism*, 44.
732   von Rohr, *The Shaping of American Congregationalism*, 45.

그런데 이에 못지않게 목사들 역시 남다른 열정으로 설교를 준비하고 회중에게 성경을 가르쳤다. 무엇보다 뉴잉글랜드 회중교회의 대표적인 특징인 길고 잦은 설교 및 성경강해가 이들의 열심을 증거한다. 예를 들어, 존 코튼은 보스턴 교회를 섬긴 19년 동안 주해 및 강해 설교의 방식으로 구약과 신약의 전체 책들을 일정한 순서에 따라 매우 성실하고 철저하게 강해하였다.[733] 이것은 뉴잉글랜드 다른 목회자들의 경우에도 마찬가지였다. 1630년부터 1700년 사이에 매사추세츠 다섯 지역의 교회들에서 이루어진 500편의 설교를 연구한 앨런 카르덴에 따르면 대부분의 설교자들은 구약과 신약의 모든 책에서 성경 본문을 선택했으며—통계에 따르면 구약 본문은 42.1% 신약 본문은 57.9%였다—설교의 내용은 성경 말씀에 대한 주해를 중심 삼아 구성되었다.[734] 주목할 만한 사실은 이러한 주해 혹은 강해 설교를 대다수의 설교자들이 강단에서 원고의 도움을 받지 않은 채 긴 시간 동안 진행했다는 것이다. 코튼 매더(Cotton Mather, 1663-1728)는 1685년 보스턴 교회의 담임 목사로 부임할 무렵 영국에 있는 그의 삼촌 나다나엘 매더로부터 다음과 같은 편지를 받았다.

◆ 한 가지 너에게 당부할 말을 잊었다. 어떤 경우에라도 원고를 이용하거나 그것의 도움을 받아 설교하지 않기를 바란다. 내가 뉴잉글랜드에 있을 때 특별한 약점이 있었던 단 한 사람을 제외하고는 아무도 설교원고를 사용하지 않았다고 기억한다. 내 생각으로 그는 어지럼증이거나 그와 비슷한 종류의 연약함이 있었다. 어쨌든 네 조부들은[735] 물론 이곳에 있는 네 삼

---

733   Cotton Mather, *Magnalia Christi Americana*, vol.1(London, 1702), Book III, 23.
734   Carden, *Puritan Christianity in America*, 117-19, 122.
735   존 코튼과 리처드 매더를 지칭한다.

촌[사무엘]이나 나 자신도 비록 설교문을 작성하기는 하지만 설교 시간에 원고를 이용하지는 않는단다.[736]

코튼 매더가 남긴 기록에 따르면 적어도 초기 뉴잉글랜드 예배 공동체 안에서 목회자들이 원고를 들고 설교단에 오르는 것은 오히려 예외적인 현상이었다. 물론 이것이 당시 설교가들에게 결코 적지 않은 부담이 되었음에 틀림없다. 이것을 잘 예시해 주는 토머스 후커의 유명한 일화가 있다. 1639년 5월 26일 하트포트의 목회자 후커는 보스턴 교회를 방문했는데 주일 오후 예배의 설교를 맡았다. 이웃 여러 교회 회중이 함께 모여 앉아서 후커의 설교를 들었다. 그런데 문제가 생겼다. 원고 없이 설교를 시작한 후커는 얼마 지나지 않아 할 말을 잃어버린 것이었다. 이 상황을 묘사하며 코튼 매더는 "말해야 할 모든 내용이 그의 입과 머릿속에서 모두 사라져 버렸다"라고 기록한다. 얼마간 분투하다가 끝내 후커는 설교를 아예 중단했다. 그리고 회중에게 정중히 양해를 구한 후 설교단을 내려왔다. 이후 회중은 한참 동안 시편 찬송을 불렀고 그동안 후커는 설교내용을 정리했다. 삼십 분 정도 시간이 흐른 후에 후커는 다시 강단에 올랐다. 이윽고 온 회중은 약 2시간 동안 역동적으로 진행된 후커의 은혜로운 설교를 들을 수 있었다. 물론 원고 없이 진행된 설교였다.[737]

후커의 사례가 예시하는 것처럼 원고 없는 설교가 결코 쉽지 않은 시도임에도 불구하고 뉴잉글랜드의 초기 설교가들이 굳이 그 같은 방식을 고집한 까닭은 무엇일까? 데이비스는 솔로몬 스토다드(Solomon Stoddard, 1643-1729)의 말을 인용하면서 원고 없는 설교의 주된 목표가 회중에게 하나님의 말씀을 효

---

736   Cotton Mather, *Diary of Cotton Mather*, 1681-1708 (Boston: Massachusetts Historical Society, 1911), 5.
737   Cotton Mather, *Magnalia Christi Americana*, Book III, 63.

과적으로 전달하려는 의도에서 비롯된 것이라고 설명한다. 미리 준비한 원고를 읽는 설교는 자칫 생동감이 떨어져서 회중들로 하여금 말씀에 집중하지 못하게 하거나 졸게 만드는 경향이 있다. 이에 비해 원고로부터 자유로운 설교의 경우, 설교자는 자신의 표정과 몸동작을 활용하며 회중의 마음을 보다 효과적으로 사로잡을 수 있다. 스토다드의 표현을 빌리자면 원고에 매인 설교는 "서기관의 설교"인 반면 후자의 설교는 예수님의 "권위 있는" 가르침에 비견될 수 있다는 것이다 (마 7:29).[738]

설교에 대한 설교자와 회중 모두의 특별한 열심과 헌신은, 뉴잉글랜드 교회의 공예배가 말씀 중심의 예배라는 특징을 형성하고 이것을 유지해 갈 수 있게 만든 핵심적인 요소에 해당한다. 또한 이것은 이들이 설교를 "교회의 행위"로 인식하고 있었다는 사실과 결코 무관하지 않다고 필자는 생각한다. "교회의 행위"로서의 설교는 일종의 언약 관계를 전제하는데 이것은 성직자와 일반 신도 각자에게 고유한 언약적 의무와 특권을 부여한다. 예컨대 전자가 미리 설교문을 작성하여 암기한 후 원고 없이 긴 주해 설교를 하는 행위나, 후자가 주일뿐만 아니라 주중에도 말씀 중심의 예배를 위해 실천한 모든 노력—주중에 성경을 배우고 자녀를 교육하며 주일을 준비하고 공예배 시간에는 온 마음을 다해 설교에 집중하고 설교가 끝난 후에 예언에 참여하거나 질문하는 등의 행위를 포함하여—은 모두 ["교회의 행위"라는 관점에서 보았을 때] 언약 공동체의 구성원들이라면 마땅히 실천하고 누려야 할 일종의 언약적 행위라고 말할 수 있을 것이다.

---

738 Davies, *The Worship of the American Puritans*, 103; Solomon Stoddard, *The Defects of Preachers Reproved in a Sermon Preached at Northampton*, May 19th, 1723 (New London, 1724), 24.

2) 교회 언약과 기도

설교와 더불어서 공예배의 가장 큰 부분을 차지했던 것이 바로 기도 순서였다. 설교의 경우와 마찬가지로 공기도에 있어서도 회중의 참여가 눈에 띄었다. 한 시간 이상 길게 진행된 공기도의 내용은 감사, 고백, 간구, 중보, 봉헌 등의 다섯 가지 요소를 포함하였는데, 이 가운데 특별히 중보기도 순서는 회중의 참여를 보장하고 있었다. 교회의 회원들은 예배가 시작되기 전에 강단으로 나아가 담당 목사에게 자기 가정의 기도 제목을 적은 노트를 전달할 수 있었다. 목사는 성도의 기도 제목들을 그날의 중보기도 가운데 포함시켰다. 아마도 이것이 공예배의 기도가 길어지도록 만든 중요한 요소들 가운데 하나였다고 판단된다. 또한 마치 말씀 중심의 예배를 위한 준비가 주일 이전에 시작되었던 것과 마찬가지로 기도 중심의 예배 또한 매일의 일상적인 삶 가운데서부터 준비되었다. 특히 기도를 강조하는 개인적 경건 생활과 가정 예배 안에서 이루어지는 기도 생활을 통해 모든 성도는 성령께서 미리 준비시킨 심령을 가지고 주일 공기도에 참여할 수 있었다.[739]

공기도가 이루어지는 방식 못지않게 인상적인 것이 간구하는 기도의 내용이었다. 무엇보다 기도의 언약적인 기초가 눈에 띈다. 예를 들어, 데이비스는 인크리즈 매더의 성찬식 기도를 다음과 같이 인용하면서 기도의 핵심이 "언약의 소망"이라고 설명한다. "아버지여 우리는 아버지께서 당신의 언약, 특히 새 언약을 따라 우리의 죄악을 용서하실 것을 겸손하게 기대하나이다. 당신 은혜로운 언약을 따라 우리의 연약함을 우리에게로 돌리지 마옵소서."[740] 흥미로운 것은 인크

---

[739] Davies, *The Worship of the American Puritans*, 20, 139-40, 143; Carden, *Puritan Christianity in America*, 130-32.

[740] Davies, *The Worship of the American Puritans*, 146.

리즈 매더의 기도가 일찍이 초기 잉글랜드 청교도의 언약신학에 큰 영향을 미친 존 프레스톤(John Preston, 1578-1628)의 가르침과 정확하게 일맥상통한다는 사실이다. 프레스톤은 성도가 하나님께 나아가 용서를 구할 때, 하나님의 언약에 근거하여 다음과 같이 담대하게 기도하라고 권면한다.

- ◆ 주님께로 나아가서 이렇게 말하라. 주님, 이 [죄악]에도 불구하고 나는 당신과 맺은 언약 안에 있음을 압니다. 주님께서 우리의 죄악을 더 이상 기억하지 않으시고 우리의 죄악들은 찾고자 해도 결코 발견될 수 없을 것이라는 사실이 당신의 언약 안에 일부로서 포함되어 있음을 저는 알고 있습니다.[741]

이처럼 프레스톤과 인크리즈 매더가 대변하는 뉴잉글랜드 예배 공동체의 기도는 언약이라는 중심 주제를 포함하고 있었다. 이미 앞서 살펴본 대로 회중의 참여로 이루어지는 중보기도나 간구하는 기도 모두 수직적으로는 하나님과의, 수평적으로는 성도와의 "언약적인 관계"를 전제로 하여 이루어졌다. 요컨대 뉴잉글랜드 회중교회에 있어 공적인 기도는 철저히 언약적 행위였고 이것이야말로 이들의 공예배에서 이루어지는 기도를 "교회의 행위"로 만드는 핵심적 요소였다.[742]

---

741   John Preston, *The New Covenant*, ed. R. Sibbes & J. Davenport, (London, 1655), 397.
742   Davies, *The Worship of the American Puritans*, 142-43.

3) 교회 언약과 성만찬

한편 공예배 가운데 정기적으로 포함된 성례는 "교회의 행위"를 일반적인 "성도의 행위"로부터 구분하는 것의 의미를 가장 잘 드러내 주는 순서였다. 언약의 인증(seal)으로서의 성례는 이미 그 자체로 하나님과 더불어 맺은 언약을 전제하였다. 특별히 이 언약은 하나님께서 지상의 보이는 교회와 맺은 언약이라는 의미에서 마땅히 "교회 언약"이라고 불릴 수 있다고 뉴잉글랜드 회중교회 지도자들은 생각했다. 언약 공동체의 구성원임을 보여주는 세례와 교회 앞에서 공적으로 개인의 신앙을 고백한 고백자들(professors)이 참여하는 성만찬은 하나님께서 신약 교회에게 주신 (눈에 보이는) 언약의 보증이었다. 이러한 의미에서 성례는 지상교회와 분리되어 신자들이 사적으로 행할 수도 없고, 아무런 지교회에 소속되지 않은 자가 교회 회원 가입의 절차를 생략하고 자유롭게 참여할 수도 없는 것이라고 토머스 후커는 가르쳤다. 요컨대, 언약적이며 공적인 의미를 갖는 성례야말로 일반적인 "성도의 행위"로부터 구분되는 "교회의 행위"이며 따라서 성례의 신학적 기초는 궁극적으로 "교회 언약"에 뿌리를 내리고 있었던 것이다.[743]

특히 "교회의 행위"로서의 성만찬은 공적인 신앙고백을 통해 보이는 교회 공동체의 회원이 된 사람들에게로 제한되었다. 그런데 중요한 사실은, 뉴잉글랜드 비분리파 청교도가 위에 언급한 "고백자" 혹은 눈에 보이는 지상교회의 회원을 실제로 거듭난 (눈에 보이지 않는) 천상교회의 구성원과는 엄연히 구분하였다는 것이다. 이들은 외면적인 신앙고백과 외면적인 교회 언약 예식을 통해 교회의 회원이 되고 성례에 참여하는 성도라 하여 이것 자체가 이들의 실재적

---

743 Hooker, *A Survey*, 288-96, part III, 10.

(real) 구원을 보증하는 것이 아니라는 사실을 당연하게 받아들였다. 따라서 이들의 교회 언약이 분리주의자들의 그것과 다르지 않을 것이라고 비판했던 장로교파 청교도의 주장과 달리 뉴잉글랜드 비분리파 회중교회의 교회 언약은 보이는 교회와 보이지 않는 교회의 전통적인 구분을 나름대로 충실하게 따르고 있었다.[744]

그런데 성례에 참여하는 것이 천상교회의 실재와 무관하게 진행될 수도 있다고 하여 이러한 사실이 성례의 가치를 결코 평가절하할 수 없었다. 언약의 봉인으로서의 성례가 하나님께서 보이는 교회에 주신 선물, 곧 "보이는 성도"(visible saints)가 누리는 외면적 "특권"임을 제대로 인식한다면, 모든 지상교회는 이 권리를 마땅히 찾아 누려야 한다고 이들은 생각했다. 게다가 이 특권에 참여하는 사람이 진정으로 거듭난 자인가를 구별해 내기 위해 외면적인 기준을 세우는 것 이상의 노력을 기울일 필요도 없었다. 어디까지나 이것은 보이는 교회의 특권이기에 성례에 참여하는 자격은 겉으로 드러난 신앙고백과 행위—언약 백성에게 요구하는 최소한의 (외면) 율법 준수를 지칭하는 의미에서의 "언약적 거룩함"(federal holiness)—에 근거하여 결정되었다. 공적으로 자신의 신앙을 고백하고 외면적인 교회 언약을 통해 지교회의 회원이 된 사람은 누구든지—설사 그 사람이 알곡이 아닌 가라지라 할지라도—성례의 특권을 누릴 수 있었던 것이다. 이 모든 사실은 초기 뉴잉글랜드 (비분리파) 회중교회가 한편으론 "교회의 행위"로서의 성례를 (보이는 교회와 보이지 않는 전통적 구분을 따라) 천상교회의 실재로부터 구분하고 다른 한편으론 그것을 언약 공동체의 모

---

[744] 예를 들어 사무엘 루더포드는 뉴잉글랜드 회중교회의 교회 언약이 지상교회를 천상교회의 실재와 일치시키려는 분리주의자들의 교회론에 기초했다고 비판하며 후커와 회중주의자들이 성경과 교회 전통에서 벗어나 전혀 "새로운 교회"를 세우고자 시도했다고 주장했다. Rutherford, A Survey of that Summe of Church Discipline penned by Mr. Thomas Hooker (London: J. C., 1658). 6, 18-19, 88. 이 주제를 다룬 연구로는 다음의 논문들을 참고하라. Sang Hyuck Ahn, "Covenant in Conflict"의 제5-7장; 안상혁, "뉴잉글랜드 청교도의 교회 언약과 절반 언약의 성격," 151-82.

든 회원이 마땅히 누려야 할 언약적 특권으로 인식하고 있었음을 확실히 증거한다.

4) 새 언약 시대의 회중 예배

뉴잉글랜드 청교도가 공예배에 있어 회중의 참여와 역할, 그리고 특권에 그토록 집착한 이유는 무엇일까? 가장 큰 이유 중 하나는, 회중이 참여하는 예배야말로 새 언약 시대에 도래할 것으로 성경에서 미리 예언된 진정한 예배의 모습이라는 그들 나름의 확신 때문이었다. 새 언약 시대의 예배는 크게 두 가지 측면에서 회중의 참여를 보장했다. 첫째, 진리 지식에 대한 회중의 참여다. 특히 에스겔 43:11은 뉴잉글랜드 회중교회 지도자들이 즐겨 인용하던 대표적인 성경 구절이었다.[745]

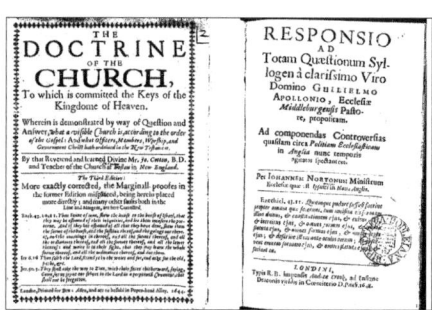

본문 각주 745번에서 소개한 두 작품의 표지 사진이다. 왼쪽이 존 코튼의 저작이고 오른쪽이 존 노튼의 저작이다. 공통적으로 에스겔 43:11을 인용한다.

---

745 예를 들어 존 코튼은 그의 저서 *The Doctrine of the Church*의 표지에서, 존 노튼은 Responsio (Londini, 1648)의 표지에서 전체 구절을 명시하였다. 두 저서는 모두 뉴잉글랜드 회중교회의 예배와 교회론을 설명하는 대표적인 변증서들이다.

- 만일 그들이 자기들이 행한 모든 일을 부끄러워하거든 너는 이 성전의 제도와 구조와 그 출입하는 곳과 그 모든 형상을 보이며 또 그 모든 규례와 그 모든 법도와 그 모든 율례를 알게 하고 그 목전에 그것을 써서 그들로 그 모든 법도와 그 모든 규례를 지켜 행하게 하라(겔 43:11).

이 구절에 기초해서 뉴잉글랜드 청교도는 회중이 성경 말씀에 대한 지식뿐만 아니라 예배 공동체 안에서 이루어지는 모든 일과 원리들에 대해 분명한 지식을 갖추어야 한다고 주장했다. 위의 구절 이외에도 예레미야 31:34, 골로새서 3:16절, 하박국 2:14, 다니엘 12:4 그리고 잠언 2:5 등이 중요한 구절들로 인용되었다.[746]

둘째, 언약에 대한 회중의 자발적인 참여였다. 특히 명시적인 형태의 교회 언약에 자발적으로 참여하는 것이 강조되었다. 이미 앞서 인용된 구절(겔 43:11)의 하반절 — "그것을 써서" — 에서 이들은 문서화된 형태의 교회 언약에 대한 단서를 발견하였다. 그러나 좀 더 명확한 근거 구절은 이사야 44:5에서 발견되었다.[747]

- 한 사람이 이르기를 나는 여호와께 속하였다 할 것이며 또 한 사람은 야곱의 이름으로 자기를 부를 것이며 또 다른 사람은 자기가 여호와께 속하였음을 그의 손으로 기록하고 이스라엘의 이름으로 존귀히 여김을 받으리라(사 44:5).

위에 인용한 구절과 아울러 예레미야 50:5, 이사야 56:6-7, 에스겔 20:37 등

---

746 Hooker, *A Survey*, "Preface," 7-9; Cotton, *Questions and Answers*, 26.
747 Richard Mather, *An Apology of the Churches in New England for Church Covenant*, 31

도 핵심 구절로 자주 인용되었다.[748] 특히 새 언약 시대의 예배자는 자기 입술로 스스로 신앙을 고백하는 고백자들이 되어야 한다는 사실은 뉴잉글랜드 회중교회가 도입한 소위 "회심 체험에 대한 간증"의 성경적 근거를 제공했다. 콜드웰의 연구에 따르면 이러한 간증에 있어서 가장 핵심적인 요소는—간증하는 내용의 진위 여부를 가늠하는 것이라기보다는—"이들 자신의 말과 방식으로"(in their own words and way) 자신이 받은 은혜를 표현하도록 기회를 제공하는 데 있었다.[749] 콜드웰의 발견은 회중의 자발적인 신앙고백을 성경적 예언의 성취로 이해하고 명시적 교회 언약의 중요한 근거로 삼은 뉴잉글랜드 회중주의자들의 주장과 잘 부합된다. 결국 이들에게 있어 회중교회는 새 언약 시대의 진정한 예배 공동체의 모습을 가장 성경적이며 이상적으로 성취하는 것이었다.

4. 맺는말

지금까지 필자는 뉴잉글랜드 청교도—비분리파 회중교회주의자들—예배의 특징과 그것의 (교회) 언약적 기초를 살펴보았다. 예배순서의 대표적인 특징인 단순성이 말씀(오직 성경)과 마음 종교의 원리를 구현하고 있음을 확인했다. 또한 이 원리들을 잘 반영하고 있는 공예배의 주요 요소들은 성경의 언약 사상 속에 깊이 뿌리내리고 있음을 발견하였다. 특히 교회 언약은 언약 공동체의 구성원들의 적극적인 참여를 보장하면서 이들로 하여금 예배 안에 포함된 온갖 은혜의 수단들—말씀과 기도 그리고 성례 등—을 하나님께서 지상교회에 허락

---

748 Hooker, *A Survey*, "Preface," 7-9; Cotton, *The Doctrine of the Church*, "Title page"; Mather, *An Apology of the Churches in New England*, 31; Norton, *The Answer*, 51.

749 Caldwell, *The Puritan Conversion Narrative*, 46, 50, 55-56, 63-64, 71, 79, 102

하신 일종의 특권으로 인식할 수 있도록 독려하고 있었다. 비록 본장에서 자세히 다루지는 않았지만 이들의 공예배는 찬양이나 심지어 헌금 순서까지도 회중의 참여를 보장하는 방식으로 진행되었다.[750]

그렇다면 이들의 예배순서와 신학을 오늘날 한국교회의 목회 현장으로 접목시키는 것이 과연 가능할까? 이미 서론에서 언급하였듯이 많은 이들이 이 질문에 대해 선뜻 긍정할 수 없을 것 같다. 언뜻 보아서도 세 가지 정도의 장애 요인들이 여전히 눈에 띄기 때문이다. 첫째, 17세기 뉴잉글랜드 회중교회와 달리 한국의 장로교회는 교회 언약을 도입하지 않고 있다. 둘째, 예배의 형식(예전)에 대한 이들의 태도가 다소 지나칠 정도로 소극적 내지 부정적이다. 셋째, 약 세 시간 이상 길게 진행된 이들의 예배를 오늘날 한국교회의 주일 예배의 현장으로 도입하는 것은 현실적으로 불가능하다. 한편 이와는 별도로 우리가 뉴잉글랜드 예배 공동체로부터 배울 수 있는 몇 가지 중요한 장점들이 존재하는 것 또한 사실이다. 주일 이전부터 착실히 준비된 말씀과 기도 중심의 예배, 구약과 신약 전체를 성실하게 주해하는 강해 설교, 마음으로부터 자발적으로 우러나오는 신앙고백, 회중의 참여로 이루어지는 예배순서, 그리고 무엇보다 예배 공동체의 일원이 되어 예배하는 행위를 하나님께서 인생에게 허락하신 지고의 특권으로 인식하고 있었다는 사실 등이 대표적인 장점들이다.

---

[750] 레치포드에게는 뉴잉글랜드 교회의 헌금 순서가 매우 인상적이었던 것 같다. 그의 증언에 따르면, 헌금을 담당하는 집사가 일어나 "형제들이여, 이제 연보하는 시간입니다. 하나님께서 번영하는 복을 주신 대로 자유롭게 연보합시다."라고 말하면 사람들이 순서에 따라 자리에서 일어나 앞으로 나가 집사의 옆에 있는 나무 상자 안에 헌금 혹은 헌물을 드렸다. 존 코튼은 이러한 연보가 무엇보다 강요가 아닌 자발성의 원리에 근거하여 이루어지고 있음을 강조하였다. Lechford, *Plaine Dealing*, 48-50; Cotton, *The Doctrine of the Church* (London, 1644), 8. 한편 엘리스 얼은 공예배 찬양의 변화과정을 서술한다. 세월이 흐름에 따라 점차 "규칙을 따라 부르는 찬양"(singing by rule)과 노래를 배운 전문가들로 구성되는 성가대가 공예배 안으로 도입되었다. 그런데 이러한 변화가 그동안 전통적인 방식 안에서 보장되어 오던 회중 찬양의 자유로움과 회중의 주도성을 침해한다는 이유로 적지 않은 논쟁을 야기했다는 흥미로운 사실을 기술한다. 이와 동시에 엘리스 얼은 새로운 변화 자체가 회중의 자유로운 토론과 결정을 통해 이루어졌음을 자세하게 보여준다. Earle, *Sabbath in Puritan New England*, 78-95; L. Dupré & D. E. Saliers eds., *Christian Spirituality* (New York: SCM, 1989), 344.

과연 이러한 긍정적인 요소들을 담아내기 위해 반드시 교회 언약이라는 제도적 장치가 필요한 것일까? 흥미로운 사실은 뉴잉글랜드 교회의 지도자들 스스로도 공적으로 행해지는 교회 언약의 예식을 참 교회의 필수적인 요소라고 가르치지 않았다는 것이다. 이들은 교회 언약을 두 가지 형태, 곧 명시적 교회 언약과 묵시적 교회 언약으로 구분하였다. 비록 (뉴잉글랜드 회중교회의 경우와 같이) 명시적 형태의 교회 언약을 실천하지 않더라도 교회 언약이 구현하는 내용들—성도들의 규칙적인 모임과 예배, 말씀과 성례, 성도의 교제와 치리 등—을 실천하는 지상의 모든 교회는 묵시적 형태의 교회 언약을 소유한 참 교회라고 인정했다.[751] 이러한 사실은 명시적 교회 언약의 유무 여부가 뉴잉글랜드 예배 공동체의 장점들을 도입하는 데 있어 결정적인 장애요인이 되지 않을 수도 있다는 사실을 암시한다. 한편 지나치게 간략한 예배순서나 지나치게 긴 예배 시간 역시 뉴잉글랜드 예배의 모든 것을 대변하는 것은 아님을 기억할 필요가 있다. 만일 이것이 사실이라면 17세기 뉴잉글랜드 청교도의 예배와 이들의 후손이 계승한 예배 사이에는 크나큰 단절성만이 존재할 것이다. 왜냐하면 후자는 점차 송영, 교독문, 사도신경, 십계명, 주기도문 그리고 성가대의 찬양 등을 예배순서에 포함시키는 한편 좀 더 짧고 자유로운 형식으로 저녁 예배를 드리기 시작했기 때문이다. 폰 로어는 1886년 미국 회중교회 전국총회의 보고 자료를 인용하면서—또한 이 보고서의 표현을 빌려—이와 같은 변화를 "모체"(parent stem)에 해당하는 전통적인 예배순서에 이와 같은 요소들이 추가로 "이식"된 것으로 묘사한다. 즉 전통적인 예배와의 단절이라기보다는 기본적인 연속성을

---

751 Richard Mather, *An Apologie of the Churches in New England*, 36-42. 예를 들어 후커는 다음과 같이 주장한다. "언약은 그 실체에 의해 유지되는 것이다. 최소한 묵시적 형태의 교회 언약을 가지고 있다면, 과거로부터 지금에 이르기까지 존재해온 모든 교회는 이들이 영국, 홀랜드, 프랑스 등 어느 곳에 세워졌든지 장소를 불문하고 모두 참 교회라고 말할 수 있다." Hooker, A Survey, 84; 안상혁, "뉴잉글랜드 청교도의 교회 언약과 절반 언약 (Half-Way Covenant)의 성격," 159-62.

전제한다는 의미이다. 아울러 새로운 변화는 전통적인 말씀 중심의 예배를 그대로 유지하면서 기도와 찬양의 요소를 통해 오히려 회중의 마음을 더욱 잘 준비시키고 그 결과 전반적으로 예배의 질이 향상된 것으로 평가된다는 사실을 기술한다.[752]

이처럼 제도화된 (명시적) 교회 언약이나 예배순서의 길이와 시간이 어떤 측면에서는 17세기 청교도의 예배를 규정하는 핵심과 구분되어 생각될 수 있는 요소라고 한다면 일찍이 이들이 추구한 예배 신학의 핵심과 장점들을 오늘날 한국교회의 예배 현장에 보다 자유롭고 유연성 있게 적용할 수 있다고 필자는 생각한다. 특히 성경이 새 언약 시대의 예배 공동체에 약속한 것이라고 이들이 확신했던 것, 즉 성경의 진리와 관련한 풍성한 지식 및 자발적 신앙에 대한 회중의 참여는 뉴잉글랜드 청교도뿐만 아니라 오늘날 우리도 반드시 주목해야 할 예배 신학의 중요한 일부라고 믿는다. 무엇보다 이들이 이해한 새 언약 시대의 이상적인 예배라는 것이 오늘날 (역시 동일한 새 언약의 시대를 살아가는) 우리가 추구하는 참 예배—"새 언약 시대의 영적 예배"[753]—의 모습이기도 하기 때문이다.

---

[752] von Rohr, *The Shaping of American Congregationalism*, 133-35, 366-70. 1889년 총회에 보고된 내용에 따르면 설문에 응한 전국의 약 14,000여 개의 회중교회들은 대부분의 경우 전통적인 예배순서를 그대로 유지하는 한편 다음과 같은 새로운 요소들을 추가하기 시작했다. 913개의 교회는 송영으로 예배를 시작했다. 1016개의 교회는 성경으로부터 인용된 교독문을 낭독했다. 993개의 교회가 성가대의 찬양을 도입했다. 538개의 교회는 주기도문 찬양을 모두 함께 불렀고 49개 교회가 사도신경을 함께 읽었다. 일부 교회들은 정기적으로 십계명이나 산상수훈을 읽기 시작했다. 한편 이 시기 저녁 예배를 드리는 교회들이 늘어났는데 전통을 따라 말씀 중심의 예배가 이루어졌다. 아울러 좀 더 짧고 좀 더 자유로우며 찬양이 강조되는 예배의 형식을 취하였다.

[753] 김영재, 『교회와 예배』 (수원: 합동신학대학원출판부, 2000), 18-19.

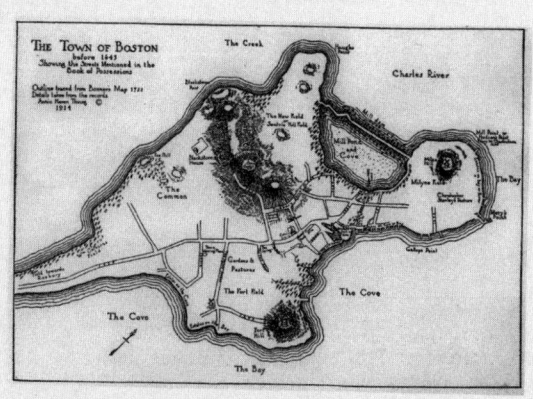

17세기 뉴잉글랜드 보스턴 지도(1643년)
제10장과 제11장에서는 언약신학의 실천적 적용을 집중적으로 논의한다. 제10장에서는 특히 뉴잉글랜드 청교도의 공예배에 미친 언약신학의 영향력을 구체적으로 살펴보았다.

제 11 장

17세기 뉴잉글랜드 청교도의 교회 언약과 절반 언약 (Half-Way Covenant): 페리 밀러 테제에 대한 비판적 고찰을 중심으로[754]

1. 들어가며

미국 지성사가의 입장에서 뉴잉글랜드 청교도 연구의 초석을 놓은 페리 밀러(Perry Miller, 1905-1963)에 따르면 뉴잉글랜드 청교도의 "교회 언약"(church covenant)은[755] 이들을 영국 본토의 청교도로부터 차별화시키는 핵심적인 지표였다.[756] 초기 뉴잉글랜드 정착자들에게 있어 교회 언약이란, 눈에 보이는 "은혜 언약"이었다고 밀러는 말한다. 다시 말해서 그것은 (보이는 형태의) 교회 공동체의 언약을 개인의 영혼과 더불어 맺는 (보이지 않는) 하나님의 은혜 언약과 동일시하려는 시도였다는 것이다.[757] 본질적인 의미에서 밀러는 비

---

[754] 본 장은 「한국교회사학회지」 30(2011): 151-82에 실린 필자의 논문을 일부 수정한 것이다.
[755] "교회 언약"의 세 가지 정의에 대해서는 앞 장을 참고하라.
[756] Perry Miller, *The New England Mind: The Seventeenth Century* (New York: Macmillan, 1939). 443.
[757] *Ibid.*, 461.

분리주의파 회중주의자들의 교회 언약을 분리주의파의 그것으로부터 크게 구분 짓지 않는다. 양자 모두 교회를 거듭난 신자들로 구성함을 통해 소위 "순수한 교회"의 모델을 세우자는 목표를 일면 공유하고 있었던 것으로 밀러는 묘사한다. 이들은 모두 지상에 존재하는 보이는 교회를 보이지 않는 교회의 실체에 최대한 근접시키길 원했고 그 노력의 일환으로 17세기 초 뉴잉글랜드 회중교회 안에 "교회 언약"을 도입했다는 것이다. 이러한 시각에서 보았을 때, 약 한 세대가 지난 후 뉴잉글랜드 회중주의 교회가 처음 창안하고 도입한 것으로 알려진 소위 "절반 언약"(The Half-way Covenant)[758]은—이미 그 시도 자체가—이러한 선조들의 노력이 실패로 돌아가고 있음을 상징하는 것으로 해석될 수도 있었다. 실제로 밀러는 절반 언약의 도입으로 말미암아 제2, 3세대의 젊은 세대에게 있어 교회 언약은 단지 "외면 언약"(external covenant)으로 그 의미가 크게 전락했다고 주장한다.[759]

오늘날에 이르기까지 절반 언약을 초기 회중주의파 교회 언약의 이상으로부터의 타락 혹은 쇠퇴(declension)로 규정한 밀러의 테제에 대해서는 활발하게 논의가 진행되어왔다. 특히 절반 언약의 성격에 대한 새로운 해석을 시도한 에드먼드 모건, 로버트 G. 포프, 스티븐 포스터, 그리고 제임스 F. 쿠퍼 등의 수정

---

[758] 회중교회 안에서 아직 정회원의 자격을 얻지 못한 유아세례 교인의 자녀들에게도 유아세례를 받도록 하여 이들에게 일종의 준회원권을 부여하자는 취지로 도입된 제도이다. 회중 앞에서 신앙고백을 한 후 교회의 정회원권을 얻기까지 이들에게는 성찬 참여와 투표권 등이 제한되었다. 절반 언약의 원칙은 1657년과 1662년의 교회 회의에서 공식화되었다. 하지만, 로버트 포프에 따르면 "절반 언약"이라는 용어 자체가 처음 쓰이기 시작한 것은 1760년대에 이르러서였다. 당시 조나단 에드워즈의 추종자들은 아직 정회원의 자격을 얻지 못한 부모의 자녀들에게 유아세례를 베푸는 문제에 대한 논쟁을 재개하면서 이 용어를 처음 사용하였다. 조셉 벨라미의 저서를 참조하라. Joseph Bellamy, *The Half-Way Covenant: A Dialogue* (New Haven: Thomas & Samuel Green, 1769); Robert G. Pope, *The Half-Way Covenant: Church Membership in Puritan New England* (Princeton: Princeton University Press, 1969), 8, n. 2.

[759] 밀러는 그의 책 *The New England Mind: From Colony to Province* (London & Cambridge: The Belknap Press, 1953)에서 절반 언약에 대해 다룬 제7장을 "제1부: 쇠퇴(Declension)"라는 큰 제목 아래 배치했다. 특히 96-98쪽을 보라. 아울러 다음의 논문을 참고하라. "The Half-Way Covenant," *The New England Quarterly*, 6:4 (1933): 676-715; 또한 밀러의 테제를 따르는 대표적인 인물 중의 하나인 Darrett B. Rutman이 저술한 다음의 글을 참조하라. "God's Bridge Falling Down: 'Another Approach' to New England Puritanism Assayed," *The William and Mary Quarterly*, 19:3(1962): 410, 416, 418, 421.

주의적 견해가 돋보인다. 예를 들어 모건은 뉴잉글랜드의 제2세대 청교도가 신앙적으로 타락한 것이 아니라 오히려 이들의 종교성이 더욱 내면화되고 강화되었기에 절반 언약이 등장한 것이라고 해석한다. 개인의 신앙 양심에 대한 철저한 성찰이 이들로 하여금 교회 언약에 대한 형식주의적인 접근을 자제하도록 만들었다는 것이다. 한편 포프와 포스터는 절반 언약의 도입을 통해 당시 뉴잉글랜드 회중교회들이 교회 회원권의 확대를 시도한 것은 인구통계학적인 변화에 적응하기 위한 자연스럽고 또한 매우 필요한 조치였다고 주장한다. 포프에 따르면, 1662년 절반 언약이 도입된 이후의 뉴잉글랜드는 (교회 성장에 있어) 쇠퇴가 아닌 사실상 부흥의 시기를 맞이하고 있었다. 마지막으로 쿠퍼는 회중교회 안에서 절반 언약이 실제로 도입되는 "과정"에 주목한다. 특히 성직자와 일반 신도 사이에 존재했던 갈등 속에서 일반 신도의 주도권이 매우 역동적으로 표출된 것으로 묘사한다. 흥미로운 발견은 절반 언약의 도입을 반대하고 그것의 확대를 지연시킨 주체는 대부분의 경우 구세대의 성직자들이 아닌 젊은 세대의 일반 신도들이라는 사실이었다.[760]

이러한 수정주의적 견해들은 초기 회중주의자들의 교회 언약과 다음 세대의 절반 언약 사이에 커다란 단절성이 존재했다고 주장한 밀러의 견해가 비판

---

[760] Edmund S. Morgan, "New England Puritanism: Another Approach," *The William and Mary Quarterly*.18:2(1961): 236-42; Robert G. Pope, *The Half-Way Covenant*, 262; Stephen Foster, *The Long Argument: English Puritanism and the Shaping of New England Culture*, 1570-1700 (Chapel Hill: University of North Carolina Press, 1991); James F. Cooper Jr., *Tenacious of Their Liberties: The Congregationalists in Colonial Massachusetts* (Oxford: Oxford University Press, 1999). 특히 모건의 논의와 관련하여 자녀 세대가 참 회심에 이르는 준비 (preparation) 단계를 강조하는 부모 세대의 가르침을 내면화했을 가능성이 있다. 회심에 대한 예비 이론을 비판한 제이콥 콜먼(Jacob Koelman)에 따르면 이것은 죄인들로 하여금 값없이 선포되는 은혜의 복음을 능동적으로 수용하는 것을 어렵게 만들었다. 이처럼 후커의 준비 이론을 비평적으로 평가했음에도, 콜먼은 1678년에 회심에 관한 후커의 저작, 『영혼의 수욕』(The Soules Humiliation)을 네덜란드어로 번역하여 본국에 소개한다. 네덜란드어 서명은 다음과 같다: Zielsvernedering en heylzame wanhoop, beschreven, trans. *Jacobus Koelman* (Amsterdam: J. Wasteliers, 1678). 왜냐하면 전반적으로는 후커의 저작이 네덜란드 제2종교개혁(Nadere Reformatie)에 큰 유익을 끼칠 것이라는 확신 때문이었다. 이에 대해서는 다음의 논문을 참고하라. Pieter Rouwendal, "Jacob Koelman on Thomas Hooker's The Soules Humiliation," *Puritan Reformed Journal* 2:2(2010): 172-184.

적으로 재고될 필요성이 있음을 암시한다. 예를 들어, 쿠퍼의 발견은 일찍이 밀러가 말한 "세대 간 격차 가설"—절반 언약에 대한 찬반을 구세대(반대)와 신세대(찬성)의 세대 간의 차이로 설명함—에 문제가 있음을 잘 드러내준다.[761] 한편 수정주의자들의 연구가 가진 여러 가지 장점들에도 불구하고 이들이 공유하는 중요한 한계도 존재한다. 그것은 교회 언약과 절반 언약의 성격, 그리고 양자의 관계에 대한 신학적인 검토를 이들 역시 크게 간과한다는 사실이다. 예를 들어, 1630년대부터 약 한 세대 동안 영국의 장로교파 청교도와 뉴잉글랜드의 (비분리주의) 회중주의파 청교도 사이에 치열하게 진행된 교회론 논쟁에 대한 신학적인 연구가 이들의 서술 가운데는 크게 생략되어 있다.[762] 특별히 17세기 교회론 논쟁의 절정에 있었던 사무엘 루더포드(Samuel Rutherford, 1600-1661)와 토머스 후커(Thomas Hooker, 1586-1647) 사이의 논쟁은[763] 결국 (밀러 테제의 핵심적 주제인) 교회 언약의 성격을 성경적, 신학적, 그리고 실천적으로 어떻게 규정하는가의 문제를 중심으로 전개된 매우 중요한 논쟁이었음에도 이들은 이 핵심적인 논쟁에 별다른 주목을 하지 않아 왔다.

따라서 이 글에서는 논의를 루더포드-후커의 논쟁을 통해 드러난 17세기 뉴잉글랜드 비분리주의파 회중주의의 교회 언약에 국한시키고, 그것의 신학적인 성격을 심도 있게 고찰해 보고자 한다. 이 과정이 선행되지 않고서는 이 글의 도입부에서 소개한 밀러 테제는 물론 그것에 대한 수정주의적 견해에 대한 올바

---

[761] 쿠퍼에 따르면 위에 언급한 "세대 간 격차 가설"(generational hypothesis)은 밀러와 헨리 덱스터, 로스 빌즈 등에 의해 제기되었다. 쿠퍼는 특히 밀러의 견해를 다음과 같이 반박한다: "밀러는…윌슨, 노턴, 리처드 매더, 그리고 케임브리지 회의에 참여한 절대다수가 그 [절반 언약의] 원칙을 지지했다는 것과, 이에 비해 가장 강력한 반대자들은 바로 인크리즈 매더와 조나던 러셀과 같은 제2세대 목회자들이었다는 사실을 간과한다." Cooper, *Tenacious of Their Liberties*, 97, 242 note 44, 243 note 54; Henry M. Dexter, *The Congregationalism of the Last Three Hundred Years* (New York: Harper, 1880); Ross W. Beales, "The Half-Way Covenant and Religious Scrupulosity: The First Church of Dorchester, Massachusetts as a Test Case," *William and Mary Quarterly*, 31(1974): 465-80.

[762] Sang Hyuck Ahn, "Covenant in Conflict"의 제2장을 참조하라.

[763] 이 논쟁에서 루더포드와 후커는 각각 스코틀랜드 장로교회파와 뉴잉글랜드 회중주의파를 대변했다.

른 평가 자체가 불가능하기 때문이다. 아울러 본장을 통해 필자는 교회 언약과 절반 언약 사이에 존재하는 연속성/비연속성에 대한 보다 균형 잡힌 시각을 모색할 것이다.

2. 교회 언약, 과연 내면 언약(Internal Covenant)인가?

밀러는 교회 언약을 일종의 "내면 언약"으로서 이해한 최초의 인물이 아니었다. 주지하다시피 뉴잉글랜드 (비분리파) 회중교회의 교회 언약을 사람의 영혼과 더불어 맺는 하나님의 보이지 않는 은혜 언약으로 생각하고 이것을 분리주의자들의 교회론과 관련지으려는 시도는 이미 1630년대 중엽에 영국에서 먼저 나타났다. 1630년 이후, 뉴잉글랜드로 건너간 청교도가 분리주의자들의 전통을 따라 소위 거듭난 자들만으로 구성된 자기들만의 "새로운" 교회를 설립하고 있다는 소문이 영국의 청교도 사이에 널리 퍼지기 시작했다. 이에 존 다드, 존 볼, 그리고 리처드 버나드 등과 같은 영국의 청교도 지도자들은 뉴잉글랜드의 형제들에게 보내는 공개서한들을 통해 이러한 소문의 진위 여부와 뉴잉글랜드 회중교회의 교회 정치에 대한 비판적 질의를 쏟아내기 시작했다.[764] 이에 대한 초기의 응답문들은 주로 존 코튼과 리처드 매더 등에 의해 작성되었다. 코튼과 매

---

[764] 후일 시므온 애쉬와 윌리엄 래스밴드는 존 다드 목사와 12명의 목회자가 보낸 공개질의서(1637)와 이에 대한 뉴잉글랜드 회중교회 지도자들의 응답문(1639), 그리고 존 볼 목사의 논평을 편집하여 책으로 출판하였다. Simeon Ash and William Rathband ed., *A Letter of Many Ministers in Old England, requesting the Judgment of their Reverend Brethren in New England*, concerning Nine Propositions, Written A.D.1637. Together with their Answer thereto, returned anno 1639; and the Reply made unto the said Answer and sent over unto them anno 1640 (London: Printed for Thomas Underhill, 1643). 리처드 버나드와 뉴잉글랜드의 리처드 매더 사이에 있었던 유사한 성격의 질의-응답문은 리처드 매더에 의해 편집되어 1643년에 영국에서 출판되었다. Richard Mather, *Church Government and Church Covenant Discussed* (London: R.O. and G.D. [and T.P. and M.S.] for Benjamin Allen, 1643).

더는 자신들의 회중교회와 (이것의 이론적, 실천적 근거가 되는) 교회 언약은 분리주의자들의 교회 전통과 전혀 무관함을 선언하고 그것을 입증하고자 노력했다.⁷⁶⁵

1640년대에 들어서면서부터 영국과 뉴잉글랜드 사이의 교회론 논쟁은 본격화되었다. 특히 웨스트민스터 의회 기간 동안(1643-1649) 스코틀랜드 장로교회주의자들과 이들의 영향을 받은 의회원들이 회중교회주의자들 간의 소책자 전쟁을 주도하면서 논쟁은 더욱 격화되었다.⁷⁶⁶ 이 가운데 루더포드의 역할이 가장 두드러졌다.⁷⁶⁷ 뉴잉글랜드 논객들⁷⁶⁸의 대표로서 뉴잉글랜드 회중주의를

765　Ash and Rathband ed., *A Letter of Many Ministers*, A7; Mather, *Church Government and Church Covenant Discussed*, 1, 9; idem, *An Apologie of the Churches in New England for Church Covenant* (London: R.O. and G.D. for Benjamin Allen, 1643), 5, 36-42.

766　1650년대 말까지 지속된 소책자 전쟁(pamphlet war)에 참여한 장로회파 인물들의 대표작들은 다음과 같다: John Ball, *A Tryal of the New-Church in New England* (London: T. Paine and M. Simmons, 1644); Charles Herle, *Independency On Scriptures Of The Independency Of Churches* (London: Tho. Brudenell, 1643); Robert Baillie, *A Dissuasive from the Errours of the Time* (London: for Samuel Gellibrand, 1645); Daniel Cawdrey, *Vindicae Clavium, or a Vindication of the Keyes of the Kingdome of Heaven* (London: T. H., 1645); idem, *The Inconsistency of the Independent Way with the Scriptures and Itself* (London: A. Miller, 1651); idem, *Independency Further Proved to be a Schism* (London: for John Wright, 1658); Samuel Hudson, *A Vindication of the Essence and Unity of the Church Catholike Visible* (London: A.M., 1650); idem, *An Addition or Postscript to the Vindication of the Essence and Unity of the Church-Catholick visible* (London: J.B., 1658). 루더포드의 저작들에 대해서는 아래의 각주를 보라.

767　Samuel Rutherford, *A Peaceable and Temperate Plea for Paul's Presbytery in Scotland* (London: For John Bartlet, 1642); *The Due Right of Presbyteries* (London: E. Griffin, 1644); *The Divine Right of Church Government and Excommunication* (London: John Field, 1646); *A Free Disputation against Pretended Liberty of Conscience* (London: R.I., 1649); *A Survey of that Summe of Church Discipline penned* by Mr. Thomas Hooker (London: J. C., 1658).

768　소책자 전쟁에 참여한 뉴잉글랜드 회중주의자들의 대표자들과 이들의 작품은 다음과 같다. Richard Mather, *Church Government and Church Covenant Discussed* (1643); idem, *An Apologie of the Churches in New England for Church Covenant* (1643); idem, *A Reply to Mr. Rutherford* (London: for J. Rothwell, & H. Allen, 1647); Richard Mather & William Thompson, *A Modest & Brotherly Answer To Mr. Charles Herle* (London: for Henry Overton, 1644); John Davenport, *The power of Congregational churches asserted and vindicated* (London: for Rich. Chiswell, 1672); John Cotton, *The Keyes of the Kingdom of Heaven* (London: M. Simmons, 1644); idem, *The Way of the Churches of Christ in New England* (London: Matthew Simmons, 1645); idem, *The Way of Congregational Churches Cleared* (London: Matthew Simmons, 1648); idem, *A Treatise of the Covenant of Grace* (London: James Cottrell, 1659); Samuel Stone, *A Congregational Church is a Catholic Visible Church* (London: Peter Cole, 1652); Thomas Shepard, *A Treatise of Liturgies, Power of the Keyes, and of matter of the Visible Church*: In Answer to the Rev. Servant of Christ, Mr. John Ball (London: E. Cotes for Andrew Crooke, 1653, reprint 1658); John Allen's edition of late Cotton, *Certain Queries Tending to Accommodation and Communion of Presbyterian & Congregational Churches* (London: M. S., 1654); John Owen, *A defence of Mr. John Cotton from the imputation of selfe contradiction*, charged on him by Mr. Dan. Cawdrey (Oxford: H. Hall

가장 체계적으로 설명하고 또한 가장 잘 변증한 것으로 인정된 후커의 『교회 치리 강요 개설』(A Survey of the Sum of Church-Discipline, London, 1648) 역시 루더포드의 저서들에 대한 응답으로 쓰였다는 사실만 보아도 그의 영향력을 가늠해 볼 수 있다.[769] 1630년대의 논쟁이 비교적 짧고 단순한 질의-응답의 형식이었다면 1640년대 중엽에 시작된 루더포드-후커의 논쟁은 (이전 세대에 비해) 보다 복잡하고 광범한 주제들을 매우 논리적으로 다루고 있으며, 무엇보다 본격적으로 신학적 논쟁의 성격을 띠게 되었다.

교회 언약에 대한 루더포드의 핵심적인 비판은 크게 네 가지로 요약될 수 있다. 첫째, 교회 언약은 성경적 근거를 결여하고 있다. 둘째, 후커가 대변하는 뉴잉글랜드 회중주의파의 교회 언약은 그 핵심에 있어 분리주의자들의 교회론을 따른다. 이들에게 있어 교회 언약이란 일종의 내면 언약이며 지상에 존재하는 보이는 교회를 천상의 보이지 않는 교회와 일치시키려는 인위적인 시도다. 이 때문에 이들의 교회 언약은 건전한 교회 전통에서 가르쳐 온 보이는 교회와 보이지 않는 교회의 기본적인 구분을 파괴한다. 셋째, 교회 언약은 그 안에 내재한 배타주의로 인해 교회의 연합과 보편교회의 일체성을 위협한다. 넷째, 교회 언약은 실천적인 측면에서 참교회의 지표가 되는 말씀과 성례 그리고 권징을 실행하는 데 있어 유익보다는 많은 문제점을 초래한다.[770]

이에 대한 후커의 반박은 매우 치밀했다. 첫째, 회중교회가 가시적으로 행하는 교회 언약을 신구약 성경에 계시된 "외면적(external) 은혜 언약"과 관련지었

---

for T. Robinson, 1658).

[769] 후커는 특히 루더포드의 *A Peaceable and Temperate Plea* (1642)와 *The Due Right of Presbyteries* (1644)를 주로 논박한다. 한편 후커의 사후에 출판된 루더포드의 *A Survey of A Survey of that Sum of Church Discipline penned by Mr. Thomas Hooker* (1658)는 후커의 『개설』에 대한 루더포드의 재논박이다.

[770] Rutherford, *The Due Right of Presbyteries*, 83-88, 127-29; idem, *A Survey of the Survey*, 95-115, 138-56, 140-43, 162-71.

다. 출애굽 이후 시내산에서 이스라엘과 더불어 맺은 하나님의 언약이 외면적 은혜 언약의 대표적인 예였다. 후커와 그의 회중교회 동료들은 이것을 하나님이 구약 교회(이스라엘)와 더불어 맺은 교회 언약으로서 해석하였다. 이같이 은혜 언약을 보이지 않는 교회의 내면 언약과 보이는 교회의 외면 언약으로 나누고 후자를 알곡뿐만 아니라 이스마엘, 에서, 가룟 유다, 데마, 시몬 마구스 등과 같은 가라지를 모두 포함하는 지상교회의 교회 언약으로 규정함을 통해 후커는 회중교회의 교회 언약이 신구약 교회의 모델과 양립 가능하다는 사실을 변증했다. 둘째, 후커가 강조한 바, 외면 언약으로서의 교회 언약은 분리주의자들의 그것과는 본질적으로 다른 것이었다. 비판자들의 우려와 달리 후커의 회중교회는 전통적인 보이는 교회와 보이지 않는 교회의 구분을 해체하지 않고 오히려 그것에 기초한 교회론을 모색했다. 셋째, 뉴잉글랜드의 (비분리파) 회중교회는 배타적인 개교회주의를 지양하고 지교회 간의 연합을 적극 추진한다. 그뿐 아니라 루더포드의 선입관과는 달리 후커의 회중교회는 노회 및 총회의 존재와 역할을 (회중교회 나름의 원칙에 따라) 인정했다. 노회나 총회의 결정이 하나님의 말씀에 대한 바른 해석에 기초하는 한, 지교회는 그 권위와 결정에 순복해야 할 의무가 있다고 후커는 가르쳤다. 넷째, 교회 언약이야말로 지상교회가 행하는 성례와 권징에 이론적이며 실천적인 더욱 확실한 근거를 제시한다고 후커는 주장했다.[771]

요컨대 후커가 강조하는 바에 따르면, 비분리파 회중주의교회의 교회 언약은—보이는 교회와 보이지 않는 교회의 전통적인 구분의 틀 안에서 볼 때—결국 이 땅에 존재하는 보이는 교회를 위한 일종의 "외면 언약"이었다. 바로 이 점

---

771 Thomas Hooker, *A Survey of the Sum of Church-Discipline* (London: A. M. for John Bellamy, 1648), 11, 14-24, 45-55, 66-78, 87, 90-139, 186-87, 190-213, 187-229, 290-93, part III, 5-6. 8-46, part IV, 3-14, 38-42.

이 회중교회의 성격에 대한 오해의 핵심[772]이었기에 후커는 이와 관련하여 몇 가지 중요한 개념들을 좀 더 자세하게 상술한다.

1) 명시적/묵시적 교회 언약

보이는 교회의 존재 근거와 관련하여 후커는 세 가지 원인을 말한다. 삼위일체의 하나님은 작용인(efficient cause), 보이는 성도는 질료인(material cause), 그리고 마지막으로 형상인(formal cause)에 해당하는 것이 바로 교회 언약이다.[773] 교회 언약이 없다면 성도는 마치 "길가에 흩어져 있는 벽돌 조각들"과 같은 존재일 뿐이다. 마치 벽돌과 벽돌을 이어 온전한 건물을 완성하는 데 시멘트가 필요하듯이, 교회 언약은 유기체로서의 "[지상]교회를 교회 되게 하는 그 무엇"이다. 결국, 교회 언약 없이는 이 땅에 보이는 교회가 세워질 수 없다고 후커는 주장한다.[774]

이러한 주장에 대해 루더포드는 다음과 같이 반론을 제기한다. "만일 이 교회 언약이 진실로 보이는 교회의 본질과 형상에 해당한다면…사도 시대 이래로, 오늘날 뉴잉글랜드와 몇몇 장소를 제외한 전 세계의 그 어떠한 장소에서도 보이는 교회는 존재하지 않았다는 이야기가 된다."[775] 교회 언약이 뉴잉글랜드 회중

---

772 Rutherford, *A Survey of the Survey*, 5-7, 39, 42; Hooker, *A Survey of the Sum of Church Discipline*, 22-23.

773 Hooker, *A Survey of the Sum of Church Discipline*, 12-14, 45.

774 Hooker, *A Survey of the Sum of Church Discipline*, 45-46. 리처드 매더와 존 코튼의 견해 역시 후커의 주장과 일치한다. Richard Mather, *Church Government and Church Covenant Discussed*, 8-9; idem, *An Apology of the Churches in New England for Church Covenant* 5; John Cotton, *The Way of the Churches of Christ in New England*, 2-6, 59-64.

775 Rutherford, *A Survey of the Survey*, 167-68. Hooker, *A Survey of the Sum of Church Discipline*, 83. 이 문제는 이미 로버트 버나드-리처드 매더의 논쟁에서 제기된 바 있다. Mather, *An Apologie of the Churches in New England for Church Covenant*, 36-42. 같은 문제에 대한 코튼의 답변에 대해서는 다음을 참고하라. Cotton, *The Way of the Churches of Christ in New England*, 59-64.

교회에 의해 비교적 최근에 만들어진 인위적 발명품이라고 생각했던 루더포드에게 있어 이것은 지극히 당연한 결론이었다.

이에 대한 답변으로 후커와 그의 회중교회 동료들이 제시한 것은 소위 "명시적(explicit) 교회 언약"과 "묵시적(implicit) 교회 언약"을 구분하는 것이었다. 전자가 모든 회중 앞에서 공개적으로 행해지는 교회 언약을 가리킨다면 후자는 그 교회 언약이 구현하는 실체를 지칭한다. 비록 명시적인 교회 언약 없이 지교회가 세워졌다고 하더라도 그 교회가 교회 언약이 표현하는 내용들—정기적으로 드려지는 예배와 규칙적인 출석, 성도의 교제, 말씀과 성례, 치리와 이에 대한 순종 등—을 실제로 구현하고 있다면 그 교회는 묵시적 형태의 교회 언약 위에 세워진 참 교회라고 후커는 인정한다.[776] 따라서 후커는 다음과 같이 결론을 내린다.

[교회] 언약은 그 실체에 의해 유지되는 것이다. 최소한 묵시적 형태의 교회 언약을 가지고 있다면, 과거로부터 지금에 이르기까지 존재해온 모든 교회는 이들이 영국, 네덜란드, 프랑스 등 어느 곳에 세워졌든지 장소를 불문하고 모두 참 교회라고 말할 수 있다.[777]

아울러 후커는 독자들로 하여금 뉴잉글랜드 회중교회가 분리주의자들의 교회라는 오해와 선입견을 버릴 것을 간곡히 당부한다.[778]

하지만 이와 같은 결론은 독자들로 하여금 또 다른 질문을 제기하도록 유도한다. 후커의 말대로 보이는 교회의 형상인(formal cause)으로서 묵시적 교회

---

[776] Hooker, *A Survey of the Sum of Church Discipline*, 47-48. 매더 역시 명시적/묵시적 교회 언약의 구분을 사용하고 보이는 교회의 본질이 묵시적 형태의 교회 언약으로 보존될 수 있음을 인정한다. Mather, *An Apologie of the Churches in New England for Church Covenant*, 36-42. 후커와 매더는 윌리엄 에임스의 견해에 크게 영향을 받은 것으로 보인다. William Ames, *Medulla Theologiae* (Londini, : Apud Robertum Allottum, 1629) 1.32.15.

[777] Hooker, *A Survey of the Sum of Church Discipline*, 84.

[778] Hooker, *A Survey of the Sum of Church Discipline*, 48.

언약이 교회가 성립하는 데 있어 충분한 것이라면 왜 그의 회중교회는 굳이 명시적 형태의 교회 언약을 고집하는가? 사실상 이것은 이미 예견된 질문이었다. 후커는 묵시적 교회 언약에 비해 명시적 교회 언약이 주는 세 가지 유익을 다음과 같이 정리한다.

첫째, 명시적 교회 언약에 의해 교회 회원들은 이들의 의무 사항을 보다 온전하게 이해할 수 있고 좀 더 명확한 판단력을 갖게 된다.

둘째, 명시적 교회 언약은 교회 회원들로 하여금 주님과 회중 앞에서 이들 스스로 인정하고 고백한 언약의 조항들에 대해 이후 이의를 제기하거나 그것으로부터 일탈하는 것을 방지해 준다.

셋째, 명시적 교회 언약은 교회 회원들의 마음을 더욱 강력하게 결속시킨다. 하나님과 회중 앞에서 언약한 바를 지키고 실천하도록 이들은 심령은 더욱 고무되고 자극되며 그 언약에 보다 적극적으로 헌신하게 된다.[779]

명시적 교회 언약이 제공하는 이와 같은 유익들은 이전 시대까지는 오로지 소수의 특권으로만 제한되어 있던 것이었다. 주지하다시피 종교개혁과 더불어 진리에 대한 지식과 교회 안에서 성도에게 보장된 많은 권리가 일반 신도에게 개방되기 시작했다. 이러한 특권이 (명시적 교회 언약의 도입을 통해) 교회 안의 모든 회원에게 확대되는 것이 종교개혁의 완성이라고 후커는 주장한다. 또한 이러한 변화는 하나님께서 구약의 선지자들—하박국, 에스겔, 다니엘, 이사야, 스가랴 그리고 예레미야 선지자 등—을 통해 미리 예언한 것에 대한 신약적 성취라고 후커는 확신한다.[780]

---

779 Hooker, *A Survey of the Sum of Church Discipline*, 48-49.

780 Hooker, *A Survey of the Sum of Church Discipline*, "Preface," 7-9. 후커가 인용하는 구약의 예언서는 다음과 같다: 합 2:14, 겔 43:11, 47:4-5, 단 12:4, 슥 2:2-5; 사 25:7, 30:25; 슥 12:8; 예 31:33-34. 특히 회중교회의 교회 언약은 새 언약의 성취로서 이해될 수 있다. 한편 리처드 매더 역시 후커의 시각을 공유한다. 매더는 특히 다음의 성경을 인용한다: 사 44:5, 56:6-7, 겔 20:37, 사 44:5. 예를 들어, 이사야 44:5을 인용하면서 매더는 "신약 시대에 사람들은 공

2) "보이는 성도"(Visible Saints)의 성격

교회 언약 못지않게 — 보이는 교회의 질료에 해당하는 — "보이는 성도"(visible saints) 또한 적지 않은 논쟁을 불러일으켰다. 루더포드가 보기에 회중교회의 교회 언약은 거듭난 성도만으로 지상교회를 채우려는 분리주의자들의 시도였다. 이 때문에 루더포드는 교회의 회원권에 대한 후커의 견해를 당시 분리주의 교회를 대표하는 인물로 널리 알려진 존 로빈슨의 그것과 동일한 것으로 묘사한다: "보이는 교회는, 그 본질적인 구성에 있어 천상교회와 마찬가지로, 오로지 거듭난 신자로만 구성되어야 한다고 로빈슨씨와 그의 동료들은 주장하는데 후커씨는 바로 이 점에서 이들을 옹호하고 있는 것이다."[781]

이처럼 회중교회의 교회 언약이 "보이는 성도"를 보이지 않는 천상교회의 거듭난 성도와 일치시키려는 분리주의자들의 시도였다는 비판은 단지 루더포드만의 생각이 아니다. 에드먼드 S. 모건은 그의 저서 『보이는 성도』(Visible Saints, 1963)에서 뉴잉글랜드 회중교회의 "보이는 성도"의 개념이 소위 "순수한 교회"에 대한 분리주의자들의 이상에 깊이 뿌리박고 있는 것으로 묘사하였다. 이에 대한 근거로서 모건은 당시 회중교회 안에서 정회원권을 얻고자 하는 후보자들에게 요구된 것으로 알려진 소위 "구원의 은총"에 대한 간증을 지적한다.[782]

그러나 적어도 후커의 시각에서 보았을 때, 루더포드나 모건의 주장은 매우

개적으로 자신의 신앙을 고백하고, 여호와께 속한 주의 백성이 되기로 엄숙히 언약을 맺게 될 것이다."라고 말한다. Mather, *An Apology of the Churches in New England for Church Covenant*, 31.

[781] Rutherford, *A Survey of the Survey*, 41. 루더포드는 로빈슨의 다음의 저서를 인용하다. John Robinson, *Justification of Separation from the Church of England* (Amsterdam: G. Thorp, 1639), 97-98.

[782] Edmund S. Morgan, *Visible Saints: The History of a Puritan Idea* (Ithaca & London: Cornell University Press, 1963, 1982), 1-32, 33-63.

중요한 문제점을 가지고 있다. 그것은 바로 두 사람 모두 정작 "보이는 성도"에 대한 회중주의교회 당사자들의 정의와 설명에 충분히 귀 기울이지 않는다는 사실이다. 예를 들어, 모건은 "구원 얻는 믿음"을 검증하는 시스템을 뉴잉글랜드 회중교회에 최초로 도입한 인물들로 존 코튼과 토머스 후커를 지적하면서도, 이들이 애써서 변증한 내용―특히 이것이 보이는 교회와 보이지 않는 교회의 전통적인 경계를 허무는 것이 아님을 길게 설명한 부분―을 크게 생략한다.[783]

코튼과 후커에 따르면, 비분리파 회중주의 교회가 오로지 거듭난 신자들만으로 구성된 (분리주의자들의) "순수한 교회"의 이상 위에 건립되었다는 비판은 다음의 두 가지 사실에 의해 마땅히 수정되어야 한다.

첫째, 코튼과 후커의 회중교회는 (교회 언약을 맺고 성찬과 교회의 치리에 참여하는) "정회원" 외에도 모든 정규 예배에 참여하여 "말씀을 듣는 일반 신도"를 교회의 구성원으로 포함하고 있었다는 사실이다. 후자와 관련하여 뉴잉글랜드 회중교회들은 영국 국교도와 장로교인을 포함하는 모든 사람에게 교회의 문을 차별 없이 개방하고 있는 현실을 코튼은 강조한다. 따라서 그는 뉴잉글랜드 회중교회를 오직 택자들의 모임으로만 묘사하는 것이 전혀 현실과 다르다고 말한다.[784]

둘째, 후커에 따르면, 정회원의 자격을 심사하는 과정에서 후보자들에게 요구되는 공적인 신앙고백과 간증은 (비판자들의 선입관과는 달리) 택자들(알곡)을 위선자들(가라지)로부터 구분해 내는 것을 핵심적인 목표로 삼지 않는다. 무

---

[783] Morgan, *Visible Saints*, 87-96. 뉴잉글랜드 시스템의 도입 시기와 주체에 대한 모건의 가설은 코튼 매더의 *Magnalia Christi Americana* (London, 1702)와 윌리엄 허버드의 *General History of New England* (Boston, 1848)에 크게 의존하고 있다. 그러나 최근 M. G. 디트모어는 이 사료들의 신빙성에 이의를 제기하며 모건의 가설은 수정되어야 한다고 지적한다. Michael G. Ditmore, "Preparation and Confession: Reconsidering Edmund S. Morgan's Visible Saints," *The New England Quarterly* 67:2 (1994): 298-319.

[784] Cotton, *The Way of the Churches of Christ in New England*, 56; idem, *Of The Holiness of Church Members* (London: F.N. for Hanna Allen, 1650), 60.

엇보다 모든 심사는 보이지 않는 실재를 드러내는 "진실"에 기초한 판단이라기보다는 소위 "사랑의 판단"(judgment of charity)에 기초하여 이루어지기 때문이다. 후커에 따르면 "성도"는 크게 두 가지로 정의될 수 있다. 한편으로, 성도는 하나님에 의해 내면적으로 부르심을 입은 소위 "택자들"로서 이들은 보이지 않는 천상교회의 구성원에 해당한다. 다른 한편으로, 성도는 하나님의 외면적인 부르심을 입은 보이는 교회의 구성원을 의미한다. 실제로 구원을 얻은 택자들, 곧 보이지 않는 교회의 구성원들을 구분해 내는 것이 "진실에 따른 판단"에 의해 가능하다고 한다면 보이는 교회의 구성원, 소위 "보이는 성도"를 규정하는 것은 겉으로 드러난 이들의 외면적 고백과 행위에 근거한 철저히 외면적 판단에 의한 것이다. 이 외면적 판단은 회중이 후보자들의 외면적 고백과 서약 그리고 간증을 최대한 호의적으로 수용할 것을 요구한다. 왜냐하면 가라지를 구분해 내려다 자칫 알곡을 다치게 할 수 있기 때문이다. 따라서 코튼은 이렇게 말한다.

이러한 심사의 과정에서 우리는 결코 높은 기준을 요구하지 않는다. 그것이 [진리에 대한] 지식이든 거룩한 삶에 대한 것이든 말이다. 진실로 우리는 기꺼이 우리의 팔을 벌려 믿음이 연약한 자들을 수용한다. 그 이유는 다음과 같다. 그리스도께 속한 단 한 명의 소자가 실족하는 것보다는 차라리 99명의 위선자를 받아들여 이들이 교만 가운데 멸망하도록 두는 것이 더욱 낫다고 믿기 때문이다. 바로 이러한 이유에서 교회는 위선자들을 받아들이는 것이다.[785]

이와 같은 진술은 코튼과 후커의 교회에는 위선자들이 들어설 자리가 없다고 주장한 루더포드의 주장[786]이 사실과 전혀 다른 것임을 증거한다. 후커 역시

---

[785] Cotton, *The Way of the Churches of Christ in New England*, 58. 또한 코튼의 다음의 저서를 참고하라 *Of the Holiness of Church Members*, 16-18.

[786] Rutherford, *A Survey of the Survey*, 42. idem, *The Covenant of Life Opened* (Edinburgh: Andro anderson, 1655), 130.

자신의 교회에 가룟 유다, 데마, 시몬 마구스 그리고 아나니아와 같은 자들이 "사랑의 판단"을 따라 얼마든지 "보이는 성도"의 자격을 얻어 정회원이 될 수 있다고 주장했다. 왜냐하면 "우리의 주님은 이들을 대하실 때 인간의 마음을 통찰하시는 하나님으로서가 아니라 교회의 방식(a Church-way)으로 상대하시기 때문이다."[787] 바로 이러한 이유에서 후커는 다음과 같이 결론을 내린다. "보이는 교회의 구성원이 되는 자격에 관하여 우리는 루더포드씨가 근거로 삼는 내용들, 그 이상의 것을 요구하지 않는다."[788] 요컨대 후커에게 있어 "보이는 성도"는 말 그대로 보이는 교회의 경계 안에 머무는 외견상의(apparent) 성도였던 것이다.

3) 교회 언약과 성례

마지막으로 성례와 관련해서도 회중교회의 교회 언약은 논쟁의 여지를 제공했다. 예를 들어, 교회 언약은 한 지교회의 회원들로 하여금 이웃 교회의 성찬에 참여하는 것을 금한다든지, 한 지교회의 성직자가 이웃 교회에 가서 성례를 집례하는 것을 허용하지 않는다는 식의 논리가 루더포드의 교회 언약 비판에 종종 등장한다.[789] 하지만 이것은, 교회 언약이 분리주의적인 개교회주의를 강화시킨다는 선입관에서 비롯된 오해일 뿐 사실과는 전혀 다른 것으로 밝혀졌다. 코튼에 따르면 실제로 뉴잉글랜드의 회중교회들은 성찬을 통한 이웃 교회들과의 교제와 연합을 오히려 적극 장려하고 있었다.[790] 다만 한 지교회 안에서 이

---

787   Hooker, *A Survey of the Sum of Church Discipline*, 15. 또한 다음의 페이지를 참고하라. 23-24, 204.
788   Hooker, *A Survey of the Sum of Church Discipline*, 21.
789   Rutherford, *A Survey of the Survey*, 106-107, 166. 에드먼드 모건 역시 이것을 언급한다. Morgan, *Visible Saints*, 96.
790   Cotton, *The Keys of the Kingdom of Heaven*, 17.

루어지는 성례는 [집례자와 회중 사이에 맺어진] 명시적인 교회 언약에 의해 보장 혹은 위임된 "교회의 권세"(church power)에 기초하여 이루어지는 반면, 이웃 교회의 성례에 참여하는 것은 모든 보이는 교회의 성도에게 보편적으로 보장된 "교회의 특권"(church privilege)에 근거하는 차이가 있을 따름이라고 후커는 설명한다.[791]

사실상 성례와 관련하여 루더포드-후커의 논쟁에서 정작 핵심적 쟁점이 된 것은 다른 곳에 있었다. 그 어떠한 지교회에도 소속되지 않은 사람이 과연 교회가 베푸는 성례에 참여할 수 있는가의 문제를 놓고 두 사람은 첨예하게 대립했다. 루더포드는 긍정적인 입장을 후커는 부정적인 입장을 취하였다. 루더포드는 소위 "보편적 보이는 교회"(visible catholic church)의 개념을 동원하였다. 비록 지교회의 구성원이 아닌 사람이라 할지라도 자신의 신앙을 고백하는 자라면 그는 이미 "보편적 보이는 교회"의 구성원이기 때문에 교회가 베푸는 성례에 참여할 자격을 얻을 수 있다고 루더포드는 주장했다.[792] 그러나 후커의 시각에서 보았을 때 이것은 이치에 맞지 않는 논리였다. 만일 "보편적 보이는 교회"가 존재한다면 그것과 지교회의 관계는 속(屬 genus)과 종(種 species)의 관계라고 후커는 생각했다. 따라서 후자의 회원권을 먼저 얻지 않은 상태에서 전자의 회원이 된다는 것은 어불성설이라고 후커는 비판했다.[793]

한편 후커에게 있어 성례는 이미 그 자체로 교회 언약을 전제한다. 왜냐하면 성례는 하나님께서 구약 교회와 신약 교회에게 주신 언약의 보증이기 때문이다.

---

[791] Hooker, *A Survey of the Sum of Church Discipline*, 241, 295. 하지만 루더포드는 이처럼 소위 "교회의 권세"와 "교회의 특권"을 구분하는 것 자체를 반대한다. Rutherford, *The Due Right of Presbyteries*, 297.

[792] Rutherford, *The Due Right of Presbyteries*, book II, 186.

[793] 후커는 말한다. "속(屬 genus)의 본질은 오로지 종(種 species) 안에서만 존재하고 관찰될 수 있다." 이는 마치 동물의 본질이 사람과 짐승 속에서, 사람의 본질은 개별자들 안에서 발견되는 것과 같은 원리라고 후커는 설명한다. Hooker, *A Survey of the Sum of Church Discipline*, 245, part III, 20.

따라서 성례는 교회와 분리되어 신자들이 사적으로 행할 수도 없고, 아무런 지교회에 소속되지 않은 자가 교회 회원 가입의 절차를 생략하고 자유롭게 참여할 수도 없는 것이라고 후커는 가르쳤다.[794]

그런데 이러한 이견에도 불구하고 두 사람 모두 동의하는 중요한 원칙이 있었다. 언약의 봉인으로서의 성례는 하나님께서 보이는 교회에 주신 선물, 곧 "보이는 성도"가 누리는 외면적 특권이라는 사실이다. 어디까지나 이것은 보이는 교회의 특권이기에 모든 성례는 겉으로 드러난 신앙고백과 행동에 근거하여 베풀어져야 했다. 이 때문에 루더포드가 가정한 성례 참여의 최소조건, 곧 "보편적 보이는 교회"의 일원이 되기 위해서도 최소한 "눈에 보이는 고백자"(visible professor)는 되어야 한다고 그 역시 인정했다.[795] 결국 두 사람 모두 성례를 한편으론 지상교회의 특권으로 묘사하면서도 다른 한편으론 그것을 천상교회의 실재, 다시 말해 "보이지 않는 성도"(택자)로부터는 원칙적으로 구분하였던 것이다.

사실 본장의 주제와 관련하여 이 구분은 매우 중요한 의미를 가진다. 만일 성례와 더불어 회중교회의 교회 언약이 (후커와 그의 동료들이 애써 주장하는 바대로) 천상교회가 아닌 지상교회의 실재에 속한 것으로 인식되고 실천되는 것이 분명하다면, 후커와 회중주의자들이 성경과 교회 전통에서 벗어나 전혀 "새로운 교회"를 세우고자 시도했다는 루더포드의 비판[796]은 분명 과장된 것으로 밝혀질 것이기 때문이다.

---

794 Hooker, *A Survey of the Sum of Church Discipline*, 288-96, part III, 10. 후커는 "교회의 행위"(church action)를 일반적인 "성도의 행위"(Christian action)로부터 구분한다. 교회의 행위는 교회의 권능(church power)에 근거하는데 이러한 권위는 교회 언약으로부터 흘러나온다. 성례는 교회의 행위이며 따라서 교회 언약은 성례의 기초가 된다고 후커는 주장한다. Hooker, *A Survey of the Sum of Church Discipline*, 290-92.
795 Rutherford, *The Due Right of Presbyteries*, book II, 186.
796 Rutherford, *A Survey of the Survey*, 6, 18-19, 88.

3. 절반 언약 논쟁을 통해 드러난 교회 언약의 성격

루더포드-후커의 논쟁이 종결된 후 얼마 지나지 않아, 뉴잉글랜드 교회회의(1662)는 후일 "절반 언약"(Half-way Covenant)으로 불릴 일종의 준회원 제도를 공식화하였다. 절반 언약은 아직 정회원의 자격을 얻지 않은 제2세대 교인들—이들은 부모의 교회 언약에 근거해서 유아세례를 받았다—의 자녀들에게 유아세례를 베풀도록 허락하기 위해 도입된 조처였다. 이것이 발표되자 소수의 성직자들은 즉각 반발하였다. 유아세례는 정회원의 직계 자녀들에게 만으로 제한되어야 한다고 생각했던 찰스 촌시, 존 데번포트, 그리고 인크리즈 매더와 같은 인물들은 이에 반대하는 소책자들을 출판하며 논쟁을 주도하였다.[797] 이들과 논쟁하면서 절반 언약의 원칙을 옹호한 대표적인 인물로는 존 앨린, 리처드 매더, 조나단 미첼 등이 있다. 인크리즈 매더의 경우, 후일 기존의 반대 입장을 수정하여 절반 언약을 옹호하는 진영에 가담하였다.[798]

절반 언약 논쟁 과정에서 드러난 두 가지 흥미로운 사실들이 있다. 첫째, 절반 언약의 원칙이 최초로 논의된 것은 1662년보다 훨씬 이전인 1634년이라는 사실이다. 당시 도체스터 교회의 한 나이 많은 성도는 손자의 유아세례 문제를

---

[797] 반대편의 여론을 주도한 논객들의 대표작들은 다음과 같다. Charles Chauncy, *Anti-Synodalia Scripta Americana* (London, 1662); John Davenport, *Another Essay for Investigation of the Truth* (Cambridge, Mass.: Samuel Green and Marmaduke Johnson, 1663). 이 글의 서문을 Increase Mather가 작성하였다.

[798] 절반 언약을 둘러싼 소책자 전쟁에 대해서는 다음의 기록들을 참고하라. Congregational Churches in Massachusetts, *Propositions Concerning the Subject of Baptism and Consociation of Churches* (Cambridge, Mass.: S. G., 1662); John Allin, *Animadversions upon the Antisynodalia Americana* (Cambridge, Mass.: S. G., 1664); Richard Mather and Jonathan Mitchell, *A Defence of the Answer and Arguments of the Synod met at Boston in the year 1662* (Cambridge, Mass.: S G., 1664); 또한 인크리즈 매더의 후기 작품들을 참고하라. Increase Mather, *The First Principles of New-England, Concerning the Subject of Baptisme & Communion of Churches* (Cambridge, Mass.:Samuel Green, 1675); idem, *A Discourse Concerning the Subject of Baptisme* (Cambridge, Mass.: Samuel Green, 1675). 이후 양측의 논쟁은 소위 "엄격한 회중주의자들"과 "관대한 회중주의자들" 사이의 싸움으로 발전했다. Thomas Lechford, *Plain Dealing; or News from New England* (Boston: J. K. Wiggin, 1867); 48; H. M. Dexter, *The Congregationalism of the Last Three Hundred Years*, 474, 508; W. Walker, *History of the First Church in Hartford, 1633-1883*, 209; Pope, *The Half-Way Covenant*, 86.

놓고 상담을 의뢰하였다. 아기의 부모가 그 교회의 정회원이 아니었던 것이 문제가 되었다. 결국 이 문제는 보스턴에서 개최된 교회회의에서 공론화되었다. 의결 결과는 존 코튼이 작성하여 같은 해 12월 16일, 도체스터 교회로 전달했다. 코튼에 따르면 보스턴 회의에 참여한 회중교회의 지도자들은 (놀랍게도) 거의 만장일치로 이 절반 언약의 원칙에 동의했다.[799]

둘째, 코튼의 서한에서 이미 예견된 바대로, 1634년에서 1662년 사이에 있었던 주요 회의들에서 뉴잉글랜드 회중교회 지도자들의 대다수는 언제나 절반 언약의 원칙에 호의적인 태도를 취하였다. 예를 들어 케임브리지 총회(1643-48)에 참여했던 참석자들의 절대다수도 절반 언약의 원칙을 지지하였다. 1662년 이후, 절반 언약을 지교회로 도입하는 것을 적극 반대했던 주체는 대부분의 경우 지교회의 일반 신도들이었다. 오히려 많은 신학자들과 지교회의 성직자들은 그것을 수용하도록 회중들을 설득하는 입장에 있었다는 것이 쿠퍼의 연구 결과로 잘 드러났다.[800] 쿠퍼의 주장은 당시의 사료들의 증언과도 잘 부합한다. 특히 인크리즈 매더가 초기의 반대 입장을 철회하고 절반 언약을 적극 옹호하게 된 이유도 이 사실을 잘 설명해 준다. 절반 언약 논쟁의 과정에서 인크리즈 매더는 초기 뉴잉글랜드 회중교회주의자들의 저서들을 직접 연구하였다. 그 결과는 자신의 애초의 예상을 뒤엎는 것이었다. 존 코튼, 리처드 매더, 토머스 굿윈, 필립 나이, 토머스 셰퍼드를 비롯한 대다수 선배들의 회중교회론 안에서는 사실상 교회 언약과 절반 언약의 원칙이 처음부터 양립 가능했음을 매더는 발견한 것이었다.[801]

---

799   Increase Mather, *The First Principles of New England*, 2.
800   Cooper, *Tenacious of Their Liberties*, 89-92, 97, 242 note 44, 243 note 54.
801   인크리즈 매더의 입장변화에 대해서는 특히 *The First Principles of New-England* (1675)를 참고하라.

위에 언급한 두 가지 외에도 더욱 흥미로운 사실이 있다. 그것은 절반 언약의 논객들이 토머스 후커의 입장을 해석하는 과정에서 잘 드러난다. 재미있게도 후커는 절반 언약을 찬성하거나 반대하는 무리 양측에서 모두 각각의 입장을 지지하는 중요한 인물로서 묘사되었다. 예를 들어 존 데번포트는 만일 후커가 살아있다면 자신들의 편에 서서 절반 언약을 반대했을 것이라고 주장했다. 사실 데번포트의 확신은 후커의 글에 기초하고 있었다. 후커는 『교회 치리 강요 개설』(1648)의 한 부분에서 절반 언약의 원칙에 반대하는 입장을 명시적으로 밝혔기 때문이다.[802] 하지만 후커 자신은 데번포트와 같은 정도의 확신을 가진 것은 결코 아니었다. 데번포트가 인용한 부분을 포함하는 동일한 장에서 후커는 사실상 절반 언약의 원칙을 지지하는 쪽으로 기우는 자신의 내심에 대해 길게 토로하고 있기 때문이다. 절반 언약의 도입을 반대하는 그의 의사표명은 오랜 숙고와 주저함 끝에 조심스럽게 내려진 결론이었다.[803]

한편 절반 언약을 지지하는 논객들 역시 주저함 없이 후커의 저서들을 인용하며 이들의 절반 언약 옹호론을 개진해 나갔다. 특히 후커가 가르친 교회 언약의 신학과 논리가 절반 언약의 원칙과 더불어 서로 모순 없이 잘 양립 가능하다는 사실에 이들은 주목했다. 예를 들어 인크리즈 매더는 후커의 명시적/묵시적 교회 언약의 개념에 초점을 두고 후커가 양자를 구분하면서 동원한 한 가지 예화를 언급했다. 묵시적 언약을 설명하면서 후커는 하나의 극단적인 상황을 가정했다. 지교회의 정회원에 해당하는 부모들이 한순간에 다 사망한 경우에 이들의 어린 자녀들은 과연 교회의 정회원으로 간주될 수 있는가? 후커는 그렇다고

---

802   Hooker, *A Survey of the Sum of Church Discipline*, part III, 12. 같은 페이지를 인용하면서 윌리엄 워커 또한 후커는 절반 언약의 입장을 반대했을 것이라고 주장한다. *William Walker The Creeds and Platforms of Congregationalism* (New York: Scribner, 1893), 145, 169.

803   Hooker, *A Survey of the Sum of Church Discipline*, part III, 12.

대답한다. 이 경우, 비록 이들이 아직 명시적인 교회 언약을 맺지 않았다 할지라도 이들은 묵시적인 교회 언약에 의해 그 교회 안에 정식 회원으로 충분히 남을 수 있다고 후커는 설명한다. 이러한 후커의 원리는—인크리즈 매더가 확신하는 바에 따르면—절반 언약의 쟁점이 되는 제3세대 자녀들의 유아세례 문제에 대해서도 분명 긍정적인 해결책을 제시할 것이라고 매더는 주장했다.[804] 한편 존 앨런과 조나단 미첼의 경우는 후커가 외면적/내면적 언약을 구분한 사실을 인용한다. 만일 후커의 원칙대로 유아세례 교인인 부모가 외면 언약에 근거한 보이는 교회의 외면적 특권을 누리고 있고, 현재 절반 언약의 쟁점이 되는 제3세대의 자녀들이 구하는 것도 부모와 동일한 종류의 외면적 특권이라고 한다면 이들에게 굳이 유아세례를 금할 이유가 없다고 이들은 주장한다. 한 걸음 더 나아가, 앨런과 미첼은 보이는 교회 안에서 최소한 유아세례 교인으로 성장한 모든 부모는 이들의 자녀로 하여금 유아세례를 받도록 해야 할 것이라고 말한다.[805]

요컨대 인크리즈 매더, 앨런, 미첼 등의 입장에서 보았을 때, 후커가 가르친 교회 언약의 성격과 원리들—특히 보이는 교회를 위해 존재하는 묵시적 언약과 외면 언약으로서의 교회 언약의 성격—과 이들이 옹호하고 있는 절반 언약의 원칙 사이에는 그 어떠한 모순이나 배타적인 대립 관계가 발견되지 않았다. 오히려 이들은 양자 사이에 존재하는 일종의 교회론적인 연속성을 발견하고 그것을 근거로 사람들을 설득하고자 노력했던 것이다.

---

[804] Increase Mather, *The First Principles of New-England*, 8. 매더가 인용하는 후커의 예화를 참조하라. Hooker, *A Survey of the Sum of Church Discipline*, 48.

[805] Allin, *Animadversions upon the Antisynodalia Americana*, 3-4. Mitchell's "Preface" to Propositions Concerning the Subject of Baptism and Consociation of Churches, 8. 이들 역시 후커의 *Survey*를 자주 인용한다.

4. 맺는말

교회 언약과 절반 언약의 급격한 단절성을 주장한 밀러 테제는 지금까지 본 장을 통해 확인된 몇 가지 사실들과 더불어 크게 세 가지 측면에서 부합하지 않는다. 첫째, 밀러에 따르면 절반 언약의 옹호자들은 절반 언약의 도입을 통해 내면적/외면적 언약의 구분을 기존의 교회 언약 전통에 새롭게 도입하였다.[806] 하지만 루더포드-후커의 논쟁을 통해 밝혀진 바에 따르면, 내면적/외면적 언약의 구분은 이미 교회 언약이 처음 도입되었을 때부터 교회 언약을 설명하는 핵심적인 틀로서 존재했다. 더구나 후커를 비롯한 교회 언약의 주창자들 사이에 널리 수용된 교회론의 기본적 개념이었다. 따라서 이 구분을 후기에 발달된 것으로 생각한 밀러의 가정은 사실과 맞지 않는다. 둘째, 밀러는 절반 언약의 도입으로 말미암아 은혜 언약과 교회 언약 사이에 급격한 분리가 이루어졌다고 생각한다. 그 결과, "교회 언약은 이제 더 이상 영적 회심을 증거하는 직접적인 표현이 될 수 없었다"라고 밀러는 주장한다.[807] 그러나 밀러의 묘사와는 달리, 후커와 그의 동료들은 은혜 언약과 교회 언약을 비교적 명확하게 구분하고 있었다. 예를 들어 후커는 은혜 언약을 택자들의 영혼과 더불어 맺는 (좁은 의미의) 비가시적 은혜 언약과 보이는 교회와 더불어 공적으로 맺는 (넓은 의미의) 가시적이며 외면적인 은혜 언약으로 구분한 후 회중교회의 교회 언약이 후자에 속하는 것으로 분명히 가르쳤다. 그 결과 소위 가라지 혹은 위선자들의 자리를 그의 교회와 교회 언약 개념 안에 처음부터 마련하고 있었다. 셋째, 절반 언약의 도입 과정에서 일어난 갈등을 소위 세대 간의 차이로 이해한 밀러의 가설은 역사적

---

806 Miller, *The New England Mind: From Colony to Province*, 98.
807 Miller, *The New England Mind: From Colony to Province*, 96, 98. 이러한 밀러의 평가는 비분리파 회중주의를 분리주의자들의 교회론과 엄밀하게 구분하지 못한 결과 초래된 잘못된 선입관에 기초한 것으로 보인다.

사실과 맞지 않는다. (이미 쿠퍼가 잘 지적한 바대로) 대다수의 회중교회의 지도자들은 매우 이른 시기부터 소위 절반 언약의 원칙에 매우 호의적인 태도를 취하고 있었다.

이러한 사실들은 뉴잉글랜드 회중교회의 교회 언약과 절반 언약 사이의 관계를 어떻게 규정할 것인가의 문제를 이해하는 데 있어 우리에게 중요한 도움을 제공한다. 특히 교회 언약 및 절반 언약 논쟁에 직접 참여한 논객들이 남긴 방대한 양의 자료들은 양자의 관계를 주로 단절성 중심으로 파악해온 이후 세대의 연구들이 가진 근본적인 문제점들을 잘 드러내 준다. 그뿐 아니라 연구자들로 하여금 양자 사이에 존재하는 연속성/비연속성에 관한 보다 균형 잡힌 해석의 틀을 모색할 것을 촉구한다.

물론 뉴잉글랜드 초기 회중교회의 교회 언약과 다음 세대의 절반 언약 사이의 관계를 고찰하면서 이들 사이에 존재하는 신학적 (교회론적) 연속성을 주목하고 주로 이것을 부각한 필자의 의도가 또 다른 선입관에 의해 곡해되어서는 안 될 것이다. 예를 들어 필자는 절반 언약의 도입이 초기 정착자들의 교회론적 이상으로부터의 후퇴라는 견해를 전면으로 부정하는 것은 아니라는 사실을 밝혀둔다. 아마도 후커와 그의 동료들 역시 교회를 향한 제2, 3세대의 신앙적 열심이 선배들의 그것에 미치지 못했음을 지적한 밀러의 생각에 기본적으로는 동의했으리라 생각한다. 그럼에도 이러한 신세대의 신앙적 쇠퇴(declension)가 밀러가 생각한 것과 같은 종류의 것이 아니었음을 이들은 거듭하여 강조했을 것이다. 밀러의 주장대로라면, 신세대의 타락은 (또 다른 측면에서 보면) 사실상 교회 언약의 주창자들이 가졌던 소위 "분별없는 신념"―혹은 "지극히 주관적이고 변덕스러운 중생의 신비가 [회중교회의] 교회론적 체계에 의해 제도화될 수 있다."라고 믿은 무분별한 확신[808]—으로부터 차츰 벗어나는 일종의 해방의 과정을 의미하는 것이기도 했다. 그러나 밀러가 미처 깨닫지 못했던 사실이 있다. 그것은 구세대의 신념이—특히 교회론의 신학에 있어—밀러가 생각한 것만큼 그토록 "분별없는" 것은 결코 아니었다는 사실이다.[809]

---

808   Miller, "The Half-Way Covenant," 714.
809   한편 신학적 연속성과는 별도로, 절반 언약의 도입과정에서 드러난 성직자들과 일반 신도 사이의 갈등은 교회 언약의 성격에 대한 양자의 이해 내지 태도에 있어 중요한 차이가 있을 수도 있음을 암시해 준다. 이에 대해서는 J. F. 쿠퍼의 연구서 *Tenacious of Their Liberties:* (1999)를 참고하라.

제11장 교회 언약(Church Covenant)

17세기 뉴잉글랜드 비분리파 회중교회의 교회 언약은 이전 세대까지 발전되어 온 청교도의 언약신학이 교회론의 영역에서 열매를 맺은 것이었다. 과연 교회 언약이 초래한 새로운 문제점은 무엇일까? 또한 그 해결점을 찾아가는 과정에서 교회에 대한 당대인들의 이해는 어떤 방식으로 성숙했는가? 제11장은 교회 언약과 소위 "절반 언약"(half-way covenant)의 연속성/비연속성 논의를 통해 이에 대한 대답을 찾아보았다.

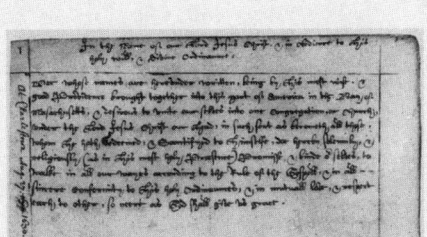 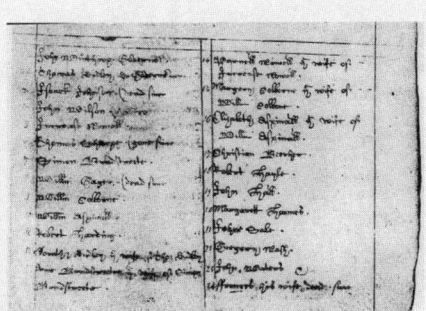

[좌] 1630년 보스턴 제일교회의 교회 언약(1630년). 그 내용은 다음과 같다.

[전문] In the Name of our Lord Jesus Christ, and in Obedienceto His holy will, and Divine Ordinaunce: Wee whose names are hereunder written, being by His most wise, and good Providence brought together into this part of America in the Bay of Massachusetts, and desirous to unite our selves into one Congregation, or Church, under the Lord Jesus Christ our Head, in such sort as becometh all whom He hath Redeemed, and Sanctifyed to Himselfe, doe hereby solemnly, and religiously (as is His most holy Presence) Promisse, and bind our selves, to walke in all our wayes according to the Rule of the Gospell, and in all sincere Conformity to His holy Ordinaunces, and in mutuall love, and respect each to other, so neere as God shall give us grace.

우리 주 예수 그리스도와 그의 거룩하신 뜻과 규례에 순종하면서 [아래와 같이 서약한다]: 아래와 같이 서명한 우리는 일찍이 하나님의 탁월한 지혜와 선하신 섭리에 따라 이곳 미국 매사추세츠만에 인도되었다. 우리는 우리 자신을 서로 연합하여 우리 주 예수 그리스도를 머리로 삼는 하나의 회중 혹은 교회—이 교회는 주님께서 친히 구원하시고 성화시킴으로서 주님 스스로 머리가 되신 것이다—를 이루기를 소원하며 다음과 같이 엄숙하게 또한 (그의 가장 거룩하신 존전 앞에서) 경건하게 약속하는 바이다. 곧 우리는 복음의 규칙을 따라, 또한 그의 거룩하신 규례를 모든 성실함으로 신종하면서, 하나님께서 베풀어 주실 은혜를 따라, 최선을 다해 피차 서로를 사랑하고 존중하며 우리의 모든 삶의 길에서 함께 동행하기로 서약한다.

[우] 앞의 교회 언약 끝부분

24명의 서약자 명단이 보인다.

http://www.firstchurchbostonhistory.org/covenantalintentinconstitutionallanguage.html

제 12 장
정교분리의 관점에서 조명한 사무엘 루더포드 – 토머스 후커의 17세기 교회론(교회 정부) 논쟁[810]

1. 들어가며

본 장은 17세기 중엽 영국과 뉴잉글랜드, 그리고 스코틀랜드를 무대로 진행된 교회론(교회 정부) 논쟁을 성경과 신학적 관점뿐만 아니라 정교분리의 역사적 정황 안에서 재조명한다. 정교분리의 시각—특히 국가교회의 인정 여부와 관련하여—으로 보았을 때, 17세기 중엽 스코틀랜드 교회와 뉴잉글랜드의 교회의 역사적 정황은 사뭇 달랐다. 영국 국교회의 억압에 대해 저항했던 스코틀랜드의 장로교회는 국가교회 체제 자체를 반대한 것은 아니었다. 오히려 스코틀랜드 교회는 자신의 영토 안에서 국가교회로서의 장로교주의를 정착시키고자 노력했다. 같은 시기 뉴잉글랜드의 교회들은 영국 정부와 국교회의 직접적인 지배에서 벗어나 상대적으로 교회의 독립성을 누릴 수 있었다. 새로운 환경에서 뉴

---

[810] 본 장은 2014년도 정부재원(교육과학기술부 학술연구조성사업비)으로 한국연구재단의 지원을 받아 연구되었음 (NRF-2014-322-2014S1A5A8017803). 아울러 「한국개혁신학」 47(2015): 184-217에 실린 논문임을 밝힌다.

잉글랜드의 회중교회들은 영국 국교회는 물론 계서제적인 치리를 구현하는 (국가교회로서의) 장로교 체제를 거부했다. 그 대신 개별 교회의 자율성과 교회의 치리에 회중이 자발적으로 참여하는 회중주의를 채택하였다. 스코틀랜드 장로교회가 국가교회의 틀 안에서 정치와 종교가 제도적으로 밀착되었다면, 뉴잉글랜드의 회중교회들은 영국 왕실과 의회로부터 일정한 거리를 유지할 수 있었다. 또한, 이들은, 영국 국교회의 탄압에 대해 저항해야 했던 스코틀랜드 장로교회와 달리, 각자가 속해 있던 지역의 식민법원(정부)과도 협력하며 상대적으로 유연한 관계를 유지할 수 있었다.[811] 이처럼 서로 다른 교회의 정황이 17세기 중엽 양자 사이에 벌어진 교회론 논쟁에는 어떤 식으로 반영되었을까?

주된 논객으로 참여한 토머스 후커(Thomas Hooker, 1586-1647)와 사무엘 루더포드(Samuel Rutherford, 1600-1661)는 각각 뉴잉글랜드 회중주의(비분리파)와 스코틀랜드 장로교주의를 대변하는 신학자들이었다. 또한 이들은 뉴잉글랜드와 스코틀랜드의 민주정치에 기초를 놓은 정치사상가로도 알려졌다. 루더포드는 1644년 영국에서 출간한 『법과 국왕』(*Lex, Rex*)를 통해 계약(언약) 사상에 기초한 국민 재권 사상을 주장했다.[812] 이에 근거하여 그는 당시 (계약을 파기한) 영국 왕정에 대한 국민의 저항을 정당화했다. 1660년 왕정복고가 이루어졌을 때 그의 저서는 불태워졌고 그는 반역죄로 기소되었으나 체포되기 직전에 사망하였다. 한편 『법과 국왕』이 출간되기 5년 전, 뉴잉글랜드에서 후커는 코

---

811 물론 지역에 따라 다양한 편차가 있었다. 일반화시키기는 어렵지만 로저 윌리엄스에 의해 개척된 로드아일랜드, 그리고 종교의 자유와 관용을 추구한 윌리엄 펜에 의해 개척된 펜실베이니아에서는 뉴잉글랜드의 타 지역에 비해 보다 엄밀한 의미에서 정교분리가 실행되었다고 말할 수 있다. 또한 토머스 후커에 의해 개척된 코네티컷이 (교회 회원만이 참정권을 행사할 수 있었던) 초기 매사추세츠 식민지에 비해 정교 분리를 보다 원칙적으로 구현했다고 평가받을 수 있다. 비록 오늘날의 기준으로 볼 때는, 당시 교회들과 식민정부의 관계가 긴밀히 유착된 것이 사실이지만, 데이비드 위어에 따르면, 정교분리의 원칙 또한 참으로 존재한 것이 사실이다. David A. Weir, *Early New England: A Covenanted Society* (Grand Rapids and Cambridge: Eerdmans, 2005), 228. 이와 관련하여 각주 76을 참고하라.

812 축약된 원제는 다음과 같다. *Lex, Rex: The Law and the Prince. A Dispute for the just Prerogative of King and People.* (London: John Field, 1644). 서명은 "법이 곧 왕이다"로 번역되기도 한다.

네티컷 기본법(*Fundamental Orders of Connecticut*, 1639)을 기초하는 데 있어 중요한 역할을 한 것으로 알려졌다. 후커는 모든 권력은 국민의 자유롭고 자발적인 동의로부터 나온다는 원칙을 지지했다. 또한 국민에 의해 선출된 정부는 국민에 의해 그 권력이 제한될 수 있다고 후커는 주장했다.

흥미로운 사실은 이처럼 정치 영역에서 발견된 후커와 루더포드 사이의 유사성이 이들의 교회론 논쟁 안에서는 같은 방식으로 발견되지 않는다는 것이다. 후커는 직접 민주정치의 원리와 유사한 회중주의를 옹호했던 반면에, 루더포드는 노회 정치를 그 핵심으로 삼는 장로교주의를 주장했다. 이 때문에 양자 사이에 커다란 논쟁이 벌어졌다. 후커는 루더포드의 장로교주의를 가리켜 로마 가톨릭교회의 계서제와 유사하며 종교개혁의 원리를 충분히 반영하지 못하는 교회 정부 형태라고 비난했다. 반면 루더포드는 후커의 회중주의는 지나치게 급진적이며 성경으로부터 지지를 받지 못한다고 비판했다. 겉보기로는 교회 내의 치리권을 회중에 귀속시킨 후커에 비해, 루더포드는 (좀 더 보수적 형태의 장로교주의를 옹호했기 때문에) 지나치게 보수적이거나 혹은 일관성을 상실한 것으로 평가받기도 한다.[813]

후커와 루더포드 사이에 벌어진 교회론 논쟁은, 신학 논쟁의 성격을 지녔음에도 불구하고, 당시 두 나라 모두에서 적지 않은 사회적 반향을 일으켰다. 그러나 역사적 중요성에 비해 이들의 논쟁은 오늘날까지 학계의 커다란 주목을 받지 못해왔다.[814] 특히 후커와 루더포드 사이의 교회론 논쟁을 정교분리의 관점에서

---

813 예를 들어 존 코피의 다음 저작 제7장(188-224)을 참조하라. John Coffey, *Politics, Religion and British Revolutions: The Mind of Samuel Rutherford* (Cambridge: University of Cambridge Press, 1997). 코피에 따르면 교회 정부의 형태로서 "보수적 장로주의"를 주장한 루더포드는 오늘날까지 영국 사가들에 의해 "전제적인 장로주의적 계서제"를 옹호한 "타협할 줄 모르는 보수주의자"(189) 혹은 "초-보수주의자(arch-conservatist)"(202)로 종종 묘사된다.

814 오늘날 토머스 후커와 사무엘 루더포드의 교회론 논쟁을 다룬 단행본 수준의 연구는 지금까지 거의 이루어지지 않았다. 비교적 최근에 이루어진 연구로는 필자의 논문을 참고하라. 안상혁, "Covenant in Conflict," Ph.D. dissertation (Calvin Theological Seminary, 2011). 이 논문은 후커-루더포드 논쟁의 신학적 토대를 분석하며 특히 "교회 언약"

조명하는 시도는 현재까지 이루어지지 않았다. 본장을 통해 필자는 이들의 논쟁을, 첫째, 회중주의와 장로교주의에 대한 각자의 성경적이며 신학적 입장에서 살펴보고, 둘째, 특히 "회중의 치리권"에 관한 이들의 다른 입장을 17세기 뉴잉글랜드와 스코틀랜드의 역사적 정황—특히 국가교회 및 정교분리와의 관련성을 중심으로—에서 새롭게 조명할 것이다. 이 과정에서 필자는 왜 정치 영역에서 공통으로 발견되는 민주적인 원리가 교회 정부 형태에 대해서는 서로 다른 방식으로 적용되면서 둘 사이에 첨예한 대립을 불러일으켰는지에 대한 해답을 구하고자 한다. 필자가 기대하는 것은 이러한 탐구를 통해 직접적으로는 17세기 후커-루더포드의 논쟁을, 좀 더 광범하게는 오늘날까지 중요하게 다루어지는 교회와 국가의 관계에 대한 우리 이해의 지평을 넓히는 것이다.

2. 토머스 후커의 정치사상

토머스 후커는 뉴잉글랜드에서 보낸 생애의 마지막 15년 동안 "뉴잉글랜드의 길" 혹은 "회중주의"의 기초를 마련하는 데 크게 이바지하였다. 후커에 따르면 영국 국교회를 특징짓는 계서제를 파괴하고 교회 사역 안에서 일종의 "평등"(parity)을 성취하는 것, 곧 회중주의의 실현이야말로 종교개혁의 완성을 알리는 중요한 표지이자 당대 교회에 주어진 시대적 "의무"였다.[815] 교회론에 관한 후커의 견해는 윌리엄 에임스(William Ames)로부터 크게 영향을 받았다. 에임

이라는 주제에 크게 국한하여 논의를 전개한다. 이에 비해 본장에서 필자는 후커-루더포드 논쟁의 정치적 함의—교회-국가의 관계—에까지 논의의 폭을 확장할 것이다. 이를 통해 기존의 연구 성과를 한 걸음 더 발전시키고자 한다.

815 토머스 후커의 다음 저작의 서문을 보라 (1-18). Thomas Hooker, *A Survey of the Sum of Church Discipline* (London: John Bellamy, 1648).

스는 그의 주저 『신학의 정수』(Medulla Theologiae) 제1권 32장에서 유형 교회로서의 개별 교회를 구성하는 조건을 다음과 같이 정의한다: "하나의 회중 혹은 지교회는 신자들의 공동체로서 이들은 서로 간에 맺은 특별한 연대(speciali vinculo)에 의해 연합된다."[816] 곧이어 에임스는 이러한 "특별한 연대"가 곧 "언약"(foedus)임을 밝힌다(Medulla, 1.32.15, 18). 에임스의 저작을 탐독한 후커는 그의 견해를 한 걸음 더 발전시킨다. 후커는 유형 교회를 구성하는 3대 요소로서 다음의 세 가지를 주장한다.[817]

유형 교회의 작용인(efficient cause) - 삼위 하나님
유형 교회의 질료인(material cause) - 눈에 보이는 신자들(visible saints)
유형 교회의 형상인(formal cause) - 교회 언약

후커는 에임스가 말한 "특별한 연대" 혹은 "언약"을 보다 구체적인 형태의 "교회 언약"으로 명시한다. 후커에 따르면 교회 언약은 신자 개개인의 자유롭고 또한 자발적인 상호 동의로 맺어지는 언약이다. 교회 언약은 개별 신자들을 하나로 묶어주는 일종의 시멘트라고 후커는 설명한다. 이러한 교회 언약이야말로 일군의 신자들이 모여 하나의 (유형) 교회를 구성하는 데 있어 핵심적인 요소다. 한편 교회 언약은 유형 교회가 행사하는 치리권에도 중요한 토대를 제공한다. 위에 언급한 자발성의 원리에 따라 교회 언약을 맺은 회중은 스스로 치리 공동체를 구성한 것이기 때문에 교회의 치리와 권징에 참여할 권리와 의무를 동시에

---

[816] "Congregatio vel Ecclesia huiusmodi particularis, est societas speciali vinculo inter se conjunctorum." William Ames, *Medulla Theologiae* (Londini: Apud Robertum Allottum, 1629), I.32.6.

[817] Hooker, *A Survey*, 12-14, 45-46.

소유한다.[818]

과연 후커가 대변하는 뉴잉글랜드의 회중주의 교회 정부론은 교회의 영역을 넘어 세속정부의 영역에까지 영향을 미쳤을까? 이 물음에 대해 제임스 F. 쿠퍼는 긍정적으로 대답한다. 쿠퍼에 따르면 식민지 시대부터 미국 민주주의는 "권력의 제한", "책임지는 통치", 그리고 "자유로운 동의" 등의 세 가지 원리에 기초해서 발달했다. 흥미로운 것은 식민지 주민들은 이러한 원리들을 모두 회중교회 안에서 경험할 수 있었다는 것이다. 심지어 뉴잉글랜드 회중교회는 식민지 주민에게 다가오는 미국혁명을 준비시키는 일종의 "정치적 훈련의 장"을 마련했다고 쿠퍼는 주장한다.[819] 특히 쿠퍼는 존 코튼과 토머스 후커가 성직자와 일반 성도 사이의 신분적 차별이 없애고 "영적인 평등"을 강조했으며, 교회의 치리권을 "근원적으로" 일반 신도에게로 돌렸다는 사실에 특별한 관심을 기울인다.[820]

실제로 후커는 1638년 5월 31일 설교[821]에서 민주정치와 관련한 다음의 몇 가지 원리들을 가르쳤고 그 내용은 이듬해 1월 코네티컷 기본법에 반영된 것으로 알려져 왔다. 첫째, 하나님은 관료를 선택하고 선출하는 권리가 국민에게 귀속하도록 허락하셨다. 둘째, 국민에게 귀속된 선거의 특권은 하나님의 뜻과 법에 따라 행사되어야 한다. 셋째, 세속 관료와 통치자가 행사하는 권력의 한계를 규정하는 것 역시 이들을 선출하는 자들, 곧 국민의 권리다. 후커에 따르면 국민의 자유로운 동의야말로 권력의 기초다. 또한 국민은 이들의 마음으로부터 자유롭게 선택한 사람들을 더욱 선호하고 이들에게 보다 자발적으로 복종한다.[822]

---

818   Hooker, *A Survey*, 51-55.
819   James F. Cooper, *Tenacious of Their Liberties* (Oxford: Oxford University Press, 1999), 10, 24.
820   Cooper, *Tenacious of Their Liberties*, 24, 59.
821   설교 본문은 신명기 1:13이다. 오늘날은 이 설교의 요약본이 남아 있다. 아래 트럼불의 기록을 참조하라.
822   James H. Trumbull, "Abstracts of Two Sermons by Rev. Thomas Hooker," in *Collections of the Connecticut Historical Society*, Volume 1 (Hartford, 1860), 19-21; George L. Walker, *History of the First Church in*

이러한 코네티컷 기본법에 미친 후커의 영향에 대한 평가에 대해서는 다양한 이견들이 제기되어 왔다. 일찍이 조지 뱅크로프트와 존 피스크 그리고 조지 워커 등은 후커의 역할을 크게 부각하면서 후커를 코네티컷 민주정치의 기초를 놓은 인물로 묘사한다.[823] 한편 페리 밀러는 위와 같은 원리들이 후커 시대에 이미 다수에 의해 공유된 사상임을 드러냄으로써 후커에게 독보적인 지위—미국 민주정치의 선구자로서의—를 부여하기를 거절했다.[824] 이후 로널드 베인턴, 마이클 비소, 그리고 (가장 최근에는) 베어드 팁슨 등과 같은 연구자들은 더욱 신중한 입장에서 후커를 정치사상가로서보다는 먼저 신학자나 목회자로서 이해하고자 시도해왔다.[825] 특히 비소는 후커가 남긴 1638년의 핵심적인 문서가 (정치적 선언문이 아니라) 교회 안에서 선포된 설교문임을 독자들에게 상기시킨다.

이 주제에 관한 균형 있는 접근을 시도하면서도 후커가 대변하는 뉴잉글랜드의 회중주의와 미국혁명 및 미국 민주주의 사이의 연관성을 긍정적으로 평가하는 연구도 지속하여 왔다. 앞서 언급한 쿠퍼가 그 대표적인 인물이다. 쿠퍼의 시각에서 보면, 오늘날과는 달리 정치와 종교가 가깝게 밀착되어 있던 17세기 뉴잉글랜드의 역사적 정황을 고려해볼 때, 후커의 신학 저술들이 소위 (현대 정치사가 글렌 무츠가 주장하는 바와 같은) 일종의 "정치신학"적 함의를 일면 포

Hartford, 1633-1883 (Boston: Brown & Gross, 1884), 105-106.

[823] George Bancroft, *History of the United States* (Boston: Appleton & Co., 1876), 1:291, 318; John Fiske, *Beginnings of New England* (Boston: Houghton Mifflin, 1889), 127; George L. Walker, *Thomas Hooker: Preacher, Founder Democrat* (New York: Dodd, 1891), 125-28.

[824] Perry Miller, "Thomas Hooker and the Democracy of Early Connecticut," *New England Quarterly* 4(1931): 663-712.

[825] Ronald H. Bainton, *Thomas Hooker and the Puritan Contribution to Democracy* (1958), *Booklet reprinted from The Bulletin of the Congregational Library* 10:1 (Oct. 1958); Michael Besso, "Thomas Hooker and His May 1638 Sermon," *Early American Studies: An Interdisciplinary Journal* 10:1 (Winter, 2012): 194-225; Baird Tipson, *Hartford Puritanism: Thomas Hooker, Samuel Stone, and Their Terrifying God* (Oxford: Oxford University Press, 2015); Glenn A. Moots, *Politics Reformed: The Anglo-American Legacy of Covenant Theology* (Columbia: University of Missouri Press. 2010). 한편 시드니 엘스트롬은, 후커가 교회 안에서 "법치"를 강조한 것이 간접적인 방식으로 세속 영역에서의 민주주의에 기여했다고 주장한다. Sydney E. Ahlstrom, "Thomas Hooker—Puritanism and Democratic Citizenship," *Church History* 32 (December 1963): 415-31.

함한다고 평가하는 것 역시 지나친 과장은 아닌 것 같다. 이른 시기부터 신중론의 태도를 보였던 베인턴 역시 온건한 수준에서 후커의 영향력이 교회의 울타리를 넘어 뉴잉글랜드의 민주적인 헌정질서에 영향력을 미쳤음을 긍정한다. 그에 따르면, 비록 후커가 코네티컷 기본법의 저자로 인정될 가능성은 희박하지만, 그것을 기초하는 과정에 조언자로 참여했을 가능성은 매우 크며, 최소한 완성된 형태의 코네티컷 기본법을 후커가 적극적으로 찬성했을 것이라는 사실은 확실하다.[826]

3. 사무엘 루더포드의 정치사상

영국에서 청교도 혁명이 일어나고 장기의회가 웨스트민스터 회의를 소집했을 때, 루더포드는 스코틀랜드를 대표하는 네 명의 목회자 대표와 더불어 회의에 참석하였다. 런던에 머무는 동안(1643년 11월-1647년 10월) 루더포드는 두 권의 중요한 저작을 출판한다. 그 하나는 『장로회들의 정당한 권리』(*The Due Right of Presbyteries*, 1644)이다. 이 책에서 루더포드는 장로교 노회 정치를 성경적으로 옹호하는 한편 독립파의 회중교회론을 논박한다.[827] 또 다른 저작은 『법과 국왕』(1644)이다. 이 책을 통해 루더포드는 통치자의 권력이 국민의 동의와 선택에 기초한다는 사상을 설파했다.

루더포드의 『법과 국왕』은 모두 44개의 논제(질문)로 구성되어 있다. 예를 들어 열세 번째 논제로 루더포드는 과연 "모든 사람은 나면서부터 자유로운

---

826 Bainton, "Thomas Hooker and the Puritan Contribution to Democracy," 10.
827 Samuel Rutherford, *The Due Right of Presbyteries* (London: E. Griffin, 1644).

가?"라고 질문한다. 부모와 자녀 사이와 같은 자연적인 관계와 달리 시민적 관계에 있어 모든 사람은 자유롭게 태어난다고 루더포드는 대답한다.[828] 이것이 사실이라면 국민에 대한 국왕 통치 권력은 과연 무엇으로부터 기원하는가? 루더포드에 따르면 국왕이라는 직책과 권력은 궁극적으로 하나님으로부터 기원하지만, 하나님은 반드시 국민에게 이들의 국왕을 자발적으로 선출하도록 하신다(논제 IV, V, XI, XL). 그 수단과 관련하여 루더포드는 "계약"(covenant) 개념을 도입한다.[829] 즉 국민은 일종의 계약에 근거하여 이들의 권리를 국왕에게 양도하며 국왕은 계약 조건에 종속된다(논제 XIV, XL). 비록 문서로 만들어진 계약이 아니더라도 국왕은 그 직위에 의해 일종의 "자연적이고, 묵시적이며, 암시적인 계약"에 의해 묶인다(논제 XIV). 한 걸음 더 나아가, 국민과 국왕의 관계를 상술하면서 루더포드는 "(전체) 국민은 국왕보다 우월한 지위에 있다."라고 선언한다. 이것은 마치 목적(end)이 수단(mean)에 우선하는 것과 같은 원리다(논제 XIV, XXVI).

◆ 권력에 있어 국민은 국왕보다 우월하다. 왜냐하면, 모든 작용인(efficient cause)과 질료인(constituent cause)은 그 결과물보다 우월하기 때문이다. [또한] 권력에 있어 모든 수단은 목적에 비해 열등하다.…국민은 작용인과 질료인에, 국왕은 결과물에 해당한다. [또한] 국민은 [수단이 아닌] 목적에 해당한다.[830]

---

828   Rutherford, *Lex, Rex*, 92 .
829   루더포드는 언약 혹은 계약 개념을 사용할 때 영어로는 "covenant," 라틴어로는 "*foedus*"라는 단어를 주로 사용한다. 특히 정치 영역에서는 조건성을 강조하여 "조건적 계약"(*foedus conditionatum*) 혹은 "쌍방적 조건적 계약"(mutual conditional covenant)이라는 표현을 사용한다. (참고 *Lex, Rex*, 논제 XX)
830   Rutherford, *Lex, Rex*, 144.

또한 중요한 사실은 국민이 국왕에게 권리를 양도할 때 자신의 생명을 방어하는 것과 같은 자연권까지 양도하는 것은 결코 아니라는 점이다(논제 IX, XIX). 국민은 언제나 국왕을 만드는 소위 "근원적 권리"(fountain-power) 혹은 "근원적 원인"(fountain-cause)의 지위를 유지한다(논제 X, XIX).

> ◆ 참으로 이들[국민]은 이들의 선과 안전을 위한 법 집행의 권한(*quoad potestatem legum executivam*) 및 현실적 통치와 관련하여서는 국왕에게 우월한 지위를 부여한다. 그러나 국왕이 국민보다 높다는 사실은 오직 어떤 특정한 측면을 따라서만(κατά'τι) 그렇다는 것이다. 국왕의 가장 고귀하고 **근원적인 권력**은 여전히 국민 안에 머물러 있고, 이 국민은 일종의 영원히 사라지지 않는 샘과 같다.[831]

바로 이러한 "근원적인 권력"으로부터 루더포드는 국민의 주권과 저항권을 도출해 낸다. 예를 들어, 열아홉 번째 논제에서 루더포드는 국민의 대의기관인 의회의 의원들이 권력을 남용하는 경우에 국민은 그 의원들에 대한 지지를 철회하고 이들에게 위탁했던 국민의 권리를 되찾아 올 수 있다고 주장한다.[832] 또한 국왕이 국민의 생명과 안전을 위협하는 경우에 국민은 폭군이 된 국왕에 대해서도 저항할 수 있는 권리를 행사할 수 있다. 왜냐하면, 이 경우 국왕은 이미 "국민의 안전"을 국가 "최고의 법"으로 삼는 계약을 파기한 것이기 때문이다(논제 XIV, XXV, XL).

스물여덟 번째 논제 이후로 루더포드는 왜 폭군에 대한 국민의 방어 전쟁

---

831 Rutherford, *Lex, Rex*, 147. 강조는 필자의 것이다.
832 Rutherford, *Lex, Rex*, 152.

이 하나님의 법과 자연법에 따라 정당화될 수 있는지 자세하게 논한다. 또한 마흔세 번째 논제에서 루더포드는 과거 스코틀랜드 의회와 개혁교회가 제임스 6세(영국의 제임스 1세)에 대하여 저항한 것이 왜 정당한 투쟁이었는지를 자세히 밝힌다. 그것은 일찍이 스코틀랜드 교회가 채택하고 의회가 여러 차례에 걸쳐 인정한 "스코틀랜드 (국)교회의 신앙고백"(The Confession of the Faith of the Church of Scotland)을 국왕이 위반했기 때문이었다. 실제로 제임스 6세는 대관식에서 "참 종교와 바른 설교 그리고 정당한 성례의 집행"을 보존할 것과 "거짓된 종교"를 폐지할 것, 그리고 "하나님의 뜻과 고귀한 법들, 그리고 왕국의 헌법"에 따라 통치할 것을 맹세한 바 있다.[833] 한편 이와 같은 역사적 선례를 제시하면서 루더포드는 당시의 영국 국왕이었던 찰스 1세 역시 맹세와 의무 조항에 근거하여 왕관을 받았다는 사실을 강조한다.

◆ 찰스 국왕은 그의 부친 제임스가 맹세한 것을 그 역시 똑같이 먼저 맹세하기 전까지 왕관과 칼 그리고 왕홀(王笏)을 받지 못했다.…찰스 국왕은 [국민에게] 다음과 같이 말했다: "하나님의 도우심에 의해 나는 나의 생명을 걸고 당신들을 지킬 것이며 이 왕국이 행복한 가운데 번영하는 것을 보는 것 이외에 다른 소망을 품고 살지 않을 것이다."[834]

요컨대 국왕과 그의 권력은 국민과 의회가 제정한 법으로 묶여 있으며, 이런 의미에서 국왕은 반드시 (절대군주가 아닌) "제한 군주"이어야만 했다.[835] 이러

---

833   Rutherford, *Lex, Rex*, 452-53.
834   Rutherford, *Lex, Rex*, 453-54. 강조는 필자의 것이다.
835   Rutherford, *Lex, Rex*, 453.

한 루더포드의 시각에 따르면 찰스 1세가 절대 권력을 행사하여 의회와 참된 종교를 탄압하고 오히려 국민의 안전과 생명을 위협했을 때, 국민이 그의 폭정에 대해 항거하는 것은 매우 정당한 행위였다.

4. 후커-루더포드의 교회론 논쟁과 정교분리

흥미롭게도 루더포드는 『법과 국왕』과 같은 시기에 출판된 그의 또 다른 저서, 『장로회들의 정당한 권리』에서는 『법과 국왕』의 다소 급진적인 입장과는 차별화되는 (상대적으로) 보수적인 태도를 취한다. 오히려 루더포드는 회중주의적 교회 정부 체제를 옹호하는 영국 내 독립파와 뉴잉글랜드 회중교회주의자들의 견해를 강한 어조로 논박한다. 얼마 후 루더포드의 『장로회들의 정당한 권리』를 반박하는 글이 뉴잉글랜드에서 출판되었다. 저자는 뉴잉글랜드의 회중교회를 대표하는 토머스 후커였다. 저서명은 다음과 같다. 『교회 치리 강요 개설』(*A Survey of the Sum of Church Discipline*, 1648). 10년 후 루더포드는 후커의 유작인 『교회 치리 강요 개설』을 조목별로 논박하는 변증서인 『토머스 후커 씨의 「교회 치리 강요 개설」에 대한 고찰』(*A Survey of the Survey of that Summe of Church Discipline* Penned by Mr. Thomas Hooker, 1658)을 출판했다. 이로써 루더포드와 후커는 스코틀랜드 장로교주의와 뉴잉글랜드 (비분리파) 회중주의 사이에서 공개적으로 진행된 교회 정부론 논쟁을 대표하는 인물들로 알려지게 되었다. 후커와 루더포드 사이에 벌어진 역사적 논쟁의 기원은 1630년대 초까지 거슬러 올라간다.

1) 역사적 배경과 주요 쟁점

1630년대 초, 영국 청교도의 일부가 박해를 피해 뉴잉글랜드로 건너간 이후 영국 안에서는 뉴잉글랜드로 이주한 청교도가 분리주의자들이 되었다는 소문이 퍼지기 시작했다. 사태를 명확하게 파악하기 위해 1637년 존 다드를 비롯한 영국 청교도의 일부 목회자들은 "아홉 가지 논제"(Nine Propositions)라는 공개 질의서를 발표한다. 아홉 가지 논제는 대부분 뉴잉글랜드 청교도가 채택한 회중정치와 관련된 주제들이었다. 주요 쟁점은 다음과 같이 요약될 수 있다. 과연 지교회 정회원의 자녀들만이 유아세례를 받을 수 있는가?(논제 3), 성인의 경우 오직 지교회 정회원만이 성찬에 참여할 수 있는가?(논제 4), 교회의 치리에 있어 파문권의 주체는 누구인가? 과연 다수의 회중이 성직자의 뜻과 다른 의사 결정을 내리는 것이 정당한가?(논제 5), 과연 회중이 교회의 정회원을 결정하는 일에 참여하는 것이 정당한가?(논제 6), 지교회 회중이 담임 교역자를 거부할 수 있는가? 과연 한 지교회의 회중에 의해 거절된 목회자는 성직자의 직분을 박탈당하는가?(논제 7), 한 지교회의 담임 교역자는 다른 지교회에서 성직을 수행할 수 없는가?(논제 8).[836]

이러한 공개 질의에 대해 존 코튼을 포함한 뉴잉글랜드 회중교회의 지도자들은 이 년 안에 응답서를 발표하였다.[837] 뉴잉글랜드 회중교회 지도자들은 자신들의 교회론을 분리주의라고 오해하는 것에 대해서 적극적으로 해명하였

---

[836] S. Ash & W. Rathband ed., *A Letter of Many Ministers in Old England* (London: Thomas Underhill, 1643). 1-90. 아홉 가지 테제에 대한 상세한 분석에 대해서는 다음을 참고하라. Leonard Bacon, "Reaction of New England on English Puritanism, in the Seventeenth Century: Article I," *The New Englander*, 37 (New Haven: W. L. Kingsley, Proprietor & Publisher, 1878): 441-61.

[837] 1639년 말에 작성된 응답서는 1640년에 영국에 도착하였다. 이것이 서적 형태로 출판된 것은 1643년이다. Bacon, "*Reaction of New England*," 451.

다.838 이와 동시에 회중정치의 기본적인 원리들에 대해서는 그것이 성경과 건전한 교회 전통에 어긋나는 것이 아니라고 주장하였다. 1640년 영국의 존 볼 목사는 뉴잉글랜드의 회중교회론자들이 작성한 응답서에 대한 비판적인 논평을 출판하였다. 1643년 영국의 애쉬와 라스밴드 목사는 그때까지의 질의-응답서들을 모아 편집한 것을 런던에서 출판하였다.839 이후 논쟁은 오히려 가속화되었고 런던에서 웨스트민스터 총회가 개최되는 시기(1643-49)에 이르러서는 논쟁의 열기가 정점에 이르렀다. 이 시기 장로교주의를 지지하는 영국 청교도와 회중주의를 주장하는 이들 사이에서 주고받은 논문과 팸플릿 그리고 서적 등의 분량이 적지 않고, 또한 논쟁의 강도가 심해서 이를 가리켜 "소책자 전쟁"이라고 부르기도 한다.840 이 논쟁에 참여한 리처드 매더는 『교회 정부와 교회 언약에 관한 논의』(Church Government and Church Covenant Discussed, 1643)와 『교회 언약에 대한 뉴잉글랜드 교회들의 변호』(An Apologie of the Churches in New England for Church Covenant, 1643)를 저술했다. 한편 존 코튼은 『뉴잉글랜드에 있는 그리스도의 교회들의 길』(The Way Of The Churches Of Christ In New-England, 1645)을 출판했다.841 이들의 저작이 후커-루더포드의 논쟁에 있어 의미 있는 이유는 루더포드가 『장로회들의 정당한 권리』에서 위에 언급한

---

838   1630년대 초에 뉴잉글랜드에 정착한 청교도는 스스로를 분리주의자로 생각하지 않은 것은 분명하다. 비록 이들은 비국교도의 입장을 취했지만 교회를 분열시키는 것은 매우 심각한 죄라고 믿었다. 따라서 이들을 (1620년에 메이플라워호를 타고 뉴잉글랜드에 건너온 소위 "필그림"과 구별하여) "비분리파 회중주의자"라고 부르는 것은 정당하다. 이들의 자의식과 관련한 일차자료로는 다음을 참고하라. John Winthrop, *The Humble Request of his majesty's Loyal Subjects* (London: Miles Flesher for John Bellamie, 1630).

839   존 볼 목사가 작성한 상세한 논평은 다음의 저작에 포함되어 있다. John Ball, *A Tryall of the New-Church Way in New-England and in Old* (London: Thomas Underhill, 1644).

840   소책자 전쟁에 참여한 논객들과 이들의 주요 저작들 그리고 주요 쟁점들에 관해서는 본서의 제11장을 보라.

841   Richard Mather, *Church Government and Church Covenant Discussed* (London: Benjamin Allen, 1643); idem, *An Apologie of the Churches in New England for Church Covenant* (London: Benjamin Allen, 1643). 매더의 『교회 정부와 교회 언약에 관한 논의』는 영국 배트콤의 리처드 버나드가 제기한 "32개 질문"에 대한 답변서로서 저술되었다. John Cotton, *The Way of the Churches of Christ in New England* (London: Matthew Simmons, 1645). 코튼의 저작은 정식으로 출판되기 이전부터 영국에서 널리 읽히고 있었다. 루더포드도 이 원고를 읽은 것으로 보인다.

매더와 코튼의 저작들을 중요하게 다루며 논박했기 때문이다.[842]

후커-루더포드 논쟁은 매더와 코튼 그리고 루더포드 사이에 진행된 논쟁은 물론 기존의 "아홉 가지 논제"에서 제기한 문제들과도 연속성을 유지했다. 이와 동시에 성경적이며 신학적인 논쟁의 성격을 더욱 심화시켜갔다. 예를 들어 가견 교회의 본질과 구성요소에 대한 논의, 그리고 교회 언약의 성경적이며 신학적인 근거에 관한 심도 있는 논의가 진행되었다. 무엇보다 회중의 치리권—곧 회중교회 정부론의 통치 원리—에 대한 성경적인 근거의 해석을 두고 후커와 루더포드는 첨예하게 대립하였다. 아래에서 필자는 특히 회중의 치리권에 관한 논의만을 집중적으로 다룰 것이다.

2) 후커-루더포드의 치리권 논쟁

(1) 후커의 회중주의

후커의 회중정치론에 있어 핵심 쟁점은 그리스도로부터 "열쇠의 권세"(the power of the keys)를 받은 자가 과연 누구인지를 규정하는 문제였다.[843] 마태복음 16:18-19에서 그리스도는 눈에 보이는 지상교회에 열쇠를 맡기셨다는 사실에 대해 후커와 루더포드 모두 동의한다. 문제는 지상교회 안에서 어느 누가—성직자 혹은 회중—치리의 열쇠를 **일차적으로** 받았으며, 또한 열쇠의 권세

---

842   또한 매더 역시 루더포드의 저작에 대한 논박서를 저술하였다. 다음을 참조하라. Mather, *A Reply to Mr. Rutherford* (London: Printed for J. Rothwell and H. Allen, 1647).

843   종교개혁 초기에는 "열쇠의 권세"를 주로 복음 전파와 관련하여 이해하였다. 종교개혁이 점차 진행함에 따라 종교개혁가들은 순수한 복음 전파와 더불어 가견 교회의 치리권 역시 "열쇠의 권세"에 포함되었다는 사실을 점차 강조한다. "열쇠의 권세"에 대한 주해에 있어 루터와 루터파의 변화를 면밀하게 분석한 연구서로는 다음을 참고하라. Ronald K. Rittgers, *The Reformation of the Keys* (Cambridge: Harvard University Press, 2004). 같은 맥락에서 부처의 성경 해석과 개혁파의 변화를 연구한 저작으로는 다음을 참고하라. Amy N. Burnett, *The Yoke of Christ* (Kirksville: Northeast Missouri State University, 1994). 종교개혁을 계승한 후커 역시 "열쇠의 권세"의 일차적인 의미는 복음 설교에 있다고 믿는다. 이와 동시에 보다 넓은 의미에서 그것은 가견 교회의 치리권을 포함한다고 가르쳤다. Hooker, *A Survey*, 192-229.

는 어떤 방식으로 행사되어야 하는가의 문제였다. 후커는 열쇠의 권세를 일차적으로 받은 집단을 지상교회의 구성단위와 사역의 종류에 따라 구분하여 설명한다. 우선 후커는 눈에 보이는 교회를 두 단계로 나누어 설명한다. 그에 따르면 교회를 구성하는 가장 기본적인 단위로서 "본질적 총합으로서의 교회"(Church as totum essentiale)가 존재한다. "본질적 총합으로서의 교회"는 일종의 신자들의 공동체라고 말할 수 있다. 그러나 신자들이 모였다고 해서 저절로 교회를 구성하는 것은 아니다. 이들은 반드시 특별한 연대, 곧 교회 언약—가견 교회의 형상인—을 통해 하나님 앞에서 언약 공동체를 이루었을 때 "본질적 총합으로서의 교회"가 된다. 다음 단계로 "본질적 총합으로서의 교회" 공동체는 교회의 직원들을 선출하거나 청빙을 통해 비로소 온전한 모습의 교회, 곧 "유기체로서의 교회"(Church as corpus organicum)를 이룬다.[844] 한 가지 주의할 것은 "본질적 총합으로서의 교회"와 "유기체로서의 교회"는 결코 분리될 수 없고, 전자가 후자로부터 따로 독립하여 존재할 수 없다는 사실이다. 이는 마치 엑스레이상에서 신체를 구성하는 기본 골격으로 드러나는 사람의 뼈들이 유기체로서의 온전한 사람으로부터 따로 독립하여 존재할 수 없는 것과 유사하다.[845]

후커에 따르면 지상교회에 맡겨진 "열쇠의 권세"는 위에 언급한 "본질적 총합"과 "유기체"의 구분 및 교회사역의 성격에 따라서도 두 가지로 구분된다. 첫째, 개별 교회의 치리권—특히 교회의 회원을 받아들이거나 파면하는 일, 교회

---

[844] 엄밀한 의미에서 후커는 지상교회를 세 단계로 나누어 설명한다. "본질적 총합으로서의 교회"와 "유기체로서의 교회"가 개별 교회에 해당한다면, (다음 단계로서) 개별 교회들의 연합체(consociation)인 노회와 총회가 존재한다. Hooker, *A Survey*, 17-18. 흥미롭게도 아브라함 카이퍼는 소위 "유기체로서의 교회"와 "제도로서의 교회"를 구분하는데 카이퍼에게 있어 후자는 후커가 말한 "유기체로서의 교회"와 상응한다. 카이퍼의 교회론에 대해서는 다음을 참고하라. 김재윤, "개혁 교회법이 한국교회에 가지는 의의: 엠던총회(1571)에서 아브라함 카이퍼까지, 지역교회의 보편성을 중심으로," 「한국개혁신학」 35(2012): 8-46.

[845] "속(屬)은 형상인과 더불어 종(種)을 구성한다"(*Genus cum forma constituit speciem*). 후커에게 있어 "본질적 총합으로서의 교회"가 속(屬)에 해당한다면 "유기체로서의 교회"는 종(種)에 해당한다. 전자는 후자로부터 독립적으로 존재하지 않음을 후커는 이와 같은 방식으로 설명한다. Hooker, *A Survey*, 220, 221. 또한 다음 쪽을 보라. 223-24, 228-29.

의 직원(담임 목사 포함)을 선출하거나 면직시키는 일, 교회의 구성원(성직자와 회중)을 권징하는 일—에 대해서는 (교회) 언약 공동체의 회중, 곧 "본질적 총합으로서의 교회"가 열쇠의 권세를 일차적으로 받은 집단에 해당한다. 둘째, 말씀을 전하고 성례를 집행하는 사역과 관련해서는 열쇠의 권세가 "유기체로서의 교회"를 구성하는 핵심 요소인 성직자(목사와 교사)에게 고유하게 귀속된다.[846] 그러나 이러한 구분이 성직자의 치리권을 약화하는 것이 아님을 후커는 강조한다. 말씀과 성례를 제외한 교회의 치리권은 어디까지나 "일차적으로 또한 본래" 회중에 속하는 것이라고 후커는 설명한다.[847] 이것은 교회 안의 일상적인 치리에 대해서는 회중이 직접 치리권을 행사하지 않는다는 사실을 의미한다. 회중은 선거의 방식을 통해 이들의 대표(장로)를 선출하여 개별 교회 안에서 치리회(당회)를 구성하고, 당회는 회중으로부터 치리권을 위임받아 다스림의 직무를 수행하는 것이다. 후커에 따르면, 회중의 자발적인 동의와 선거로 치리회가 구성되기 때문에 이것은 오히려 장로들의 치리권 행사를 튼튼하게 세워주는 것이라고 후커는 설명한다.[848] 교회의 치리권에 대한 후커의 가르침은 다음의 원칙들로 요약될 수 있다.[849]

1. "그 누구도 자연적으로 타인에 대해 행사할 수 있는 교회의 치리권을 소유하지 않는다."
2. "내가 자유로운 결정으로 나 자신을 복속시키지 않는 한, 누구도 나에 대해 [행사할] 교회의 치리권을 소유하지 않는다."

---

846 Hooker, *A Survey*, 192, 195-96, part III, 9, 46.
847 Hooker, *A Survey*, 200.
848 Hooker, *A Survey*, 212-13, part III 41.
849 Hooker, *A Survey*, 66, 189-90, 200, part III 43.

3. 따라서 교회의 치리권은 반드시 "자유로운 상호 동의" 혹은 "특별한 계약"에 근거해야 한다.
4. 치리권이 미치는 범위는 치리를 받는 자가 자유롭게 동의한 범위까지로 제한되고 그 이상을 넘어가지 않는다.
5. 회중이 가지고 있는 "원인적 권력"(causal power)은 "직분의 권력"(office-power)에 [논리적으로] 선행한다.[850] 전자에 근거해서 회중은 교회의 직원들(담임 목사와 치리 장로)을 선출할 수 있고 또한 이들을 면직시킬 수도 있는 권한을 가진다.

이 같은 원칙들은 앞서 쿠퍼가 주장한 미국 민주주의의 세 가지 원리, 곧 "권력의 제한", "책임지는 통치", 그리고 "자유로운 동의" 등과 연속성을 가진다. 또한 흥미롭게도 후커의 설명은 『법과 국왕』에서 통치자의 권력이 계약에 근거한다고 말한 루더포드의 가르침과도 유사하다. 특히 후커가 말한 회중의 "원인적 권력"은 루더포드가 『법과 국왕』에서 강조한 "근원적 권력"(혹은 "근원적 원인")과 비슷하다. 마치 루더포드의 국민이 국왕에게 "근원적 권력"을 양도하지 않고 끝까지 보유하는 것처럼, 후커의 회중 역시 (직원을 선출한 이후에도) "원인적 권력"을 회중에 고유하게 귀속되는 권력으로서 보유한다. 루더포드의 국민과 후커의 회중은 "근원적" 혹은 "원인적" 권력에 근거하여 각각 이들로부터 치리권을 위탁받은 국왕과 교회의 직원을 퇴위 혹은 면직시킬 수도 있다.

후커에 따르면 회중의 치리권을 지지하는 대표적인 성경 구절은 (마태복음 16:18-19 이외에) 마태복음 18:17과 고린도전서 5:12-13이다. 후커는 두 본문에

850　이와 연속적인 맥락에서 후커는 "본질적 총합으로서의 교회는 모든 [교회안의] 공직에 선행한다."라고 일관성 있게 주장한다. Hooker, *A Survey*, 90, 245

서 사용된 "교회" 혹은 "너희"의 의미가 교회 안의 일부 직원들만으로 제한되지 않고 회중 전체를 가리킨다고 주장한다. 특히 고린도전서 5:12에서 사도 바울은 자신이 부재한 상태에서도 고린도 교회가 회중 전체의 결정으로 죄를 범한 사람을 파문시킬 수 있다는 사실을 가르친다고 후커는 주장한다.[851]

한편 초대 교회가 장로교 노회 정치를 구현하고 있음을 보여주는 실례로 자주 인용되는 예루살렘 회의(행 15장)[852]에 대하여 후커는 오히려 그것이 회중교회들의 교회회의(노회)의 전형적인 모습을 보여준다고 주장한다. 위에 언급한 회중교회 치리권의 원칙에 따라 후커는 다음과 같이 해석한다. 첫째, 예루살렘 회의의 결정은 강제적인 법령이라기보다는 "충고"(counsel)에 가깝다. 물론 이러한 충고가 하나님의 말씀에 기초하는 한, 그것은 각 교회가 "하나님의 명령"으로 받아 반드시 순종해야만 하는 일종의 "권위 있는 충고"가 된다고 후커는 설명한다. 후커에 따르면 노회의 의사결정이 개별 교회에 미치는 구속력은 예루살렘 회의(노회 혹은 총회)의 결정 행위 자체(act of decreeing)에 있는 것이 아니라 그것이 얼마나 하나님의 말씀에 부합하는가에 근거한다.[853] 둘째, 후커는 예루살렘 회의의 결정을 가리켜 이방 교회들에 대한 "충고"라고 해석할 수밖에 없는 이유를 대표성의 원리에서 찾는다. "그러나 예루살렘 회의는 결정된 사항을 회의에 대표를 파송하지 않은 모든 이방의 교회들에까지 보냈다.…따라서 이것은 오로지 충고의 방식을 따라 이루어진 것이다."[854] 여기서 후커는 이 같은 치리권의 원칙들 가운데 특히 세 번째와 네 번째를 진지하게 고려한다. 곧 자유로

---

851   Hooker, *A Survey*, 109, 191-92, 197-98, 212, part III 43-46.
852   John Lightfoot, *Journal of the Proceedings of the Assembly of Divines*, ed. John Rogers (London: J. F. Dove, 1824), 116, 119, 133, 170, 173-210. 루더포드의 주해에 대해서는 다음을 참고하라. Rutherford, *A Survey*, 189, 205, 219, 220, 227.
853   Hooker, *A Survey*, part IV, 3-5.
854   Hooker, *A Survey*, part IV, 13-14.

운 상호 동의로 예루살렘 회의에 대표를 파송하지 않은 이방의 각 교회는 법적인 구속력에 의해 회의의 결정을 따르는 것이 아니라 그것을 일종의 "충고"로서 수용하고 그 결정에 자발적으로 따른다는 것이다.

(2) 루더포드의 장로교주의

한편 루더포드는 이러한 후커의 설명에 동의하지 않는다. 우선 "열쇠의 권세"를 그리스도로부터 수여받은 일차적 주체에 관해 루더포드는 (후커와 달리) 교회의 "직원"과 보편적 가견 교회를 대표하는 교회(Catholick representative Church) 혹은 에큐메니컬 교회회의를 지적한다.[855] 루더포드에 따르면 마태복음 16장에서 베드로는 "전체 신자"를 대표한다기보다는 전체 사도, 곧 "교회의 지도자들"을 대표하여 열쇠를 받은 것이다.[856] 따라서 지교회 안에서는 교회의 직원들이, 보편적 가견 교회 전체적으로 보았을 때는 그것을 대표하는 교회회의가 "열쇠의 권세"를 행사하는 제1 주체가 되어야 한다. 또한 같은 맥락에서 루더포드는 마태복음 18:17과 고린도전서 5:12에서 언급된 "교회"와 "너희"의 의미를 "교회의 직원들과 청지기들" 혹은 그리스도의 모든 교회와 치리회를 대표하는 "공의회"로 이해한다. 고린도전서 5:12에서 (바울의 부재 상태에서) 고린도 교회가 죄를 범한 회원에 대해 파면권을 행사할 수 있는 근거 역시 사도 바울의 권위에 의존하고 있었다고 루더포드는 지적한다.[857] 한편 예루살렘 의회(행 15장)에 대한 후커의 해석을 반박하면서 루더포드는 예루살렘 의회야말로 장로

---

[855] Rutherford, *The Due Right of Presbyteries*, 305. 이에 대해 후커는 각 개별 교회 없이 전체 교회를 대표하는 교회나 교회 회의가 열쇠의 권세를 받은 일차적 주체가 될 수 있다고 주장하는 것은 논리적 모순이라고 비판한다. Hooker, *A Survey*, 232, 249, 250.

[856] Rutherford, *The Due Right*, 1-4, 7-11.

[857] Rutherford, *The Due Right*, 17-18, 36-38, 309-24, 350, Bk II, 200-1; idem, *Survey of the Survey*, 308-311, 456-457.

교주의를 구현하는 대표적인 초대 교회의 교회회의라고 주장한다. 무엇보다 예루살렘 회의의 결의사항은 (대표를 파송한 교회는 물론) 모든 가견 교회들에 보편적으로 적용된다(행 15:22; 16:4; 21:25).[858] 또한 예루살렘 회의가 지교회에 대해 행사할 수 있는 권위에 대해 루더포드는 그것은 "충고" 이상의 구속력과 권위를 가진다고 강조한다.[859]

그렇다면 장로교 노회가 지교회에 대해 치리권을 행사할 수 있는 근거는 무엇일까? 후커는 장로교주의자들이 옹호하는 노회의 치리권은 성경적 근거가 없다고 단언한다. 왜냐하면 교회의 모든 치리권은 그리스도께서 직접 제정하신 직분(office)에 근거해야 하는데, 그리스도는 소위 (여러 지교회들을 다스리는) "노회"(presbyteries)라는 치리회와 노회를 통해 지교회를 다스리는 (또 다른 종류의) 장로직을 따로 세우신 일이 없기 때문이다. 요컨대 장로교 노회의 치리권은 사람이 인위적으로 고안해 낸 "새로운 권세"라는 것이 후커의 핵심적인 비판이다.[860]

이에 대해 루더포드는 노회의 치리권은 전혀 새로운 것이 아니라고 논박한다. 마치 후커가 가견 교회를 "본질적 총합"과 "유기체" 두 가지로 구분한 것처럼, 루더포드는 장로의 직분을 두 가지 차원으로 나누어 설명한다. 먼저 모든 장로교의 목사는 "일차적으로"(actu primo)—혹은 "본질에서" 또는 "형상(인)적으로"—지상에 존재하는 모든 가견 교회, 곧 보편적 가견 교회에 소속된다. 이와 동시에 이들은 "이차적으로"(actu secundo) 각자가 섬기는 특정한 지교회에 소속된다. 루더포드에 따르면 그리스도께서 한 사람을 목사로 불러 교회로 파

---

858 Rutherford, *Survey of the Survey*, 189, 205, 219, 220, 227.
859 Rutherford, *Survey of the Survey*, 194-95, 459, 463.
860 Hooker, *A Survey*, 16, 121, 124. 여기서 후커는 장로교의 노회 정치가 로마 가톨릭교회의 감독제도와 매우 흡사하다고 생각한다. Ibid., 117, 123.

송하실 때, 그리스도는 항상 모든 지상교회의 양무리를 먹이시고자 하는 "의도"에서 그렇게 하신다. 이 궁극적인 목적을 성취하기 위해 그리스도는 한 사역자를 특정한 한 교회의 직원으로 임명하시는 것이다.[861] 만일 이러한 구분을 사실로 수용한다면, 노회의 치리권은 "새로운 권세"가 아니라는 루더포드의 주장은 설득력을 얻게 된다. 왜냐하면, 특정한 지교회의 목사는 이미 보편적 가견 교회의 목사이기 때문에 노회를 통해 다른 지교회들에 대한 치리에 참여하기 위해 새로운 직분을 또다시 얻을 필요가 없기 때문이다. 요컨대 장로교 노회의 치리권은 "그 성격과 종(種)에 있어서" 지교회 안에서 행사하는 장로의 권세와 전혀 다르지 않은 것이다. 그것은 단지 후자로부터 "확장된" 권세라고 말할 수 있다.[862] 결국, 루더포드의 시각에서 보았을 때, 장로교주의에 대한 회중교회주의자들의 비판은 성경과 장로교 노회에 대한 심각한 오해에 근거한 것이었다.

특히 회중의 치리권과 관련하여 루더포드는 국가와 교회의 영역을 세심하게 구분할 것을 요구한다. 주지하다시피 루더포드는 국가의 통치권자는 반드시 국민의 동의를 통해 권력을 양도받으며, 국민은 일종의 "근원적 권력"을 끝까지 유지한다고 가르쳤다. 또한 앞서 살펴보았듯이 루더포드의 주장은 후커의 회중정치 원리와 많은 유사점을 가진다. 마치 루더포드의 『법과 국왕』의 핵심 원리를 뉴잉글랜드 교회 안에 적용한 것이 후커의 회중주의라는 느낌이 들 정도다. 그렇다면 왜 루더포드 자신은 이러한 시도를 하지 않았는가? 그의 교회 안에서는 오히려 『법과 국왕』의 민주적인 원리와는 모순되는 듯 보이는 장로교주의를 옹호한 까닭은 무엇일까? 가장 먼저 우리는 루더포드 자신의 대답에 귀를 기울이는 것이 필요하다.

---

861 Rutherford, *Survey of the Survey*, 192-93.
862 Rutherford, *Survey of the Survey*, 190. 202-4; idem, *The Due Right*, 328-29.

루더포드에 따르면 성경은 국가의 통치자와 교회의 통치자(직원)를 엄밀하게 구분한다. 전자에게는 국민의 동의가 필수적으로 필요하지만,[863] 후자에게는 반드시 그런 것이 아니다. 구약과 신약, 그리고 루더포드 당대에 이르기까지 선지자, 사도, 그리고 설교자들은 각 시대를 대표하는 교회의 지도자들이었다. 흥미롭게도 선지자와 사도 그리고 목사는 하나님 백성의 동의를 통해 교회의 지도자로 세움을 입지 않았다. 오히려 성경은 하나님께서 이들을 직접 불러 세워 하나님의 교회에 파송한 것으로 기록하고 있다고 루더포드는 주장한다.[864]

선지자: "하나님은 선지자들과 사도를 세우실 때 그 어떠한 백성의 매개적 행위나 동의 없이 그렇게 하셨다"(논제 XIV).

사도: "사도는 이들의 직분과 이들이 사도의 직에 임명되는 것 모두 백성의 그 어떠한 행위 없이 오로지 하나님에 의해 **직접** 또한 오직 하나님으로부터 이루어진 일이었다"(논제 V); "하나님께서는 그 어떠한 사람의 행위를 통하지 않고 **직접** 베드로를 사도로 만드셨다"(논제 LXIV).

목사: "하나님은 목사직과 사도직의 직접적인 저작자가 되신다"(논제 V); "그리스도는 최고 의장과 교회의 수장으로서 한 사람에게 **직접** 능력을 부여하셔서 그 사람을 설교자로 만드신다"(논제 XIX).

요컨대 성경은 국가의 통치 원리와 교회의 치리 원리를 처음부터 구분해 온 것이다. 루더포드의 시각에 따르면, 후커의 회중주의는 이러한 기본적인 구분을

---

863 성경의 대표적인 예가 바로 다윗 왕이다. 루더포드에 따르면 하나님은 다윗을 "그와 백성 사이에 맺어진 정치적이며 법적인 계약에 의해 공적인 국왕으로 만드셨다"(논제 XLIV). Rutherford, *Lex, Rex*, 458.

864 "따라서 그[하나님]는 그가 원하시는 자들에게 선지자들과 사도 그리고 목사들을 보내 주신다."(논제 V) 아래에서 인용된 페이지를 순서에 따라 나열하면 다음과 같다. Rutherford, *Lex, Rex*, 103(선지자), 18(사도), 457(베드로), 17(목사), 146(설교자). 강조는 모두 필자의 것이다.

인식하지 못하는 오류를 범한 것이다. 루더포드는 장로교주의를 후커의 회중주의로부터 차별화시키는 핵심이 성경에 있다고 일관성 있게 주장하였다. 전자가 성경에 근거한 정당한 교회 정부 체제지만 후자는 성경으로부터 지지를 얻지 못하는 인위적인 산물이라는 것이다. 그러나 문제는 그리 단순하지 않다. 왜냐하면 이미 앞서 논의한 바대로 후커 역시 그의 회중주의가 성경적인 근거를 가지고 있다고 확신하기 때문이다. 이 때문에 애초에 성경적 근거의 유무 여부를 두고 첨예하게 대립한 후커와 루더포드는 사실상 같은 본문을 어떻게 해석하는가에 대한 주해 논쟁을 벌이게 되었다. 물론 이들의 성경 주해는 각자의 특수한 역사적 정황 속에서 이루어진 것이었다.[865]

3) 루더포드와 후커의 교회 정부론과 정교분리

(1) 루더포드와 정교분리

레너드 베이컨에 따르면, 보다 심층구조에서 후커-루더포드 논쟁의 쟁점이 된 것은 바로 "국가교회"에 대한 양측의 견해차였다. 루더포드가 전국적인 지역 교구를 기본 단위로 하는 "국가교회"를 현실적으로 옹호했다면, 후커는 신약 시대가 도래한 이후에 그러한 국가교회는 더는 존재하지 않는다고 주장했다.[866] 루더포드가 국가교회의 정당성을 주장한 것은 로마 가톨릭교회와 영국 국교회에 대한 스코틀랜드 (장로)교회의 투쟁 속에서 더욱 잘 이해될 수 있다. 주지하다시피 스코틀랜드의 "국민 언약"(National Covenant) 운동은 1637년 7월 23일 세

---

[865] 루더포드와 후커가 서로 다른 성경 주해를 하게 된 신학적 분석—특히 언약신학의 관점에서—에 대해서는 각주 814번에서 소개한 필자의 논문을 참고하라.

[866] Bacon, "*Reaction of New England*," 452; 국가교회의 정당성에 대한 루더포드의 논증은 다음을 참고하라. Rutherford, *Survey of the Survey*, 474-85.

인트 자일스 교회에서 한 여인(제니 게디스)이 예배 도중 의자를 집어 던지며 저항한 사건으로부터 촉발되었다. 당시 애버딘에서 유배 생활을 하고 있던 루더포드는 사건이 일어나기 십여 일 전에 이미 앤워스 교구민들에 서신을 보내어 새롭게 도입되는 국교회의 "온갖 이단과 교황주의와 미신으로 가득 차 있고 그리스도가 절대 허락하시지 않은 아비 없는 새로운 예식서"에 대해 적극적으로 투쟁할 것을 당부하였다.[867] 얼마 후 1638년 2월, 알렉산더 헨더슨을 비롯한 스코틀랜드의 지도자들은 "국민 언약"을 기초했고 수많은 사람이 이에 서명함으로 소위 "언약도"(Covenanters)가 되었다. 1642년 영국 내전이 발발하자 영국 의회와 스코틀랜드 언약도 사이에 소위 "엄숙동맹과 언약(계약)"(Solemn League and Covenant)이 체결되었다. 스코틀랜드 언약도는 의회파를 군사 지원하는 조건으로 스코틀랜드의 개혁교회를 보존할 것과 영국과 아일랜드의 교회를 "하나님의 말씀과 가장 잘 개혁된 교회들의 모본을 따라" 개혁할 것을 약속받았다.[868] 또한, 영국, 아일랜드, 스코틀랜드 세 왕국의 교회가 하나님 말씀에 기초한 바른 교리, 예배, 신앙고백 그리고 한 걸음 더 나아가 교회 정부의 형태에서도 일치를 이루기로 합의하고 이것을 문서로 남겼다.[869]

"엄숙동맹과 언약"이 현실화된 것은 루더포드의 국가교회론에 매우 큰 의미를 던져주었다. 앞서 잠깐 언급한 바대로 후커는 신약 시대에 들어와 더는 "국가교회"는 존재하지 않는다고 주장하였다.[870] 루더포드는 후커의 주장을 세 가지 차원, 곧 성경적, 논리적, 그리고 정황적 증거들로서 반박한다. 첫째, 구약성경

867　루더포드가 앤워스(Anwoth)의 교구민에게 보낸 서한(July 13, 1637). Rutherford, *Letters of Samuel Rutherford*, ed. A. A. Bonar (Edinburgh: Oliphant Anderson & Ferrier, 1891), 440.

868　*A Solemn League and Covenant* (London: Printed for E. Husbands, 1643), 6.

869　*A Solemn League and Covenant*, 6.

870　Hooker, *The Covenant of Grace Opened*, (London: G. Dawson, 1649), 62, 65.

은 유대인으로 구성된 국가교회의 모델을 제시한다. 하나님의 언약은 아브라함과 그의 자손들, 곧 (신약 시대까지 미치는) 그의 백성들에게 적용된다. 둘째, 논리적으로도 국가교회는 여전히 유효하다. 루더포드는 후커에게 이렇게 반문한다. "만일 영국의 모든 이들이 보이는 성도이고 이들 모두가 하나의 독립된 회중교회에 소속되었다고 가정해 보라. 이 경우 과연 모든 구성원이 교회 언약을 맺는 것을 불법적이라고 말할 수 있는가?" 여기서 루더포드는 그의 당대에 이루어진 "국민 언약" 운동을 통해 국민적 단위에서 맹세와 언약을 맺는 사례를 언급한다. 셋째, 같은 맥락에서 "엄숙동맹과 언약"은 신약 시대에도 국가교회가 존재할 수 있다는 가장 현실적이며 강력한 정황적 증거가 된다. 이처럼 국민 전체가 공적으로 언약을 맺는 행위가 논리적일 뿐만 아니라 현실적으로 가능하다는 사실은 신약 시대에 존재하는 국가교회의 합법성을 입증하는 것이라고 루더포드는 주장한다.[871]

이와 동시에 루더포드는 국가와 교회의 고유한 영역을 세심하게 구분하고자 노력을 기울인다. 이 작업은 에라스투스주의자들을 논박하는 역사적 정황 가운데서 일어났다.[872] 웨스트민스터 회의에 참석한 루더포드는 영국 의회 안에서 교회의 치리권을 국가(의회)에 종속시키고자 주장하는 에라스투스주의자들이 적지 않은 것을 보고 놀랐다. 1645년 7월 30일, 이들을 대표하는 토머스 콜먼은 의회에서 이렇게 설교하였다. "기독교인 국가 관료는 교회 안에서도 기독교인 국가 관료로서 여전히 통치자다."[873] 콜먼의 견해를 지지하는 자들은 교회의 수찬정지권을 성직자들에게만 맡겨서는 안 되고 최종적인 교회의 치리권을 의회에

871　Rutherford, *Survey of the Survey*, 474-85. 인용은 479쪽과 480쪽을 보라.
872　장로교주의자들과 에라스투스주의자들 그리고 독립파 사이에 형성된 갈등 관계를 흥미롭게 묘사한 다음의 연구를 참조하라. 김중락, "퓨리턴의 꿈과 언약국가," 「영국연구」 23(2010): 59-89.
873　Thomas Coleman, *Hopes Deferred and Dashed* (London: Christopher Meredith, 1645), 25, 27.

귀속시켜야 한다고 주장했다.

　루더포드는 조지 길레스피와 더불어 콜먼의 견해를 반박하였다. 루더포드는 이듬해 3월에 출간된 그의 저작 『교회 정부의 신적 권리와 수찬 정지』(*The Divine Right of Church Government and Excommunication*)에서 특히 두 왕국론의 입장에서 에라스투스주의를 비판했다. 세속 왕국(국가)과 영적 왕국(교회)의 주인이신 하나님은 두 왕국을 각각 "검"과 "영적인 수단들"—말씀과 성령 그리고 영적인 권징 등—을 통해 통치하신다. 특히 중보자(구원자)로서 교회의 머리가 되시는 그리스도는 신약의 "사도적 교회" 안에 사도들과 목사들 그리고 교사들을 두시고 이들의 손에 교회의 치리권을 맡겨 두셨다. 세속관료는 이들의 손에 맡겨진 "검"의 권세를 가지고 교회의 영적인 치리를 행사할 수 없다. 악을 처벌하는 일에서도 교회의 치리는 "주의 날에 [범죄자의] 영혼을 구원하는" 영적인 목적을 가졌다는 측면에서 세속적인 "검"의 치리와 다르기 때문이다.[874] 같은 맥락에서 수찬 정지는 교회의 고유한 영적인 치리 사역에 속하기 때문에 세속권력에 의해 시행되어서는 안 된다는 것이 루더포드의 핵심적 주장이다.[875]

　루더포드에 따르면 에라스투스는 구약 시대 가장 이상적인 국가인 이스라엘(신 4장) 안에서는 위에 언급한 두 영역의 구분이 존재하지 않았으므로 오늘날 기독교 국가 안에서는 모든 사법권—소위 교회의 영적인 치리권을 포함하

874　Rutherford, *The Divine Right of Church Government and Excommunication* (London: John Field, 1645), B-B6, 417-18, 500, 510-78, 599-646. 인용은 B2. 하나님은 각각 창조주와 구원자—혹은 "중보자로서의 그리스도"—로서 국가와 교회의 머리이시다 (510, 564, 600ff). 심지어 세속관료가 기독교로 개종한 경우, 그는 세속관료의 권력으로 그의 신민을 강제적으로 개종시키거나, "중보자로서의 그리스도의 왕국"을 확장시킬 의무와 권한이 없다고 루더포드는 주장한다(607쪽). 코피는 루더포드의 두 왕국론이 멜빌의 두 왕국론과 연속성을 가진다고 옳게 지적했다. Coffey, *Politics, Religion and British Revolutions*, 208. 제임스 왕에게 두 왕국론을 가르친 앤드루 멜빌의 잘 알려진 일화에 대해서는 다음을 참고하라. Thomas McCrie, *The Life of Andrew Melvill* (Edinburgh: William Blackwood, 1824), vol.1, 391-92.l

875　Rutherford, *The Divine Right of Church Government*, 223-24, 226-29, 238-39, 394-95, 640.

여—이 시민 정부에게로 귀속되어야 한다고 가르쳤다.[876] 이를 반박하며 루더포드는 신명기 17:9-12과 역대하 19:8에 근거하여 구약 이스라엘 나라 안에도 "왕직과 제사장직의 구분"이 분명히 존재했다고 주장한다. 게다가 제사장이 내리는 판결이 국가 관료의 사법적 판결에 종속되지 않으며 제사장은 오로지 하나님께 대하여 직접 책임을 지고 있었다고 루더포드는 지적한다.[877] 이것은 신약 시대에까지 국가와 교회의 각각 고유한 사역—검의 사역과 영적인 사역—으로 계승되었다. 따라서 신약 시대 교회 안에서 정부 관료는 말씀과 성찬을 베풀 수 없으며 누가 성례에 참여할 수 있는지를 결정하는 (영적) 치리권 역시 행사할 수 없다고 루더포드는 단언한다.[878]

흥미롭게도 에라스투스주의자들을 논박하는 『교회 정부의 신적 권리와 수찬 정지』에서 부각된 루더포드의 두 왕국론은 『법과 국왕』은 물론 (장로교주의 입장에서) 회중주의를 논박하는 그의 논쟁서들의 입장과도 조화를 이룬다. 일례로, 루더포드는 국가 관료의 간섭으로부터 독립된 장로들의 고유한 치리권을 옹호하는 맥락에서도 다음과 같이 진술한다. "[회중을] 먹이고 다스리는 권세는 예수 그리스도에 의해 **장로들에게 직접 수여된다**."[879] 이처럼 루더포드는 장로들의 고유한 치리권을 한편으로는 국가로부터 다른 한편으로는 회중으로부터 일관성 있게 보호하고자 시도했다.

(2) 후커의 정교분리

교회 정부(회중주의) 및 국가와 교회의 관계에 대한 후커의 견해는 루더포

---

876 Rutherford, *The Divine Right of Church Government*, 383.

877 Rutherford, *The Divine Right of Church Government*, 384.

878 Rutherford, *The Divine Right of Church Government*, 391-95, 418-19.

879 Rutherford, *The Divine Right of Church Government*, 482. 강조는 필자의 것이다.

드의 경우 못지않게 복잡한 역사적 정황 가운데서 표현되었다. 첫째, 후커는 장로교주의자들과 분리주의자들 모두를 논박하는 과정에서 특히 국가교회에 대한 그의 견해를 밝혔다. 주지하다시피 후커는 루더포드가 옹호하는 국가교회로서의 장로교 정치체제를 반대하였다. 그렇다고 해서 국가교회를 타락한 형태의 "육적인 교회"(carnal church)로 규정하는 분리주의자들의 의견에 후커는 동의할 수 없었다. 오히려 존 스필즈베리의 견해를 반박하면서 후커는 국가교회의 성경적 기원을 옹호했다. 곧 구약 시대에 이스라엘 백성으로 구성된 국가교회를 친히 제정하신 분이 바로 하나님이라는 사실을 후커는 지적했다. 다만 신약 시대에는 이전의 국가교회가 사라지고 더욱 성숙한 형태인 회중교회가 새 언약 시대의 교회를 대표하게 되었다고 후커는 주장했다.[880] 이는 후커와 그를 지지하는 뉴잉글랜드 회중교회주의자들의 교회 정부론이 성경의 언약 개념과 특히 구속 역사의 통시적 관점에 뿌리를 내리고 있음을 보여준다. 후커는 교회 정부의 관점에서 보았을 때, 일찍이 개혁자들은 교황정치와의 투쟁으로 종교개혁을 시작했다고 말한다. 헨리 8세는 수장령을 통해 영국 안에서 교황을 제거했다. 그러나 교회 안에는 여전히 교황정치의 잔재들—대주교, 수석주교, 수도주교, 부주교 등—이 남아 있었다. 따라서 이후 청교도 개혁자들에게 맡겨진 시대적 과업은 교회 안에 남아 있는 계서제를 청산하고, 성직과 사역에서 일종의 "평등"을 실현하는 것이라고 후커는 주장했다.[881] 한 걸음 더 나아가 회중이 수동적인 위치에 머무르지 않고 교회 안에서 교회의 치리에 적극적으로 참여하는 것 자체가 새 언약 시대의 이상적인 교회의 모습으로 성경이 예언한 것의 언약적 성취라고 후커와 그의 동료들은 믿고 있었다. 바로 이러한 이유 때문에 후커는 뉴잉글

---

880   Hooker, *The Covenant of Grace Opened*, 62, 65.
881   Hooker, *A Survey* 의 서문을 보라.

랜드의 회중교회가 장로교회보다 종교개혁의 남은 과업을 완수할 수 있는 우월한 위치에 있다고 확신했다.[882]

둘째, 후커의 회중주의는 뉴잉글랜드라는 새로운 환경에서 정교분리를 몸소 실험하는 역사적 현장에서 구체화하였다. 한편으로 후커는 영국 국교회와 국가교회로서의 장로교주의를 거부하는 논쟁 상황에서 회중교회의 독립성과 자율성을 부각했다. 그러나 다른 한편으로 이것은 신정 통치(theocracy)의 이상에 대한 포기를 의미하는 것이 아니었다. 전자의 실례가 "교회 언약"이라면 후자는 "보이는 성도"를 통한 교회 및 국가의 통치를 제도화하려는 노력으로 구체화하였다. 일찍이 제럴드 브라워가 지적했듯이 뉴잉글랜드 청교도는 세 종류의 언약을 세심하게 구분하였다. 신자와 그리스도 사이에 맺어진 은혜 언약, 가시적인 신자들 사이에 맺어진 교회 언약, 그리고 국가의 기초를 제공하는 시민언약 등이다. 물론 세 가지 모두 예수 그리스도의 왕권에 뿌리를 내리고 있다는 면에서 공통점을 가진다.[883] 위에 열거한 세 가지 언약 가운데 특히 초기 뉴잉글랜드 정착민들의 교회 언약과 시민언약은 문헌자료 형태로 남아 있다는 면에서 연구자들의 주의를 끌어왔다. 데이비드 위어는 1620년부터 1708년 사이에 작성된 것으로서 현존하는 거의 모든 문헌자료 형태의 교회 언약 및 시민언약을 수집하여 치밀하게 분석한 후에 그 결과를 발표하였다. 위어는 그의 저서 『초기 뉴잉글랜드: 계약 사회』(*Early New England: A Covenanted Society*, 2005)의 결론에서 정교분리에 관해 다음과 같이 말한다.

---

882   후커와 그의 회중교회 동료들이 즐겨 인용한 성경 구절은 다음과 같다. 에스겔 43:11, 20:37; 이사야 44:5, 56:6-7; 예레미야 31:34, 50:5; 골로새서 3:16; 하박국 2:14; 다니엘 12:4; 잠언 2:5.
883   Jerald C. Brauer, "The Rule of the Saints in American Politics," *Church History* 27:3(1958): 240-55. 특히 245쪽을 보라.

◆   우리가 명심할 것은…17세기 뉴잉글랜드에는 참으로 교회와 국가의 분리가 있었다는 사실이다. 각 기관은 각자의 책임지는 영역을 가지고 있었다. 도시들과 교회들이 남긴 문헌자료를 검토해보면 뉴잉글랜드인들은 두 종류의 [서로 다른] 자료집, 곧 도시 자료와 교회 자료를 따로 소장하고 있었다. 각 자료집은 서로 구별되게 이루어진 일련의 회합들, 조치들, 그리고 역할들을 기록했다. 교회는 국가에 대한 일종의 충고자로서 보였으나 결코 국가가 행하는 수많은 활동—예를 들어, 토지 분할, 과세, 형사소추, 부동산 업무 등—에 관여하지 않았다. 때때로 두 영역을 함께 담당하는 인물들이 존재했다. 특히 회중교회의 회원들만이 시정을 행사할 수 있었던 식민지들에서는 그랬다. 그러나 여기서도 두 기관은 서로 구분되고 분리되었다. [물론] 현실적으로는 같은 인구집단의 과두제가 교회와 국가를 통치했다. 또한 뉴잉글랜드는 성직자들이 시민 통치자로서 임무를 수행하는 세상이 아니었다. 때때로 성직자가 초기 뉴잉글랜드 식민지에서 영향력을 행사하기도 했지만, [직접] 공직에 나아가 활동한 수십 명 단위의 성직자 그룹은 초기 뉴잉글랜드에서 발견되지 않는다. 어디까지나 이들의 관심사는 교회였다.[884]

과연 교회 언약과 시민언약의 구분이라는 관점에서 보았을 때, 또한 성직과 시정이 공식적으로 구분되었다는 측면에서 보았을 때, 그리고 뉴잉글랜드의 주류 교회들이 국가교회를 거부하고 더욱 독립적인 회중주의를 채택했다는 사실 등을 고려할 때, 초기 뉴잉글랜드 사회는 정교분리를 원칙적으로 수용했다는 위어의 주장은 어느 정도 설득력이 있다.

---

884   Weir, *Early New England*, 228.

그러나 브라워가 옳게 지적했듯이 만일 뉴잉글랜드 청교도가 (성직자들이 아닌) 가시적 신자들을 통한 시민사회의 통치를 추구했다는 측면을 고려한다면, 우리는 17세기 뉴잉글랜드 사회를 일면 신정 통치(theocracy)의 이상을 구현하고 있었던 사회라고도 평가할 수 있다.[885] 구체적인 예로서 보스턴, 플리머스, 그리고 뉴헤이븐 등의 식민지는 참정권을 교회 회원에게 만으로 제한하는 규정을 가지고 있었다. 한편 후커는 이 제도에 동의하지 않았고 그가 1636년 매사추세츠를 떠나 하트포트에 새로운 정착지를 마련했을 때, 그의 코네티컷 식민지는 이 규정을 문서로 밝히지 않았다는 사실 또한 잘 알려졌다.[886] 물론 매사추세츠를 떠난 이후로도 후커는 보스턴의 회중교회와 유대관계를 지속하면서 뉴잉글랜드의 지도자로 역할을 감당하였다. 일례로 후커의 『교회 치리 강요 개설』 자체가 뉴잉글랜드 회중교회 지도자들의 합의된 견해를 대변한다는 사실이 그의 흔들리지 않는 지도력을 증명해준다.[887] 비록 참정권과 교회 회원권을 직접 연결하는 방식을 통해 신정 통치를 제도화하는 것에는 동의하지 않았지만, 후커 역시 참 신자들을 통해 뉴잉글랜드 사회 전체가 기독교적인 사랑과 평화의 공동

---

[885] Brauer, "*The Rule of the Saints*," 241-42, 245. 또한 이 분야의 고전이 된 에드먼드 모건의 저작을 참고하라. Edmund S. Morgan, *Visible Saints* (Ithaca & London: Cornell University Press, 1963). 물론 이 제도 역시 뉴잉글랜드의 모든 지역에서 오랜 기간 실행된 것처럼 지나치게 확대해석 되어서는 안 된다. 첫째, 이것은 뉴잉글랜드 역사에서 특정한 시기에 한시적으로 적용된 제도였다. 매사추세츠에서는 약 1631년부터 1664년까지 시행되다가 이후 교회 정회원권에 대한 규정이 다소 완화되었다. 1684년 영국의 찰스 2세가 매사추세츠 만 회사의 특허장을 무효화했을 때, 참정권을 교회 회원권과 연계시키는 규정은 일괄 폐지되었다. 둘째, 이것은 지역적으로도 제한적으로 시행되었다. 매사추세츠의 보스턴과 플리머스 그리고 뉴헤이븐이 그 중심지였던 반면, 로드아일랜드와 코네티컷 그리고 뉴햄프셔는 참정권을 교회 회원들에게만으로 제한하는 규정을 마련하지 않았다. Junius R. Flickinger, *Civil Government as Developed in the States and in the United States* (Boston: D.C. Heath & Company, 1901), 75-76; James Otis Lyford, *History of the Town of Canterbury New Hampshire* Vol. 1 (Concord, N. H., Rumford Press, 1912), 215-6; Albert Edward. McKinley, *The Suffrage Franchise in the Thirteen English Colonies in America* (Philadelphia, For the University; Boston, Ginn & co., 1905), 474-5. 분리주의자인 로저 윌리엄스는 투쟁을 통해 종교의 자유와 정교분리의 원칙을 로드아일랜드에서 실천했다. 원성현, "17세기 북미 로드아일랜드의 분리파 청교도의 대외관," 「교회사학」 3/1(2004): 255-79.

[886] 참정권과 교회 회원권을 분리시키는 것 이외에도 후커는 교회 회원권의 기준을 좀 더 관대하게 적용할 것을 주장했다는 면에서 존 코튼과 차이를 보인 것으로 알려졌다. Morgan, *Visible Saints*, 106-8.

[887] 후커는 그의 책이 "뉴헤이븐, 기포드, 밀포드, 스트라트포드, 페이필드, 그리고 [매사추세츠]만에 있는 대다수의 교회 장로들의" 공통된 견해를 대변하는 것임을 명시한다. Hooker, *A Survey*, 17.

체로 변화될 것을 소망하는 면에서는 그의 동료들과 뜻을 같이하였다.[888]

특히 후커는 현실적으로 뉴잉글랜드 기독교인 관료들의 역할을 매우 중요하게 생각했다. 이들은 교회가 "성경 말씀 안에서 교회에 주어진바, 그리스도의 질서와 법에 따라, 그리스도의 규례들을 바르게 실행하도록" 심지어는 "강제력"을 행사할 수 있다고 후커는 주장했다. 한 걸음 더 나아가 후커는 뉴잉글랜드의 관료들을 가리켜 교회를 돌보는 "유모와 같은 아버지"라고 불렀다. 같은 장소에서 후커는 교회의 "독립성"이 과연 무엇을 의미하는지 독자들에게 자세하게 설명한다. 그것은 (국가와의 관계에 있어) 그 어떠한 종속도 반대하는 교회의 "절대적인 우위성"을 의미하지 않는다. 오히려 교회는 국가의 보호에 의존하고 정당한 질책에 대해 겸손하게 귀를 기울일 의무가 있다.[889]

그렇다면 이토록 중요한 역할을 담당하는 관료들은 과연 누가 선출하는가? 이 질문 앞에서 우리는 앞서 인용한 후커의 1638년 5월 31일 설교를 다시 한번 상기할 필요가 있다. 후커에 따르면 하나님은 관료를 선출하는 권리를 국민에게 주셨고, 국민은 이 특권을 자기 뜻이나 일시적인 기분(humours)이 아닌 "하나님의 뜻과 법에 따라" 행사해야만 했다. 마치 지역 교회의 회중이 하나님의 뜻에 따라 교회의 직원(장로)을 선출하듯이, 참정권을 가진 뉴잉글랜드의 주민들 역시 하나님의 뜻에 따라 공무를 수행할 경건한 관료를 선출할 책임이 있었다. 이런 맥락에서 볼 때, 회중의 치리권을 옹호하며 후커가 (루더포드와 달리) 국가와 교회의 경계를 비교적 유연하게 넘나들며 논의를 전개할 수 있었던 이유를 어느 정도 이해할 수 있다. 비록 원칙에서 후커는 국가와 교회 사이에 분명한 선을 그은 것이 사실이지만, 후커가 직접 몸담고 있었던 뉴잉글랜드 사회 안에서

---

888 Hooker, *A Comment Upon Christ's Last Prayer in John 17* (London: Peter Cole, 1656), 38-39.
889 Hooker, *A Survey*, Part II, 79-80.

그가 가졌던 기독교 공동체에 대한 이상과 경험하는 현실 세계 모두에서 두 영역은 매우 밀착되어 있었다.

5. 맺는말

본장의 첫머리에서 필자는 성경적, 신학적 논의와 더불어 17세기 중엽 스코틀랜드와 뉴잉글랜드의 역사적 정황이 후커와 루더포드 사이에 벌어진 교회론 논쟁에 어떤 방식으로 반영되었는지에 대해 탐구할 것을 밝혔다. 아울러 왜 정치영역에서 공통으로 발견되는 소위 국민의 "근원적인 권력" 개념이—혹은 민주적인 원리가—교회 정부 형태에 대해서는 서로 다른 방식으로 적용되면서 둘 사이의 첨예한 의견 대립을 불러일으켰는지 의문을 제기하였다. 본문에서 필자는 교회 정부에 관한 이들의 신학적 입장이 무엇이며 또한 그것이 어떤 성경 주해적인 근거를 가졌는지 살펴보았다. 이 과정에서 서론에서 제기한 질문들에 대한 부분적인 대답을 들을 수 있었다. 한 걸음 더 나아가 필자는 특히 "회중의 치리권"에 대한 둘 사이의 첨예한 견해 차이를 각자의 특수한 역사적 정황 속에서 조명해 보았다. 이를 통해 우리는 두 사람의 다른 입장이 국가교회의 역사적 정황과도 긴밀하게 연결되어 있음을 확인하였다.

첫째, 국가교회로서의 장로교회를 앞세워 영국 정부와 국교회에 저항했던 루더포드는 국가교회의 정당성을 옹호했다. 그러나 일단 국가교회를 인정한 후에는 국가와 교회 각각의 고유한 영역을 구분 짓는 데에 세심한 주의를 기울였다. 특히 교회의 치리권을 국가에 종속시키려는 에라스투스주의를 논박하면서 루더포드는 두 왕국론의 입장에서 교회가 행사하는 영적인 치리권을 보호하고

자 애썼다. 이 과정에서 루더포드는 교회 안의 치리 원리가 세속사회의 그것과는 본질에서 다르다는 사실을 부각했다. 이러한 사실은 독자들로 하여금 루더포드의 두 저작, 곧 『법과 국왕』과 『장로회들의 정당한 권리』 사이의 차이를 더욱 잘 이해할 수 있도록 돕는다. 『법과 국왕』에서 등장하는 국왕은 국민을 통하여 세워졌고, 국민으로부터 위임받은 권력을 행사하며, 따라서 국민에 대해 책임을 진다. 이와 대조적으로 『장로회들의 정당한 권리』에서 등장하는 장로들은 구약의 선지자들과 신약의 사도처럼 그리스도에 의해 직접 임명을 받고, 다스리는 권세를 직접 부여받아 지교회로 파송을 받는다. 따라서 이들이 행사하는 치리권은 소위 회중의 "근원적 권세"와는 무관하다. 루더포드의 시각에서 보았을 때, 국왕에 대해 국민이 보유 및 행사하는 "근원적 권력"을 교회 안으로 도입하여 회중의 치리권을 위한 논리적 근거로 삼는 것은 (성경이 구분하는) 왕직과 제사장직, 혹은 국가와 교회의 고유한 경계를 허물어 버리는 정당하지 못한 시도다.

둘째, 뉴잉글랜드 회중교회를 대표하는 후커는 루더포드와 달리 국가교회 제도를 인정하지 않았다. 비록 분리주의자들과는 차별화되는 다소 온건한 태도를 보이기도 했지만, 적어도 국가교회는 신약 시대를 대표하는 교회의 모델이 결코 될 수 없다는 입장을 분명히 밝혔다. 그 대신 개별 교회의 독립성과 자율성을 강조하는 회중교회가 새 언약 시대를 대표한다고 일관성 있게 주장했다. 아울러 후커는 참정권을 교회 회원에게로 제한시키는 제도를 거부했다. 이 측면만을 고려한다면, 후커에 의해 개척된 코네티컷은 보스턴보다 정교분리를 보다 원칙적으로 실천했다고 말할 수 있다. 그러나 일단 정교일치가 제도화되는 것을 거절한 다음에는, 후커 역시 회중교회의 "독립성"이 절대적 의미에서의 우월성이나, 혹은 국가로부터의 분리를 의미하는 것이 아님을 독자들에게 상기시켰다. 오히려 세속관료는 교회를 보호하고 교회 안에서 하나님의 말씀에 따른 바른 예배와 치리가 이루어지도록 돕고, 필요하다면 나태해지는 교회를 질책할 책임까지 있다고 후커는 주장했다. 후커와 뉴잉글랜드 회중교회 지도자들의 공통된 의견을 잘 반영한 것으로 알려진『케임브리지 플랫폼』(1649)은 제17장에서 교회와 국가의 관계를 매우 중요하게 기술한다.[890] 전반적으로는 두 왕국론의 입장에서 정교분리의 원칙을 천명한다(17:5). 일례로,『플랫폼』역시 (루더포드의 의견과 같이) 세속관료는 시민에게 교회 회원이 되도록 강제하거나 수찬 정지권을 행사할 권세가 없다고 선언한다(17:4). 그러나 이와 동시에 교회에 대한 세속관료의 의무를 강조한다. 특히 십계명의 두 번째 돌판뿐만 아니라 첫 번째 돌판에 대해서도 이들은 하나님께로부터 부여받은 책임이 있다고 명시한 것이 인상적이다. 또한 이들의 소명에 관해서도『플랫폼』은 다음과 같이 진술한다.

- 이들은 하나님께 부르심을 받았다. 관료의 직분이 가진 목적은 시민의 고요하고 평화로운 삶이다. 그러나 이것은 오로지 정의와 정직에 관련된 문제에만 국한되지 않는다. 이것은 경건에 관한 문제들에도 관련된다. 참으로 모든 경건에 관한 문제에 대해서도 그렇다.[891]

필자가 보기에 이 같은 진술은 17세기 뉴잉글랜드의 특수한 역사적 정황에서 더욱 잘 이해될 수 있다. 특히 세속관료에 대한 후커와『플랫폼』의 생각이 루더포드의 태도보다 더욱 적극적일 수 있었던 이유를 알 수 있다. 그것은 초기 뉴잉글랜드의 주요 식민지 관료들이 많은 경우 회중교회와 동반자의 관계를 유지했던 기독교인 관료들이었기 때문이다.[892] 이런 측면에서, 초기 뉴잉글랜드 사회

---

890 *A Platform of Church-Discipline* (London: Peter Cole, 1649), 17:1-9.
891 *A Platform of Church-Discipline*, 17:6.
892 뉴잉글랜드의 관료들은 관할 지역의 교회가 이단이나 우상숭배의 위험에 빠지는 것으로부터 보호하는 것은 물론 교회의 일치를 깨뜨리고 교회분열을 조장하는 지역 교회를 제어할 책임까지 떠안았다(17:9).『플랫폼』은 이상적인 관료의 모델로서 모세, 여호수아, 다윗, 솔로몬, 아사, 여호사밧, 히스기야, 요시아 등을 언급한다(17:6).『플랫폼』을 기초했던 회중교회 지도자들은 아마도 존 윈스럽(John Winthrop)을 대표적인 "기독교인 관료"의 모델로서 염두에 두었

의 관료와 자유민의 관계를 당시의 회중교회 안에서 성직자와 회중이 맺는 관계로 빗대어 설명한 브라워의 시도는 정당하다.[893] 어떤 의미에서 후커는 소위 국민의 "근원적 권력"을 회중교회 안으로 도입한 것이 아니었다. 오히려 교회 안에서 하나님의 뜻에 따라 행사하는 회중의 치리 원리를 (또 다른 하나님의 통치 영역인) 시민사회로 확대하여 적용한 것이었다. 경건한 신자들이 하나님의 뜻에 따라 다스린다는 면에서 두 영역 사이에는 분명히 연속성이 존재했다.

이처럼 후커의 뉴잉글랜드 회중교회는 로마 가톨릭과 영국 국교회를 대변하는 세속관료를 대항하여 투쟁해야만 했던 스코틀랜드 교회의 정황과 사뭇 다른 환경에 처해 있었다. 이 시점에서 우리는 왜 루더포드가 두 왕국론으로 교회의 독립성을 방어하고자 노력했고, 후커는 뉴잉글랜드에서 두 왕국론을 원칙적으로 수용하면서도 현실적으로는 교회와 식민정부의 밀착 관계를 허용할 수 있었는지 좀 더 잘 이해할 수 있게 된다. 이러한 사실이 17세기 루더포드-후커의 논쟁을 연구하고자 원하는 이들에게 말해주는 바는 분명하다. 지금까지의 논의를 종합해 볼 때, 앞으로도 연구자들은 성경적, 신학적, 그리고 정황적 요소 등을 모두 포함하는 다각도의 접근을 시도해야만 한다. 그때에야 비로소 우리는 루더포드의 장로교주의와 후커의 회중주의, 그리고 이들 사이에 전개된 교회정부 논쟁을 더욱 폭넓고 균형 잡힌 시각에서 이해할 수 있기 때문이다.

을지 모른다.

893 Brauer, "*The Rule of the Saints*," 248.

제12장 정교분리의 관점에서 조명한 루더포드-후커의 17세기 교회론(교회 정부) 논쟁

제12장은 역사적인 루더포드-후커의 교회론 논쟁을 통해 드러난 성경적 언약과 정치사회적 계약 사상(특히 국민의 근원적 권력)의 관련성을 조명했다.

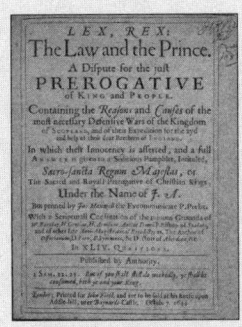

1644년 영국에서 출간한 루더포드의 『법과 국왕』(Lex, Rex) 표지이다. 루더포드는 계약(언약) 사상에 기초한 국민 재권 사상을 주장했다. 이에 근거하여 그는 당시 (계약을 파기한) 영국 왕정에 대한 국민의 저항을 정당화했다. 1660년 왕정복고가 이루어졌을 때 이 책은 불태워졌고 루더포드는 반역죄로 기소되었으나 체포되기 직전에 사망하였다.

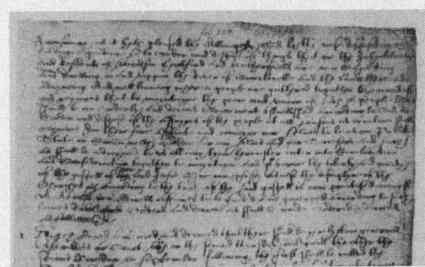

토머스 후커는 뉴잉글랜드 코네티컷 기본법(Fundamental Orders of Connecticut, 1639)을 기초하는 데 있어 중요하게 역할 한 것으로 알려졌다. 후커는 모든 권력은 국민의 자유롭고 자발적인 동의로부터 나온다는 원칙을 지지했다. 또한, 국민에 의해 선출된 정부는 국민에 의해 그 권력이 제한될 수 있다고 후커는 주장했다.

참고문헌

제1장 서론: 언약신학의 쟁점들

1. 일차자료

Ainsworth, Henry. *The Book of Psálmes: Englished both in Prose and Metre. With Annotations*. Amsterdam: Giles Thorp, 1612; 2nd ed., 1617.

Ames, William. *Lectiones in omnes Psalmos Davidis*. London: Andre Kembe and John Hardesty, 1647.

_____. *Medulla S.S. theologiae*. Amsterdam, 1623; London, 1630.

Arminius, Jacobus. *De obiecto theologiae*. In *Opera theologica*. Leiden, 1629.

_____. *Oratio de Sacerdotio Christi*. In *Opera theologica*. Leiden, 1629. Translated as The Priesthood of Christ. In *The Works of James Arminius*. Trans. James & William Nichols, 3 vols. London, 1825; repr. Grand Rapids: Baker Book House, 1986.

Bayne, Paul. *A Commentarie upon the First Chapter of the Epistle of Saint Paul, written to the Ephesians*. London: Thomas Snodham, 1618.

Beza, Theodore. *Christian Meditations upon Eight Psalmes of the Prophet David*. London: Christopher Barker, n.d.

_____. *Jesu Christi D. N. Novum Testamentum, Theodoro Beza interprete*. London: Richard Field, 1594.

_____. *The Psalmes of David, truely opened and explaned by Paraphrasis, according to the right sense of everie Psalme*. London: Hernie Denham, 1581.

_____. *Jesu Christi Nostri Novum Testamentum*. Cambridge, 1642.

Blake, Thomas. *Vindiciae foederis*. London: Abel Roper, 1653; second ed., 1658.

Boston, Thomas. *Annotation on Edward Fisher, The Marrow of Modern Divinity*. In *The Complete Works of Thomas Boston*. Vol. 7. Stoke-on-Trent, UK: Tentmaker Publications, 2002.

Bucanus, Guilielmus. *Institutions of the Christian Religion*. Trans R Hill. London G Snowdon, 1606, London Daniel Pakeman, 1659.

Bude, Guillaume. *Opera omnia Gulielmi Budaei*. 4 vols. Basel: Nicolaus Episcopus, 1557; repr. Farnsworth: Gregg, 1969.

Bulkeley, Peter. *The Gospel Covenant, or, The Covenant of Grace opened*. London: Matthew Simmons, 1646.

Bullinger, Heinrich. *De testamento seu foedere Dei unico & aeterno brevis expositio*. Zürich, 1534.

_____. *The Second Helvetic Confession*. 1566.

Bunyan, John. *The Doctrine of Law and Grace Unfolded* (1660). In *The Whole Works of John Bunyan*. Ed. George Offor. 3 vols. London: Blackie & Sons, 1875; repr. Grand Rapids: Baker, 1977.

Burgess, Anthony. *The True Doctrine of Justification*. London: Thomas Underhill, 1654.

Calvin, John. 「재세례파 논박」, 1544, Contre les erreurs des Anabaptistes」. 박건택 역. In 『칼뱅 작품선집』 제5권, 박건택 편역. 서울: 총신대출판부, 1998.

_____. 『기독교강요』 라틴어 직역, 1536년 초판. 문병호 역. 서울: 생명의말씀사, 2009.

Cloppenborg, Johannes. *Disputationes theologicae xi defoedere Dei, et testamento, veteri & novo*, IILxvii, in *Opera theologica*, 2 vols. Amsterdam, 1684.

Cocceius, Johannes. *Opera omnia theologica, exegetica, didáctica, polemica, phüologica*, 12 vols. Amsterdam, 1701-1706.

_____. *Summa doctrina de foedere et testamento Dei*. Franekerae: I. Balck, 1648.

Dickson, David. "D. Dickson's Address" in *Records of the Kirk of Scotland* (Edinburgh: Peter Brown, 1843),

_____. *A Brief Exposition of the Evangel of Jesus Christ According to Matthew*. London: Ralph Smith, 1647, third edition 1651.

_____. *Expositio Analytica omnium Apostolicarum Epistolarum*. Glasgow: George Anderson, 1645.

_____. *The Sum of Saving Knowledge*. Edinburgh, 1671/2023.

Diodati, Jean. *Pious and Learned Annotations upon the Holy Bible*. London: James Flesher, 1651.

Durham, James. *Christ Crucified: or, the Marrow of the Gospel, evidently holden forth in LXXII Sermons, on the whole 53. Chapter of Isaiah*. Edinburgh: Andrew Anderson, 1683.

Edwards, Jonathan. *A History of the Work of Redemption*. *The Works of Jonathan Edwards Online* Vol. 9. Ed. John F. Wilson.

_____. *Observations concerning the Scripture Oeconomy of the Trinity and Covenant of Redemptio*. New York: Charles Scribner's Sons, 1880.

Fisher, Edward. *The Marrow of Modern Divinity*. London, 1645.

Flavel, John. "The Fountain of Life," in *The Whole Works of the Rev. Mr. John Flavel*. A. Weir and A. McLean, 1770. Vol.1:17-503.

Goodwin, Thomas. *Encouragements to Faith drawn from several Engagements both of Gods [and] Christs heart*. London: R. Dawlman, 1645.

_____. *Of Christ the Mediator*. In *The Works of Thomas Goodwin*, Vol.5. Edinburgh: Nichols, 1861-1866.

Hooker, Thomas. *The Soules Exaltation*. London: John Haviland, 1638.

Olevianus, Caspar. *De substantia foederis gratuiti inter Deum et Electos*. Geneva: Eustache Vignon, 1585.

Owen, John. *An Exposition of the Epistle to the Hebrews*. London, 1668-1684.

_____. *Salus electorum, sanguinis Jesu; or, the death of death in the death of Christ*. London, 1647.

Pemble, William. *An Exposition upon the Prophesie of Zecharie*. In *The Workes of William Pemble*. 3rd ed. London, 1631.

Perkins, William. *A Commentane, or Exposition upon the five first Chapters of the Epistle to the Galatians*. London: John Legati, 1617.

_____. *An Exposition of the Symbole or Creed of the Apostles*. In *The Workes of... Mr. William Perkins*, Vol.1. Cambridge: John Legatt, 1612-1619.

_____. *Golden Chaine*, In *The Workes of... Mr. William Perkins*. Vol.1. Cambridge: John Legatt, 1612-1619.

_____. *Treatise of the Manner and Order of Predestination*. London, 1606.

Peterkin, Alexander. Ed. *Records of the Kirk of Scotland, containing the Acts and Proceedings of the General Assemblies from the Year 1638 Downwards*. Edinburgh: Peter Brown, 1843.

Pictet, Benedict. *Theologia christiana*. Geneva, 1696.

Piscator, Johannes. *Analysis logica evangelii secundum Lucam*. London, 1596.

Polanus, Amandus. *Syntagma Theologiae Christianae*. Hanovia: Claudium Marnium and Johannus Aubrius, 1610.

Reynolds, Edward. *An Explication of the Hundreth and Tenth Psalme*. London: Felix Kyngston, 1632.

Rollock, Robert. *Analysis logica in epistolam ad Hebraeos*. Edinburgh: Robert Charteris, 1605.

Rutherford, Samuel. *The Covenant of Life Opened*. Edinburgh: Andro Anderson, 1655.

_____. *Testamentis Veteris Biblia Sacra*. London: G. B., R. N. & R. B., 1593.

Strong, William. *A Discourse of the Two Covenants*. 1678; repr., Grand Rapids: Reformation Heritage Books, 2011.

Turrettino, Francisco. *Institutio Theologiae Elencticae*. Geneva: Apud Samuelem de Tournes, 1679-1685.

Willard. Samuel. *The Doctrine of the Covenant of Redemption*. Boston: Printed by Benj. Harris, 1693.

Witsius, Herman. *De oeconomia foederum Dei cum hominibus, libri quatuor*. Leeuwar-den: J. Hagenaar, 1677. Trans. as *The Oeconomy of the Covenants between God and Man*, 3 vols. London: Edward and Charles Duly, 1763; second edition, 1775.

Zwingli, Ulrich. *In catabaptistarum strophas elenchus, Sdmtliche Werke*, Band VI. Zurich: Verlag Berichthaus, 1961.

2. 이차자료

우병훈. "데이비드 딕슨의 구속 언약의 특징과 그 영향." 「개혁논총」 34(2015): 63-112.

Ahn, Sang Hyuck. "Covenant in Conflict: The Controversy over the Church Covenant between Samuel Rutherford and Thomas Hooker." Ph.D. dissertation. Calvin Theological Seminary, 2011.

Armstrong, Brian. *Calvinism and the Amyraut Heresy: Protestant Scholasticism and Humanism in Seventeenth Century France*. Madison: University of Wisconsin Press, 1969.

Baker, J. Wayne. "Heinrich Bullinger, the Covenant, and the Reformed Tradition in Retrospect." *The Sixteenth Century Journal* 29:2(1998): 359-76.

———. *Heinrich Bullinger and the Covenant: The Other Reformed Tradition*. Athens: Ohio University Press, 1980.

Barth, Karl. *Church Dogmatics: The Doctrine of Reconciliation* (IV/1). Edited by G. W. Bromiley and T. F. Torrance. Edinburgh: T. & T. Clark, 1956.

Bavinck, Herman. *Reformed Dogmatics*. 5 vols. Trans. John Vriend. Grand Rapids: Baker, 2007.

Beach, Mark. "The Doctrine of the Pactum Salutis in the Covenant Thought of H. Witsius." *Mid-America Journal of Theology* 13(2002): 102-42.

Beeke, Joel R. *The Quest for Full Assurance: The Legacy of Calvin and His Successors*. Edinburgh: Banner of Truth Trust, 1999.

Bell, M. Charles. *Calvin and Scottish Theology: The Doctrine of Assurance*. Edinburgh: The Handsel Press, 1985.

———. "Calvin and the Extent of Atonement." *Evangelical Quarterly* 55(April 1983): 115-23.

———. "Was Calvin a Calvinist." *Scottish Journal of Theology* 36/4(1983): 535-40.

Bierma, Lyle D. Bierma. *German Calvinism in the Confessional Age: The Covenant Theology of Caspar Olevianus Grand Rapids*: Baker Book House, 1996.

———. "Federal Theology in the Sixteenth Century: Two Traditions?" *Westminster Theological Journal* 45 (1983): 304-10.

Bizer, Ernst. *Fruhorthodoxie und Rationalismus*. Zurich: EVG Verlag, 1963.

Bozeman, Theodore D. *The Precisianist Strain: Disciplinary Religion & Antinomian Backlash in Puritanism to 1638 Chapel Hill & London*: University of North Carolina Press, 2004.

de Freitas, Shaun. "From Luther to the Founding Fathers: Puritanism and the Ciceronian Spirit on Natural Law, Covenant, and Resistance to Tyranny." *Journal for Christian Scholarship*, 43:3 & 4(2007):157-77.

Elazar, Daniel J. Ed. *The Covenant Connection: From Federal Theology to Modern Federalism*. Durham, NC: Carolina Academic Press, 1985.

Emerson, Everett H. "Calvin and Covenant Theology." *Church History* 25/2(June, 1956): 136-44.

Fesko, J. V. *The Covenant of Redemption: Origins, Development, and Reception*. Göttingen: Vandenhoeck & Ruprecht, 2015.

———. "The Covenant of Redemption and the Ordo Salutis." *The Master's Seminary Journal* 33/1(Spring, 2022): 5-19.

Gardner, E. Clinton. "Justice in the Puritan Covenantal Tradition." *Journal of Law and Religion* 6:1(1988): 39–60.

———. *Justice and Christian Ethics*. Cambridge: Cambridge University Press, 1995.

Gass, Wilhelm. *Geschichte der protestantischen Dogmatik in ihrem Zusammenhange mit der Theologie*. 4 vols. Berlin: Georg Reimer, 1854-1867.

Grabill, Stephen. *Rediscovering the Natural Law in Reformed Theological Ethics*. Grand Rapids, Eerdemans, 2006.

Greaves, Richard. "The Origins and Early Development of English Covenant Thought." *The Historian*, 21 (1968): 21-35.

Haakonssen, Knud. "Protestant Natural Law: A General Interpretation," 92-109. In *New Essays on the History of Autonomy*, Edited by N. Brender and L. Krasnoff. Cambridge: Cambridge University Press, 2004.

Hall, Basill. "Calvin Against Calvinists." in *John Calvin: A Collection of Distinguished Essays*. Edited by Gervase Duffield. Grand Rapids: Eerdmans, 1966.

Helm, Paul. "Calvin and the Covenant: Unity and Continuity." *Evangelical Quarterly* 55 (1983): 68-71;

_____. *Calvin and the Calvinists*. Edinburgh: Banner of Truth, 1982.

Henderson, G. David. "The Idea of Covenant in Scotland," *Evangelical Quarterly* 27 (1955): 2-14.

_____. "The Dead Letter: Defining Natural Law and Covenant in Puritan America." *Scottish Common Sense Philosophy and the Natural Law Tradition in America*, (September 2012.): 8-10.

Heppe, Heinrich. *Die Dogmatik des Deutschen Protestantismus im sechzehnten Jahrhundert*, 3 vols. Gotha: Perthes, 1857.

_____. *Geschichte des Pietismus und der Mystik in der reformierten Kirche namentlich in der Niederlande Leiden*: E. J. Brill, 1879.

Holsteen, Nathan D. "The Popularization of Federal Theology: Conscience and Covenant in the Theology of David Dickson(1583-1663) and James Durham(1622-1658)." Ph.D. Dissertation. University of Aberdeen, 1996.

Höpfl, Harro & Martyn Thompson. "The History of Contract as a Motif in Political Thought." *The American Historical Review* 84:4 (Oct. 1979): 919-94

Horton, Michael. *Introducing Covenant Theology*. Grand Rapids: Baker Books, 2006. 『언약신학』. 백금산역. 서울: 부흥과개혁사, 2009.

Hsia, R. Po-chia. *Social Discipline in the Reformation*: Central Europe, 1550-1750. London: Rutledge, 1989.

Jeon, Jeong Koo. *Covenant Theology: John Murray's and Meredith G. Kline's Response to the Historical Development of Federal Theology in Reformed Thought*. New York & Oxford: University Press of America, 1999.

Johnson, Paul. *A Shopkeeper's Millennium*. New York: Hill and Wang, 1978.

Jones, Mark. *Why Heaven Kissed Earth: The Christology of the Puritan Reformed Orthodox Theologian, Thomas Goodwin* (1600-1680). Göttingen: Vandenhoeck and Ruprecht, 2010.

Kendall, R. T. "The Puritan Modification of Calvin's Theology," 197-214. In *John Calvin: His Influence in the Western World*. Edited by W. Stanford Reid. Grand Rapids: Zondervan, 1982.

_____. *Calvin and English Calvinism to 1649*. New York and London: Oxford University Press, 1978.

Kickel, Walter. *Vernunft und Offenbarung bei Theodor Beza*. Neukirchen: Neukirchner Verlag, 1967.

Kim, Joohyun. "The Holy Spirit in David Dickson's Doctrine of the Pactum Salutis." *Puritan Reformed Journal* 7/2(2015): 112-26.

Kline, Meredith G. "Canon and Covenant, I & II." *Westminster Theological Journal*

_____. 32(1969/70): 49-67, 179-200.

_____. "Canon and Covenant, III." *Westminster Theological Journal* 33(1970/71): 45-72.

_____. "Covenant Theology under Attack." *New Horizons* 15/2(1994): 3-5.

_____. "Dynastic Covenant." *Westminster Theological Journal* 23(1960/61): 1-15.

_____. "Gospel until the Law: Romans 5:13-14 and the Old Covenant." *Journal of the Evangelical Theological Society* 34/4(1991): 433-46.

_____. "Law Covenant." *Westminster Theological Journal* 27(1964/65): 1-20.

_____. "Oath and Ordeal Signs, I & II." *Westminster Theological Journal* 28(1964/65): 1-37, 115-39.

_____. "Of Works and Grace," *Presbyterian* 9(1983): 85-92.

_____. *Images of the Spirit*. S. Hamilton: Gordon Conwell Theological Seminary, 1986.

_____. *Kingdom Prologue: Genesis Foundations for a Covenantal Worldview*. Overland Park: Two Age Press, 2000. 『하나님 나라의 서막』. 김구원역. 서울: 개혁주의신학사, 2007.

_____. *Treaty of the Great King: The Covenant Structure of Deuteronomy*. Grand Rapids: Eerdmans, 1963.

Lee, Brian J. "Johannes Cocceius as Federal Polemicist: The Usefulness of the Distinction between the Testaments." 567-81. In *Church and School in Early Modern Protestantism*. Edited by Robert J. Bast et als. Leiden: Brill, 2013.

Letham, Robert. *The Westminster Assembly: Reading Its Theology in Historical Context*. Phillipsburg, NJ: P&R Books, 2009.

Lillback, Peter. "The Continuing Conundrum: Calvin and the Conditionality of the Covenant." *Calvin Theological Journal* 29 (April 1994): 42-74.

_____. *The Binding of God: Calvin's Role in the Development of Covenant Theology*. Grand Rapids: Baker Academic, 2001. 『칼뱅의 언약사상』. 원종천 역. 서울: CLC, 2009.

Little, David. "Calvin and Natural Rights." *Political Theology* 10:3(July 2009): 411-30.

Loonstra, Bert. *Verkiezing, verzoening, verbond: beschrijving en beoordeling van de leer van het "pactum salutis" in de gereformeerde théologie*. Den Haag: Boekencentrum, 1990.

Lovin, Robin W. "Equality and Covenant Theology," *Journal of Law and Religion* 2 (1984): 241-262.

MacKinnon, Malcolm H. "Believer selectivity in Calvin and Calvinism." *The British Journal of Sociology*, 45:4(Dec., 1994): 585-95.

_____. "Part I: Calvinism and the infallible assurance of grace: the Weber thesis reconsidered." *The British Journal of Sociology*, 39:2(June, 1988): 143-77.

_____. "Part II: Weber's exploration of Calvinism: the undiscovered provenance of capitalism." *The British Journal of Sociology*, 39:2(June, 1988): 178-210.

_____. "The Longevity of the Thesis: A Critique of the Critics," 211-43. In *Hartmut Lehmann & Guenther Roth. Ed. Weber's Protestant Ethic*. Cambridge: Cambridge University Press, 1995.

Macleod, Donald. "Federal Theology—An Oppressive Legalism?" *The Banner of Truth*, 125 (Feb. 1974): 21-28.

Marsden, George. "Perry Miller's Rehabilitation of the Puritans: A Critique," *Church History* 39:1 (1970): 91-105.

McCoy Charles S. & J. Wayne Baker. *Fountainhead of Federalism: Heinrich Bullinger and the Covenantal Tradition*. Louisville: Westminster/John Knox Press, 1991.

_____. "Johannes Cocceius: Federal Theologian," in *Scottish Journal of Theology*, XVI (1963): 352-70.

_____. "The Covenant Theology of Johannes Cocceius." Ph.D. dissertation. Yale University, 1956.

McGowan, Andrew T. B. "Federal Theology as a Theology of Grace." *Scottish Bulletin of Evangelical Theology* 2(1984): 41-50.

Miller, Perry. "The Half-Way Covenant." *The New England Quarterly* 6:4(1933): 676-715

_____. *The New England Mind: The Seventeenth Century*. New York: Macmillan, 1939.

_____. *The New England Mind: From Colony to Province*. London & Cambridge: The Belknap Press, 1953.

Møller, Jens G. "The Beginnings of Puritan Covenant Theology." *The Journal of Ecclesiastical History* 14 (April 1963): 46-67.

Moots, Glenn A. *Politics Reformed: The Anglo-American Legacy of Covenant Theology*. Columbia and London: University of Missouri Press, 2010.

Muller, Richard A. "The Spirit and the Covenant: John Gill's Critique of the Pactum Salutis." *Foundations* 24(1981): 4-14.

_____. "Toward the Pactum Salutis: Locating the Origins of a Concept." *Mid-America Journal of Theology* 18(2007): 11-65

_____. *After Calvin : studies in the development of a theological tradition*. Oxford: Oxford University Press, 2003.

_____. *Christ and the Decree: Christology and Predestination in Reformed Theology from Calvin to Perkins*. Durham, N.C.: Labyrinth Press, 1986; repr. with corrections, Grand Rapids: Baker Book House, 1988.

_____. *The Unaccommodated Calvin: Studies in the Foundation of a Theological Tradition*. New York: Oxford University Press, 2000.

Murray, John. *Collected Writings of Jhn Murray*, vol. 2: Select Lectures in Systematic Theology. Edinburgh: The Banner of Truth Trust, 1977.

_____. *The Covenant of Grace: A Biblico-Theological Study*. Phillipsburg: Presbyterian and Reformed Publishing Co., 1988.

_____. *The Imputation of Adam's Sin*. Phillipsburg: Presbyterian and Reformed Publishing Co., 1959.

Novak, David. *Jewish Social Ethics*. New York: Oxford University Press, 1992.

_____. *Natural Law in Judaism*. New York: Cambridge University Press, 1998.

_____. *Covenantal Rights: A Study in Jewish Political Theory*. Princeton: Princeton University Press, 2005.

_____. *The Jewish Social Contract: An Essay in Political Theology*. Princeton: Princeton University Press, 2005.

Parr, Thomas. "English Puritans and the Covenant of Redemption: The Exegetical Arguments of John Flavel and William Strong." *Puritan Reformed Journal* 12/1(2020): 55-74

_____. "Patrick Gillespie on the Covenant of Redemption: Exegetical Arguments." *Puritan Reformed Journal* 13/1(2021): 48-77

Raath, Andries & Shaun de Freitas. "Samuel Rutherford's Theologico-Political Federalism in Early American Society," *Journal for Christian Scholarship* 48:3 & 4(2012): 1-42.

Reid, John K. S. "The Office of Christ in Predestination." *Scottish Journal of Theology* 1/1(1948): 5–19, 166–83.

Robertson, O. Palmer. *The Christ of the Covenants*. Philippsburg, NJ: Presbyterian and Reformed Publishing Co., 1980.

_____. "Current Reformed Thinking on the Nature of the Divine Covenants." *Westminister Theological Journal* 40(1977): 66-76.

Rolston, Holmes III. *John Calvin versus the Westminster Confession*. Richmond: John Knox, 1972.

Rothman, Rozann. "The Impact of Covenant and Contract Theories on Conceptions of the U.S. Constitution." *Publius: The Journal of Federalism* 10:4(Fall, 1980): 149-64.

Schrenk, Gottlob. *Gottesreich und Bund im älteren Protestantismus vornehmlich bei Johannes Coccejus*. Gütersloh: Bertelsmann, 1923.

Stoever, William K. B. "A Faire and Easie Way to Heaven": *Covenant Theology and Antinomianism in Early Massachusetts*. Middletown, 1978.

Tentler, Thomas N. *Sin and Confession on the Eve of the Reformation*. New Jersey: Princeton University Press, 1977.

Torrance, James B. "Calvin and Puritanism in England and Scotland—Some Basic Concepts in the Development of Federal Theology." 264-77. In *Calvinus Reformator*. Potchefstroom: Potchefstroom University for Christian Higher Education, 1982.

_____. "Covenant or Contract? A Study of the Theological Background or Worship in Seventeenth-Century Scotland." *Scottish Journal of Theology* 23(1970): 51-76.

_____. "Strengths and Weaknesses of the Westminster Theology," 40-53. In *The Westminster Confession*. Edited by Alisdair Heron. Edinburgh: Saint Andrews Press, 1982.

Torrance, Thomas F. *School of Faith: The Catechisms of the Reformed Church*. London: J. Clarke, 1959.

_____. *Scottish Theology: From John Knox to John McLeod Camphell. Edinburgh*: T. & T. Clark, 1996,

Trinterud, Leonard. "The Origins of Puritanism." *Church History* 20(March 1951): 37-57.

Trueman, Carl R. & R. Scott Clark, eds. *Protestant Scholasticism: Essays in Reappraisal*. Carlisle: Paternoster Press, 1999.

Trueman, Carl R. "From Calvin to Gillespie on Covenant: Mythological Excess or an Exercise in Doctrinal Development?" *International Journal of Systematic Theology* 11:4(2009): 378-97.

_____. *The Claims of Truth: John Owen's Trinitarian Theology*. Carlisle: Paternoster Press, 1998.

van Asselt, Willem J. & Eef Dekker, eds. *Reformation and Scholasticism*: An Ecumenical Enterprise. Grand Rapids: Baker, 2001.

Van Asselt, Willem. J. "The Doctrine of the Abrogations in the Federal Theology of Johannes Cocceius (1603-1669)." *Calvin Theological Journal* 29(1994): 101-16.

_____. *The Federal Theology of Johannes Cocceius (1603-1669)*. Leiden: Brill, 2001.

Van Drunen, David. *Natural Law and the Two Kingdoms: A Study in the Development of Reformed Social Thought*. Grand Rapids: Eerdmans, 2009.

Venema, Cornelis P. "Heinrich Bullinger's Correspondence on Calvin's Doctrine of Predestination, 1551-1553." *The Sixteenth Century Journal* 17:4(1986): 435-50.

_____. *Heinrich Bullinger and the Doctrine of Predestination: Author of "the Other Reformed Tradition?"* Grand Rapids: Baker, 2002.

von Rohr, John. *The Covenant of Grace in Puritan Thought*. Atlanta: Scholars Press, 1986.

Wallace, Peter "The Doctrine of the Covenant in the Elenctic Theology of Francis Turretin." *Mid-America Journal of Theology* 13(2002): 143-79.

Ward, Rowland S. *God & Adam, Reformed Theology And The Creation Covenant*. Wantirna, Australia: New Melbourne Press, 2003.

Weber, Hans Emil. *Reformation, Orthodoxie und Rationalismus*. 2 vols. Gütersloh: Gerd Mohn 1937-40.

Weir, David A. *The Origins of the Federal Theology in Sixteenth-Century Reformation Thought*. Oxford: Clarendon Press, 1990.

_____. *Early New England: A Covenanted Society*. Grand Rapids, MI: Eerdmans, 2005.

_____. *The Origins of Federal Theology in Sixteenth-Century Reformation Thought*. Oxford: Oxford University Press, 1990.

Williams, Carol A. "The Decree of Redemption is in Effect a Covenant: David Dickson and the Covenant of Redemption." Ph.D. dissertation. Calvin Theological Seminary, 2005.

Witte, John Jr. *The Reformation of Rights: Law, Religion and Human Rights in Early Modern Calvinism*. Cambridge: Cambridge University Press, 2008.

Wong, David Wai-Sing. "The Covenant Theology of John Owen." Ph.D. dissertation, *Westminster Theological Seminary*, 1998.

Woo, Byunghoon. "The Pactum Salutis in the Theology of Witsius, Owen, Dickson, Goodwin, and Cocceius." Ph.D. dissertation. Calvin Theological Seminary, 2015.

Woolsey, Andrew A. *Unity and Continuity in Covenantal Thought: a Study in the Reformed Tradition to the Westminster Assembly*. Grand Rapids: Reformation Heritage Books, 2012.

Yazawa, Reita. "Covenant of Redemption in the Theology of Jonathan Edwards: The Nexus Between the Immanent and Economic Trinity." Ph.D. dissertation. Calvin Theological Seminary, 2013.

_____. *Covenant of Redemption in the Trinitarian Theology of Jonathan Edwards*. Eugene, OR: Pickwick Pub., 2019.

Zaret, David. "Calvin, Covenant Theology, and the Weber thesis." *The British Journal of Sociology*, 43:3(Sep., 1992): 361-91.

_____. "The Use and Abuse of Textual Data." 245-72. In *Hartmut Lehmann & Guenther Roth*. Ed. Weber's Protestant Ethic. Cambridge: Cambridge University Press, 1995.

_____. *The Heavenly Contract: Ideology and Organization in Pre-Revolutionary Puritanism*. Chicago: The University of Chicago Press, 1985.

제1부 타락 전 언약

제2장 타락 전 언약[행위 언약]의 주제들

1. 일차자료

Amesium, Guilielmum. *Medulla S.S. Theologieae*. London: Apud Robertum Allottum, 1629.

Ames, William. *The Marrow of Theology*. Translated by Jon D. Eusden. Grand Rapids: Baker, 1968.

Formula Consensus Helvetica (1675). Translated by Martin I. Klauber in *Trinity Journal* 11(1990): 103-23.

Polanus, Amandus. *partitiones theologicae*. Basel, 1590.

Rollock, Robert. *A Treatise of God's Effectual Calling*. Trans. Henry Holland. London: T. Man, 1603.

Rutherford, Samuel. *The Covenant of Life Opened*. Edinburgh: Andro Anderson, 1655.

_____. *The Triall and Trimuph of Faith*. London: John Field & Ralph Smith, 1645.

The Humble Advice of the Assembly of Divines, Now by Authority of Parliament sitting at Westminster. London & Edinburgh: Evan Tyler, 1647.

The Confession of Faith Together with The Larger and Lesser Catechisms, Composed by the Reverend Assembly of Divines, Sitting at Westminster, Presented to both Houses of Parliament. London: Printed by E.M., 1658.

Witsius, Herman. *The Economy of the Covenants between God and Man*. Translated by William Crookshank. Vol. I. Edinburgh: Thomas Turnbull, 1803.

투레티누스, 프란키스쿠스. 『변증신학 강요』. Vol.1, 박문재, 한병수 옮김. 서울: 부흥과개혁사, 2017.

2. 이차자료

Beeke Joel R. & Mark Jones. *A Puritan Theology: Doctrine for Life*. Grand Rapids: Reformation Heritage Books, 2012.

Kline, Meredith G. *Kingdom Prologue: Genesis Foundations for a Covenantal Worldview*. Overland Park: Two Age Press, 2000.

Ward, Rowland S. *God & Adam, Reformed Theology And The Creation Covenant*. Wantirna, Australia: New Melbourne Press, 2003.

제3장 레위기 18:5에 대한 교회사적 고찰

1. 일차자료

Augustine. *The Spirit and the Letter. In Nicene and Post-Nicene Fathers (NPNF)*, First Series. Vol. 5. Edited by Philip Schaff. Buffalo, NY: Christian Literature Publishing Co., 1887.

Calvini, Johannis. *Joannis Calvini opera quae supersunt omnia*. 25:7. Brunsvigae: Schwetschke,

1863.

Chrysostome. *Homily 13 on Romans 7:14-8:11; Homily 17 on Romans 10:1-13. In NPNF*, Vol. 11.

Luther, Martin. *A Commentary on St. Paul's Epistle to the Galatians.* Translated by Rev. Erasmus Middleton. London: James Cundee, 1807.

Rutherford, Samuel. *The Covenant of Life Opened: Or, A Treatise of the Covenant of Grace.* Edinburgh: Andro Anderson, 1655. 『생명 언약 제1부: 행위 언약과 은혜 언약』, 안상혁 역. 수원: 합신대학원출판부, 2018; 『생명 언약 제2부: 구속 언약』. 안상혁 역. 수원: 합신대학원출판부, 2020.

Thomas Aquinas. *Catena Aurea.* Vol. 3 *Part I: St. Luke.* Oxford: John Henry Press, 1843.

Turrettino, Francisco. *Institutio Theologiae Elencticae.* 3 parts. Geneva: Apud Samuelem de Tournes, 1679-1685.

Turretin, Francis. *Institutes of Elenctic Theology.* Translated by G. Musgrave Giger & ed. J. T. Dennison Phillipsburg: P&R Pub.,1992.

Ursinus, Zacharias. *The Commentary of Dr. Zacharias Ursinus on the Heidelberg Catechism.* Translated by G. W. Willard. Cincinnati: T.P. Bucher, 1851.

2. 이차자료

DeRouchie, Jason. "The Use of Leviticus 18:5 in Galatians 3:12: A Redemptive-Historical Assessment." *Themelios* 45:2(Aug., 2020): 240-59.

Gathercole, Simon J. "Torah, Life, and Salvation: Leviticus 18:5 in Early Judaism and the New Testament." In *From Prophecy to Testament: The Function of the Old Testament in the New.* Edited by Craig A. Evans. Peabody: Hendrickson, 2004.

Jodar, Etienne. "Leviticus 18:5 and the Law's Call to Faith: A Positive Reassessment of Paul's View of the Law." *Themelios* 45/1(2020): 43-57.

Kaiser, Walter C. "Leviticus 18:5 and Paul: Do This And You Shall Live (Eternally?)." *Journal of the Evangelical Theological Society* 14/1(1971): 19-28.

McCormick, Micah J. "The Active Obedience of Jesus Christ." Ph.D. dissertation. The Southern Baptist Theological Seminary, 2010.

Ridderbos, H. N. Matthew. Trans. by Ray Togtman. *Bible Student's Commentary.* Grand Rapids: Zondervan, 1987.

Seifrid, Mark A. "Romans." In *Commentary on the New Testament Use of the Old Testament.* Edited by G. K. Beale and D. A. Carson. Grand Rapids: Baker, 2007.

Silva, Moises. "Galatians." In *Commentary on the New Testament Use of the Old Testament.* Edited by G. K. Beale and D. A. Carson. Grand Rapids: Baker, 2007.

Sprinkle, Preston M. "Law and Life: Leviticus 18:5 in the literary framework of Ezekiel." *Journal of the Old Testament* 31/2(2007): 275-93.

Stegner, W. R. "The Parable of the Good Samaritan and Leviticus 18:5." In *The Living Text in honor of Ernest W Saunders.* Edited by D. Groh and R. Jewett. Washington, DC: University Press of America, 1985.

Verhoef, E. "(Eternal) Life and Following the Commandments: Lev 18,5 and Luke 10,28." In *The Scriptures in the Gospels.* Edited by C. M. Tuckett. Leuven: Leuven University Press,

1997.
Ward, Rowland S. God & Adam, *Reformed Theology And The Creation Covenant*. Wantirna, Australia: New Melbourne Press, 2003.
Watts, Rikk E. "Mark." I*n Commentary on the New Testament Use of the Old Testament*. Edited by G. K. Beale and D. A. Carson. Grand Rapids: Baker, 2007.
Willitts, Joel. "Context Matters: Paul's Use of Leviticus 18:5 in Galatians 3:12." *Tyndale Bulletin* 54/2(2003): 105-22.

제2부 은혜 언약: 통일성과 다양성

제4장 윌리엄 퍼킨스의 언약신학

1. 리처드 그린햄 Richard Greenham

Greenham, Richard. *The Works of the Reverend and Faithfull Servant of Jesus Christ M. Richard Greenham, Minister and Preacher of the Word of God, collected into one volume: Revised, Corrected, and Published, for the further building of all such as love the trueth, and desire to know the power of godliness*: by Henry Holland The fift and Last Edition: In Which Matters Dispersed Before Through the whole booke are methodically drawne to their severall places, and the hundred and nineteenth Psalme perfected: with a more exact Table annexed. 1612
_____. *Rylands English Manuscript* 524. Folios 1-72, 127-259, in Kenneth Parker and Eric Carlson, *Practical Divinity: The Works and Life of Revd Richard Greenham*. Aldershot: Ashgate. 1998.
_____. *A Treatise of the Sabboth*. 299-327, in Kenneth Parker and Eric Carlson, *Practical Divinity*.

Parker, Kenneth L. "Richard Greenham's 'Spiritual Physicke': The Comfort of Afflicted Consciences in Elizabethan Pastoral Care," in *Penitence in the Age of Reformation*. Edited by Katharine J. Lualdi and Anne T. Thayer. Aldershot: Ashgate, 2000.
Primus, John H. *Richard Greenham: Portrait of An Elizabethan Pastor*. Macon: Mercer University Press. 1998.

2. 윌리엄 퍼킨스 William Perkins

Perkins, William. *The Workes of William Perkins*. 3 vols. Printed by John Legatt. London, 1609-1631.
_____. *A Commentary on Galatians*. Edited by Gerald T. Sheppard. New York: Pilgrim Press, 1989.
_____. *A Commentary on Hebrew 11*. Edited by John H. Augustine. New York: Pilgrim Press, 1991.

Beeke, Joel R. "William Perkins and His Greatest Case of Conscience: How a man my know whether he be the child of God, or no." *Calvin Theological Journal* 41(2006): 255-78.

Breward, Ian. "The Life and Theology of William Perkins, 1558-1602." Ph.D. dissertation. University of Manchester, 1963.

_____. "William Perkins and the Origins of Reformed Casuistry." *Evangelical Quarterly*, Vol. 40(1968): 3-20.

Bruhn, Karen. "Pastoral Polemic: William Perkins, The Godly Evangelicals, And the Shaping of A Protestant Community in Early Modern England." *Anglican and Episcopal History* 72:1(2003): 102-27.

McGiffert, Michael. "From Moses to Adam: the Making of the Covenant of Works." *Sixteenth Century Journal* 19:2(1988): 131-55.

_____. "The Perkinsian Moment of Federal Theology." *Calvin Theological Journal* 29:1(1994): 117-48.

McKim, Donald K. "William Perkins and the Christian Life: The Place of the Moral Law and Sanctification in Perkins's Theology." *Evangelical Quarterly* 59:2(1987): 125-37.

Muller, Richard A. "Perkins' A Golden Chaine: Predestinarian System or Schematized Ordo Salutis?" *Sixteenth Century Journal* 9:1(1978): 68-81.

_____. "William Perkins and the Protestant Exegetical Tradition: Interpretation, Style, and Method." In *William Perkins. A Cloud of Faithful Witnesses: Commentary on Hebrews 11*. 71-94. Edited by Gerald T. Sheppard, *Pilgrim Classic commentaries*, vol.3. New York: Pilgrim Press, 1990.

Munson, Charles R. "William Perkins: Theologian of Transition." Ph.D. dissertation. Caste Western Reserve University, 1971.

Pointer, Steve. "Puritan Identity in the Late Elizabethan Church: William Perkins and 'A Powerfull Exhortation to Repentance.'" *Fiedes et Historia* 33:2(Summer/Fall, 2001): 65-71.

Priebe, Victor Lewis. "The Covenant Theology of William Perkins." Ph.D. dissertation, Drew University, 1967.

Shaw, Mark R. "Drama in the Meeting House: The Concept of Conversion in the Theology of William Perkins." *Westminster Theological Journal* 45(1983): 41-72.

_____. "William Perkins and the New Pelagians: Another Look at the Cambridge Predestination Controversy of the 1590's." *Westminster Theological Journal* 58(1996): 267-301.

Song, Young Jae Timothy. "System and Piety in the Federal Theology of William Perkins and John Preston." Ph.D. dissertation. Westminster Theological Seminary, 1998.

Torrance, James B. "Covenant or Contract? A Study in the Theological Background of Worship in Seventeenth-Century Scotland." *Scottish Journal of Theology* 23(1970): 51-76.

3. 언약신학

안상혁. "존 프레스톤(John Preston 1587-1628)의 언약신학: 실천적 함의를 중심으로." 「신학정론」 30:2(2012, 11): 659-96

우병훈. 『예정과 언약으로 읽는 그리스도의 구원』. 서울: SFC, 2013.

Asselt, Willem J. van. *The Federal Theology of Johannes Cocceius (1603-1669)*. Leiden: E.J. Brill, 2001.

Armstrong, Brian G. *Calvinism and the Amyraut Heresy: Protestant Scholasticism and Humanism in Seventeenl th Century France*. Madison: Univ. of Wisconsin Press, 1969.

Beach, J. Mark. "Christ and the Covenant: Frances Turretin's Federal Theology." Ph.D. dissertation, Calvin Theological Semnary, 2005.

_____. "The Doctrine of the Pactum Salutis in the Covenant Theology of Herman Witsius." *Mid-America Journal of Theology*. 13(2002): 101-42.

Bell, Charles M. *Calvin and Scottish Theology: The Doctrine of Assurance*. Edinburgh: Handsel Press, 1985.

Bozeman, Theodore D. *The Precisianist Strain: Disciplinary Religion & Antinomian Backlash in Puritanism to 1638*. Chapel Hill and London: University of North Carolina Press. 2004.

Cohen, Charles L. "The Saints Zealous in Love and Labor: The Puritan Psychology of Work." *The Harvard Theological Review*. 76:4(1983): 455-80.

Greyerz, Kaspar von. "Biographical Evidence on Predestination, Covenant, and Special Providence." 273-84, in *Hartmut Lehmann & Guenther Roth ed. Weber's Protestant Ethic*. Cambridge: Cambridge University Press, 1995.

Henderson, G. D. "The Idea of Covenant in Scotland." *Evangelical Quarterly* 27(1955): 2-14.

Karlberg, Mark W. *Covenant Theology In Reformed Perspective: Collected Essays and Book Reviews in Historical, Biblical, and Systematic Theology*. Eugene: Wipf and Stock Publisher. 2000.

Kendall, R. T. "The Puritan Modification of Calvin's Theology." In *John Calvin*, ed. W. Stanford Reid. Grand Rapids: Zondervan, 1982.

_____. *Calvin and English Calvinism to 1649*. Cumbria: Paternoster Press, 1997.

Lillback, Peter A. *The Binding of God: Calvin's Role in the Development of Covenant Theology*. Grand Rapids: Baker Academic, 2001.

McKee, William W. "The Idea of Covenant in Early English Puritanism (1580-1643)." Ph.D dissertation. Yale University, 1948.

MacKinnon, Malcolm H. "Part I: Calvinism and the infallible assurance of grace: the Weber thesis reconsidered," *The British Journal of Sociology*, 39:2(June, 1988): 143-77.

_____. "Part II: Weber's exploration of Calvinism: the undiscovered provenance of capitalism," *The British Journal of Sociology*, 39:2(June, 1988): 178-210

_____. "Believer selectivity in Calvin and Calvinism," *The British Journal of Sociology*, 45:4(Dec., 1994): 585-95

_____. "The Longevity of the Thesis: A Critique of the Critics." 211-43, in *Hartmut Lehmann & Guenther Roth ed. Weber's Protestant Ethic*. Cambridge: Cambridge University Press, 1995.

McCoy, Charles. "The Covenant Theology of Johannes Cocceius." Ph.D. Yale University, 1956.

Miller, Perry. *Errand into the Wilderness*. Cambridge: Belknap Press, 1956.

Muller, Richard A. "Covenant and Conscience in English Reformed Theology: Three Variations on a 17th Century Theme." *Westminster Theological Journal* 42 (1980): 308-34.

_____. "The Federal Motif in Seventeenth Century Arminian Theology." *Nederlands Archief*

       voor Kerkgeschiedenis 62:1(1982): 102-22
_____. *The Unaccommodated Calvin: Studies in the Foundation of a Theological Tradition.* Oxford University Press. 2000.
_____. "The Covenant of Works and the Stability of Divine Law in 17th C. Reformed Orthodoxy: A Study in the Theology of Herman Witsius and Wilhelmus à Brakel." in *After Calvin: Studies in the development of a theological tradition.* Oxford University Press, 2003.
Osterhaven, M. Eugene. "Calvin on the Covenant." *Reformed Review* 33(1979): 136-49.
Torrance, James B. "Covenant or Contract? A Study in the Theological Background of Worship in Seventeenth-Century Scotland." *Scottish Journal of Theology* 23(1970): 51-76.
_____. "Calvin and Puritanism in England and Scotland-Some Basic Concepts in the Development of 'Federal Theology'." 264-89, in *Calvinus Reformator: His Contribution to Theology, Church and Society.* Potchefstroom University for Christian Higher Education, 1982.
_____. "The Concept of Federal Theology-Was John Calvin a 'Federal' Theologian?" 15-40, in *Calvinus Sacrae Scripturae Professor.* Ed. Wilhelm H. Neuser. Grand Rapids: Eerdmans, 1994.
Veninga, James F. "Covenant Theology and Ethics in the Thought of John Calvin and John Preston," Ph.D. dissertation. Rice University, 1974.
Williams, Carol A. "The Decree of Redemption is in Effect a Covenant: David Dickson and the Covenant of Redemption." Ph.D. dissertation. Calvin Theological Seminary, 2005.
Woolsey, Andrew Alexander. "Unity and Continuity in Covenantal Thought: A Study in the Reformed Tradition to the Westminster Assembly." Ph.D. dissertation. University of Glasgow, 1988.
Zaret, David. "Ideology and Organization in Puritanism." *Archives Européennes de Sociologie.* 21(1980): 83-115.
_____. *The Heavenly Contract: Ideology and Organization in Pre-Revolutionary Puritanism.* Chicago: The University of Chicago Press, 1985.
_____. "Calvin, covenant theology, and the Weber thesis," *The British Journal of Sociology.* 43:3(Sep., 1992): 361-91.
_____. "The Use and Abuse of Textual Data." 245-72, in Hartmut Lehmann & Guenther Roth ed., *Weber's Protestant Ethic.* Cambridge: Cambridge University Press, 1995.

4. 언약신학과 구원의 확신

Baker, J. Wayne. *Heinrich Bullinger and the Covenant: the other Reformed Tradition.* Athens: Ohio University Press, 1980.
Beeke, Joel R. *The Quest for Full Assurance: The Legacy of Calvin and his successors.* Grand Rapids: Banner of Truth, 1999.
Bozeman, Theodore D. "Federal Theology and the 'National Covenant': An Elizabethan Presbyterian Case Study."*Church History* 61:4 (December, 1992): 394-407.
Golding, Peter. *Covenant Theology: The Key of Theology in Reformed Thought and Tradition.* Ross-shire: Mentor, 2004.

Hawkes, R.M. "The Logic of Assurance in English Puritan Theology." *Westminster Theological Journal* 52(1990): 247-61.

McGiffert, Michael. "Grace and Works: The Rise and Division of Covenant Divinity in Elizabethan Puritanism." *Harvard Theological Review* 75(1982): 463-502.

Muller, Richard. "Covenant and Conscience in English Reformed Theology: Three Variations on a 17th Century Theme." *Westminster Theological Journal* 42 (1980): 308-34.

Munson, Charles R. "William Perkins: Theologian of Transition." Ph.D. dissertation. Caste Western Reserve University, 1971.

Sommerville, C. J. "Conversion versus the Early Puritan Covenant of Grace." *Journal of Presbyterian History*. 44(1966): 178-97.

Stoever, William K. B. "A Faire and Easie Way to Heaven": *Covenant Theology and Antinomianism in Early Massachusetts*. Middletown: Wesleyan University Press, 1978.

Thomas, Geoffrey. "Becoming A Christian--Covenant Theology: A Historical Survey." 5-21, in *Becoming a Christian: And other Papers given at the Westminster Conference*, 1972. London: The Westminster Conference, 1973.

Von Rohr, John. *The Covenant of Grace in Puritan Thought*. Atlanta: Scholars Press, 1986.

_____. "Covenant and Assurance in Early English Puritanism." *Church History* 34(1965): 195-203.

Vos, Geerhardus. "The Doctrine of the Covenant in Reformed Theology." In *Redemptive History and Biblical Interpretation*. Ed. Richard B. Gaffin. Phillipsburg: Presbyterian and Reformed Pub., 1980.

Winship, Michael P. "Weak Christians, Backsliders, and Carnal Gospelers: Assurance of Salvation and the Pastoral Origins of Puritan Practical Divinity in the 1580s." *Church History* 70:3(2001): 462-81.

5. 기타

Black. J. William. "From Martin Bucer to Richard Baxter: 'Discipline' and Reformation in Sixteenth-and Seventeenth-Century England," *Church History*, 70:4(2001): 644-73

_____. *Reformation Pastors: Richard Baxter and the Ideal of the Reformed Pastor*. Carlisle: Paternoster Press, 2004.

Collinson, Patrick. *The Elizabethan Puritan Movement*. London: Jonathan Cape. 1967.

Cornick, David. "Pastoral Care in England: Perkins, Baxter and Burnet." In *A History of Pastoral Care*. Edited by G. R. Evans. London: Cassell, 2000.

Haigh, Christopher. *English Reformations: Religion, Politics, and Society under the Tudors*. Oxford: Clarendon Press, 1993.

Morgan, John. *Godly Learning: Puritan Attitudes towards Reason, Learning, and Education, 1560-1640*. Cambridge: Cambridge University Press, 1986.

제5장 윌리엄 에임스의 언약신학

1. 일차자료

A Platform of Church Discipline: Gathered out of the Word of God, and agreed upon by the Elders and Messengers of the Churches assembled in the Synod at Cambridge in New England. Printed in New England and Reprinted in London: Peter Cole, 1653.

Amesius, Guilielmus. *Medulla S.S. Theologiae*. London: Apud Robertum Allottum, 1629.

Ames, William. *The Marrow of Sacred Divinity: Drawne Out Of The Holy Scriptures and the Interpreters Thereof, and Brought into Method*. London, 1639.

_____. *The Marrow of Theology*. Translated by J. Eusden. Durham: Labyrinth Press, 1983.

_____. *A Fresh Suit Against Humane Ceremonies in God's Worship*. Rotterdam[?], 1633.

Calvini, Iohannis. *Institutio Christianae Religionis* (1559) in *Joannis Calvini opera quae supersunt omnia*. vol. 2. Brunsvigae: Schwetschke, 1863.

Calvin, John. *Sermons on Genesis*: Chapters 1:1-11:4. Translated by Rob R. McGregor. Edinburgh: Banner of Truth Trust, 2000.

_____. *The Covenant Enforced: Sermons on Deuteronomy 27 and 28*. Edited by James B. Jordan. Tyler: ICE, 1990.

Cotton, John. *The Keyes of the Kingdom of Heaven*. London, 1644.

_____. *The True Constitution of a Particular Visible Church*. London, 1642.

_____. *The Way of Congregational Churches Cleared*. London, 1648.

_____. *The Way of the Churches of Christ in New England*. London, 1645.

Dickson, David. *David Dickson's Address in Records of the Kirk of Scotland*. Edinburgh: Peter Brown, 1843

Hooker, Thomas. *A Survey of the Sum of Church Discipline*. London: A. M. for John Bellamy, 1648,

Mather, Cotton. *Magnalia Christi Americana or the Ecclesiastical History of New England*, vol.1, Book III. London: Printed for Thomas Parkburts, 1702.

Mather, Richard. *Church Government and Church Covenant Discussed*. London: Benjamin Allen, 1643.

Perkins, William. *The Workes of William Perkins*. 3 vols. London: John Legatt. 1609-1631.

_____. *An Exposition of the Symbole or Creed of the Apostles*. In *Workes* I.

_____. *Golden Chaine*, in *Workes*, I.

_____. *Treatise of the Manner and Order of Predestination*. In *Workes* II,

_____. *An Exhortation to Repentance*, in *Workes* II.I

_____. *A Commentarie, or Exposition upon the five first Chapters of the Epistle to the Galatians*. London: John Legati, 1617.

_____. *A Commentary on Hebrew* 11. Ed. by J. Augustine. New York: Pilgrim Press, 1991.

사무엘 루더포드. 『생명 언약 제1부: 행위 언약과 은혜 언약』. 안상혁 역. 수원: 합신출판부, 2018.

사무엘 루더포드. 『생명 언약 제2부: 구속 언약』. 안상혁 역. 수원: 합신출판부, 2020.

윌리엄 에임스. 『신학의 정수』. 서원모 역. 서울: 크리스챤다이제스트, 2007.

2. 이차자료

Beeke, Joel R. "William Perkins and His Greatest Case of Conscience." *Calvin Theological Journal* 41(2006): 255-78.

Foote, Henry W. *The Cambridge Platform of 1648: Tercentenary Commemoration at Cambridge, Massachusetts*, October 27, 1948. Boston: Joint Commission [by] the Beacon Press, 1949.

Lillback, Peter A. *The Binding of God*. Grand Rapids: Baker, 2001.

McGiffert, Michael. "From Moses to Adam: The Making of the Covenant of Works," *The Sixteenth Century Journal* 19:2(1988): 131-55.

_____. "The Perkinsian Moment of Federal Theology." *Calvin Theological Journal* 29:1(1994): 117-48.

Miller, Perry. *Errand into the Wilderness*. Cambridge: Harvard University Press, 1956.

_____. *The New England Mind: The Seventeenth Century*. New York: Macmillan, 1939.

Muller, Richard A. *After Calvin: Studies in the development of a theological tradition*. Oxford University Press, 2003.

_____. "Toward the Pactum Salutis: Locating the Origins of a Concept." *Mid-America Journal of Theology* 18(2007): 11-65.

_____. "Perkins' A Golden Chaine: Predestinarian System or Schematized Ordo Salutis?" *Sixteenth Century Journal* 9:1(1978): 68-81.

_____. "William Perkins and the Protestant Exegetical Tradition: Interpretation, Style, and Method." In *William Perkins. A Cloud of Faithful Witnesses: Commentary on Hebrews* 11. 71-94. Edited by Gerald T. Sheppard, Pilgrim Classic commentaries. Vol.3. New York: Pilgrim Press, 1990.

Nethenus, Matthew et als. William Ames. *Translated by Douglas Horton*. Cambridge: Harvard Divinity School Library, 1965.

Priebe, Victor Lewis. "The Covenant Theology of William Perkins." Ph.D. dissertation. Drew University, 1967.

Reuter, Karl. *Wilhelm Amesius: der führende Theologe des erwachenden reformierten Pietismus*. Neukirchen, Buchhandlung des Erziehungsvereins, 1940.

Song, Young Jae Timothy. "System and Piety in the Federal Theology of William Perkins and John Preston." Ph.D. dissertation. *Westminster Theological Seminary*, 1998.

Sprunger, Keith L. *The Learned Doctor William Ames: Dutch Backgrounds of English and American Puritanism*. Urbana: University of Illinois Press, 1972.

Trueman, Carl R. "From Calvin to Gillespie on Covenant: Mythological Excess or an Exercise in Doctrinal Development?" *International Journal of Systematic Theology* 11:4(2009): 378-97.

Vliet, Jan van. *The Rise of Reformed System: The Intellectual Heritage*. UK, Milton Keynes: Paternoster, 2013.

_____. "William Ames: Marrow of the Theology and Piety of the Reformed Tradition." Ph.D. dissertation. *Westminster Theological Seminary*, 2002.

문정식. "존 칼빈과 윌리암 퍼킨스의 언약사상: 그 연속과 발전." 박사학위 논문. 아세아연합신학대학교 대학원, 2014.

문정식. 『개혁주의 언약사상: 칼빈과 퍼킨스 언약사상 연속성 연구』. 서울: 교회와성경, 2015.
윤영탁. 『그가 네 머리를 상하게 하리라: 창세기 3장 15절에 나타난 원복음』. 수원: 합신출판부, 2015.
이은선. 『청교도 입문』. 시흥: 도서출판 지민, 2014.
조엘 비키 & 패더슨, 『청교도를 만나다』. 이상웅, 이한상 역. 서울: 부흥과개혁사, 2010.
조엘 비키, 『개혁주의 청교도 영성』. 김귀탁 역. 서울: 부흥과개혁사, 2006.
피터 A. 릴백. 『칼뱅의 언약사상』. 원종천 역. 서울: CLC, 2009.

제6장 존 프레스톤의 언약신학

1. 일차자료

Fuller, Thomas. *The Church History of Britainfrom the Birth of Jesus Christ until the Year M.DC. XLVIII*. London. 1655.

Greenham, Richard. *The Works of the Reverend and Faithfull Servant of Jesus Christ M. Richard Greenham, collected into one volume: Revised, Corrected, and Published*. By Henry Holland. The fifth and Last Edition. 1612.

Preston, John. *Life Eternall or, A Treatise of the Knowledge of the Divine Essence and Attributes*. Third edition. London, 1633.

_____. *The Breast-Plate of Faith and Love*. Fifth edition. London, 1634.

_____. *The Cup of Blessing: Delivered in three Sermons upon 1 Cor.10.16*. London, 1633.

_____. *The Golden Scepter*. Reprinted by Soli Deo Gloria in 1990.

_____. *The Irresistibleness of Converting Grace*. London, 1616-54.

_____. *The New Covenant, or The Saint Portion. A Treatise Unfolding the All-sufficiency of God, and Man Uprightnesse*.

_____. *The Covenant of Grace*. Edited by Richard Sibbes and John Davenport. London, 1655.

_____. *The Saint Qualification: or, A Treatise I. Of Humiliation II. Of Sanctification*. 3rd edition. London, 1637.

_____. Sommerville, C. J. "Conversion versus the Early Puritan Covenant of Grace." *Journal of Presbyterian History* 44(1966): 178-97.

2. 이차자료

Baker, J. Wayne. *Heinrich Bullinger and the Covenant: the other Reformed Tradition*. Athens: Ohio University Press, 1980.

Beeke, Joel R. *Puritan Reformed Spirituality*. Grand Rapids: Reformation Heritage Books, 2004.

_____. *The Quest for Full Assurance: The Legacy of Calvin and His Successors*. Grand Rapids: Banner of Truth, 1999.

Bozeman, Theodore D. "Federal Theology and the 'National Covenant': An Elizabethan Presbyterian Case Study." *Church History* 61:4 (December, 1992): 394-407.

_____. *The Precisianist Strain: Disciplinary Religion & Antinomian Backlash in Puritanism to 1638*. Chapel Hill and London: University of North Carolina Press. 2004.

Breward, Ian. "William Perkins and the Origins of Reformed Casuistry." *Evangelical Quarterly* 40(1968): 3-20.

Brook, Benjamin. *The Lives of the Puritans*. Vol. 2. Pittsburgh: Soli Deo Gloria Publications, 1994.

Clark, Peter. *English Provincial Society from the Reformation to the Revolution: Religion, Politics, and Society in Kent, 1500-1640*. Hassocks: Harvester Press, 1977.

Collinson, Patrick. "Shepherd, Sheepdogs, and Hirelings: The Pastoral Ministry in Post-Reformation England." In *The Ministry: Clerical and Lay, Studies in Church History*. 185-220. Edited by W. J. Sheils and Diana Wood. Vol. 26. Oxford: Blackwell, 1989.

Golding, Peter. *Covenant Theology: The Key of Theology in Reformed Thought and Tradition*. Ross-shire: Mentor, 2004.

Haigh, Christopher. *English Reformations: Religion, Politics and Society Under the Tudors*. Oxford & New York: Oxford University Press. 1993.

Haller, William. *The Rise of Puritanism*. New York: Columbia University Press. 1938.

Hambrick-Stowe, Charles E. T*he Practice of Piety: Puritan Devotional Disciplines in Seventeenth-Century New England*. North Carolina: Chapel Hill, 1982.

Hawkes, R. M. "The Logic of Assurance in English Puritan Theology." *Westminster Theological Journal* 52(1990): 247-61.

Hill, Christopher. *Society and Puritanism in Pre-Revolutionary England*. London: Secker and Warburg. 1964.

Kaufman, Peter I. *Prayer, Despair and Drama: Elizabethan Introspection*. Cambridge, IL: University of Illinois Press. 1966.

Kendall, R. T. *Calvin and English Calvinism to 1649*. Oxford: Oxford University Press, 1979.

McGiffert, Michael. "Grace and Works: The Rise and Division of Covenant Divinity in Elizabethan Puritanism." *Harvard Theological Review* 75(1982): 463-502.

Miller, Perry. *Errand into the Wilderness*. Mass., Cambridge: The Belknap Press, 1956.

_____. *The New England Mind: The Seventeenth Century*. Mass., Cambridge: The Belknap Press, 1939.

Morgan, *Irvonwy Puritan Spirituality*. London: Epworth Press, 1973.

_____. *Prince Charles's Puritan Chaplain*. London: George Allen & Unwin Ltd, 1957.

Muller, Richard. "Covenant and Conscience in English Reformed Theology: Three Variations on a 17th Century Theme." *Westminster Theological Journal* 42(1980): 308-34.

Munson, Charles R. "William Perkins: Theologian of Transition." Ph.D. dissertation. Caste Western Reserve University, 1971.

Song, Young Jae Timothy. "System and Piety in the Federal Theology of William Perkins and John Preston." Ph.D. dissertation. *Westminster Theological Seminary*, 1998.

Stoever, William K. B. "A Faire and Easie Way to Heaven": *Covenant Theology and Antinomianism in Early Massachusetts*. Middletown: Wesleyan University Press, 1978.

Veninga, James F. "Covenant Theology and Ethics in the Thought of John Calvin and John Preston," Ph.D. dissertation. Rice University, 1974.

Von Rohr, John. "Covenant and Assurance in Early English Puritanism." *Church History* 34(1965): 195-203.

_____. *The Covenant of Grace in Puritan Thought*. Atlanta: Scholars Press, 1986.
Vos, Geerhardus. "The Doctrine of the Covenant in Reformed Theology." In *Redemptive History and Biblical Interpretation*. Edited by Richard B. Gaffin. Phillipsburg: Presbyterian and Reformed Pub., 1980.
Zaret, David. *The Heavenly Contract: Ideology and Organization in Pre-Revolutionary Puritanism*. Chicago: The University of Chicago Press, 1985.
조엘 비키, 랜들 페더슨 공저. 『청교도를 만나다』. 이상웅, 이한상 공역. 서울: 부흥과개혁사, 2010.
존 프레스톤. 『황금홀』. 홍상은 역. 서울: 지평서원, 2005.

제7장 사무엘 루더포드(Samuel Rutherford) 와 토마스 후커(Thomas Hooker) 의 언약 신학

1. 일차자료

Hooker, Thomas. *The Soules Vocation or Effectual Calling to Christ*. London: J. Haviland, 1638.
_____. *The Paterne of Perfection: Exhibited in Gods Image on Adam and Gods Covenant made with him*. London: R. Young, 1640.
_____. *The Faithful Covenanter*. London: C. Meredith, 1644.
_____. *The Saint Dignitie and Dutie*. London: G. D., 1651.
_____. *A Survey of the Sum of Church Discipline*. London: A. M. for John Bellamy, 1648.
_____. *The Covenant of Grace Opened*. London: Printed by G. Dawson, 1649.
Rutherford, Samuel. *A Peaceable and Temperate Plea for Paul's Presbytery in Scotland*. London: John Bartlet, 1642.
_____. *The Due Right of Presbyteries*. London: E. Griffin, 1644.
_____. *The Tryal and Triumph of Faith*. London: John Field, 1645.
_____. *A Survey of the Spirituall AntiChrist*. London: J. D., 1648.
_____. *The Covenant of Life Opened*. Edinburgh: Andro Anderson, 1655.
_____. *A Survey of the Survey of that Summe of Church-Discipline Penned by Mr. Thomas Hooker*. London: Andr. Crook, 1658.
Spilsbury, John. *A Treatise Concerning the Lawfull Subject of Baptisme*. London: Henry Hills, 1643.

2. 이차자료

Ahn, Sang Hyuck. "Covenant in Conflict: The Controversy over the Church Covenant between Samuel Rutherford and Thomas Hooker." Ph.D. diss., Calvin Theological Seminary, 2011.
Bainton, Ronald H. *Thomas Hooker and the Puritan Contribution to Democracy*. Booklet reprinted from the Bulletin of the Congregational Library 10:1(Oct. 1958)
Ball, John H. *Chronicling The Souls Windings*. New York: University Press of America, 1992.

Baugh, Steven M. "Galatians 3:20 and the Covenant of Redemption." *Westminster Theological Journal*, 66:1(2004): 49-70

Bush, Sargent Jr. *The Writings of Thomas Hooker*. The University of Wisconsin Press, 1980.

Coffey, John. *Politics, Religion and British Revolutions*: The Mind of Samuel Rutherford Cambridge: University of Cambridge Press, 1997.

Darrow, Diane M. "Thomas Hooker and the Puritan Art of Preaching." Ph.D. diss., University of California, 1968.

Denholm, Andrew T. "Thomas Hooker: Puritan Preacher, 1586-1647." Ph. D. diss., The Hartford Seminary Foundation, 1961.

Emerson, E. H. "Thomas Hooker and Reformed Theology." Ph.D. diss., Louisiana State University, 1955.

Kim, San-Deog "Time and Eternity." Ph.D. diss., University of Aberdeen, 2002.

Muller, Richard A. "The Federal Motif in Seventeenth Century Arminian Theology," *Nederlands Archief voor Kerkgeschiedenis* 62:1(1982): 102-22.

_____. "Toward the Pactum Salutis: Locating the Origins of a Concept." *Mid-America Journal of Theology*(2007): 11-65.

_____. "Divine Covenants, Absolute and Conditional: John Cameron and the Early Orthodox Development of Reformed Covenant Theology." *Mid-America Journal of Theology*, 17(2006): 11-56.

Rehnman, Sebastian. "Is the Narrative of Redemption History Trichotomous or Dichotomous? - A Problem for Federal Theology." *Nederlands Archiv voor Kerkgeschiedenis*, 80/3(2000): 296-308.

O'Brien, Daniel W. "Law versus Discipline." Ph.D. diss., University of Washington, 1981.

Richard, Guy M. *The Supremacy of God in the Theology of Samuel Rutherford*. Milton Keynes: Paternoster, 2008.

_____. "Samuel Rutherford's Supralapsarianism Revealed: A Key to the Lapsarian Position of the Westminster Confession of Faith?" *Confessional Presbyterian* 4(2008): 162-70.

Shuffelton, Frank C. Thomas Hooker 1586-1647. Princeton: Princeton University Press. 1977.

Trueman, Carl R. "From Calvin to Gillespie on Covenant: Mythological Excess or an Exercise in Doctrinal Development?" *International Journal of Systematic Theology* 11:4(2009): 378-97.

Webb, Omri K. "The Political Thought of Samuel Rutherford." Ph.D. diss., Duke University, 1964.

Williams, Carol A. "The Decree of Redemption is in Effect a Covenant: David Dickson and the Covenant of Redemption." Ph.D. diss., Calvin Theological Seminary, 2005.

제8장 프란키스쿠스 투레티누스와 토머스 보스턴의 언약신학

1. 일차자료

토머스 보스턴. 『내 몫에 태인 십자가』(Crook in the Lot). 서문강 역. 서울: SFC, 2005.

Boston, Thomas. *The Moral Law Summarily Comprehended in the Ten Commandments*. In *Works. Vol.2.

_____. *Love To God and Our Neighbour, The Sum of The Ten Commandments*. In **Works*. Vol.2
_____. *The Preface to the Ten Commandments*. In **Works*. Vol.2
_____. *Of the First Commandment*. In **Works*. Vol.2
_____. *Of the Second Commandment*. In **Works*. Vol.2
_____. *Of the Tenth Commandment*. In **Works*. Vol.2
_____. *Union with Christ the Only Way to Sanctification*. In **Works*. Vol.2
_____. *Man's Fourfold State*. In **Works*. Vol.8
_____. *A View of the Covenant of Grace from the Sacred Records*. In **Works*. Vol. 8.
_____. *Sermons*. In **Works*. Vol. 9. 10.
_____. *Memoirs*. In **Works*, Vol.12.
Fisher, Edward. *The Marrow of Modern Divinity*: in two parts 1645, 1649. Glasgow: David Bryce and Son, 1902.
_____. *The Marrow of Modern Divinity: in two parts...with Notes by Rev. Thomas Boston.* In **Works*, Vol.7.
Turrettino, Francisco. *Institutio Theologiae Elencticae*. 3 vols. Geneva, 1679-1685. English Translation. *Institutes of Elenctic Theology*. 3 Vols. Translated by George Musgrave Giger and edited by James T. Dennison, Jr. Phillipsburg, N.J.: P&R Publishing, 1992.
*Works = *The Complete Works of Thomas Boston*. 12 vols. Includes new introduction by Joel R. Beeke and Randall J. Pederson. Stoke-on-Trent, UK: Tentmaker Publications, 2002, 1853.

2. 이차자료

마이클 호튼. 『언약신학』(Introducing Covenant Theology). 백금산 역. 서울: 부흥과개혁사, 2009.
문병호. "언약의 실체 그리스도: 프란시스 뚤레틴의 은혜 언약의 일체성 이해." 「개혁논총」 9(2008): 1-19.
서요한. 『언약사상사』. 서울: 기독교문서선교회, 1994.
앤드루 톰슨. 『언약의 사람 토머스 보스턴』(Thomas Boston). 홍상은 역. 서울: 지평서원, 2004.
이은선. "프란시스 튜레틴의 성경관." 「신학지평」 11(1999): 185-220.
Armstrong, Brian G. *Calvinism and the Amyraut Heresy: Protestant Scholasticism and Humanism in Seventeenth Century France*. Madison: Univ. of Wisconsin Press, 1969.
Asselt, Willem J. van. *The Federal Theology of Johannes Cocceius (1603-1669)*. Leiden: Brill, 2001.
Beach, J. Mark "The Doctrine of the Pactum Salutis in the Covenant Theology of Herman Witsius." *Mid-America Journal of Theology*. 13(2002): 101-42.
_____. "Christ and the Covenant: Frances Turretin's Federal Theology." Ph.D. dissertation, *Calvin Theological Seminary*, 2005.
Beardslee, John W. "Theological Development at Geneva Under Francis and Jean-Alphonse Turretin (1648-1737)." Ph.D. diss. Yale University, 1956.
Beeke, Joel R. "The Order of the Divine Decrees at the Genevan Academy: From Bezan Supralapsarianism to Turretinian Infralapsarianism." In *The Identity of Geneva: The Christian Commonwealth, 1664-1864*. Ed. John Roney & Martin Klauber. Westport: Greenwood Press, 1998. 57-75
Bell, Charles M. *Calvin and Scottish Theology: The Doctrine of Assurance*. Edinburgh: Handsel Press, 1985.

Bruggink, Donald J. "The Theology of Thomas Boston 1676-1732." Ph.D. dissertation. University of Edinburgh, 1956.

Dennison, James T. Jr. "The Twilight of Scholasticism: Francis Turretin at the Dawn of the Enlightenment." *Protestant Scholasticism: Essays in Reassessment.* Eds. Carl R. Trueman and R. S. Clark. Cumbria: Paternoster, 1999. 244-55.

Henderson, G. D. "The Idea of Covenant in Scotland." *Evangelical Quarterly* 27 (1955): 2-14.

Jenson, Paul T. "Calvin and Turretin: A Comparison of Their Soteriologies." Ph.D. dissertation. University of Virginia, 1988.

Karlberg, Mark W. *Covenant Theology In Reformed Perspective: Collected Essays and Book Reviews in Historical, Biblical, and Systematic Theology.* Eugene: Wipf and Stock Publisher. 2000.

Kendall, R. T. "The Puritan Modification of Calvin's Theology." In *John Calvin, ed. W. Stanford Reid.* Grand Rapids: Zondervan, 1982.

_____. *Calvin and English Calvinism to 1649.* Cumbria: Paternoster Press, 1997.

Klauber, Martin I. "Francis Turretin on Biblical Accommodation: Loyal Calvinist or Reformed Scholastic?" *Westminster Theological Journal.* 55(1993): 73-86.

Lachman, David. *The Marrow Controversy 1718-23.* Edinburgh: Rutherford House Books, 1998.

Lillback, Peter A. *The Binding of God: Calvin's Role in the Development of Covenant Theology.* Grand Rapids: Baker Academic, 2001.

Macleod, Donald. "Federal Theology-An Oppressive Legalism?" *Banner of Truth*(Feb., 1974): 21-28.

McCoy, Charles. "The Covenant Theology of Johannes Cocceius." Ph.D. Yale University, 1956.

McGowan, A. T. B. "Federal Theology as a Theology of Grace." *Scottish Bulletin of Evangelical Theology* 2(1984): 41-50.

_____. "In Defence of 'Headship Theology'." in *The God of Covenant: Biblical, Theological and Contemporary Perspectives.* Edited by A. I. Wilson & J. A. Grant. Leicester: IVP, 2005.

_____. *The Federal Theology of Thomas Boston.* Edinburgh: Rutherford House, 1997.

Muller, Richard A. "The Covenant of Works and the Stability of Divine Law in 17th C. Reformed Orthodoxy: A Study in the Theology of Herman Witsius and Wilhelmus à Brakel" in *After Calvin: Studies in the development of a theological tradition.* Oxford University Press, 2003.

_____. "Covenant and Conscience in English Reformed Theology: Three Variations on a 17th Century Theme." *Westminster Theological Journal* 42(1980): 308-34.

_____. "Scholasticism Protestant and Catholic: Francis Turretin on the Object and Principles of Theology." *Church History.* 55(1986): 193-205.

_____. "The Federal Motif in Seventeenth Century Arminian Theology." *Nederlands Archief voor Kerkgeschiedenis* 62:1(1982): 102-22

_____. *The Unaccommodated Calvin: Studies in the Foundation of a Theological Tradition.* Oxford University Press. 2000.

Osterhaven, M. Eugene. "Calvin on the Covenant." *Reformed Review* 33(1979): 136-49.

Spencer, Stephen R. "Francis Turretin's Concept of the Covenant of Nature." *Later Calvinism: International Perspectives.* Edited by W. F. Graham. Kirksville: Sixteenth Century

Journal Publishers. 1944. 71-92

Strehle, Stephen. *Calvinism, Federalism, and Scholasticism: A Study of the Reformed Doctrine of Covenant*. Bern & New York: Peter Lang, 1988.

Torrance, James B. "Calvin and Puritanism in England and Scotland-Some Basic Concepts in the Development of 'Federal Theology'." *Calvinus Reformator: His Contribution to Theology, Church and Society*. Potchefstroom University for Christian Higher Education, 1982. 264-89.

_____. "Covenant or Contract? A Study in the Theological Background of Worship in Seventeenth-Century Scotland." *Scottish Journal of Theology* 23(1970): 51-76.

_____. "The Concept of Federal Theology-Was John Calvin a 'Federal' Theologian?" *Calvinus Sacrae Scripturae Professor*. Ed. Wilhelm H. Neuser. Grand Rapids: Eerdmans, 1994. 15-40.

_____. "The Covenant Concept in Scottish Theology and Politics." In *The Covenant Connection: From Federal Theology to Modern Federalism*. 140-62. Ed. Daniel J. Elazar. Oxford: Lexington Books, 2000.

VanDoodewaard, William. "To Walk According to the Gospel: The Origin and History of The Marrow of Modern Divinity." *Puritan Reformed Journal* 2(2009): 96-114.

Wallace, Peter J. "The Doctrine of the Covenant in the Elenctic Theology of Francis Turretin," *Mid America Journal of Theology*. 13(2002): 143-79.

Williams, Carol A. "The Decree of Redemption is in Effect a Covenant: David Dickson and the Covenant of Redemption." Ph.D. dissertation. *Calvin Theological Seminary*, 2005.

제9장 구속 언약과 죄 죽임 교리

1. 일차자료

Goodwin, Thomas. "Faith supported by Christ's Resurrection." In *Christ Set Forth in Death, Resurrection, Ascension, Sitting at God's right hand, Intercession as the Cause of Justification, Object of Justifying Faith*. London, Robert Dawlman, 1645.

Owen, John. *Of the Mortification of Sin in Believers* (1656). In *The Works of John Owen* [이하 Works]. Edited by William H. Goold. Vol.6. Edinburgh: T & T Clark, 1862.

_____. Owen, *Discourse on the Holy Spirit* (1674). In *Works* 3.

Rutherford, Samuel. *Christ Dying and Drawing Sinners to Himself*. London: Andrew Crooke, 1647.

_____. *A Survey of the Spiritual Anti-Christ*. London: J.D. & R.I for Andrew Crooke, 1648.

_____. *Letter CCXXXV: To James Lindsay* (Sep. 7, 1637). In *Letters of the rev. Samuel Rutherford*. Eds. James Anderson & A. A. Bonar. Edinburgh: William Whyte and Co., 1848.

_____. *The Covenant of Life Opened: Or, A Treatise of the Covenant of Grace*. Edinburgh: Andro Anderson, 1655. 『생명 언약 제1부: 행위 언약과 은혜 언약』, 안상혁 역. 수원: 합신대학원출판부, 2018; 『생명 언약 제2부: 구속 언약』. 안상혁 역. 수원: 합신대학원출판부, 2020.

2. 이차자료

Beach, Mark. "The Doctrine of the Pactum Salutis in the Covenant Thought of H. Witsius." *Mid-America Journal of Theology* 13(2002): 102-42.
Fesko, John. *The Covenant of Redemption: Origins, Development, and Reception.* Göttingen: Vandenhoeck & Ruprecht, 2015).
_____. *The Trinity and the Covenant of Redemption.* Christian Focus Pub., 2016.
Gleason, Randall C. *John Calvin and John Owen on Mortification: A Comparative Study in Reformed Spirituality.* New York: Peter Lang, 1995.
Jones, Mark. *Why Heaven Kissed Earth: The Christology of the Puritan Reformed Orthodox Theologian, Thomas Goodwin 1600-1680.* Göttingen: Vandenhoeck and Ruprecht, 2010.
Kim, Joohyun. "The Holy Spirit in David Dickson's Doctrine of the Pactum Salutis." *Puritan Reformed Journal* 7/2(2015): 112-26;
MacArthur, John F. Jr. "Mortification of Sin." *The Master's Seminary Journal* 5/1(1994): 3-22.
Muller, Richard A. "Toward the Pactum Salutis: Locating the Origins of a Concept." *Mid-America Journal of Theology* 18(2007): 11-65.
Trueman, Carl R. "From Calvin to Gillespie on Covenant: Mythological Excess or an Exercise in Doctrinal Development?" *International Journal of Systematic Theology* 11:4(2009): 378-97.
Van Asselt, Willem J. "The Doctrine of the Abrogations in the Federal Theology of Johannes Cocceius." (1994): 101-16.
_____. *The Federal Theology of Johannes Cocceius.* Translated by R. A. Blacketer. Leiden, Boston, Köln: Brill, 2001.
Williams, Carol A. "The Decree of Redemption is in Effect a Covenant: David Dickson and the Covenant of Redemption." Ph.D. dissertation. Calvin Theological Seminary, 2005.
Winecoff, David K. "Calvin's Doctrine of Mortification." *Presbyterion* 13/2(1987): 85-101.
Yazawa, Reita. *Covenant of Redemption in the Trinitarian Theology of Jonathan Edwards.* Eugene, OR: Pickwick Pubications, 2019.
권연경. "죽음과 새로운 삶의 변증법: 바울의 복음과 자기부정의 논리." 「신학과 실천」 51(2016): 403-37.
박동국. "바울의 성화론 내에서의 몸의 행실 죽이기(롬 8:13)." Ph.D. dissertation. ACTS, 2009.
우병훈. "데이비드 딕슨의 구속 언약의 특징과 그 영향." 「개혁논총」 34(2015): 63-112.
윤종훈. "The Significance of John Owen's Theology on Mortification for Contemporary Christianity." Ph.D. dissertation. University of Wales, 2003.
_____. "죄 죽임론(The Doctrine of Mortification)에 관한 성경적 소고." 「총신대논총」 32(2012): 300-325.
_____. "존 오웬의 죄 죽임론(죄억제론)에 나타난 성화론의 은혜와 의무의 상관관계에 대한 개혁주의적 이해" 「개혁논총」 4(2006): 1-22.
장해경. "칼뱅의 '죄 죽임'(Mortification)의 교리에 관한 주석적 고찰." 「신약연구」 8/2(2009): 259-87.
한병수. "구속의 언약: 사무엘 러더포드 사상을 중심으로." 「한국개혁신학」 60(2018): 83-107.

제10장 17세기 뉴잉글랜드 청교도의 교회 언약

1. 일차자료

Ash, Simeon and William Rathband ed. *A Letter of Many Ministers in Old England...concerning Nine Propositions*, Written A.D.1637. London, 1643.

Cotton, John. *A Modest and Cleare Answer to Mr. Balls Discourse of Set formes of Prayer*. London, 1642.

_____. *A Treatise of I. Faith. II. Twelve Fundamental Article of Christian Religion. III. A Doctrinal Conclusion. IV. Questions and Answers upon Church-Government*. Boston, 1634, reprint 1713.

_____. *The Doctrine of the Church*. London, 1644.

_____. *The Keyes of the Kingdom of Heaven*. London, 1644.

_____. *The True Constitution of a Particular Visible Church*. London, 1642.

_____. *The True Constitution of a Particular Visible Church*. London, 1642.

_____. *The Way of Congregational Churches Cleared*. London, 1648.

_____. *The Way of the Churches of Christ in New England*. London, 1645.

Grant, Matthew. *Matthew Grant Diary* (1637-54), Connecticut State Library, State Archives, RG 000 Classified Archives, 974.62 W76gra.

Hooker, Thomas. *A Survey of the Sum of Church Discipline*. London, 1648.

Lechford, Thomas. *Plaine Dealing; Or, Newes from New England*. London, 1642.

Mather, Cotton. *Diary of Cotton Mather, 1681-1708*. Boston: Massachusetts Historical Society, 1911.

_____. *Magnalia Christi Americana*. vol.1. London, 1702.

Mather, Increase. *A Call from Heaven*. Boston, 1679.

Mather, Richard. *An Apologie of the Churches in New England for Church Covenant*. London, 1643.

_____. *Church Government and Church Covenant Discussed*. London, 1643.

Norton, John Responsio. *Londoni, 1648*. Translated by Douglas Horton under the title The Answer. Cambridge: The Belknap Press, 1958.

Preston, John. *The New Covenant, or The Saint Portion*. Edited by Richard Sibbes & John Davenport. 10th edition. London, 1655.

Rutherford, Samuel. *A Survey of that Summe of Church Discipline penned by Mr. Thomas Hooker*. London, 1658.

Shepard, Thomas. *A Treatise of Liturgies*. London, 1653.

_____. *Thomas Shephard's Confessions*. Edited by George Selement & Bruce C. Woolley. Boston: The Society, 1981.

Sibbes, Richard. *Works of Richard Sibbes*. Vol.5. Edinburgh: The Banner of Truth Trust, 1978.

Stoddard, Solomon. *The Defects of Preachers Reproved in a Sermon Preached at Northampton, May 19th, 1723*. New London, 1724.

2. 이차자료

김영재. 『교회와 예배』. 수원: 합동신학대학원출판부, 2000.

안상혁. "뉴잉글랜드 청교도의 교회 언약과 절반 언약(Half-Way Covenant)의 성격: 루더포드-후커 논쟁 (1643-58)을 통해 본 밀러 테제와 이에 대한 비판적 고찰." 「한국교회사학회집」 30(2011): 151-82.
오덕교. "교회사에 나타난 예배: 청교도 존 코튼을 중심으로." 「성경과 신학」 6(1988): 113-30.
Ahn, Sang Hyuck. "Covenant in Conflict: The Controversy over the Church Covenant between Samuel Rutherford and Thomas Hooker." Ph.D. diss., Calvin Theological Seminary, 2011.
Bratt, James D. Ed. *By the Vision of Another World: Worship in American History*. Grand Rapids: Baker, 2012.
Caldwell, Patricia. *The Puritan Conversion Narrative: The Beginnings of American Expression*. Cambridge: Cambridge University Press, 1983.
Carden, Allen. *Puritan Christianity in America: Religion and Life in Seventeenth-Century Massachusetts*. Grand Rapids: Baker, 1990.
Davies, Horton. *Worship and Theology in England*. 6 Vols. Princeton & Grand Rapids: Princeton University Press for vol.1-5, Baker for vol.6, 1961-1996.
_____. *The Worship of the American Puritans*, 1629-1730. New York: Peter Lang Pub., 1990. 『청교도 예배, 1629-1730』. 김성한 옮김. 서울: 기독교문서선교회, 1999.
_____. *The Worship of the English Puritans*. Morgan: Soli Deo Gloria Pub., 1997.
Dupré Louis and Don E. Saliers. Eds. *Christian Spirituality: Post-Reformation and Modern*. New York: SCM, 1989.
Earle, Alice Morse. *Sabbath in Puritan New England*. New York: Charles Scribner's Sons, 1891, reprint 2008.
Gordis, Lisa M. *Opening Scripture: Bible Reading and Interpretive Authority in Puritan New England*. Chicago & London: The University of Chicago Press, 2003.
Hall, Basil. "Calvin Against Calvinists." In *John Calvin: A Collection of Distinguished Essays*. 19-37. Edited by Gervase Duffield. Grand Rapdis: Eerdmans, 1966.
Hambrick-Stowe, E. *The Practice of Piety*. Chapel Hill: University of North Carolina Press, 1982.
Hart D. G. & John R. Muether. 김상구, 김영태, 김태규 옮김. 『개혁주의 예배신학』. 서울: P&R, 2009.
Helm, Paul. *Calvin and the Calvinists*. Edinburgh: Banner of Truth Trust, 1982.
Holmes, Rolston III. *John Calvin versus the Westminster Confession*. Richmond: John Knox Press, 1972.
Kendall, R. T. "The Puritan Modification of Calvin's Theology." In *John Calvin*. 197-214. Edited by W. Stanford Reid. Grand Rapids: Zondervan, 1982.
_____. *Calvin and English Calvinism to 1649*. New York: Oxford University Press, 1979.
Lockridge, Kenneth. *Literacy in Colonial New England*. New York: Norton, 1974.
McGee, J. Sears. *The Godly Man in Stuart England*. New Haven: Yale University Press, 1976.
McGiffiert Michael ed. *God's Plot: Puritan Spirituality in Thomas Shepard's Cambridge*. Mass.: University of Massachusetts Press, 1994.
Miller, Perry. *The New England Mind: The Seventeenth Century*. New York: Macmillan, 1939.
Muller, Richard A. *After Calvin: Studies in the Development of a Theological Tradition*. Oxford: Oxford University Press, 2003. 『칼뱅 이후 개혁신학』. 한병수 옮김. 서울: 부흥과개혁사, 2011.
Ryken, Leland. 『청교도: 이 세상의 성자들』. 김성웅 역. 서울: 생명의말씀사, 1995.
Spinks, Bryan D. *From the Lord and "the Best Reformed Churches."* Rome: C.L.V.-Edizioni Liturgiche, 1984.

Stearns, R. Phineas & David H. Brawner. "New England Church 'Relations' and Continuity in Early Congregational History." *Proceedings of the American Antiquarian Society* 75(April 1965): 13-45.

Stout, Harry. "Liturgy, Literacy, and Worship in Puritan Anglo-America, 1560-1670." in *By the Vision of Another World: Worship in American History*. 11-35. Edited by James D. Bratt. Grand Rapids: Eerdmans, 2012.

_____. "Word and Order in Colonial New England." in *The Bible in America*. 19-38. Edited by Nathan O. Hatch & Mark A. Noll. Oxford: Oxford University Press, 1982.

Tipson, Baird. "Invisible Saints: The 'Judgment of Charity' in the Early new England Churches." *Church History* 44(December 1975): 460-71.

Thompson, Bard. *Liturgies of the Western Church*. Cleveland & New York: Collins World, 1975.

Torrance, James B. "Covenant or Contract?—A Study of the Theological Background of Worship in Seventeenth—Century Scotland." *Scottish Journal of Theology* 23(1970): 51-76.

_____. "The Concept of Federal Theology-Was John Calvin a 'Federal' Theologian?" In *Calvinus Sacrae Scripturae Professor*. 15-41. Edited by Wilhelm H. Neuser. Grand Rapids: Eerdmans, 1994.

_____. "The Covenant Concept in Scottish Theology and Politics." In *The Covenant Connection: From Federal Theology to Modern Federalism*. 143-62. Edited by Daniel J. Elazar. Oxford: Lexington Books, 2000.

Trueman Carl R. & R. Scott Clark. Eds. *Protestant Scholasticism: Essays in Reappraisal*. Carlisle: Paternoster Press, 1999.

van Asselt Willem J. & Eef Dekker. *Reformation and Scholasticism: An Ecumenical Enterprise*. Grand Rapids: Baker, 2001.

von Rohr, John. *The Shaping of American Congregationalism*, 1620-1957. Cleveland: The Pilgrim Press, 1992.

Walker, George L. *History of the First Church in Hartford*, 1633-1883. Hartford: Brown & Gross, 1884.

William D. Maxwell. 정장복 옮김. 『예배의 발전과 그 형태: 기독교 예배의 역사 개관』. 서울: 쿰란출판사, 1998.

제11장 17세기 뉴잉글랜드 청교도의 교회 언약과 절반 언약

1. 일차자료

Allin, John. *Animadversions upon the Antisynodalia Americana*. Cambridge, Mass.: S. G., 1664.

Ash, Simeon and William Rathband ed., *A Letter of Many Ministers in Old England*. London: Printed for Thomas Underhill, 1643.

Ball, John. *A Tryal of the New-Church in New England*. London: Paine & Simmons, 1644.

Chauncy, Charles. *Anti-Synodalia Scripta Americana*. London, 1662.

Congregational Churches in Massachusetts. Propositions Concerning the Subject of Baptism and Consociation of Churches. Cambridge, Mass.: S. G., 1662.

Cotton, John. *A Treatise of the Covenant of Grace*. London: James Cottrell, 1659.

_____. *Of The Holiness of Church Members*. London: F.N. for Hanna Allen, 1650.

_____. *The Keyes of the Kingdom of Heaven*. London: M. Simmons, 1644.

_____. *The Way of Congregational Churches Cleared*. London: Matthew Simmons, 1648.

_____. *The Way of the Churches of Christ in New England*. London: Matthew Simmons, 1645.

Davenport, John. *Another Essay for Investigation of the Truth*. With Increase Mather's "Preface." Cambridge, Mass.: Samuel Green and Marmaduke Johnson, 1663.

Hooker, Thomas. "John Paget's XX Questions (Propositions) and Thomas Hooker's Answer." In *Writings in England and Holland, 1626-1633*. 277-91. Edited by George H & Williams et al. Cambridge: Harvard, 1975.

_____. *A Survey of the Summe of Church-Discipline*. London: A. M., 1648.

_____. *The Covenant of Grace Opened*. London: Printed by G. Dawson, 1649.

Mather, Increase. *A Discourse Concerning the Subject of Baptisme*. Cambridge: S. G., 1675.

_____. *The First Principles of New-England, Concerning the Subject of Baptisme & Communion of Churches*. Cambridge, Mass.: Samuel Green, 1675.

Mather, Richard. *A Reply to Mr. Rutherford*. London: for J. Rothwell, & H. Allen, 1647.

_____. *An Apologie of the Churches in New England for Church Covenant*. London: R.O. and G. D. for Benjamin Allen, 1643.

_____. *Church Government and Church Covenant Discussed*. London: R.O. and G.D. 1643.

Mitchell, Jonathan and Mather, Richard. *A Defence of the Answer and Arguments of the Synod met at Boston in the year 1662*. Cambridge, Mass.: S G., 1664.

Rutherford, Samuel. *A Free Disputation against Pretended Liberty of Conscience*. London: R. I., 1649.

_____. *A Peaceable and Temperate Plea for Paul's Presbytery in Scotland*. London: J. B., 1642.

_____. *A Survey of A Survey of that Summe of Church Discipline penned by Mr. Thomas Hooker*. London: J. C., 1658.

_____. *The Divine Right of Church Government and Excommunication*. London: John Field, 1646.

_____. *The Due Right of Presbyteries*. London: E. Griffin, 1644.

2. 이차자료

원종천. "16세기 영국 청교도 언약사상 형성의 역사적 배경." 「역사신학논총」 1(1999): 215-46.

_____. 『청교도 언약사상: 개혁운동의 힘』. 서울: 대한기독교서회, 2010.

윤종훈. "뉴잉글랜드 청교도들의 언약사상과 교회의 사회적 책임론의 상관관계 연구." 「성경과 신학」(2010): 243-81.

Ahn, Sang Hyuck. "Covenant in Conflict: The Controversy over the Church Covenant between Samuel Rutherford and Thomas Hooker." Ph.D. diss. Calvin Theological Seminary, 2011.

Beales, Ross W. "The Half-Way Covenant and Religious Scrupulosity: The First Church of Dorchester, Massachusetts as a Test Case." *William and Mary Quarterly* 31(1974): 465-80.

Cooper James F. Jr. *Tenacious of Their Liberties: The Congregationalists in Colonial Massachusetts*. Oxford: Oxford University Press, 1999.

Ditmore, Michael G. "Preparation and Confession: Reconsidering Edmund S. Morgan's Visible Saints." *The New England Quarterly* 67:2 (1994): 298-319.

Foster, Stephen. *The Long Argument: English Puritanism and the Shaping of New England Culture, 1570-1700*. Chapel Hill: University of North Carolina Press, 1991.

Holifield, E. Brooks. *The Covenant Sealed: The Development of Puritan Sacramental Theology in Old and New England, 1570-1720*. Eugene: Wipf & Stock, 2002.

Miller, Perry. "The Half-Way Covenant," *The New England Quarterly* 6:4(1933): 676-715.

_____. *The New England Mind: From Colony to Province*. London & Cambridge: The Belknap Press, 1953.

_____. *The New England Mind: The Seventeenth Century*. New York: Macmillan, 1939.

Morgan, Edmund S. "New England Puritanism: Another Approach." *The William and Mary Quarterly* 18:2(1961): 236-42.

_____. *Visible Saints: The History of a Puritan Idea*. Ithaca & London: Cornell University Press, 1963.

Pope, Robert G. *The Half-Way Covenant: Church Membership in Puritan New England*. Princeton: Princeton University Press, 1969.

Rouwendal, Pieter. "Jacob Koelman on Thomas Hooker's The Soules Humiliation," *Puritan Reformed Journal* 2:2(2010): 172-84.

Rutman, Darrett B. "God's Bridge Falling Down: 'Another Approach' to New England Puritanism Assayed." *The William and Mary Quarterly* 19:3(1962): 408-21.

Weir, David A. *Early New England: A Covenanted Society*. Grand Rapids: Eerdmans, 2005.

제12장 정교 분리의 관점에서 조명한 루더포드-후커의 17세기 교회론(교회 정부) 논쟁

1. 일차자료

A Platform of Church-Discipline. London: Peter Cole, 1649.

A Solemn League and Covenant. London: Printed for E. Husbands, 1643.

Ames, William. *Medulla Theologiae*. Londini: Apud Robertum Allottum, 1629.

Ash, Simeon & W. Rathband ed., *A Letter of Many Ministers in Old England*. London: T. Underhill, 1643.

Ball, John. *A Tryall of the New-Church Way in New-England and in Old*. London: T. Underhill, 1644.

Coleman, Thomas. *Hopes Deferred and Dashed*. London: Christopher Meredith, 1645.

Cotton, John. *The Way of the Churches of Christ in New England*. London: Matthew Simmons, 1645.

Hooker, Thomas. *The Danger of Desertion, or a Farewell Sermon*. London: G. Edwards, 1640.

_____. *The Faithful Covenanter*. London: C. Meredith, 1644.

_____. *The Saint Dignitie and Dutie*. London: G. D., 1651.

_____. *A Survey of the Sum of Church Discipline*. London: A. M. for John Bellamy, 1648.

_____. *The Covenant of Grace Opened*. London: Printed by G. Dawson, 1649.

_____. *A Comment Upon Christ's Last Prayer in the Seventeenth of John*. London: Peter Cole, 1656.

_____. *The Application of Redemption (Part I-II)*. London: Peter Cole, 1656-57.

Lightfoot, John. *Journal of the Proceedings of the Assembly of Divines*. Ed. J. Rogers. London: Dove,

1824.

Mather, Cotton. *Magnalia Christi Americana*. vol.1, Book III. London: Printed for Thomas Parkburts, 1702.

Mather, Richard. *Church Government and Church Covenant Discussed*. London: Benjamin Allen, 1643.

_____. *An Apologie of the Churches in New England for Church Covenant*. London: Benjamin Allen, 1643.

_____. *A Reply to Mr. Rutherford*. London: J. Rothwell and H. Allen, 1647.

Rutherford, Samuel. *A Peaceable and Temperate Plea for Paul's Presbytery in Scotland*. London: Bartlet, 1642.

_____. *The Due Right of Presbyteries*. London: E. Griffin, 1644.

_____. *Lex, Rex: The Law and the Prince*. London: John Field, 1644.

_____. *The Tryal and Triumph of Faith*. London: John Field, 1645.

_____. *The Divine Right of Church Government and Excommunication*. London: C. Meredith, 1645.

_____. *A Survey of the Spirituall AntiChrist*. London: J. D., 1648.

_____. *The Covenant of Life Opened*. Edinburgh: Andro Anderson, 1655.

_____. *A Survey of the Survey of that Summe of Church-Discipline Penned by Mr. Thomas Hooker*. London: Andr. Crook, 1658.

_____. *Letters of Samuel Rutherford*. Ed. A. A. Bonar. Edinburgh: Oliphant Anderson, 1891.

Spilsbury, John. *A Treatise Concerning the Lawfull Subject of Baptisme*. London: Henry Hills, 1643.

Winthrop, John. *The Humble Request of his majesty's Loyal Subjects*. London: John Bellamie, 1630.

2. 이차자료

김재윤. "개혁 교회법이 한국교회에 가지는 의의." 「한국개혁신학」 35(2012): 8-46.

김중락. "퓨리턴의 꿈과 언약국가." 「영국연구」 23(2010): 59-89.

원성현. "17세기 북미 로드아일랜드의 분리파 청교도의 대외관," 「교회사학」 3/1(2004): 255-79.

Ahn, Sang Hyuck. "Covenant in Conflict." Ph.D. dissertation. Calvin Theological Seminary, 2011.

Bacon, Leonard. "Reaction of New England on English Puritanism, in the Seventeenth Century: Article I." *The New Englander* 37(1878): 441-61.

Bainton, Ronald H. *Thomas Hooker and the Puritan Contribution to Democracy*. Booklet reprinted from the Bulletin of the Congregational Library 10:1(Oct. 1958).

Ball, John III. Chronicling *The Souls Windings: Thomas Hooker and His Morphology of Conversion*. New York: University Press of America, 1992.

Besso, Michael. "Thomas Hooker and His May 1638 Sermon." *Early American Studies: An Interdisciplinary Journal* 10:1(Winter, 2012): 194-225.

Brauer, Jerald C. "The Rule of the Saints in American Politics." *Church History* 27:3(1958): 240-55.

Bremer, Francis J. *John Winthrop*. Oxford: Oxford University Press, 2003.

Brentnall, J. M. *Samuel Rutherford in Aberdeen*. Inverness: John Eccies, c.1981.

Bush, Sargent Jr. *The Writings of Thomas Hooker*. The University of Wisconsin Press, 1980.

Coffey, John. *Politics, Religion and British Revolutions: The Mind of Samuel Rutherford*.

Cambridge: University of Cambridge Press, 1997.
Cook, Faith. *Samuel Rutherford and His Friends*. Edinburgh: Banner of Truth, 1992.
Cooper, James F. *Tenacious of Their Liberties*. Oxford: Oxford University Press, 1999.
Fiske, John. *Beginnings of New England*. Boston: Houghton Mifflin, 1889.
Flickinger, Junius R. *Civil Government as Developed in the States and in the United States*. Boston: D.C. Heath & Company, 1901.
Lyford, J. O. *History of the Town of Canterbury New Hampshire*. Vol. 1. Concord: Rumford Press, 1912.
McKinley, A. E. *The Suffrage Franchise in the Thirteen English Colonies in America*. Boston: Ginn., 1905.
Miller, Perry. "Thomas Hooker and the Democracy of Early Connecticut." *The New England Quarterly* 4(1931): 663-712.
_____. *Errand into the Wilderness*. Cambridge, Mass.: Belknap Press, 1956.
Moots, Glenn A. *Politics Reformed: The Anglo-American Legacy of Covenant Theology*. Columbia: University of Missouri Press. 2010.
Morgan, Edmund S. *Visible Saints*. Ithaca & London: Cornell University Press, 1963.
_____. *The Puritan Dilemma: The Story of John Winthrop*. Glenview: Scott Foresman & Co, 1962.
Murray, Thomas. *The Life of Rev. Samuel Rutherford*. Edinburgh: William Oliphant & Sons, 1828.
Rendell, Kingsley G. *Samuel Rutherford: A New Biography of the Man & his Ministry*. Fearn, Ross-shire: Christian Focus, 2003.
Rittgers, Ronald K. *The Reformation of the Keys*. Cambridge: Harvard University Press, 2004.
Shuffelton, Frank C. *Thomas Hooker 1586-1647*. Princeton: Princeton University Press. 1977.
Thomson, Andrew. *Samuel Rutherford*. London: Hodder & Stoughton, 1884.
Tipson, Baird. *Hartford Puritanism: Thomas Hooker, Samuel Stone, and Their Terrifying God* Oxford: Oxford University Press, 2015.
Trumbull, James Hammond. "Abstracts of Two Sermons by Rev. Thomas Hooker." 19-21. In *Collections of the Connecticut Historical Society*. Volume 1. Hartford, 1860.
Walker, George L. *History of the First Church in Hartford, 1633-1883*. Hartford: Brown & Gross, 1884.
_____. *Thomas Hooker Preacher. Founder. Democrat*. New York: Dodd, Mead & Co., 1891.
Webb, Omri K. "The Political Thought of Samuel Rutherford." Ph.D. dissertation. Duke University, 1964.
Weir, David A. *Early New England: A Covenanted Society*. Grand Rapids and Cambridge: Eerdmans, 2005.
Williams, George H. et al. *Thomas Hooker: Writings In England and Holland 1586-1633*. Cambridge: Harvard University Press. 1975.

인명색인

ㄱ

가드너, 클린턴(Gardner, E. Clinton)	38, 39
굿윈, 토머스(Goodwin, Thomas)	76, 108, 134, 229, 356, 372, 435
그래빌, 스티븐(Grabill, Stephen)	39
그랜트, 매튜(Grant, Matthew)	402
그리브즈, 리처드(Greaves, Richard)	36
그린햄, 리처드(Greenham, Richard)	159-171, 176, 178-79, 184, 188-91, 233-34
기포드, 조지(Gifford, George)	234, 473
길레스피, 조지(Gillespie, George)	468
길레스피, 토머스(Gillespie, Thomas)	316
길레스피, 패트릭(Gillespie, Patrick)	52, 76, 81, 83

ㄴ

노튼, 존(Norton, John)	383, 391, 398, 410
니콜, 로저(Nicole, Roger)	397
니콜스, 조시아스(Nichols, Josias)	48-49, 210

ㄷ

다우네임, 존(Downame, John)	47, 50, 103, 110, 113, 146
더럼, 제임스(Durham, James)	76
데번포트, 존(Davenport, John)	229, 398, 434, 436
데이비스 호튼(Davies, Horton)	384-85, 388, 395-98, 404, 406
데커, 에프(Dekker, Eef)	35
덱스터, 헨리(Dexter, Henry M.)	384, 420
덴홀름, T. A.(Denholm, T. A.)	284

디오다티, 장(Diodati, Jean) 77-84
딕슨, 데이비드(Dickson, David) 51, 67, 73, 76, 78, 84, 87-88, 199, 324, 356-57

ㄹ

라스, 안드리스(Raath, Andries) 38
라이센, 레너드(Ryssen, Leonard) 67, 69, 324
라이컨, 리랜드(Ryken, Leland) 392
러빈, 로빈(Lovin, Robin W.) 38
레이놀즈, 에드워즈(Reynolds, Edwards) 76, 79
리, 에드워드(Leigh, Edward) 51, 103, 373
레치포드, 토머스(Lechford, Thomas) 383-84, 387-88, 413
로버츠, 프랜시스(Francis, Roberts) 52, 67, 103, 324
로버트슨, 팔머(Palmer, O Robertson) 59, 74
로스먼, 로잔(Rothman, Rozann) 38
로크리지, 케니스(Kenneth, Lockridge) 392
롤록, 로버트(Robert, Rollock) 49, 84, 101-3, 107, 124
롤스톤 3세, 홈즈(Rolston III, Holmes) 34, 313
루더포드, 사무엘(Rutherford, Samuel) 52, 54-55, 67, 76, 78, 88, 95-127, 147-152, 198-203, 263-89, 292-93, 295, 297-310, 324, 355-80, 409, 420, 422-26, 428, 430-33, 438, 442-45, 449-79
루터, 마르틴(Luther, Martin) 75, 90, 136-38, 152-53, 323, 456
리, 브라이언(Lee, Brian) 71, 72
리처드, 가이(Richard, Guy M.) 266
리틀, 데이비드(David, Little) 38
릴백, 피터(Lillback, Peter) 35, 207-9, 345, 397
릿거스, 로널드(Rittgers, Ronald K.) 1 5, 42

ㅁ

마스덴, 조지(Marsden, George) 34
매더, 리처드(Mather, Richard) 195, 223, 310, 383, 398-99, 427, 434-35, 455-56
매더, 인크리즈(Mather, Increase) 391, 406-7, 420, 434-37
매더, 코튼(Mather, Cotton) 196, 222, 295, 403-4, 420-21, 425, 429
매코이, 찰스(McCoy, Charles S.) 33, 36, 348-49

매클리오드, 도널드(Macleod, Donald)	34-35, 312
매키논, 말콤(MacKinnon, Malcolm H.)	43-44, 157-60, 162, 169, 171-72, 176, 184, 188-89
맥고완, 앤드루(McGowan, Andrew T. B.)	34-35, 312-14, 317, 321
맥기퍼트, 마이클(McGiffert, Michael)	48, 181, 210
맥스웰, 윌리엄(Maxwell, William)	383
머리, 존(Murray, John)	45, 67, 119, 324
먼슨, 찰스(Munson, Charles)	236-37
멀러, 리처드(Muller, Richard A.)	35-37, 48, 73, 75-78, 81-84, 87, 172-76, 179, 204, 210, 239, 313, 334, 356, 397
모건, 어번위(Morgan, Irvonwy)	228
모건, 에드먼드(Morgan, Edmund S.)	396, 398, 418-19, 428-29, 431, 473
모건, 존(Morgan, John)	171
묄러, 얀스(Møller, Jens G.)	36
무츠, 글렌(Moots, Glenn A.)	38-39, 448
뮤터, 존(Muether, R. John)	389
밀러, 페리(Miller, Perry)	32-34, 43, 169-72, 194-95, 224, 236, 396-98, 417-21, 438-40, 448

ㅂ

반 아셀트, 빌렘(van Asselt, Willem)	35, 71, 76, 356, 397
반드루넨, 데이비드(vanDrunen, David)	39
뱅크로프트, 조지(George Bancroft)	448
버넷, 에이미(Burnett, Amy N.)	42
버지스, 앤서니(Burgess, Anthony)	51, 67, 76, 80-81, 84, 104, 110, 124, 324
번연, 존(Buyan, John)	52, 76, 236
불킬리, 피터(Bullkely, Peter)	76, 87, 110
베렛, 존(Barret, John)	52, 104
베버, 막스(Weber, Marx)	41, 43, 157
베버, 한스 에밀(Weber, Hans Emil)	33
베이커, 웨인(Baker, Wayne)	36, 172, 234, 235-40
베인, 폴(Bayne, Paul)	76, 86-87
베인턴, 로널드(Ronald H. Bainton)	448-49
베자, 테오도르(Beza, Theodor)	34, 75, 82-84, 176, 178

벨, 찰스(Bell, Charles)	34, 74, 87-88, 311
보스, 게할더스(Vos, Geerhardus)	232
보스턴, 토머스(Boston, Thomas)	39, 67, 69, 72, 311-32, 337-41, 344-47, 349-52
보즈먼, 시어도어(Bozeman, Theodore D.)	42-43, 229-35, 239-40, 242-43, 246, 253, 258-60
볼레비우스, 요한네스(Wollebius, Johannes)	104, 124
볼, 존(Ball, John)	50-51, 67, 103-4, 110, 170, 324, 421, 455
부데, 기욤(Buddaeus, Gulielmus)	75
부르징크, 도널드(Bruggink, Donald)	311-12
부카누스, 윌리엄(Bucanus, William)	49, 86-87, 118
불링거, 하인리히(Bullinger, Heinrich)	36-38, 61-64, 70, 172, 231, 235-37
브라워, 제럴드(Jerald C. Brauer)	471, 473, 478
브루워드, 이안(Breward, Ian)	171
브륀, 케런(Bruhn, Karen)	161-62
브리지, 윌리엄(Bridge, William)	52
블레이크, 토머스(Blake, Thomas)	51, 67, 76, 324
비니머, 코닐리어스(Venema, Cornelius P.)	37
비닌거, 제임스(Veninga, James F.)	231, 240, 247
비소, 마이클(Michael Besso)	448
비어마, 라일(Bierma, Lyle)	75
비쳐, 에른스트(Bizer, Ernst)	33
비치, 마크(Beach, Mark)	76
비키, 조엘(Beeke, Joel R.)	35, 108, 170, 179, 193-94, 197-98, 224, 231

ㅅ

세드위크, 오바댜(Sedgwick, Obadiah)	52
세퍼드, 토마스(Shepard, Thomas)	435
쇼, 마크(Shaw, Mark)	185
슈렝크, 고틀로프(Schrenk, Gottlob)	75
스타우트, 해리(Stout, Harry)	392, 401
스토다드, 솔로몬(Stoddard, Solomon)	404-5
스토버, 윌리엄(Stoever, K. B. William)	34
스트롱, 윌리엄(Strong, William)	52, 76, 103
스필스베리, 존(Spilsbury, John)	284, 299-301, 304-5

스핑크즈, 브라이언(Spinks, Bryan D.)	383, 393
십스, 리처드(Sibbes, Richard)	229, 393

ㅇ

아르미니우스, 야코부스(Arminius, Jacobus)	76, 110-11, 333, 335
아미로, 모이제(Amyraut, Moise)	67, 69-70, 324, 333-36
아 브라켈, 빌헬무스(a Brakel, Wilhelmus)	52
아우구스티누스(Augustinus)	47, 55, 77, 85, 135-36, 138, 151-52, 208-9, 240
아인스워스, 헨리(Ainsworth, Henry)	77-78
아퀴나스, 토마스(Aquinas, Thomas)	77, 85, 133, 151
안상혁(Ahn, Sang Hyuck)	76, 147, 149, 153, 198, 379, 398, 409, 414, 444
암스트롱, 브라이언(Armstrong, Brian)	33
어셔, 제임스(Ussher, James)	51, 67, 113, 236, 324
어스킨, 랄프(Erskine, Ralph)	321
얼, 엘리스(Earle, Alice M.)	384, 400-401, 413
에드워즈, 조나단(Edwards, Jonathan)	76, 79, 192, 316, 356, 418
에머슨, 에버렛(Emerson, Everett H.)	37, 172
에임스, 윌리엄(Ames, William)	50, 67, 69, 76, 79, 90, 103, 110, 118, 135, 170, 193-227, 236, 324, 426
엘러자르, 대니엘(Elazar, Daniel J.)	38
오덕교	385, 386-88, 393
오웬, 존(Owen, John)	52, 76, 110, 358, 361
올레비아누스, 카스파르(Olevianus, Caspar)	47-48, 75, 79, 146
외콜람파디우스, 요한네스(Oecolampadius, Johannes)	61, 75, 90
우르시누스, 자카리아스(Ursinus, Zacharias)	47-48, 139-40, 146, 152, 235
울지, 앤드루(Woolsey, Andrew A.)	35, 75, 90, 172
워드, 롤랜드(Ward, Rowland)	39, 95-98, 101, 103-4, 107-8, 110, 113, 117-20, 122, 124-25, 135
워커, 조지(Walker, George L.)	51, 402, 436, 448
월러스, 피터(Wallace, Peter)	333
웡, 데이비드(Wong, David W. S.)	76
위어, 데이비드(Weir, David)	38, 40, 74, 443, 471-72
위트, 존(Witte, John)	38, 40
윌리엄스, 캐럴(Williams, Carol A.)	76, 88, 356

윌콕스, 토머스(Wilcox, Thomas) 254
윗시우스, 헤르만누스(Witsius, Hermannus) 52, 76, 81-82, 87, 113
유니우스, 프란키스쿠스(Junius, Franciscus) 77-78, 81, 83
유달, 존(Udall, John) 234
유스든, 존(Eusden, John) 38, 193-94, 197

ㅈ

자틀러, 미하엘(Sattler, Michael) 62
제렛, 데이비드(Zaret, David) 42-44, 157-60, 169, 171, 188-89, 230-31, 234-37, 239, 258-59
제임스 1세(스코틀랜드: 제임스 6세) 228, 452
존스, 마크(Jones, Mark) 76, 108, 356
존슨, 폴(Johnson, Paul) 41

ㅊ

츠빙글리(Zwingli) 63, 236

ㅋ

카메론, 존(Cameron, John) 67, 69-70, 108, 324
카우프만, 피터(Kaufman, Peter) 166
카트라이트, 토머스(Cartwright, Thomas) 48, 50, 210, 234
칼덴, 앨런(Carden, Allen) 384
칼뱅, 장(Calvin, Jean) 2-38, 43-44, 61-62, 64-66, 70, 74, 77-86, 124, 131, 133-34, 137-38, 141-43, 146, 148, 151-53, 158-60, 171-72, 174, 178, 188-89, 194-95, 203-9, 212, 214, 219-20, 222, 224-25, 227, 231-32, 235-40, 244, 246-47, 259, 261, 312-15, 333, 344-45, 350, 355, 360, 389, 392, 395-97
칼베르그, 마크(Karlberg, Mark W.) 67, 324
칼슨, E. J.(Carlson, E. J.) 165
캘러미, 에드먼드(Calamy, Edmund) 51
켄달, 로버트(Kendall, Robert T.) 34, 44, 157, 171-72, 312-13, 396
코케이우스, 요한네스(Cocceius, Johannes) 51, 67, 69-72, 74, 334-35, 348, 356
코튼, 존(Cotton, John) 223, 228, 262, 310, 383, 387, 398-99, 403, 410, 413, 421, 425, 429, 435, 447, 454-55, 473

코피, 존(John Coffey)	444, 468
콜드웰, 패트리샤(Caldwell, Patricia)	384, 398, 412
콜먼, 토머스(Coleman, Thomas)	467-68
쿠퍼, 제임스(James F. Cooper)	418-19, 421, 435, 439-40, 447-48, 459
크레이그, 윌리엄(Craig, William)	322
크롬웰, 올리버(Oliver, Cromwell)	317
크룩, 사무엘(Crooke, Samuel)	50
크리스프, 토비아스(Crisp, Tobias)	51
클라인, 메러디스(Kline, Meredith G.)	45, 53-60, 67-68, 119, 324
클락, 스코트(Clark, R. Scott)	35
클락, 피터(Clark, Peter)	233
클로펜버그, 요한네스(Cloppenburg, Johannes)	51, 76, 82, 87
키켈, 발터(Kickel, Walter)	33

ㅌ

텐틀러, 토머스(Tentler, Thomas)	41-42
토랜스, 제임스(Torrance, James)	34, 44, 74, 87-88, 311-14, 318-21, 323, 350, 396
토랜스, 토머스(Torrance, Thomas F.)	74, 87-88
톰슨, 마틴(Tompson, Martyn)	38
투레티누스, 프란키스쿠스(Turretin, Francis)	39, 52, 67, 69, 98, 101, 118, 143-46, 149, 152-53, 311, 314-15, 324, 333-346, 349-52
트리멜리우스, 임마누엘(Tremellius, Immanuel)	77-78, 80-81, 83
트루먼, 칼(Trueman, Carl R.)	35-36, 73, 76, 85, 199, 280, 356, 397
트린터루드, 레너드(Trinterud, Leonard)	36
팁슨, 베어드(Baird Tipson)	398, 448

ㅍ

파웰, 베버소르(Powell, Vavasor)	67, 324
파커, K. L.(Parker, K. L.)	165
퍼킨스, 윌리엄(Perkins, William)	44, 48-49, 75, 86-87, 157-59, 169-92, 194-96, 203-212, 219-20, 222, 224-27, 236, 238, 262, 310
페너, 더들리(Fenner, Dudley)	48, 210
펨블, 윌리엄(Pemble, William)	66, 81, 324

폰 로어, 존(Von Rohr, John)	34-35, 231, 234, 254-55, 384, 402, 414
폴라누스, 아만두스(Polanus, Amandus)	46, 48, 75, 86-87, 98, 118
풀러, 토머스(Fuller, Thomas)	160
프라이타스, 샤운(de Freitas, Shaun A.)	38
프레스톤, 존(Preston, John)	43, 50, 67, 72, 170, 228-262, 310, 324, 407
프리머스, 존(Primus, John)	162
피셔, 에드워드(Fisher, Edward)	51, 67, 72, 76, 79, 103, 110, 315, 320-25
피스카토르, 요한네스(Piscator, Johannes)	82, 84
피스크, 존 (John Fiske)	448
픽테트, 베네딕트(Pictet, Benedict)	80

ㅎ

하콘센, 크누드(Haakonssen, Knud)	38
하트, D. G.(Hart, D. G.)	389
할러, 윌리엄(Haller, William)	229
헤이, 크리스토퍼(Haigh, Christopher)	259
헤페, 하인리히(Heppe, Heinrich)	75, 176
헨더슨, 데이비드(Henderson, G. David)	75
헨리 8세	470
헬름, 폴(Helm, Paul)	35, 75, 313, 397
호그, 제임스(Hogg, James)	321-22
호키스, 리처드(Hawkes, Richard M.)	257-58
호튼, 마이클(Horton, Michael)	59, 348-49
후크마, 앤서니(Hoekema, Anthony)	37, 172
홀란드, 헨리(Holland, Henry)	160
홀, 바질(Hall, Basil)	33, 396
회플, 해로(Hopfl, Harro)	38
후커, 토머스(Hooker, Thomas)	51, 54-55, 67-69, 76, 195-96, 222-24, 263-65, 283-310, 324, 357, 383-84, 398-99, 402, 404, 408-9, 414, 419-20, 423-39, 442-49, 453-79
힐, 크리스토퍼(Hill, Christopher)	233

주제 색인

ㄱ

간과(paresis, passing over), 사죄(afesis)	71
개신교 스콜라주의/신학	33-34, 349, 352
개혁파 정통주의	69, 314, 333, 348, 350, 352
경건주의적 전환	230, 233, 259
계약	38, 40, 42-43, 74, 87, 89, 98, 158-59, 172, 240, 246, 312, 317-19, 323, 377, 443, 450-51, 459, 464, 466, 471, 479
고백자(professor)	282, 302, 408, 412, 433
공로	40, 44, 54, 56-61, 68, 96-97, 110, 119-21, 124, 126, 133, 137, 143, 148, 151, 166, 175-82, 187-88, 241, 253, 255-56, 258, 274, 276, 279, 284, 286, 294-95, 340, 357, 359, 370
- 공로적 의	57-58, 68, 126, 297, 342
- 공로주의	40, 44, 121
- 반공로(demerit)	57, 119
공예배	382-83, 385, 387-94, 400-1, 405-6, 408, 410, 412-13
- 단순성(간결성)	385, 388, 390, 392, 412
- 새 언약 시대의 회중 예배	410
- 언약신학적 토대	385
관용	241
교회	65, 71, 77, 85, 107, 128, 132, 135, 144, 147, 197, 213-14, 217-19, 222-23, 257, 264-68, 281-82, 307, 317, 339, 364, 382, 388, 396, 405, 418, 428, 432, 472, 476
- 교회의 권세와 교회의 특권	432
- 교회의 방식(a Church-way)	431

- 교회의 지표　　　　　　　　　　　　　　　　　　　　　　　　423
- 구약 교회　　　　　　　　　　　　　　　264, 281-82, 301, 424, 432
- 국가교회　　　220, 264, 299-301, 306, 308, 442-43, 445, 465-67, 470-72, 475-76
- 보이는 교회(지상교회)　　　　　　　　264, 268, 282-83, 301-304, 307-8, 397,
　　　　　　　　　　　　　　　　399, 408-9, 412, 418, 423-26, 428-33, 437-38, 457
- 보이지 않는 교회　　　　　　　280, 300, 302, 407, 416, 421-22, 427-28
- 본질적 총합으로서의 교회(Church as totum essentiale)　　　457-59, 462
- 순수한 교회　　　　　　　　　　　　　　　　　　　　　　418, 428-29
- 알곡과 가라지　　　　　　　　　　　　　　　　　　　409, 424, 429-30
- 영국 국교회　　　　　　　222, 317, 388-89, 442-43, 445, 465, 471, 478
- 유기체로서의 교회(Church as corpus organicum)　　　　　　 457-58
- 작용인　　　　　　　　　　　　　　　　　　　　　　87, 425, 446, 450
- 질료인　　　　　　　　　　　　　　　　　　　　　　222, 425, 446, 450
- 형상인　　　　　　　　　　　　　　　　　　　　222, 264, 425-26, 446, 457

교회론 논쟁　　　　　　　　　　263-65, 281, 284, 305, 307-8, 310, 397, 399,
　　　　　　　　　　　　　　　　　　　420, 422, 443-44, 453, 475, 479
- 루더포드-후커 논쟁　　　　　　　　　　　　　　　　　　　　262, 302

교회 언약　　　　33, 170, 195-97, 220, 222-23, 226, 264-65, 281, 283-84, 301-310,
　　　　　　　　　398-400, 406, 408-9, 411-15, 417-41, 444, 446, 455-58, 467, 471-72
- 명시적　　　　　　　　　　　　　　　　　　　　　　412, 414-15, 427, 436
- 묵시적　　　　　　　　　　　　　　　　　　　　　　　414, 425-26, 436
- 외면 언약으로서의 교회 언약　　　　267-68, 272, 281-82, 289, 293-95, 304-5,
　　　　　　　　　　　　　　　　　　　　　　　　　　308, 418, 424, 437
- 회원권　　　　　　　　　　　　283, 396, 398-99, 418-19, 428, 432, 473

교회 장부　　　　　　　　　　　　　　　　　　　　　　　　　　　　398
교회 치리 강요 개설(A Survey of the Summe of Church-Discipline)　　302, 308-9,
　　　　　　　　　　　　　　　　　　　　　　　　　384, 423, 436, 453, 473
교회의 행위　　　　　　　　　　　　　　　　　　　399-400, 405, 407-9, 433
구속 언약　　　　　　　　　　73-90, 126-27, 146, 149-53, 195, 198-200, 202-5,
　　　　　　　　　　　　　　　224, 276-83, 298-99, 306-7, 310, 355-58, 370-80
- 교회론적 함의　　　　　　　　　　　　　　　　170, 196, 281, 299, 357, 399
- 구속 언약에 관한 오해들　　　　　　　　　　　　　　　　　　　　　　74
- 구속 언약의 3대 원리　　　　　　　　　　　　　　　　　　　　　　　88
- 대조(collation)　　　　　　　　　　　78, 105, 131, 139, 204, 252, 286, 336

   - 구속 언약에 관한 13개 논증 277
   - 보증인의 언약 276, 278
구원의 확신   35, 43, 158-64, 167, 169-70, 175-76, 179-80, 184-85, 188-90, 195, 231-34, 251-52, 254-61, 276-77, 281, 296, 298, 378, 398
   - 고뇌 166, 176, 252
   - 불안 43, 158-60, 162, 164-65, 176, 188-89, 296
   - 의심 161, 176-77
   - 확신의 근거 165, 179-80, 185, 191, 257, 378
국민 계약(National Covenant) 317
권징 283, 386, 395-96, 423-24, 446, 458, 468
규율 종교/엄밀주의(파) 42-43, 229-30, 233-34
그리스도   37, 54, 57-73, 77-90, 100, 105-6, 108, 117, 119-26, 132-134, 137-153, 161, 163-69, 173-74, 179-81, 184-91, 197-205, 212-219, 223, 238, 242, 250-59, 266-73, 290-299, 315, 320, 328-49, 356-65, 370-80, 430, 441, 455, 461-68, 471, 474, 476
   - 구원의 보증 73, 202
   - 그리스도와의 연합 185, 187-88, 250-51, 255, 258, 330-32, 344, 370, 376, 378-80
   - 그리스도의 법 326, 328-40, 346, 349
   - 선택하는 하나님(God-electing) 86-87
   - 아담-그리스도 기독론 57
   - 언약의 본질 60, 62-66, 122, 175, 184, 190, 198, 211, 213, 219, 272, 284, 290, 292, 307, 328-29
   - 영원한 대제사장 78, 82, 86
   - 종속론 85-86
   - 중보직 85, 87, 144
근원적/원인적 권력(혹은 권리, fountain power) 451, 459, 463, 475-76, 478-79

ㄴ

노회(presbytery)/노회 정치 322, 424, 444, 449, 457
뉴잉글랜드   33, 38, 146, 170, 194-97, 220, 222-26, 236, 263-64, 306, 308, 310, 351, 382-414, 417-39, 442-455, 463, 470-79
   - 문맹률 392
   - 비분리파 회중주의자들 170, 195, 222-26, 263-64, 304-10, 384-85, 389, 396,

	398, 400, 408-9, 412, 421, 424, 429, 438, 441, 443, 453, 455
- 쇠퇴(declension)	418-19, 439
- 준비 이론(preparation)	419

ㄷ

달콤함	124, 276, 297, 330
- 달콤한 명령	330-31
- 달콤한 조화	338-39, 343-44
- 삼중적 달콤함	276, 297
대위임령	243, 245
도덕법	48, 101, 104, 107, 115, 124, 148-49, 153, 173, 207, 209-12, 225, 242-43, 248, 270, 327-29, 337-41
도르트 회의	194, 239
두 왕국론	468-69, 475, 477-78
두 전통 테제	36-37, 172

ㄹ

루터파	41-42, 124, 456

ㅁ

마음	64-65, 97-98, 102-4, 110, 123, 163-67, 179, 189-90, 212, 238, 245, 249, 254, 257, 270, 278, 282, 286, 297, 309, 326, 329, 346, 363, 368, 375, 380, 393-97, 405, 412-13, 431
- 마음 종교	393, 395, 412
- 통회하는 심령	178
막스 베버의 테제	41, 43, 157
매로우 논쟁(1717-23)	312-13, 316, 320-23, 352
- 매로우주의자들	312-13, 321-23
머리-클라인 논쟁	53, 55-56, 59, 119
명예혁명	317
목회 상담	160-61, 166, 170, 176, 188, 19
믿음	64-65, 70, 108, 123, 129, 131, 133-40, 144-47, 151, 161-65, 177-84, 186, 189, 216, 218, 221-22, 238, 244-45, 249-50, 256-57, 266, 273, 275-76, 286, 261, 296, 311, 325, 330-33, 338,

	340-43, 346, 359, 365-67, 378, 380, 393, 395-98, 429-30
- 구원 얻는 믿음	177, 190, 395-98, 429
- 믿음의 문서	178, 198
- 믿음의 원리	286
- 연합의 믿음	256-57
- 하나님의 선물	180-82
- 확신의 믿음	256-57
밀러 테제	32-34, 43, 170, 417, 420, 438
- 세대 간 격차 가설	420
- 수정주의적 견해	159, 419-20

ㅂ

발헤렌 신조(1693)	53
법과 국왕(*Lex, Rex*, 1644)	310, 443, 449, 453, 459, 463, 469, 476, 479
보스턴 교회	384-81, 401, 403-4
보이는 성도(visible saints)	222, 396-97, 409, 425, 428-33, 467, 471
복음	58-63, 68-73, 78, 106, 116, 131-32, 135-38, 140, 144, 151, 162, 166, 181, 202, 213, 222, 228, 241, 244, 249, 268, 271, 278, 312, 314, 320, 323, 335, 338, 342, 345-46, 359, 392, 396
- 율법과 복음	62, 131-32, 135-38, 140, 147, 151, 153, 166-67, 179, 314-15, 335, 338, 341, 343, 345, 347, 351-52
- 치료제	54, 116-17, 127, 271
복음 언약	184, 291, 306
부르심	80, 163, 178, 199-200, 202, 223, 279, 302, 430, 477
- 외면적 부르심	163, 430
- 유효적 부르심	163
분리주의/분리주의자	263-64, 281-83, 305-6, 308, 398, 409, 421-29, 438, 454, 470, 476
비밀 집회소(conventicle)	317

ㅅ

사보이 선언(1658)	53
사적 고해	42
사회계약	38-39

사회통제	41-42, 230, 234-35
살육의 시대	317
삼중 언약	69-70, 267, 334
상호성	246, 272, 340
새 언약	61, 84, 124, 198, 213, 218, 229, 238-39, 244, 249, 266-67, 272-73, 275, 278, 280-82, 284-85, 289-99, 301, 306-7, 309, 333, 406, 410, 412, 415, 427, 470, 476
선택	35, 37, 73, 86-87, 100, 158-59, 161-65, 169, 172, 174-79, 186, 188, 191, 198, 200, 202, 215, 238-40, 247, 353, 263, 277-78, 288, 294, 314, 347, 358, 378, 383, 394, 403, 447, 449
선택의 표지들	162
선행	124, 162, 164, 169, 179, 188, 257, 305, 332
설교	43, 119, 161-62, 166, 171, 183, 192, 223, 230, 242, 247, 253, 257, 260, 262, 268, 282, 298, 319-22, 346, 383, 386-87, 389, 394, 398-406, 447, 474
- 강해 설교(주해 설교)	401-403, 413
- 설교 노트	402
- 암기(원고 없는 설교)	403-5
- 코튼의 성경 강해	401
- 평이한 설교(playin style)	394
성령	60-61, 71, 73, 87-88, 117, 163-64, 166, 178-90, 200, 202, 219, 251, 277, 334, 344, 359, 381, 394, 406
성례	64-65, 118-119, 144, 162, 175, 179, 206, 209, 215-17, 222, 234, 239, 256, 264, 283, 290, 292, 304-5, 386, 395-96, 399, 408-9, 412, 423-24, 431-33, 452
성만찬	256, 386-91, 396, 400, 408
성직 추천법(Patronage Act, 1711)	318
성화	71, 171, 178-82, 190, 214-17, 225, 245, 249-51, 261, 275, 278, 331-32, 343-44, 355, 359, 378
- 성화의 열매	178, 190
세례	63-65, 267, 278, 284, 291, 293, 300-304, 386, 391, 396
소뮈르 학파	70, 334, 352
소책자 전쟁	422, 434, 455
소키누스주의	71, 113, 117, 145, 266-67, 281, 316, 334, 352, 378

속죄론	34-35
수장령(헨리 8세)	470
순종	37, 40, 43, 47, 54, 64, 70, 79, 96-112, 115, 123-27, 130, 145, 148-50, 164, 172, 178, 206, 209, 239-40, 246, 253, 270, 272, 275-76, 281, 287-89, 293-94, 296-97, 309, 325, 327, 330, 332, 338, 340-49, 378, 426, 441, 460
- 복음적 순종	253, 275-76, 293, 297, 330, 343
- 율법적 순종	43, 96, 106, 125-26, 253, 276, 297-332, 342
슐라이트하임 신앙고백(1527)	62-64
스위스 일치신조(1675)	53, 109, 112, 124, 135, 151
스코틀랜드 (국)교회의 신앙고백 (The Confession of the Faith of the Church of Scotland)	452
스튜어트 왕조	228
시내산 언약	9, 46, 48-49, 61-62, 66-72, 96, 122-23, 210, 264, 267, 272-74, 290, 292-95, 314, 324, 326-28, 334-38, 351-52
- 모세 언약	39, 48-49, 61, 67-70, 272-74, 290, 292-95, 324, 326-28, 334-38, 351-52
- 삶의 규칙	124, 325, 328, 330
- 세 가지 법(의식법, 실정법, 도덕법)	327
- 아브라함 언약과의 관계	68, 122-23, 245-46, 272-74, 282, 284, 290-91
- 제3의 언약	122-23, 267, 272-73
- 혼합된 제도	324, 337
시민언약	471-72
신령주의	283
신비주의	185
신정 통치	471, 473
신학의 정수(*Medulla Theologia*)	110, 193-212, 221-27, 446
실천 신학	160, 162, 171, 176, 232
십계명	68, 124, 207, 209, 211-12, 225, 274, 293, 325-31, 334, 337, 414-15, 477
- 십계명의 서언	274, 293

ㅇ

아담-그리스도 기독론	57, 68

아담의 탁월성	286
아담 통치 방안	55-56
아르미니우스주의	71, 73, 113, 123, 281, 352
아브라함 언약	61, 63-64, 68, 122-23, 245
아일랜드 신조	53
아홉 가지 논제(Nine Propositions)	454, 456
약속	40, 49, 55-56, 63, 65, 83, 98, 104, 108-13, 119, 127, 131, 133, 144, 148-49, 166-70, 173, 180-81, 184, 189-90, 206, 208, 215, 219, 237, 244-45, 249-50, 252, 256, 260, 267, 269-70, 273-74, 278, 280, 291, 296, 324, 326, 328-30, 341-43, 365, 377
- 약속 언약	59
양심	161, 167, 180, 192, 211, 327, 341, 346, 362, 419
언약신학	31-36, 38-47, 49, 53, 61-62, 69, 71-72, 74, 87, 96-97, 125, 132, 147-47, 153, 157-59, 169-72, 174-76, 183-84, 188-91, 193-96, 204, 207, 220, 224-27, 228-43, 246-47, 251-52, 254, 258-59, 261, 263, 265-67, 275, 281, 284, 299, 302, 305, 307-9, 311-18, 321, 323, 333-34, 339, 346-52, 356, 385, 395-98, 407, 416, 441
언약의 본질	60, 66, 122, 175, 184, 190, 198, 211, 213, 219, 272, 284, 290, 292, 307, 328-29
언약적 거룩함	409
엄숙동맹과 언약(Solemn League and Covenant)	317, 466-67
에라스투스주의(자)	467-69, 475
연합	85, 88, 112, 152, 185-86, 220, 249,-50, 254-59, 293, 330-32, 339-40, 344, 361, 370-80, 423, 431, 441, 446, 457
- 그리스도와의 연합	185, 187-88, 250-51, 255, 258, 330-32, 344, 3 70, 376, 378-80
- 신비적 연합	185
- 인격적 연합	187, 378
- 통전적 연합	186
열쇠의 권세(the power of the keys)	456-58, 461
예루살렘 회의(행 15장)	460-62
예정	34, 36-37, 84, 87, 99, 126, 158, 165, 171, 174, 176, 178, 184, 186, 188, 192, 200, 204, 237-36, 240, 269, 287
- 결정론	33, 158, 397

- 예정론	33-35, 43-44, 87, 158, 162, 171-72, 176-78, 188, 236, 397
- 이중 예정	36-37, 160, 165, 172, 236-37, 240
- 작정	54, 60, 74, 79, 84, 87, 99-100, 105-6, 113, 117, 124, 126, 148, 171, 174, 176, 182, 189, 191-92, 198, 202, 205, 220, 238, 244, 269, 276, 282, 285, 287, 2897
- 작정 신학	171, 174, 191
옛 언약	198, 213, 219, 244, 272-74, 278, 280-81, 284-85, 289-90, 292, 301, 306-7, 333, 335
오직 성경	390-92, 395, 412
옥터라더	322
완전성	231, 253-55, 260
- 복음적 완전성	231, 253-55, 260
- 완전한 걸음	246, 252-54, 258, 260
- 율법주의적 완전성	231
- 창세기 17:1	64, 239, 260, 328-29, 343-44
왕정 복고	317, 443
외면 언약과 내면 언약	267-68, 272, 281-82, 289, 293-95, 304-5, 308, 418, 424, 437
요크하우스	239
웨스트민스터 신앙고백서	46-47, 53, 59-60, 62, 100, 109, 135, 312-14, 371, 395
웨스트민스터 대요리문답	53
웨스트민스터 소요리문답	113
웨스트민스터 회의	35, 46, 279, 310, 449, 467
유기	165, 174, 176, 238
유아세례	62-64, 284, 299-301, 305, 418, 434, 437, 454
유언	62, 90, 181, 236, 3231
율법	43, 47, 59, 62, 68, 83, 95-96, 99-101, 103, 105-6, 108, 117, 123-24, 129-53, 166-68, 179, 202, 206, 218, 240, 249-50, 253-54, 267, 269, 271-72, 275-76, 278-79, 286-87, 290, 293, 314-15, 320-21, 325, 330, 332, 334-39, 341-48, 361-62, 373, 409
- 복음적 율법	338, 343
- 세 가지 종류의 율법(보스턴)	330
- 율법과 복음	62, 131-32, 135-38, 140, 147, 151, 153, 166-67, 179, 314-15, 335, 338, 341, 343, 345, 347, 351-52

- 율법의 영광	99, 106, 269, 287
- 율법의 의	134-35, 138-39, 145, 151-52, 168, 325, 337
- 율법의 저주	137, 362, 3731
- 죽이는 문자	166, 253, 337
율법 언약	47-48, 59, 69-70, 72, 101, 120, 146, 184, 334, 339
율법주의	34-35, 42-44, 74, 87, 89, 231, 239, 246-47, 254, 311-12, 315, 320-22, 347-52
- 반율법주의(율법 폐기론)	42, 239, 266-67, 283, 318, 320-23, 346-47, 349-50, 360-61
- 신율법주의	318, 323
은혜	34-36, 40, 45, 54-63, 66, 88, 96-97, 99-100, 106, 108, 110, 117, 119-20, 122-27, 135, 141, 148-49, 162, 164-65, 171, 177, 179, 182-87, 189-90, 195, 207, 214, 236, 238-42, 251, 266, 269, 271, 274-75, 282, 296, 304-7, 311-12, 314, 320-23, 330, 338, 340, 342, 344, 356, 360, 364-66, 368, 373, 376, 379, 381, 402, 412, 417
- 불가항력적 은혜	240
- 은혜의 수단	162, 259, 296, 337, 364, 366, 412
- 은혜의 원리	40, 46, 69, 87, 275, 293, 343
은혜 언약	35, 40, 45-46, 49-50, 59-72, 83-84, 88, 98, 102, 122-27, 146-53, 173-74, 180, 183-85, 187-90, 195, 197-98, 208, 212-20, 225, 231, 236, 241-45, 248-49, 251-52, 258, 260-62, 264, 266-68, 271-76, 280-92, 297-98, 304, 306, 310, 315-16, 319, 323-25, 328-30, 332, 337-51, 357, 399, 417, 421, 423, 438, 471
- 은혜 언약의 범위	70, 245, 285
- 은혜 언약의 통일성과 다양성	213-26
- 일방성과 쌍방성	40, 172-73, 189, 192
- 자연 언약과의 10가지 차이점	341
의	65, 68, 70, 100, 129, 131, 135, 137-45, 150, 180, 216, 251, 256, 325
- 그리스도의 의	140, 143, 145, 152, 168, 181, 201, 255, 257-58, 325, 331, 337, 342, 344, 349
- 칭의	58-59, 71, 132, 134, 144, 149-50, 152, 168, 177, 182, 214-16, 225, 245, 249-51, 261, 274, 331, 342, 344
이스라엘	70, 80, 130-31, 216-17, 242, 264, 267, 293-94, 305,

	308, 324-25, 328, 336-37, 411, 424, 468-70
- 유대민족의 특권	294
- 이스라엘 패러다임	242-43
인간	33, 37, 43-44, 54, 61, 68, 70, 89, 98, 101-8, 115, 120-21, 124, 137-38, 144, 146, 148, 152, 158, 164-65, 169-73, 182, 197, 206, 210-12, 236-39, 247, 270, 272, 274, 276, 281, 289, 296, 315, 321, 323, 328-30, 351, 391, 43
- 전적 부패	165
- 타락 전 상태	55, 57, 101, 103, 119-20, 207, 269
- 타락 후 상태	138, 142, 145, 149, 208, 242

ㅈ

자기 비하	99, 147-48, 270, 278, 363
자기 성찰	169, 229
자발주의	43, 158
자연법	38-40, 70, 102-4, 107, 124, 208-9, 211-12, 225, 326-28, 340, 452
- 개혁파 전통	39
- 유대교	39
자연 언약	39, 47-48, 97-98, 101-2, 104, 110, 144, 146, 153, 270, 334, 339-42
자유 선택	240
작정	54, 60, 74, 79, 84, 87, 99-100, 105-6, 113, 117, 124, 126, 148, 171, 174, 177, 182, 189, 191-92, 198, 202, 205, 220, 238, 244, 269, 276, 282, 285, 287, 289
장로교회/장로주의 정치	147, 263-64, 302, 308-10, 317, 352, 382, 413, 420, 422, 442-44, 471, 475
장로회들의 정당한 권리(The Due Right of Presbyteries, 1644)	449, 453, 455, 476
재세례파	62-66, 266-67, 281-84, 306, 316, 334-35
전가	49, 57-59, 68, 142-43, 145, 152-53, 216, 255, 331, 342, 344, 349, 360, 370
절반 언약	398, 409, 414, 417-20, 434-40
- 절반 언약 논쟁	434-35, 439
정교분리	442-45, 453, 465, 469, 471-72, 476-77, 479
정치 신학	318-19
제2런던 [침례교] 신앙고백	53

제네바 성경	75, 81, 84, 392-93, 401
종교개혁	34, 36, 41-42, 44, 53, 58, 122, 151, 226-27, 233, 259, 263, 285, 306, 320, 323, 351, 356, 382, 392, 419, 427, 444-45, 456, 470-71
중생	163, 182-83, 239, 247, 249-50, 273, 359, 381, 439
직분의 권력(office-power)	459

ㅊ

창조 언약	39, 47-48, 58-59, 101, 146, 210
청교도 운동	42, 159, 169-70, 193, 227-29, 233-34, 253, 258-59, 262
치리	162, 222, 264, 283, 302-3, 386, 414, 426, 429, 443-47, 454, 456-70, 474-76, 478
칭의/칭의론	58-59, 71, 132, 134, 144, 149-50, 152, 168, 177, 182, 214-16, 225, 245, 249-51, 261, 274, 331, 342, 344

ㅋ

칼뱅주의자들에게 대항하는 칼뱅	32-34, 43, 74, 313, 396-97
캐머런파	318
케임브리지 총회	420, 435
케임브리지 플랫폼(1649)	477
코네티컷 기본법(Fundamental Orders of Connecticut, 1639)	447-49, 473, 479

ㅌ

트리멜리우스-유니우스 라틴어 성경	77, 81, 83

ㅍ

펠라기우스/현대의 펠라기우스주의자들	321, 335

ㅎ

하나님의 충분성	258
할례	63-65, 216, 278, 290-91, 299, 301
합리주의	33
항론파	98, 144, 316
행위 언약	39, 45-51, 54-60, 66-67, 69-72, 96-104, 107-114, 119-27, 135, 144,

	146-50, 153, 173, 184, 195, 197, 205, 207-12, 225, 242-43, 248-49, 267-71, 273-75, 280-81, 285, 287-89, 292-93, 307, 315, 320, 324-28, 330-32, 336-37, 339-44, 346-51, 357, 379, 409
- 자연 언약	39, 47-48, 97-98, 101-2, 104, 110, 144, 146, 153, 270, 334, 339-42
- 창조 언약	39, 47-48, 58-59, 101, 146, 210
- 타락 전 언약	46-47, 95-98-103, 107, 122-23, 125, 127, 146, 205, 207-9, 211, 225
- 행위 원리(원칙)	46, 49, 54-55, 58, 67-68, 123, 129-35, 137-38, 146, 151-52, 184, 275, 324
호세아 6:7	55, 58, 98
회개	63-65, 123, 173, 180-85, 189-90, 210, 238, 244-45, 249, 254, 274, 283, 322, 343, 368, 389
회중교회/뉴잉글랜드 (비분리파) 회중주의	170, 194, 220-26, 263-64, 285, 303-8, 310, 384-85, 389, 398-400, 402-3, 407-10, 412-15, 418-19, 421-29, 431, 435, 438-39, 443, 447, 449, 453-56, 460, 463, 467, 470-73, 476-78